Cómo confeccionar nóminas y seguros sociales

Cómo confeccionar nóminas y seguros sociales

35.ª edición actualizada

Miguel Ángel Ferrer López
Abogado-Economista U.D.

EDICIONES DEUSTO

Deusto es un sello editorial de Centro de Libros PAPF, SLU.
Av. Diagonal, 662-664
08034 Barcelona
www.planetadelibros.com

Primera edición: mayo de 2023
Depósito legal: B. 6.604-2023
ISBN: 978-84-234-3551-7
Composición: Fotocomposición Ipar, S. Coop. (Bilbao)
Impreso por: Huertas Industrias Gráficas, S.A.

Impreso en España - *Printed in Spain*

El papel utilizado para la impresión de este libro está calificado como **papel ecológico** y procede de bosques gestionados de manera **sostenible**.

A Charo, Juncal y Eva

Prólogo

La presente edición se ha efectuado teniendo en cuenta no sólo los cambios habidos en el año 2022, sino también las disposiciones publicadas hasta el 28 de febrero de 2023.

A la fecha de cierre de esta actualización, edición 35.ª, queda pendiente la actualización de los datos de la Orden de cotización para el ejercicio 2023, con su especial incidencia en el contenido de este texto en lo relativo a las bases mínimas de cotización y a la cotización en los contratos de formación en alternancia.

Tal déficit ha sido suplido con la aplicación de la Ley de Presupuestos que señala que, en tales casos, se incrementen las cuantías del año anterior en el mismo porcentaje que se haya incrementado el salario mínimo interprofesional, esto es, 8%.

Ha primado el interés de nuestros lectores para la publicación de la obra, ya que consideramos que este libro perdería parte de su carácter didáctico con la publicación tardía de esta edición por quedar a la espera de la promulgación de la norma aplazada.

Índice

Infracciones y sanciones

Contabilidad

Presentación

Se ha estructurado la presente publicación en tres partes diferenciadas. La primera trata de ofrecer al lector —empresario, trabajador, estudiante o profesional del Derecho laboral— una breve exposición teórica de las materias cuyo conocimiento se considera imprescindible para poder comprender lo que, posteriormente, va a ser objeto de tratamiento fundamentalmente práctico.

La segunda parte estará así dedicada al planteamiento de una serie de supuestos —reflejo de la problemática más usual en la materia que se trata—, que viene acompañado de la propuesta de solución técnica que se considera más adecuada en cada caso.

La publicación se completa, en fin, con una tercera parte en la que se reproduce una selección de los textos legales que se consideran básicos, y de obligada consulta, para un mejor aprovechamiento de la obra.

Como complemento, se ofrece un programa informático que incorpora todos los supuestos prácticos que han sido objeto de principal atención en el libro. Su utilización no es, en ningún caso, imprescindible para una debida comprensión de la obra. No obstante, es de gran ayuda para que el lector, también usuario de productos informáticos, pueda contemplar en pantalla los distintos ejemplos que se plantean. Además, la flexibilidad y facilidad de uso del programa permite, con un simple cambio de datos, adaptar los referidos supuestos a la particular situación del interesado.

Primera parte

Comentarios

Capítulo I

El salario

Etimológicamente, la palabra «salario» viene de «salarium», de «sal», porque era costumbre antigua dar a los servidores domésticos una cantidad fija de ese producto. En cambio, «sueldo», denominación predominante hoy para referirse al pago o remuneración que el trabajador recibe por sus servicios, procede de la dicción «soldada», la paga que percibía por su actividad el hombre dedicado al servicio de las armas.

La equivalencia entre lo que produce y lo que precisa el hombre para cubrir sus necesidades constituye el «salario», que si es injusto o inferior origina una situación de desasosiego y de incertidumbre.

Por eso, es un principio recogido en la Constitución española que «todos los españoles tienen derecho a una remuneración suficiente para satisfacer sus necesidades y las de su familia, sin que en ningún caso pueda hacerse discriminación por razón de sexo».

1. **Normativa básica**

Las normas básicas reguladoras del salario, de su cotización a la Seguridad Social y del pago del IRPF, aparecen contenidas en las siguientes disposiciones:

a) Salario:

- Estatuto de los Trabajadores: texto refundido aprobado por Real Decreto Legislativo 2/2015, de 23 de octubre.
- Real Decreto 99/2023, de 14 de febrero, por el que se fija el salario mínimo interprofesional para 2023.
- Orden de 27 de diciembre de 1994, por la que se aprueba el modelo de recibo individual de salarios.

b) Cotización:

- Ley General de la Seguridad Social: texto refundido aprobado por Real Decreto Legislativo 8/2015, de 30 de octubre.
- Ley 42/2006, de 28 de diciembre, de Presupuestos Generales del Estado para el año 2007.
- Real Decreto 2064/1995, de 22 de diciembre, por el que se aprueba el Reglamento General sobre cotización y liquidación de otros derechos de la Seguridad Social.
- Orden PCM/74/2023, de 30 de enero, por la que se desarrollan las normas legales de cotización a la Seguridad Social, desempleo, protección por cese de actividad, Fondo de Garantía Salarial y formación profesional para el ejercicio 2023.

c) IRPF:

— Ley 35/2006, de 28 de noviembre, del Impuesto sobre la Renta de las Personas Físicas y de modificación parcial de las Leyes de los Impuestos sobre Sociedades, sobre la Renta de No Residentes y sobre el Patrimonio.
— Real Decreto 439/2007, de 30 de marzo, por el que se aprueba el Reglamento del Impuesto sobre la Renta de las Personas Físicas y se modifica el Reglamento de Planes y Fondos de Pensiones, aprobado por Real Decreto 304/2004, de 20 de febrero.

Fuente reguladora del salario lo es también el convenio colectivo de aplicación en la empresa, resultado de la negociación desarrollada por los representantes de los trabajadores y de los empresarios.

Asimismo, la autonomía individual de las partes contratantes, cuya expresión es el contrato individual de trabajo, puede fijar a través de éste condiciones económicas más favorables para el trabajador que las contenidas en el convenio colectivo.

2. Concepto legal

Legalmente, se considera salario la totalidad de las percepciones económicas de los trabajadores, en dinero o en especie, por la prestación profesional de los servicios laborales por cuenta ajena, ya retribuyan el trabajo efectivo, cualquiera que sea la forma de remuneración, o los períodos de descanso computables como de trabajo. También lo es la remuneración de determinados períodos de inactividad.

2.1. Trabajo efectivo

Trabajo efectivo es la prestación de servicios, que se lleva a cabo durante el período pactado en el contrato individual de trabajo o en el convenio colectivo de aplicación, con respeto, en uno y otro caso, de las normas legales reguladoras de la jornada de trabajo.

2.2. Períodos de descanso

Se computan como de trabajo, y como tal son retribuidos, los períodos de descanso siguientes:

— El descanso semanal.
Los trabajadores tienen derecho a un descanso mínimo semanal, acumulable por períodos de hasta 14 días, de día y medio ininterrumpido o, si se trata de un menor de 18 años, de 2 días ininterrumpidos.
— Los días festivos.
Las fiestas laborales, retribuidas y no recuperables, no pueden exceder de 14 al año.
— Las vacaciones anuales.
El período de vacaciones anuales retribuidas es el pactado, si bien su duración no puede ser inferior a 30 días naturales. El período de disfrute será proporcional al número de días trabajados, si el trabajador no hubiese completado el año de servicios.
— El descanso en jornada continuada, cuando así se ha acordado.
Si la duración de la jornada diaria continuada excede de 6 horas, debe establecerse un período de descanso durante la misma de duración no inferior a 15 minutos, o de 30 minutos si se trata de un menor de 18 años con jornada continuada superior a 4 horas y media.

2.3. Períodos de inactividad

Se considera salario la remuneración correspondiente a las ausencias justificadas al trabajo por los motivos y durante el tiempo siguientes:

- Matrimonio: 15 días naturales.
- Accidente o enfermedad graves, intervención quirúrgica que precise reposo domiciliario, hospitalización o fallecimiento de pariente hasta el 2.º grado de consanguinidad o afinidad (abuelos, padres, hijos, nietos o hermanos del trabajador o de su cónyuge): 2 días o, si es preciso efectuar un desplazamiento, 4 días.
- Traslado del domicilio habitual: 1 día.
- Cumplimiento de un deber inexcusable de carácter público o personal: por el tiempo indispensable. La posible indemnización debe descontarse del salario.
- Realización de funciones sindicales o de representación del personal: los representantes de los trabajadores disponen de un crédito de horas mensuales que en empresas de hasta 100 trabajadores es de 15 horas; de 101 a 250 trabajadores, 20 horas; de 251 a 500 trabajadores, 30 horas; de 500 a 750 trabajadores, 35 horas, y de 751 trabajadores en adelante, de 40 horas.
- Realización de exámenes prenatales y técnicas de preparación al parto que deban realizarse dentro de la jornada de trabajo: por el tiempo indispensable.
- Lactancia de un menor de 9 meses: 1 hora de ausencia del trabajo, que puede dividirse en 2 fracciones o sustituirse por una reducción de la jornada en media hora o acumularse en jornadas completas.
  La reducción de jornada puede extenderse otros 3 meses, hasta que el lactante cumpla 12 meses, con reducción proporcional del salario, cuando ambos progenitores, adoptantes, guardadores o acogedores ejerzan este derecho con la misma duración y régimen.
- Hospitalización de recién nacido: 1 hora de ausencia del trabajo en los casos de nacimientos de hijos prematuros o que, por cualquier causa, deban permanecer hospitalizados a continuación del parto.
- Formación práctica y adecuada en materia de seguridad e higiene del trabajador cuando se le contrata, cambia de puesto de trabajo o tiene que aplicar una nueva técnica que puede ocasionar riesgos graves: mientras dure esa formación.
- Desplazamiento temporal que exige residencia en población distinta de la del domicilio habitual: 4 días laborables en el domicilio de origen por cada 3 meses de desplazamiento.
- Reconocimiento médico previo o periódico por la cobertura de un puesto de trabajo con riesgo de enfermedad profesional: por el tiempo de su realización.
- Comparecencia personal a los actos de conciliación y juicio, salvo cuando sea preceptivo otorgar representación y no se requiera la asistencia personal o cuando se haya declarado que obró de mala fe o con temeridad: los días de celebración.
- Curso de reconversión o de perfeccionamiento profesional ofrecido por la empresa para la adaptación a las modificaciones técnicas operadas en el puesto de trabajo: hasta un máximo de 3 meses.
- Búsqueda de empleo por la extinción del contrato por causas objetivas: 6 horas semanales durante el período de 15 días de preaviso.
- Formación profesional para el empleo, vinculada a la actividad de la empresa, de trabajadores con al menos un año de antigüedad: 20 horas anuales, acumulables por un periodo de hasta 5 años.

También se consideran períodos de inactividad retribuidos los siguientes:

- La imposibilidad de prestar servicios cuando el empresario se retrasa en dar trabajo por impedimentos imputables a él mismo.
- El tiempo de presencia, que en determinadas actividades, como el transporte, supone la obligación de remunerar el período de inactividad en la que el trabajador se encuentra a disposición de la empresa.

3. Clases de salario

Según cuál sea el módulo de fijación del salario se distingue entre el salario a tiempo (por unidad de tiempo), el salario por unidad de obra (a rendimiento o destajo), salarios mixtos (con incentivos y por tarea) y salarios proporcionales.

3.1. Salario a tiempo

En la retribución del trabajo por unidad de tiempo se atiende a la duración del servicio, independientemente de la cantidad de obra realizada, salvo el contrato en que expresamente se estipule un mínimo de obra.

El salario a tiempo se suele llamar «jornal», cuando se paga por días o por semanas, o «sueldo» cuando su pago es mensual. El jornal es el sistema de retribución de los trabajadores manuales; y el sueldo el de los empleados y técnicos.

El salario en el trabajo medido por unidad de tiempo —año, mes, semana, día, incluso hora— corresponden a la jornada normal completa de trabajo y al rendimiento, fijado o habitual, exigible en la actividad de que se trate.

Aunque no se tome en cuenta el trabajo realizado para la determinación del salario en esta modalidad, debe tenerse en cuenta que uno de los deberes básicos del trabajador es el cumplir con las obligaciones concretas de su puesto de trabajo, de conformidad a las reglas de la buena fe y diligencia.

El salario base puede ser la parte de la retribución del trabajador fijada por unidad de tiempo.

Los salarios mínimos interprofesionales responden a esta modalidad de salario por unidad de tiempo.

3.2. Salario por obra: destajo

En la retribución del trabajo por unidad de obra se atiende a la cantidad y calidad de la obra o trabajos realizados, pagándose por piezas, medidas, trozos o conjuntos determinados, independientemente del tiempo invertido (15 euros por metro cuadrado de suelo embaldosado, por ejemplo).

Si se ha estipulado plazo para la conclusión del trabajo u obra, debe terminarse dentro de él, pero no se puede exigir un rendimiento mayor al normal de un trabajador.

Aunque no se tome en cuenta el tiempo invertido para la determinación del salario en esta modalidad, debe tenerse en cuenta que uno de los deberes básicos del trabajador es el cumplir con las obligaciones concretas de su puesto de trabajo, de conformidad a las reglas de la buena fe y diligencia.

El salario base puede ser la parte de la retribución del trabajador fijada por unidad de obra.

3.3. Salarios mixtos

El salario mixto se compone de salario por unidad de tiempo y salario por unidad de obra (prima o incentivo). Así, el salario por unidad de tiempo retribuye, en cuantía constante, un rendimiento normal, o mínimo, en un tiempo determinado y el salario por unidad de obra retribuye, en el mismo tiempo, un rendimiento mayor o extraordinario y, por lo tanto, eventual y variable.

Con el salario mixto se pretenden superar los inconvenientes de salarios por unidad de tiempo o de obra puros, incrementando racionalmente tanto la productividad como las percepciones del trabajador.

3.3.1. *Salario por tarea*

En el trabajo por tarea el trabajador tiene la obligación de realizar una determinada cantidad de obra o trabajo en la jornada u otros períodos de tiempo al efecto establecidos, entendiéndose cumplida dicha jornada o período de tiempo en cuanto se haya ultimado el trabajo fijado en la tarea.

El salario por tarea es un salario mixto; se retribuye por la obra realizada, pero en función del tiempo acordado para su realización.

Aun cuando el salario esté establecido por tarea, el trabajador está obligado a aplicar, al objeto, su actividad profesional sin más interrupciones que las determinadas legal o convencionalmente. La obligación de diligencia es la misma que en los trabajos cuya remuneración esté fijada en función del tiempo.

3.4. Salarios proporcionales

Salarios proporcionales son aquellos que están establecidos en función de los ingresos o recaudaciones que se obtengan por la empresa.

Son característicos de determinadas ramas de actividad y su regulación específica es propia de convenios.

La denominación más generalizada es la de comisión, típica de los representantes de comercio. Otros nombres son: salario a la parte, en pesca y marina mercante; participación en las capturas, en buques congeladores; tronco, en hostelería; porcentaje de servicio, etc.

Para su cálculo se suele aplicar un porcentaje sobre los ingresos o recaudaciones de la empresa, con o sin previa deducción de unos gastos, y haya intervenido directamente o no el trabajador en su obtención.

En principio, la retribución establecida única y exclusivamente en función del resultado económico de la empresa (pérdidas o ganancias) no sería propiamente salario, sino más bien un contrato de sociedad. Incluso aunque no haya participación en pérdidas, como es el caso del socio industrial.

3.4.1. *Salario a comisión*

El salario a comisión es la retribución constituida, en todo o en parte, por una cantidad calculada sobre los negocios mediados por el trabajador, operaciones en las que ha intervenido por cuenta del empresario.

El derecho a la comisión nace en el momento de realizarse y pagarse el negocio, la colocación o venta en que hubiere intervenido el trabajador. Sin embargo, salvo que por pacto se haya establecido de otro modo, se liquida y paga al finalizar el año.

La cuantía de las comisiones es la que libremente han acordado las partes. De no haberse establecido, se determinará con arreglo a los usos y costumbres locales en la respectiva industria o comercio.

El salario mínimo interprofesional en cómputo anual es la garantía mínima de ingresos cuando el trabajador tiene establecido el salario a comisión como única percepción.

Las comisiones, en cuanto salario, deben ser computadas para determinar el que le corresponde al trabajador en vacaciones.

El trabajador y sus representantes legales pueden pedir en cualquier momento comunicaciones de la parte de los libros referentes a las comisiones.

3.4.2. *Salario a la parte*

El salario a la parte es aquel en que se asigna al trabajador una fracción determinada del producto, o del importe o valor obtenido del mismo.

Es un sistema de retribución típica de determinadas actividades: en marina mercante es una participación en el flete; en la pesca marítima en flotas de media altura y bajura es un porcentaje en el importe de la pesca, previa deducción de los gastos y la participación del armador.

3.4.3. *Salario a porcentaje del servicio*

En el salario a porcentaje del servicio se remunera al trabajador con una participación en la facturación realizada, garantizándosele un salario fijo, determinado a tiempo y que tiene la consideración de salario base.

Es un sistema de retribución contemplado en algunos convenios colectivos de los sectores de hostelería y peluquería.

4. **Fijación de la cuantía del salario**

El empresario y el trabajador son libres, en principio, para acordar la cuantía del salario con que ha de ser pagado el trabajo comprometido. No obstante, están obligados a respetar ciertos límites.

4.1. Salario mínimo interprofesional

El salario mínimo interprofesional es aquella retribución, de fijación anual y establecida legalmente, por debajo de la cual no cabe retribuir la prestación de servicios por cuenta ajena en jornada ordinaria.

El salario mínimo interprofesional constituye una norma de carácter imperativo, por lo que es nulo todo convenio colectivo, pacto o contrato individual que no lo respete.

La percepción del salario mínimo, más los complementos salariales que procedan, en cómputo anual, debe ser respetado por las normas reglamentarias, convenios colectivos, laudos arbitrales, pactos o contratos individuales que determinen el salario del trabajador, pero no afectan a la estructura de dicho salario, salvo en la medida que deba modificarse para garantizar dicha percepción.

Por su carácter de mínimo supone una garantía de percepción para todo trabajador por la prestación de servicios por cuenta ajena, o situación equiparable, durante la jornada ordinaria de trabajo y cualquiera que sea la modalidad retributiva: en dinero, o en dinero y en especie.

El límite de percepción que supone este salario es de aplicación también en aquellas actividades retribuidas por obra o resultado.

Tan sólo cabe la reducción del salario mínimo interprofesional en los supuestos de reducción de jornada, en tal caso aquélla será proporcional a ésta.

La calificación del salario mínimo como interprofesional significa que es de aplicación a todos los sectores y ramas de actividad, ya sea en la agricultura, en la industria o en los servicios.

4.1.1. *Cuantía*

La cuantía del salario mínimo interprofesional para cualquier actividad en la agricultura, industria o servicios, sin distinción de sexo es, en el año 2023, de 36 euros al día, si el salario está fijado por días y en el que no se incluye la parte proporcional de los domingos y festivos, o 1.080,00 euros al mes, si el salario está fijado por meses.

Al salario mínimo se le deben adicionar los complementos salariales personales, por el trabajo realizado y por la situación o resultados de la empresa, sirviendo ese salario mínimo como módulo, en su caso, y conforme a lo establecido en el convenio colectivo y contrato de trabajo.

El salario mínimo por jornada legal de actividad del trabajador eventual o temporero cuyos servicios a una misma empresa no exceden de 120 días al año es, en el año 2023, de 51,15 euros, en el que se incluyen las partes proporcionales de los domingos y festivos y de las dos pagas extraordinarias, a razón de 30 días cada una de ellas.

Si este trabajador eventual o temporero no puede disfrutar de vacaciones por no coincidir éstas con la vigencia del contrato, junto con el salario mínimo debe percibir la parte proporcional de éste correspondiente a dichas vacaciones.

El salario mínimo de los empleados de hogar que trabajan por horas, para cuya determinación se toma como referencia el fijado para los trabajadores eventuales y temporeros, es de 8,45 euros por hora efectivamente trabajada.

4.1.2. *Salario mínimo interprofesional 2023 en normas no estatales y relaciones privadas*

El salario mínimo interprofesional no sólo ha sido tenido en cuenta como garantía salarial mínima de los trabajadores por cuenta ajena, sino también como referencia para obtener o calcular algún beneficio, servicio o prestación social (becas de estudios, acceso a la vivienda de protección oficial, revisión de alquileres, determinación de los mínimos fiscales exentos, etc., y, en el ámbito social, las prestaciones de la Seguridad Social). Son los denominados efectos múltiples del salario mínimo interprofesional.

Las cuantías del salario mínimo interprofesional, en vigor desde el 1 de enero de 2023, no son de aplicación a los contratos y pactos de naturaleza privada vigentes en dicha fecha que utilicen el salario mínimo interprofesional como referencia a cualquier efecto, salvo que las partes acuerden la aplicación de esas cuantías.

En cualquier caso, el salario no puede ser inferior en su conjunto y en cómputo anual a la cuantía del salario mínimo interprofesional vigente desde el 1 de enero de 2023, 15.120 euros por incluir dos pagas.

4.1.3. *Indicador público de renta de efectos múltiples (IPREM)*

El indicador público de renta de efectos múltiples (IPREM) es un parámetro de referencia sustitutivo del salario mínimo interprofesional que es utilizado para el cálculo del importe de determinadas prestaciones de la Seguridad Social y ayudas sociales que, antes de la creación de este nuevo mecanismo, se encontraban, en su mayoría, referenciadas al salario mínimo interprofesional. Esto no significa que el salario mínimo interprofesional haya desaparecido como indicador, sino que se mantiene en lo que hace relación con la determinación del nivel de renta máximo para acceder y mantener dichas prestaciones.

También actúa este indicador como referencia para determinar la cuantía a la que queda limitada la exclusión de determinados conceptos retributivos de gravamen en el Impuesto sobre la Renta, así como para establecer el importe máximo de ingresos económicos brutos anuales que no cabe sobrepasar para el reconocimiento del derecho de asistencia jurídica gratuita.

El indicador público de renta de efectos múltiples (IPREM), de cuantía inferior al salario mínimo interprofesional, pretende servir de instrumento de contención del gasto social.

La cuantía del IPREM durante 2023 es de 20 euros/día, 600 euros/mes, 7.200 euros/ año y, cuando se utilice para sustituir al salario mínimo interprofesional en cómputo anual, sin expresa exclusión de las pagas extraordinarias, 8.400 euros/año.

4.2. Salario mínimo profesional

La mayoría de los sectores de actividad tienen superadas, mediante negociación colectiva, las cuantías fijadas en el salario mínimo interprofesional. Por eso, son consideradas como mínimas las retribuciones que, diferenciadas según la categoría profesional de los trabajadores, aparecen recogidas en el convenio colectivo aplicable, sea de empresa o de sector. A ese salario establecido en convenio es a lo que se denomina salario profesional.

La cuantía del salario determinada por los convenios colectivos obliga a todos los empresarios y trabajadores incluidos dentro del ámbito de aplicación de los mismos y durante todo el tiempo de su vigencia.

4.2.1. *Descuelgue salarial*

Previo acuerdo entre la empresa y los representantes legales de los trabajadores legitimados para negociar un convenio colectivo, cabe inaplicar el régimen salarial previsto en el convenio colectivo aplicable, sea este de sector o de empresa, cuando concurran causas económicas, técnicas, organizativas o de producción.

Si no hay representación legal de los trabajadores en la empresa, éstos pueden atribuir su representación a una comisión de hasta 3 miembros integrada por trabajadores de la propia empresa o a una comisión de hasta 3 miembros designada por los sindicatos más representativos y representativos del sector al que pertenezca la empresa y que estén legitimados para formar parte de la comisión negociadora del convenio colectivo aplicable.

El acuerdo de inaplicación debe determinar con exactitud las nuevas condiciones de trabajo aplicables en la empresa y su duración, que no podrá prolongarse más allá del momento en que resulte aplicable un nuevo convenio en dicha empresa.

El acuerdo de inaplicación, al que habrá precedido un periodo de consultas, no puede dar lugar al incumplimiento de las obligaciones establecidas en convenio relativas a la eliminación de las discriminaciones por razones de género o de las previstas en el plan de igualdad aplicable en la empresa y debe ser notificado a la comisión paritaria del convenio colectivo.

Las discrepancias durante el periodo de consultas pueden someterse a la comisión del convenio, y de no solicitarse su intervención o ésta no haber alcanzado un acuerdo, cabe recurrir a los procedimientos establecido en los acuerdos interprofesionales de ámbito estatal o autonómico, para solventar de manera efectiva las discrepancias surgidas en la negociación de los acuerdos.

Finalizado el periodo de consultas sin acuerdo, la discrepancia puede someterse a la Comisión consultiva nacional de convenios colectivos cuando la inaplicación afecta a centros de trabajo de la empresa situados en el territorio de más de una Comunidad Autónoma, o al órgano correspondiente de la Comunidad Autónoma en otro caso.

4.3. Salario contractual

También mediante contrato de trabajo o pacto individual se puede determinar la cuantía del salario, ya que el trabajador y el empresario pueden establecer los pactos, cláusulas y condiciones que tengan por conveniente, siempre que no sean contrarios a las leyes, a la moral, ni al orden público.

En ningún caso pueden establecerse en perjuicio del trabajador condiciones menos favorables o contrarias a las disposiciones legales y convenios colectivos. Lógicamente, pueden pactarse condiciones salariales superiores a las señaladas por el convenio colectivo de aplicación a la empresa. Esta situación de superior retribución salarial del trabajador es lo que se conoce con el nombre de «condición más beneficiosa», y las cantidades percibidas por el trabajador en este concepto reciben el nombre de complemento «ad personan».

A pesar de su origen voluntario, esta mejora salarial no puede ser suprimida por decisión unilateral del empresario ya que, una vez consolidada, pasa a constituir un derecho económico del trabajador. No obstante, su neutralización, su posible supresión, es factible por aplicación de la absorción y de la compensación.

4.3.1. *Absorción y compensación*

Nada impide que el empresario pague a sus trabajadores un salario superior al previsto como salario mínimo interprofesional o al fijado en convenio colectivo. Pero el hecho de disfrutar de esta condición más beneficiosa no quiere decir que su disfrute haya de ser indefinido.

El empresario tiene la posibilidad de neutralizar esas mejoras salariales a través del mecanismo de la absorción y compensación; que es de aplicación cuando los salarios realmente pagados, en su conjunto y cómputo anual, sean más favorables para los trabajadores que los fijados por la «norma» o por el convenio colectivo.

Esto significa que los incrementos de salarios mínimos interprofesionales o profesionales que puedan tener lugar no repercuten o modifican el salario realmente percibido por el trabajador, salvo que éste, en conjunto y en cómputo anual, resulte inferior al nuevo salario mínimo, en cuyo caso se revisaría hasta alcanzar el nuevo mínimo profesional o interprofesional.

La absorción y compensación actúan respecto de partidas salariales. No lo hacen sobre los devengos extrasalariales que deben computarse por separado.

Su aplicación sólo puede realizarse en relación con conceptos salariales que sean homogéneos entre sí, en el sentido de que los conceptos retributivos que se pretenden compensar respondan a la misma o análoga causa. Así, por ejemplo, no existe homogeneidad en la retribución de la jornada ordinaria y en la correspondiente a horas extraordinarias debido al carácter excepcional del trabajo realizado fuera de la duración normal de la jornada.

La absorción y compensación no actúan de modo automático y necesario, por lo que cabe el pacto en contrario o la renuncia del empresario a aplicarlas, en cuyo caso el incremento del salario mínimo no quedaría compensado, sino que repercutiría sobre el salario percibido por el trabajador, a título de condición más beneficiosa.

4.4. Revisión salarial

Los convenios colectivos suelen establecer cláusulas de revisión salarial que tiene la finalidad de incrementar o actualizar las percepciones salariales que han de cobrar los trabajadores incluidos en su ámbito de aplicación. Los convenios colectivos suelen establecer cláusulas de revisión salarial que tienen la finalidad de incrementar o actualizar las percepciones salariales que han de cobrar los trabajadores incluidos en su ámbito de aplicación. En algunas ocasiones la cláusula de revisión salarial proyecta sus efectos en los 2 o 3 años siguientes a su aprobación.

A estos efectos ha solido tomarse como referencia el aumento que el Gobierno preveía que había de experimentar el Índice de Precios al Consumo (IPC) durante el año en curso. La subida salarial, coincidente con dicho indicador, se aplicaba sobre las tablas salariales del año anterior, una vez que se había procedido a la regularización del IPC correspondiente a ese año, y con efectos retroactivos a primero de enero de la anualidad correspondiente.

No obstante, los agentes sociales han venido renunciando a una revisión directa de los salarios conforme al IPC general con el fin de que la moderación de rentas salariales permitiera facilitar el crecimiento y la creación de empleo.

El Gobierno, siguiendo esas pautas acordadas por organizaciones empresariales y sindicales, ha establecido un régimen basado en que los valores monetarios no sean modificados en virtud de índices de precios o fórmulas que lo contengan, la desindexación de la economía española, si bien no es de aplicación a la negociación salarial colectiva en la que no intervenga el sector público.

4.5. Irrenunciabilidad de derechos

Durante la vigencia del contrato no es válida la renuncia que el trabajador pueda realizar de los derechos que tuviese reconocidos por disposiciones legales (las que establecen la cuantía del salario mínimo interprofesional o las cuantías mínimas de las indemnizaciones por extinción del contrato, por ejemplo) o por convenio colectivo (todas las cláusulas salariales, salvo aquellas sobre las que el propio convenio admita su disponibilidad).

También está prohibida la transacción o renuncia de los derechos salariales reconocidos por sentencia favorables al trabajador.

En cambio, sí son renunciables y disponibles para el trabajador las condiciones salariales más ventajosas pactadas individualmente en contrato de trabajo o concedidas graciablemente por el empresario.

Los recibos de finiquito firmados con posterioridad a la extinción del contrato también tienen eficacia liberatoria y no están afectados de nulidad.

4.6. Registro salarial

El empresario está obligado a llevar un registro con los valores medios de los salarios, los complementos salariales y las percepciones extrasalariales de su plantilla, separados por sexo y distribuidos por grupos profesionales, categorías profesionales o puestos de trabajo iguales o de igual valor.

Si el promedio de las retribuciones de los trabajadores de un sexo es superior a los del otro en un 25% o más en una empresa de 50 o más trabajadores, el registro salarial debe incluir los motivos no relacionados con el sexo que justifiquen dicha diferencia.

La representación legal de los trabajadores en la empresa tiene derecho a acceder a ese registro salarial.

5. **Especialidades del salario**

5.1. Salario y modalidades del contrato

Algunas de las modalidades de contratación presentan especialidades para la determinación del salario.

5.1.1. *Contrato de grupo*

En el contrato de grupo es el jefe del grupo quien ostenta la representación de los que lo integran, acuerda el salario común y lo distribuye cuando lo cobra.

5.1.2. *Contrato de formación en alternancia*

En el contrato de formación en alternancia, la retribución cuando no está establecida en el convenio colectivo, no puede ser inferior al 60% durante el primer año ni al 75% durante el segundo, respecto de la fijada en convenio para el grupo profesional y nivel retributivo correspondiente a las funciones desempeñadas, en proporción al tiempo de trabajo efectivo.

En ningún caso la retribución puede ser inferior al salario mínimo interprofesional en proporción al tiempo de trabajo efectivo.

5.1.3. *Contrato para la obtención de práctica profesional*

En el contrato para la obtención de práctica profesional, la retribución, cuando no está establecida en el convenio colectivo, no puede ser inferior a la fijada en convenio para el grupo profesional y nivel retributivo correspondiente a las funciones desempeñadas, en proporción al tiempo de trabajo efectivo.

En ningún caso la retribución puede ser inferior a la establecida para el contrato para la formación en alternancia ni al salario mínimo interprofesional en proporción al tiempo de trabajo efectivo.

5.1.4. *Contrato a tiempo parcial*

El salario de los trabajadores contratados a tiempo parcial es proporcional a la duración de la jornada rendida, salvo condición más beneficiosa o fijación por objetivos.

Los trabajadores a tiempo parcial no pueden realizar horas extraordinarias, salvo para prevenir o reparar siniestros y otros daños extraordinarios y urgentes

No obstante, los trabajadores a tiempo parcial pueden realizar horas complementarias cuando la jornada ordinaria establecida en el contrato es de al menos 10 horas semanales en cómputo anual.

La realización de las horas complementarias es obligatoria para el trabajador cuando ha suscrito el correspondiente pacto específico, pacto en el que el número de horas acordado no puede exceder del 30%, si bien en convenio colectivo pueden ampliarse hasta el 60%, de las horas ordinarias de trabajo objeto del contrato.

El trabajador puede renunciar al pacto, mediante un preaviso de 15 días y una vez cumplido 1 año desde su celebración, para la atención de responsabilidades familiares —guarda legal de un menor o discapacitado, cuidado de un familiar—, por necesidades formativas o por incompatibilidad con otro contrato a tiempo parcial.

La realización de las horas complementarias es voluntaria para el trabajador cuando, no habiendo suscrito el correspondiente pacto específico, el contrato es indefinido y la jornada en cómputo anual no es inferior a 10 horas semanales En este caso, el número de horas complementarias voluntarias ofrecido por el empresario no puede exceder del 15%, si bien en convenio colectivo pueden ampliarse hasta el 30%, de las horas ordinarias de trabajo objeto del contrato.

La suma de las horas ordinarias y complementarias no puede exceder de la jornada de un trabajador a tiempo completo comparable.

Las horas complementarias efectivamente realizadas se deben retribuir como ordinarias. Se computan a efectos de bases de cotización a la Seguridad Social y períodos de carencia y bases reguladoras de las prestaciones.

Por otra parte, el salario a considerar en los supuestos de disfrute de los períodos de descanso por maternidad o paternidad a tiempo parcial, a efectos del cálculo de las indemnizaciones previstas legalmente por traslado, suspensión o extinción del contrato o despido, es el que hubiera correspondido al trabajador sin considerar la reducción de jornada efectuada, siempre y cuando no haya transcurrido el plazo máximo legalmente establecido para dicha reducción.

5.1.5. *Contratos de jubilación parcial y de relevo*

El contrato de jubilación parcial, que tiene por objeto la prestación de servicios por tiempo inferior (entre un 25% y un 50%, con carácter general; si bien, en determinadas condiciones, puede alcanzar un 75%) al que realizaba el trabajador con anterioridad a su jubilación, lleva consigo la reducción proporcional de su salario.

La retribución del trabajador que le releva en la parte dejada de trabajar también debe ser proporcional (entre un 25% y un 50%, con carácter general; si bien, en determinadas condiciones, puede alcanzar un 75%) a la fijada legal o convencionalmente para un trabajador de la misma categoría que el trabajador relevado, salvo que el contrato de relevo se hubiese celebrado a tiempo completo.

5.1.6. *Contrato de trabajo a distancia*

En el contrato de trabajo a distancia un mínimo del 30% de la prestación de servicios se lleva a cabo en el domicilio de la persona trabajadora o en el lugar elegido por esta, durante toda su jornada o parte de ella. No obstante, la prestación de servicios presencial debe alcanzar el 50% en los contratos formativos, tanto en la modalidad de contrato de formación en alternancia como en la de contrato para la obtención de práctica profesional, y en los contratos con menores.

El teletrabajo es aquel trabajo a distancia que se lleva a cabo mediante el uso exclusivo o prevalente de medios y sistemas informáticos, telemáticos y de telecomunicación.

La retribución total debe ser, como mínimo, la establecida conforme al grupo profesional, nivel, puesto y funciones, así como los complementos establecidos para las personas trabajadoras que solo prestan servicios de forma presencial, particularmente aquellos vinculados a las condiciones personales, los resultados de la empresa o las características del puesto de trabajo.

El trabajador no tiene que asumir los gastos relacionados con los equipos, herramientas y medios vinculados al desarrollo de su actividad laboral.

El acuerdo de trabajo a distancia debe garantizar un porcentaje mínimo del 50% de prestación de servicios presencial, tanto en los contratos de trabajo celebrados con menores como en los contratos de formación en alternancia y en los contratos para la obtención de práctica profesional.

5.1.7. *Contrato de puesta a disposición*

Al trabajador puesto a disposición por una empresa de trabajo temporal no se le aplica el sistema retributivo establecido en dicha empresa, sino que tiene derecho a percibir la retribución total establecida para el puesto de trabajo que desarrolla en el convenio colectivo aplicable a la empresa usuaria.

Esa remuneración debe incluir, en su caso, la parte proporcional correspondiente al descanso semanal, las pagas extraordinarias, los festivos y las vacaciones. La empresa usuaria debe consignar el salario en el contrato de puesta a disposición.

5.2. Salario y vacaciones

Las vacaciones, interrupción anual de la prestación de servicios del trabajador, por tiempo no inferior a 30 días, para proporcionarle descanso, deben ser retribuidas.

Las vacaciones se establecen en función del tiempo trabajado, por lo que si éste no tiene lugar, no nace el derecho a su disfrute.

El cómputo del período trabajado a efectos del cálculo de las vacaciones se inicia con el año natural (1 de enero), salvo que sea otro el criterio establecido en el convenio colectivo de aplicación en la empresa (por ejemplo, si se determinase que el cómputo ha de realizarse desde el momento en que termine la última vacación disfrutada).

El importe de la retribución de las vacaciones ha de ser la retribución normal o media que esté percibiendo el trabajador, y que incluye la totalidad de sus emolumentos en jornada ordinaria. Sin embargo, prevalece el criterio establecido en el convenio colectivo de aplicación, si es otro.

Las vacaciones son de obligado disfrute para el trabajador y no pueden sustituirse por compensación económica alguna. Sólo cabe la compensación económica de las vacaciones cuando se haya producido el cese del trabajador antes de haber agotado el período vacacional completo o antes de haber llegado a la época de su disfrute. En estos casos, el trabajador tiene derecho a cobrar la parte proporcional de vacaciones; es decir, la parte que, teniendo en cuenta el período de tiempo trabajado ese año, le correspondería disfrutar de descanso.

La compensación económica no se produce cuando el período de vacaciones fijado en el calendario de la empresa coincide en el tiempo con una incapacidad temporal derivada del embarazo, el parto o la lactancia natural o con el período de suspensión del contrato por parto, guarda con fines de adopción, adopción o acogimiento, ya que en tal caso se tiene derecho a disfrutar las vacaciones en fecha distinta, al finalizar el período de suspensión, aunque haya terminado el año natural al que aquéllas correspondían.

Por otra parte, en caso de que se disfrute el período completo de vacaciones y posteriormente, antes de terminar el año natural, se produzca la extinción del contrato de trabajo, cabe realizar un descuento por las vacaciones disfrutadas no devengadas.

Excepcionalmente, los trabajadores eventuales y temporeros pueden percibir, junto con su salario, la parte proporcional correspondiente a las vacaciones cuando no haya coincidencia entre el período de su disfrute y la vigencia de su contrato.

5.3. Salario y movilidad funcional

La movilidad funcional, en cuanto cambio del trabajador a funciones distintas de las que habitualmente presta, requiere el mantenimiento, en el caso de encomienda de funciones inferiores, de la retribución de origen.

En los demás supuestos de movilidad funcional, el trabajador tiene derecho a la retribución correspondiente a las funciones que efectivamente realiza.

5.4. Salario y suspensión del contrato

Son causas de suspensión del contrato de trabajo las siguientes:

— El mutuo acuerdo de las partes.
— Las consignadas válidamente en el contrato de trabajo.
— La incapacidad temporal.
— El riesgo durante el embarazo.
— El nacimiento de hijo, que comprende el parto y el cuidado de menor de 12 meses.
— El riesgo durante la lactancia natural de un menor de 9 meses.
— La adopción y la guarda con fines de adopción.
— El acogimiento familiar de duración no inferior a un año, de menores 18 años con discapacidad o con especiales dificultades de inserción social y familiar o de menores de 6 años.
— La adopción, y la guarda con ese fin, de menores de 6 años o, si se trata de personas con discapacidad o de quienes por sus circunstancias y experiencias personales o por provenir del extranjero tienen especiales dificultades de inserción social y familiar, de menores de 18 años.
— El ejercicio de cargo público representativo.
— La privación de libertad del trabajador, mientras no exista sentencia condenatoria.
— La suspensión de empleo y sueldo por razones disciplinarias.
— La fuerza mayor temporal.
— Las causas económicas, técnicas, organizativas o de producción.
— La excedencia.
— El ejercicio del derecho de huelga.
— El cierre legal de la empresa.
— La decisión de la trabajadora que se ve obligada a abandonar su puesto de trabajo como consecuencia de ser víctima de violencia sexual o de género.

La suspensión del contrato de trabajo por cualquiera de las mencionadas causas produce el efecto de exonerar de las obligaciones recíprocas de trabajar y de remunerar el trabajo.

5.5. Salario y reducción de jornada

Tienen derecho a una reducción de la jornada de trabajo, con la disminución proporcional del salario:

— Los progenitores, guardadores o acogedores pueden extender el periodo de disfrute hasta que el lactante cumpla 12 meses, con reducción proporcional del salario a partir del cumplimiento de los 9 meses, cuando ejerzan ambos el derecho a la reducción de jornada en media hora para el cuidado del lactante con la misma duración y régimen.
— El padre o la madre cuyo hijo recién nacido precisa ser hospitalizado a continuación del parto. Tienen derecho a reducir su jornada de trabajo hasta un máximo de 2 horas.
— Quien por razones de guarda legal tiene a su cuidado directo un menor de 12 años o una persona con discapacidad física, psíquica o sensorial, que no desempeña una actividad retribuida. La reducción debe estar comprendida entre un octavo y la mitad de la duración de la jornada.
— Quien precisa encargarse del cuidado directo de un familiar, hasta el 2.º grado de consanguinidad o afinidad, que por razones de edad, accidente o enfermedad no puede valerse por sí mismo, y que no desempeñe actividad retribuida.

La reducción debe estar comprendida entre un octavo y la mitad de la duración de la jornada.

- El progenitor, adoptante, guardador con fines de adopción o acogedor de un menor a su cargo afectado por cáncer o cualquier enfermedad grave, que implica un ingreso hospitalario de larga duración y requiere la necesidad de su cuidado directo, continuo y permanente.
  El derecho a la reducción de la jornada es, como mínimo, del 50%.
  La reducción de la jornada se extiende hasta los 23 años de quien fuera el menor, si se mantiene su necesidad de cuidado directo, continuo y permanente.
- La trabajadora víctima de violencia sexual, de género o terrorismo que la precisa para hacer efectiva su protección o su derecho a la asistencia social integral.

5.6. Salario e incapacidad permanente parcial

Los trabajadores que han sido declarados en situación de incapacidad permanente parcial tienen derecho a su reincorporación en la empresa en las condiciones siguientes:

- Si la incapacidad permanente parcial no afecta al rendimiento normal del trabajador en el puesto de trabajo que ocupaba antes de incapacitarse debe el empresario reincorporarlo al mismo puesto o, en caso de imposibilidad, mantenerle el nivel retributivo correspondiente.
- En el supuesto de que el empresario acredite la disminución en el rendimiento, deberá ocupar al trabajador en un puesto de trabajo adecuado a su capacidad residual y, si no existiera, podrá reducir proporcionalmente el salario, sin que en ningún caso la disminución pueda ser superior al 25%, ni que los ingresos sean inferiores al salario mínimo interprofesional cuando se realice jornada completa.

5.7. Salarios de tramitación

Se conoce como salarios de tramitación aquella cantidad objeto de condena en los juicios por despido consistente en una suma igual a la suma de los salarios dejados de percibir desde la fecha del despido hasta que se notifique la sentencia, o hasta que haya encontrado otro empleo si tal colocación es anterior a dicha sentencia y se pruebe por el empresario lo percibido para su descuento de los salarios de tramitación. A pesar de su propia denominación, tienen naturaleza indemnizatoria, no salarial, dado que no corresponden a trabajo efectivo ni a descanso retribuido.

El trabajador tiene derecho a los salarios de tramitación cuando un despido ha sido declarado improcedente:

- Si el empresario opta por la readmisión de un trabajador que no es un representante legal de los trabajadores o un delegado sindical.
  Esta opción expresa debe ejercitarse mediante escrito o comparecencia ante la oficina del Juzgado de lo Social, dentro del plazo de 5 días desde la notificación de la sentencia que declara el despido improcedente.
  Se entiende que procede la readmisión, opción presunta, cuando el empresario no opta por la readmisión o la indemnización.
- Si el trabajador despedido es un representante legal de los trabajadores o un delegado sindical.

El salario a tener en cuenta para el cálculo de la indemnización y de los salarios de tramitación, en su caso, es el que legalmente corresponda al trabajador en el momento del despido.

El Estado debe abonar los salarios de tramitación que se devenguen cuando la sentencia de la jurisdicción competente que declare la improcedencia del despido se dicte transcurridos más de

90 días hábiles desde la fecha en que se presentó la demanda. Esta responsabilidad del Estado sólo se da en los despidos improcedentes, no en los nulos.

5.8. Salario y recibo de finiquito

El término finiquito hace referencia a aquel documento en que empresario y trabajador expresan su conformidad con la terminación de la relación laboral, cualquiera que haya sido la causa que la haya motivado (mutuo acuerdo, despido, dimisión, expiración del tiempo pactado, jubilación, etc.).

Pero el finiquito suele contener además la liquidación de las cantidades devengadas durante la relación laboral, ya sean de carácter salarial (salario base, pluses, partes proporcionales de vacaciones y pagas extraordinarias) o de carácter extrasalarial (indemnizaciones, dietas, retenciones del Impuesto sobre la Renta de las Personas Físicas o cuotas de la Seguridad Social).

El finiquito puede incluir también la declaración de que la cantidad adeudada ha sido recibida por el trabajador, actuando así el documento como recibo del pago realizado. Asimismo, el finiquito suele incluir una declaración en que las partes expresan que, a partir de la firma del documento, nada se deben ya entre sí.

La liquidación que representa el finiquito, ha de hacerse constar en el correspondiente recibo de salarios.

El empresario, con ocasión de la extinción del contrato, al comunicar a los trabajadores la denuncia o, en su caso, el preaviso de la extinción del mismo, deberá acompañar una propuesta del documento de liquidación de las cantidades adeudadas.

El trabajador podrá solicitar la presencia de uno de sus representantes (delegado de personal o miembro del comité de empresa) en el momento de proceder a la firma del recibo del finiquito, haciéndose constar en el mismo el hecho de su firma en presencia del representante, o bien que el trabajador no ha hecho uso de esta posibilidad. Si el empresario impidiese la presencia del representante en el momento de la firma, el trabajador podrá hacerlo constar en el propio recibo, a los efectos oportunos.

El incumplimiento de las obligaciones establecidas en materia de tramitación de los recibos de finiquito constituye una infracción grave sancionable con multa entre 751 y 7.500 euros.

No ha de confundirse el finiquito, en el que consta la inequívoca voluntad del trabajador de extinguir el contrato de trabajo, con la mera liquidación de cuentas que supone una voluntad de clarificar la situación económica entre el empresario y el trabajador por un determinado período de tiempo.

5.9. Salario y Seguridad Social

Las prestaciones o medidas reparadoras de la situación de necesidad causada por un riesgo o contingencia, que integran la acción protectora de la Seguridad Social, son las siguientes:

- — Asistencia sanitaria en los casos de maternidad, de enfermedad común o profesional y de accidentes, sean o no de trabajo.
- — Recuperación profesional.
- — Incapacidad temporal.
- — Riesgo durante el embarazo.
- — Nacimiento y cuidado de menor.
- — Ejercicio corresponsable del cuidado del lactante.
- — Riesgo durante la lactancia natural.
- — Cuidado de menores afectados por cáncer u otra enfermedad grave.
- — Incapacidad permanente, que puede implicar un complemento para la reducción de la brecha de género si ha sido causada a partir del 4 de febrero de 2021.

— Desempleo.
— Jubilación, que puede implicar un complemento para la reducción de la brecha de género si ha sido causada a partir del 4 de febrero de 2021.
— Muerte y supervivencia, que comprende:

- Auxilio por defunción.
- Viudedad, ya sea pensión, que puede implicar un complemento para la reducción de la brecha de género si ha sido causada a partir del 4 de febrero de 2021, o prestación temporal.
- Orfandad, ya sea pensión o prestación.
- En favor de familiares, ya sea pensión o subsidio.
- Indemnización en caso de muerte por accidente de trabajo o enfermedad profesional.

— Las prestaciones familiares, que consisten:

- En su modalidad contributiva y a efectos de las prestaciones por jubilación, incapacidad permanente, muerte y supervivencia, nacimiento y cuidado de menor:

  — De la consideración como cotizados de los periodos de excedencia legal por cuidado de hijo o menor en régimen de acogimiento permanente o de guarda con fines de adopción o de otros familiares que no pueden valerse por sí mismos.
  Si la excedencia ha sido precedida de una reducción de jornada, las cotizaciones durante la misma se computan como si no hubiera habido tal reducción.
  — Del incremento hasta el 100% de las cotizaciones que hubieran correspondido sin la reducción de las realizadas durante las reducciones legales de jornada por cuidado de menor, durante 2 años, por la prórroga de 9 a 12 meses por cuidado de lactante, o por el cuidado de una persona con discapacidad o un familiar, hasta un año.

- En su modalidad no contributiva:

  — Asignación económica por cada hijo o menor a cargo en régimen de acogimiento familiar permanente o guarda con fines de adopción, si es menor de 18 años con un grado de discapacidad no inferior al 33% o mayor de 18 años con un grado de discapacidad no inferior al 65%.
  También pueden ser beneficiarios de esta asignación los huérfanos de padre y madre, según su edad y grado de discapacidad, los abandonados por sus padres y, en razón de la que correspondería a sus padres por ellos, los mayores de 18 años.
  — Prestación económica de pago único por nacimiento o adopción de hijo en familias numerosas, monoparentales y en los casos de madres o padres con discapacidad.
  — Prestación económica de pago único por parto o adopción múltiples.

— Ingreso mínimo vital, prestación dirigida a prevenir el riesgo de pobreza y exclusión social de quienes se encuentran en una situación de vulnerabilidad por carecer de recursos económicos suficientes para la cobertura de sus necesidades básicas.
— Prestaciones de servicios sociales, en materia de rehabilitación de inválidos y de asistencia a la tercera edad.
— Beneficios de asistencia social.

Esta función aseguradora o de protección, que al sistema de Seguridad Social corresponde garantizar, exige una financiación en la que han de ser partícipes, además del Estado, sus beneficiarios. Es por ello que se obliga a cotizar a la Seguridad Social a los trabajadores y a los empresarios por cuya cuenta trabajen.

La cotización comprende, por tanto, una doble aportación: de los empresarios, o cuota patronal, y de los trabajadores, o cuota obrera; aunque en el régimen de accidentes de trabajo y de enfermedades profesionales, y en lo que se refiere al Fondo de Garantía Salarial, la cotización completa debe correr exclusivamente a cargo de los empresarios.

Con todo, el empresario es sujeto responsable del cumplimiento de la obligación de cotizar, debiendo ingresar las aportaciones propias y las de sus trabajadores, en su totalidad. A tal fin, deberá descontar a sus trabajadores, en el momento de hacerles efectivas sus retribuciones, la aportación que corresponde a cada uno de ellos. Siendo nulo el pacto en virtud del cual el empresario asume el pago de la cuota del trabajador.

La determinación de la cuota se obtiene mediante la aplicación de un tipo, porcentaje o gravamen, a la base de cotización. Consistiendo ésta en la remuneración total que con carácter mensual tenga derecho a percibir el trabajador, o que efectivamente perciba de ser ésta superior, por razón del trabajo que realice; siempre dentro de los límites o topes máximos y mínimos que, según categoría profesional, correspondan. No integran la base de cotización aquellas otras retribuciones que no remuneran directamente el trabajo desarrollado y que, por ende, reciben la calificación de extrasalariales.

La cuota debida es susceptible de importantes bonificaciones o reducciones como medida de fomento de empleo, en los términos y cuantías establecidos en cada caso.

La efectividad de la obligación de cotizar queda asegurada por medio de la gestión recaudatoria, que comprende una recaudación en período voluntario y una recaudación en vía ejecutiva; y cuya competencia corresponde a la Tesorería General de la Seguridad Social.

5.10. Salario e IRPF

Como consecuencia de que las retribuciones del trabajo por cuenta ajena se hallan sujetas al Impuesto sobre la Renta de las Personas Físicas, el empresario tiene la obligación de practicar sobre aquéllas la correspondiente retención a cuenta, debiendo ingresar su importe en el Tesoro.

La retención a practicar sobre la retribución es el resultado de aplicar a ésta un porcentaje que se determina, con carácter general, en función de la cuantía de aquélla y de las circunstancias familiares del trabajador.

Las cargas fiscales a cargo del trabajador deben ser satisfechas por el mismo, siendo nulo todo pacto en contrario.

6. **Pago del salario**

La obligación del empresario de satisfacer al trabajador su retribución es consecuencia de la prestación por éste del trabajo o servicio remunerado, lo que no obsta a que se admitan supuestos en los que el empresario esté obligado a pagarlos, aun sin prestación de trabajo, como ocurre en el disfrute de vacaciones, en las licencias retribuidas y en la paralización del trabajo por causas imputables al empresario.

En todo caso, es al empresario a quien corresponde acreditar el pago del salario en caso de que éste le sea reclamado, ya que incumbe la prueba de las obligaciones al que reclama su cumplimiento, y la de su extinción por pago al que la opone.

6.1. Tiempo y lugar

La liquidación y el pago del salario ha de hacerse puntual y documentalmente en la fecha y lugar convenidos o conforme a los usos y costumbres. El período de tiempo a que se refiere el abono de las retribuciones periódicas y regulares no puede exceder de 1 mes.

No obstante, el derecho al salario a comisión nace en el momento de realizarse y pagarse el negocio, la colocación o venta en que hubiera intervenido el trabajador, liquidándose y pagándose, salvo que se hubiese pactado otra cosa, al finalizar el año.

El trabajador y, con su autorización, sus representantes legales tienen derecho a percibir, sin que llegue el día señalado para el pago, anticipos a cuenta del trabajo ya realizado.

La impuntualidad en el pago hace incurrir al empresario en mora, por lo cual deberá abonar un interés anual del 10% de lo adeudado. Sin embargo, el recargo por mora sólo es procedente cuando la realidad y la cuantía de los salarios a percibir constan de un modo pacífico e incontrovertido, es decir, cuando se trate de exigir el cumplimiento de una obligación salarial por cantidad exigible, vencida y líquida, sin que su fijación penda de un litigio.

El impago del salario en tiempo oportuno faculta al trabajador para exigirlo judicialmente con el recargo de mora correspondiente.

Los recibos de finiquito firmados por el trabajador una vez extinguida la relación laboral tienen plena eficacia liberatoria, de modo que después de firmados tales recibos se han de entender extinguidas todas las obligaciones económicas que pudiera tener pendientes la empresa con el trabajador, sin que puedan estimarse desde entonces las reclamaciones salariales que éste pudiera dirigir a aquélla.

La falta de pago o retrasos continuados en el abono del salario pactado constituye causa justa para que el trabajador pueda solicitar la extinción del contrato con derecho a una indemnización como si fuera un despido improcedente.

Por otra parte, el impago y los retrasos reiterados en el pago del salario debido constituyen infracciones muy graves sancionables con multa entre 7.501 y 225.018 euros.

6.2. Modalidades

El salario, contraprestación del trabajo realizado, puede ser satisfecho en dinero solamente, o en dinero y en especie.

La forma más frecuente de abonar el salario suele ser mediante el dinero o moneda de curso legal, si bien el empresario puede sustituirlo por cheque u otra modalidad de pago similar a través de entidades de crédito, previo informe al comité de empresa o delegados de personal. En cualquier caso, la opción entre las distintas modalidades de pago corresponde al empresario y no al trabajador.

El abono del salario por parte de las empresas mediante la modalidad de cheque no comporta la obligación de conceder a los trabajadores ningún período de tiempo dentro de la jornada laboral para hacerlo efectivo.

El trabajador puede exigir que el cheque sea nominativo y no al portador.

La entrega de pagarés a la orden, o letras de cambio u otros documentos mercantiles, sólo produce los efectos del pago cuando han sido cobrados o, cuando por culpa del trabajador, se han perjudicado. Entretanto, la acción derivada del derecho a reclamar el salario queda en suspenso.

El salario en especie se caracteriza por ser aquella parte de la contraprestación del trabajo que se hace efectiva en bienes no dinerarios, o documento que lo represente; esto es, materias y objetos, incluso derechos que concedan beneficios o ventajas, en cuantía determinada y con indudable valor económico, que no son dinero de curso legal o su representación.

Solamente puede establecerse esta modalidad de retribución en los casos en que lo admitan expresamente las normas laborales, sean de origen estatal o convenios colectivos. En consecuencia, no puede el empresario imponer al trabajador el cobro del salario en especie si no está previamente establecida esta modalidad.

En todo caso, las percepciones en especie no pueden exceder del 30% de las percepciones salariales del trabajador, ni suponer una percepción en dinero inferior al salario mínimo interprofesional.

El salario también puede entenderse liquidado por compensación, respecto de las cantidades que, en su caso, adeude el trabajador a su empresario y estén vencidas y sean líquidas, exigibles y no controvertidas, como, por ejemplo, anticipos y préstamos.

6.3. Prohibición de discriminación

El empresario está obligado a pagar por la prestación de un trabajo de igual valor la misma retribución, satisfecha directa o indirectamente, y cualquiera que sea la naturaleza de la misma, salarial o extrasalarial, sin que pueda producirse discriminación alguna por razón de sexo en ninguno de los elementos o condiciones de aquélla.

La discriminación salarial por razón de sexo no puede resolverse mediante la privación del beneficio a quien lo tiene reconocido, sino otorgándolo también al que está discriminado.

El trabajador tiene derecho a la retribución correspondiente al trabajo igual o de igual valor en caso de nulidad por discriminación salarial por razón de sexo.

Igualmente, está prohibida la discriminación salarial por circunstancias de origen, incluido el racial o étnico, estado civil, condición social, religión o convicciones, ideas políticas, orientación sexual, adhesión o no a sindicatos y a sus acuerdos, vínculos de parentesco con otros trabajadores en la empresa y lengua dentro del Estado español.

El principio de igualdad no prohíbe dar un tratamiento distinto a situaciones razonablemente desiguales, ya que no toda desigualdad constituye discriminación. Así, no se atenta contra el principio de igualdad al fijar salarios desiguales a trabajadores en circunstancias diferentes, con funciones laborales distintas o con distinta valoración del puesto de trabajo.

Las decisiones unilaterales del empresario en materia de retribuciones, que impliquen discriminaciones desfavorables por las razones antes mencionadas, constituyen infracciones muy graves sancionables con multa entre 7.501 y 225.018 euros.

Serán igualmente nulas, y susceptibles de ser sancionadas como faltas muy graves, con multa de 7.501 a 225.018 euros, las decisiones del empresario que supongan un trato desfavorable de los trabajadores como reacción ante una reclamación efectuada en la empresa o ante una acción judicial destinada a exigir el cumplimiento del principio de igualdad de trato y no discriminación.

6.4. Forma

La liquidación y el pago del salario han de hacerse documentalmente por medio del recibo de salarios. Documento éste que, en modelo oficial o en el modelo acordado con los representantes de los trabajadores, recoge los diversos conceptos de pago y descuento: salario base, complementos salariales, percepciones extrasalariales, deducciones de Seguridad Social, retenciones por IRPF, etc.

La firma del «recibí» del trabajador sirve al empresario para acreditar, en caso de reclamación posterior, el pago de la cantidad recibida por éste; y sin que el hecho de la firma suponga necesariamente la conformidad del trabajador con la cantidad que se le liquida y cobra.

7. **Reclamación del salario**

Cuando el empresario incumple, en todo o en parte, la obligación de pagar puntualmente al trabajador la remuneración pactada o legalmente establecida éste puede iniciar las acciones conducentes a su reclamación.

La acción para exigir el pago de percepciones económicas (salariales y extrasalariales) ha de ejercitarse en el plazo de 1 año contado a partir de la fecha convenida para el pago. El transcurso del referido plazo de prescripción haría ineficaz una posterior reclamación del trabajador.

En la reclamación de salarios es el trabajador el que tiene que probar la prestación de servicios cuyo pago reclama; siendo el empresario el que, para quedar liberado, debe probar la realidad del pago.

7.1. Procedimiento

Son dos las fases a través de las cuales se articulan las reclamaciones de cantidad.

7.1.1. *Conciliación previa*

La conciliación previa, en sede extrajudicial (ante el Servicio de Mediación, Arbitraje y Conciliación de la Comunidad Autónoma u órgano creado por acuerdo interprofesional o convenio colectivo), tiene por objetivo la evitación del proceso judicial y constituye un requisito previo para su tramitación. Con el acto de conciliación se pretende que las partes en conflicto, empresario y trabajador demandante, alcancen un acuerdo en relación con la reclamación de cantidad planteada.

Lo acordado en el acto de conciliación tiene fuerza ejecutiva entre las partes intervinientes, sin necesidad de ratificación ante el juez.

7.1.2. *Demanda*

Las reclamaciones de cantidad se tramitan a través del llamado proceso ordinario y se formulan mediante la presentación de una demanda escrita, por medio de la cual el trabajador demandante solicita del órgano judicial que se condene al empresario demandado al pago de una determinada cantidad.

La demanda ha de contener los siguientes requisitos generales:

— Designación del órgano ante quien se presente.
— Designación del demandante.
— Enumeración clara y concreta de los hechos sobre los que versa la pretensión y de todos aquellos que resulten imprescindibles para resolver las cuestiones planteadas.
— La súplica correspondiente, es decir, la cantidad cuyo pago se reclama, que puede corresponder tanto a conceptos salariales como a conceptos extrasalariales.
— Designación de un domicilio en la localidad donde resida el Juzgado o Tribunal, si el demandante litiga por sí mismo.
— Fecha y firma.

También suelen incluirse:

— Los fundamentos de derecho en que el demandante basa su pretensión.
— Los medios de prueba cuya práctica propone el demandante.

7.2. Exhibición previa de documentos

El trabajador que pretenda plantear una reclamación salarial puede solicitar del juez, antes de presentar la demanda, el examen de libros y cuentas del empresario, siempre que demuestre que es imprescindible su examen para presentarla.

El solicitante puede efectuar el examen asesorado de un experto contable, si se trata de esta clase de documentos, en cuyo caso son a su cargo las costas originadas por dicho asesoramiento.

7.3. Embargo preventivo

El embargo preventivo de bienes del empresario, en cuantía suficiente para cubrir lo reclamado en la demanda y lo que se calcula para costas de la ejecución, puede ser decretado por el juez si por aquél se realizan actos de los que pueda presumirse que pretende situarse en estado de insolvencia o impedir la efectividad de la sentencia.

La solicitud debe efectuarse en cualquier momento anterior a la sentencia sin que por ello se suspenda el curso de los autos y al trabajador puede requerírsele para que acredite la situación alegada.

7.4. Sentencia

El empresario que, tras el correspondiente juicio, resulte condenado al pago de la cantidad demandada está obligado, una vez sea firme la sentencia, a abonar también al trabajador, que personalmente haya comparecido, el importe de los salarios correspondientes a los días en que se hayan celebrado los actos de conciliación y juicio ante el órgano judicial y, en su caso, la conciliación previa ante el Servicio de Mediación, Arbitraje y Conciliación.

La cantidad que recoja el fallo de la sentencia debe tratarse de un importe bruto, omitiendo los descuentos de IRPF y cuota obrera, dado que en el pleito no pueden ser objeto de discusión tales cuestiones, que pertenecen al ámbito de otra jurisdicción, la contencioso-administrativa.

La sentencia debe indicar si es firme o no; y en este último caso, los recursos que contra la misma procedan.

7.4.1. *Ejecución provisional*

El trabajador puede obtener provisionalmente anticipos a cuenta de la cantidad reconocida en la sentencia que condene al empresario y haya sido recurrida, solicitándolo del órgano judicial que la dictó.

El anticipo puede alcanzar hasta el 50% de la cantidad reconocida en la sentencia, pudiendo abonarse en períodos temporales durante la tramitación del recurso.

El importe máximo anual no debe sobrepasar del doble del salario mínimo interprofesional, incluidas las pagas extraordinarias.

7.4.2. *Ejecución definitiva*

El juez de lo Social debe acordar, en caso de que el empresario incumpla la sentencia, el embargo de sus bienes en cantidad suficiente para cubrir el importe del principal adeudado más la cantidad que se ha estimado suficiente para cubrir los gastos y costas de la ejecución.

La ejecución debe despacharse por la cantidad objeto de condena, intereses de demora y gastos y costas previsibles. Para su cálculo, se debe tener en cuenta que los intereses de demora no excederán de los que se devengarían durante 1 año y las costas no superarán el 10% del principal.

7.5. Proceso monitorio

Mediante el proceso monitorio pueden reclamarse importes no superiores a 6.000 euros a los empresarios que no se encuentran en situación de concurso, si las comunicaciones pueden efectuarse por correo certificado con acuse de recibo, telégrafo, fax, correo electrónico o por cualquier otro medio idóneo, esto es, siempre que no se tengan que realizar por medio de edictos.

No obstante, si el empresario formula oposición, el trabajador deberá presentar la demanda.

8. **Protección del salario**

Con objeto de que el trabajador tenga asegurada al máximo la efectiva percepción, en todo o en parte, de los salarios debidos por el empresario, se establecen mecanismos de garantía tanto frente a los acreedores del trabajador como frente a los acreedores del empresario o la crisis económica de éste.

8.1. Garantías frente a los acreedores del trabajador

El trabajador responde del cumplimiento de sus obligaciones con todos sus bienes presentes y futuros.

Para la satisfacción de su crédito el acreedor del trabajador puede instar el embargo, o retención, del salario de éste; embargo que, no obstante, tiene unas limitaciones:

— El salario mínimo interprofesional, en su cuantía, es inembargable.
  Esta inembargabilidad no rige cuando el embargo o la retención tienen por objeto el pago de alimentos a cónyuges, ascendientes y descendientes del trabajador, en cuyo caso el juez debe fijar la cantidad a retener.
  Se entiende por alimentos todo lo que es indispensable para el sustento, habitación, vestido y asistencia médica, educación e instrucción, incluso los gastos de embarazo y parto; y puede ser beneficiario de los mismos tanto el cónyuge, como los ascendientes y descendientes y hermanos del trabajador con el alcance y extensión que el juez indique en su resolución.
— Las retenciones de salarios superiores al salario mínimo legal se rige por la siguiente escala:

  • Para la primera cuantía adicional hasta la que suponga el importe del doble del salario mínimo interprofesional, el 30%.
  • Para la cuantía adicional hasta el importe equivalente a un tercer salario mínimo interprofesional el 50%.
  • Para la cuantía adicional hasta el importe equivalente un cuarto salario mínimo, el 60%.
  • Para la cuantía adicional hasta el importe equivalente un quinto salario mínimo, el 75%.
  • Para cualquier cantidad que exceda de la anterior cuantía, el 90%.

  En atención a las cargas familiares, el tribunal podrá aplicar una rebaja de entre 10% y 15% en los porcentajes establecidos en los cuatro primeros tramos de la escala anterior.

8.2. Garantías frente a los demás acreedores del empresario

La posible mala situación económica del empresario le puede impedir hacer frente a la totalidad de los créditos y obligaciones que tiene pendientes.

A fin de no hacer ilusorias las expectativas de cobro del salario ya devengado, el ordenamiento jurídico otorga al trabajador, frente a los demás acreedores del empresario, determinados privilegios.

El privilegio reconocido al salario, en garantía de su cobro, no es idéntico en todos los casos, por lo que cabe hablar de diversos grados de preferencia, en función de si la empresa se halla, o no, en situación de concurso de acreedores.

8.2.1. *Empresa no sometida a concurso*

Si la empresa no se encuentra en situación de concurso de acreedores, las preferencias para el cobro de las cantidades adeudadas a los trabajadores frente a los demás acreedores son las siguientes:

— Los créditos salariales por los últimos 30 días de trabajo, y en cuantía que no supere el doble del salario mínimo interprofesional, gozan de preferencia sobre cualquier otro crédito, aunque éste se encuentre garantizado por prenda o hipoteca.
  Esta preferencia es absoluta frente a todos los acreedores y se puede ejercitar sobre todos los bienes y derechos del empresario. Su único límite es el importe: no superior al doble del salario mínimo interprofesional.
— Los créditos por salarios, así como las indemnizaciones por despido, gozan de preferencia sobre cualquier otro crédito respecto de los objetos elaborados por los trabajadores, mientras sean propiedad o estén en posesión del empresario.
  Esta preferencia es de aplicación tanto por el exceso del doble del salario mínimo interprofesional del salario de los últimos 30 días, como por el salario de cualquier tiempo.

Su única limitación es que se circunscribe a los objetos elaborados por el propio trabajador.

— Los demás créditos salariales tienen la condición de singularmente privilegiados y gozan de preferencia sobre cualquier otro, excepto sobre los garantizados con un derecho real —prenda, hipoteca, anticresis— de conformidad con lo dispuesto en la Ley.
Esta preferencia tiene como límite la cuantía que resulte de multiplicar el número de días de salario pendientes de pago por el triple del salario mínimo interprofesional.

8.2.2. *Empresa sometida a concurso*

En la situación de concurso de acreedores, el cobro de los créditos de los trabajadores se rige por las reglas siguientes:

— Tienen el carácter de crédito contra la masa y, por tanto, serán abonados con anterioridad a los créditos concursales los salarios de los últimos 30 días de trabajo efectivo realizado antes del concurso y en cuantía que no supere el doble del salario mínimo interprofesional.

— Los créditos salariales gozan de privilegio especial sobre los objetos elaborados por los trabajadores, mientras sean propiedad o estén en posesión del concursado.

— Son considerados créditos con privilegio general, por lo que su satisfacción se realizará una vez abonados los anteriores:

- Los créditos por salarios que no tienen reconocido privilegio especial, en la cuantía que resulte de multiplicar el triple del salario mínimo interprofesional por el número de días de salario pendientes de pago.
- Las indemnizaciones derivadas de la extinción de los contratos, en la cuantía correspondiente al mínimo legal calculada sobre una base que no supere el triple del salario mínimo interprofesional.
- Las indemnizaciones derivadas de accidente de trabajo y enfermedad profesional, devengados con anterioridad a la declaración de concurso.
- Los capitales coste de Seguridad Social de los que sea legalmente responsable el concursado.
- Los recargos sobre las prestaciones por incumplimiento de las obligaciones en materia de salud laboral devengadas con anterioridad a la declaración de concurso.

— El resto de los créditos laborales que no entren en las anteriores preferencias serán considerados como créditos ordinarios, abonándose a prorrata con los restantes créditos ordinarios, tras pagar los anteriores.

8.3. Garantías frente a la crisis de la empresa

La crisis económica de la empresa se refleja en el seno de la misma con la aparición de deudas laborales y la inestabilidad en el empleo.

A fin de garantizar el cobro, al menos parcial, de sus créditos a los trabajadores en los supuestos de crisis económica del empresario, se creó el Fondo de Garantía Salarial, organismo autónomo dependiente del Ministerio de Empleo y Seguridad Social.

El Fondo de Garantía Salarial se nutre de las aportaciones del empresario al tipo del 0,20% sobre la misma base de cotización que para accidentes de trabajo, enfermedades profesionales y desempleo.

En general, el Fondo de Garantía Salarial responde de los salarios e indemnizaciones que se le deban al trabajador a causa de insolvencia o concurso de acreedores del empresario.

8.3.1. *Salarios*

El Fondo de Garantía Salarial tiene que abonar los salarios pendientes de pago, reconocidos en acto de conciliación o en resolución judicial, en una cuantía no superior a la cantidad resultante de multiplicar el doble del salario mínimo interprofesional diario, incluida la parte proporcional de pagas extraordinarias (si el salario del trabajador lo supera, en otro caso será el que efectivamente perciba), por el número de días de salario pendientes de pago, con un máximo de 120 días.

En su caso, cabe incluir como salarios pendientes de pago los salarios de tramitación no abonados, si bien sobre la suma de unos y otros operan los límites de tiempo y cuantía.

8.3.2. *Indemnizaciones*

El Fondo de Garantía Salarial debe abonar las indemnizaciones reconocidas como consecuencia de sentencia, auto, acto de conciliación judicial o resolución administrativa a favor de los trabajadores cuando, por la insolvencia o el concurso del empresario, no se ha conseguido su pago y aquellas traen causa de:

- Despido disciplinario improcedente o nulo.
- Extinción del contrato a instancia del trabajador basado en un incumplimiento grave y culpable del empresario.
- Extinción del contrato por causas objetivas.
- Extinción del contrato por causas económicas, técnicas, organizativas, de producción.
- Extinción del contrato por fuerza mayor.
- Extinción del contrato temporal o de duración determinada.
- Extinción del contrato en un procedimiento concursal.

Asimismo, debe abonar las indemnizaciones por extinción de contratos temporales o de duración determinada en los casos que legalmente procedan cuando no se ha logrado su pago por la insolvencia o el concurso del empresario.

Los límites de responsabilidad subsidiaria del Fondo para el pago de indemnizaciones pendientes son:

- En el despido disciplinario improcedente o nulo: 30 días de salario por año de servicio, prorrateándose por meses los períodos inferiores a 1 año, con el límite de una anualidad y un salario diario base del cálculo no superior al doble del salario mínimo interprofesional, incluida la parte proporcional de pagas extraordinarias (si el salario del trabajador lo supera, en otro caso será el que efectivamente perciba), del momento de la declaración de insolvencia.
- En los supuestos de extinción del contrato a instancia del trabajador basado en un incumplimiento grave y culpable del empresario: 30 días de salario por año de servicio, con los mismos límites que en el caso anterior (una anualidad y un salario no superior al doble del mínimo interprofesional).
- En los supuestos de extinción del contrato por causas económicas, técnicas, organizativas, de producción o por fuerza mayor o en un procedimiento concursal: 20 días de salario por año de servicio, con los mismos límites.
- En los supuestos de extinción del contrato temporal o de duración determinada, excepto en los casos del contrato de interinidad y de los contratos formativos de sustitución, de formación en alternancia o para la obtención de práctica profesional: 12 días de salario por año de servicio, si el contrato se ha celebrado después del 1 de enero de 2015, así como en el caso de finalización de contrato temporal de fomento del empleo de personas con discapacidad.

  • Los días de indemnización fijados en la normativa de aplicación del contrato de que se trate, con los mismos límites: una anualidad y un salario no superior al doble del mínimo interprofesional.

El Tribunal de Justicia de la Unión Europea considera discriminatorio que la indemnización por extinción del contrato sea distinta según se trate de un contrato indefinido o de un contrato temporal.

8.3.3. *Transnacionalidad*

A los trabajadores que ejercen o han ejercido habitualmente su trabajo en España también les puede alcanzar la protección dispensada por el Fondo de Garantía Salarial en relación con los créditos no cobrados por salarios o indemnizaciones si pertenecen a una empresa con actividad en España y en el territorio de otro Estado miembro de la Unión Europea.

Para ello es preciso:

- Que se haya solicitado la apertura de un procedimiento colectivo basado en la insolvencia del empresario en un Estado miembro distinto de España, previsto por sus disposiciones legales y administrativas, que implique el desapoderamiento parcial o total del empresario y el nombramiento de un síndico o persona que ejerza una función similar.
- Que se acredite que la autoridad competente, en virtud de dichas disposiciones, ha decidido la apertura del procedimiento; o bien que ha comprobado el cierre definitivo de la empresa o el centro de trabajo del empresario, así como la insuficiencia del activo disponible para justificar la apertura del procedimiento.

8.4. Otras garantías

Otras garantías del salario son:

- La responsabilidad solidaria del empresario principal, y del contratista, por las obligaciones de naturaleza salarial contraídas por los contratistas y los subcontratistas con sus trabajadores, responsabilidad que perdura hasta 1 año después de la contrata.
- La responsabilidad solidaria entre cedente y cesionario en los supuestos de tráfico de mano de obra.
- La responsabilidad solidaria entre cedente y cesionario en los supuestos de sucesión de empresa por las obligaciones laborales nacidas con anterioridad a la transmisión y que no hubieran sido satisfechas, responsabilidad que perdura hasta 3 años después.
  Esta responsabilidad solidaria se extiende a las obligaciones posteriores a la transmisión cuando la cesión sea declarada delito.
- La responsabilidad solidaria de los administradores y miembros de los órganos de administración frente a los acreedores sociales por el perjuicio causado por actos contrarios a la ley o a los estatutos de la sociedad, así como por los actos realizados sin la diligencia con la que deben desempeñar el cargo.
- La responsabilidad subsidiaria de la empresa usuaria respecto de la empresa de trabajo temporal en virtud del contrato de puesta a disposición. Esta responsabilidad es solidaria cuando se celebra el contrato en supuestos no autorizados o en los casos en que está prohibido.
- La posibilidad de reclamar al Estado por los salarios de tramitación, cuando entre la presentación de la demanda y la sentencia que declare la improcedencia hayan transcurrido más de 90 días. En tal caso, pueden reclamarse los que corresponden al exceso sobre esos 90 días si el empresario no los ha abonado y está en insolvencia provisional.

9. Casos prácticos

9.1. Condición más beneficiosa

Planteamiento

Un trabajador tiene garantizada por convenio colectivo la percepción de 1.200 euros mensuales. No obstante, el empresario procede a reconocerle de forma voluntaria una cantidad superior cifrada en 1.500 euros; cuantía ésta con la que periódicamente retribuye al trabajador. Posteriormente, aduciendo dificultades económicas, el empresario pretende reducir esta última retribución a la cantidad de los 1.200 euros establecida en el convenio colectivo. ¿Puede hacerlo?

Solución

Es un principio básico en derecho laboral que cualesquiera condiciones más beneficiosas que las estrictamente exigibles según las normativas aplicables, que las empresas otorguen voluntariamente o reconozcan de hecho a los trabajadores, quedarán vinculadas al contrato y han de ser respetadas, como derecho adquirido, en tanto subsista la relación contractual, o mientras que las partes no acuerden otra cosa, o mientras el derecho no sea actualizado en virtud de una normativa posterior más favorable que cambie las condiciones anteriores.

En consecuencia, en el supuesto planteado, el empresario no podría reducir en 300 euros mensuales el salario mensual de 1.500 euros que, como mejora del convenio, había reconocido al trabajador y que éste había consolidado.

9.2. Irrenunciabilidad de derechos

Planteamiento

Un empresario impone al trabajador la firma de un contrato en el que renuncia expresamente a ser dado de alta en la Seguridad Social; y en el que se compromete, asimismo, a prestar sus servicios por una retribución inferior a la que establece el convenio colectivo de aplicación en la empresa. ¿Serían válidas estas cláusulas del contrato?

Solución

Es aplicable a este supuesto la regla que establece que los trabajadores no pueden disponer válidamente, antes o después de su adquisición, de los derechos que tengan reconocidos por disposiciones legales o que hayan sido declarados indisponibles por convenio colectivo.

Consecuentemente, las referidas cláusulas serían nulas debiendo el empresario dar de alta al trabajador en la Seguridad Social y retribuir su trabajo con los criterios salariales establecidos en el convenio colectivo aplicable a la empresa.

9.3. Absorción y compensación de salarios

Planteamiento

El salario base de un oficial de 1.ª establecido en el convenio colectivo del año 2022 era, en cómputo anual, de 21.000 euros.

Un trabajador que ostenta dicha categoría profesional en una empresa percibe, además de los 21.000 euros de salario base, una mejora voluntaria de 5.000 euros al año. Ha percibido, pues, durante el año 2022, un total de 26.000 euros.

¿Qué incidencia tendría en el salario del trabajador la aplicación, por parte del empresario, de la técnica de la absorción y compensación salarial, en el triple supuesto de que el nuevo convenio colectivo del año 2023 aumentase el salario base en 600, en 5.000 o en 6.000 euros?

Solución

Como el trabajador viene percibiendo en concepto de salario base, y de mejora voluntaria, un total de 26.000 euros, los efectos de la absorción y compensación salarial serían, en cada uno de los tres supuestos planteados, los siguientes:

— Si el salario base sube en el nuevo convenio colectivo un total de 600 euros, es decir, de 21.000 a 21.600 euros, el aumento queda absorbido por la mejora voluntaria de 5.000 euros que viene disfrutando el trabajador. Así pues, el salario real percibido por el trabajador no sube.
— Si el salario base sube 5.000 euros; es decir, de 21.000 a 26.000 euros, las percepciones del trabajador se igualan y, en consecuencia, el salario real del trabajador no sube.
— Si el salario base sube 6.000 euros; es decir, de 21.000 a 27.000 euros, quedan absorbidos 5.000 euros y sin absorber 1.000. En consecuencia, el salario real del trabajador sube a 27.000 euros.

9.4. Interés por mora

Planteamiento

Un empresario prevé disponer de fondos para pagar, el 31 de enero de 2023, la nómina de uno de sus trabajadores, por importe de 1.850 euros.

Llegado el día, no consigue realizar el pago, que se retrasa hasta el día 21 de febrero.

¿Deberá pagar el empresario al trabajador algún interés por el retraso? En caso afirmativo, ¿cuál?

Solución

El retraso en el pago del salario obliga al empresario a pagar al trabajador un interés, o recargo, anual del 10% de lo adeudado.

Por eso, si el retraso se hubiese extendido a todo un año, los 1.850 euros debidos habrían de incrementarse en 185 euros (10% de 1.850); pero habiendo consistido el retraso en sólo 21 días, el interés se limita a la siguiente cantidad:

$$185 \text{ euros} \times \frac{21 \text{ días}}{365 \text{ días}} = 10{,}64 \text{ euros.}$$

9.5. Salarios a cargo del Fondo de Garantía Salarial

Planteamiento

Un empresario debe a uno de sus trabajadores un total de 7.800 euros, que corresponden a los salarios dejados de abonar durante los meses de enero, febrero y marzo del año 2023, a razón de 2.600 euros mensuales.

Dicha cantidad, a pesar de haberle sido reconocida al trabajador por sentencia del Juzgado de lo Social, no puede ser cobrada por carecer de bienes el empresario, declarado insolvente.

¿Qué cantidad debe abonar el Fondo de Garantía Salarial si el trabajador solicita el pago de la deuda que el empresario mantiene con él?

¿Cuál sería el importe que debería satisfacer el Fondo de Garantía Salarial si los salarios adeudados comprendiesen los meses de julio a diciembre, ambos inclusive?

Solución

El Fondo de Garantía Salarial está obligado a pagar al trabajador los salarios adeudados por el empresario en una cuantía no superior a la cantidad resultante de multiplicar el doble del salario mínimo interprofesional, con prorrata de pagas extraordinarias, por el número de días de salario pendientes de pago. Con un máximo de 120 días.

En el primero de los supuestos planteados, el número de días adeudados por las mensualidades de enero, febrero y marzo es 90, y el salario mínimo interprofesional, 36 euros en 2023, 41,92 euros con la prorrata de pagas extraordinarias: =41,92 euros/día. Siendo así que el doble del salario mínimo interprofesional asciende a 83,84 euros (2 × 41,92), el límite máximo de responsabilidad, por salarios, del Fondo es:

83,84 euros/día × 90 días = 7.545,60 euros

Dado que los salarios adeudados, 7.800 euros, son superiores al límite máximo de 7.545,60 euros por el que el Fondo responde, el trabajador sólo percibirá esta última cantidad.

En el segundo supuesto planteado, el número de días adeudados por el empresario, mensualidades de julio a diciembre, ambas inclusive, es de 184 días, y el salario pendiente de pago asciende a 15.600 euros, 2.600 euros × 6 meses.

Aunque el número de días debidos al trabajador asciende a 184, el límite máximo de tiempo por el que responde el Fondo es de 120 días.

En consecuencia:

83,84 euros/día × 120 días = 10.060,80 euros

Asimismo, ya que los salarios adeudados, 15.6000 euros, son superiores al límite máximo de 10.060,80 euros por el que el Fondo responde, el trabajador sólo percibirá esta última cantidad.

9.6. Indemnizaciones a cargo del Fondo de Garantía Salarial

Planteamiento

La sentencia que declara la improcedencia del despido de un trabajador señala, a su favor, una indemnización de 64.800 euros.

Declarada la insolvencia de la empresa, el trabajador se dirige al Fondo de Garantía Salarial solicitando el pago de dicha indemnización.

El trabajador, con una antigüedad en la empresa de 20 años, percibía una retribución anual, por todos los conceptos de 32.850 euros.

¿Cuál es el importe de la indemnización que debe asumir el Fondo de Garantía Salarial?

Solución

El Fondo de Garantía Salarial no asume necesariamente el pago de la totalidad de las indemnizaciones reconocidas ya que, en las indemnizaciones por despido, el importe de la prestación se calcula a razón de 30 días de salario por año de servicio, con el límite máximo de una anualidad, siendo el salario que sirve de base de cálculo el que perciba el trabajador, salvo que sea superior al doble del salario mínimo interprofesional, incluida la prorrata de pagas extras, en cuyo caso se toma éste.

En el supuesto planteado, el salario diario del trabajador es:

32.850 euros ÷ 365 días = 90 euros/día

Este salario diario es superior al doble del salario mínimo interprofesional, incluidas las pagas, que, durante 2023 asciende a 83,84 euros: (36 + 36× 60 ÷ 365) × 2. Por ello, en el cálculo de la prestación del Fondo de Garantía Salarial ha de tenerse en cuenta este importe, y, en consecuencia, la prestación sería:

30 días/año × 20 años × 83,84 euros/día = 50.304 euros

No obstante, al ser en todo caso el límite máximo una anualidad del doble del salario mínimo interprofesional, incluida la parte proporcional de pagas extraordinarias, el Fondo de Garantía Salarial sólo asumirá el pago de la indemnización siguiente:

365 días × 2 × (36 + 36 × 60 ÷ 365) euros/día = 30.601,60 euros

10. Modelo de denuncia a la Inspección de Trabajo por impago de salarios

MINISTERIO
DE TRABAJO
Y ECONOMÍA SOCIAL

Organismo Estatal Inspección de Trabajo y Seguridad Social

SECRETARÍA DE ESTADO
DE EMPLEO
Y ECONOMÍA SOCIAL

ORGANISMO ESTATAL
INSPECCIÓN DE TRABAJO
Y SEGURIDAD SOCIAL

ESCRITO DE DENUNCIA

Datos Generales

Espacio reservado Registro de Entrada

ADVERTENCIA

EN CASO DE DISCONFORMIDAD CON SU DESPIDO, DEBERÁ INTERPONER DEMANDA ANTE LA JURISDICCIÓN SOCIAL EN EL IMPRORROGABLE PLAZO DE 20 DÍAS HÁBILES DESDE LA FECHA DEL DESPIDO.

Dirigido a:

El escrito debe dirigirse a la Inspección Provincial de Trabajo y Seguridad Social correspondiente a la provincia donde radique el centro de trabajo objeto de denuncia.

Datos del Denunciado

Nombre o Razón Social: NIF / CIF:

Actividad: CCC:

Domicilio Social:

Centro Trabajo:

Localidad:

Provincia: Código Postal:

Nº de Trabajadores Horario: a ¿Continua abierta la empresa? SI ☐ NO ☐

Datos del Denunciante

Nombre y Apellidos:

NIF / CIF: NAF:

Domicilio:

Localidad: Correo electrónico:

Provincia: Código Postal:

Teléfono: ¿Es o ha sido trabajador de la empresa? SI ☐ NO ☐

Fecha de ingreso: Fecha de cese: Motivo del cese:

Si actúa en nombre de otros trabajadores indique Nombre y Apellidos:

¿Tiene presentada demanda judicial por el mismo motivo que esta reclamación? SI ☐ NO ☐

I.P. -107

CORREO ELECTRÓNICO:

webitss@mites.gob.es

DIR3: EA0041712
www.mites.gob.es/itss

Página 1 de 2

La Ley 39/2015, de 1 de octubre del Procedimiento Administrativo Común de las Administraciones Públicas, reconoce a los ciudadanos el derecho a relacionarse con las Administraciones Públicas utilizando medios electrónicos para el ejercicio de los derechos previstos en su art.13.

De acuerdo con lo previsto en el artículo 20.4 de la Ley 23/2015 de 21 de julio, el denunciante no podrá alegar la consideración de interesado a ningún efecto en la fase de investigación, **y sólo tendrá derecho a recibir información sobre el estado de tramitación de su denuncia, así como de los hechos que se hayan constatado y de las medidas adoptadas al respecto cuando el resultado de la investigación afecte a sus derechos individuales o colectivos reconocidos por la normativa correspondiente al ámbito de la función inspectora.**

En el supuesto de que la denuncia diera lugar al inicio de un procedimiento sancionador, el denunciante podrá tener, en su caso, la condición de interesado, en los términos y con los requisitos establecidos en el artículo 4 de la Ley 39/2015, de 1 de octubre (B.O.E. de 2 de octubre).

RELATO DE HECHOS: (Concretar el motivo, acompañando documentación justificativa en su caso)

Impago del salario correspondiente al mes de ingreso, agosto de 2023.

FIRMA DEL DENUNCIANTE

Nombre:

Firmado: ....

Aviso sobre Protección de Datos Personales:

De conformidad con lo dispuesto en el artículo 13 del Reglamento (UE) 2016/679 del Parlamento Europeo y del Consejo de 27 de abril de 2016 (Reglamento General de Protección de Datos Personales) y el artículo 11 de la Ley Orgánica 3/2018, de 5 de diciembre, de Protección de Datos Personales y garantía de los derechos digitales, se informa que el presente formulario contiene datos de carácter personal que serán objeto de tratamiento por el responsable, el Organismo Estatal Inspección de Trabajo y Seguridad Social, con la finalidad de desempeñar la función principal de vigilancia y exigencia del cumplimiento de la normativa de orden social y de Seguridad Social, estando para todo ello legitimado en base a lo dispuesto en el artículo 8.2 de la ya citada Ley Orgánica 3/2018, de 5 de diciembre.

Se podrán ejercer, cuando procedan, los derechos reconocidos en los artículos 15 a 22 del Reglamento (UE) 2016/679, mediante un escrito dirigido al Organismo Estatal Inspección de Trabajo y Seguridad Social, en el Paseo de la Castellana, 63, 28071 Madrid o a través del correo electrónico: pdp.itss@mites.gob.es

Podrá accederse a la restante información exigida por el artículo 13 del Reglamento (UE) 2016/679 del Parlamento Europeo y del Consejo de 27 de abril de 2016 (Reglamento General de Protección de Datos Personales) a través de la dirección electrónica que se indica a continuación: https://www.aepd.es/reglamento/derechos/index.html

I.P.-107

MINISTERIO
DE TRABAJO
Y ECONOMÍA SOCIAL

ORGANISMO ESTATAL
INSPECCIÓN DE TRABAJO
Y SEGURIDAD SOCIAL

11. **Modelo de papeleta de conciliación por impago de salarios**

AL SERVICIO DE MEDIACIÓN, ARBITRAJE Y CONCILIACIÓN

PEDRO PÉREZ CASTRO, mayor de edad, casado, con DNI n.º 45.556.324 y con domicilio en Madrid, calle Rovira, 24, ante el SMAC comparece y DICE:

Que vengo prestando mis servicios en la empresa COMERCIAL RUIZ, con domicilio en Madrid, calle Ramírez, 76, en la que ostento la categoría de oficial de 2.ª, con antigüedad desde el 1-1-95, y un salario de 35 euros diarios.

Que por medio del presente escrito formulo papeleta de conciliación, previa a la vía jurisdiccional, contra la referida empresa, y en la persona de su representante legal, para que se avenga a reconocer que me adeuda 3.680 euros, en concepto de salarios devengados durante los pasados meses de junio, julio y agosto.

En su virtud

SUPLICO a ese SERVICIO DE MEDIACIÓN, ARBITRAJE Y CONCILIACIÓN que, teniendo por presentado este escrito, se sirva admitirlo ordenando lo procedente para que, previa citación de las partes, tenga lugar el acto de conciliación que se solicita por ser de justicia que pido en Madrid, a 2 de setiembre de 2023.

Firma

12. **Modelo de demanda por impago de salarios**

AL JUZGADO DE LO SOCIAL

PEDRO PÉREZ CASTRO, mayor de edad, casado, con DNI n.º 45.556.324 y con domicilio en Madrid, calle Rovira, 24, ante ese JUZGADO DE LO SOCIAL comparece y, como mejor proceda en Derecho, DICE:

Que por medio del presente escrito formula demanda en reclamación de cantidad contra la empresa COMERCIAL RUIZ, con domicilio en Madrid, calle Ramírez, 76, en base a los siguientes

HECHOS

Primero.—Que viene prestando sus servicios para la empresa demandada desde el día 1 de enero de 1995, con la categoría profesional de oficial de 2.ª y percibiendo un salario diario de 40 euros.

Segundo.—Que la empresa demandada le adeuda el importe de la mensualidad de los meses de junio, julio y agosto pasados, en cuantía de 3.680 euros.

Tercero.—Que por la parte demandante se intentó la conciliación, a través del preceptivo acto ante el SMAC, teniendo lugar el mismo sin avenencia, como se acredita por medio del certificado adjunto.

A los anteriores hechos son de aplicación los siguientes

FUNDAMENTOS DE DERECHO

I. El artículo 29 de la Ley del Estatuto de los Trabajadores.
II. La Ley 36/2011, de 10 de octubre, reguladora de la jurisdicción social, y en particular su artículo 21 para hacer constar que asistirá a juicio con abogado que le defienda.
III. El convenio colectivo de empresa, con vigencia desde el 1-1-2023; y en particular sus tablas salariales.

Por lo que, en razón de lo expuesto,

SUPLICA a ese JUZGADO DE LO SOCIAL que, habiendo por presentado este escrito con sus copias y documentos adjuntos, tenga por interpuesta en tiempo y forma demanda en reclamación de cantidad contra la empresa COMERCIAL RUIZ, acuerde señalar día y hora para la celebración de la conciliación previa y, caso de no avenencia, del acto de juicio, y tras de éste y de los demás trámites oportunos, concluir dictando sentencia por la que se condene a la empresa demandada a que pague al demandante la cifra de 3.680 euros en concepto de mensualidades atrasadas e intereses correspondientes, por ser de justicia que pido en Madrid, a 15 de setiembre de 2023.

OTROSÍ DIGO que, para su práctica en el acto de la vista del juicio oral, se proponen los siguientes medios de prueba:

I. CONFESIÓN JUDICIAL, bajo juramento indecisorio, del representante legal de la empresa a fin de que absuelva las posiciones, previa declaración de su pertinencia, que en su momento se le formulen. A tal fin, deberá ser citado el representante legal de la empresa bajo apercibimiento de ser tenido por confeso.

II. DOCUMENTAL, consistente en que por la empresa demandada se aporten los recibos de salarios correspondientes a los meses de junio, julio y agosto del año en curso, así como el documento de control de asistencia en los indicados meses. Asimismo, el convenio colectivo de aplicación en la empresa.

Por lo expuesto,

SUPLICA A ESE JUZGADO DE LO SOCIAL que, habiendo por propuestos los medios de prueba indicados, se sirva admitirlos y ordenar lo pertinente para su práctica en momento procesal oportuno, por ser de justicia que pido en el lugar y fecha más arriba indicados.

Firma

13. Modelo de recibo de saldo y finiquito

En Madrid, a 30 de setiembre de 2023

El que suscribe PABLO SANZ DÍEZ da por terminada su relación laboral con la empresa LUCÍA, S.A., y por extinguido el contrato de trabajo que con ella le unía, percibiendo las siguientes cantidades:

Salarios del período 1-9-2023 a 30-9-2023		1.347,00 euros
Vacaciones no disfrutadas		1.010,25 euros
Parte proporcional paga diciembre		561,00 euros
Total		2.918,25 euros
Descuentos Seguridad Social	161,56 euros	
Descuentos IRPF	350,19 euros	511,75 euros
Líquido a percibir		2.406,50 euros

Con el percibo de la referida cuantía me doy por totalmente saldado y finiquitado por toda clase de conceptos con la citada empresa, comprometiéndome a no reclamar por concepto alguno que pudiera derivarse de la expresada relación laboral que doy expresamente por concluida.

Lo que firmo y ratifico en prueba de conformidad en la fecha y lugar arriba indicados.

Firma
(En presencia de mi representante legal)

Firma
(Sin requerir la presencia de mi representante legal)

14. Modelo de solicitud de prestaciones al Fondo de Garantía Salarial*

GOBIERNO DE ESPAÑA — MINISTERIO DE TRABAJO Y ECONOMÍA SOCIAL

SECRETARÍA DE ESTADO DE EMPLEO Y ECONOMÍA SOCIAL

Fondo de Garantía Salarial, O.A.

Código DIR3 EA0041447

SOLICITUD DE PRESTACIONES ESTABLECIDAS EN EL ARTÍCULO 33 DEL ESTATUTO DE LOS TRABAJADORES

En el caso que el mandatario o el apoderado estén obligados a relacionarse con la administración de forma electrónica, la solicitud de prestación la deberá registrar en la sede electrónica del Fondo de Garantía Salarial, O.A. Examine la instrucción primera de la página de instrucciones.

1. DATOS PERSONALES DEL INTERESADO

1.1 DEL FUTURO TITULAR DEL DERECHO A LAS PRESTACIONES:

Nombre: Primer apellido: Segundo apellido:
DNI/NIE: Teléfono: Email: Nacionalidad:
Domicilio (calle, plaza.): Nº: Bloque/Escalera/Piso/Puerta:
Código postal: Localidad: Provincia: País

1.2 DEL REPRESENTANTE

1.2.1 PERSONA A LA QUE SE OTORGA REPRESENTACIÓN:

PERSONA JURÍDICA	Denominación o razón social: / N.I.F.:	Representante de la persona jurídica	Nombre y Apellidos / Teléfono:	DNI/NIE: / Email:
PERSONA FÍSICA	Nombre: / DNI/NIE:	Primer apellido: / Teléfono:		Segundo apellido: / Email:

1.2.2 DOMICILIO DEL REPRESENTANTE EN CASO DE QUE NO ESTE OBLIGADO A RELACIONARSE ELECTRÓNICAMENTE -ART 14.2 LPA

.Domicilio (calle, plaza...): Nº: Bloque/Escalera/Piso/Puerta:
Código postal: Localidad: Provincia: País:

1.3 MEDIO QUE SE ELIGE PARA LAS NOTIFICACIONES PARA SUJETOS NO INCLUIDOS EN EL ART 14.2 LPA — Notificación electrónica ☐ Notificación en papel ☐

2. DATOS DE LA EMPRESA

Nombre o razón social: NIF/NIE:
Domicilio (calle, plaza...): Nº: Bloque/Escalera/Piso/Puerta:
Código postal: Localidad: Provincia:

3. DATOS PARA EL COBRO DE LA PRESTACIÓN

3.1 PAGO EN LA CUENTA BANCARIA — Del futuro titular de las prestaciones (1.1) ☐ Del representante (1.2) ☐

3.2 DATOS DE LA CUENTA BANCARIA — IBAN

4. DATOS SOBRE LA PRESTACIÓN QUE SE SOLICITA

4.1 PRESTACIONES QUE SE SOLICITAN — Salarios pendientes de pago ☐ Indemnizaciones no abonadas ☐ Salarios de tramitación ☐

4.2 TÍTULO O DOCUMENTO EN EL QUE SE RECONOCE EL CRÉDITO LABORAL

4.2.1 ACTA DE CONCILIACIÓN JUDICIAL Y/O RESOLUCIÓN JUDICIAL:

JUZGADO Social ☐ Mercantil ☐ PROCEDIMIENTO
Número: Provincia: Municipio: Número/año: Fecha: / /

4.2.2 ACTA DE CONCILIACIÓN ADMINISTRATIVA: Número de expediente: Fecha: / /

4.2.3 CERTIFICADO DE LA ADMINISTRACIÓN CONCURSAL QUE ACREDITE LA INCLUSIÓN DEL CRÉDITO EN LA LISTA DE ACREEDORES: Fecha: / /

4.2.4 DESPIDO COLECTIVO / DESPIDO OBJETIVO:

ACTA FINAL PERIODO DE CONSULTAS QUE PONGA FIN AL DESPIDO (solo para el caso de despido colectivo) Fecha del acta: / /
COMUNICACIÓN ESCRITA DE LA EMPRESA AL TRABAJADOR NOTIFICÁNDOLE LA FECHA DE EFECTOS DEL DESPIDO (colectivo / objetivo) Fecha de efectos del despido: / /

4.2.5 CERTIFICADO DEL CONSORCIO DE COMPENSACIÓN DE SEGUROS: Fecha: / /

4.3 CAUSA DE LA PRESTACIÓN Y DATOS DE LOS DOCUMENTOS JUSTIFICATIVOS

4.3.1 INSOLVENCIA: DECRETO DE INSOLVENCIA

JUZGADO SOCIAL: Número: Provincia: Municipio:
EJECUCIÓN: Número/año: Fecha: / /

* No se reproduce en su integridad por ser de suministro oficial.

Capítulo II

El recibo de salarios

El pago y la previa liquidación del salario ha de realizarse documentalmente, es decir, contra recibo.

El llamado «recibo individual justificativo del pago de salarios» no sólo sirve para garantizar al deudor de la retribución —empresario— la efectividad del pago liberatorio sino también para hacer comprensibles al trabajador las diversas partidas, en su caso, integradoras de aquélla, en evitación de posibles fraudes.

1. **Modelo oficial y modelo sustitutivo**

La documentación del salario habrá de realizarse mediante la entrega al trabajador de un recibo individual y justificativo del pago del mismo. El recibo de salarios se ajustará al modelo aprobado por el Ministerio de Empleo y Seguridad Social, salvo que por convenio colectivo o, en su defecto, por acuerdo entre la empresa y los representantes de los trabajadores, se establezca otro modelo que contenga con la debida claridad y separación las diferentes percepciones del trabajador, así como las deducciones que legalmente procedan.

La utilización, sin previa autorización, por el empresario, de recibos de salarios distintos del modelo oficial, o del modelo sustitutivo acordado, constituye una infracción leve, susceptible de ser sancionada con multa de importe comprendido entre 70 y 750 euros.

Sin embargo, no se considera incumplida la obligación de utilizar el recibo oficial de salarios cuando, sin eliminar conceptos o alterar su denominación, se modifica por razones formales o se incluye información adicional sobre la retribución del trabajador.

2. **Contenido del recibo**

El recibo de salarios ha de incluir, en primer lugar, todos los datos relativos a la identificación de la empresa (denominación, domicilio, código de identificación fiscal y código de cuenta de cotización a la Seguridad Social) y del trabajador (nombre, número de identificación fiscal, número de afiliación a la Seguridad Social, categoría o grupo profesional y grupo de cotización).

En segundo lugar, y después de indicar el total de días que corresponden al período que se liquida, el recibo de salarios ha de reflejar la estructura que, sobre el salario, se hubiese acordado en convenio colectivo o, en su defecto, en el contrato individual. Y, a estos efectos, deberá consignar las cantidades devengadas en concepto de percepciones salariales (salario base, complementos salariales —personales, de puesto de trabajo, por cantidad o calidad de trabajo, por resultados de la empresa, etc., horas extraordinarias, horas complementarias, gratificaciones y salario en especie) y extrasalariales (indemnizaciones o suplidos, prestaciones e indemnizaciones de la Seguridad Social, indemnizaciones por traslados, suspensiones o despidos y otras percepciones no salariales); así como su totalización.

En tercer lugar, el recibo de salarios ha de recoger las deducciones que legalmente proceda efectuar: aportación del trabajador a las cotizaciones a la Seguridad Social y conceptos de recaudación conjunta —contingencias comunes, desempleo, formación profesional y horas extraordinarias—, retenciones del Impuesto sobre la Renta de las Personas Físicas, anticipos, valor de los productos en especie y oras deducciones, así como su utilización.

En cuarto lugar, por diferencia entre el total devengado y el total a deducir, habrá de hacerse constar la cantidad líquida a percibir por el trabajador.

En quinto lugar, también habrá de incluir el recibo de salarios la determinación de las bases de cotización a la Seguridad Social y conceptos de recaudación conjunta y la base sujeta a retención del Impuesto sobre la Renta de las Personas Físicas.

En sexto lugar, el empresario debe informar de la cuantía total de la cotización a la Seguridad Social indicando, en el recibo de salarios, la parte de la cotización que corresponde a la aportación del empresario y la parte correspondiente al trabajador.

Finalmente, el empresario está obligado a consignar en el recibo de salarios las cantidades realmente abonadas al trabajador, de tal modo que la omisión en el cumplimiento de tal deber constituye una infracción de carácter grave, susceptible de ser sancionada con multa de importe comprendido entre 751 y 7.500 euros. El incumplimiento de esta obligación mediante la consignación de unos importes inferiores a los realmente percibidos conllevará la comisión de la infracción laboral referida pero también una infracción de Seguridad Social, si el incumplimiento aludido implica un supuesto de infracotización, lo que podría derivar en el levantamiento por los servicios de la Inspección de Trabajo de un acta de infracción y liquidación por los mismos hechos.

3. **Período de liquidación**

El recibo se referirá a meses naturales; de 30 días, cuando el trabajador percibe retribución mensual, y de 28, 29, 30 o 31 días, cuando percibe retribución diaria.

No obstante, aquellas empresas que vinieran abonando salarios por períodos inferiores a meses naturales, podrán continuar con dicho sistema, en cuyo caso deberán documentar dichos abonos como anticipos a cuenta de la liquidación definitiva, que se extenderá en el recibo mensual de salarios.

Lo ordinario es que los abonos se refieran al mes corriente de que se trate, sin perjuicio de aquellos otros pagos que surjan en el curso de la relación laboral, como pueden ser las pagas extraordinarias, pagas de beneficios, comisiones, liquidaciones por fin de contrato o las revisiones de los convenios colectivos con eficacia retroactiva, debiéndose emitir, en estos casos, los recibos que se estimen necesarios.

No entregar puntualmente al trabajador el recibo de salarios constituye una infracción leve sancionable con multa entre 70 y 750 euros.

4. **Firma del trabajador**

Un recibo no es tal si no está dotado del requisito que le confiere su nombre, esto es, la firma de quien recibe su importe.

Es por eso por lo que el recibo de pago de salarios habrá de ser firmado por el trabajador al hacerle entrega del duplicado del mismo y abonarle, en moneda de curso legal o mediante cheque o talón bancario, las cantidades resultantes de la liquidación.

La firma del recibo dará fe de la percepción por el trabajador de dichas cantidades, sin que suponga su conformidad con las mismas, por lo que no excluye la posibilidad de reclamar las cantidades a las que se crea tener derecho.

Cuando el abono se realice mediante transferencia bancaria, el empresario entregará al trabajador el duplicado del recibo sin necesidad de recabar su firma, que se entenderá sustituida por el comprobante del abono expedido por la entidad bancaria.

5. **Firma y sello de la empresa**

La firma y el sello de la empresa también deben figurar al pie del recibo de salarios. Esta formalidad confiere al recibo de salarios una apariencia de autenticidad que facilita al trabajador la cumplimentación de los requerimientos que pudieran exigírsele en sus relaciones con los diversos organismos oficiales (Servicio Público de Empleo, Instituto Nacional de la Seguridad Social, Juzgados, Inspección de Trabajo y Seguridad Social, Agencia Tributaria, etc.).

Facilita también la tramitación de contratos, tan ordinarios en la vida privada, como son los préstamos bancarios o los arrendamientos de vivienda; en cuya negociación es usual la exigencia del recibo de salarios del trabajador, como documento acreditativo de unos ingresos que han de garantizar el cumplimiento de las obligaciones asumidas por el contratante.

6. **Valor probatorio**

El documento que constituye el recibo de salarios, debidamente firmado por el trabajador, tiene plena eficacia probatoria del pago del salario y quien la niegue deberá probar la falsedad de la firma en él contenida.

El pago de salarios efectuado sin utilizar el preceptivo recibo de salarios mantiene su efecto liberatorio, por cuanto que la inobservancia del requisito de forma sólo constituye infracción leve sancionable por la autoridad laboral con multa entre 70 y 750 euros.

Incluso la falta de este recibo de salarios no impide que el pago pueda ser acreditado mediante cualquiera de los medios de prueba admitidos en derecho (testigos, talones o cheques o sus copias, giro postal, acreditación de ingresos bancarios, etc.).

La simple fotocopia del recibo de salarios no tiene valor probatorio en juicio, salvo que la parte contraria reconozca como cierto su contenido.

7. **Conservación de los recibos**

Todos los recibos de salarios expedidos por la empresa deberán ser archivados juntamente con los boletines de cotización a la Seguridad Social y clasificados en el mismo orden en que figuren sus titulares en la relación de cotizantes. La indicada documentación será conservada durante un plazo mínimo de 5 años, para las comprobaciones oportunas.

La no conservación, o destrucción, de la documentación durante el indicado plazo no es causa justificada por la que el empresario pueda ser eximido de su exhibición en juicio, cuando haya sido requerido para ello; con la importante consecuencia de que puedan ser estimadas como probadas las alegaciones hechas por la parte contraria en relación con la prueba acordada.

Por otro lado, a efectos administrativos, sólo es susceptible de ser sancionada, como falta leve y con multa entre 70 y 750 euros, la no conservación por el empresario de la referida documentación durante el plazo de 4 años.

La conservación de los recibos de salarios es también conveniente para el trabajador ya que, además de acreditar la percepción de los salarios, sirve para probar su cuantía, período de liquidación y momento de pago. Asimismo, es útil para probar la existencia y naturaleza de la relación de trabajo y para identificar al empresario.

8. Modelo justificativo del pago de salarios

Empresa:	Trabajador:
Domicilio (1):	NIF:
CIF:	N.º de afiliación a la Seguridad Social:
	Grupo profesional:
CCC:	Grupo de cotización:

Período de liquidación: del ...... de .... al ...... de .... de 202... Total días (2)

	IMPORTE	TOTALES
I. DEVENGOS		
1. Percepciones salariales (3)		
Salario base (4)		
Complementos salariales		
________		
________		
________		
Horas extraordinarias (5)................		
Horas complementarias (contratos a tiempo parcial) (6)		
Gratificaciones extraordinarias (7)		
Salario en especie (8)		
2. Percepciones no salariales (9)		
Indemnizaciones o suplidos (10)		
________		
Prestaciones e indemnizaciones de la Seguridad Social (11)		
________		
Indemnizaciones por traslados, suspensiones o despidos (12)		
________		
Otras percepciones no salariales (13)		
________		
A. TOTAL DEVENGADO		
II. DEDUCCIONES		
1. Aportación del trabajador a las cotizaciones a la Seguridad Social y conceptos de recaudación conjunta (%)		
Contingencias comunes y MEI (14)............ ___		
Desempleo .... ___		
Formación profesional............ ___		
Horas extraordinarias:		
Fuerza mayor .... ___		
Otras .... ___		
TOTAL APORTACIONES (15)............		
2. Impuesto sobre la Renta de las Personas Físicas (16) .... ___		
3. Anticipos............		
4. Valor de los productos recibidos en especie............		
5. Otras deducciones............		
B. TOTAL A DEDUCIR............		
LÍQUIDO TOTAL A PERCIBIR (A – B)		

.... de .... de 202...

Firma y sello de la empresa RECIBÍ

DETERMINACIÓN DE LAS BASES DE COTIZACIÓN A LA SEGURIDAD SOCIAL Y CONCEPTOS DE RECAUDACIÓN CONJUNTA Y DE LA BASE SUJETA A RETENCIÓN DEL IRPF Y APORTACIÓN DE LA EMPRESA

CONCEPTO		BASE	TIPO	APORTACIÓN EMPRESA
1. Contingencias comunes y MEI				
Importe remuneración mensual..........	________			
Importe prorrata pagas extraordinarias	________			
	TOTAL			
2. Contingencias profesionales y conceptos de recaudación conjunta	AT y EP			
	Desempleo			
	Formación profesional.......			
	Fondo de Garantía Salarial....			
3. Cotización adicional por horas extraordinarias	....			
4. Base sujeta a retención del IRPF				

Notas al modelo justificativo del pago de salarios

(1) Se hará constar también el del centro de trabajo cuando éste no coincida en el de la empresa.
(2) Habrá que reflejar el número de días naturales que tiene el mes que se liquida (28, 29, 30 o 31), si el trabajador percibe retribución diaria. Cuando el trabajador percibe retribución mensual el recuadro se cumplimenta poniendo 30. Lo indicado anteriormente procede siempre que el trabajador haya estado de alta todo el mes, ya que si no fuese así únicamente se pondrán los días que efectivamente haya estado trabajando.
(3) Sujetas a cotización al Régimen general de la Seguridad Social con arreglo al artículo 147 del texto refundido de la Ley General de la Seguridad Social.
(4) En dinero o en dinero y especie, si ésta forma parte del salario base, con expresión, en tal caso, de su valor en dinero y del ingreso a cuenta del IRPF correspondiente.
(5) Deben computarse para formar la base de cotización a accidentes de trabajo, enfermedad profesional y cotización adicional sobre horas extraordinarias. Es conveniente que, además del detalle del número de horas realizado y la determinación del importe por hora trabajada, se especifique la naturaleza de las mismas; es decir, si son horas por fuerza mayor u otras horas extraordinarias, dado que el tipo de cotización en uno u otro caso es distinto.
(6) Para facilitar el control de las horas complementarias, a efectos de cotización, está previsto que su número y retribución se recoja en el recibo de salarios.
(7) Indicar su denominación teniendo en cuenta que el trabajador tiene derecho a dos gratificaciones extraordinarias, una de ellas con ocasión de las fiestas de Navidad y la otra en el mes que se fije por convenio colectivo. Otra paga extraordinaria distinta de las anteriores es la paga de beneficios. Puede ocurrir también que estas gratificaciones se abonen prorrateadas a lo largo de las 12 mensualidades.
(8) Siempre que tenga el carácter de complemento salarial y con expresión de su valor en dinero. Los criterios de valoración de las retribuciones en especie coinciden con los fiscales y están contemplados en el artículo 43 de la Ley 35/2006, de 28 de noviembre, del Impuesto sobre la Renta de las Personas Físicas. Deben incluirse, dado que forman parte de la base de cotización a la Seguridad Social.
(9) Algunas de estas percepciones están excluidas de cotizar al Régimen general de la Seguridad Social; otras en las cuantías que no superen los límites legalmente establecidos, ya que el exceso sobre esos límites se integra en la base de cotización.
(10) Se harán constar las compensaciones económicas abonadas por la empresa por los gastos realizados por el trabajador como consecuencia de su actividad laboral. Indicar el concepto de que se trate y su importe o valoración.
(11) Indíquese la contingencia de que se trate: incapacidad temporal, debida a enfermedad común, accidente no laboral, accidente de trabajo o enfermedad profesional o desempleo parcial.
(12) Indicar el concepto de que se trate y su importe o valoración.
(13) Podrán hacerse constar aquí las mejoras voluntarias de la acción protectora de la Seguridad Social que hayan sido homologadas o autorizadas, de acuerdo con las normas reguladoras de las mismas, en el Régimen general, así como los productos en especie voluntariamente concedidos por las empresas. También podrán hacerse constar aquí las asignaciones de carácter asistencial concedidas por las empresas.
(14) Hasta tanto no se modifique el modelo oficial, incluimos en este apartado la cotización adicional al Mecanismo de Equidad Intergeneracional (MEI).
(15) Se hará constar el tanto por 100 total que resulte de acumular las fracciones de tipo correspondiente al trabajador en las cuotas de Régimen general, desempleo y formación profesional, y adicional por horas extras.
(16) Indicar el tipo de retención que resulte de la aplicación de los artículos 80 a 89 del Real Decreto 439/2007, de 30 de marzo, que aprueba el Reglamento del Impuesto sobre la Renta de las Personas Físicas. Se aplica sobre el importe mensual que el trabajador ha de recibir en metálico. No se aplica, pues, sobre el valor de las retribuciones en especie que, de existir, están sujetas a un ingreso a cuenta del Impuesto sobre la Renta de las Personas Físicas, consistente en el mismo porcentaje que, en concepto de retención, corresponde aplicar a las retribuciones dinerarias del trabajador.

Capítulo III

Estructura del recibo de salarios: el encabezamiento

En el encabezamiento del recibo de salarios deben figurar los datos de la empresa y del trabajador. Por un lado, el nombre o razón social de la empresa, su domicilio, su código de identificación fiscal y su código de cuenta de cotización a la Seguridad Social; de otro lado, se hará constar, además del nombre y apellidos del trabajador, su categoría o grupo profesional, el grupo de cotización al que pertenece, el número de identificación fiscal y el número de afiliación a la Seguridad Social.

Seguidamente, deberá expresarse el período de tiempo que comprende la hoja de salarios, es decir, el total de días naturales correspondientes al período de tiempo que se liquida y, por consiguiente, no solamente los días trabajados, sino también los festivos comprendidos en su período.

No obstante la descripción anterior, es necesario aclarar algunos conceptos de los mencionados.

1. **Empresa**

Aun siendo bastante habitual la confusión, no es lo mismo empresa, empresario y centro de trabajo.

En general, la empresa aparece configurada como una unidad económica organizativa, compuesta por personas y bienes materiales que, bajo el poder de dirección del empresario, pretende la producción de unos determinados bienes y servicios.

Por empresario, o empleador, se entiende a toda persona física o jurídica, o comunidad de bienes, que recibe la prestación de servicios de los trabajadores.

Por su parte, el centro de trabajo se configura como una unidad técnica de producción; es decir, una unidad productiva con organización específica que deberá ser dada de alta, como tal, ante la autoridad laboral.

La empresa puede pertenecer a un empresario individual, que es el propietario o titular de la misma, o a una colectividad de socios capitalistas que se constituyen en alguna de las sociedades civiles o mercantiles (sociedad anónima, sociedad limitada, etc.).

El empresario individual (persona física) tiene plena capacidad para establecer una relación laboral con el trabajador a través del contrato de trabajo, si es mayor de 18 años. También puede contratar válidamente como empleador el menor de 18 años y mayor de 16 que esté emancipado, bien por haberse casado, o bien, por haber procedido con la autorización paterna o de sus tutores, a vivir de forma independiente.

El empresario colectivo (persona jurídica) puede contratar trabajadores cuando, con arreglo a la ley, esté válidamente constituido.

También tienen personalidad jurídica y capacidad para contratar como empresario las diversas corporaciones, asociaciones y fundaciones reconocidas por la ley.

2. Trabajador

En la relación laboral se entiende por trabajador a aquella persona física que, voluntaria y personalmente, está obligada a realizar, o efectivamente realiza, una actividad retribuida por cuenta y bajo dependencia ajena.

En esta definición se entienden incluidos tanto los trabajadores manuales como los intelectuales, los empleados y los obreros, los trabajadores temporales y los contratados por tiempo indefinido; lo que quiere decir que las diversas clases de trabajadores se establecen, en definitiva, en función del contrato que celebran.

En la relación laboral, la dirección y control de la actividad es ejercida por el empresario o persona en la que delegue, y el trabajador tiene derecho a la percepción de su retribución sin asumir los riesgos de la actividad empresarial o las consecuencias de la falta de trabajo por causa que no le sea imputable.

Tienen plena capacidad para contratar la prestación de servicios como trabajadores las siguientes personas:

a) Los mayores de 18 años.
b) Los comprendidos entre los 16 y los 18 años que están emancipados, bien por estar casados, o bien, por vivir de forma independiente con el consentimiento de sus padres o tutores o la autorización de la persona o la institución que los tenga a su cargo.

Necesitan consentimiento de sus padres o tutores o autorización de la persona o institución que les tenga a su cargo, los mayores de 16 años y menores de 18 que no estén emancipados ni gocen del beneficio de la mayoría de edad.

Los menores de 16 años están totalmente incapacitados para poder contratar sus servicios por cuenta ajena y, en el supuesto de que se produjera la contratación, el contrato de trabajo sería nulo, aun contando con la aquiescencia del padre o del tutor del menor.

3. Inscripción en la Seguridad Social

Los empresarios, como requisito previo e indispensable a la iniciación de sus actividades, solicitarán su inscripción en el sistema de la Seguridad Social haciendo constar si es el Instituto Nacional de la Seguridad Social, o, en su caso, una Mutua de Accidentes de Trabajo y Enfermedades Profesionales la que va a asumir la protección por las contingencias de accidente de trabajo y enfermedad profesional del personal a su servicio.

La inscripción del empresario en el sistema de la Seguridad Social será única para todo el territorio del Estado y válida durante la existencia de la persona natural o jurídica correspondiente.

La apertura de centros de trabajo también será comunicada por el empresario a la Tesorería General de la Seguridad Social para su identificación.

La inscripción del empresario y la identificación de sus centros de trabajo se efectuará a nombre de aquél en la Dirección Provincial de la Tesorería General de la Seguridad Social de la provincia en que radique el domicilio del empresario o esté situado el centro de trabajo o en las administraciones o agencias de la Seguridad Social existentes en dicha provincia.

La solicitud de inscripción de empresa y la identificación del centro se formulará en modelo oficial (TA.6) acompañado de la siguiente documentación:

a) Si el titular es una persona natural: DNI o pasaporte o documento que le sustituya si es un extranjero.
b) Si el titular es una persona jurídica: certificación del Registro Mercantil u otro documento fehaciente, por ejemplo, escritura notarial.
c) Documento de asociación o de proposición de asociación con una Mutua de Accidentes de Trabajo y Enfermedades Profesionales cuando sea ésta la que vaya a cubrir las contingencias de accidente de trabajo o enfermedad profesional del personal a su servicio.
d) Declaración que permita determinar las primas aplicables y conocer, con la debida concreción, cuantos otros datos sean precisos en aquellos casos en que sea el Instituto Nacional de la Seguridad Social (INSS) quien vaya a cubrir las contingencias de accidente de trabajo o enfermedad profesional del personal a su servicio.

Al formular su inscripción, el empresario debe solicitar la apertura de una cuenta de cotización en la Dirección Provincial de la Tesorería General de la Seguridad Social de la provincia en que realice su actividad.

Solicitará la apertura de tantas cuentas como actividades desarrolle en la provincia o modalidades de cotización tenga reconocidas por contar con trabajadores que, por estar excluidos de algunas situaciones o contingencias protegidas, deban cotizar por diferentes conceptos, y podrá solicitar cuentas de cotización independientes cuando quiera individualizar colectivos concretos de trabajadores.

A cada cuenta de cotización se le asignará un código que deberá hacerse constar, en su caso, en los documentos de cotización.

El Código de Cuenta de Cotización a la Seguridad Social, también denominado número patronal, dato por el que fundamentalmente se identifica a la empresa, es imprescindible hacerlo constar en su integridad, con once cifras, es decir, consignando las dos cifras de la clave de provincia y las nueve cifras del número, que incluye los dígitos de control. Si es preciso se debe completar con ceros inmediatamente a su izquierda, y a la derecha de los dígitos correspondientes a la provincia, ej. 23000342563.

Además del código de cuenta de cotización del empresario, se asignará un número de identificación para cada centro de trabajo.

Las infracciones graves del empresario, en esta materia, son susceptibles de ser sancionadas con multas de importe comprendido entre 751 y 7.500 euros.

4. Afiliación de los trabajadores

La afiliación a la Seguridad Social es obligatoria para todas las personas incluidas en su campo de aplicación y única para la vida de las mismas y para todo el sistema, sin perjuicio de las altas y bajas en los distintos regímenes que lo integran, así como de las demás variaciones que puedan producirse con posterioridad a la afiliación.

Los empresarios están obligados a solicitar la afiliación a la Seguridad Social de los trabajadores a su servicio, a no ser que estuvieran ya afiliados.

Las solicitudes de afiliación de trabajadores a la Seguridad Social deberán formularse, utilizando el modelo oficial TA.1, ante las Direcciones Provinciales de la Tesorería General de la Seguridad Social o administraciones de la misma, con anterioridad a la iniciación de la prestación de servicios del trabajador, mediante la presentación, en las citadas dependencias, de los documentos establecidos al efecto o su remisión, a través de correo o fax, acompañados de fotocopia del documento nacional de identidad del trabajador o, en caso de ser extranjero, del documento identificativo del mismo.

La afiliación del trabajador puede producirse también directamente por el mismo o a través de la actuación de la Inspección de Trabajo y Seguridad Social, cuando el empresario hubiera incumplido su obligación.

Los incumplimientos empresariales en esta materia pueden ser sancionados con multas cuyo importe está comprendido entre 3.750 y 12.000 euros.

A los efectos de su identificación en el sistema de la Seguridad Social, se asignará a cada trabajador un número de afiliación (NAF), de carácter vitalicio. Es un dato primordial e imprescindible para la correcta aplicación de la cotización, así como para el reconocimiento de las prestaciones a que dicha cotización da derecho.

Ha de hacerse constar el NAF completo, con doce cifras —incluye los dígitos de control— de las cuales las dos primeras corresponden al código de la provincia donde se produjo la afiliación. Si es preciso, el NAF se completará con ceros a la izquierda por detrás de la provincia, por ejemplo, 230000123470.

Una vez reconocido el derecho a la afiliación del trabajador se le entregará un documento de afiliación que surtirá efecto ante todas las entidades gestoras y Tesorería General de la Seguridad Social.

4.1. Altas y bajas

Así como la afiliación supone la incorporación del trabajador al sistema de la Seguridad Social por estar incluido en su campo de aplicación, el alta supone el acto formal de adscripción a un determinado Régimen del sistema.

Con independencia de la obligación de solicitar la afiliación de aquellos trabajadores que no lo estuvieren, los empresarios deberán comunicar a las Direcciones Provinciales de la Tesorería General o administraciones de la Seguridad Social de la provincia en la que figuren identificados los centros de trabajo, las altas y bajas de los trabajadores que ingresen o cesen en los mismos.

El incumplimiento de la obligación de comunicación de las altas y bajas de trabajadores por parte de las personas obligadas dará lugar a que las mismas puedan ser efectuadas a instancia del trabajador o de oficio por la Tesorería General de la Seguridad Social sin perjuicio de las sanciones a que hubiera lugar.

La no comunicación en tiempo y forma del alta de cada trabajador constituye una infracción grave sancionable con multa entre 3.750 y 12.000 euros. Sin embargo, no comunicar, en tiempo y forma, las bajas de los trabajadores que cesen en el servicio a la empresa, así como las demás variaciones que les afecten, constituye infracción leve sancionable con multa entre 70 y 750 euros.

Los justificantes del cumplimiento de las obligaciones de alta se conservarán por el empresario mientras el trabajador no cause baja, y en todo caso, durante 4 años; los partes de baja y de variaciones se conservarán igualmente durante el mismo período.

El incumplimiento de esta obligación constituye una infracción leve sancionable con multa entre 70 y 750 euros.

Las altas, antes de la iniciación de la prestación de servicios, y las bajas, dentro del plazo de los 3 días siguientes al cese en el trabajo, se comunicarán necesariamente mediante los correspondientes modelos oficiales (modelos TA.2/S), acompañados del documento de afiliación y, en el caso de alta, del documento nacional de identidad o el que, a estos efectos, se declare equivalente o fotocopia de los mismos. Los documentos de alta se presentarán en las dependencias de la Tesorería General de la Seguridad Social o serán remitidas a las mismas por medio de correo o fax.

Las empresas, las agrupaciones de empresas y los profesionales colegiados también pueden realizar las afiliaciones, altas, bajas y variaciones de datos de los trabajadores, a través de medios electrónicos, informáticos o telemáticos, previa autorización de la Tesorería General de la Seguridad Social.

4.2. Obligación de cotizar

La obligación de cotizar nace desde el comienzo de la prestación del trabajo, incluido el período de prueba, y no se interrumpe mientras el trabajador esté en alta.

La obligación de cotizar termina por la finalización de la prestación de trabajo en la empresa, siempre que se presente el parte de baja y coincida con la finalización del trabajo.

Si la baja se comunica, en modelo TA.2/S, fuera del plazo de los 3 días naturales siguientes al cese, la obligación de cotizar se mantiene hasta que la Tesorería General conozca el cese en el trabajo por cuenta ajena. No obstante, los interesados podrán acreditar por cualquiera de los medios admitidos en derecho (otros documentos, testigos, etc.), que el cese en la actividad se produjo en otra fecha, a efectos de la extinción de la obligación de cotizar.

5. **Grupo profesional**

Se entiende por grupo profesional el que agrupa unitariamente las aptitudes profesionales, titulaciones y contenido general de la prestación, y puede incluir distintas tareas, funciones, especialidades profesionales o responsabilidades asignadas al trabajador.

Las categorías profesionales vendrían a ser una distinción dentro del grupo en razón de las distintas funciones o especialidades profesionales.

Por acuerdo entre el trabajador y el empresario se debe asignar al trabajador un grupo profesional y establecer, como contenido de la prestación laboral objeto del contrato de trabajo, la realización de todas las funciones correspondientes al grupo profesional asignado o solamente de alguna de ellas.

Si se acuerda la polivalencia funcional o la realización de funciones propias de más de un grupo, la equiparación tiene que realizarse según las funciones que se desempeñen durante mayor tiempo.

5.1. Delimitación del grupo

Por acuerdo entre el trabajador y el empresario se debe asignar al trabajador un grupo profesional y establecer, como contenido de la prestación laboral objeto del contrato de trabajo, la realización de todas las funciones correspondientes al grupo profesional asignado o solamente de alguna de ellas.

Si se acuerda la polivalencia funcional o la realización de funciones propias de más de un grupo, la equiparación tiene que realizarse según las funciones que se desempeñen durante mayor tiempo.

La importancia de delimitar el grupo profesional del trabajador es obvia, ya que, por una parte, el trabajador adquiere, en atención a su grupo, sus derechos económicos y, por otra, la empresa no puede exigirle la realización de funciones, tanto superiores como inferiores, no correspondientes al grupo profesional, salvo por razones técnicas u organizativas que la justifiquen y por el tiempo imprescindible para su atención.

Es lógico que el trabajador no realice todas las tareas previstas en el grupo profesional a la que ha sido adscrito, si bien el empresario puede especificar en cada momento las que aquél debe cumplir, de acuerdo con las necesidades de la organización, cambios tecnológicos u otras razones.

El trabajador tiene derecho a la retribución correspondiente a las funciones que efectivamente realiza, salvo cuando desempeña funciones inferiores, en cuyo caso mantiene la retribución que tenía.

5.2. Regulación por los convenios colectivos

Son los convenios colectivos los que, de forma extensa, detallan todo lo concerniente a los grupos y categorías profesionales existentes en los sectores productivos que regulan.

En dichos convenios colectivos se distinguen, tradicionalmente, cuatro grupos profesionales: técnicos, administrativos, obreros y subalternos.

Estos grupos, a su vez, suelen aparecer divididos en subgrupos profesionales. Así, por ejemplo, dentro del grupo obrero, se distingue entre personal cualificado y no cualificado.

Dentro de los subgrupos, o directamente desde los grupos, suelen establecerse categorías o grados para distinguir la mayor o menor especialización y conocimiento de la actividad, oficio o profesión desempeñada por el trabajador. Así, dentro de los obreros cualificados, es tradicional la distinción entre oficiales de 1.ª, 2.ª y 3.ª; y dentro de los no cualificados, la de especialistas y peones.

5.3. Valoración de puestos de trabajo

En algunas empresas está extendido el sistema de valoración de puestos de trabajo en el que, con independencia del sistema de clasificación profesional en grupos o categorías profesionales, el salario aplicable es el correspondiente al nivel retributivo atribuido al puesto de trabajo en función de determinados factores (conocimiento, iniciativa, riesgo, mando, jornada, titulación exigida, etc.).

En estos casos, las partes contratantes, además de determinar el grupo y/o categoría profesional que corresponda al trabajador, según el sistema de clasificación profesional aplicable, deberán concretar el nivel retributivo del puesto de trabajo contratado, según el sistema de valoración de puestos de trabajo existente en la empresa.

Así pues, mientras que la clasificación profesional consiste en la asignación de un grupo o una categoría, prevista en convenio colectivo, a un trabajador de acuerdo con la función realizada, la calificación del puesto de trabajo parte de una valoración técnica de la tarea específica del puesto de trabajo.

Por eso, la distinción entre grupo o categoría profesional y grupo o calificación o valoración del puesto de trabajo se refleja en dos tipos de salarios: el salario de categoría, esto es, el asignado en el convenio colectivo correspondiente a cada categoría o grupo profesional y el salario de calificación, resultado de la valoración del puesto de trabajo, atendiendo a las circunstancias que en él concurran. De este modo, es posible que trabajadores de igual grupo o categoría profesional y por tanto con derecho a idéntico salario de grupo o categoría perciban retribuciones distintas, en consonancia con el diverso grado de valoración que hayan merecido sus respectivos puestos de trabajo.

5.4. Procedimiento

La clasificación profesional habrá de realizarse por acuerdo entre el trabajador y el empresario, con sumisión y en los términos establecidos en los convenios colectivos. Sin embargo, la valoración del puesto de trabajo se configura expresamente como una de las decisiones cuya adopción compete al empresario, previo informe, no vinculante, del comité de empresa.

6. **Antigüedad**

Se considera como tal aquel período de tiempo que el trabajador lleva prestando sus servicios en una empresa, tomándose como término inicial el primer día de trabajo, aun cuando su contratación lo haya sido a título de prueba.

La antigüedad del trabajador en la empresa se tiene en cuenta a efectos de ascensos de categoría, de percepción de pluses y premios, y para calcular las indemnizaciones correspondientes en el supuesto de despidos disciplinarios, despidos colectivos y en casos de extinción del contrato por causas objetivas o por otras circunstancias.

7. **Grupo de cotización**

Hace referencia a cada uno de los 11 grupos en los que se clasifican, a efectos de cotización a la Seguridad Social, las diferentes categorías profesionales existentes.

Los grupos 1 a 7 comprenden bases de cotización mensuales y los grupos 8 a 11 bases de cotización diarias.

Los trabajadores incluidos en los grupos 8 a 11 cotizan por los días naturales que tenga el mes que se liquida (28, 29, 30 o 31), y los incluidos en los grupos 1 a 7 siempre por 30, porque unos perciben retribución diaria y otros mensual.

No obstante, para los trabajadores encuadrados en los grupos 8 a 11 de cotización, se permite la homologación de las bases y topes de cotización a 30 días durante los 12 meses del año, en el caso de que su retribución sea mensual.

Los grupos de cotización vigentes y las categorías profesionales que comprenden son las siguientes:

Grupo de cotización	Categorías profesionales
1	Ingenieros, licenciados y personal de alta dirección
2	Ingenieros técnicos, peritos y ayudantes titulados
3	Jefes administrativos y de taller
4	Ayudantes no titulados
5	Oficiales administrativos
6	Subalternos
7	Auxiliares administrativos
8	Oficiales de 1.ª y 2.ª
9	Oficiales de 3.ª y especialistas
10	Peones
11	Trabajadores menores de 18 años

Son éstos los 11 grupos de categorías profesionales tipo o básicas, que no recogen las diversas y variadas categorías existentes en los distintos convenios colectivos. La asimilación a uno de estos 11 grupos de las nuevas categorías profesionales creadas por un convenio colectivo requiere resolución de la Tesorería General de la Seguridad Social de oficio o a propuesta de la autoridad laboral.

8. **Número de identificación fiscal (NIF)**

Cada empresario tiene un número de identificación o NIF (el que figura en las etiquetas que para el pago de impuestos le facilita Hacienda) que deberá, igualmente, consignarse completo, tanto en los recibos de salario como en los documentos de liquidación de cuotas a la Seguridad Social, y que consta de nueve posiciones. La primera, cuando este número no es el Documento Nacional de Identidad, sino el de identificación de las personas jurídicas ante las Administraciones

Públicas, es una letra, las siete siguientes son números y la última, que actúa como código de control, puede ser una letra o un número. Por ello, en el caso del número del Documento Nacional de Identidad, la primera posición quedará en blanco.

9. **Documento de afiliación a la Seguridad Social**

MINISTERIO
DE TRABAJO
Y ASUNTOS SOCIALES
TESORERÍA GENERAL
DE LA SEGURIDAD SOCIAL
NOMBRE
PRIMER APELLIDO
SEGUNDO APELLIDO
Nº SEGURIDAD SOCIAL
D.N.I./N.I.E.
DOCUMENTO DE AFILIACION A LA SEGURIDAD SOCIAL

10. **Tarjeta acreditativa del Número de Identificación Fiscal**

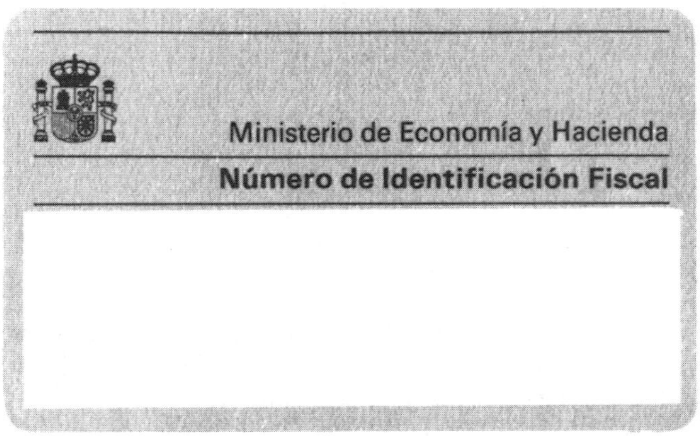
Ministerio de Economía y Hacienda
Número de Identificación Fiscal

Capítulo IV

Estructura del recibo de salarios. Devengos: percepciones salariales

Se entiende como devengos la suma total de las cantidades que percibe el trabajador por distintos conceptos. Entre éstos, es necesario distinguir las denominadas percepciones salariales, que retribuyen el trabajo efectivo del trabajador, de aquellas otras, denominadas percepciones no salariales o extrasalariales, que se abonan al trabajador si se producen determinadas circunstancias, pero sin que guarden una relación directa con el trabajo efectivo realizado.

La importancia práctica de esta distinción entre percepciones de carácter salarial y las de carácter no salarial radica en el hecho de que mientras las percepciones de carácter salarial cotizan a la Seguridad Social no sucede lo mismo con las de carácter no salarial que, no obstante tener que reflejarse asimismo en el recibo de salarios, están, algunas de ellas en cuanto no excedan de determinada cuantía, excluidas de cotización.

1. **Percepciones de carácter salarial**

1.1. Estructura del salario

En la composición del salario se distingue entre salario base y complementos salariales del mismo.

Todas las percepciones económicas de carácter salarial, cualquiera que sea la denominación que las partes le asignen, se entienden automáticamente referidas al salario base o a sus complementos, según la naturaleza y el carácter de cada percepción.

La estructura concreta debe determinarse en la negociación colectiva —acuerdo marco, convenio colectivo, pacto o convenio colectivo extraestatutario— o, en su defecto, en contrato individual.

1.2. Salario base

Es aquella parte de la retribución del trabajador fijada por unidad de tiempo o de obra sin atender a ninguna otra circunstancia. Su cuantía viene establecida, para todas y cada una de las categorías, grupos profesionales o niveles retributivos, en los convenios colectivos.

Se entenderá, salvo pacto en contrario, que los salarios determinados por tiempo fijo —año, mes, semana o día— corresponden a la jornada normal completa de trabajo y al rendimiento mínimo, fijado o habitual, exigible en la actividad de que, en cada caso, se trate.

El valor del salario base puede ser inferior al salario mínimo interprofesional, siempre que los ingresos profesionales en conjunto sean superiores a dicho salario mínimo.

1.2.1. *Plus de convenio*

En los convenios colectivos suele ser frecuente el establecimiento de un complemento con la denominación de plus de convenio; pero más que de un complemento debe hablarse de salario base dado que su determinación y abono, según categoría profesional, no se basa en factor o circunstancia alguna vinculado a la persona del trabajador, al trabajo realizado o a las vicisitudes de la empresa, sino en la mera vinculación laboral.

1.2.2. *Plus voluntario*

Hace referencia a aquel incremento voluntario con el que el empresario mejora la retribución del trabajador. Mejora esta que, una vez reconocida, pierde su carácter discrecional; debiendo integrarse, dada su naturaleza salarial, en el salario base o, en su caso, en el complemento salarial que corresponda según cuál sea la motivación real del pago.

1.3. Complementos salariales

Son aquellas cantidades que, en su caso, deben adicionarse al salario base y que, fijadas en función de diversas circunstancias, habrán de calcularse conforme a los criterios que a tal efecto se pacten en convenio colectivo o, en su defecto, en contrato individual.

1.3.1. *Personales*

Los complementos personales son aquellos que se derivan de las condiciones personales del trabajador, que mejoran el contenido y calidad del trabajo desarrollado, y que no han sido valoradas al ser fijado el salario base: antigüedad, aplicación de títulos, idiomas, conocimientos especiales y cualesquiera otros de naturaleza análoga.

a) *Antigüedad*

La duración de la vinculación laboral del trabajador a la empresa, suele normalmente hacerle acreedor a un complemento, plus de antigüedad, cuya cuantía o determinación en función de un período de permanencia —bienio, trienio, quinquenio, etc.—, puede fijarse en convenio colectivo o en el contrato de trabajo. Y puede consistir en un porcentaje sobre el salario base por cada tramo temporal o en una cantidad fija.

Siendo así que la antigüedad es un concepto cuya configuración corresponde a la negociación colectiva, nada impide que los convenios colectivos pacten una estructura del salario que no contemple dicho complemento.

b) *Conocimientos especiales: idiomas, títulos, etc.*

Se trata de aquel complemento que percibe el trabajador cuando la empresa se sirve, en la puesta en práctica de su trabajo, de su conocimiento de idiomas o de la tenencia de un determinado título o conocimiento especial que no haya sido valorado al fijar el salario base. Por el contrario, no existirá tal complemento salarial, sino sólo salario base, cuando la relación laboral tuviera como causa, precisamente, aquellos conocimientos.

El mantenimiento del derecho al plus se produce aunque los conocimientos especiales no se practiquen, pero siempre que a ello sea ajena la voluntad del trabajador, de suerte que, si esa inaplicación tiene su origen en el querer del interesado, bien por negativa, bien por acontecimientos que suponen la dejación voluntaria del puesto de trabajo en el que era obligada la utilización del conocimiento para pasar a otro donde no se da tal exigencia, no hay derecho al complemento, constitutivo de la contraprestación.

1.3.2. *De puesto de trabajo*

Este complemento es de índole funcional y su percepción depende exclusivamente del ejercicio de la actividad profesional en el puesto asignado, por lo que, salvo acuerdo en contrario, no tendrá carácter consolidable.

La contraprestación que remunera el complemento es la peculiaridad o peculiaridades inherentes al puesto de trabajo, que no hayan sido valoradas al fijar el salario base: penosidad, toxicidad, peligrosidad, suciedad, máquinas, vuelo, navegación, embarque, turnos, nocturnidad o cualquier otro complemento que deba percibir el trabajador por razón de las características del puesto de trabajo o de la forma de realizar su actividad profesional, que comporte conceptuación distinta del trabajo corriente.

a) *Penosidad, toxicidad, peligrosidad*

Se trata de un complemento que resarce al trabajador de una situación especial de riesgo en el desempeño de la prestación laboral de forma que, aun adoptadas las medidas de protección pertinente, siempre existe un riesgo adicional y superior al normal o habitual.

Para la percepción de este complemento salarial es necesario que la percepción de dicho plus por trabajos tóxicos, penosos o peligrosos esté prevista en el convenio colectivo o contrato individual de aplicación.

A falta de acuerdo entre empresa y trabajador, respecto a la calificación del trabajo, la jurisdicción social resolverá si el puesto de trabajo reúne tales características.

Así pues, los jueces y tribunales del orden jurisdiccional social son los competentes, en los casos de discrepancia, para declarar la condición de toxicidad, penosidad o peligrosidad en trabajos concretos, precisamente para legitimar la percepción del plus correspondiente, y hasta que tal declaración no se pronuncie, no nace el derecho económico que lleva aparejado.

El plus se ha de calcular sobre los días efectivamente trabajados pues se trata de un complemento salarial cuya percepción depende exclusivamente del ejercicio de la actividad profesional en el puesto asignado.

La cuantía del plus será la que por tal concepto establezca el convenio colectivo o la que se acuerde con la empresa, y suele concretarse en un porcentaje sobre el salario base.

b) *Turnicidad*

El plus de turnicidad es un complemento salarial que tiene por objeto compensar la mayor incomodidad del trabajo en turnos rotatorios y que no se devenga cuando no se trabaja en tal sistema. La retribución específica para el trabajo a turnos se determina en el convenio colectivo o en el contrato individual de trabajo.

Los trabajadores con un contrato de formación en alternancia no pueden realizar un trabajo a turnos, salvo que, por la naturaleza de la actividad, la formación para la adquisición de los aprendizajes previstos en el plan formativo no pueda desarrollarse en otro periodo.

c) *Responsabilidad*

La percepción de la prima de responsabilidad y dedicación, cuando esté convencionalmente reconocida, depende exclusivamente del ejercicio de la actividad profesional en el puesto asignado, por lo que no tendrá carácter consolidable. Por eso, al dejar de ejercer las funciones propias del cargo, no se tiene derecho a percibir tal prima.

d) *Nocturnidad*

Las horas trabajadas durante el período comprendido entre las 10 de la noche y las 6 de la mañana, salvo que el salario se haya establecido atendiendo a que el trabajo sea nocturno por su propia naturaleza o se haya acordado la compensación de este trabajo por descansos, tendrán una retribución específica que vendrá determinada en convenio colectivo.

Por su carácter funcional el plus de nocturnidad se devenga sólo durante los días de prestación efectiva de servicios, así como durante las vacaciones, pero no durante las licencias o permisos, o en días festivos no trabajados, ni tampoco en la retribución del descanso semanal.

Los trabajadores con un contrato de formación en alternancia no pueden realizar trabajos nocturnos, salvo que, por la naturaleza de la actividad, la formación para la adquisición de los aprendizajes previstos en el plan formativo no pueda desarrollarse en otro periodo.

e) *Disponibilidad*

Este complemento no responde a una actividad extraordinaria del trabajador, sino a una característica del puesto de trabajo, que obliga a la disponibilidad habitual y a constantes alteraciones del horario de trabajo. El plus de disponibilidad compensa pues el compromiso adquirido por el trabajador de estar localizado fuera de la jornada laboral, a fin de reincorporarse al trabajo por necesidades del servicio.

1.3.3. *Por calidad o cantidad*

Son complementos que el trabajador debe percibir por razón de una mejor calidad o una mayor cantidad de trabajo, vayan o no unidos a un sistema de retribución por rendimientos: primas e incentivos, pluses de actividad, asistencia o asiduidad, horas extraordinarias o cualquier otro.

a) *Incentivos*

Normalmente llamados incentivos a la producción o primas de producción, constituyen un complemento salarial determinado por el rendimiento. Su finalidad principal es la consecución de rendimientos superiores a los considerados como habituales o normales, estimulando económicamente el esfuerzo de los trabajadores.

Si a los trabajadores se les exige un rendimiento superior al considerado como usual podrán reclamar un ingreso económico superior al establecido para el salario a tiempo, incrementándose éste, al menos, en el porcentaje que para tal circunstancia se haya señalado en el convenio colectivo.

La disminución de la actividad por falta de pedidos no constituye una arbitrariedad por parte de la empresa ni tiene por qué suponer un cambio de organización del trabajo ni de la forma de compensar económicamente los rendimientos. En tal caso, no hay obligación de mantener los complementos y su cuantía. La empresa cumple con su obligación si remunera el rendimiento obtenido, y no está obligada a hacerlo por el que potencialmente se hubiera podido conseguir aplicando una actividad laboral superior a la desarrollada por los trabajadores.

b) *Asistencia y puntualidad*

Estos complementos, así como el de asiduidad —asistencia continuada sin interrupción y, o, con puntualidad— remuneran la particular diligencia del trabajador en el cumplimiento de una obligación primaria del contrato de trabajo: la asistencia puntual. Sus fórmulas de devengo son diversas, siendo la más habitual la que establece la percepción del complemento en función de cada día efectivamente trabajado.

c) *Horas extraordinarias*

Son aquellas horas que el trabajador realiza efectivamente superando la duración máxima de la jornada ordinaria de trabajo.

Mediante convenio colectivo o, en su defecto, contrato individual, se optará entre abonar las horas extraordinarias en la cuantía que se fije, que en ningún caso podrá ser inferior al valor de la hora ordinaria, o compensarlas por tiempos equivalentes de descanso retribuido. En ausencia de pacto al respecto, se entenderá que las horas extraordinarias realizadas deberán ser compensadas mediante descanso dentro de los 4 meses siguientes a su realización.

Los trabajadores con un contrato de formación en alternancia o con un contrato para la obtención de práctica profesional no pueden realizar horas extraordinarias, salvo en el supuesto de fuerza mayor.

d) *Horas complementarias*

Se consideran horas complementarias aquellas horas que superan la jornada pactada en un contrato a tiempo parcial de duración indefinida, y cuya posibilidad de realización está acordada mediante un pacto específico con el trabajador.

Las horas complementarias se abonan como las ordinarias.

Los trabajadores con un contrato de formación en alternancia no pueden realizar horas complementarias.

e) *Prolongación de jornada*

Es un complemento de calidad o cantidad de trabajo, puesto que lo que se retribuye es la realización de un trabajo más extenso o dilatado en el tiempo que el que habitualmente corresponde realizar. Si desaparece la causa que lo motiva, es decir si deja de existir la prolongación de jornada, decae también el derecho a percibirlo.

f) *Comisiones*

Es aquella retribución constituida, en todo o en parte, por una cantidad calculada sobre los negocios mediados por el trabajador, operaciones en las que ha intervenido por cuenta del empresario.

El derecho a la comisión nace en el momento de realizarse y pagarse el negocio, la colocación o venta en que hubiere intervenido el trabajador. Sin embargo, salvo que por pacto se hubiese establecido de otro modo, se liquidará y pagará al finalizar el año.

La cuantía de las comisiones será la que libremente hayan acordado las partes. De no haberse establecido, se determinará con arreglo a los usos y costumbres locales en la respectiva industria o comercio.

El salario mínimo interprofesional en cómputo anual es la garantía mínima de ingresos cuando el trabajador tuviere establecido el salario a comisión como única percepción.

El trabajador y sus representantes legales pueden pedir en cualquier momento comunicaciones de la parte de los libros referentes a las comisiones.

El trabajador mantiene su derecho a la comisión de aquellas operaciones en las que ha intervenido si no se realizan o pagan por culpa del empresario.

Las comisiones, en cuanto salario, deben ser computadas para determinar el que le corresponde al trabajador en vacaciones.

1.3.4. *De vencimiento periódico superior al mes*

Son aquellas percepciones de carácter periódico, no esporádicas, cuya periodicidad supera el mes: pagas extraordinarias, participación en beneficios y cualquier otra que convencionalmente pudiera otorgarse en función de la situación y resultados de la empresa.

No tienen carácter consolidable, salvo acuerdo en contrario, las percepciones que estén vinculadas a la situación y resultados de la empresa.

Los complementos de vencimiento periódico superior al mes se devengan día a día, aunque venzan en un momento determinado.

Todos estos devengos se prorratean a efectos del cálculo de la base de cotización a la Seguridad Social. Por eso, de la cantidad bruta devengada sólo se ha de descontar la retención a cuenta del IRPF, ya que la cuota de la Seguridad Social que corresponde al trabajador se descuenta prorrateada en las mensualidades.

a) *Pagas extraordinarias*

El trabajador tiene derecho a dos gratificaciones extraordinarias, una de ellas con ocasión de las fiestas de Navidad y la otra en el mes en que se fije por convenio colectivo o por acuerdo entre el empresario y los representantes legales de los trabajadores.

En convenio colectivo, o pacto, puede acordarse que las pagas extras se prorrateen en las 12 mensualidades, con lo cual el trabajador percibe conjuntamente con el salario mensual el importe prorrateado de cada paga extraordinaria.

La cuantía de las gratificaciones extraordinarias se fijará por convenio colectivo o contrato individual. En todo caso, la cuantía mínima viene determinada por la cuantía del salario mínimo interprofesional vigente en cada momento.

Las pagas extraordinarias se deben satisfacer a razón del salario que rija en el momento de su pago, incluido, en su caso, el promedio de las comisiones devengadas en los meses anteriores.

Las pagas extraordinarias han de contabilizarse a efectos de calcular la indemnización por despido.

El sistema de devengo de las pagas extraordinarias suele establecerse en los convenios colectivos, en proporción al tiempo de servicio o de permanencia del trabajador en la empresa durante el semestre o el año anterior a su cobro. A falta de norma expresa, habrán de entenderse devengadas en proporción al tiempo de servicio en el año anterior.

Salvo disposición expresa en sentido contrario, las gratificaciones extraordinarias no se devengan durante el período de incapacidad temporal. Durante dicho período, el salario es sustituido por una prestación para cuyo cálculo se aplica un porcentaje sobre la base de cotización, en la que ya se computa la parte proporcional de las gratificaciones extraordinarias. Ahora bien, si por convenio colectivo o pacto individual se acordase el complemento de las retribuciones hasta el 100% durante los días que el trabajador permanezca en situación de incapacidad temporal, este complemento ha de proyectarse sobre la totalidad del salario, incluidas las pagas extraordinarias.

El tiempo de duración de la huelga, legal o ilegal, no se computa a los efectos del devengo de las gratificaciones extraordinarias, y durante dicho tiempo no se tiene derecho a salario.

En general, las gratificaciones extraordinarias se devengan sólo en proporción al tiempo de trabajo, entendiéndose comprendido tanto el tiempo de trabajo efectivo, como los períodos de descanso e inactividad equiparables.

Por tratarse de un beneficio económico que se va obteniendo día a día, en caso de extinción del contrato de trabajo, las pagas extraordinarias se perciben proporcionalmente a la fecha de producirse dicha extinción.

Suele entenderse que, a efectos del devengo de las pagas extraordinarias, las fracciones de meses se computan completas en los casos de ceses o despidos.

b) *Participación en beneficios*

La participación en beneficios se calcula aplicando el porcentaje convenido sobre las ganancias habidas en el ejercicio. En la práctica, tal porcentaje suele girar sobre otros conceptos distintos de los beneficios —salarios, volumen de ventas— hasta tal punto que ha llegado a convertirse en un incremento del salario independiente de las fluctuaciones mercantiles favorables o adversas de la empresa.

El convenio colectivo suele establecer que la cuantía de la paga se determina con arreglo a los salarios vigentes en la anualidad que corresponde, aunque su cobro se efectúe dentro del primer trimestre del año siguiente; sobre todo cuando se trata de participación en beneficios en sentido estricto, porque los mismos sólo se pueden conocer una vez efectuado el balance y la cuenta de resultados, lo que ocurre una vez transcurrido el año natural.

Si el devengo de la paga dependiese de una condición —situación del mercado, coyuntura económica, etc.—, podría resultar no exigible.

c) *Otras gratificaciones*

El establecimiento de otras pagas distintas de las anteriores pueden ser resultado de convenio entre las partes negociadoras, o de una concesión graciable del empresario.

1.3.5. *En especie*

Constituyen percepciones en especie de carácter salarial la utilización, consumo u obtención para fines particulares de bienes, derechos o servicios de forma gratuita o por precio inferior al normal de mercado, cuya entrega por parte de las empresas es debida en virtud de norma, convenio colectivo o contrato de trabajo, y no constituyen asignaciones de carácter asistencial.

De entre las remuneraciones percibidas por el trabajador en bienes distintos del dinero, únicamente no tienen la consideración legal de salario —salario base o complemento salarial—, aquellas cuya entrega no es obligatoria para el empresario o responde a beneficios de asistencia social que comprenden no sólo a los trabajadores, sino también a los pensionistas o herederos de aquél.

Se consideran retribuciones salariales en especie:

— La utilización de vivienda por razón de cargo o por la condición de empleado público o privado.
— La utilización o entrega de vehículos automóviles.
— Los préstamos con tipos de interés inferiores al legal del dinero.
— Las prestaciones en concepto de manutención, hospedaje, viaje de turismo y similares.
— Las primas o cuotas satisfechas por la empresa en virtud de contrato de seguro u otro similar, salvo las de seguro de accidente laboral o de responsabilidad civil.
— Las contribuciones satisfechas por los promotores de planes de pensiones, así como las cantidades satisfechas por empresarios para sistemas de previsión social alternativos a planes de pensiones cuando las mismas son imputadas a aquellas personas a quienes se vinculan las prestaciones.
— Las cantidades destinadas a satisfacer gastos de estudios de los trabajadores cuando los mismos no vienen exigidos por el desarrollo de las actividades de la empresa o por las características del puesto de trabajo, y son debidos por norma o convenio colectivo.
— Cualesquiera otras retribuciones del mismo carácter.

Las percepciones en especie suelen valorarse económicamente, según los criterios establecidos al respecto por la Ley del Impuesto sobre la Renta de las Personas Físicas, y su cuantía ha de reflejarse en el apartado correspondiente del recibo de salarios.

En ningún caso el salario en especie puede superar el 30% de las percepciones salariales del trabajador, Además, tampoco el salario en especie puede dar lugar a la minoración de la cuantía íntegra en dinero del salario mínimo interprofesional.

1.3.6. *De residencia*

Los complementos de residencia remuneran la prestación de trabajo en un lugar geográficamente determinado, siempre que el trabajador fije o tenga fijada en él su residencia y ya se trate de territorio nacional o extranjero.

La cuantía del complemento de residencia, para los trabajadores de Ceuta y Melilla, ha venido estableciéndose en 25% del salario base que se percibe.

1.4. Cálculo de los complementos

Toda regulación salarial debe determinar el módulo o módulos que han de ser tenidos en cuenta a los efectos del cálculo y del abono de los complementos salariales.

En cualquier caso, han de calcularse conforme a los criterios que a tal efecto se pacten entre las partes negociadoras o contratantes.

Los procedimientos para fijar su base de cálculo son múltiples, llegándose incluso a la fijación de cantidades alzadas, únicas para todos los trabajadores con derecho a la percepción del complemento, o fija para cada categoría o grupo profesional.

1.5. Consolidación de los complementos

El carácter consolidable de un complemento salarial hace mención a aquella característica del mismo, que lo hace inseparable de la persona del trabajador, con independencia del desempeño que éste realice. De esta forma, si se sostiene que un determinado complemento salarial tiene carácter consolidable, el trabajador tendrá derecho a él, siendo indiferente, a estos efectos, el concreto puesto de trabajo que ocupe, acompañándole durante toda la existencia de la relación laboral.

Por medio de la negociación colectiva, o contrato individual de trabajo, las partes pueden convenir libremente el carácter consolidable, o no, de los complementos salariales.

Salvo que expresamente se haya pactado que son consolidables, no tienen tal carácter los complementos que están vinculados al puesto de trabajo o a la situación y resultados de la empresa; por lo que, en el momento en que desaparezcan las condiciones que dieron lugar a los mismos, puede suprimirse su abono.

En defecto de pacto en contrario, los complementos personales sí tienen carácter consolidable.

2. **Otras percepciones salariales**

También tienen naturaleza salarial las retribuciones que a continuación se relacionan.

2.1. Bonus

El «bonus», o bonificación, es la compensación con que la empresa premia al trabajador en razón del cumplimiento de determinados objetivos y de los resultados de la empresa. Se retribuye así un incremento de ventas, una mejora de posición en el mercado, un aumento de ingresos, un incremento de la productividad o, en definitiva, la realización de funciones a plena satisfacción del empresario.

Los criterios en función de los cuales se ha de proceder a su abono, la determinación de su cuantía, la fecha de su liquidación y pago, las eventualidades en caso del cese del trabajador antes de su percepción y demás circunstancias que constituyen su régimen jurídico se establecen en el contrato de trabajo.

Aunque el importe del bonus suele ser variable, es frecuente el establecimiento de cantidades mínimas y máximas. Asimismo, dado que la cuantía está en función de los resultados finales, el pago suele efectuarse por años vencidos.

2.2. «Stock option»

La «stock option» (opción sobre acciones) es un derecho que la empresa concede al trabajador para que, durante un plazo determinado, pueda adquirir acciones de la propia compañía a un precio preestablecido, que se espera sea inferior al valor real de la adquisición de tales acciones en el mercado en el momento en que se ejercite tal derecho.

No puede considerarse como salario la mera expectativa de ganancia en que consiste la opción, mientras no se ejercite, pero sí lo es (salario en metálico) la ganancia, en forma de ahorro, obtenida en caso de comprar las acciones por debajo de su valor.

3. **Salario global**

Se entiende por salario global aquella remuneración unitaria en la que quedan incluidas todas las posibles percepciones, excluidas las extrasalariales, a las que el trabajador tiene derecho por aplicación de los distintos conceptos retributivos establecidos en la normativa vigente.

La globalización será válida siempre que la cuantía del salario sea igual o superior a la suma de las porciones que lo integran; es decir, el salario global ha de ser al menos igual al que resultaría de calcularse por el procedimiento normal de especificar las partidas que lo componen.

El salario global puede establecerse bien por pacto expreso entre empresario y trabajador, bien por convenio colectivo o disposición legal.

Algunas manifestaciones legales de globalización salarial son:

- Los trabajadores eventuales y temporeros, cuyos servicios a una misma empresa no exceden de 120 días, perciben, conjuntamente con el salario mínimo, la parte proporcional de la retribución de los domingos y festivos, así como de las gratificaciones extraordinarias a las que, como mínimo, tiene derecho todo trabajador, correspondientes al salario de 30 días cada una de ellas.
- Puede acordarse en convenio colectivo que las gratificaciones extraordinarias se prorrateen en las 12 mensualidades.

Ello no significa que el pago pueda ser anual, pues el período de tiempo a que se refiere el abono de las retribuciones periódicas y regulares no puede exceder de un mes.

4. **Casos prácticos**

4.1. Devengo anual de pagas extraordinarias

Planteamiento

Un trabajador ha sido contratado por una empresa el 1 de setiembre de 2022. La duración del contrato es de un año, por lo que habrá de entenderse concluido el 31 de agosto de 2023.

El convenio colectivo, aplicable en la empresa, establece que las 2 pagas extraordinarias que tiene derecho a percibir el trabajador a lo largo del año de trabajo habrán de pagarse por el empresario en proporción al tiempo de servicio durante el año anterior a la fecha de su cobro. El importe a percibir en el momento de su devengo es de 1.500 euros por cada una de ellas.

¿Qué cantidades ha de cobrar el trabajador, por dichas pagas extraordinarias, mientras dure su contrato?

Solución

La cantidad a cobrar, por la paga extraordinaria de Navidad de 2022, es la siguiente:

$$\frac{4}{12} \times 1.500 \text{ euros} = 500 \text{ euros.}$$

Y ello porque, al ser de devengo anual, de las 12 meses necesarios para devengar la paga completa, sólo ha permanecido 4 meses en la empresa (de setiembre de 2022 hasta diciembre de 2022, inclusive).

La paga extraordinaria correspondiente al verano (junio de 2023) ha de alcanzar el siguiente importe:

$$\frac{10}{12} \times 1.500 \text{ euros} = 1.250 \text{ euros.}$$

Y ello porque, de los 12 meses necesarios para devengar la paga completa, sólo ha permanecido en la empresa 10 meses (de setiembre de 2022 hasta junio de 2023).

Al concluir su contrato el 31 de agosto de 2023, percibirá, como liquidación de la paga de Navidad de 2023, la parte proporcional que le corresponde, y que asciende a la cantidad siguiente:

$$\frac{8}{12} \times 1.500 \text{ euros} = 1.000 \text{ euros.}$$

Y ello porque, desde que cobró la última paga de Navidad (diciembre de 2022), sólo ha permanecido en la empresa durante 8 meses (de diciembre de 2022 hasta agosto de 2023).

Finalmente, en el momento de la liquidación, el trabajador percibirá la parte proporcional que, en concepto de paga de verano (junio de 2023), tiene también devengada, y que le corresponde en la cantidad siguiente:

$$\frac{2}{12} \times 1.500 \text{ euros} = 250 \text{ euros.}$$

Y ello porque, desde que cobró la última paga de verano (junio de 2023) sólo ha permanecido en la empresa 2 meses (julio y agosto).

Dado que la empresa había pactado con el trabajador el pago de 2 pagas extraordinarias de 1.500 euros cada una de ellas como retribución, por este concepto, del año completo de trabajo, la obligación contraída asciende a la cantidad siguiente:

$$2 \text{ pagas} \times 1.500 \text{ euros} = 3.000 \text{ euros.}$$

Cuantía ésta (3.000 euros) efectivamente percibida por el trabajo en la forma antes indicada; es decir:

500 euros (Navidad 2022) + 1.250 euros (verano 2022) + 1.000 euros (Navidad 2023) +
+ 250 euros (verano 2023) = 3.000 euros

4.2. Devengo semestral de pagas extraordinarias

Planteamiento

¿A cuánto ascendería la retribución de las pagas extraordinarias del trabajador del caso anterior, si el convenio colectivo estableciese el devengo semestral, en vez de anual?

Solución

Si el devengo de las pagas fuese semestral, su importe sería el siguiente:

— Por la paga de Navidad de 2022:

$$\frac{4}{6} \times 1.500 \text{ euros} = 1.000 \text{ euros.}$$

Y ello porque, de los 6 meses de permanencia necesarios para devengar la paga completa, sólo acredita 4 meses (de setiembre de 2022 hasta diciembre de 2022).

— Por la paga de verano (junio de 2023):

$$\frac{6}{6} \times 1.500 \text{ euros} = 1.500 \text{ euros.}$$

Y ello porque, ha permanecido los 6 meses necesarios para percibir la paga completa (de enero de 2023 hasta junio de 2023).

— Por la paga de Navidad de 2023:

$$\frac{2}{6} \times 1.500 \text{ euros} = 500 \text{ euros.}$$

Y ello porque, de los 6 meses necesarios para devengarla completa, sólo ha permanecido en la empresa 2 meses (de julio de 2023 hasta agosto de 2023).

Dado que la empresa había pactado con el trabajador el pago de 2 pagas extraordinarias de 1.500 euros cada una de ellas como retribución, por este concepto, del año completo de trabajo, la obligación contraída asciende a la cantidad siguiente:

$$2 \text{ pagas} \times 1.500 \text{ euros} = 3.000 \text{ euros.}$$

Cuantía ésta (3.000 euros) efectivamente percibida por el trabajador en la forma antes indicada; es decir:

$$1.000 \text{ euros (Navidad 2022)} + 1.500 \text{ euros (verano 2023)} + 500 \text{ euros (Navidad 2023)} = 3.000 \text{ euros.}$$

4.3. Devengo de vacaciones

Planteamiento

Un trabajador fue contratado por una empresa el 1 de marzo de 2022, con la categoría de auxiliar administrativo y mediante contrato de carácter indefinido, siendo la retribución pactada de 1.500 euros mensuales.

El convenio colectivo aplicable en la empresa establece que el trabajador tiene derecho a disfrutar de 30 días naturales de vacaciones anuales, retribuidas como si de una mensualidad ordinaria se tratase, debiendo disfrutarse dentro del mes de julio de cada año. El convenio colectivo también establece que las vacaciones se disfrutan por años naturales y reconoce el derecho a disfrutar de la parte proporcional correspondiente al tiempo trabajado durante el año. Asimismo, reconoce el derecho a percibir la compensación económica correspondiente a la parte de vacaciones devengada y no disfrutada si, durante el transcurso del año, se produjese el cese en la empresa.

Con estos datos, se trata de saber cuál es el período de disfrute y la retribución de las vacaciones devengadas por el trabajador durante los años 2022 y 2023. También si tendría derecho a compensación económica por vacaciones en caso de cesar en la empresa el 30 de setiembre de 2023.

Solución

1. Vacaciones durante 2022

Habiendo iniciado la relación laboral el 1 de marzo de 2022, con carácter indefinido, y supuesta su permanencia en la empresa el 31 de diciembre de 2022, al trabajador le correspondería, dentro del mes de julio, el disfrute y retribución de los días de vacación siguientes:

a) *Período de disfrute:*

$$\frac{10}{12} \times 30 \text{ días} = 25 \text{ días}$$

b) *Retribución:*

$$\frac{1.500 \text{ euros}}{30 \text{ días}} \times 25 \text{ días} = 1.250 \text{ euros}$$

2. Vacaciones durante 2023

Llegado el mes de julio, época de disfrute de las vacaciones en la empresa y supuesto que el trabajador va a permanecer en la empresa el 31 de diciembre de 2023, disfrutará del siguiente período retribuido:

a) *Período de disfrute:*

30 días (por 12 meses de servicio en la empresa).

b) *Retribución:*

$$\frac{1.500 \text{ euros}}{30 \text{ días}} \times 30 \text{ días} = 1.500 \text{ euros}$$

3. Vacaciones en caso de cese el 30 de setiembre de 2023

El trabajador que, en la presunción de que iba a permanecer en la empresa el 31 de diciembre de 2023, había disfrutado anticipadamente en el mes de julio de los 30 días de vacaciones que le correspondían es deudor, al cesar el 30 de setiembre de 2023, de una cuantía económica equivalente a los días de exceso de vacaciones disfrutados, según los cálculos siguientes:

— Vacaciones disfrutadas .... 30 días

— Vacaciones que corresponden a 30-9-2023

$\frac{9}{12} \times 30 \text{ días} =$ .... 22,5 días

— Días de vacaciones disfrutados en exceso .... 7,5 días

En consecuencia, la cuantía que el empresario podría deducir en la liquidación correspondiente al cese del trabajador en la empresa es la siguiente:

$$\frac{1.500 \text{ euros}}{30 \text{ días}} \times 7,5 \text{ días} = 375 \text{ euros.}$$

Capítulo V

Estructura del recibo de salarios. Devengos: percepciones no salariales

Tienen la consideración de percepciones no salariales, o extrasalariales, aquellas retribuciones que percibe el trabajador como consecuencia de la relación de trabajo, pero que no retribuyen ni el trabajo efectivo realizado ni tampoco los períodos de descanso que se computan como si de trabajo efectivo se tratase.

Estas percepciones carecían de la consideración legal de salario y no cotizaban al Régimen general de la Seguridad Social. En consecuencia, su importe no repercutía en las prestaciones económicas de la Seguridad Social que podían causarse en el futuro.

Con el objetivo de homogeneizar la normativa en materia tributaria y de Seguridad Social, aquellos conceptos que eran considerados como renta en la normativa tributaria, y como tal tributaban a efectos del IRPF, pasaron a ser incluidos también en la base de cotización, si bien solo lo hacían en cuanto excedían de determinada cuantía.

No obstante, posteriormente también han pasado a ser incluidos en la base de cotización algunos de esos conceptos en su totalidad y, por otra parte, se ha pasado a considerar como única asignación asistencial no computable la destinada a satisfacer gastos de estudios del personal, cuando tales estudios vienen exigidos por el desarrollo de las actividades de la empresa o las características de los puestos de trabajo.

Con frecuencia el trabajador percibe cantidades que, bajo denominaciones varias, pretenden ocultar su verdadera naturaleza salarial con la clara finalidad de excluir su cotización a la Seguridad Social y su tributación a la Hacienda Pública. En este caso, quien afirme que un concepto es extrasalarial, debe asumir la carga de la prueba, dado que la presunción general es la de considerar como salario todas las percepciones del trabajador.

Y ello porque la determinación de si una partida económica debe ser considerada percepción extrasalarial, o no, dependerá, no de la denominación formal que se le atribuya, sino de su verdadera y real naturaleza.

1. **Indemnizaciones o suplidos por gastos relacionados con el trabajo**

Son compensaciones económicas por los gastos realizados por el trabajador como consecuencia de su actividad laboral.

En general, el empresario está obligado a reintegrar al trabajador los gastos suplidos por éste, indispensables para la ejecución del trabajo. En caso de que no estuviesen debidamente estipulados, el trabajador habrá de advertir al empresario, antes o inmediatamente después de que aquéllos se originen, de su necesidad ineludible y de su cuantía.

1.1. Quebranto de moneda

El quebranto de moneda es aquella compensación que resarce de los desajustes de saldo derivados de un manejo menudo y abundante de dinero (errores en cobros y pagos, o pérdidas involuntarias).

Si el desajuste en el arqueo de caja se debiera a la actuación maliciosa o culposa del trabajador, no solamente perderá el derecho al suplido, sino que, además, podrá ser objeto de la acción disciplinaria de la empresa, como autor de una falta laboral.

Este plus, previsto en los convenios colectivos, consiste, generalmente, en una cantidad fija y, excepcionalmente, en un porcentaje mínimo sobre las cantidades de dinero con las que se trabaja.

El importe total del quebranto de moneda debe ser incluido en la base de cotización.

1.2. Desgaste de herramientas

Son las percepciones por desgaste de útiles o herramientas propias del trabajador. Lo habitual es que sean del empresario y deben devolverse, tras su uso, en el centro de trabajo o en su defecto, en casa del empresario.

Los escasos convenios que contemplan este plus acostumbran a determinarlo en una cantidad fija mensual.

El importe total del plus por desgaste de herramientas debe ser incluido en la base de cotización.

1.3. Prendas de trabajo

Son percepciones destinadas a la adquisición de prendas de trabajo. Para acreditar derecho a estas compensaciones o indemnizaciones será preciso que la obligación del empresario conste en un convenio o contrato individual o que el empleador exija al trabajador el uso de un atuendo determinado, bien para relacionarse con el público, bien para realizar una actividad laboral que requiera prendas de trabajo adecuadas, o también que el trabajo se desarrolle en situación que deteriore de forma particular la indumentaria.

Los convenios que prevén el pago de dicho plus acostumbran a establecer un suplido para que sea el trabajador el que adquiera sus propias prendas de trabajo, y para ello establecen una cantidad, que puede ser alzada y por una vez al año o prorrateada por los 12 meses del año.

El importe total del plus para la adquisición de prendas de trabajo debe ser incluido en la base de cotización.

1.4. Gastos de locomoción

Los gastos de locomoción, que resarcen de los gastos que por dicho concepto efectúa el trabajador en los desplazamientos necesarios por causa de su trabajo y por orden de la empresa, comprenden los gastos normales del trabajador que se desplace fuera de la fábrica, taller o centro habitual de trabajo para realizarlo en otro distinto del mismo o diferente municipio.

La empresa puede satisfacer el importe de los mismos o bien, en el caso de que el trabajador se desplace en su propio vehículo, abonarle un precio por kilómetro recorrido, siendo su cuantía, en este último caso, la establecida en convenio colectivo o pacto individual con el empresario.

La asignación para gastos de locomoción sólo se incluye en la base de cotización por la cantidad que exceda de la establecida como excluida.

1.5. Dietas de viaje

Las dietas de viaje son una retribución de carácter irregular que compensa al trabajador por los mayores gastos que, en los desplazamientos por necesidades de su trabajo fuera del lugar de su residencia o de la localidad del centro de trabajo, se ve obligado a realizar al tener que pernoctar o efectuar sus comidas principales fuera de su domicilio. Comprenden los gastos normales de manutención y estancia en restaurantes, hoteles y demás establecimientos de hostelería.

Se suele distinguir entre dieta y media dieta según el desplazamiento exija, o no, pernoctar fuera del domicilio.

El importe de la dietas suele venir establecido en los convenios colectivos y, a falta de regulación, se concreta por acuerdo con el empresario.

La obligación de las empresas de anticipar el pago de las dietas a la realización efectiva del desplazamiento, se ha puesto de manifiesto repetidamente por la doctrina judicial.

Las dietas de viaje sólo se incluyen en la base de cotización por la cantidad que exceda de la establecida como excluida.

1.6. Plus de distancia, plus de transporte y equivalentes

Estos pluses no representan una retribución, sino una compensación análoga a la de las dietas.

Son aquellas cantidades que deben abonarse o resarcirse al trabajador por su desplazamiento desde el lugar de su residencia hasta el centro habitual de trabajo y a la inversa.

Son los convenios colectivos los que, a efectos de su cuantificación económica, suelen concretarla en una cantidad fija diaria o mensual, siempre que se cumplan los requisitos exigidos para su percepción; normalmente, que se viva a una determinada distancia del centro de trabajo.

Su percepción está vinculada a la efectividad del desplazamiento y, en consecuencia, a que no se perciban durante el período de vacaciones o cuando no se trabaja, pues de abonarse en tales casos nos encontraríamos ante un salario encubierto sujeto a cotización.

El importe total de los pluses de transporte urbano y de distancia debe ser incluido en la base de cotización.

1.7. Compensación por gastos de traslado

Es aquella compensación de carácter económico a la que tiene derecho el trabajador que es trasladado con carácter definitivo a un centro de trabajo distinto de la misma empresa que exija cambiar de residencia. Comprende tanto los gastos propios del trabajador como los de los familiares a su cargo, en los términos que se convengan entre las partes, y que nunca será inferior a los límites mínimos establecidos en los convenios colectivos.

1.8. Otros suplidos

Tienen también la consideración de indemnización o suplido cualesquiera otros de igual naturaleza indemnizatoria o compensatoria, que no supongan contraprestación directa a los servicios prestados: compensación de llamadas telefónicas efectuadas por encargo de la empresa, compensación del material informático aportado por el trabajador, etc.

2. **Indemnizaciones por fallecimiento**

El empresario ha de abonar a los herederos del trabajador fallecido los salarios que hubiese devengado y no percibido.

Además, en caso de que el fallecimiento del trabajador fuese debido a causa natural, su empresario vendrá obligado a abonar a los herederos de aquél, una indemnización equivalente a 15 días del jornal o salario que disfrutaba en el momento de su muerte.

Únicamente se pagará la indemnización cuando el difunto deje alguno de los parientes por el orden y en las circunstancias que a continuación se indican:

— Viuda.
— Descendientes menores de 18 años o inútiles para el trabajo.
— Hermanos huérfanos menores de la mencionada edad.
— Ascendientes pobres con tal de que sean sexagenarios o incapacitados para el trabajo.

En este mismo apartado habría que incluir todas las indemnizaciones satisfechas por el empresario en caso de fallecimiento del trabajador cualquiera que sea su causa, natural o no, y que sean debidas en virtud de convenio colectivo.

3. **Indemnizaciones correspondientes a traslados, suspensiones, despidos o ceses**

Tampoco tienen la consideración de salarios las cantidades percibidas por el trabajador en concepto de indemnizaciones correspondientes a traslados, suspensiones, despidos o ceses.

3.1. Indemnización por traslado

Autorizado el traslado de un trabajador a población distinta de la de su residencia habitual tendrá derecho a optar por el traslado percibiendo una compensación por gastos, o a extinguir su contrato mediante la indemnización que se fije.

Si optara por la extinción del contrato le correspondería una indemnización a razón de 20 días de salario por año de servicio, prorrateándose por meses los períodos de tiempo inferiores a un año y con un máximo de 12 mensualidades.

3.2. Indemnización por suspensión del contrato

Si bien con carácter general la suspensión del contrato de trabajo no hace acreedor al trabajador de compensación alguna, dado que la suspensión exonera de las obligaciones recíprocas de trabajar y remunerar el trabajo, en algunos supuestos, como el de crisis de la empresa, el empresario puede asumir la entrega de determinadas cantidades, que tendrán, por esta causa, carácter indemnizatorio. Tiene este carácter el complemento de la prestación por desempleo otorgado por la empresa a los trabajadores afectados por un procedimiento de regulación de empleo con suspensión temporal de los contratos de trabajo, cuando sea abonado a tanto alzado y de una sola vez.

En otros supuestos de suspensión del contrato de trabajo, el convenio colectivo puede otorgar al trabajador el derecho a percibir íntegramente las pagas extraordinarias o un porcentaje del salario.

Asimismo, la actitud del empresario que demora la reincorporación del trabajador, que tiene suspendido su contrato por razón de excedencia, a pesar de la existencia de vacante, puede dar lugar a una indemnización por daños y perjuicios consistente en una cantidad equivalente a los salarios dejados de percibir desde la fecha de la solicitud del reingreso, si ya existía vacante.

Todas estas compensaciones tendrían acogida en este apartado, ya que no se corresponden con una efectiva prestación de servicios.

3.3. Indemnización por despido o cese

Bajo la expresión despido o cese se entiende la extinción del contrato, por cualquier causa, en virtud de la cual el trabajador debe ser indemnizado, y comprende:

- Las indemnizaciones por despido colectivo aprobado en procedimiento de regulación de empleo. Su cuantía es de 20 días de salario por año de servicio, prorrateándose por meses los períodos de tiempo inferiores a un año y con un máximo de 12 mensualidades.
- Las indemnizaciones por despido disciplinario —reconocido o declarado improcedente— y por resolución del contrato a instancia del trabajador previo incumplimiento contractual del empresario. La cuantía es de 33 días de salario por año de servicio prorrateándose por meses los períodos inferiores a un año y hasta un máximo de 24 mensualidades.

  No obstante, si el contrato se formalizó antes del 12 de febrero de 2012, la indemnización por despido improcedente se calcula a razón de 45 días de salario por año de servicio por el tiempo de prestación de servicios anterior a dicha fecha y a razón de 33 días de salario por año de servicio por el tiempo de prestación de servicios posterior. Si para el cálculo del importe de la indemnización por el periodo anterior al 12 de febrero de 2012 resulta un número de días superior a 720, se aplica el que haya resultado por ese período como importe indemnizatorio máximo, con el límite de 42 mensualidades.
- La indemnización adicional concedida al trabajador, de hasta 15 días de salario por año de servicio hasta un máximo de 12 mensualidades, en atención a las circunstancias concurrentes y a los perjuicios causados por la no readmisión o por la readmisión irregular en caso de despido declarado improcedente, habiendo optado el empresario por la readmisión.
- La indemnización por resolución del contrato a instancia del trabajador como consecuencia de los perjuicios causados por modificaciones sustanciales de las condiciones de trabajo. Su cuantía es de 20 días de salario por año de servicio, prorrateándose por meses los períodos inferiores a 1 año y con un máximo de 9 mensualidades.
- La indemnización por extinción del contrato por causas objetivas, siendo su cuantía de 20 días de salario por año de servicio, prorrateándose por meses los períodos de tiempo inferiores a 1 año y con un máximo de 12 mensualidades.
- La indemnización por la improcedencia de la extinción por causas objetivas, en caso de contrato para fomento de la contratación indefinida, en la cuantía de 33 días por año de servicio, prorrateándose por meses los períodos de tiempo inferiores a un año y con un máximo de 24 mensualidades.
- La indemnización, de una mensualidad de salario, por la extinción del contrato a causa de muerte, jubilación o incapacidad del empresario.
- La indemnización por optar por la extinción del contrato en traslado autorizado, también en la cuantía que exceda del importe de 20 días de salario por año de trabajo, con un máximo de 12 mensualidades.
- La indemnización por despido en la cuantía establecida para las relaciones laborales de carácter especial (personal de alta dirección, penados, deportistas profesionales, artistas y representantes).
- La indemnización por extinción del contrato por expiración del tiempo convenido, en la cuantía equivalente a la parte proporcional de la cantidad que resultaría de abonar 12 días de salario por cada año de servicio o en la cuantía determinada en la negociación colectiva o en la normativa específica de aplicación.

  Entre los contratos celebrados a partir del 30 de marzo de 2022, solo da lugar a esta indemnización el contrato por circunstancias de la producción.
- La indemnización del 7%, o la superior que pueda estar establecida, por la extinción del contrato indefinido por motivos inherentes a la persona trabajadora en el sector de la construcción.

— La compensación económica por extinción del contrato temporal como medida de fomento del empleo para trabajadores con discapacidad y para trabajadores en situación de exclusión social empleados por empresas de inserción, siendo su cuantía de 12 días de salario por año de servicio.
— La indemnización por extinción del contrato de duración determinada de los trabajadores contratados por empresas de trabajo temporal, en la cuantía equivalente a la parte proporcional de la cantidad que resultaría de abonar 12 días de salario por cada año de servicio.
— Las compensaciones económicas que proceden al término del contrato de duración determinada superior al año, y en los despidos por causas objetivas, por omisión del preaviso, y que consisten en la obligación del empresario de abonar al trabajador el importe de los salarios correspondientes al período de preaviso no concedido.
— La compensación sustitutoria de los salarios correspondientes al período de preaviso, en el caso de desistimiento por parte del empresario en la relación laboral de carácter especial del personal de alta dirección.
— Los salarios de tramitación percibidos en sustitución de los salarios dejados de percibir durante el tiempo que media entre la fecha del despido y la de la notificación de la sentencia judicial que lo declara improcedente, cuando hay readmisión o el despedido era un representante legal de los trabajadores o un delegado sindical.

4. **Percepciones por matrimonio**

Son aquellas donaciones o liberalidades que el empresario hace, antes de celebrarse el matrimonio, en consideración al mismo y en favor de uno o de los dos contrayentes, trabajadores de aquél.

El importe total de las percepciones por matrimonio debe ser incluido en la base de cotización.

5. **Prestaciones de la Seguridad Social**

Se trata de cantidades que, a través del empresario en pago delegado, o directamente, el Instituto Nacional de la Seguridad Social abona al trabajador por una serie de conceptos.

Las prestaciones económicas de la Seguridad Social, que a continuación se explican, son aquellas que el trabajador puede percibir mientras está vigente su contrato de trabajo. Se excluyen, pues, las prestaciones no dinerarias y aquellas otras que se perciben una vez extinguida la relación laboral (jubilación, por ejemplo) o por personas ajenas a la condición de causante del derecho (por ejemplo, las pensiones de viudedad o de orfandad).

5.1. Incapacidad temporal

Por incapacidad temporal se entiende aquella situación en que se encuentra el trabajador que, por causa de enfermedad o accidente, está imposibilitado con carácter temporal para el trabajo y precisa asistencia sanitaria de la Seguridad Social.

También se considera que constituyen situaciones de incapacidad temporal los períodos de observación por enfermedad profesional en los que se prescribe la baja en el trabajo.

a) *Prestación económica*

La prestación económica varía según cuál sea el hecho causante:

—La cuantía de la prestación económica por incapacidad temporal derivada de enfermedad común o accidente no laboral será:

- Durante el período comprendido entre el 4.º y el 20.º día, ambos inclusive, de permanencia de baja: 60% de la base reguladora. La prestación del 4.º al 15.º día corre a cargo del empresario, exclusivamente. A partir del día 16.º a cargo del INSS.
- A partir del 21.º día de baja: 75% de la base reguladora.

—La cuantía de la prestación económica por incapacidad temporal derivada de accidente de trabajo o enfermedad profesional será del 75% de la base reguladora, y se percibe a partir del día siguiente al de la baja en el trabajo.

La cuantía de la prestación se modificará cuando se modifique, a su vez, la base de cotización, si fue la mínima la que sirvió para la determinación de su base reguladora.

Asimismo, si el trabajador percibe un salario superior a la base de cotización máxima correspondiente a su categoría profesional, cuando se produzca por imperativo legal un incremento del tope máximo de la base de cotización, tal incremento debe aplicarse a la base reguladora de la prestación de incapacidad temporal a fin de integrar el salario realmente percibido hasta donde pueda ser absorbido por el citado incremento.

El convenio colectivo de aplicación a la empresa puede establecer condiciones más favorables para el trabajador, como pueden ser las de establecer complementos que completen, hasta el 100% o hasta un determinado porcentaje, el salario que el trabajador venía percibiendo en activo. Tal beneficio constituye una mejora de la prestación de la Seguridad Social que sólo es exigible a la empresa, sin que la Mutua o el Instituto Nacional de la Seguridad Social tengan que responder de su pago.

b) *Base reguladora*

La base reguladora para el cálculo de la cuantía del subsidio de incapacidad temporal será el resultado de dividir el importe de la base de cotización del trabajador correspondiente a la contingencia de la que aquélla se derive —accidente de trabajo o enfermedad profesional y accidente no laboral o enfermedad común—, en el mes anterior al de la fecha de iniciación de la situación de incapacidad por el número de días a que dicha cotización se refiera; si bien en el caso de contingencias profesionales no se tiene en cuenta lo percibido por horas extraordinarias en el mes anterior; pero sí el promedio de las del año anterior.

Es decir, las fórmulas a utilizar serían:

—En caso de IT por enfermedad común, o accidente no laboral:

$$\frac{\text{Base por contingencias comunes del mes anterior a la baja}}{\text{Número de días a que se refiere esa cotización}}$$

—En caso de IT por accidente de trabajo o enfermedad profesional:

$$\text{B.R.} = \text{A} + \text{B}$$

$$\text{A} = \frac{\text{Base por contingencias profesionales del mes anterior} - \text{Horas extras cotizadas ese mes}}{\text{Número de días a que se refiere esa cotización}}$$

$$\text{B} = \frac{\text{Horas extraordinarias cotizadas en el año anterior al mes de la baja}}{365 \text{ o } 366}$$

Si el trabajador ha ingresado en la empresa en el mismo mes en el que se inicia la situación de incapacidad temporal, para el cálculo de la base reguladora se debe tomar como base de cotización la de ese mismo mes.

Cuando el trabajador esté contratado a tiempo parcial, la base reguladora será el resultado de dividir la suma de las bases de cotización a tiempo parcial acreditadas desde la última alta laboral, con un máximo de 3 meses inmediatamente anteriores al de la baja, entre el número de días naturales comprendidos en el periodo.

c) *Nacimiento del derecho*

Se tendrá derecho al subsidio por incapacidad temporal:

— En caso de accidente de trabajo o enfermedad profesional, a partir del día siguiente al de la baja en el trabajo. El salario íntegro correspondiente al día de la baja es a cargo del empresario.
— En caso de accidente no laboral o enfermedad común, a partir del 4.º día de baja en el trabajo ocasionada por la enfermedad o el accidente.

d) *Duración del derecho*

El subsidio se abonará mientras el trabajador se encuentre en situación de incapacidad temporal. Por ello, la duración máxima será:

— En caso de enfermedad o accidente, 12 meses, prorrogables por otros 6 cuando se presuma que durante ellos pueda el trabajador ser dado de alta médica por curación.
  Si el período de incapacidad temporal se viere interrumpido por períodos de actividad laboral por tiempo superior a 6 meses, se iniciará otro nuevo aunque se trate de la misma o similar enfermedad. En otro caso, la recaída antes de los 6 meses computa a efectos de duración máxima.
  En el caso de que el trabajador sea dado de alta sin incapacidad permanente, tendrá derecho a percibir el subsidio correspondiente al día del alta. Si dicho día fuere festivo o víspera de festivo, el trabajador tendrá derecho asimismo a percibir subsidio por tales días.
— En caso de enfermedad profesional la duración máxima del período de observación será de 6 meses, prorrogables por otros 6 cuando se estime necesario para el estudio y diagnóstico de la enfermedad.
  Al término del período de observación, el trabajador pasará a la situación que proceda o continuará en la de incapacidad temporal, de acuerdo con su estado.
  El período de observación computa a efectos de duración máxima de la situación de incapacidad temporal derivada de enfermedad profesional.

En los contratos a tiempo parcial, el subsidio se abonará durante todos los días naturales en que el interesado se encuentre en la situación de incapacidad temporal.

e) *Beneficiarios*

Serán beneficiarios del subsidio por incapacidad temporal los trabajadores que cumplan los siguientes requisitos:

— Estar afiliados a la Seguridad Social y en alta o situación asimilada al alta. Los trabajadores se considerarán de pleno derecho afiliados y en alta, a efectos de incapacidad temporal derivada de accidente de trabajo o enfermedad profesional aunque su empresario hubiere incumplido sus obligaciones al respecto y sin perjuicio de las responsabilidades que se deriven para el mismo.
— Estar impedido para el trabajo por enfermedad o accidente o de baja por observación de enfermedad profesional.

— En caso de enfermedad común, haber cumplido un período de cotización de 180 días dentro de los 5 años anteriores a la fecha en que se produzca la baja por tal causa.

En el caso de trabajadores a tiempo parcial, el período mínimo de cotización exigible es el resultado de aplicar a 180 días el coeficiente global de parcialidad, esto es, el porcentaje que representa el número de días trabajados y acreditados como cotizados en los últimos 5 años.

A su vez, ese número de días trabajados y acreditados como cotizados es el resultado de sumar los días cotizados a tiempo completo y los días que se consideran efectivamente cotizados en cada período a tiempo parcial, siendo estos últimos el resultado de aplicar al período de alta con contrato a tiempo parcial el coeficiente de parcialidad, esto es, el porcentaje de la jornada realizada a tiempo parcial respecto de la jornada realizada por un trabajador a tiempo completo comparable en ese mismo período.

Cuando la incapacidad temporal sea consecuencia de un accidente, laboral o no, o de una enfermedad profesional no se exige período previo alguno de cotización.

f) *Pago del subsidio*

El subsidio por incapacidad temporal, tanto si se parte de una base de cotización diaria como mensual, es una prestación de carácter diario que se devenga en función exclusivamente del número de días naturales del mes correspondiente, y ello independientemente de que durante el mes en que se permanezca en situación de incapacidad temporal, la base de cotización corresponda a 30 días, si las retribuciones del trabajador tienen carácter mensual, o a 30, 31 o 28/29, si tienen carácter diario.

g) *Pago delegado*

Las empresas, individualmente consideradas y en relación con su propio personal están obligadas a pagar, por delegación, el subsidio por incapacidad temporal. En los supuestos de enfermedad común o accidente no laboral el pago por delegación es obligatorio a partir del 16.º día después de la baja, pues entre el 4.º y el 15.º día el pago es a cargo del propio empresario.

En tal caso, el subsidio se abonará por los mismos períodos que los salarios y se hará efectivo en las mismas fechas que éstos.

Las empresas que empleen menos de 10 trabajadores y lleven más de 6 meses consecutivos pagando a alguno de ellos una prestación económica por incapacidad temporal, cualquiera que sea su causa, podrán trasladar en cualquier momento la obligación del pago directo de la misma al Instituto Nacional de la Seguridad Social o, en su caso, Mutua de Accidentes de Trabajo y Enfermedades Profesionales, por cuya delegación lo viniesen efectuando.

En algunos sectores laborales o empresas existen mejoras, pactadas en convenio, del subsidio de incapacidad temporal que permiten alcanzar hasta el 100% del mismo, por lo que su abono se convierte en obligatorio para la empresa. Sin embargo esta mejora no podrá descontarse a la entidad gestora o Mutua de Accidentes de Trabajo por no tener la consideración de pago delegado, ni naturaleza salarial, sino de mejora voluntaria que se integra dentro de las prestaciones de la Seguridad Social.

No proceder en tiempo y cuantía al pago delegado de las prestaciones que correspondan, constituye una infracción grave del empresario susceptible de ser sancionada con multa de importe comprendido entre 751 y 7.500 euros.

5.2. Riesgo durante el embarazo

A los efectos de la prestación económica por riesgo durante el embarazo, se considera situación protegida el período de suspensión del contrato de trabajo en los supuestos en que, debiendo la mujer trabajadora cambiar de puesto de trabajo por otro compatible con su estado, dicho cambio de puesto no resulta técnica u objetivamente posible, o no puede razonablemente exigirse por motivos justificados.

a) *Prestación económica*

La prestación económica por riesgo durante el embarazo consiste en un subsidio equivalente al 100% de la base reguladora.

b) *Base reguladora*

La base reguladora para el cálculo de la cuantía de la prestación, equivalente a la de la prestación de incapacidad temporal derivada de contingencias profesionales, es el resultado de dividir el importe de la base de cotización por contingencias profesionales, sin incluir el importe de las horas extraordinarias, en el mes anterior al de la fecha de iniciación de la situación de riesgo, entre el número de días a que dicha cotización se refiere, e incrementar el cociente resultante con el promedio de lo cotizado por horas extraordinarias en el año natural anterior. Es decir, la fórmula sería la siguiente:

$$B.R. = A + B$$

$$A = \frac{\text{Base por contingencias profesionales del mes anterior} - \text{Horas extraordinarias cotizadas en el mes}}{\text{Número de días a que se refiere esa cotización}}$$

$$B = \frac{\text{Horas extraordinarias cotizadas en el año anterior al mes de la baja}}{365 \text{ o } 366}$$

Si la trabajadora ha ingresado en la empresa en el mismo mes en el que se inicia la situación de riesgo durante el embarazo, para el cálculo de la base reguladora se debe tomar como base de cotización la de ese mismo mes.

Cuando la trabajadora está contratada a tiempo parcial, la base reguladora diaria es el resultado de dividir la suma de bases de cotización acreditadas en la empresa durante los 3 meses inmediatamente anteriores a la fecha del hecho causante entre el número de días efectivamente trabajados y, por tanto, cotizados en dicho período.

c) *Nacimiento del derecho*

La trabajadora tiene derecho al subsidio por riesgo durante el embarazo a partir del día en que se inicia la suspensión del contrato de trabajo por tal causa.

d) *Duración de la prestación*

La prestación subsiste mientras la trabajadora permanece en situación de riesgo y finaliza el día anterior a aquel en que se inicia la suspensión del contrato de trabajo por maternidad o el de reincorporación de la mujer trabajadora a su puesto de trabajo anterior o a otro compatible con su estado.

e) *Beneficiarias*

Para ser beneficiaria del subsidio por riesgo durante el embarazo la trabajadora debe estar afiliada y en alta en la Seguridad Social.

No se exige período de cotización alguno por tener la naturaleza de prestación derivada de contingencias profesionales.

f) *Pago directo*

El subsidio por riesgo durante el embarazo se abona directamente por el INSS o la Mutua, según con quien se tenga concertada la cobertura de las contingencias profesionales, por lo que la empresa no puede deducir cantidad alguna por ese concepto.

Durante la situación de riesgo durante el embarazo, el INSS o la Mutua, en el momento de hacer efectivo el subsidio, debe deducir del importe del mismo la cuantía a que asciende la suma de las aportaciones del trabajador relativas a las cotizaciones a la Seguridad Social, desempleo y formación profesional que en cada caso procedan, para su ingreso en la Tesorería General de la Seguridad Social.

El empresario está obligado a ingresar únicamente las aportaciones a su cargo.

5.3. Nacimiento y cuidado de menor

A efectos de la prestación por nacimiento y cuidado de menor, se consideran situaciones protegidas el nacimiento, la adopción, la guarda con fines de adopción y el acogimiento familiar de duración no inferior a un año, durante los períodos de descanso que por tales situaciones se disfruten.

a) *Prestación económica*

La prestación económica por nacimiento y cuidado de menor consiste en un subsidio equivalente al 100% de la base reguladora correspondiente.

En el caso de subsidio especial por nacimiento y cuidado de menor, para las trabajadoras que no acrediten el período mínimo de cotización exigido para tener a derecho a la prestación, la cuantía es equivalente al 100% de IPREM, salvo que la base reguladora diaria establecida para la incapacidad temporal derivada de contingencias comunes sea menor, en cuyo caso se toma ésta.

b) *Base reguladora*

La base reguladora para el cálculo de la cuantía de la prestación por nacimiento y cuidado de menor, equivalente a la de la prestación de incapacidad temporal derivada de contingencias comunes, es el resultado de dividir el importe de la base de cotización por contingencias comunes del trabajador en el mes anterior al de la fecha de iniciación del descanso por el número de días a que dicha cotización se refiere. Es decir, la fórmula sería la siguiente:

$$B.R. = \frac{\text{Base por contingencias comunes del mes anterior al de inicio del descanso}}{\text{Número de días a que se refiere dicha cotización}}$$

Si la trabajadora o el trabajador ha ingresado en la empresa en el mismo mes en el que se inicia la prestación por nacimiento y cuidado de menor, para el cálculo de la base reguladora se debe tomar como base de cotización la de ese mismo mes.

Cuando la trabajadora o el trabajador está contratado a tiempo parcial, la base reguladora diaria es el resultado de dividir la suma de bases de cotización acreditadas en la empresa durante el año anterior a la fecha del hecho causante entre 365 o 366.

c) *Nacimiento del derecho*

Se tiene derecho a la prestación por nacimiento y cuidado de menor:

- En caso de nacimiento, desde el mismo día de la fecha del parto o la del inicio del descanso, de ser ésta anterior.
- En los casos de adopción y acogimiento, a partir de la fecha de la resolución judicial de adopción o de la decisión administrativa de guarda con fines de adopción o de acogimiento.

d) *Duración de la prestación*

La prestación se abona mientras el trabajador tiene suspendido su contrato de trabajo por tal causa, siendo su duración la siguiente:

— En el supuesto de nacimiento de menor, que comprende el parto y el cuidado del menor de 12 meses, la suspensión del contrato, periodo de abono de la prestación, depende de quien sea el beneficiario:

- En el caso de la madre biológica y del otro progenitor: 16 semanas, de las cuales 6 son obligatorias y deben disfrutarse a jornada completa e inmediatamente después del parto.
  Las siguientes 10 semanas pueden disfrutarse en los 12 meses siguientes al parto de manera ininterrumpida o en periodos semanales y a jornada completa o, previo acuerdo con la empresa, parcial.
  La madre biológica puede anticipar la suspensión hasta 4 semanas antes de la fecha previsible del parto.
  La suspensión se amplía en 1 semana para cada progenitor por cada hijo, a partir del segundo, en caso de nacimiento múltiple, así como en caso de discapacidad del hijo.
  Por la hospitalización a continuación del parto del recién nacido cabe:

  — Computar el periodo de suspensión a partir de la fecha de su alta hospitalaria, si bien las 6 semanas posteriores al parto son de suspensión obligatoria para la madre biológica.
  — Ampliar el periodo de suspensión en tantos días como el nacido se encuentre hospitalizado, con un máximo de 13 semanas adicionales, si la hospitalización ha tenido una duración superior a 7 días.

— En el supuesto de adopción, guarda con fines de adopción o acogimiento, hay que distinguir:

- Un periodo de suspensión de 6 semanas que cada adoptante, guardador o o acogedor debe disfrutar a tiempo completo de forma obligatoria e ininterrumpida inmediatamente después de la resolución judicial por la que se constituye la adopción o de la decisión administrativa de guarda con fines de adopción o de acogimiento.
- Un posterior periodo de suspensión de 10 semanas que puede disfrutarse en los 12 meses siguientes a la resolución judicial por la que se constituye la adopción o de la decisión administrativa de guarda con fines de adopción o de acogimiento.
  Cada adoptante, guardador o o acogedor puede disfrutar individualmente de un máximo de 10 semanas, quedando las restantes sobre el total de las 16 semanas a disposición del otro adoptante, guardador o o acogedor para su disfrute simultaneo o sucesivo.

La suspensión se amplía en 1 semana por cada adoptado, guardado o acogido, a partir del segundo, así como en caso de discapacidad. de alguno de ellos.

La duración del subsidio especial por nacimiento y cuidado de menor es de 42 días naturales a contar desde el parto; duración que se incrementa en 14 días naturales, por una sola vez, en los siguientes supuestos:

— Nacimiento de hijo en una familia numerosa, o que pasa a serlo por tal hecho.
— Nacimiento de hijo en una familia monoparental.
— Parto múltiple.
— Madre o hijo afectados de discapacidad en un grado igual o superior al 65%.

e) *Beneficiarios*

Para ser beneficiario de la prestación por nacimiento y cuidado de menor, quien disfrute del descanso correspondiente debe acreditar:

— Estar afiliado a la Seguridad Social y en alta o situación asimilada al alta.

— Tener cubierto un período mínimo de cotización anterior al parto, o a las fechas de decisión administrativa o judicial de acogimiento o de la resolución judicial por la que se constituya la adopción de:

- 180 días cotizados a lo largo de la vida laboral o 90 días cotizados dentro de los 7 años inmediatamente anteriores, si el trabajador tiene cumplidos entre 21 y 26 años de edad.
- 360 días cotizados a lo largo de la vida laboral o 180 días cotizados dentro de los 7 años inmediatamente anteriores, si es mayor de 26 años.

En el caso de trabajadores a tiempo parcial, al período mínimo de cotización exigible se le debe aplicar el coeficiente global de parcialidad, esto es, el porcentaje que representa el número de días trabajados y acreditados como cotizados en los últimos 7 años o, en su caso, sobre toda la vida laboral.

A su vez, el número de días trabajados y acreditados como cotizados es el resultado de sumar:

- Los días cotizados a tiempo completo.
- Los días que se consideran efectivamente cotizados en cada período a tiempo parcial, que son el resultado de aplicar al período de alta con contrato a tiempo parcial el coeficiente de parcialidad, esto es, el porcentaje de la jornada realizada a tiempo parcial respecto de la jornada realizada por un trabajador a tiempo completo comparable en ese mismo período.

La madre trabajadora que no acredita el período de cotización exigido tiene derecho al subsidio especial por nacimiento y cuidado de menor.

El menor de 21 años no precisa acreditar período de cotización alguno.

f) *Pago directo*

La prestación por nacimiento y cuidado de menor se abona directamente por la entidad gestora, INSS o ISM, por lo que la empresa no puede deducir cantidad alguna por ese concepto.

La entidad gestora, en el momento de hacer efectiva la prestación por nacimiento y cuidado de menor, debe deducir del importe de la misma la cuantía a que asciende la suma de las aportaciones del trabajador relativas a las cotizaciones a la Seguridad Social, desempleo y formación profesional que en cada caso procedan, para su ingreso en la Tesorería General de la Seguridad Social.

El empresario está obligado a ingresar únicamente las aportaciones a su cargo.

5.4. Ejercicio corresponsable del cuidado de lactante

A los efectos de la prestación por ejercicio corresponsable en el cuidado del lactante se considera situación protegida la reducción de la jornada de trabajo en media hora que, para el cuidado del lactante de entre 9 y 12 meses, lleven a cabo con la misma duración y régimen los dos progenitores, adoptantes, guardadores con fines de adopción o acogedores de carácter permanente.

a) *Prestación económica*

La prestación económica por ejercicio corresponsable en el cuidado del lactante consiste en un subsidio equivalente al 100% de la base reguladora correspondiente en proporción a la reducción, media hora, que experimente la jornada de trabajo.

b) *Base reguladora*

La base reguladora para el cálculo de la cuantía de la prestación, equivalente a la de la prestación de incapacidad temporal derivada de contingencias comunes, es el resultado de dividir el importe de la base de cotización por contingencias comunes del trabajador en el mes anterior por el número de días a que dicha cotización se refiere. Es decir, la fórmula sería la siguiente:

$$\text{B.R.} = \frac{\text{Base por contingencias comunes del mes anterior al de inicio del descanso}}{\text{Número de días a que se refiere dicha cotización}}$$

Si el trabajador ha ingresado en la empresa en el mismo mes en el que se reduce la jornada, para el cálculo de la base reguladora se debe tomar como base de cotización la de ese mismo mes.

c) *Nacimiento del derecho*

Se tiene derecho a la prestación por ejercicio corresponsable en el cuidado del lactante a partir de los 9 meses de edad de éste, siempre que exista la reducción de jornada de ambo s progenitores, adoptantes, guardadores con fines de adopción o acogedores de carácter permanente.

d) *Duración del derecho*

La duración de la prestación por ejercicio corresponsable en el cuidado del lactante se inicia a los nueve meses del lactante y no se prolonga más allá de los 12 meses del mismo.

e) *Beneficiarios*

Para ser beneficiario de la prestación por ejercicio corresponsable en el cuidado del lactante, el progenitor, guardador o acogedor debe acreditar:

— Estar afiliado a la Seguridad Social y en alta o situación asimilada al alta.
— Tener cubierto un período mínimo de cotización anterior de:

- 180 días cotizados a lo largo de la vida laboral o 90 días cotizados dentro de los 7 años inmediatamente anteriores, si el trabajador tiene cumplidos entre 21 y 26 años de edad.
- 360 días cotizados a lo largo de la vida laboral o 180 días cotizados dentro de los 7 años inmediatamente anteriores, si es mayor de 26 años.

El menor de 21 años no precisa acreditar período de cotización alguno.

El derecho a percibir la prestación por ejercicio corresponsable en el cuidado del lactante solo puede ser reconocido a favor de uno de los progenitores, adoptantes, guardadores o acogedores, aun cuando concurran en ambos las circunstancias necesarias para ser beneficiario.

f) *Pago directo*

La prestación por ejercicio corresponsable en el cuidado del lactante se abona directamente por la entidad gestora, INSS o ISM, estando obligada la empresa a ingresar únicamente las aportaciones a su cargo, sin que pueda deducir cantidad alguna por ese concepto.

La entidad gestora, en el momento de hacer efectiva la prestación, debe deducir del importe de la misma la cuantía a que asciende la suma de las aportaciones del trabajador a la Seguridad Social, desempleo y formación profesional.

5.5. Riesgo durante la lactancia natural

A los efectos de la prestación económica por riesgo durante la lactancia natural, se considera situación protegida el período de suspensión del contrato de trabajo en los supuestos en que, debiendo la madre trabajadora lactante de un hijo menor de 9 meses cambiar de puesto de trabajo por otro compatible con su estado, dicho cambio de puesto no resulta técnica u objetivamente posible, o no pueda razonablemente exigirse por motivos justificados.

a) *Prestación económica*

La prestación económica por riesgo durante la lactancia natural consiste en una prestación equivalente al 100% de la base reguladora.

b) *Base reguladora*

La base reguladora para el cálculo de la cuantía de la prestación, equivalente a la de la prestación de incapacidad temporal derivada de contingencias profesionales, es el resultado de dividir el importe de la base de cotización por contingencias profesionales, sin incluir el importe de las horas extraordinarias, en el mes anterior al de la fecha de iniciación de la situación de riesgo, entre el número de días a que dicha cotización se refiere, e incrementar el cociente resultante con el promedio de lo cotizado por horas extraordinarias en el año anterior. Es decir, la fórmula sería la siguiente:

$$B.R. = A + B$$

$$A = \frac{\text{Base cotización por contingencias profesionales de mes anterior} - \text{Horas extraordinarias cotizadas en el mes}}{\text{Número de días a que se refiere dicha cotización}}$$

$$B = \frac{\text{Horas extraordinarias cotizadas en el año anterior a mes de la baja}}{365 \text{ o } 366}$$

Si la trabajadora ha ingresado en la empresa en el mismo mes en el que se inicia la situación de riesgo durante la lactancia natural, para el cálculo de la base reguladora se debe tomar como base de cotización la de ese mismo mes.

Cuando la trabajadora está contratada a tiempo parcial, la base reguladora diaria es el resultado de dividir la suma de bases de cotización acreditadas en la empresa durante los 3 meses inmediatamente anteriores a la fecha del hecho causante entre el número de días efectivamente trabajados y, por tanto, cotizados en dicho período.

c) *Nacimiento del derecho*

La trabajadora tiene derecho al subsidio por riesgo durante la lactancia natural a partir del día en que se inicia la suspensión del contrato de trabajo por tal causa.

d) *Duración de la prestación*

La prestación subsiste mientras la trabajadora permanece en situación de riesgo y finaliza el día anterior a aquel en que el hijo lactante cumple 9 meses o se produce la reincorporación de la mujer trabajadora a su puesto de trabajo anterior o a otro compatible con su estado.

e) *Beneficiarias*

Para ser beneficiaria de la prestación por riesgo durante la lactancia natural la trabajadora debe estar afiliada y en alta en la Seguridad Social.

No se exige período de cotización alguno por tener la naturaleza de prestación derivada de contingencias profesionales.

f) *Pago directo*

La prestación por riesgo durante la lactancia natural se abona directamente por el Instituto Nacional de la Seguridad Social o la Mutua, según con quien se tenga concertada la cobertura de las contingencias profesionales, por lo que la empresa no puede deducir cantidad alguna por ese concepto.

Durante la situación de riesgo durante la lactancia natural, el INSS o la Mutua, en el momento de hacer efectivo el subsidio, debe deducir del importe del mismo la cuantía a que asciende la suma de las aportaciones del trabajador relativas a las cotizaciones a la Seguridad Social, desempleo y formación profesional que en cada caso procedan, para su ingreso en la Tesorería General de la Seguridad Social.

El empresario está obligado a ingresar únicamente las aportaciones a su cargo.

5.6. Cuidado de menor con cáncer o enfermedad grave

A los efectos del subsidio por cuidado de menor con cáncer o enfermedad grave se considera situación protegida el período de reducción de jornada de que disponga el padre, la madre, el guardador con fines de adopción o el acogedor para el cuidado del menor a su cargo que padece una enfermedad grave durante su hospitalización y tratamiento continuado.

La reducción de la jornada no debe ser inferior al 50% y debe dedicarse al cuidado directo, continuo y permanente del menor, previa acreditación de su necesidad por el Servicio público de salud competente.

El derecho a percibir el subsidio sólo se reconoce a favor de uno de los progenitores, adoptantes o acogedores, aun cuando también concurran en el otro las circunstancias necesarias para tener la condición de beneficiario.

a) *Prestación económica*

El subsidio por cuidado de menor con enfermedad grave consiste en un subsidio equivalente al 100% de la base reguladora correspondiente y en proporción a la reducción que experimente la jornada de trabajo.

b) *Base reguladora*

La base reguladora para el cálculo de la cuantía del subsidio por cuidado de menor con enfermedad grave es equivalente a la establecida para la prestación de incapacidad temporal, derivada de contingencias profesionales, esto es, el resultado de dividir el importe de la base de cotización por contingencias profesionales, sin incluir el importe de las horas extraordinarias, en el mes anterior al de la fecha de iniciación de la reducción de jornada, entre el número de días a que dicha cotización se refiere, e incrementar el cociente resultante con el promedio de lo cotizado por horas extraordinarias en el año anterior.

Es decir, la fórmula sería la siguiente:

$$\text{B.R.} = \text{A} + \text{B}$$

$$\text{A} = \frac{\text{Base cotización por contingencias profesionales de mes anterior} - \text{Horas extraordinarias cotizadas en el mes}}{\text{Número de días a que se refiere esa cotización}}$$

$$\text{B} = \frac{\text{Horas extraordinarias cotizadas en el año anterior a mes de la baja}}{365 \text{ o } 366}$$

Si la trabajadora o el trabajador ha ingresado en la empresa en el mismo mes en el que se inicia esta situación, para el cálculo de la base reguladora se debe tomar como base de cotización la de ese mismo mes.

En el contrato a tiempo parcial, la base reguladora diaria es el resultado de dividir la suma de bases de cotización acreditadas en la empresa durante los 3 meses inmediatamente anteriores a la fecha del hecho causante entre el número de días efectivamente trabajados y, por tanto, cotizados en dicho período.

c) *Nacimiento del derecho*

Se tiene derecho al subsidio por cuidado de menor con enfermedad grave a partir del día en que se inicia la reducción de jornada por tal causa.

d) *Duración del subsidio*

El derecho al subsidio por cuidado de menor con enfermedad grave se mantiene mientras dura la reducción de jornada por tal causa y cesa cuando el menor cumple 18 años, así como cuando, previo informe del Servicio público de salud competente, desaparece la necesidad del cuidado directo, continuo y permanente del menor por parte del beneficiario.

El derecho al subsidio por la reducción de la jornada se extiende hasta los 23 años de quien fuera el menor, si se mantiene su necesidad de cuidado directo, continuo y permanente.

e) *Beneficiarios*

Para ser beneficiario del subsidio por cuidado de menor con enfermedad grave:

—Estar afiliado a la Seguridad Social y en alta o situación asimilada al alta.
—Tener cubierto un período mínimo de cotización anterior a la reducción de jornada de:

- 180 días cotizados a lo largo de la vida laboral o 90 días cotizados dentro de los 7 años inmediatamente anteriores, si el beneficiario tiene cumplidos entre 21 y 26 años de edad.
- 360 días cotizados a lo largo de la vida laboral o 180 días cotizados dentro de los 7 años inmediatamente anteriores, si el beneficiario es mayor de 26 años.

El beneficiario menor de 21 años no precisa acreditar período de cotización alguno.

f) *Pago directo*

El subsidio por cuidado de menor con enfermedad grave se abona directamente por la entidad gestora, INSS o ISM, o Mutua con la que la empresa tenga concertada la cobertura de los riesgos profesionales, por lo que la empresa no puede deducir cantidad alguna por ese concepto.

5.7. Desempleo parcial

El desempleo será parcial cuando el trabajador vea reducida temporalmente su jornada ordinaria de trabajo, entre un mínimo de 10% y un máximo de 70%, siempre que el salario sea objeto de análoga reducción.

Se entiende por reducción temporal de la jornada diaria ordinaria la que se decida por el empresario por causas económicas, técnicas, organizativas o de producción, previa comunicación a la autoridad laboral competente y apertura simultánea de un periodo de consultas con los representantes legales de los trabajadores. No quedan incluidas las reducciones de jornadas definitivas ni las que se extienden hasta la extinción del contrato.

También la empresa puede aplicar la reducción de la jornada de trabajo por causa derivada de fuerza mayor temporal, constatada por la autoridad laboral.

La fuerza mayor temporal puede estar determinada por impedimentos o limitaciones en la actividad de la empresa como consecuencia de decisiones adoptadas por la autoridad pública competente, incluidas aquellas orientadas a la protección de la salud pública.

El desempleo parcial puede dar lugar a dos clases de prestaciones, incompatibles entre si: prestación por desempleo y prestación del Mecanismo RED.

5.7.1. *Prestación por desempleo*

a) *Requisitos para la prestación*

Para tener derecho a las prestaciones por desempleo parcial los trabajadores deberán reunir los requisitos siguientes:

— Estar afiliado a la Seguridad Social y en situación de alta o asimilada al alta.
— Tener cubierto un período mínimo de cotización de 12 meses dentro de los 6 años anteriores a la situación legal de desempleo o al momento en que cesó la obligación de cotizar.
— Encontrarse en situación legal de desempleo.

b) *Acreditación*

Se acreditará la situación legal de desempleo parcial mediante comunicación de la autoridad laboral a la entidad gestora de las prestaciones de desempleo relativa a la decisión empresarial adoptada en procedimiento de regulación de empleo o modificación de las condiciones de trabajo.

c) *Duración de la prestación*

La escala para la determinación de la duración de la prestación en función de los períodos de ocupación cotizada es la siguiente:

Períodos de cotización	Períodos de prestación
Desde 360 hasta 539 días	120 días
Desde 540 hasta 719 días	180 días
Desde 720 hasta 899 días	240 días
Desde 900 hasta 1.079 días	300 días
Desde 1.080 hasta 1.259 días	360 días
Desde 1.260 hasta 1.439 días	420 días
Desde 1.440 hasta 1.619 días	480 días
Desde 1.620 hasta 1.799 días	540 días
Desde 1.800 hasta 1.979 días	600 días
Desde 1.980 hasta 2.159 días	660 días
Desde 2.160 días	720 días

En el caso de desempleo parcial, el disfrute de las prestaciones generadas se produce por horas y no por días. A tal fin, el porcentaje consumido es equivalente al de reducción de jornada decidida por el empresario.

d) *Cuantía de la prestación*

La base reguladora de la prestación por desempleo se calculará dividiendo por 180 la suma de las cotizaciones por la contingencia de desempleo correspondientes a los últimos 180 días cotizados precedentes al día en que se haya producido la situación legal de desempleo o al del que cesó la obligación de cotizar. Para el cálculo de la base reguladora no se computarán las cotizaciones correspondientes al tiempo de abono de la prestación que efectúe la entidad gestora o, en su caso, la empresa. También se excluye la retribución por horas extraordinarias con independencia de su inclusión en la base de cotización por dicha contingencia. Cuando exista descubierto de cotización durante alguno de los días computables a efectos de determinar la base reguladora, ésta se completará estimando la que hubiera correspondido de haberse cotizado.

La cuantía de la prestación se determinará aplicando a la base reguladora los siguientes porcentajes:

— 70% durante los 180 primeros días.
— 50% a partir del día 181.

No obstante, la cuantía de la prestación se determina aplicando a la base reguladora el porcentaje del 70 por 100, durante toda la vigencia de la medida, cuando ésta se basa en fuerza mayor temporal.

En ningún caso, el importe diario de la prestación en 2023 puede ser inferior a:

— 18,67 euros/día; cuando el trabajador no tenga hijos a cargo: 80% del indicador público de rentas de efectos múltiples (IPREM: 20 euros/día en 2023), incrementado en una sexta parte.
— 24,97 euros/día; cuando el trabajador tenga uno o más hijos a cargo: 107% del indicador público de rentas de efectos múltiples (IPREM: 20 euros/día en 2023), incrementado en una sexta parte..

La cuantía máxima será proporcional al indicador público de rentas de efectos múltiples (IPREM: 20 euros/día en 2023), incrementado en una sexta parte, según la siguiente escala:

— 175% (40,83 euros/día) cuando el trabajador no tenga ningún hijo a su cargo.
— 200% (46,67 euros/día) cuando tenga un hijo a cargo.
— 225% (52,50 euros/día) cuando tenga dos o más hijos a cargo.

A estos efectos se entenderá que se tienen hijos a cargo cuando éstos sean menores de 26 años o mayores incapacitados, carezcan de rentas de cualquier naturaleza superiores al salario mínimo interprofesional y convivan con el beneficiario.

La cuantía de la prestación por desempleo parcial se determina en proporción a la reducción de la jornada de trabajo.

e) *Pago delegado o pago directo*

El pago de la prestación por desempleo parcial se efectuará por la empresa por delegación del Servicio Público de Empleo, excepto cuando éste asuma el pago directo, como ocurre en la práctica, o así lo determine la autoridad laboral, cuando la situación económica de la empresa lo aconseje.

No proceder en tiempo y cuantía al pago delegado de las prestaciones que correspondan constituye una infracción grave del empresario susceptible de ser sancionada con multa de importe comprendido entre 751 y 7.500 euros.

5.7.2. *Prestación del Mecanismo RED*

Pueden acceder a esta prestación del Mecanismo RED los trabajadores cuando se reduce temporalmente su jornada ordinaria de trabajo como consecuencia de un expediente de regulación temporal de empleo autorizado a la empresa por la autoridad laboral una vez activado el Mecanismo RED de flexibilidad y estabilización del empleo.

Respecto a esta prestación cabe señalar:

— La solicitud la debe formular la empresa.
— No es necesario acreditar un periodo mínimo de cotización previo a la Seguridad Social.
— Se requiere la inscripción del trabajador ante el servicio público de empleo, SPEE o INSMAR, para acceder a la prestación.
— Es compatible con la realización de otro trabajo por cuenta ajena a tiempo parcial.
— La base reguladora de la prestación es el promedio de las bases de cotización por accidentes de trabajo y enfermedades profesionales, excluidas las retribuciones por horas extraordinarias, de los 180 días inmediatamente anteriores.

— La cuantía de la prestación es el 70% de la base reguladora, pero no puede ser superior a 52,50 euros/día, 225% del indicador público de rentas de efectos múltiples (IPREM: 20 euros/día en 2023), incrementado en una sexta parte.
— El tiempo de percepción de la prestación no se considera como consumido de la duración en futuros accesos a la protección por desempleo.

5.8. Otras prestaciones

Otras prestaciones de la Seguridad Social que también pueden percibirse durante la vigencia del contrato de trabajo son las siguientes:

a) La pensión vitalicia correspondiente a la situación de incapacidad permanente total para la profesión habitual, que es compatible con el salario que pueda percibir el trabajador en la misma empresa o en otra distinta.
Consiste en una prestación económica del 55% de la base reguladora. Cuantía ésta que se incrementa en un 20% de la base reguladora cuando por su edad, 55 o más años, falta de preparación u otras circunstancias, se presuma su dificultad para encontrar empleo.

b) Las pensiones vitalicias en caso de incapacidad permanente absoluta o de gran invalidez, compatibles con el ejercicio de actividades, sean o no lucrativas, que a su vez sean compatibles con el estado del inválido y que no representen un cambio en su capacidad de trabajo a efectos de revisión.
La cuantía de la prestación económica es, en estos casos, del 100% de la base reguladora. Porcentaje que se complementa con no menos del 45% de la base reguladora en el supuesto de gran invalidez, destinado a que el inválido pueda remunerar a la persona que le atienda.

c) La pensión de jubilación parcial, que es compatible con un puesto de trabajo a tiempo parcial hasta el cumplimiento de la edad que permita causar derecho a la pensión de jubilación.

6. **Indemnizaciones de la Seguridad Social**

A diferencia de las prestaciones o subsidios de la Seguridad Social, que constituyen percepciones económicas de devengo periódico, ya sea temporal o vitaliciamente, las indemnizaciones de la Seguridad Social constituyen capitales o cantidades a tanto alzado que se devengan por el beneficiario por una sola vez.

Las indemnizaciones más relevantes son las que se explican seguidamente.

6.1. Lesiones permanentes no invalidantes

Se entiende por lesiones permanentes no invalidantes aquellas lesiones, mutilaciones y deformidades de carácter definitivo, causadas por accidentes de trabajo o enfermedades profesionales que, sin llegar a constituir una incapacidad permanente, supongan una disminución o alteración de la integridad física del trabajador y aparezcan recogidas, como tales, en el baremo oficial. Así, por ejemplo, la pérdida de un dedo, de una oreja, de la nariz, etc.

a) *Prestación económica*

La indemnización por la lesión permanente no invalidante será una cantidad a tanto alzado, fijada en el propio baremo que recoja la lesión, y que se percibirá una sola vez.

b) *Beneficiarios*

Pueden serlo los trabajadores por cuenta ajena, afiliados y en alta, o situación asimilada al alta, en la Seguridad Social.

c) *Pago*

Las indemnizaciones que procedan serán satisfechas al trabajador, beneficiario de las mismas, por el INSS o Mutua de Accidentes de Trabajo y Enfermedades Profesionales.

6.2. Incapacidad permanente parcial

Se entiende por incapacidad permanente parcial para la profesión habitual la que, sin alcanzar el grado de total, ocasione al trabajador una disminución no inferior al 33% en su rendimiento normal para dicha profesión, sin impedirle la realización de las tareas fundamentales de la misma.

a) *Prestación económica*

Los trabajadores declarados en situación de incapacidad permanente parcial para la profesión habitual percibirán una cantidad a tanto alzado equivalente a 24 mensualidades de la base reguladora que haya servido para determinar la prestación económica de incapacidad temporal de la que se deriva la incapacidad permanente parcial.

b) *Beneficiarios*

Para tener derecho a la indemnización por incapacidad permanente parcial se requiere:

— Estar afiliado y en alta, o en situación asimilada al alta, en la Seguridad Social.
  Cuando la incapacidad se derive de accidente de trabajo o enfermedad profesional, los trabajadores se considerarán de pleno derecho afiliados y en alta, aunque el empresario haya incumplido sus obligaciones.
— Haber cubierto un período de cotización de 1.800 días en los 10 años inmediatamente anteriores a la fecha en la que se haya extinguido la incapacidad temporal de la que se derive la incapacidad permanente parcial.
  Si el trabajador es menor de 21 años, el período mínimo exigible es el resultado de sumar a 18 meses (incapacidad temporal incluida prórroga), la mitad de los días transcurridos entre la fecha de cumplimiento de 16 años y la fecha de inicio de la incapacidad temporal.
  No se exige período previo alguno de cotización cuando la incapacidad permanente parcial se derive de accidente, laboral o no, o de enfermedad profesional.

c) *Pago*

El pago de la indemnización correrá a cargo:

— En caso de accidente común o accidente no laboral, del Instituto Nacional de la Seguridad Social.
— En caso de accidente de trabajo o enfermedad profesional, del Instituto Nacional de la Seguridad Social o, en su caso, Mutua de Accidentes de Trabajo y Enfermedades Profesionales.
— El empresario es el responsable de la prestación si ha incumplido su obligación de afiliar o dar de alta al trabajador en la Seguridad Social.

6.3. Incapacidad permanente total del menor de 60 años

La pensión vitalicia de incapacidad permanente total puede ser sustituida por una indemnización a tanto alzado cuando el beneficiario sea menor de 60 años, se presume que no va a haber modificación de la incapacidad y se acredite la realización de trabajos por cuenta propia o ajena.

La cuantía de indemnización es el equivalente a un número de mensualidades de la pensión para cuya determinación ha de tenerse en cuenta la edad del beneficiario al tiempo de formular la petición de sustitución, con arreglo a la siguiente escala:

Edad cumplida	Número de mensualidades
menos de 54	84
54	72
55	60
56	48
57	36
58	24
59	12

Al cumplir los 60 años, el beneficiario recuperará la pensión originariamente reconocida.

7. Mejoras voluntarias de la acción protectora de la Seguridad Social

Se consideran mejoras de las prestaciones de la Seguridad Social las percepciones entregadas directamente por las empresas a los trabajadores o asimilados, bien por sí mismas o a través de la Administración de la Seguridad Social, mutualidades de previsión social o entidades aseguradoras de cualquier clase, siempre que el beneficio obtenido por el interesado suponga una ampliación o un complemento de las prestaciones económicas otorgadas por el Régimen general de la Seguridad Social.

Así, ejemplo de ampliación de la prestación económica de la Seguridad Social lo constituye el compromiso del empresario de extender, a los 3 primeros días de baja, el subsidio de incapacidad temporal derivada de enfermedad común o accidente no laboral. Complemento de la misma prestación sería, por ejemplo, satisfacer la diferencia entre el importe del subsidio de la Seguridad Social y el 100% del salario del trabajador.

El establecimiento de mejoras en alguna de las prestaciones de la Seguridad Social puede tener su origen en la negociación colectiva, en el contrato individual o por decisión unilateral de la propia empresa, siempre que ésta las costee a su exclusivo cargo.

Por excepción y previa aprobación del Ministerio de Empleo y Seguridad Social, podrá establecerse una aportación económica a cargo de los trabajadores, siempre que les faculte para acogerse o no, individual y voluntariamente, a las mejoras concedidas por los empresarios con tal condición.

No obstante el carácter voluntario, para los empresarios, de la implantación del régimen de mejoras, cuando al amparo del mismo un trabajador haya causado el derecho a la mejora de una prestación periódica, su derecho no podrá ser anulado o disminuido, si no es de acuerdo con las normas que regulan su reconocimiento.

Las empresas que deseen conceder una mejora de las prestaciones lo pondrán en conocimiento del Instituto Nacional de la Seguridad Social a los efectos de su homologación, salvo que se trate de mejora de la incapacidad temporal, que no la requiere.

Las prestaciones correspondientes a las mejoras tendrán los caracteres atribuidos a las prestaciones de la Seguridad Social y una vez establecidas y homologadas se entenderá que forman parte, a todos los efectos, de la acción protectora de la Seguridad Social.

Mejoras de la acción protectora de la Seguridad Social son las ampliaciones o los complementos de las prestaciones por incapacidad temporal, por nacimiento y cuidado de menor, ejercicio corresponsable en el cuidado del lactante, riesgo durante el embarazo, incapacidad permanente, jubilación, muerte y supervivencia y desempleo parcial.

Sólo tienen la consideración de mejoras de las prestaciones económicas de jubilación, incapacidad permanente y muerte y supervivencia otorgadas por el Régimen General de la Seguridad Social, las aportaciones efectuadas por los empresarios a planes de pensiones y a la financiación de las primas de contratos de seguro, destinadas a satisfacer los compromisos por pensiones derivados de las citadas contingencias y asumidos con el personal de la empresa.

Únicamente no se computa en la base de cotización la mejora de la prestación por incapacidad temporal.

8. **Productos en especie voluntariamente concedidos por las empresas**

Constituyen percepciones en especie de carácter no salarial la utilización, consumo u obtención para fines particulares de bienes, derechos o servicios de forma gratuita o por precio inferior al normal de mercado, cuando su entrega por parte de las empresas no sea debida en virtud de norma, convenio colectivo o contrato de trabajo, ni constituyan asignaciones en especie de naturaleza asistencial.

Estas percepciones no retribuyen de una manera directa o indirecta la labor del trabajador sino que su concesión, irregular y esporádica, tiene como causa exclusiva la mera liberalidad de la empresa. En tal sentido, ni la entrega es exigible jurídicamente ni su supresión puede motivar reclamación alguna del trabajador, salvo que su percepción sea fija y repetida, en cuyo caso se convertiría en obligatoria.

Ejemplo de esta clase de percepciones lo constituye la utilización de vivienda o de vehículos, los préstamos de bajo interés, la manutención, hospedaje, viaje de turismo y similares, las primas de seguro, las contribuciones a planes de pensiones, las cantidades destinadas a satisfacer gastos de estudio cuando no vengan exigidos para el desarrollo de las actividades de la empresa o del puesto de trabajo y, en general, aquellas entregas que no se realicen por imperativo legal o contractual. Se trata pues de los mismos conceptos que, cuando tienen el carácter de obligatorios para el empresario, reciben la calificación de percepciones salariales (salario base o complemento salarial).

Conviene recordar que el importe resultante de la valoración en dinero de esta clase de productos, obtenida siguiendo los criterios establecidos por la Ley del Impuesto sobre la Renta de las Personas Físicas, ha de ser reflejado en el recibo de salarios.

El importe total de los productos en especie voluntariamente concedidos por las empresas debe ser incluido en la base de cotización.

9. **Asignaciones asistenciales concedidas por las empresas**

Por tener el carácter de percepciones meramente asistenciales, no forman parte del salario ni tienen la consideración de retribuciones en especie de carácter voluntario, entre otros, los siguientes conceptos:

- Los gastos por estudios organizados directamente por instituciones o empresas y financiados directamente por ellos para la actualización, capacitación o reciclaje de su personal, siempre que vengan exigidos por el desarrollo de sus actividades o características de los puestos de trabajo.
  Esta asignación asistencial es la única que no se computa en la base de cotización.
- Las entregas de productos a precios rebajados que se realicen en cantinas y comedores de empresa o economatos de carácter social, teniendo la misma consideración las fórmulas indirectas de prestación del servicio de comedor cuando su cuantía no supere la cantidad establecida en el ordenamiento tributario.
  Se computan en la base de cotización.

— La utilización de los bienes destinados a los servicios sociales y culturales del personal, tales como los servicios médicos de empresa, las guarderías infantiles de empresa, los fondos bibliográficos y los locales destinados a primer ciclo de educación infantil de los hijos de los trabajadores.
Se computa en la base de cotización.
— La entrega gratuita o por precio inferior al normal de mercado que, de sus propias acciones o participaciones o de las de la sociedad dominante del grupo, efectúen las sociedades a sus trabajadores en activo.
Se computa en la base de cotización.
— La entrega de los propios productos de la empresa o los descuentos o compensaciones en la compra de los mismos.
Se computa en la base de cotización.
— Los seguros de accidente de trabajo y enfermedad profesional o de responsabilidad civil.
Se computan en la base de cotización.
— La prestación del servicio de educación preescolar, infantil, primaria, secundaria obligatoria, bachillerato y formación profesional por centros educativos autorizados, a los hijos de sus empleados, con carácter gratuito o por precio inferior al normal de mercado.
Se computa en la base de cotización.
— Cualesquiera otros beneficios que tengan el mismo carácter.
Se computarían en la base de cotización.

También la valoración de estas percepciones ha de ser reflejada en el recibo de salarios.

10. **Otras percepciones no salariales**

También tienen naturaleza no salarial las percepciones siguientes.

10.1. Propinas

Las propinas tienen un carácter extrasalarial, ya que no constituyen una contraprestación debida por la empresa en atención al trabajo desarrollado por el trabajador, sino un ingreso que se produce por la liberalidad de un tercero.

10.2. Indemnizaciones por lesiones

El mismo carácter extrasalarial tienen las indemnizaciones que pudieran reconocerse al trabajador, ante cualquier jurisdicción (civil, penal, social o contencioso-administrativa), por las lesiones derivadas del accidente debido a un incumplimiento por el empresario de las obligaciones en materia de prevención de riesgos laborales.

Igualmente, son extrasalariales los recargos que sobre las prestaciones de la Seguridad Social pudieran acordarse.

10.3. Indemnizaciones por violación de derechos fundamentales

Cuando resulte acreditada la existencia de una violación de cualquier derecho fundamental del trabajador (derecho a la libertad sindical, a la huelga, a la integridad física, a la igualdad y a la no discriminación, a la libertad de expresión, a la propia imagen, a la libertad ideológica y religiosa, a la intimidad y al secreto de las comunicaciones), procede que el juzgador declare la nulidad radical de la conducta del empresario, además del derecho del trabajador a percibir una indemnización que repare las consecuencias derivadas del acto; indemnización ésta que también tiene carácter extrasalarial.

10.4. Premio para incentivar la jubilación

Son frecuentes los convenios colectivos en los que se incentiva, mediante gratificaciones, la jubilación anticipada de los trabajadores y cuya percepción tiene naturaleza indemnizatoria, no salarial.

Las formas en que se determina la cuantía son muy variadas, incluyendo frecuentemente una cantidad alzada según sea la edad del trabajador, exigiéndose, en algunos casos, una antigüedad mínima.

Otra de las formas de fijar la cuantía de estas gratificaciones consiste en hacerlas depender de la edad del trabajador y de los años de antigüedad en la empresa, de tal modo que la combinación de ambas determina el número de mensualidades correspondiente en cada caso.

10.5. Premio de fidelidad o vinculación

Es una prestación de carácter extraordinario que percibe el trabajador en función de los servicios prestados en el pasado.

Su carácter indemnizatorio, y no salarial, ha sido considerado por los tribunales tanto cuando está ligado a la prestación de servicios durante un período determinado (abono de una mensualidad a los 20 años de servicio, por ejemplo) como cuando está ligado a la finalización de la relación laboral (jubilación, por ejemplo).

Su naturaleza no retributiva se ve reforzada cuando la contraprestación ofrecida por el empresario carece de valor económico real, como es el caso de la concesión de un reloj por cumplir 25 años en la empresa, entrega de una placa o de una medalla, o la concesión de un mes de vacaciones.

11. **Casos prácticos**

11.1. Indemnización por despido improcedente

Planteamiento

El Juzgado de lo Social declara la improcedencia del despido de un trabajador con efectos desde el día en que tuvo lugar, 31 de julio de 2023.

El trabajador, con categoría de oficial administrativo, que había ingresado en la empresa el día 1 de enero de 1992, percibía las siguientes retribuciones mensuales:

— Salario base: 1.250 euros.
— Antigüedad: 250 euros.
— Plus de actividad: 50 euros.

Además, tiene derecho a dos pagas extraordinarias de 1.500 euros, cada una de ellas.

Se trata de saber, en base a los datos que se indican, cuál sería el importe de la indemnización que corresponde al trabajador despedido.

Solución

La indemnización que procede abonar al trabajador es de 45 días de salario por año de servicio, por el tiempo de prestación de servicios anterior al 12 de febrero de 2012, y a razón de 33 días de salario por año de servicio, por el tiempo de prestación de servicios posterior a dicha fecha, prorrateando por meses los períodos de tiempo inferiores a un año.

La indemnización no puede ser superior a 720 días de salario, salvo que del cálculo por el periodo anterior al 12 de febrero de 2012 resulte un número de días superior, en cuyo caso se aplica éste, con el límite de 42 mensualidades.

El cálculo concreto de su importe sería el siguiente:

1. Salario regulador

La retribución anual ascendería a:

— Salario base: 1.250 euros × 12 meses	=	15.000 euros.
— Antigüedad: 250 euros × 12 meses	=	3.000 euros.
— Plus de actividad: 50 euros × 12 meses	=	600 euros.
— Pagas extraordinarias: 1.500 euros × 2 pagas	=	3.000 euros.
Total	=	21.600 euros.

2. Años de servicio en la empresa

La indemnización por despido ha de abonarse según sea el número de años de servicio prestados por el trabajador desde la fecha en que ingresó en la empresa.

$$\text{Y el salario/día sería} = \frac{21.600 \text{ euros/año}}{365 \text{ días/año}} = 59,18 \text{ euros.}$$

Por ser el contrato anterior al 12 de febrero de 2012, en su duración hay que distinguir dos períodos: el transcurrido desde la formalización del contrato hasta esa fecha y el transcurrido desde esa fecha hasta la extinción del contrato:

— Periodo 1-1-1992 - 12-2-2012: 20 años 1 mes y 11 días: $20\frac{1}{12}$ años (redondeando)

— Periodo 12-2-2012 - 31-7-2023: 11 años, 5 meses y 18 días: $11\frac{6}{12}$ años (redondeando)

3. Indemnización por despido

La indemnización por despido se calcula a razón de 45 días de salario por año de servicio, por el tiempo de prestación de servicios anterior al 12 de febrero de 2012, y a razón de 33 días de salario por año de servicio, por el tiempo de prestación de servicios posterior, prorrateando por meses los períodos de tiempo inferiores a un año:

Días computables:

— Periodo 1-1-1992 - 12-2-2012: $20\frac{1}{12}$ años × 45 días/año:	904 días
— Periodo 12-2-2012 - 31-7-2023: $11\frac{6}{12}$ años × 33 días/año:	380 días
Total	1.284 días

Límite: el importe indemnizatorio no puede ser superior a 720 días de salario, salvo que del cálculo de la indemnización por el periodo anterior al 12 de febrero de 2012 resulte un número de días superior, en cuyo caso se aplica éste, con el límite de 42 mensualidades.

Así pues, en este caso habrá que tomar sólo ese período anterior al 12 de febrero de 2012, esto es, los 904 días.

Importe de la indemnización:

Días computables × salario/día: 904 días × 59,18 euros/día = 53.498,72 euros.

11.2. Prestación por incapacidad temporal derivada de enfermedad común

Planteamiento

Un trabajador, con categoría de auxiliar administrativo, es operado de apendicitis y, en consecuencia, causa baja por enfermedad común el 5 de setiembre de 2023, continuando en dicha situación el día 30 del mismo mes.

La base de cotización por contingencias comunes ascendió, durante el mes anterior a la baja, a 1.530 euros.

Con estos datos, calcular el importe de la prestación económica que, por la incapacidad temporal, le corresponde durante ese mes.

Solución

El cálculo de la prestación económica, a percibir por el trabajador, durante el tiempo que permanece en situación de baja por enfermedad común, es el siguiente:

1. Base reguladora

$$BR = \frac{\text{Base de C.C. del mes anterior a la baja (agosto 2023)}}{\text{N.º de días cotizados en dicho mes (30)}} = \frac{1.530 \text{ euros}}{30} = 51 \text{ euros.}$$

2. Importe del subsidio

El subsidio se abonará a partir del decimosexto día de baja en el trabajo, estando a cargo del empresario el abono de la prestación al trabajador desde los días 4.º al 15.º de baja, ambos inclusive.

En consecuencia, los días a subsidiar durante el mes de setiembre serán los siguientes:

— Por los días 4.º al 15 de la baja (8-9-2023 a 19-9-2023) = 12 días:
60% × 51 euros = 30,60 euros.
30,60 euros × 12 días = 367,20 euros (a cargo del empresario).
— Por los días 16.º al 20.º de la baja (20-9-2023 a 24-9-2023) = 5 días:
60% × 51 euros = 30,60 euros.
30,60 euros × 5 días = 153 euros (pago delegado del INSS).
— Por los días 21.º al 26.º de la baja (25-9-2023 a 30-9-2023) = 6 días:
75% × 51 euros = 38,25 euros.
38,25 euros × 6 días = 229,50 euros (pago delegado del INSS).
— Importe total del subsidio:
367,20 euros + 153 euros + 229,50 euros = 748,70 euros.

El trabajador, salvo que por convenio colectivo o pacto individual tenga reconocido el derecho, no percibe remuneración alguna durante los 3 primeros días de la baja.

11.3. Prestación por incapacidad temporal derivada de accidente de trabajo

Planteamiento

Un trabajador, con categoría de oficial de primera, sufre un accidente laboral causando baja el 6 de junio de 2023, situación en la que permanece hasta el 17 de junio de 2023, en que es dado de alta por curación.

La base de cotización del trabajador por contingencias profesionales fue, durante el precedente mes de mayo, de 1.325 euros. En ese mes no realizó ninguna hora extraordinaria.

Durante el año anterior al mes de la baja se cotizaron un total de 550 euros en concepto de horas extraordinarias.

Con estos datos, calcular el importe del subsidio económico que tiene derecho a percibir el trabajador accidentado mientras permanece de baja.

Solución

El cálculo de la prestación económica a percibir por el trabajador durante el tiempo que permanece en situación de baja por accidente de trabajo es el siguiente:

1. Base reguladora

$$A = \frac{\text{Base de C.P. del mes anterior a la baja (mayo 2023)} - \text{Horas extras de ese mes}}{\text{N.º de días a que se refiere dicha cotización (31, por ser de retribución diaria)}} = \frac{1.325 \text{ euros}}{31} = 42{,}74 \text{ euros.}$$

$$B = \frac{\text{Horas extras cotizadas durante el año anterior al mes de la baja (mayo 2023)}}{\text{N.º de días cotizados durante el año anterior al mes de la baja (365)}} = \frac{550 \text{ euros}}{365} = 1{,}51 \text{ euros.}$$

$$BR = A + B = 42{,}74 \text{ euros} + 1{,}51 \text{ euros} = 44{,}25 \text{ euros}$$

2. Importe del subsidio

Como el subsidio por incapacidad temporal derivada de accidente de trabajo se devenga a partir del día siguiente al del accidente, los días a subsidiar durante el mes de junio serán los siguientes:

Por los días comprendidos en el período 7-6-2023 a 17-6-2023: 11 días.

44,25 × 75% = 33,19 euros
33,19 euros × 11 días = 365,09 euros

11.4. Prestación por nacimiento y cuidado de menor

Planteamiento

Una trabajadora inicia su período de descanso tras el nacimiento de un hijo el 15 de julio de 2023, continuando en dicha situación el día 31 del mismo mes.

La base de cotización por contingencias comunes, durante el mes anterior al del inicio del descanso, ascendió a 1.560 euros.

Calcular el importe de la prestación económica que, por el descanso, le corresponde durante ese mes.

Solución

El cálculo de la prestación económica a percibir por la trabajadora, durante el tiempo que permanece de descanso por nacimiento de hijo, es el siguiente:

1. Base reguladora

$$B.R. = \frac{\text{Base de C.C. del mes anterior al del descanso (junio 2023)}}{\text{Número de días cotizados en dicho mes (30)}} = \frac{1.560 \text{ euros}}{30} = 52 \text{ euros.}$$

2. Importe del subsidio

Como el subsidio por nacimiento de hijo se devenga desde la fecha en que se inicia el descanso, los días a subsidiar serán los siguientes:

Por el período 15-7-2023 a 31-7-2023: 17 días.

100% × 52 euros = 52 euros
52 euros × 17 días = 884 euros.

El subsidio por nacimiento de hijo se abona directamente por el Instituto Nacional de la Seguridad Social.

11.5. Prestación por incapacidad temporal derivada de enfermedad común de trabajador con contrato a tiempo parcial

Planteamiento

Un trabajador, contratado a tiempo parcial, sufre una enfermedad común que le mantiene de baja durante el período 6 de septiembre de 2023 a 29 septiembre de 2023.

La prestación de servicios la realiza todos los lunes, martes, miércoles y jueves del año.

El importe total de las bases de cotización por contingencias comunes de los últimos 3 meses asciende a 1.378 euros, que se corresponden con 52 días trabajados y cotizados.

Con estos datos, calcular el importe del subsidio económico que tiene derecho a percibir el trabajador a tiempo parcial mientras permanece de baja.

Solución

El cálculo de la prestación económica que corresponde al trabajador a tiempo parcial en situación de incapacidad temporal, derivada de enfermedad común, es el siguiente:

1. Base reguladora

La base reguladora diaria de la incapacidad temporal es el resultado de dividir la suma de las bases de cotización a tiempo parcial acreditadas desde la última alta laboral, con un máximo de 3 meses antes de la baja; entre el número de días naturales comprendidos en el periodo.

$$\text{B.R.} = \frac{\text{Suma bases cotización por C.C. desde última alta (máximo 3 meses)}}{\text{Número de días naturales en dicho período}}$$

$$\text{B.R.} = \frac{1.378 \text{ euros}}{92 \text{ días}} = 14{,}98 \text{ euros/día}$$

2. Importe del subsidio

El subsidio se abona a partir del 16.° día de baja en el trabajo, estando a cargo del empresario el abono de la prestación al trabajador desde los días 4.° al 15.° de baja, ambos inclusive.

En consecuencia, los días a subsidiar durante el mes de setiembre serán los siguientes:

— Por los días 4.° al 15.° de la baja (9-9-2023 a 20-9-2023): 12 días.

14,98 euros/día × 60% = 8,99 euros/día.
8,99 euros/día × 12 días = 107,88 euros (a cargo del empresario).

— Por los días 16.° al 20.° de la baja (21-9-2023 a 25-9-2023): 5 días

14,98 euros/día × 60% = 8,99 euros/día.
8,99 euros/día × 5 días = 44,95 euros (pago delegado del INSS).

— Por los días 21.° al 30.° de la baja (26-9-2023 a 29-9-2023): 4 días.

14,98 euros/día × 75% = 11,24 euros/día.
11,24 euros/día × 4 días = 44,96 euros (pago delegado del INSS).

— Importe total del subsidio:

107,88 euros + 44,95 euros + 44,96 euros = 197,79 euros.

Dicha cantidad (197,79 euros) constituye, pues, el importe de la prestación a percibir por el trabajador durante el período de incapacidad temporal por contingencias comunes.

11.6. Prestación por incapacidad temporal derivada de accidente de trabajo de trabajadores con contrato a tiempo parcial

Planteamiento

Un trabajador contratado a tiempo parcial sufre un accidente laboral causando baja el 6 de noviembre de 2023, situación en la que permanece hasta el 17 de noviembre de 2023, en que es dado de alta por curación.

El trabajador tiene contratados sus servicios durante todos los lunes, miércoles y viernes del año.

La suma de las bases de cotización del trabajador por contingencias profesionales durante los 3 meses anteriores a la fecha de la baja es de 1.877 euros, que se corresponden con 39 días trabajados y cotizados.

Con estos datos, calcular el importe del subsidio económico que tiene derecho a percibir el trabajador a tiempo parcial mientras permanezca de baja.

Solución

El cálculo de la prestación económica que corresponde al trabajador a tiempo parcial en situación de incapacidad temporal, derivada de accidente de trabajo, es el siguiente:

1. Base reguladora

La base reguladora diaria de la incapacidad temporal es es resultado de dividir la suma de las bases de cotización a tiempo parcial acreditadas desde la última alta laboral, con un máximo de 3 meses antes de la baja, entre el número de días naturales comprendidos en el periodo.

$$\text{B.R.} = \frac{\text{Suma de las bases cotización por C.P. desde última alta (máximo 3 meses)}}{\text{Número de días naturales en dicho período}}$$

$$\text{B.R.} = \frac{\text{1.877 euros}}{\text{92 días cotizados}} = \text{20,40 euros/día}$$

2. Importe del subsidio

El trabajador a tiempo parcial devenga el subsidio durante todos los días naturales en que permanezca de baja a partir del día siguiente al del accidente de trabajo.

El porcentaje a aplicar sobre la base reguladora es del 75%.

Los días a subsidiar durante el mes de noviembre serán los siguientes:

Por los días comprendidos entre el 7 de noviembre y el 17 de noviembre de 2023: 11 días.

20,40 euros/día × 75% = 15,30 euros/día.
15,30 euros/día × 11 días = 168,30 euros (pago delegado del INSS).

Dicha cantidad (168,30 euros) constituye, pues, el importe de la prestación a percibir por el trabajador durante el período de incapacidad temporal por contingencias profesionales.

11.7. Prestación por riesgo durante el embarazo

Planteamiento

Una trabajadora, con categoría de oficial de segunda y que se encuentra embarazada, en fecha 13 de mayo inicia un período de suspensión ante la imposibilidad de seguir prestando sus servicios en su puesto de trabajo o en algún otro de la empresa ante el riesgo de que se produzcan malformaciones en el feto.

La base de cotización de la trabajadora por contingencias profesionales fue, durante el precedente mes de abril en el que no realizó hora extraordinaria alguna, de 2.580 euros.

Durante el año anterior al mes de la baja realizó 65 horas extraordinarias por las que se cotizó por importe de 1.474,60 euros.

Con estos datos, calcular el importe de la prestación económica que tiene derecho a percibir la trabajadora durante el mes de mayo.

Solución

El cálculo de la prestación económica que tiene derecho a percibir la trabajadora durante la situación de riesgo durante el embarazo en el mes de mayo es el siguiente:

1. Base reguladora: B.R. = A + B

$$A = \frac{\text{Base por contingencias profesionales mes anterior} - \text{Horas extraordinarias cotizadas en ese mes}}{30}$$

$$B = \frac{\text{Horas extraordinarias cotizadas en el año natural anterior al mes de la baja}}{365}$$

$$A = \frac{2.580,00 - 0}{30} = 86,00$$

$$B = \frac{1.474,60}{365} = 4,04$$

B.R. = A + B = 86 + 4,04 = 90,04 euros/día.

2. Importe de la prestación económica

Como la prestación económica por riesgo durante el embarazo nace a partir del día en que se inicia la suspensión del contrato de trabajo por tal causa subsiste mientras la trabajadora permanece en situación de riesgo, los días con derecho a prestación durante el mes de mayo son los comprendidos entre el 13 y el 31 de mayo, ambos inclusive, esto es, 19 días.

Por ser la prestación equivalente al 100% de la base reguladora, el importe a percibir del 13 al 31 de mayo es:

90,04 euros/día × 100% = 90,04 euros/día
90,04 euros/día × 19 días = 1.710,76 euros.

11.8. Prestación por nacimiento y cuidado de menor de una trabajadora contratada a tiempo parcial

Planteamiento

Una trabajadora contratada a tiempo parcial inicia su período de descanso tras el nacimiento de un hijo el 14 de enero de 2023, continuando en dicha situación el día 31 del mismo mes.

La trabajadora tiene contratados sus servicios todos los lunes, miércoles y viernes del año.

La suma de las bases de cotización por contingencias comunes durante los 12 meses anteriores a la fecha del inicio del descanso ha sido de 16.450 euros.

Con estos datos, calcular el importe del subsidio económico que tiene derecho a percibir la trabajadora a tiempo parcial por los días de descanso que le corresponden durante ese mes.

Solución

El cálculo de la prestación económica que corresponde a la trabajadora a tiempo parcial en situación de descanso por nacimiento de hijo, es el siguiente:

1. Base reguladora

$$\text{B.R.} = \frac{\text{Suma de las bases de cotización por C.C. durante el año anterior al inicio del descanso}}{\text{365 días}}$$

$$\text{B.R.} = \frac{\text{16.450 euros}}{\text{365 días}} = \text{44,95 euros/día}$$

2. Importe del subsidio

El subsidio por nacimiento de hijo se abona durante todos los días naturales en los que la trabajadora a tiempo parcial permanezca en dicha situación, independientemente, de que se trate, o no, de días contratados como días de trabajo efectivo.

Como el subsidio se devenga desde la fecha en que se inicia el descanso, los días a subsidiar serán los siguientes:

Por el período 14 de enero de 2023 a 31 de enero de 2023: 18 días.

44,95 euros/día × 100% = 44,95 euros/día
44,95 euros/día × 18 días = 809,10 euros.

El subsidio por nacimiento de hijo lo abona directamente el Instituto Nacional de la Seguridad Social.

11.9. Prestación de desempleo parcial por reducción de jornada

Planteamiento

Una empresa ha decidido reducir su jornada laboral en 1/3 de su duración, durante un período de 6 meses.

El promedio de las bases de cotización de uno de los trabajadores afectados, durante el período de los últimos 6 meses, asciende a 1.350 euros.

Con estos datos, calcular el importe de la prestación económica que ha de percibir el trabajador por la fracción de jornada que deja de trabajar, en la que se le reconoce la situación de desempleo.

Solución

La empresa pagaría al trabajador, si hubiera delegación del Servicio Público de Empleo, la cantidad siguiente:

Base reguladora: 1.350 euros/mes × 1/3 = 450 euros/mes.
Prestación económica: 450 euros/mes × 70% = 315 euros/mes.

Capítulo VI

Estructura del recibo de salarios: deducciones

La cuantía salarial devengada por el trabajador como consecuencia de la aplicación de una normativa estatal, convencional o contractual, es una percepción bruta. Sin embargo, la suma que el trabajador ingresa realmente es un salario neto o líquido, resultante de la aplicación de determinados descuentos o deducciones.

Las deducciones que pueden practicarse sobre las percepciones totales brutas del trabajador son las que se explican a continuación.

1. **Deducción por cargas fiscales y de Seguridad Social**

A la hora de confeccionar el recibo de salarios correspondiente al período que se liquida, el empresario deberá efectuar las deducciones que, por razón de las retribuciones satisfechas, está obligado a retener a cuenta del Impuesto sobre la Renta de las Personas Físicas; asimismo, deducirá la cuota obrera que, como cotización a la Seguridad Social, le corresponda.

Todas las cargas fiscales y de Seguridad Social a cargo del trabajador serán satisfechas por el mismo, siendo nulo todo pacto en contrario; lo que significa que el trabajador ha de soportar sus propias obligaciones tributarias y de seguridad social. No obstante, nada se opone a la validez del pacto de salarios netos; pacto con el que se pretende garantizar una percepción líquida de ingresos acudiendo a la fórmula de elevar, en la cuantía equivalente al importe de las cargas, las retribuciones acordadas.

La competencia para dilucidar la procedencia del descuento de las cuotas a cuenta del IRPF y de las cuotas de Seguridad Social corresponde a la jurisdicción contenciosa-administrativa.

1.1. Cuotas de la Seguridad Social

Las deducciones a efectuar en el salario de los trabajadores serán las resultantes de la aplicación de los diversos tipos a las bases de cotización.

Así, en el Régimen general, los tipos son:

— Para contingencias comunes: 4,70%.
— Para desempleo: 1,55% sobre la base de cotización para accidentes de trabajo y enfermedades profesionales, si el contrato es indefinido, de formación en alternancia, para la obtención de práctica profesional, de relevo, de sustitución o celebrado con una persona con discapacidad; o 1,60%, si el contrato es otro de duración determinada.
— Para formación profesional: 0,10% sobre la base de cotización para accidentes de trabajo y enfermedades profesionales.

— Adicional por horas extraordinarias:

- 2% sobre el importe total por las horas extraordinarias debidas a fuerza mayor;
- 4,70% sobre el importe total por las demás horas extraordinarias que se hayan realizado.

— Adicional por el mecanismo de equidad intergeneracional (MEI): 0,10% sobre la base de cotización por contingencias comunes.

El empresario descontará a sus trabajadores, en el momento de hacerles efectivas sus retribuciones, la aportación que corresponda a cada uno de ellos. Si no efectuase el descuento en dicho momento no podrá realizarlo con posterioridad, quedando obligado a ingresar la totalidad de las cuotas a su exclusivo cargo.

1.2. Retenciones por IRPF

El empresario está obligado a retener e ingresar en el Tesoro determinadas cantidades en concepto de pago a cuenta por el Impuesto sobre la Renta de las Personas Físicas, cuando satisface rendimientos de trabajo o prestaciones dinerarias por cuenta de la Seguridad Social.

La cuantía de la retención será el resultado de aplicar al rendimiento íntegro satisfecho el porcentaje correspondiente.

El porcentaje de retención se obtiene, por aplicación de la escala de retención, en función de la retribución anual del trabajador y de su situación personal y familiar el día primero del período impositivo.

Fiscalmente no está permitido efectuar deducción alguna de los ingresos de los trabajadores ni reclamar cantidades a los mismos que se deban a retenciones no practicadas en su día. Por otra parte, cuando el trabajador tenga que realizar su declaración por el Impuesto sobre la Renta de las Personas Físicas, computará como rendimiento la retribución íntegra devengada y si, por causa imputable al retenedor, se le ha retenido por una cantidad inferior a la que corresponde, podrá deducir de la cuota la cantidad que debió ser retenida. Y ello sin perjuicio de que el retenedor pueda ejercitar contra el trabajador (sujeto pasivo del impuesto) la acción de reintegro del importe de las retenciones no practicadas en su momento, pero posteriormente ingresadas en la Hacienda Pública.

1.3. Ingreso a cuenta del IRPF

Cuando se satisfacen retribuciones en especie, el pagador está obligado a efectuar un ingreso en el Tesoro, a cuenta del IRPF correspondiente al perceptor.

La cuantía del ingreso a cuenta que corresponde realizar por las retribuciones satisfechas se calcula aplicando a su valor el mismo porcentaje que, como retención, resulta aplicable a los rendimientos dinerarios del trabajador.

El importe de dicho ingreso a cuenta debe ser deducido de la cantidad dineraria satisfecha en la nómina del trabajador.

2. **Deducción de cantidades anticipadas**

En determinados supuestos, el empresario puede proceder a la deducción de cantidades del total devengado por el trabajador en el mes que se liquida.

2.1. Anticipos a cuenta

El trabajador y, con su autorización, sus representantes legales, tiene derecho a percibir, sin que llegue el día señalado para el pago, anticipos a cuenta del trabajo ya realizado. La cuantía máxima del anticipo, y su devolución, aparece regulada en los convenios colectivos o, en su defecto, en los contratos individuales de trabajo.

En todo caso, es improcedente la solicitud de anticipos a cargo de retribuciones de periodicidad superior al mes (pagas extraordinarias).

Son posibles también los anticipos a cuenta de la revisión salarial resultante de la negociación de un nuevo convenio colectivo.

Puede, en consecuencia, el empresario deducir en el recibo de salarios del trabajador lo anticipado por estos conceptos.

2.2. Anticipos estímulo

Con respecto a los salarios por trabajos aún no realizados se autoriza a practicar anticipos sobre salarios futuros para inducir a los trabajadores a aceptar un empleo, anticipos que no pueden exceder del salario base de 3 meses y cuyo reembolso, sin intereses, se hará en cantidades no superiores a un sexto del salario base de cada mes.

2.3. Anticipos reintegrables en ejecución de sentencia

Son anticipos reintegrables los que tiene derecho a percibir el trabajador a cuenta de la cantidad reconocida en una sentencia que condena a su pago al empresario y ha sido recurrida.

Estos anticipos, que pueden alcanzar hasta el 50% de la cantidad reconocida en la sentencia, han de ser devueltos por el trabajador al empresario cuando la sentencia es revocada por el Tribunal superior.

2.4. Indemnizaciones por extinción del contrato por causas objetivas

En el supuesto de extinción del contrato por causas objetivas, si la extinción se declara improcedente y el empresario procede a la readmisión, el trabajador habrá de reintegrarle la indemnización si le hubiese sido entregada. En caso de sustitución de la readmisión por compensación económica, se deducirá de ésta el importe de dicha indemnización.

2.5. Préstamos con garantía de salario

También puede ser objeto de deducción el importe de las cuotas de amortización de los préstamos que las empresas hayan concedido a sus trabajadores.

Es válido el pacto que impone el reintegro total del préstamo en el momento de extinguirse el contrato, cualquiera que fueran los vencimientos acordados inicialmente.

3. **Deducción de cantidades percibidas de terceros**

3.1. Mientras le esté impedido el trabajo

En el supuesto de que el trabajador no pudiera prestar sus servicios, una vez vigente el contrato, porque el empresario se retrasara en darle trabajo por impedimentos imputables al mismo y no al trabajador, éste conservará el derecho a su salario. No obstante, si el trabajador ganara en otros empleos, durante el impedimento proveniente de causas imputables a la empresa, cualquier otro emolumento, se descontará éste de las obligaciones del empresario.

También procede el descuento de los salarios cuando el empresario no puede dar ocupación al trabajador por causas que no le sean imputables, como ocurre en los supuestos de fuerza mayor.

3.2. Como indemnización por cumplimiento de deber o cargo

El trabajador, previo aviso y justificación, podrá ausentarse del trabajo, con derecho a remuneración, durante el tiempo indispensable para el cumplimiento de un deber inexcusable de carácter público y personal, comprendido el ejercicio del sufragio activo. Ahora bien, en el supuesto de que el trabajador por cumplimiento del deber o desempeño del cargo perciba una indemnización, se descontará el importe de la misma del salario a que tuviera derecho en la empresa.

3.3. Compensación de salarios de tramitación

Los salarios de tramitación se devengan cuando el proceso judicial finaliza con la readmisión del trabajador, en los casos en que el despido haya sido declarado improcedente o nulo, en cuyo caso deberán serle abonados al trabajador los salarios dejados de percibir desde la fecha del despido hasta la notificación de la sentencia.

De los salarios dejados de percibir que, en su caso, correspondan al trabajador, podrá deducir el empresario lo que hubiera percibido el trabajador si hubiese encontrado otro empleo con anterioridad a la sentencia.

Asimismo, cuando antes de la readmisión el trabajador hubiera percibido prestaciones por desempleo, el empresario debe ingresar en el Servicio Público de Empleo las cantidades percibidas por el trabajador, deduciéndolas, a estos efectos, de los salarios dejados de percibir con el límite de la suma de los mismos.

4. **Deducciones de carácter sindical**

4.1. Cuota sindical

El recurso económico básico de los sindicatos son las aportaciones de los trabajadores sindicados, normalmente en forma de cuotas fijas o proporcionales a los salarios que perciben.

El empresario procederá al descuento de la cuota sindical sobre los salarios y a la correspondiente transferencia a solicitud del sindicato del trabajador afiliado y previa conformidad, siempre, de éste.

Obsérvese que no se exige el acuerdo de sindicato y empresa en convenio colectivo para que se proceda al descuento de la cuota sindical de la nómina de los trabajadores afiliados a un sindicato y que voluntariamente así lo manifiestan, pues es éste un derecho de los sindicatos expresamente reconocido por el legislador. No puede, pues, el empresario evitar u obstaculizar su ejercicio ni condicionarlo en modo alguno.

La previa conformidad del trabajador, que no es necesario documentar por escrito, puede referirse tanto a la efectuada al empresario antes del descuento, como a la efectuada al sindicato antes de que éste solicite el descuento.

4.2. Canon por negociación

En los convenios colectivos podrán establecerse cláusulas por las que los trabajadores incluidos en su ámbito de aplicación atiendan económicamente a la gestión de los sindicatos representados en la comisión negociadora, fijando un canon económico y las modalidades de su abono. En todo caso, se respetará la voluntad individual del trabajador, que deberá expresarse por escrito en la forma y plazos que se determinen en la negociación colectiva.

Determinada la cuantía del canon y la asunción por el empresario del deber de descontar su importe procede el que, antes de practicar la deducción, se requiera la preceptiva conformidad escrita del trabajador.

5. Deducción por razón de indemnización por daños

El abandono del trabajo, sin preaviso, produce la extinción del contrato y, en cuanto incumplimiento contractual del trabajador, posibilita al empresario a exigir el resarcimiento de daños y perjuicios.

La obligación de resarcimiento de daños y perjuicios aparece recogida en algunos convenios colectivos. Se suele señalar que si los trabajadores incumplen su obligación de preavisar su cese en la empresa, ésta podrá descontarles de su saldo y finiquito la cantidad equivalente a un salario diario por cada día de retraso sin avisar.

También pueden ser objeto de deducción los daños, judicialmente valorados, infligidos por el trabajador en los bienes del empleador afectos a la explotación de su empresa y en el ámbito de la relación laboral.

6. Deducción por razón de mandamientos judiciales de embargo

Cuando el juez autorice el embargo de sueldos o salarios habrá de tenerse en cuenta que el importe que no exceda de la cuantía señalada para el salario mínimo interprofesional es inembargable.

Los salarios y sueldos que sean superiores al salario mínimo interprofesional se embargarán conforme a esta escala:

- Para la primera cuantía adicional hasta la que suponga el importe del doble del salario mínimo interprofesional, el 30%.
- Para la cuantía adicional hasta el importe equivalente a un tercer salario mínimo interprofesional, el 50%.
- Para la cuantía adicional hasta el importe equivalente a un cuarto salario mínimo interprofesional, el 60%.
- Para la cuantía adicional hasta el importe equivalente a un quinto salario mínimo interprofesional, el 75%.
- Para cualquier cantidad que exceda de la anterior cuantía, el 90%.

En atención a las cargas familiares del ejecutado, el tribunal podrá aplicar una rebaja de entre un 10 a un 15% en los porcentajes establecidos en los cuatro primeros tramos de la escala anterior.

Si los salarios y sueldos estuvieran gravados con descuentos permanentes o transitorios de carácter público, en razón de la legislación fiscal, tributaria o de Seguridad Social, la cantidad líquida que percibiera el ejecutado, deducidos éstos, será la que sirva de tipo para regular el embargo.

La inembargabilidad no será de aplicación cuando se proceda por ejecución de sentencia que condene al pago de alimentos, en todos los casos en que la obligación de satisfacerlos nazca directamente de la ley, incluyendo los pronunciamientos de las sentencias dictadas en procesos de nulidad, separación o divorcio sobre alimentos debidos al cónyuge o a los hijos.

En estos casos, así como en los de las medidas cautelares correspondientes, el tribunal fijará la cantidad que puede ser embargada.

7. Deducción por pagos indebidos

La empresa puede descontar en el recibo de salarios, sin necesidad de acudir previamente a los Tribunales, aquellas cantidades que hayan sido previamente cobradas por el trabajador como consecuencia de pagos indebidos, erróneamente realizados, de salarios o de sus complementos. Tal decisión habría de estar amparada por la actuación judicial instada por la empresa, en el supuesto de que existiesen discrepancias con el trabajador acerca de la existencia de la deuda o de su cuantía.

8. Deducción del valor de los productos recibidos en especie

También debe deducirse la cuantía en que se valoró la retribución en especie y que, como partida salarial que es a todos los efectos, fue reflejada en el recibo de salarios.

Deducida del total devengado la citada cuantía resultará otra que se corresponde con el salario que el trabajador tiene derecho a percibir en dinero efectivo.

9. Deducción por ausencias no justificadas

El descuento procede tanto en el caso de falta de asistencia al trabajo durante días laborables completos como en el supuesto de faltas de puntualidad en el acceso al trabajo durante un determinado número de horas o minutos.

El hecho de que el salario del trabajador comprenda también la parte proporcional correspondiente al descanso semanal implica que, cuando al trabajador haya que descontarle todo o parte del salario correspondiente a algún día de trabajo, podrá descontársele también la parte proporcional del descanso semanal. Procede, asimismo, el descuento de la parte proporcional de las pagas extraordinarias y de las vacaciones anuales que le corresponden.

10. Deducción por ausencia motivada por incapacidad temporal

Aun siendo una ausencia justificada, salvo pacto en contrario, no son retribuidos los 3 primeros días de inasistencia al trabajo por causa de enfermedad común o accidente no laboral (el subsidio por incapacidad temporal se percibe a partir del 4.º día), por lo que procede el descuento del salario correspondiente.

Asimismo, como en la cuantía del subsidio por incapacidad temporal se percibe incluida la parte proporcional de las pagas extraordinarias (ya prorrateadas en la base de cotización que sirve de base reguladora), la empresa puede, salvo pacto en contrario, descontar de las pagas extraordinarias, cuando llegue el momento del pago, la parte proporcional correspondiente al período de baja.

11. Deducción por sanción disciplinaria

En el ejercicio del poder disciplinario por parte del empresario, el trabajador puede ser sancionado, en virtud de incumplimientos laborales, de acuerdo con la graduación de faltas y sanciones que se establezcan en las disposiciones legales o en los convenios colectivos que sean de aplicación.

Una de estas sanciones suele ser la suspensión de empleo y sueldo durante un período de tiempo más o menos amplio, en función de la gravedad de la falta cometida. Y en este caso, una vez impuesta la sanción en la forma debida, el empresario puede deducir de la retribución total del trabajador el salario correspondiente a los días de suspensión de empleo y sueldo. Pudiéndole descontar, asimismo, la parte proporcional de las pagas extraordinarias y de las vacaciones anuales que le corresponden.

12. Deducción en caso de huelga o cierre patronal

En los supuestos de huelga, tanto legal como ilegal, procede el descuento de los salarios correspondientes a los días laborables completos u horas del día durante los cuales se ejercita el derecho de huelga.

Es procedente el descuento de la retribución del descanso semanal en proporción a los días de la semana durante los cuales se haya ejercido el derecho de huelga. También es procedente el descuento proporcional de las gratificaciones extraordinarias que tenga derecho a percibir el trabajador, debiéndose realizar éste cuando se abona la correspondiente gratificación.

No procede ningún descuento por la retribución correspondiente a los 14 días festivos anuales y a las vacaciones, salvo que la huelga fuese calificada de ilegal, en cuyo caso procedería el descuento de la parte proporcional correspondiente.

En el caso de cierre patronal, calificado como legal, procede el descuento del salario correspondiente a los días durante los cuales haya permanecido cerrado el centro de trabajo.

13. Deducción por vacaciones disfrutadas en exceso

En materia de vacaciones rige un principio de proporcionalidad, de tal forma que la duración del disfrute de las mismas (mínimo de 30 días naturales) se entiende que corresponde a la prestación de servicios durante un año completo. Cuando tal prestación de servicios no alcance dicha duración, en el año de que se trate y en que se produzca el cese, se genera sólo el derecho a la retribución de la parte proporcional correspondiente.

Es por eso que, si el trabajador viese extinguido su contrato de trabajo después de haber disfrutado del período completo de vacaciones, cabría la realización de un descuento por los días disfrutados en exceso, que no había llegado a devengar.

14. **Casos prácticos**

14.1. Deducciones por cuotas de la Seguridad Social

Planteamiento

Las bases de cotización de un trabajador con contrato ordinario son las siguientes:

— Base de contingencias comunes y MEI: 1.300 euros.
— Base de desempleo y formación profesional: 1.650 euros.
— Base de horas extraordinarias por fuerza mayor: 150 euros.
— Base de otras horas extraordinarias: 200 euros.

El contrato de trabajo que vincula al trabajador con su empresa es de carácter indefinido.

¿Cuál es el importe a deducir en el recibo de salario en concepto de aportación de cuotas del trabajador a la Seguridad Social por contingencias comunes, desempleo, formación profesional, horas extraordinarias por fuerza mayor y otras horas extraordinarias y por el mecanismo de equidad intergeneracional (MEI)?

Solución

La aportación del trabajador a las cotizaciones a la Seguridad Social, a deducir en el recibo de salarios por los distintos conceptos, es la siguiente:

	%	Base	Cuota
Contingencias comunes	4,70	1.300 euros	61,10 euros
Desempleo	1,55	1.650 euros	25,58 euros
Formación profesional	0,10	1.650 euros	1,65 euros
Horas extraordinarias por fuerza mayor	2,00	150 euros	3,00 euros
Otras horas extraordinarias	4,70	200 euros	9,40 euros
Mecanismo de equidad intergeneracional (MEI)	0,10	1.300 euros	1,30 euros
Total aportación			102,03 euros

14.2. Deducciones por embargo de salarios

Planteamiento

Un juez ordena a una empresa el embargo, con efectos de 1 de enero de 2023, del salario de un trabajador que ha sido condenado, en el correspondiente juicio, al pago de una cantidad de 47.000 euros que, por la compra de un automóvil, adeuda al vendedor.

Teniendo en cuenta que el salario líquido del trabajador es de 6.300 euros mensuales más dos pagas extraordinarias del mismo importe cada una de ellas y que el salario mínimo interprofesional, durante 2023, es de 1.080 euros/mes, se desea saber cuál es la retención o deducción que, sobre las retribuciones satisfechas, ha de practicar la empresa hasta completar la totalidad de la deuda pendiente.

Solución

El importe del salario mínimo interprofesional, en su total cuantía, es inembargable; y del salario que exceda de esa cantidad inembargable, sólo una parte del mismo puede ser objeto de retención, de acuerdo con la escala establecida al efecto.

En consecuencia, y en el supuesto planteado, procederíamos al cálculo de la cuantía objeto de retención de la siguiente forma:

a) *Rendimiento líquido anual*

Salario anual: 6.300 euros/mes × 14 pagas/año = 88.200 euros/año.

b) *Salario mínimo interprofesional anual*

1.080,00 euros/mes × 14 pagas/año = 15.120,00 euros/año.

c) *Porcentajes de embargo*

— Hasta 1 s.m.i. (0 a 15.120): 0%	0 euros
— De 1 a 2 s.m.i. (15.120 a 30.240): 30% 15.120 × 30%	4.536 euros
— De 2 a 3 s.m.i. (30.240 a 45.360): 50% 15.120 × 50%	7.560 euros
— De 3 a 4 s.m.i. (45.360 a 60.480): 60% 15.120 × 60%	9.072 euros
— De 4 a 5 s.m.i. (60.480 a 75.600): 75% 15.120 × 75%	11.340 euros
— Exceso de 5 s.m.i. (75.600 a 88.200): 90% 12.600 × 90%	11.340 euros
Total anual embargable	43.848 euros

d) *Cantidad a retener*

43.848 euros (total embargable) / 14 pagas = 3.132 euros, en cada paga.

El importe pendiente de pago, hasta completar los 47.000 euros adeudados, será objeto de retención en años sucesivos, con cargo a los salarios devengados en cada uno de ellos, y siguiendo igual procedimiento de retención que el indicado.

14.3. Deducciones por incapacidad temporal

Planteamiento

Un trabajador permanece de baja por incapacidad temporal, derivada de enfermedad común, desde el 1-4-2023 hasta el 10-4-2023.

El convenio colectivo de aplicación a la empresa no prevé que, durante esta situación, el trabajador sea retribuido con complemento alguno del subsidio que percibe de la Seguridad Social.

El trabajador, con categoría de oficial de 3.ª, percibe un salario diario de 40 euros.

Durante el mes de julio, tiene derecho a percibir una gratificación extraordinaria, de devengo semestral, de 1.200 euros.

Se trata de determinar cuál es el importe que, en concepto de gratificación extraordinaria, correspondería percibir al trabajador una vez efectuado el descuento que procede por los días en que el trabajador ha permanecido de baja.

Solución

Dado que durante el período de incapacidad temporal, el salario es sustituido por un subsidio en cuyo cálculo ya se ha tenido en cuenta el prorrateo de las pagas extraordinarias, la empresa puede, cuando llegue el momento del pago de la gratificación extraordinaria, efectuar el descuento de la parte proporcional correspondiente al período durante el cual el trabajador ha permanecido de baja. Y ello porque, en el supuesto planteado, no se prevé que el convenio colectivo obligue al empresario a complementar el subsidio hasta el importe íntegro del salario pactado.

En consecuencia, el importe de la gratificación extraordinaria de julio que al trabajador le corresponde percibir, una vez descontados los días que el trabajador ha permanecido en situación de incapacidad temporal, es el siguiente:

— Días de incapacidad temporal: de 1-4-2023 a 10-4-2023 = 10 días.
— Devengo proporcional, dado el devengo semestral:

1.200 euros	182 días
X euros	172 días (182 – 10)

$$X = \frac{1.200 \text{ euros} \times 172 \text{ días}}{182 \text{ días}} = 1.134,07 \text{ euros}$$

14.4. Deducciones por huelga

Planteamiento

Un trabajador participa durante los días 5, 6 y 7 de septiembre de 2023 en una huelga legal convocada por su sindicato.

El trabajador, con categoría de oficial de primera, percibe las siguientes retribuciones:

— Salario base: 50 euros/día.
— Antigüedad: 5 euros/día.

También tiene derecho a dos pagas extraordinarias de 30 días de salario base y antigüedad cada una de ellas, que se devengan en proporción a los 365 días del año.

La jornada semanal de trabajo es de 40 horas, de lunes a viernes, a razón de 8 horas diarias.

Se trata de determinar cuál es el importe de los descuentos que el empresario puede practicar en las retribuciones del trabajador huelguista.

Solución

La empresa tiene derecho a descontar al trabajador la retribución que afecta a los 3 días no trabajados. También la retribución del descanso semanal, en su parte proporcional, puede ser objeto de descuento; bien entendido que, siendo la jornada semanal de lunes a viernes (5 días), por cada día de trabajo se devenga 1/5 del salario del domingo y 1/5 del salario del sábado.

En el descuento de salarios por huelga legal no cabe hacer minoraciones sobre las partes proporcionales de las vacaciones, así como sobre los días festivos no incluidos en el período de huelga.

Consecuentemente con lo anterior, las operaciones a realizar serían las siguientes:

1. Deducciones sobre la retribución mensual

a) *Por los 3 días de huelga (5, 6 y 7 de septiembre)*

55 euros (retribución diaria) × 3 (días de huelga) = 165,00 euros.

b) *Por el sábado y el domingo (10 y 11 de septiembre)*

$\frac{2}{5}$ (parte proporcional) × 55 euros (retribución diaria) = 22,00 euros.

13,20 euros (retribución diaria) × 3 (días de huelga) = 66,00 euros.

c) *Retribución a percibir en el mes de septiembre*

55 euros × 30 = 1.650 euros.
1.650 euros (salario mensual) – 165 euros (descuento 3 días de huelga) – 66 euros (descuento del sábado y domingo) = 1.419 euros.

2. Deducciones sobre las pagas extraordinarias

a) *Por los 3 días de huelga (5, 6 y 7 de septiembre)*

$$\frac{55 \text{ euros} \times 60 \text{ días (pagas extras)}}{365 \text{ días}} = 9{,}04 \text{ euros/día.}$$

9,04 euros (retribución diaria pagas) × 3 (días de huelga) = 27,12 euros.

b) *Por el sábado y el domingo (10 y 11 de septiembre)*

$\frac{2}{5}$ (parte proporcional) × 9,04 euros (retribución diaria pagas) = 3,62 euros.

3,62 euros × 3 días = 10,86 euros.

c) *Retribución a percibir por cada una de las pagas extraordinarias*

1.650 euros (retribución de cada paga) – 27,12 euros (descuento 3 días de huelga) – 3,62 euros (descuento del sábado y domingo) = 1.619,26 euros.

Capítulo VII

La base de cotización

La base de cotización es el primero de los elementos a tener en cuenta en la determinación de las cuotas que empresas y trabajadores están obligados a ingresar en la Seguridad Social. La cuota se calcula aplicando un porcentaje, llamado tipo de cotización, sobre una base cuya cuantía debe determinarse en función de las remuneraciones percibidas.

1. **Contingencias protegibles**

La necesidad de tener cubiertos determinados riesgos obliga a empresa y, en su caso, trabajadores a efectuar cotizaciones a la Seguridad Social por distintos conceptos.

1.1. Contingencias comunes

La cotización por este concepto está destinada a la cobertura de todos los riesgos incluidos en la acción protectora del Régimen general de la Seguridad Social, siempre que se deriven de enfermedad común o de accidente no laboral: incapacidad temporal, incapacidad permanente, ya sea parcial, total o absoluta, y muerte y supervivencia, que comprende auxilio por defunción, viudedad, orfandad o prestación en favor de familiares,

También atiende la cobertura de las situaciones derivadas del nacimiento y el cuidado de menor, que comprende el parto y el cuidado del menor de 12 meses, además de la adopción, la guarda con fines de adopción y el acogimiento, durante los períodos de suspensión o descanso que por tales causas se disfruten, y asimismo, la jubilación.

Estas contingencias están cubiertas con prestaciones tales como la asistencia sanitaria (médica, farmacéutica y rehabilitadora) y prestaciones económicas (subsidios, pensiones e indemnizaciones).

1.2. Contingencias profesionales (AT y EP)

La cotización para esta clase de contingencias pretende la cobertura de los riesgos derivados de accidentes de trabajo y enfermedades profesionales: incapacidad temporal, riesgo durante el embarazo, riesgo durante la lactancia natural, incapacidad permanente, lesiones permanentes no invalidantes y muerte y supervivencia, siempre que se produzcan con ocasión o por consecuencia del trabajo que se ejecute por cuenta ajena.

Esta cotización facilita también el acceso a las correspondientes prestaciones sanitarias y económicas.

En la cotización por este concepto se distinguen otros dos:

- Cuotas por IT (incapacidad temporal), en la que habría de incluirse el riesgo durante el embarazo y el riesgo durante la lactancia natural): destinadas a la cobertura de estos riesgos específicos.
- Cuotas por IMS (incapacidad permanente, muerte y supervivencia): que se destinan a la cobertura de todas las contingencias protegidas distintas de la incapacidad temporal.

La empresa puede verse incentivada con la reducción de la cotización por contingencias profesionales cuando se distingue por su contribución eficaz y contrastable a la disminución de la siniestralidad laboral y por la realización de actuaciones efectivas en la prevención de los accidentes de trabajo y de las enfermedades profesionales.

La cuantía del incentivo puede alcanzar:

- Hasta el 5% del importe de las cuotas por contingencias profesionales y, posteriormente, hasta el 10%, si la empresa supera un volumen de cotización por contingencias profesionales de 5.000 euros en el periodo de observación.
- Hasta 250 euros y, posteriormente, hasta 500 euros, si la empresa no supera un volumen de cotización por contingencias profesionales de 5.000 euros en el periodo de observación.

Para la aplicación del incentivo se tiene en cuenta el cumplimiento de los índices de siniestralidad general y de siniestralidad extrema establecidos anualmente para cada uno de los códigos de la CNAE recogidos en la tarifa de primas.

No obstante, la aplicación del sistema de reducción de las cotizaciones por contingencias profesionales a las empresas que hayan disminuido de manera considerable la siniestralidad laboral se encuentra suspendida provisionalmente durante 2022.

1.3. Desempleo

La cotización para desempleo se destina a la cobertura de este riesgo específico. Aunque la prestación por desempleo es una prestación de la Seguridad Social, está gestionada por el Servicio Público de Empleo.

1.4. Fondo de Garantía Salarial

La cotización está destinada a garantizar los salarios, indemnizaciones y salarios de tramitación que las empresas no abonen a sus trabajadores, con independencia de la propia responsabilidad empresarial.

1.5. Formación profesional

Las cuotas están destinadas a fines de formación, reciclaje, recalificación y reclasificación profesionales; es decir, para mejorar la cualificación de los trabajadores, su adaptación a las nuevas tecnologías, etc.

El desarrollo de estas actividades corre a cargo de la Administración Pública o de otras entidades encargadas de gestionar la formación (Fundación Estatal para la Formación en el Empleo, etc.).

1.6. Cotización adicional por horas extraordinarias

Con el objetivo de penalizar su realización, las horas extraordinarias están sujetas a una cotización adicional que será distinta según que estén realizadas por razones de fuerza mayor o que no tengan esa consideración. Su recaudación se destina a incrementar los recursos generales de la Seguridad Social y no es computable a efectos de determinar la base reguladora de las prestaciones.

1.7. Cotización adicional por el mecanismo de equidad intergeneracional (MEI)

Dada la dimensión intergeneracional del sistema de pensiones y la carga excepcional que para su equilibrio va a suponer la jubilación de grupos de trabajadores más numerosos en un futuro próximo, y con el fin de liberar o paliar a esas generaciones más jóvenes del ajuste provocado por su llegada a la jubilación, se establece un nuevo mecanismo de equidad intergeneracional, consistente en una cotización adicional del 0,6 % aplicable a la base de cotización por contingencias comunes en todas las situaciones de alta o asimiladas a la de alta en las que exista obligación de cotizar para la cobertura de la pensión de jubilación.

De este tipo de cotización adicional el 0,50% corresponde a la empresa y el 0,10 al trabajador.

2. **La base de cotización**

La base de cotización para todas las contingencias y situaciones amparadas por la acción protectora del Régimen general, incluidas las de accidente de trabajo y enfermedad profesional, estará constituida por la remuneración total, cualquiera que sea su forma o denominación, que, con carácter mensual, tenga derecho a percibir el trabajador o la que efectivamente perciba, de ser ésta superior, por razón del trabajo que realice por cuenta ajena.

No integran la base de cotización aquellas otras retribuciones que no remuneran directamente el trabajo desarrollado y que, por ende, reciben la calificación de extrasalariales.

Así pues, todo lo que percibe el trabajador del empresario, así como todo lo que es prometido por éste, le es debido a aquél como salario y, por tanto, a quien alegue el carácter extrasalarial de una percepción, le corresponde la prueba; por lo que se estima que, en tanto no se demuestre su carácter extrasalarial, las cantidades abonadas por el empresario deben ser computadas a efectos de determinar la base de cotización.

2.1. Conceptos computables

La remuneración o retribución total podrá incluir los siguientes conceptos:

a) El salario base o parte de la retribución del trabajador fijada por unidad de tiempo o de obra, en la cuantía establecida por disposición legal, convenio colectivo o contrato individual.

b) Los complementos salariales en cualquiera de sus modalidades:

- Personales: antigüedad, aplicación de títulos, idiomas o conocimientos especiales o cualquier otro de naturaleza análoga que derive de las condiciones personales del trabajador y que no haya sido realizado al ser fijado el salario base.
- De puesto de trabajo: incrementos por penosidad, toxicidad, peligrosidad, suciedad, máquinas, vuelo, navegación, embarque, turnos, trabajos nocturnos o cualquier otro que perciba el trabajador por razón de las características del puesto de trabajo o de la forma de realizar su actividad profesional, que comporta conceptuación distinta del trabajo corriente.

—Por calidad o cantidad de trabajo: primas o incentivos, pluses de actividad, asistencia o asiduidad, horas extraordinarias, horas complementarias o cualquier otro que el trabajador deba percibir por razón de una mejor calidad o una mayor cantidad de trabajo.
—De vencimiento periódico superior al mes: gratificaciones extraordinarias, participación en beneficios y cualquier otra que convencionalmente pudiera otorgarse en función de las situaciones y resultados de la empresa.
—En especie: vivienda, automóvil, manutención, hospedaje, viajes, préstamos de bajo interés, planes de pensiones, cualesquiera otros suministros, cuando dichos beneficios no formen parte del salario base.
En principio, la valoración de la percepción en especie satisfecha por el empresario viene determinada por el coste medio que le supone la entrega del bien, derecho o servicio de que se trate, entendiendo por coste medio el resultado de dividir los costes totales que supone esa entrega entre el número de perceptores potenciales de dicho bien, derecho o servicio.
No obstante, la valoración de la prestación del servicio de educación por centros educativos autorizados a los hijos de sus empleados, con carácter gratuito o por precio inferior al normal de mercado, viene determinada por el incremento del coste total directamente imputable a la prestación que suponga para el centro educativo un servicio de educación para un alumno adicional. Lo mismo cabe señalar respecto del servicio de guardería.
En otros casos la valoración económica ha de realizarse siguiendo los criterios que, a efectos fiscales, establece la Ley del IRPF para esas retribuciones.
Tales criterios de valoración son los siguientes:

• Utilización de vivienda propiedad del pagador:

—El 10% del valor catastral de la vivienda.
—El 5% sobre el valor catastral que ha entrado en vigor en el mismo año o en los 10 años anteriores.
—El 5% sobre el 50% del mayor de los siguientes valores: el comprobado por la Administración a efectos de otros tributos o el precio, contraprestación o valor de la adquisición. Este criterio se aplica cuando el inmueble carece de valor catastral o no ha sido notificado al titular.

La retribución así determinada no puede exceder del 10% de las restantes contraprestaciones del trabajador.

• Vehículos:

—Entrega: coste de la adquisición, incluidos tributos.
—Uso: 20% del coste de adquisición y tributos o, cuando no sea propiedad del pagador, del valor de mercado que correspondería al vehículo si fuese nuevo.
—Entrega tras previo uso: valor resultante según el uso anterior.
No obstante, la valoración se reduce en el caso de automóviles eficientes energéticamente:

  • 15%, si el valor del vehículo, antes de impuestos, no es superior a 25.000 euros y sus emisiones oficiales de CO_2 no son superiores a 120 g/km.
  • 20%, si el valor del vehículo, antes de impuestos, no es superior a 35.000 euros y se trata de un vehículo híbrido o propulsado por un motor de combustión interna que puede utilizar combustibles fósiles alternativos (autogás —GLP— y Gas Natural).
  • 30%, si el valor del vehículo, antes de impuestos, no es superior a 40.000 euros y se trata de un vehículo eléctrico híbrido enchufable con una autonomía mínima de 15 kilómetros.
  • 30%, si se trata de un vehículo eléctrico de batería o de autonomía extendida.

- Préstamo con interés inferior al legal del dinero: diferencia entre uno y otro.
- Manutención, hospedaje, viaje de turismo y similares: coste para el empleador, incluidos tributos.
  La valoración por la utilización de una vivienda que no es propiedad del pagador no puede ser inferior a la que hubiera correspondido de serlo.
- Primas o cuotas de contrato de seguro o similar: coste para el empleador, incluidos tributos.
- Gastos de estudios del trabajador: coste para el empleador, incluidos tributos.
- Contribuciones de promotores de planes de pensiones y cantidades satisfechas por compromisos de pensiones. Por su importe.
- Otros supuestos: valor normal del mercado.

—De residencia: en territorio nacional o en el extranjero.

c) Los excesos remuneratorios, sobre los límites legalmente establecidos, de determinados gastos relacionados con el trabajo: dietas y gastos de viaje, gastos de locomoción y determinadas asignaciones asistenciales.

d) Las ayudas y demás cantidades dinerarias por gastos sanitarios entregadas por los empresarios a sus trabajadores, complementen, o no, prestaciones de la Seguridad Social.

e) Las retribuciones percibidas en compensación de vacaciones no disfrutadas, cuando se produce el cese en el trabajo antes de completarse el año; calculándose su importe en proporción al tiempo de servicios.

f) En general, todas aquellas cantidades percibidas por razón del trabajo realizado, y que hayan sido calculadas conforme a los criterios que legal, convencional o contractualmente, estén establecidos.

2.2. Conceptos no computables

No se computan en la base de cotización los siguientes conceptos:

a) Las dietas y asignaciones para gastos de locomoción y gastos normales de manutención y estancia, por el desplazamiento fuera del centro de trabajo para realizar su trabajo en lugar distinto, en las siguientes condiciones:

—Los gastos de locomoción en los siguientes importes:

- Cuando el empleado o trabajador utilice medios de transporte público, el importe del gasto que se justifique mediante factura o documento equivalente.
- En otro caso, la cantidad que resulte de computar 0,19 euros por kilómetro recorrido, más los gastos de peaje y aparcamiento que se justifiquen.

El exceso sobre los importes indicados se incluirá en la base de cotización.

—Los gastos normales de manutención y estancia en hoteles, restaurantes y demás establecimientos de hostelería, devengados por gastos en municipio distinto del lugar del trabajo habitual del trabajador y del que constituye su residencia, en los siguientes importes:

- Cuando se haya pernoctado en municipio distinto del lugar de trabajo habitual y del que constituya la residencia del perceptor:

  —Por gastos de estancia, los importes que se justifiquen.
  En el caso de conductores de vehículos dedicados al transporte de mercancías por carretera no es preciso la justificación de los gastos de estancia que no exceden de 15 euros diarios, si se producen por desplazamiento dentro del territorio español, o de 25 euros diarios, si corresponden a desplazamientos a territorio extranjero.

  —Por gastos de manutención, 53,34 euros diarios, si corresponden a desplazamiento dentro del territorio español o 91,35 euros diarios si corresponden a desplazamiento a territorio extranjero.

- Cuando no se haya pernoctado en municipio distinto del lugar de trabajo habitual y del que constituya la residencia del perceptor, las asignaciones para gastos de manutención que no excedan de 26,67 o 48,08 euros diarios, según se trate de desplazamiento dentro del territorio español o al extranjero, respectivamente.
  En el caso de personal de vuelo esos importes son 36,06 o 66,11 euros/día, según se trate de desplazamiento dentro del territorio español o al extranjero, respectivamente.

El exceso sobre los importes indicados se incluirá en la base de cotización.

b) Las indemnizaciones por fallecimiento y las correspondientes a traslados y suspensiones.
Están exentas de cotización hasta la cuantía máxima prevista en norma sectorial o convenio colectivo aplicable.

c) Las indemnizaciones por despido o cese del trabajador.
Están exentas de cotización hasta la cuantía máxima establecida con carácter obligatorio en el Estatuto de los Trabajadores, su normativa de desarrollo o la normativa reguladora de la ejecución de sentencias.
Están exentas de cotización las que no exceden de la que hubiera correspondido en el caso de que el despido hubiera sido declarado improcedente:

— Cuando se extingue el contrato de trabajo antes del acto de conciliación y siempre que no se trate de extinciones de mutuo acuerdo en el marco de planes o sistemas colectivos de bajas incentivadas.

— En los supuestos de despido o cese como consecuencia de despidos colectivos o despidos objetivos por causas económicas, técnicas, organizativas, de producción o por fuerza mayor.

d) Las prestaciones de la Seguridad Social.

e) Las mejoras de las prestaciones por incapacidad temporal concedidas por las empresas.

f) Las asignaciones destinadas a satisfacer gastos de estudios para la actualización, capacitación o reciclaje del personal, cuando tales estudios vienen exigidos por el desarrollo de las actividades de la empresa o las características de los puestos de trabajo.

k) Las horas extraordinarias, salvo para la cotización por accidente de trabajo y enfermedades profesionales y sin perjuicio de su cotización adicional.

l) Las cantidades percibidas por los trabajadores que excedan de la base máxima establecida para cada grupo de cotización en las contingencias comunes y las que excedan del tope máximo de cotización a la Seguridad Social en la cotización por contingencias profesionales y otras contingencias.

2.3. Nulidad de pacto

Será nulo todo pacto, individual o colectivo, que pretenda alterar las bases de cotización, incluyendo algún concepto no computable o excluyéndolo cuando lo es.

Por otro lado, el incremento indebido de la base de cotización del trabajador de forma que provoque un aumento en las prestaciones, constituye una infracción muy grave del empresario susceptible de ser sancionada con multa de importe comprendido entre 7.501 y 225.018 euros.

También la infracotización o cotización por base inferior a la debida constituye una infracción grave susceptible de ser sancionada con multa de entre el 50 y el 100% del importe de las cuotas de Seguridad Social y demás conceptos de recaudación conjunta no ingresados, incluyendo recargos, intereses y costas.

3. Base de cotización para contingencias comunes

3.1. Trabajadores de retribución mensual

Para determinar la base de cotización correspondiente a cada mes se aplicarán las siguientes reglas:

a) *Cómputo de retribuciones*

Se computarán las retribuciones computables devengadas en el mes a que se refiere la cotización.

b) *Prorrateo*

A las retribuciones computadas se añadirá la parte proporcional de las gratificaciones extraordinarias establecidas y de aquellos otros conceptos retributivos que tengan una periodicidad en su devengo superior a la mensual o que no tengan carácter periódico y se satisfagan dentro del año. A tal efecto, el importe anual estimado de dichas gratificaciones extraordinarias y demás conceptos retributivos se dividirá por 12.

La suma resultante constituye la base mensual de cotización.

c) *Base mínima y máxima*

Si la base de cotización que resulte no estuviese comprendida entre la cuantía de la base mínima y de la máxima correspondiente al grupo de cotización de la categoría profesional del trabajador, se cotizará por la base mínima o máxima, según que la resultante sea inferior a aquélla o superior a ésta. La indicada base mínima será de aplicación cualquiera que fuese el número de horas trabajadas diariamente, excepto en aquellos contratos de trabajo en que por disposición legal se dispone lo contrario (contrato de formación en alternancia, contrato de relevo, contrato a tiempo parcial o situación de pluriempleo).

3.2. Trabajadores de retribución diaria

Para determinar la base de cotización correspondiente a cada mes se aplican las siguientes reglas:

a) *Cómputo de retribuciones*

Se computarán, en forma diaria, las retribuciones computables devengadas en el mes a que se refiere la cotización. A tal efecto, se dividen las retribuciones devengadas en el mes a que se refiere la cotización entre el número de días que comprende el período de cotización de dicho mes.

b) *Prorrateo*

A la retribución diaria resultante se añadirá la parte proporcional de las gratificaciones extraordinarias establecidas y de aquellos otros conceptos retributivos que tengan una periodicidad en su devengo superior a la mensual o que no tengan carácter periódico y se satisfagan dentro del año. A tal efecto, su importe anual estimado se dividirá por 365 o 366.

La suma resultante constituye la base diaria de cotización que, multiplicada por el número de días que comprende el período de cotización de cada mes (28, 29, 30 o 31), determina a su vez la base mensual de cotización.

c) *Base mínima y máxima*

Si la base de cotización que resulte no estuviese comprendida entre la cuantía de la base mínima y de la máxima correspondiente al grupo de cotización del trabajador, se cotizará por la base mínima o máxima, según que la resultante sea inferior a aquélla o superior a ésta.

3.3. Tabla de bases mínimas y máximas 2023

Conforme a lo dispuesto en la Ley de Presupuestos para 2023, las bases mínimas de cotización se incrementan desde el 1 de enero de 2023, y respecto de las vigentes en 31 de diciembre de 2022, en el mismo porcentaje en que aumenta el salario mínimo interprofesional, esto es, 8%.

Grupo de cotización	Categorías profesionales	1.1.2022 - 31.12.2022	
		Bases	
		mínima	máxima
		Euros/mes	Euros/mes
1	Ingenieros, licenciados y personal de alta dirección. .	1.759,64	4.495,50
2	Ingenieros técnicos, peritos y ayudantes titulados . . .	1.459,30	4.495,50
3	Jefes administrativos y de taller	1.269,43	4.495,50
4	Ayudantes no titulados	1.260,00	4.495,50
5	Oficiales administrativos	1.260,00	4.495,50
6	Subalternos	1.260,00	4.495,50
7	Auxiliares administrativos	1.260,00	4.495,50
		Euros/día	Euros/día
8	Oficiales de 1.ª y 2.ª	42,00	149,85
9	Oficiales de 3.ª y especialistas	42,00	149,85
10	Peones	42,00	149,85
11	Trabajadores menores de 18 años	42,00	149,85

4. **Base de cotización para contingencias profesionales (AT y EP)**

4.1. Cálculo

Para determinar la base de cotización correspondiente a cada mes, por las contingencias de accidentes de trabajo y enfermedades profesionales se aplicarán las mismas reglas que para las contingencias comunes, incluyendo también como concepto computable las horas extraordinarias.

4.2. Tope mínimo y máximo

Conforme a lo dispuesto en la Ley de Presupuestos para 2023, las bases de cotización tienen como tope mínimo las cuantías del salario mínimo interprofesional vigente en cada momento, incrementadas en un sexto, esto es, 42 euros/día (36 euros/día + 1/6 × 36 euros/día) o 1.260 euros/mes (42 euros/día × 30 días).

La cantidad resultante no puede ser superior al tope máximo (4.495,50 euros/mes), ni inferior al tope mínimo (1.260 euros/mes), cualquiera que sea el número de horas trabajadas diariamente, excepto en aquellos contratos en que, por disposición legal, se disponga lo contrario (contrato de formación en alternancia, contrato de relevo, contrato a tiempo parcial y situación de pluriempleo).

5. Base de cotización para desempleo, Fondo de Garantía Salarial y formación profesional

La base de cotización para cubrir esta clase de contingencias es la correspondiente a las contingencias de accidentes de trabajo y enfermedades profesionales.

6. Bases de cotización en situaciones especiales

6.1. En situación de incapacidad temporal, de riesgo durante el embarazo o la lactancia natural, de nacimiento y cuidado del menor, y ejercicio corresponsable del cuidado del lactante

La obligación de cotizar permanece durante las situaciones de incapacidad temporal, riesgo durante el embarazo, riesgo durante la lactancia natural y de disfrute de los períodos de descanso por nacimiento de hijo y cuidado de menor, y que incluye la adopción, la guarda con fines de adopción y el acogimiento, y ejercicio corresponsable del cuidado del lactante.

No obstante, durante los períodos de suspensión temporal de contrato de trabajo y de reducción temporal de jornada, respecto de la jornada de trabajo no realizada no se aplican las normas de cotización correspondientes a las situaciones de incapacidad temporal, descanso por nacimiento y cuidado de menor, y riesgo durante el embarazo y la lactancia natural.

La base de cotización por las distintas contingencias se determina del siguiente modo:

a) *Base para contingencias comunes*

La base de cotización aplicable para las contingencias comunes es la correspondiente al mes anterior al de inicio de la situación de incapacidad, del riesgo o del disfrute del descanso, conforme a las siguientes reglas:

— Si la remuneración se satisface con carácter diario, haya o no permanecido en alta en la empresa el trabajador durante todo el mes natural anterior, el importe de la base de cotización de dicho mes se divide por el número de días a que se refiere la cotización.
La fórmula sería:

$$\frac{\text{Base por contingencias comunes del mes anterior a la baja}}{\text{Número de días a que se refiere esa cotización}}$$

El cociente resultante es la base diaria de cotización, que debe multiplicarse por el número de días en que el trabajador permanece en la situación de incapacidad temporal, o de riesgo durante el embarazo o la lactancia natural o de disfrute de los períodos de descanso por nacimiento o cuidado de menor, para determinar la base de cotización durante la situación correspondiente.

— Si la remuneración se satisface con carácter mensual y el trabajador, durante todo el mes natural anterior al de la iniciación de la situación de incapacidad temporal, del riesgo durante el embarazo o la lactancia natural o del disfrute del descanso por nacimiento o cuidado de menor:

- Ha permanecido en alta en la empresa, la base de cotización de ese mes se divide por 30 para obtener la base diaria de cotización.
- No ha permanecido en alta en la empresa, la base de cotización de ese mes se divide por el número de días a que refiere la cotización para obtener la base diaria.

Para determinar la base de cotización durante la situación correspondiente, la base diaria de cotización se multiplica por 30, de permanecer todo el mes en la situación de incapacidad temporal, riesgo durante el embarazo o durante la lactancia natural o de disfrute de los

períodos de descanso por nacimiento o cuidado de menor, o, en otro caso, por la diferencia existente entre 30 y el número de días que realmente ha trabajado en dicho mes.
— Si el trabajador ha ingresado en la empresa en el mismo mes en que se inicia la situación de incapacidad temporal, riesgo durante el embarazo o durante la lactancia natural o de disfrute de los períodos de descanso por nacimiento o cuidado de menor, y ejercicio corresponsable del cuidado del lactante, se aplicará a ese mes lo establecido en las reglas precedentes.

En las situaciones de incapacidad temporal, riesgo durante el embarazo o la lactancia natural o disfrute de los períodos de descanso por nacimiento o cuidado de menor, y ejercicio corresponsable del cuidado del lactante, la base de cotización por contingencias comunes no puede ser inferior a la base mínima vigente en cada momento correspondiente a la categoría profesional del trabajador, salvo que por disposición legal se establezca lo contrario: contrato de formación en alternancia, contrato de relevo, contrato a tiempo parcial o situación de pluriempleo. Por ello, el correspondiente subsidio debe actualizarse a partir de la fecha de entrada en vigor de la nueva base mínima de cotización.

Por otra parte, la elevación de salarios en virtud de disposición legal, convenio colectivo o sentencia judicial que retrotraiga sus efectos económicos a una fecha anterior a la del inicio de la situación de incapacidad temporal, riesgo durante el embarazo o durante la lactancia natural o de disfrute de los períodos de descanso por nacimiento o cuidado de menor, y ejercicio corresponsable del cuidado del lactante, determina, asimismo, una modificación de la base de cotización aplicable, ya que hay obligación de cotizar por las diferencias salariales, y, en consecuencia, un aumento de la base de cotización anterior con la consiguiente revisión del subsidio económico.

b) *Base para contingencias profesionales (AT y EP)*

Lo comentado para el cálculo de la base de cotización por contingencias comunes será de aplicación para calcular la base de cotización para las contingencias de accidentes de trabajo y enfermedades profesionales durante la situación de incapacidad temporal, de riesgo durante el embarazo, nacimiento y cuidado de menor o riesgo durante la lactancia natural, y ejercicio corresponsable del cuidado del lactante. No obstante, y a fin de determinar la cotización que por el concepto de horas extraordinarias corresponde efectuar, se tendrá en cuenta el promedio de las efectivamente realizadas y cotizadas durante el año inmediatamente anterior a la fecha de iniciación de dicha situación.

Así, la fórmula para determinar la base diaria de cotización sería A + B

$$A = \frac{\text{Base por contingencias profesionales del mes anterior} - \text{Horas extras cotizadas ese mes}}{\text{Número de días a que se refiere esa cotización}}$$

$$B = \frac{\text{Horas extraordinarias cotizadas en el año anterior}}{\text{365 (diario) o 360 (mensual)}}$$

c) *Base para nacimiento y cuidado de menor a tiempo parcial*

Cuando se compatibilice la percepción del subsidio por nacimiento y cuidado de menor con el disfrute de los períodos de descanso en régimen de jornada a tiempo parcial, la base de cotización vendrá determinada por los dos sumandos siguientes:

— Base reguladora del subsidio, reducida en proporción inversa a la reducción que haya experimentado la jornada laboral.
— Remuneraciones sujetas a cotización, en proporción a la jornada efectivamente realizada.

A efectos de cotización por accidentes de trabajo y enfermedades profesionales respecto de los trabajadores por cuenta ajena, se aplicarán los porcentajes que correspondan a cada uno de los sumandos anteriormente indicados.

6.2. En situación de desempleo

a) *Base para contingencias comunes*

La base de cotización por contingencias comunes de aquellos trabajadores que se encuentren en situación de desempleo y por los que exista obligación de cotizar será equivalente al promedio de las bases de los últimos 180 días de ocupación cotizada por dichas contingencias.

b) *Base para contingencias profesionales (AT y EP)*

En los casos de suspensión y reducción de jornada, la base de cotización de dichos trabajadores para las contingencias de accidentes de trabajo y enfermedades profesionales, será el promedio de las bases de los últimos 180 días de ocupación cotizada por tales conceptos.

6.3. En situación de alta sin retribución

Cuando el trabajador permanezca en alta en el Régimen general y se mantenga la obligación de cotizar, sin que perciba retribuciones computables, se tomará como base de cotización la mínima correspondiente al grupo de su categoría profesional. A efectos de cotización por las contingencias de accidentes de trabajo y enfermedades profesionales se tendrán en cuenta los topes mínimos de cotización para esta clase de contingencias.

A estos efectos, hay que indicar que subsiste la obligación de cotizar durante los períodos de permisos y licencias que no den lugar a excedencias en el trabajo.

6.4. En situación de pluriempleo

Cuando el trabajador se encuentre en situación de pluriempleo se aplicarán las siguientes normas:

a) *Base para contingencias comunes*

— El tope máximo de las bases de cotización, establecido en 2023 en 4.495,50 euros mensuales, se distribuirá entre todas las empresas en proporción a las retribuciones abonadas al trabajador en cada una de ellas.
— Cada una de las empresas cotizará por los conceptos retributivos computables que satisfaga al trabajador, con el límite que corresponda a la fracción del tope máximo que se le asigne, siempre que éste no sea superior a la base máxima correspondiente al grupo de cotización de su categoría profesional.
— La base mínima correspondiente al trabajador, según su categoría profesional, se distribuirá entre las distintas empresas y será aplicada para cada una de ellas en forma análoga a la señalada para el tope máximo. Si al trabajador le correspondieran diferentes bases mínimas de cotización por su clasificación laboral se tomará para su distribución la base mínima de superior cuantía.

b) *Base para contingencias profesionales (AT y EP)*

— El límite máximo de la base de cotización establecido, en 2023 en 4.495,50 euros mensuales, se distribuirá entre todas las empresas en la misma proporción que resulte para las contingencias comunes.
— El tope mínimo de cotización, establecido en 2023 en 1.260 euros mensuales, se distribuirá entre las distintas empresas y será aplicado para cada una de ellas en forma análoga a la señalada para el límite máximo.
— La base de cotización será para cada empresa la que resulte según las retribuciones computables.

6.5. En el supuesto de realización de horas extraordinarias

6.5.1. *Como integrantes de la base de cotización para las contingencias profesionales, desempleo, Fondo de Garantía Salarial y formación profesional*

La remuneración que obtengan los trabajadores por el concepto de horas extraordinarias integra la base de cotización para las contingencias profesionales (AT y EP), desempleo, Fondo de Garantía Salarial y formación profesional, por lo que sirve para determinar la base reguladora de las prestaciones derivadas de estas contingencias, salvo de la correspondiente a desempleo.

6.5.2. *Como base de cotización independiente*

No obstante lo anterior y al efecto de incrementar los recursos de la Seguridad Social, esa misma remuneración que el trabajador percibe en concepto de horas extraordinarias está sujeta también a una cotización adicional que no será computable a efectos de determinar la base reguladora de las prestaciones; cotización que será distinta según que las horas extraordinarias estén realizadas por razones de fuerza mayor o que no tengan esa consideración.

A estos efectos, se consideran como horas extraordinarias por fuerza mayor aquellas cuya realización está motivada por un acontecimiento extraordinario debido a causas ajenas al propio círculo y control de la actividad empresarial: incendio, inundación, explosión, etc.

Se entiende por horas extraordinarias estructurales las pactadas como tales en convenio colectivo y que sean necesarias por pedidos imprevistos, períodos punta de producción, ausencias imprevistas, cambios de turno u otras circunstancias de carácter estructural derivadas de la naturaleza de la actividad de que se trate.

Las restantes horas extraordinarias que no están definidas y pactadas como horas estructurales, ni están motivadas por un supuesto de fuerza mayor, son las denominadas horas extraordinarias normales, habituales u ordinarias.

La cotización adicional por horas extraordinarias, sea cual sea su naturaleza, se efectuará sobre la totalidad de las remuneraciones que se abonen por tal concepto sin sujeción a tope alguno.

6.6. En el supuesto de abono de salarios con efecto retroactivo

Cuando en virtud de disposición legal, convenio colectivo, acto de conciliación, sentencia judicial o mediante otro título, se abonen a los trabajadores salarios con carácter retroactivo, el ingreso de las liquidaciones de cuotas que han de efectuarse a la Seguridad Social, desempleo, Fondo de Garantía Salarial y formación profesional, como consecuencia de los mismos, se realizará mediante la correspondiente liquidación complementaria, a cuyo fin se tomarán las bases, topes, tipos y condiciones vigentes en los meses a que los citados salarios con efecto retroactivo correspondan.

De igual forma se liquidarán aquellas gratificaciones que no puedan ser objeto de cuantificación anticipada total o parcialmente, a efectos del prorrateo, a cuyo fin las empresas deberán formalizar una liquidación complementaria por las diferencias de cotización relativas a los meses del año ya transcurridos, e incrementar, en la parte que corresponda, las cotizaciones pendientes de ingresar durante el año.

6.7. En el supuesto de comisiones percibidas por períodos superiores al mensual

La cotización por las retribuciones que perciben por comisiones por períodos superiores al mensual (y que no pueden ser objeto de cuantificación anticipada) debe efectuarse aplicando las normas generales, mediante una liquidación complementaria por las diferencias de cotización relativas a tales comisiones, calculándose conforme a las bases, topes y tipos vigentes en los meses del período correspondiente de ingresarse en el mes siguiente al de su abono, sin que quepa recargo alguno en las cotizaciones ingresadas.

6.8. En el supuesto de abono de vacaciones no disfrutadas

Las percepciones correspondientes a vacaciones anuales devengadas y no disfrutadas y que sean retribuidas a la finalización de la relación laboral serán objeto de liquidación y cotización complementaria a la del mes de la extinción del contrato. La liquidación y cotización complementaria comprenderán los días de duración de las vacaciones, aun cuando alcancen también el siguiente mes natural o se inicie una nueva relación laboral durante los mismos, sin prorrateo alguno y con aplicación, en su caso, del tope máximo de cotización correspondiente al mes o meses que resulten afectados.

No obstante lo anterior, serán aplicables las normas generales de cotización cuando, mediante ley o en ejecución de la misma, se establezca que la remuneración del trabajador debe incluir, conjuntamente con el salario, la parte proporcional correspondiente a las vacaciones devengadas (trabajadores eventuales).

6.9. En el supuesto de percepción de pagas extraordinarias

A las retribuciones computables para el cálculo de las bases de cotización mensuales por las diversas contingencias se añade la parte proporcional de las gratificaciones extraordinarias establecidas y de aquellos otros conceptos retributivos que tengan una periodicidad en su devengo superior a la mensual o que no tengan carácter periódico y se satisfagan dentro del año. A tal efecto, el importe anual estimado de dichas gratificaciones extraordinarias y demás conceptos retributivos se dividirá por 365 o 366, el cociente que resulte se multiplicará por el número de días que comprenda el período de cotización de cada mes.

En el caso de que la retribución que corresponda al trabajador tenga el carácter de mensual, el indicado importe anual se dividirá por 12.

En consecuencia, como mensualmente ya se efectúa el prorrateo y cotización correspondiente a las referidas pagas extraordinarias, en el momento del devengo de las mismas no se efectuará deducción alguna por el concepto de cuotas a la Seguridad Social.

6.10. En el supuesto de contrato a tiempo parcial

El trabajador se entiende contratado a tiempo parcial cuando preste sus servicios durante un determinado número de horas al día, a la semana, al mes o al año, inferior a la jornada a tiempo completo vigente en la empresa.

La cotización a la Seguridad Social y las demás aportaciones que se recauden conjuntamente con ésta, se efectuará en razón de las retribuciones efectivamente percibidas en función de las horas trabajadas, tanto ordinarias como complementarias, en el mes de que se trate.

Para determinar la base de cotización correspondiente a cada mes se seguirán las siguientes reglas:

a) *Base para contingencias comunes*

- Se computarán las retribuciones devengadas por las horas ordinarias y complementarias en el mes a que se refiere la cotización, cualquiera que sea su forma o denominación, con independencia de que hayan sido satisfechas diaria, semanal o mensualmente.
- A dichas retribuciones se adicionará la parte proporcional que corresponda en concepto de domingos y festivos, pagas extraordinarias y aquellos otros conceptos retributivos que tengan una periodicidad en su devengo superior a la mensual o que no tengan carácter periódico.

— Si la base de cotización mensual calculada conforme a las normas anteriores fuese inferior a las bases mínimas o superior a las máximas establecidas con carácter general para los distintos grupos de categorías profesionales se tomarán éstas o aquéllas, respectivamente, como bases de cotización.
— La base mínima mensual de cotización será el resultado de multiplicar el número de horas realmente trabajadas por la base horaria establecida.
— A los efectos de las operaciones indicadas anteriormente, se computarán como horas efectivamente trabajadas las correspondientes al tiempo de descanso computable como de trabajo, que corresponda al descanso semanal y festivos.
— Conforme a lo dispuesto en la Ley de Presupuestos para 2023, las bases mínimas de cotización se incrementan desde el 1 de enero de 2023, y respecto de las vigentes en 31 de diciembre de 2022, en el mismo porcentaje en que aumenta el salario mínimo interprofesional, esto es, 8%.
A partir del 1 de enero del año 2023 las bases mínimas de cotización, aplicables a los contratos de trabajo a tiempo parcial, son las siguientes:

Grupo de cotización	Categorías profesionales	Base mínima por hora (euros)
1	Ingenieros, licenciados y alta dirección	10,61
2	Ingenieros técnicos, peritos y ayudantes titulados	8,79
3	Jefes administrativos y de taller	7,65
4	Ayudantes no titulados	7,59
5	Oficiales administrativos	7,59
6	Subalternos	7,59
7	Auxiliares administrativos	7,59
8	Oficiales de 1.ª y 2.ª	7,59
9	Oficiales de 3.ª y especialistas	7,59
10	Peones	7,59
11	Trabajadores menores de 18 años	7,59

b) *Base para contingencias profesionales (AT y EP)*

Para determinar la base de cotización por las contingencias de accidentes de trabajo y enfermedades profesionales, así como para desempleo, Fondo de Garantía Salarial y formación profesional se aplican las mismas reglas que para las contingencias comunes incluyendo como concepto computable las horas extraordinarias motivadas por fuerza mayor, y sin que, en ningún caso, la base así obtenida pueda ser superior al tope máximo (4.495,50 euros/mes), ni inferior a la cuantía de 7,59 euros por cada hora trabajada.

Con independencia de su inclusión en la base de cotización por desempleo, en el cálculo de la base reguladora de la prestación se excluirá la retribución por estas horas extraordinarias.

c) *Base en caso de incapacidad temporal, riesgo durante el embarazo, riesgo durante la lactancia natural y nacimiento y cuidado de menor*

Durante la situación de incapacidad temporal, riesgo durante el embarazo o durante la lactancia natural o de disfrute de los períodos de descanso por nacimiento y cuidado de menor, la base diaria de cotización, que se aplicará mientras dure la situación de que se trate, es la base reguladora diaria de la correspondiente prestación.

Así, la base reguladora diaria de la prestación por:

— Incapacidad temporal: es el resultado de dividir la suma de las bases de cotización a tiempo parcial acreditadas desde la última alta laboral, con un máximo de 3 meses inmediatamente anteriores al del inicio de esa situación, entre el número de días naturales comprendidos en el período.

— Nacimiento y cuidado de menor: es el resultado de dividir la suma de las bases de cotización acreditadas en la empresa durante el año anterior a la fecha de inicio de la situación, entre 365 o 366.
De ser menor la antigüedad en la empresa, debe dividirse la suma de las bases de cotización acreditadas entre el número de días naturales a que éstas correspondan.
— Riesgo durante el embarazo, riesgo durante la lactancia: es el resultado de dividir la suma de las bases de cotización a tiempo parcial acreditadas desde la última alta laboral, con un máximo de 3 meses inmediatamente anteriores al inicio de la situación, entre el número de días naturales comprendidos en el período.

d) *Base en caso de pluriempleo*

Cuando el trabajador preste sus servicios en dos o más empresas en régimen de contratación a tiempo parcial, cada una de ellas cotizará en razón de las retribuciones percibidas por aquél. Si la suma sobrepasase el tope máximo de cotización a la Seguridad Social se distribuirá en esta misma proporción.

e) *Base en caso de trabajo concentrado en períodos inferiores a los de alta*

Cuando los trabajadores con contrato a tiempo parcial hayan acordado con su empresa que la totalidad de las horas de trabajo que anualmente deben realizar se presten en determinados períodos de cada año, percibiendo todas las remuneraciones anuales o las correspondientes al período inferior de que se trate, en esos períodos de trabajo concentrado, existiendo períodos de inactividad superiores al mensual, además de permanecer en alta en la Seguridad Social y mientras no se extinga su relación laboral, subsistirá la obligación de cotizar conforme a las siguientes reglas:

— La base de cotización se determinará al celebrarse el contrato de trabajo y al inicio de cada año en que el trabajador se encuentre en dicha situación, computando el importe total de las remuneraciones que tenga derecho a percibir el trabajador a tiempo parcial en ese año.
— El importe así obtenido se prorrateará entre los 12 meses del año o del período inferior de que se trate, determinándose de ese modo la cuantía de la base de cotización correspondiente a cada uno de los mismos y con independencia de que las remuneraciones se perciban íntegramente en los períodos de trabajo concentrado o de forma prorrateada a lo largo del año o período inferior respectivo.
— La base mensual de cotización no podrá ser inferior al importe de la base mínima de cotización vigente en cada momento para los contratos de trabajo a tiempo parcial.
— Si al final del ejercicio o período inferior de que se trate el trabajador con contrato a tiempo parcial, subsistiendo su relación laboral, hubiere percibido remuneraciones por importe distinto al inicialmente considerado en ese año o período para determinar la base mensual de cotización durante el mismo, se procederá a realizar la correspondiente regularización.

6.11. En el supuesto de contrato de relevo

Tanto las bases de cotización del trabajador jubilado parcialmente como las del posible trabajador relevista que le sustituye en la parte de jornada dejada vacante se calculan como las de los trabajadores a tiempo parcial.

No obstante, cuando el contrato de relevo se celebra a tiempo completo no le son de aplicación las reglas relativas a los contratos a tiempo parcial.

6.12. En el supuesto de jornada reducida por guarda legal o cuidado directo de un familiar

Quien por razones de guarda legal tenga a su cuidado directo algún menor de 12 años o a un discapacitado físico, psíquico o sensorial, que no desempeñe una actividad retribuida, tendrá derecho a una reducción en la jornada de trabajo, con la disminución proporcional del salario, entre, al menos, un tercio y un máximo de la mitad de la duración de aquélla.

Tendrá el mismo derecho quien precise encargarse del cuidado directo de un familiar, hasta el 2.º grado de consanguinidad o afinidad (hijos, nietos, padres, abuelos y hermanos, del trabajador o de su cónyuge), que por razones de edad, accidente o enfermedad no pueda valerse por sí mismo, y que no desempeñe actividad retribuida.

En estos casos, la cotización se efectuará en función de las retribuciones que perciban sin que, en ningún caso, aquélla sea inferior a la cantidad resultante de multiplicar las horas realmente trabajadas en el mes a que se refiere la cotización por las bases mínimas horarias señaladas para los contratos a tiempo parcial.

6.13. En el supuesto de jornada reducida por violencia sexual, violencia de género o terrorismo

La trabajadora víctima de violencia de género, de violencia sexual o de terrorismo tiene derecho a la reducción de la jornada de trabajo con disminución proporcional del salario.

La base de cotización se determina en función de las retribuciones percibidas sin que, en ningún caso, pueda ser inferior a la cantidad resultante de multiplicar las horas realmente trabajadas en el mes por las bases mínimas horarias aplicables a los contratos de trabajo a tiempo parcial.

6.14. En el supuesto de reducción temporal de jornada o suspensión temporal del contrato en expediente de regulación temporal de empleo, procedimiento concursal o mecanismo RED

Para determinar la aportación del trabajador, la base de cotización será:

— Cuando se cause derecho a la prestación por desempleo, el equivalente al promedio de las bases de cotización, por contingencias comunes y profesionales, de los últimos 6 meses de ocupación cotizada anteriores.
— Cuando se cause derecho a la prestación del Mecanismo RED, el promedio de las bases de cotización por contingencias profesionales correspondientes a los 180 días inmediatamente anteriores a la fecha de inicio de aplicación de la medida. Si no se acreditan 180 días de ocupación cotizada, la base de cotización se calculará en función de las bases del período inferior acreditado.

Para determinar la aportación empresarial, la base de cotización será el equivalente al promedio de todas las bases de cotización, por contingencias comunes y profesionales, de los últimos 6 meses de ocupación cotizada anteriores al inicio de la situación o situaciones ininterrumpidas y sucesivas de reducción de jornada y suspensión del contrato.

6.15. En el supuesto de contrato de formación en alternancia

La base de cotización es la calculada con las reglas establecidas en el Régimen correspondiente. No obstante, a efecto de prestaciones cuando la base así determinada es inferior a la base mínima mensual de cotización en el Régimen general se toma esta.

6.16. En el supuesto de contrato para la obtención de práctica profesional

La base de cotización está constituida por el importe del salario realmente percibido de conformidad con lo establecido en el convenio colectivo, o en su defecto la del grupo profesional y nivel retributivo correspondiente a las funciones desempeñadas, teniendo en cuanta que no puede ser inferior a la establecida para el contrato para la formación en alternancia ni al salario mínimo interprofesional en proporción al tiempo de trabajo efectivo.

6.17. En el supuesto de huelga parcial

En los supuestos de huelga, en los que el trabajador mantenga parte de su actividad laboral en la jornada, se cotizará por los salarios realmente percibidos aun cuando su importe resulte inferior a la base mínima de cotización para la categoría profesional de que se trate aplicando, en todo caso, la base mínima prevista por hora de trabajo para los trabajadores a tiempo parcial.

6.18. En el supuesto de abono de salarios de tramitación

Para la liquidación complementaria de los salarios dejados de percibir por el trabajador en los procesos por despido o extinción del contrato por causas objetivas, que el empresario está obligado a cotizar, se tomarán las bases, tipos y condiciones vigentes en los meses a que los citados salarios correspondan.

6.19. En el supuesto de cumplimiento de deberes de carácter público o desempeño de representación sindical, siempre que no den lugar a la excedencia forzosa

En estas situaciones, dado que permanece la obligación de cotizar, aun cuando el trabajador no perciba retribuciones computables, se toma como base de cotización la mínima correspondiente al grupo de su categoría profesional para contingencias generales, y el tope mínimo para accidentes de trabajo y enfermedades profesionales y demás cuotas asimiladas.

6.20. En el supuesto de investigador en formación

La base de cotización de los becarios e investigadores, incluidos en el Estatuto del personal investigador en formación, está constituida por la base mínima de cotización vigente en cada momento para el grupo de cotización 1.

7. **Casos prácticos**

7.1. Bases de cotización

Planteamiento

Se trata de calcular las bases de cotización del mes de julio de 2023 de un trabajador cuya categoría profesional es la de ingeniero, grupo 1 de cotización a la Seguridad Social, que tiene reconocidas las siguientes retribuciones:

—Salario base: 1.200 euros.
—Antigüedad: 60 euros.
—Incentivo: 240 euros.
—Plus de distancia: 144 euros.

También tiene derecho a 2 pagas extraordinarias de 1.260 euros cada una de ellas.

Además de las retribuciones dinerarias, el trabajador tiene pactadas las siguientes retribuciones en especie:

- Disfrute gratuito de una vivienda propiedad de la empresa, cuyo valor catastral asciende a 27.045 euros.
- Uso gratuito de vehículo de la empresa, cuyo coste total de adquisición ascendió a 12.020 euros.

Juntamente con las anteriores retribuciones fijas, contractualmente reconocidas, el trabajador percibe durante el mes de julio las siguientes cantidades:

- 210 euros en concepto de compensación por la adquisición de una prenda de trabajo.
- 180 euros de comisiones devengadas en el mes.
- 950 euros por la realización de horas extraordinarias.
- 175 euros por gastos de locomoción ocasionados por desplazamiento a lugar de trabajo situado en municipio distinto del habitual, con un recorrido total de 600 kilómetros, no justificando el trabajador la cuantía real de los gastos ocasionados.
- 225 euros por gastos de manutención debidamente justificados, correspondientes a 6 días de desplazamientos a lugar de trabajo distinto del habitual, sin necesidad de pernocta, dentro del territorio nacional.

Finalmente, el trabajador ha adquirido, durante el referido mes de julio, productos de su empresa valorados en 600 euros, habiendo obtenido un descuento del 30%.

Solución

1. Base de cotización por contingencias comunes

Se integra por los siguientes conceptos e importes:

— Salario base	1.200,00 euros
— Antigüedad	60,00 euros
— Incentivo	240,00 euros
— Plus de distancia	144,00 euros
— Prorrata de pagas extraordinarias (1.260 euros × 2 pagas): 12 meses	210,00 euros
— Salario en especie (vivienda) (10% × 27.045 euros): 12 meses	225,38 euros
— Salario en especie (vehículo) (20% × 12.020 euros): 12 meses	200,33 euros
— Compensación prenda de trabajo	210,00 euros
— Comisiones	180,00 euros
— Gastos de locomoción 175 euros – 114 euros (0,19 euros/km × 600 km)	61,00 euros
— Gastos de manutención 225 euros – 160,02 euros (26,67 euros × 6 días)	64,98 euros
— Descuento productos empresa 180 euros (30% s/600 euros)	180,00 euros
	2.975,69 euros

La referida cuantía de 2.975,69 euros no supera la cifra de 4.495,50 euros, que constituye la base máxima de cotización establecida para el grupo 1 de cotización. En consecuencia, es la referida cifra de 2.975,69 euros la que habrá de tenerse en cuenta como base de cotización.

2. Base de cotización por contingencias profesionales (AT y EP)

Al importe total (2.975,69 euros) de los conceptos salariales tenidos en cuenta para calcular la base de cotización por contingencias comunes, habrá que añadir el importe de las horas extraordinarias (950 euros) que fue excluido en el cálculo de la referida base.

Según esto:

2.975,69 euros + 950 euros = 3.925,69 euros

Aquí los 3.925,69 euros resultantes no superan el tope máximo establecido para esta clase de contingencias; tope que coincide con la base máxima del grupo 1 de cotización (4.495,50 euros). En consecuencia, es aquella la que habrá de tenerse en cuenta como definitiva base de cotización.

3. Base de cotización por desempleo, Fondo de Garantía Salarial y formación profesional

La base de cotización es la misma que para AT y EP; es decir, 3.925,69 euros.

4. Base para cotización adicional por horas extraordinarias

La base de cotización está constituida por su importe; es decir, 950 euros.

5. Base para cotización adicional por el mecanismo de equidad intergeneracional

La base de cotización es la misma que por contingencias comunes, esto es, 2.975,69 euros.

7.2. Bases de cotización en caso de comisiones percibidas por períodos superiores al mensual

Planteamiento

Un trabajador cuya categoría profesional es la de representante de comercio, grupo 5 de cotización a la Seguridad Social, tiene reconocidas las siguientes retribuciones fijas:

— Salario base: 2.000 euros mensuales.
— 3 pagas extraordinarias de 2.000 euros cada una de ellas.

El trabajador también percibe comisiones cuyo importe, por ser de devengo trimestral, no conoce hasta el mes de marzo. Su cuantía asciende a 3.900 euros.

Se trata de calcular las bases de cotización que, en función de las retribuciones que se mencionan, corresponden a los meses de enero, febrero y marzo del año 2023.

Solución

1. *Bases de cotización de los meses de enero y febrero*

a) *Para contingencias comunes*

Se integra por los siguientes conceptos e importes:

- Salario base........................ 2.000,00 euros
- Prorrata pagas extraordinarias:

$$\frac{2.000 \times 3}{12} = \ldots\ldots\ldots\ldots\ 500,00 \text{ euros}$$

2.500,00 euros

No procede incluir importe alguno en concepto de comisiones dado que su cuantía no se conoce hasta el mes de marzo, por ser un concepto retributivo que hemos supuesto de devengo trimestral.

Así pues la cuantía resultante de 2.500 euros, al ser inferior a la base máxima de su grupo de cotización (4.495,50 euros) y superior a su base mínima (1.260 euros), constituye la base de cotización por estas contingencias.

b) *Para contingencias profesionales (AT y EP)*

Los 2.500 euros constituyen también la base de cotización para contingencias profesionales ya que, al no existir horas extraordinarias, las retribuciones computables son las mismas que las tenidas en cuenta para calcular la base de cotización por contingencias comunes. Además, cumplen la condición de estar comprendidos entre el tope mínimo (1.260 euros) y el máximo (4.495,50 euros) de cotización por esta clase de contingencias.

c) *Para desempleo, Fondo de Garantía Salarial y formación profesional*

La base de cotización es la misma que la de AT y EP: 2.500 euros.

2. *Bases de cotización del mes de marzo*

a) *Para contingencias comunes*

Se integra por los siguientes conceptos e importes:

- Salario base...................... 2.000,00 euros
- Prorrata pagas extraordinarias:

$$\frac{2.000 \times 3}{12} = \text{....................} \quad 500,00 \text{ euros}$$

- Prorrata comisiones trimestrales:

$$\frac{3.900}{3} = \text{.......................} \quad 1.300,00 \text{ euros}$$

3.800,00 euros

Obsérvese que el prorrateo del importe de las comisiones, entre los 3 meses en que se han generado, se efectúa en este mes; que es el mes en que definitivamente se conoce su cuantía.

b) *Para contingencias profesionales (AT y EP)*

Los 3.800 euros constituyen también la base de cotización para contingencias profesionales ya que, al no existir horas extraordinarias, las retribuciones computables son las mismas que las tenidas en cuenta para calcular la base de cotización por contingencias comunes. Además, cumplen la condición de estar comprendidos entre el tope mínimo (1.260 euros) y el máximo (4.495,50 euros) de cotización por esta clase de contingencias.

c) *Para desempleo, Fondo de Garantía Salarial y formación profesional*

La base de cotización es la misma que la de AT y EP: 3.800 euros.

3. *Liquidación complementaria por los meses de enero y febrero*

Dado que, en el supuesto planteado, las comisiones no han podido ser objeto de una cuantificación anticipada y, por consiguiente, no ha sido posible cotizar por este concepto durante los meses de enero y febrero se hace obligatoria una liquidación complementaria, por cada uno de esos dos meses, por las diferencias de cotización relativas a tales comisiones.

A este respecto, ha de tenerse en cuenta que las retribuciones fijas percibidas anteriormente más la cuantía prorrateada de las comisiones no deberá sobrepasar la base máxima de cotización mensual (4.495,50 euros). Es decir:

2.5000 euros (conceptos fijos cotizados) + 1.300 euros (prorrateo de comisiones) = 3.800 euros; cuantía ésta que no excede de la base máxima de cotización (4.495,50 euros), y que constituye la base de cotización definitiva para todas las contingencias.

Así pues, la liquidación complementaria por las diferencias relativas a los meses de enero y febrero sería de la siguiente cuantía:

$$\frac{3.900 \text{ euros}}{3} = 1.300 \text{ euros; } 1.300 \text{ euros} \times 2 \text{ meses} = 2.600 \text{ euros.}$$

7.3. Base mínima de cotización en trabajo a tiempo parcial

Planteamiento

Se trata de saber cuál es la base mínima de cotización, correspondiente al mes de abril de 2023, de un auxiliar administrativo, grupo 7 de cotización, con contrato a tiempo parcial, cuya jornada laboral es de 5 horas diarias, que realiza durante todos los lunes, miércoles y viernes. La jornada habitual de la empresa en la que presta sus servicios es de 8 horas diarias, de lunes a viernes.

Solución

El importe de la base de cotización en el trabajo a tiempo parcial no puede ser inferior a la base mínima mensual, resultante de multiplicar el número de horas realmente trabajadas por la base mínima horaria que se establece anualmente para el grupo de cotización que corresponde a la categoría profesional del trabajador (7,59 euros/hora, para el grupo 7, en el año 2023).

A efectos de determinar el número mensual de horas que corresponde computar, se consideran como horas remunerables, además de las horas ordinarias de trabajo efectivo, las referidas al tiempo de descanso computable como de trabajo, que corresponda al descanso semanal y a días festivos.

El número total de horas a tener en cuenta, en el supuesto que se plantea, es el resultante de las operaciones siguientes:

a) *Horas ordinarias de trabajo*

5 horas/día × 12 días (lunes, miércoles y viernes de abril) = 60 horas.

b) *Horas de descanso computables como de trabajo*

La jornada semanal de 15 horas (5 horas/día × 3 días), realizada por el trabajador, ha de ser puesta en relación con la jornada de 40 horas semanales habitual en la empresa. Resultando la siguiente proporción:

40 horas 100
15 horas X

$$X = \frac{15 \text{ horas} \times 100}{40 \text{ horas}} = 37{,}5\%$$

Aplicada esta proporción del 37,5% sobre las 8 horas de duración de la jornada diaria habitual en la empresa, obtendremos el número de horas, computable como de trabajo, que corresponde por cada día de descanso:

8 horas × 37,5% = 3 horas/día.
3 horas/día × 10 días (sábados y domingos de abril) = 30 horas.

c) *Total de horas del mes*

60 horas (ordinarias) + 30 horas (de descanso) = 90 horas remunerables.

La base de cotización correspondiente a esas 90 horas computables en el mes, no puede ser inferior al resultado de multiplicar el número de horas efectivamente trabajadas por la base mínima de cotización por hora:

60 horas × 7,59 euros/hora = 455,40 euros

7.4. Base de cotización en trabajo a tiempo parcial con jornada anual concentrada

Planteamiento

Se trata de calcular la base de cotización del mes de enero de 2023 de un trabajador a tiempo parcial cuya categoría profesional es la de auxiliar administrativo, grupo 7 de cotización a la Seguridad Social, que tiene reconocidas las siguientes retribuciones mensuales:

— Salario base: 600 euros.
— Antigüedad: 30 euros.
— Incentivos: 120 euros.

También tiene derecho a 2 pagas extraordinarias de 630 euros cada una de ellas.

La duración del contrato es indefinida, siendo la jornada laboral pactada de 912 horas anuales, que habrán de ser realizadas, de modo concentrado, durante los meses de enero a marzo y de octubre a diciembre.

Solución

En los contratos de trabajo a tiempo parcial con jornada concentrada subsiste la obligación de mantener el alta del trabajador, así como la cotización durante toda la vigencia del contrato.

En el supuesto planteado, siendo la vigencia del contrato de 12 meses por tratarse de contrato indefinido, la base de cotización se determinará al inicio del año, computando el total de las remuneraciones que se supone ha de percibir el trabajador durante el mismo. Este importe se prorrateará a lo largo de los 12 meses, constituyendo el importe resultante la base de cotización mensual; importe que no podrá ser inferior a la base mínima del contrato a tiempo parcial.

El cálculo de la base de cotización se efectuará, pues, del siguiente modo:

a) *Retribución anual computable*

— Salario base:	600 euros × 12 meses =	7.200 euros
— Antigüedad:	30 euros × 12 meses =	360 euros
— Incentivo:	120 euros × 12 meses =	1.440 euros
— Pagas extras:	630 euros × 2 pagas =	1.260 euros
		10.260 euros

b) *Prorrateo mensual según vigencia del contrato*

$$\frac{10.260 \text{ euros}}{12 \text{ meses}} = 855 \text{ euros.}$$

Los 855 euros están comprendidos entre las bases de su grupo 7 de cotización, mínima, 576,84 euros/mes (7,59 euros/hora × 912 horas ÷ 12 meses), y máxima, 4.495,50 euros/mes, que, por tratarse de un contrato a tiempo parcial, le corresponde. Y, en consecuencia, constituye la base de cotización por la que habrá que cotizar durante todos los meses en los que el contrato de trabajo permanezca vigente, y con independencia de que se trate, o no, de período de actividad.

c) *Regularización*

En el supuesto de que las retribuciones anuales computables en la base de cotización a la Seguridad Social que perciba el trabajador durante toda la vigencia del contrato de trabajo no coincidan con el importe previsto, deberá realizarse una regularización de la cotización efectuada durante aquélla.

Así, si el importe a computar fuese superior deberá realizarse una liquidación complementaria por tales diferencias, liquidación que deberá abonarse en este supuesto durante el mes de enero de 2024.

Si, por el contrario, las remuneraciones anuales computables fuesen inferiores al importe previsto, el empresario podrá solicitar la correspondiente devolución de ingresos indebidos.

8. Cuadro de conceptos incluidos en la base de cotización

<table>
<tr><th colspan="5">CONCEPTOS INCLUIDOS EN LA BASE DE COTIZACIÓN</th></tr>
<tr><th colspan="4">CONCEPTO</th><th>IMPORTE COMPUTABLE</th></tr>
<tr><td rowspan="15">RETRIBUCIONES EN ESPECIE
— Por norma, convenio colectivo o contrato de trabajo
— Para fines particulares</td><td colspan="3">VIVIENDA</td><td>5 o 10% del valor catastral, en función de que el valor catastral haya entrado en vigor después o no del 1 de enero de 1994.
Si no hay valor catastral; 5% del 50% del mayor valor entre el comprobado por la Administración a efectos de otros tributos y el precio o valor de adquisición.</td></tr>
<tr><td rowspan="4">VEHÍCULO</td><td colspan="2">Entrega</td><td>Coste de adquisición empresario, incluidos tributos</td></tr>
<tr><td rowspan="2">Uso</td><td>Propiedad empresa</td><td>20% anual coste adquisición</td></tr>
<tr><td>No propiedad empresa</td><td>20% anual valor mercado vehículo nuevo</td></tr>
<tr><td colspan="2">Uso y posterior entrega</td><td>Valor del mercado resultante del uso anterior</td></tr>
<tr><td colspan="3">PRÉSTAMOS con tipo de interés inferior al legal del dinero</td><td>Diferencia entre ambos tipos de interés</td></tr>
<tr><td colspan="3">MANUTENCIÓN, VIAJES TURISMO Y SIMILARES</td><td>Coste para el empresario, incluidos tributos</td></tr>
<tr><td colspan="3">PRIMAS de contrato de seguro</td><td>Coste para el empresario, incluidos tributos</td></tr>
<tr><td colspan="3">CONTRIBUCIONES planes de pensiones o sistemas de previsión social alternativos a planes de pensiones</td><td>Importe satisfecho por los promotores</td></tr>
<tr><td colspan="3">GASTOS ESTUDIOS Y MANUTENCIÓN (incluidos familiares) excepto estudios exigidos por el trabajo</td><td>Coste para el empresario, incluidos tributos</td></tr>
<tr><td colspan="3">DERECHOS ESPECIALES contenido económico que se reserven los promotores de una sociedad como remuneración (% sobre beneficios sociedad)</td><td>Mínimo 35% valor equivalente del capital social que permita la misma participación en los beneficios</td></tr>
<tr><td rowspan="5">OTROS</td><td rowspan="2">PLAZA GARAJE</td><td>Propiedad empresa</td><td>Valor del mercado</td></tr>
<tr><td>Alquiler</td><td>Coste para el empresario</td></tr>
<tr><td colspan="2">BOLSA DE NAVIDAD</td><td>Coste para el empresario</td></tr>
<tr><td colspan="2">JUGUETES</td><td>Coste para el empresario</td></tr>
<tr><td colspan="2">ETC.</td><td>Coste para el empresario</td></tr>
<tr><td rowspan="5">ASIGNACIONES ASISTENCIALES</td><td colspan="3">UTILIZACIÓN BIENES DESTINADOS A SERVICIOS SOCIALES Y CULTURALES</td><td>Importe íntegro</td></tr>
<tr><td colspan="3">ENTREGA PRODUCTOS A PRECIOS REBAJADOS (cantinas, comedores empresas, economatos, fórmulas indirectas servicio comedor)</td><td>Importe íntegro</td></tr>
<tr><td colspan="3">ENTREGA GRATUITA O A PRECIO INFERIOR AL DE MERCADO DE ACCIONES O PARTICIPACIONES DE LA EMPRESA O EMPRESAS DEL GRUPO</td><td>Importe íntegro</td></tr>
<tr><td colspan="3">PRIMAS DE CONTRATO DE SEGURO DE A.T., E.P. O RESPONSABILIDAD CIVIL DEL TRABAJADOR</td><td>Importe íntegro</td></tr>
<tr><td colspan="3">PRIMAS DE CONTRATO DE SEGURO PARA ENFERMEDAD COMÚN TRABAJADOR (más cónyuge y descendiente)</td><td>Importe íntegro</td></tr>
<tr><td colspan="4">QUEBRANTO DE MONEDA, DESGASTE ÚTILES Y HERRAMIENTAS, ADQUISICIÓN Y MANTENIMIENTO DE ROPA TRABAJO</td><td>Importe íntegro</td></tr>
<tr><td colspan="4">PERCEPCIONES POR MATRIMONIO</td><td>Importe íntegro</td></tr>
<tr><td colspan="4">DONACIONES PROMOCIONALES</td><td>Importe íntegro</td></tr>
<tr><td colspan="4">PLUSES DE TRANSPORTE Y DE DISTANCIA</td><td>Importe íntegro</td></tr>
<tr><td colspan="4">MEJORA DE LAS PRESTACIONES DE LA SEGURIDAD SOCIAL DISTINTAS DE LA DE INCAPACIDAD TEMPORAL (contribuciones a planes de pensiones o sistemas de previsión social alternativos a planes de pensiones, etc.)</td><td>Importe íntegro</td></tr>
</table>

9. Cuadro de conceptos excluidos en la base de cotización

<table>
<tr><th colspan="6">CONCEPTOS EXCLUIDOS BASE DE COTIZACIÓN</th></tr>
<tr><th colspan="4">CONCEPTO</th><th>IMPORTE EXENTO</th><th>IMPORTE COMPUTABLE</th></tr>
<tr><td rowspan="7">GASTOS DE ESTANCIA Y MANUTENCIÓN
(Dietas)</td><td colspan="3">Gastos de estancia</td><td>Importe justificado</td><td>—</td></tr>
<tr><td rowspan="6">Gastos de manutención</td><td rowspan="2">Pernocta</td><td>En España</td><td>53,34 euros/día</td><td rowspan="6">El exceso de tales cantidades</td></tr>
<tr><td>Extranjero</td><td>91,35 euros/día</td></tr>
<tr><td rowspan="4">No pernocta</td><td>En España</td><td>26,67 euros/día</td></tr>
<tr><td>Extranjero</td><td>48,08 euros/día</td></tr>
<tr><td>Personal de vuelo — En España</td><td>36,06 euros/día</td></tr>
<tr><td>Personal de vuelo — Extranjero</td><td>66,11 euros/día</td></tr>
<tr><td rowspan="2">GASTOS DE LOCOMOCIÓN</td><td colspan="3">Según factura o documento equivalente (transporte público)</td><td>Importe gasto justificado</td><td>—</td></tr>
<tr><td colspan="3">Remuneración global (sin justificación importe)</td><td>0,19 euros/km recorrido más gastos de peaje y aparcamientos justificados</td><td>El exceso de dicho importe</td></tr>
<tr><td colspan="4">INDEMNIZACIONES POR FALLECIMIENTO, TRASLADOS Y SUSPENSIONES</td><td>Cuantía máxima prevista en norma sectorial o convenio colectivo aplicable</td><td>El exceso</td></tr>
<tr><td colspan="4" rowspan="2">INDEMNIZACIONES POR DESPIDO O CESE</td><td>Cuantía establecida en el Estatuto de los Trabajadores, normativa de desarrollo o reguladora de la ejecución de sentencias</td><td>El exceso</td></tr>
<tr><td>Cuantía que hubiera correspondido de haberse declarado improcedente el despido</td><td>El exceso</td></tr>
<tr><td colspan="4">PRESTACIONES DE LA SEGURIDAD SOCIAL</td><td>Importe</td><td>—</td></tr>
<tr><td colspan="4">MEJORAS DE LAS PRESTACIONES POR INCAPACIDAD TEMPORAL</td><td>Importe</td><td>—</td></tr>
<tr><td colspan="4">GASTOS DE ESTUDIOS DIRIGIDOS A LA ACTUALIZACIÓN, CAPACITACIÓN O RECICLAJE EXIGIDOS POR EL TRABAJO</td><td>Importe</td><td>—</td></tr>
</table>

Capítulo VIII

Tipos de cotización

El tipo de cotización es un porcentaje que se aplica sobre la base de cotización para obtener la cuota líquida a ingresar en la Seguridad Social.

El tipo de cotización, que es único para todo el ámbito de cobertura del Régimen general, así como su distribución entre las distintas contingencias, y la aportación de empresas y trabajadores, es fijado anualmente por el Gobierno.

1. **Tipo para contingencias comunes**

El tipo de cotización por estas contingencias se ha fijado, para el año 2023, en el 28,30%, del que el 23,60% es a cargo de la empresa y el 4,70% a cargo del trabajador.

2. **Tipo para desempleo**

A partir del 1 de enero del año 2023, los tipos de cotización son los siguientes:

a) Contratación indefinida, incluidos los contratos indefinidos a tiempo parcial y fijos discontinuos, así como la contratación de duración determinada en las modalidades de contratos formativos, de formación en alternancia y para la obtención de práctica profesional, de relevo, de sustitución o cualesquiera otros celebrados con una persona con discapacidad: el 7,05%, del que el 5,50% es a cargo del empresario y el 1,55% a cargo del trabajador.

b) Contratación de duración determinada:

— Contratación de duración determinada a tiempo completo: 8,30%, del que el 6,70% es a cargo del empresario y el 1,60% a cargo del trabajador.

— Contratación de duración determinada a tiempo parcial: 8,30%, del que el 6,70% es a cargo del empresario y el 1,60% a cargo del trabajador.

3. **Tipo para el Fondo de Garantía Salarial**

El tipo aplicable, durante el año 2023, es del 0,20%, siendo íntegramente a cargo de la empresa.

4. Tipo para formación profesional

El tipo es del 0,70%, para el año 2023, siendo un 0,60% a cargo de la empresa y un 0,10% a cargo del trabajador.

5. Tipo para horas extraordinarias

Están sujetas a una cotización adicional que no es computable a efectos de determinar la base reguladora de las prestaciones.

El tipo de cotización aplicable difiere según la clase de horas extraordinarias de que se trate, atendida la siguiente distinción:

a) La cotización por aquellas horas extraordinarias que hayan sido motivadas por causa de fuerza mayor se efectuará al tipo del 14%, del que el 12% será a cargo de la empresa y el 2% a cargo del trabajador.

b) Las restantes horas extraordinarias que no tengan la anterior calificación cotizarán al 28,30%, siendo el 23,60% a cargo de la empresa y el 4,70% a cargo del trabajador.

6. Tipo para el mecanismo de equidad intergeneracional (MEI)

El tipo es del 0,60%, para el año 2023, siendo un 0,50% a cargo de la empresa y un 0,10% a cargo del trabajador.

7. Tipo para contingencias profesionales (AT y EP)

La cotización a la Seguridad Social de los empresarios por las contingencias de accidentes de trabajo y enfermedades profesionales se lleva a cabo, a partir del 1.º de enero de 2007, en función de la correspondiente actividad económica, ocupación o situación, mediante la aplicación de la tarifa de primas aprobada por la Ley 42/2006, de 28 de diciembre, de Presupuestos Generales del Estado para el año 2007, recogida en su disposición adicional 4.ª.

7.1. Reglas de aplicación de la tarifa de primas

La determinación del tipo de cotización aplicable la efectúa la Tesorería General de la Seguridad Social en función de la actividad económica declarada por la empresa o por las ocupaciones o situaciones de los trabajadores, tanto si se ha formalizado la protección frente a las contingencias profesionales con una entidad gestora de la Seguridad Social, Instituto Nacional de la Seguridad Social (INSS) o Instituto Social de la Marina (ISM), como con una entidad colaboradora de la misma, Mutua.

Para la determinación del tipo de cotización aplicable en función a lo establecido en la tarifa de primas:

— Se toma como referencia lo previsto en su cuadro I para identificar el tipo asignado en el mismo en razón de la actividad económica principal desarrollada por la empresa conforme a la Clasificación Nacional de Actividades Económicas (CNAE-2009).
  El tipo de cotización aplicable a los trabajadores que, con medios de producción diferentes, están ocupados en la producción de bienes o servicios que no se integran en el proceso

productivo de la actividad principal de la empresa es el previsto para la actividad económica en que aquella queda encuadrada.

— Se aplica el tipo de cotización previsto en el cuadro II para la ocupación o situación de que se trate, en tanto que ésta difiera del que corresponda en razón de la actividad de la empresa, cuando la ocupación desempeñada por el trabajador por cuenta ajena o la situación en que se encuentra se corresponda con alguna contemplada en ese cuadro II.

Se considera «personal en trabajos exclusivos de oficina» a quienes desarrollan su ocupación exclusivamente en la realización de trabajos propios de oficina y únicamente en los lugares destinados a oficinas de la empresa.

— En los períodos con suspensión de la relación laboral con obligación de cotización —baja por incapacidad temporal, nacimiento de hijo, adopción, guarda con fines de adopción, acogimiento, etc.—, se sigue aplicando el mismo tipo de cotización que antes de la suspensión.

— Se aplica el tipo de cotización más alto de los establecidos en la tarifa de primas cuando al trabajador le resulte de aplicación un coeficiente reductor de la edad de jubilación, salvo que ello lleve aparejada una cotización adicional por tal concepto o se trate de un trabajador con un grado de discapacidad no inferior al 65%.

7.2. Tarifa de primas

Cuadro I

Códigos CNAE-2009 y título de la actividad económica		Tipos de cotización		
		IT	IMS	Total
01	Agricultura, ganadería, caza y servicios relacionados con las mismas Excepto:	1,50	1,10	2,60
0113	Cultivo de hortalizas, raíces y tubérculos.	1,00	1,00	2,00
0119	Otros cultivos no perennes.	1,00	1,00	2,00
0129	Otros cultivos perennes.	2,25	2,90	5,15
0130	Propagación de plantas.	1,15	1,10	2,25
014	Producción ganadera (Excepto el 0147).	1,80	1,50	3,30
0147	Avicultura.	1,25	1,15	2,40
015	Producción agrícola combinada con la producción ganadera.	1,60	1,20	2,80
016	Actividades de apoyo a la agricultura, a la ganadería y de preparación posterior a la cosecha (Excepto 0164).	1,60	1,20	2,80
0164	Tratamiento de semillas para reproducción.	1,15	1,10	2,25
017	Caza, captura de animales y servicios relacionados con las mismas.	1,80	1,50	3,30
02	Silvicultura y explotación forestal.	2,25	2,90	5,15
03	Pesca y acuicultura (Excepto v, w y 0322).	3,05	3,35	6,40
v	Grupo segundo de cotización del Régimen especial del Mar.	2,10	2,00	4,10
w	Grupo tercero de cotización del Régimen especial del Mar.	1,65	1,70	3,35
0322	Acuicultura en agua dulce.	3,05	3,20	6,25
05	Extracción de antracita, hulla y lignito (Excepto y).	2,30	2,90	5,20
y	Trabajos habituales en interior de minas.	3,45	3,70	7,15
06	Extracción de crudo de petróleo y gas natural.	2,30	2,90	5,20
07	Extracción de minerales metálicos.	2,30	2,90	5,20
08	Otras industrias extractivas (Excepto 0811).	2,30	2,90	5,20
0811	Extracción de piedra ornamental y para la construcción, piedra caliza, yeso, creta y pizarra.	3,45	3,70	7,15
09	Actividades de apoyo a las industrias extractivas.	2,30	2,90	5,20
10	Industria de la alimentación (Excepto 101,102,106, 107 y 108).	1,60	1,60	3,20
101	Procesado y conservación de carne y elaboración de productos cárnicos.	2,00	1,90	3,90

Códigos CNAE-2009 y título de la actividad económica		Tipos de cotización		
		IT	IMS	Total
102	Procesado y conservación de pescados, crustáceos y moluscos.	1,80	1,50	3,30
106	Fabricación de productos de molinería, almidones y productos amiláceos.	1,70	1,60	3,30
107	Fabricación de productos de panadería y pastas alimenticias.	1,05	0,90	1,95
108	Fabricación de otros productos alimenticios.	1,05	0,90	1,95
11	Fabricación de bebidas.	1,60	1,60	3,20
12	Industria del tabaco.	1,00	0,80	1,80
13	Industria textil (Excepto 1391).	1,00	0,85	1,85
1391	Fabricación de tejidos de punto.	0,80	0,70	1,50
14	Confección de prendas de vestir (Excepto 1411, 1420 y 143).	0,80	0,70	1,50
1411	Confección de prendas de vestir de cuero.	1,50	1,10	2,60
1420	Fabricación de artículos de peletería.	1,50	1,10	2,60
143	Confección de prendas de vestir de punto.	0,80	0,70	1,50
15	Industria del cuero y del calzado.	1,50	1,10	2,60
16	Industria de la madera y del corcho, excepto muebles; cestería y espartería (Excepto 1624 y 1629).	2,25	2,90	5,15
1624	Fabricación de envases y embalajes de madera.	2,10	2,00	4,10
1629	Fabricación de otros productos de madera; artículos de corcho, cestería y espartería.	2,10	2,00	4,10
17	Industria del papel (Excepto 171).	1,00	1,05	2,05
171	Fabricación de pasta papelera, papel y cartón.	2,00	1,50	3,50
18	Artes gráficas y reproducción de soportes grabados.	1,00	1,00	2,00
19	Coquerías y refino de petróleo.	1,45	1,90	3,35
20	Industria química (Excepto 204 y 206) .	1,60	1,40	3,00
204	Fabricación de jabones, detergentes y otros artículos de limpieza y abrillantamiento; fabricación de perfumes y cosméticos.	1,50	1,20	2,70
206	Fabricación de fibras artificiales y sintéticas.	1,50	1,20	2,70
21	Fabricación de productos farmacéuticos.	1,30	1,10	2,40
22	Fabricación de productos de caucho y plástico.	1,75	1,25	3,00
23	Fabricación de otros productos minerales no metálicos (Excepto 231, 232, 2331, 234 y 237).	2,10	2,00	4,10
231	Fabricación de vidrio y productos de vidrio.	1,60	1,50	3,10
232	Fabricación de productos cerámicos refractarios.	1,60	1,50	3,10
2331	Fabricación de azulejos y baldosas de cerámica.	1,60	1,50	3,10
234	Fabricación de otros productos cerámicos.	1,60	1,50	3,10
237	Corte, tallado y acabado de la piedra.	2,75	3,35	6,10
24	Metalurgia; fabricación de productos de hierro, acero y ferroaleaciones.	2,00	1,85	3,85
25	Fabricación de productos metálicos, excepto maquinaria y equipo.	2,00	1,85	3,85
26	Fabricación de productos informáticos, electrónicos y ópticos.	1,50	1,10	2,60
27	Fabricación de material y equipo eléctrico.	1,60	1,20	2,80
28	Fabricación de maquinaria y equipo n.c.o.p.	2,00	1,85	3,85
29	Fabricación de vehículos de motor, remolques y semirremolques .	1,60	1,20	2,80
30	Fabricación de otro material de transporte (Excepto 3091 y 3092).	2,00	1,85	3,85
3091	Fabricación de motocicletas.	1,60	1,20	2,80
3092	Fabricación de bicicletas y de vehículos para personas con discapacidad.	1,60	1,20	2,80
31	Fabricación de muebles.	2,00	1,85	3,85
32	Otra industria manufacturera (Excepto 321, 322).	1,60	1,20	2,80
321	Fabricación de artículos de joyería y artículos similares.	1,00	0,85	1,85
322	Fabricación de instrumentos musicales.	1,00	0,85	1,85

Códigos CNAE-2009 y título de la actividad económica		Tipos de cotización		
		IT	IMS	Total
33	Reparación e instalación de maquinaria y equipo (Excepto 3313 y 3314).	2,00	1,85	3,85
3313	Reparación de equipos electrónicos y ópticos.	1,50	1,10	2,60
3314	Reparación de equipos eléctricos.	1,60	1,20	2,80
35	Suministro de energía eléctrica, gas, vapor y aire acondicionado.	1,80	1,50	3,30
36	Captación, depuración y distribución de agua.	2,10	1,60	3,70
37	Recogida y tratamiento de aguas residuales.	2,10	1,60	3,70
38	Recogida, tratamiento y eliminación de residuos; valorización .	2,10	1,60	3,70
39	Actividades de descontaminación y otros servicios de gestión de residuos.	2,10	1,60	3,70
41	Construcción de edificios (Excepto 411).	3,35	3,35	6,70
411	Promoción inmobiliaria.	0,85	0,80	1,65
42	Ingeniería civil.	3,35	3,35	6,70
43	Actividades de construcción especializada.	3,35	3,35	6,70
45	Venta y reparación de vehículos de motor y motocicletas (Excepto 452 y 454).	1,00	1,05	2,05
452	Mantenimiento y reparación de vehículos de motor.	2,45	2,00	4,45
454	Venta, mantenimiento y reparación de motocicletas y de sus repuestos y accesorios.	1,70	1,20	2,90
46	Comercio al por mayor e intermediarios del comercio, excepto de vehículos de motor y motocicletas. Excepto:	1,40	1,20	2,60
4623	Comercio al por mayor de animales vivos.	1,80	1,50	3,30
4624	Comercio al por mayor de cueros y pieles.	1,80	1,50	3,30
4632	Comercio al por mayor de carne y productos cárnicos.	1,80	1,50	3,30
4638	Comercio al por mayor de pescados, mariscos y otros productos alimenticios.	1,60	1,40	3,00
4672	Comercio al por mayor de metales y minerales metálicos.	1,80	1,50	3,30
4673	Comercio al por mayor de madera, materiales de construcción y aparatos sanitarios.	1,80	1,50	3,30
4674	Comercio al por mayor de ferretería, fontanería y calefacción.	1,80	1,55	3,35
4677	Comercio al por mayor de chatarra y productos de desecho.	1,80	1,55	3,35
4690	Comercio al por mayor no especializado.	1,80	1,55	3,35
47	Comercio al por menor, excepto de vehículos de motor y motocicletas (Excepto 473).	0,95	0,70	1,65
473	Comercio al por menor de combustible para la automoción en establecimientos especializados.	1,00	0,85	1,85
49	Transporte terrestre y por tubería (Excepto 494).	1,80	1,50	3,30
494	Transporte de mercancías por carretera y servicios de mudanza.	2,00	1,70	3,70
50	Transporte marítimo y por vías navegables interiores .	2,00	1,85	3,85
51	Transporte aéreo.	1,90	1,70	3,60
52	Almacenamiento y actividades anexas al transporte (Excepto x, 5221).	1,80	1,50	3,30
x	Carga y descarga; estiba y desestiba.	3,35	3,35	6,70
5221	Actividades anexas al transporte terrestre.	1,00	1,10	2,10
53	Actividades postales y de correos.	1,00	0,75	1,75
55	Servicios de alojamiento.	0,80	0,70	1,50
56	Servicios de comidas y bebidas.	0,80	0,70	1,50
58	Edición.	0,65	1,00	1,65
59	Actividades cinematográficas, de vídeo y de programas de televisión, grabación de sonido y edición musical.	0,80	0,70	1,50
60	Actividades de programación y emisión de radio y televisión.	0,80	0,70	1,50
61	Telecomunicaciones.	0,80	0,70	1,50
62	Programación, consultoría y otras actividades relacionadas con la informática.	0,80	0,70	1,50
63	Servicios de información (Excepto 6391).	0,65	1,00	1,65
6391	Actividades de las agencias de noticias.	0,80	0,70	1,50
64	Servicios financieros, excepto seguros y fondos de pensiones.	0,80	0,70	1,50

Códigos CNAE-2009 y título de la actividad económica		Tipos de cotización		
		IT	IMS	Total
65	Seguros, reaseguros y fondos de pensiones, excepto Seguridad Social obligatoria.	0,80	0,70	1,50
66	Actividades auxiliares a los servicios financieros y a los seguros.	0,80	0,70	1,50
68	Actividades inmobiliarias.	0,65	1,00	1,65
69	Actividades jurídicas y de contabilidad.	0,80	0,70	1,50
70	Actividades de las sedes centrales; actividades de consultoría de gestión empresarial.	0,80	0,70	1,50
71	Servicios técnicos de arquitectura e ingeniería; ensayos y análisis técnicos.	0,65	1,00	1,65
72	Investigación y desarrollo.	0,80	0,70	1,50
73	Publicidad y estudios de mercado.	0,90	0,80	1,70
74	Otras actividades profesionales, científicas y técnicas (Excepto 742).	0,90	0,85	1,75
742	Actividades de fotografía.	0,80	0,70	1,50
75	Actividades veterinarias.	1,50	1,10	2,60
77	Actividades de alquiler.	1,00	1,00	2,00
78	Actividades relacionadas con el empleo (Excepto x, 781).	1,55	1,20	2,75
X	Carga y descarga: estiba y desestiba.	3,35	3,35	6,70
781	Actividades de las agencias de colocación.	0,95	1,00	1,95
79	Actividades de las agencias de viajes, operadores turísticos, servicios de reservas y actividades relacionadas con los mismos.	0,80	0,70	1,50
80	Actividades de seguridad e investigación.	1,40	2,20	3,60
81	Servicios a edificios y actividades de jardinería (Excepto 811).	2,10	1,50	3,60
811	Servicios integrales a edificios e instalaciones.	1,00	0,85	1,85
82	Actividades administrativas de oficina y otras actividades auxiliares a las empresas (Excepto 8220 y 8292).	1,00	1,05	2,05
8220	Actividades de los centros de llamadas.	0,80	0,70	1,50
8292	Actividades de envasado y empaquetado.	1,80	1,50	3,30
84	Administración Pública y defensa; Seguridad Social obligatoria (Excepto 842).	0,65	1,00	1,65
842	Prestación de servicios a la comunidad en general.	1,40	2,20	3,60
85	Educación.	0,80	0,70	1,50
86	Actividades sanitarias (Excepto 869).	0,80	0,70	1,50
869	Otras actividades sanitarias.	0,95	0,80	1,75
87	Asistencia en establecimientos residenciales.	0,80	0,70	1,50
88	Actividades de servicios sociales sin alojamiento.	0,80	0,70	1,50
90	Actividades de creación, artísticas y espectáculos.	0,80	0,70	1,50
91	Actividades de bibliotecas, archivos, museos y otras actividades culturales. (Excepto 9104).	0,80	0,70	1,50
9104	Actividades de los jardines botánicos, parques zoológicos y reservas naturales.	1,75	1,20	2,95
92	Actividades de juegos de azar y apuestas.	0,80	0,70	1,50
93	Actividades deportivas, recreativas y de entretenimiento (Excepto u).	1,70	1,30	3,00
u	Espectáculos taurinos.	2,85	3,35	6,20
94	Actividades asociativas.	0,65	1,00	1,65
95	Reparación de ordenadores, efectos personales y artículos de uso doméstico (Excepto 9524).	1,50	1,10	2,60
9524	Reparación de muebles y artículos de menaje.	2,00	1,85	3,85
96	Otros servicios personales (Excepto 9602, 9603 y 9609).	0,85	0,70	1,55
9602	Peluquería y otros tratamientos de belleza.	0,80	0,70	1,50
9603	Pompas fúnebres y actividades relacionadas.	1,80	1,50	3,30
9609	Otros servicios personales n.c.o.p.	1,50	1,10	2,60
97	Actividades de los hogares como empleadores de personal doméstico.	0,80	0,70	1,50
99	Actividades de organizaciones y organismos extraterritoriales.	1,20	1,15	2,35

Cuadro II

Tipos aplicables a ocupaciones y situaciones en todas las actividades		Tipos de cotización		
		IT	IMS	Total
a.	Personal en trabajos exclusivos de oficina.	0,80	0,70	1,50
b.	Representantes de Comercio	1,00	1,00	2,00
d.	Personal de oficios en instalaciones y reparaciones en edificios, obras y trabajos de construcción en general	3,35	3,35	6,70
f.	Conductores de vehículo automóvil de transporte de mercancías que tenga una capacidad de carga útil superior a 3,5 Tm.	3,35	3,35	6,70
g.	Personal de limpieza en general. Limpieza de edificios y de todo tipo de establecimientos. Limpieza de calles	2,10	1,50	3,60
h.	Vigilantes, guardas, guardas jurados y personal de seguridad.	1,40	2,20	3,60

8. **Resumen de tipos de cotización vigentes durante el año 2023**

Conceptos	Empresa (%)	Trabajador (%)	Total (%)
Contingencias comunes	23,60	4,70	28,30
Desempleo:			
— Contratos indefinidos	5,50	1,55	7,30
— Contratos de duración determinada:			
• Para la obtención de práctica profesional, de relevo, de sustitución.	5,50	1,55	7,30
• Con personas con discapacidad	5,50	1,55	7,30
• A tiempo completo	6,70	1,60	8,30
• A tiempo parcial	6,70	1,60	8,30
Fondo de Garantía Salarial	0,20	—	0,20
Formación profesional	0,60	0,10	0,70
Mecanismo de equidad intergeneracional (MEI)	0,50	0,10	0,60
Horas extraordinarias:			
— Por fuerza mayor	12,00	2,00	14,00
— Otras	23,60	4,70	28,30
Contingencias AT y EP	Ley 42/2006, de 28 de diciembre		

9. Supuesto especial: mayor con edad para jubilarse

En 2023, por el trabajador con contrato indefinido y 65 años de edad y 37 años y 9 meses de cotización, o 66 años y 4 meses de edad y un período de cotización no inferior a 15 años, solo se cotiza por contingencias comunes por incapacidad temporal: 1,30% a cargo de la empresa y el 0,25% a cargo del trabajador.

No se cotiza por desempleo, Fondo de Garantía Salarial ni formación profesional y, por no existir obligación de cotizar para la cobertura de la pensión de jubilación, tampoco hay que hacerlo para el mecanismo de equidad intergeneracional (MEI).

Capítulo IX

La cuota

Se entiende por cuota el resultado de aplicar a la base de cotización el tipo, o porcentaje, que le corresponda.

Hay supuestos concretos en los que esta cuota se ve reducida en parte a la hora de tener que abonarla. Son los casos de bonificación o reducción de cuotas, que tienen la clara finalidad de interesar a las empresas en el empleo de determinados trabajadores. También procede la bonificación de cuotas en los casos en que las empresas realizan una formación continua de sus trabajadores.

En otros casos, la minoración de la cuota se produce en favor de empresas excluidas de alguna contingencia, o en aquellas que colaboran voluntariamente en la gestión de la Seguridad Social.

Al contrario, la cuota puede verse incrementada, con carácter penalizador, en los casos de contratación temporal de corta duración o, también, por el transcurso del plazo establecido para el pago de cuotas sin ingreso de las mismas.

En el supuesto concreto de contrato de formación en alternancia cabe decir que la cuota final puede resultar mixta: una parte fija, atribuible a la base de cotización inferior o igual a la mínima, y una parte variable, que está en función del exceso sobre esa base mínima de cotización.

1. **Bonificaciones de la cuota**

Las bonificaciones de la cuota sólo se producen respecto de la cuota empresarial, no sobre la del trabajador.

En unos casos consisten en módulos fijos de ayuda, no dependen de la base de cotización del trabajador, según los colectivos de que se trate, y en otros, en porcentajes, dependen de la base de cotización del trabajador, que pueden comprender tanto las contingencias comunes como las profesionales, así como las cuotas de recaudación conjunta, esto es, desempleo, Fondo de Garantía Salarial y formación profesional.

En general, las bonificaciones de cuotas se financian con cargo a la correspondiente partida presupuestaria del Servicio Público de Empleo Estatal.

Entre las bonificaciones de cuotas cabe incluir los beneficios en la cotización a la Seguridad Social aplicables a los expedientes de regulación temporal de empleo y al Mecanismo RED, exenciones de cuotas cargo de los presupuestos de la Seguridad Social, de las Mutuas colaboradoras con la Seguridad Social, del Servicio Público de Empleo Estatal y del Fondo de Garantía Salarial.

1.1. Fomento de empleo

Las empresas que celebran contratos, a tiempo completo o parcial, con trabajadores desempleados inscritos en la Oficina de empleo pueden tener derecho a bonificaciones en la cuota empresarial a la Seguridad Social según el colectivo de trabajadores de que se trate.

1.1.1. *Contratación de personas con discapacidad o de pensionistas por incapacidad*

La contratación de personas con discapacidad, desempleadas e inscritas en la Oficina de empleo, con un grado de discapacidad igual o superior al 33%, pensionistas de la Seguridad Social que tienen reconocida una pensión de incapacidad permanente en el grado de total, absoluta o gran invalidez, así como pensionistas de clases pasivas que tienen reconocida una pensión de jubilación o de retiro por incapacidad permanente para el servicio o inutilidad puede dar lugar a las siguientes bonificaciones por trabajador contratado:

—En el supuesto de contratación indefinida:

- 375 euros/mes (4.500 euros/año) durante toda la vigencia del contrato.
  Se incrementa con 100 euros/mes, 1.200 euros/año, si el trabajador con discapacidad tiene en el momento de la contratación 45 o más años, o con 70,83 euros/mes, 850 euros/año, si se trata de una mujer. Estos incrementos no son compatibles entre sí.
- 425 euros/mes (5.100 euros/año) si el trabajador con discapacidad está incluido en alguno de los grupos siguientes:

  — Personas con parálisis cerebral, personas con enfermedad mental o personas con discapacidad intelectual, con un grado de discapacidad reconocido igual o superior al 33%.
  — Personas con discapacidad física o sensorial, con un grado de discapacidad reconocido igual o superior al 65%.

  Se incrementa con 100 euros/mes, 1.200 euros/año, si el trabajador con discapacidad tiene en el momento de la contratación 45 o más años, o con 70,83 euros/mes, 850 euros/año, si se trata de una mujer. Estos incrementos no son compatibles entre sí.

—En el supuesto de contratación mediante el contrato temporal de fomento del empleo:

- 291,66 euros/mes (3.500 euros/año) durante toda la vigencia del contrato.
  Se incrementa con 50 euros/mes, 600 euros/año, si el trabajador con discapacidad tiene en el momento de la contratación 45 o más años o se trata de una mujer. Estos incrementos son compatibles entre sí.
- 341,66 euros/mes (4.100 euros/año) si el trabajador con discapacidad está incluido en alguno de los grupos siguientes:

  —Personas con parálisis cerebral, personas con enfermedad mental o personas con discapacidad intelectual, con un grado de discapacidad reconocido igual o superior al 33%.
  —Personas con discapacidad física o sensorial, con un grado de discapacidad reconocido igual o superior al 65%.

  Se incrementa con 50 euros/mes, 600 euros/año, si el trabajador con discapacidad tiene en el momento de la contratación 45 o más años o se trata de una mujer. Estos incrementos son compatibles entre sí.

—En el supuesto de contratación indefinida o temporal por un centro especial de empleo, 100% de la cuota empresarial a la Seguridad Social, incluidas las de accidentes de trabajo y enfermedad profesional y las cuotas de recaudación conjunta.

Las bonificaciones a estos colectivos también se aplican cuando el trabajador está trabajando en otra empresa con un contrato a tiempo parcial y una jornada inferior a un tercio de la jornada de trabajo de un trabajador a tiempo completo comparable.

1.1.2. *Contratación de víctimas de violencia de género o doméstica*

La contratación de una persona que, esté o no en desempleo, tenga acreditada la condición de víctima de violencia de género o de violencia doméstica puede dar lugar, desde la fecha de celebración del contrato, a las siguientes bonificaciones de la cuota empresarial a la Seguridad Social:

— En el supuesto de contratación indefinida a tiempo completo de una víctima de violencia de género: 125 euros/mes o, en su caso, por su equivalente diario (1.500 euros/año) durante 4 años.
— En el supuesto de contratación indefinida a tiempo completo de una víctima de violencia doméstica: 70,83 euros/mes o, en su caso, por su equivalente diario (850 euros/año) durante 4 años.
— En el supuesto de contratación temporal a tiempo completo de una víctima de violencia de género o doméstica: 50 euros/mes o, en su caso, por su equivalente diario (600 euros/año) durante toda la vigencia del contrato.

En el supuesto de transformación del contrato temporal en indefinido, se aplica la bonificación por contratación indefinida.

1.1.3. *Contratación de víctimas de terrorismo*

La contratación de una persona que, esté o no en desempleo, tenga acreditada la condición de víctima de terrorismo puede dar lugar, desde la fecha de celebración del contrato, a las siguientes bonificaciones de la cuota empresarial a la Seguridad Social:

— En el supuesto de contratación indefinida a tiempo completo: 125 euros/mes o, en su caso, por su equivalente diario (1.500 euros/año) durante 4 años.
— En el supuesto de contratación temporal a tiempo completo: 50 euros/mes o, en su caso, por su equivalente diario (600 euros/año) durante toda la vigencia del contrato.

En el supuesto de transformación del contrato temporal en indefinido, se aplica la bonificación por contratación indefinida.

1.1.4. *Contratación de trabajadores en situación de exclusión social*

La contratación de una persona en situación, debidamente acreditada, de exclusión social puede dar lugar, desde la fecha de celebración del contrato, a las siguientes bonificaciones de la cuota empresarial a la Seguridad Social:

— En el supuesto de contratación indefinida a tiempo completo: 50 euros/mes o, en su caso, por su equivalente diario (600 euros/año) durante 4 años.
No obstante, durante los 12 primeros meses la bonificación es de 137,50 euros/mes cuando el empleador ni es una empresa de inserción ni un centro especial de empleo y el trabajador contratado ha finalizado un contrato de trabajo con una empresa de inserción social durante los 12 meses anteriores y, tras el cese en la empresa de inserción, no ha prestado servicios para otro empleador.
— En el supuesto de contratación temporal a tiempo completo: 41,67 euros/mes o, en su caso, por su equivalente diario (500 euros/año) durante toda la vigencia del contrato.
No obstante, durante los 12 primeros meses la bonificación es de 137,50 euros/mes cuando el empleador ni es una empresa de inserción ni un centro especial de empleo y el trabajador contratado ha finalizado un contrato de trabajo con una empresa de inserción social durante los 12 meses anteriores y, tras el cese en la empresa de inserción, no ha prestado servicios para otro empleador.

En el supuesto de transformación del contrato temporal en indefinido, se aplica la bonificación por contratación indefinida.

1.1.5. *Contratación de víctimas de trata de seres humanos*

La contratación de una persona que, esté o no en desempleo, ha sido identificada como víctima de trata de seres humanos y que ha obtenido la autorización de residencia y trabajo por circunstancias excepcionales, puede dar lugar, desde la fecha de celebración del contrato, a las siguientes bonificaciones de la cuota empresarial a la Seguridad Social:

- En el supuesto de contratación indefinida a tiempo completo: 125 euros/mes o, en su caso, por su equivalente diario (1.500 euros/año) durante 2 años.
- En el supuesto de contratación temporal a tiempo completo: 50 euros/mes o, en su caso, por su equivalente diario (600 euros/año) durante toda la vigencia del contrato.

1.1.6. *Contratación de personas con capacidad intelectual límite*

La contratación ¡por tiempo indefinido de una persona con capacidad intelectual límite —con una discapacidad intelectual entre el 20 y el 33%— da lugar, desde la fecha de celebración del contrato, a una bonificación mensual de la cuota empresarial a la Seguridad Social o, en su caso, por su equivalente diario, de 125 euros/mes (1.500 euros/año) durante 4 años.

1.1.7. *Contrataciones a tiempo parcial*

Cuando el contrato es a tiempo parcial, la determinación de las bonificaciones se efectúa conforme a las siguientes reglas:

- Se aplica un porcentaje igual al de la jornada pactada en el contrato, incrementado en 30 puntos porcentuales.
  No se aplica este porcentaje cuando se trata de trabajadores con discapacidad contratados por un centro especial de empleo.
- En ningún caso el porcentaje aplicable a la bonificación puede superar el 100%.

1.1.8. *Exclusiones*

No se tiene derecho a los incentivos cuando las contrataciones se refieren a:

- Relaciones laborales de carácter especial, exceptuados los penados en instituciones penitenciarias y cuando el trabajador es una persona con discapacidad o se trata de la relación laboral de trabajadores con discapacidad en centro especial de empleo.
- Contrataciones que afecten al cónyuge, ascendientes, descendientes y demás parientes, por consanguinidad o afinidad, hasta el 2.º grado inclusive, del empresario o de quienes ostenten cargos de dirección o sean miembros de los órganos de administración de las empresas.
  Esta exclusión no es de aplicación cuando se trata de la contratación:
  - Por un trabajador autónomo de los hijos menores de 30 años, convivan o no con él, como trabajadores por cuenta ajena.
  - Por un autónomo sin asalariados de un único familiar menor de 45 años que no convive en su hogar ni está a su cargo.
  - De personas con discapacidad.
- Contrataciones realizadas con trabajadores que en los 24 meses anteriores a la fecha de contratación han prestado servicios en la misma empresa o grupo de empresas mediante un contrato por tiempo indefinido o, salvo cuando el trabajador es una persona con discapacidad, en los últimos 6 meses mediante un contrato temporal o de duración determinada.
  No se aplica esta exclusión cuando se trata de transformación de contratos.

Tampoco se aplica esta exclusión cuando se trata de la contratación de trabajadores con discapacidad:

- Cuando el contrato previo no era por tiempo indefinido.
- Cuando existen especiales dificultades para su inserción laboral por encontrarse en uno de los siguientes grupos:
  - Personas con parálisis cerebral, enfermedad mental o discapacidad intelectual, y un grado de discapacidad no inferior al 33%.
  - Personas con discapacidad física o sensorial, y un grado de discapacidad no inferior al 65%.

— Trabajadores que han finalizado su relación laboral de carácter indefinido en un plazo de 3 meses previos a la formalización del contrato.
No se aplica esta exclusión cuando el contrato se ha extinguido por despido improcedente o colectivo.
Tampoco se aplica esta exclusión cuando se trata de la contratación de trabajadores con discapacidad:

- Cuando proceden de centros especiales de empleo.
- Cuando su incorporación a una empresa ordinaria se produce en el marco del programa de empleo con apoyo.
- Cuando existen especiales dificultades para su inserción laboral por encontrarse en uno de los siguientes grupos:
  - Personas con parálisis cerebral, enfermedad mental o discapacidad intelectual, y un grado de discapacidad no inferior al 33%.
  - Personas con discapacidad física o sensorial, y un grado de discapacidad no inferior al 65%.

— También quedan excluidas de las ayudas, por un período de 12 meses y en número igual a los contratos extinguidos, las empresas que han extinguido, por despido improcedente o por despido colectivo, contratos bonificados.

1.2. Sustitución de trabajadores por nacimiento de hijo y cuidado de menor, guarda con fines de adopción, adopción, acogimiento, riesgo durante el embarazo o la lactancia natural

Los contratos de sustitución que se celebren con personas desempleadas para sustituir a trabajadores que tengan suspendido su contrato de trabajo durante los períodos de riesgo durante el embarazo o la lactancia, de descanso por nacimiento de hijo y cuidado de menor, guarda con fines de adopción, o por adopción y acogimiento, así como las cotizaciones de los propios trabajadores sustituidos, tendrán derecho a una bonificación del 100% en las cuotas empresariales de la Seguridad Social, incluidas las de accidentes de trabajo y enfermedades profesionales, y en las aportaciones empresariales de las cuotas de recaudación conjunta.

La duración máxima de las bonificaciones coincidirá con la de los períodos de suspensión o descanso. En los supuestos en que el trabajador no agote el período de suspensión o descanso a que tuviera derecho, los beneficios se extinguirán en el momento de su reincorporación a la empresa.

1.3. Sustitución de trabajadoras víctimas de violencia de género

Las empresas que formalicen contratos de sustitución para sustituir a trabajadoras víctimas de violencia de género que hayan suspendido su contrato de trabajo o ejercitado su derecho a la movilidad geográfica o al cambio del centro de trabajo, tendrán derecho a una bonificación del 100% de las cuotas empresariales a la Seguridad Social por contingencias comunes, durante todo el período de suspensión de la trabajadoras sustituida o durante 6 meses en los supuestos de movilidad geográfica o cambio de centro de trabajo.

1.4. Sustitución de trabajadoras víctimas de violencia sexual

Las empresas que formalicen contratos de interinidad con una persona desempleada para sustituir a trabajadoras víctimas de violencia sexual que hayan suspendido su contrato de trabajo o ejercitado su derecho a la movilidad geográfica o al cambio de centro de trabajo tendrán derecho a una bonificación del 100% de las cuotas empresariales a la Seguridad Social por contingencias comunes durante todo el período de suspensión de la trabajadora sustituida o durante 6 meses en los supuestos de movilidad geográfica o cambio de centro de trabajo.

1.5. Contrato de sustitución de trabajadores con discapacidad de baja por incapacidad temporal

Los contratos de sustitución que se celebren con personas con discapacidad desempleadas, para sustituir a trabajadores y trabajadoras con discapacidad que tengan suspendido su contrato de trabajo por incapacidad temporal durante el período que persista dicha situación, darán derecho a una bonificación del 100% de las cuotas empresariales de la Seguridad Social, incluidas las de accidentes de trabajo y enfermedades profesionales y en las aportaciones empresariales de las cuotas de recaudación conjunta.

1.6. Contrato de formación en alternancia

En los contratos de formación en alternancia, el empresario puede bonificarse mensualmente del coste de las horas de formación teórica impartidas en el mes anterior en la liquidación de cuotas de dicho mes referida a trabajadores con contratos formativos, siempre que se ingresen dentro del plazo reglamentario.

Las horas de formación teórica cuyo coste puede bonificarse no pueden superar el 15% de la jornada máxima prevista en convenio colectivo, o, en su defecto, de la jornada máxima legal.

1.7. Actividades en Ceuta y Melilla

Los empresarios dedicados a actividades encuadradas en los sectores de agricultura, pesca y acuicultura; comercio; hostelería; industria, excepto energía y agua; turismo; hostelería y resto de servicios, excepto el transporte aéreo, construcción de edificios, actividades financieras y de seguros y actividades inmobiliarias, en las Ciudades de Ceuta y Melilla, respecto de los trabajadores que prestan servicios en sus centros de trabajo ubicados en dichas ciudades, tienen derecho a una bonificación en sus aportaciones a las cuotas de la Seguridad Social por contingencias comunes, así como por desempleo, formación profesional y Fondo de Garantía Salarial, de 50%.

1.8. Investigación y desarrollo

La empresa dedicada a actividades de investigación y desarrollo e innovación tecnológica puede ser beneficiaria de una bonificación del 40% en las cuotas empresariales a la Seguridad Social por contingencias comunes respecto del personal investigador que, con carácter exclusivo y por la totalidad de su tiempo de trabajo en la empresa, se dedique a la realización de las citadas actividades, ya sea su contrato de carácter indefinido o, si tiene una duración no inferior a 3 meses, un contrato para la obtención de práctica profesional.

Se admite que hasta un 15% del tiempo dedicado a tareas de formación, divulgación o similares, compute como dedicación exclusiva a actividades de I+D+i.

1.9. Empresas de inserción

Las empresas de inserción pueden ser beneficiarias de bonificaciones de cuotas de la Seguridad Social por la contratación de trabajadores en situación de exclusión social:

— En el caso de contratación no indefinida, durante toda la vigencia del contrato:

- 70,83 euros/mes (850 euros/año).
- 137,50 euros/mes (1.650 euros/año), cuando el trabajador en situación de exclusión social es menor de 30 años o, cuando tiene reconocido un grado de discapacidad igual o superior al 33%, menor de 35 años.

— En el caso de contratación indefinida, durante 3 años:

- 70,83 euros/mes (850 euros/año).
- 137,50 euros/mes (1.650 euros/año), cuando el trabajador en situación de exclusión social es menor de 30 años o, cuando tiene reconocido un grado de discapacidad igual o superior al 33%, menor de 35 años.

1.10. Transformación de contratos en indefinidos

1.10.1. *Contrato de formación en alternancia*

La empresa que transforma en un contrato indefinido un contrato de formación en alternancia celebrado con un trabajador inscrito en el Sistema Nacional de Garantía Juvenil tiene derecho a una bonificación en la cuota empresarial a la Seguridad Social durante 3 años de 1.800 euros/año, si se trata de una trabajadora, 1.500 euros/año, si el trabajador es un varón.

Idéntica reducción le corresponde a la empresa usuaria a la que se le había puesto a disposición el trabajador con un contrato de formación en alternancia cuando, sin solución de continuidad, concierta con ese trabajador un contrato de trabajo por tiempo indefinido.

1.10.2. *Contrato para la obtención de práctica profesional, de relevo y de sustitución por jubilación anticipada*

La transformación en indefinido de un contrato para la obtención de práctica profesional, a la finalización de su duración inicial o prorrogada, de un contrato de relevo o de un contrato de sustitución por anticipación de la edad de jubilación, puede dar lugar a las siguientes bonificaciones de la cuota empresarial a la Seguridad Social:

— 58,33 euros/mes (700 euros/año), durante 3 años cuando se trata de una trabajadora.
— 41,67 euros/mes (500 euros/año), durante 3 años cuando se trata de un trabajador.

1.11. Apoyo a los sectores de turismo, comercio vinculado y hostelería

Las empresas del sector turístico y las de comercio y hostelería, vinculadas a al mismo, que generen actividad productiva en los meses de febrero, marzo y noviembre de cada año y que inicien o mantengan en alta durante dichos meses la ocupación de los trabajadores fijos discontinuos, pueden aplicar una bonificación en dichos meses del 50% de las cuotas empresariales a la Seguridad Social por contingencias comunes, así como por los conceptos de recaudación conjunta de desempleo, FOGASA y formación profesional de dichos trabajadores.

1.12. Contrato de formación en alternancia y Sistema nacional de garantía juvenil

La empresa que celebre un contrato de formación en alternancia con un trabajador inscrito en el Sistema nacional de garantía juvenil tiene derecho, durante toda la vigencia del contrato, incluidas las prórrogas, a una bonificación de las cuotas empresariales a la Seguridad Social de:

— 100%, si el contrato se realiza por una empresa cuya plantilla es inferior a 250 personas.
— 75%, si el contrato se realiza por una empresa cuya plantilla es igual o superior a 250 personas.

Para inscribirse en el Sistema nacional de garantía juvenil es preciso:

— Tener más de 16 años y menos de 30 años.
— No haber trabajado en el día natural anterior al momento de recibir la actuación.

La empresa debe hallarse al corriente en el cumplimiento de sus obligaciones tributarias y de Seguridad Social y no haber sido excluida del acceso a los beneficios derivados de la aplicación de los programas de empleo por la comisión de infracciones muy graves no prescritas.

El trabajador contratado no puede ser cónyuge, ascendiente, descendiente u otro pariente por consanguinidad o afinidad, hasta el 2.º grado inclusive, del empresario o de quien tenga el control empresarial, ostente cargos de dirección o sea miembro del órgano de administración de la empresa.

Esta exclusión no es de aplicación cuando se trata de la contratación:

— Por un trabajador autónomo de un hijo menor de 30 años, conviva o no con él.
— Por un autónomo sin asalariados de un único familiar menor de 45 años que no convive en su hogar ni está a su cargo.
— De una persona con discapacidad.

1.13. Contratos formativos con trabajadores con discapacidad

1.13.1. *Contrato de formación en alternancia*

La empresa que celebre un contrato de formación en alternancia con un trabajador con discapacidad tiene derecho a una bonificación del 50% en la cuota empresarial por contingencias comunes.

1.13.2. *Contrato para la obtención de práctica profesional*

La empresa que celebre un contrato para la obtención de práctica profesional con un trabajador con discapacidad tiene derecho a una bonificación del 50% en la cuota empresarial por contingencias comunes.

1.14. Cambio de puesto o función por riesgo durante el embarazo o riesgo durante la lactancia natural

La cotización mientras la trabajadora embarazada o lactante está en un nuevo puesto de trabajo o función diferente, al que ha tenido que ser destinada por ser compatible con su estado, tiene una bonificación del 50% de la aportación empresarial por contingencias comunes.

1.15. Cambio de puesto o empresa por enfermedad profesional

Cuando por razón de la enfermedad profesional diagnosticada a un trabajador se produzca un cambio de puesto de trabajo con objeto de interrumpir la desfavorable evolución de esa enfermedad, el empresario tiene derecho a una bonificación del 50% de su aportación por contingencias comunes.

Esa misma bonificación tiene aquella empresa que contrata al trabajador para desempeñar un puesto de trabajo compatible con el estado de salud de este cuando ya le ha sido diagnosticada la enfermedad profesional.

1.16. Contratación de un familiar por el trabajador autónomo

La contratación indefinida por parte del trabajador autónomo de su cónyuge, ascendientes, descendientes y demás parientes por consanguinidad o afinidad, hasta el 2.º grado inclusive, puede dar derecho a una bonificación en la cuota empresarial por contingencias comunes del 100% durante un período de 12 meses.

En los 12 meses anteriores a la celebración del contrato el trabajador autónomo no ha debido extinguir contratos de trabajo:

— Por causas objetivas.
— Por despidos disciplinarios declarados judicialmente improcedentes.
— Por despidos colectivos declarados no ajustados a Derecho.

El empleador debe mantener el nivel de empleo en los 6 meses posteriores a la celebración del contrato, si bien no se tienen en cuenta las extinciones de contratos de trabajo:

— Por dimisión, muerte o incapacidad permanente total, absoluta o gran invalidez de los trabajadores.
— Por la expiración del tiempo convenido.
— Por resolución durante el periodo de prueba.
— Por causas objetivas.
— Por despidos disciplinarios no declarados improcedentes.
— Por despidos colectivos no declarados no ajustados a derecho las extinciones causadas.

1.17. Expedientes de regulación temporal de empleo y Mecanismo RED

Durante la aplicación de un expediente de regulación temporal de empleo (ERTE), la empresa puede acogerse a las exenciones en la cotización de la aportación empresarial por contingencias comunes y por conceptos de recaudación conjunta siguientes:

— 20%, si se trata de un expediente de regulación temporal de empleo por causas económicas, técnicas, organizativas o de producción.
— 90%, si se trata de un expediente de regulación temporal de empleo por fuerza mayor temporal, incluso si esta ha venido determinada por impedimentos o limitaciones en la actividad de la empresa como consecuencia de decisiones adoptadas por la autoridad pública competente.

Si al expediente de regulación temporal de empleo le es aplicable el Mecanismo RED de flexibilidad y estabilización del empleo en su modalidad cíclica, cuando la coyuntura macroeconómica general aconseja la adopción de instrumentos adicionales de estabilización durante un plazo máximo de 1 año:

— 60%, desde la fecha en que se produzca la activación hasta el último día del 4.º mes posterior a esa fecha de activación.
— 30%, durante los 4 meses inmediatamente siguientes a la terminación del plazo anterior.
— 20%, durante los 4 meses inmediatamente siguientes a la terminación del plazo anterior.

Si al expediente de regulación temporal de empleo le es aplicable el Mecanismo RED de flexibilidad y estabilización del empleo en su modalidad sectorial, cuando en un determinado sector o sectores de actividad se aprecian cambios permanentes que genera necesidades de recualificación y de procesos de transición profesional de los trabajadores durante un plazo máximo de 1 año, prorrogable hasta 2 veces por 6 meses cada vez: 40%.

Las exenciones solo son aplicables si la empresa, salvo en los supuestos de fuerza mayor temporal, desarrolla acciones formativas para mejorar la competencia profesional y la empleabilidad.

2. Reducciones

Las reducciones de la cuota se pueden producir tanto respecto del empresario como del trabajador pero solamente respecto de las contingencias comunes.

En general, las reducciones de cuotas se financian con cargo a la correspondiente partida presupuestaria de la Tesorería General de la Seguridad Social.

2.1. Readmisión de trabajadores recuperados

Los trabajadores que hubieran cesado en la empresa por habérseles reconocido una incapacidad permanente total o absoluta y después de haber recibido prestaciones de recuperación profesional hubieran recobrado su plena capacidad laboral, tendrán preferencia absoluta para su readmisión en la última empresa en que trabajaron en la primera vacante que se produzca en su categoría o grupo profesional.

Los trabajadores que hubieran cesado en la empresa por habérseles reconocido una incapacidad permanente y después de haber recibido las prestaciones de recuperación profesional continuaran afectos de una incapacidad permanente parcial, tendrán preferencia absoluta para su readmisión en la última empresa en que trabajaron en la primera vacante que se produzca y que resulte adecuada a su capacidad laboral.

Las readmisiones que lleven a efecto las empresas, en los supuestos previstos anteriormente, darán derecho a reducciones del 50% de la cuota patronal de la Seguridad Social correspondiente a las contingencias comunes durante un período de 2 años.

2.2. Sustitución de trabajadores excedentes por cuidado de hijo, acogido o familiar

Los contratos de sustitución que se celebren para sustituir al trabajador que esté en la situación de excedencia por cuidado de hijo, acogido o familiar, tendrán derecho a una reducción en las cotizaciones empresariales a la Seguridad Social por contingencias comunes, cuando dichos contratos se celebren con beneficiarios de prestaciones por desempleo, de nivel contributivo o asistencial, que lleven más de un año como perceptores.

La cuantía de la reducción en la cotización es la siguiente:

— 95% durante el primer año de excedencia del trabajador que se sustituye.
— 60% durante el segundo año de excedencia del trabajador que se sustituye.
— 50% durante el tercer año de excedencia del trabajador que se sustituye.

2.3. Personal excluido de algunas contingencias

En 2022, el coeficiente reductor que ha de aplicarse a las cuotas devengadas por las empresas excluidas de la contingencia de incapacidad temporal derivada de enfermedad común o accidente no laboral es el 0,055, del que el 0,046 corresponde a la cuota empresarial y el 0,009 a la cuota del trabajador.

El importe a deducir de la cotización se determina multiplicando por ese coeficiente de 0,055 la cuota íntegra resultante de aplicar el tipo único vigente a las correspondientes bases de cotización.

2.4. Desempleo por reducción de jornada o suspensión del contrato

En los supuestos de reducción de jornada o suspensión del contrato durante un período de regulación de empleo, la empresa ingresará la aportación que le corresponda, debiendo el Servicio Público de Empleo (SPEE) ingresar únicamente la aportación del trabajador.

2.5. Trabajadores con 65 años o más que acrediten determinados años de cotización

Los empresarios y trabajadores quedarán exentos de cotizar a la Seguridad Social por contingencias comunes, salvo por incapacidad temporal derivada de las mismas, respecto de aquellos trabajadores por cuenta ajena o asimilados con contratos de trabajo de carácter indefinido, en los que concurran las circunstancias de tener cumplidos 65 o más años de edad y acreditar 38 años y 6 meses de cotización o 67 años de edad y 37 años de cotización efectiva a la Seguridad Social.

Si al cumplir 65 o 67 años de edad el trabajador no tiene cotizado el período correspondiente exigido según esa edad, la exención referida será aplicable a partir de la fecha en que se acrediten los años de cotización efectiva exigibles.

Transitoriamente, en 2022 la edad de jubilación exigible es 65 años y un período de cotización no inferior a 37 años y 6 meses, o, si ese periodo es inferior, 66 años y 2 meses de edad y 15 años de cotización.

La exoneración de cuotas de contingencias comunes, excepto incapacidad temporal, se calculará aplicando sobre la base de contingencias comunes del trabajador el tipo del 26,75% (28,30% – 1,55%).

La exoneración de la cotización referida, comprenderá también la totalidad de las aportaciones por desempleo, Fondo de Garantía Salarial y formación profesional.

2.6. Contrato de formación en alternancia

La empresa que celebre un contrato de formación en alternancia con un trabajador desempleado inscrito en la Oficina de empleo tiene derecho, durante toda la vigencia del contrato, incluidas las prórrogas, a una reducción de las cuotas empresariales a la Seguridad Social por todos los conceptos —contingencias comunes y profesionales, desempleo, Fondo de Garantía salarial y formación profesional—, correspondientes a ese contratos, de:

- — 100%, si el contrato se realiza por una empresa cuya plantilla es inferior a 250 personas.
- — 75%, si el contrato se realiza por una empresa cuya plantilla es igual o superior a 250 personas.

Por otra parte, cuando un contrato de formación en alternancia se celebra o prorroga con un trabajador desempleado inscrito en la Oficina de empleo, las cuotas de éste a la Seguridad Social se reducen el 100% durante toda la vigencia del contrato, incluidas las prórrogas.

La empresa que transforma en un contrato indefinido un contrato de formación en alternancia tiene derecho a una reducción en la cuota empresarial a la Seguridad Social durante 3 años de 1.800 euros/año, si se trata de una trabajadora, 1.500 euros/año, si el trabajador es un varón.

Idéntica reducción le corresponde a la empresa usuaria a la que se le había puesto a disposición un trabajador con un contrato de formación en alternancia cuando, sin solución de continuidad, concierta con ese trabajador un contrato de trabajo por tiempo indefinido.

La empresa debe hallarse al corriente en el cumplimiento de sus obligaciones tributarias y de Seguridad Social y no haber sido excluida del acceso a los beneficios derivados de la aplicación de los programas de empleo por la comisión de infracciones muy graves no prescritas.

El trabajador contratado no puede ser cónyuge, ascendiente, descendiente u otro pariente por consanguinidad o afinidad, hasta el 2.º grado inclusive, del empresario o de quien tenga el control empresarial, ostente cargos de dirección o sea miembro del órgano de administración de la empresa.

Esta exclusión no es de aplicación cuando se trata de la contratación:

— Por un trabajador autónomo de un hijo menor de 30 años, conviva o no con él.
— Por un autónomo sin asalariados de un único familiar menor de 45 años que no convive en su hogar ni está a su cargo.
— De una persona con discapacidad.

La reducción que se venía disfrutando con anterioridad al 1 de enero de 2017, pasa a partir de esta fecha a tener la naturaleza de bonificación en las cotizaciones sociales en el caso de trabajador inscrito en el Sistema Nacional de Garantía Juvenil.

2.7. Contrato predoctoral

La cotización relativa al personal investigador contratado bajo la modalidad de contrato predoctoral —contrato para la realización de tareas de investigación, en el ámbito de un proyecto específico y novedoso por titulados admitidos a un programa de doctorado, personal investigador predoctoral en formación— tiene una reducción del 30% de la cuota empresarial a la Seguridad Social por contingencias comunes.

2.8. Trabajador de 62 años e incapacidad temporal

La empresa tiene derecho a una reducción del 75% de la cuota empresarial por contingencias comunes durante la situación de incapacidad temporal del trabajador con 62 o más años de edad.

2.9. Contribución a plan de pensiones

Las empresas tienen derecho a una reducción de las cuotas empresariales a la Seguridad Social por contingencias comunes, exclusivamente por el incremento en la cuota que deriva directamente de la aportación empresarial a un plan de pensiones del sistema de empleo.

La reducción, del 100 por 100, tiene como límite el resultado de multiplicar por 13 la cuota resultante de aplicar a la base mínima diaria de cotización del grupo 8 del Régimen General de la Seguridad Social para contingencias comunes, 42 euros en 2003, el tipo general de cotización a cargo de la empresa para la cobertura de dichas contingencias, 23,6% en 2003.

3. **Recargos**

3.1. Contratación temporal de corta duración

El contrato de duración determinada, cuando ésta es inferior a 30 días, tiene una cotización adicional a cargo del empresario a la finalización del mismo, salvo que se trate de un contrato por sustitución.

Esa cotización consiste en el triple de la cuota que resulta de aplicar el tipo de cotización por contingencias comunes a cargo de la empresa, 23.60% en 2023, a la base mínima diaria de cotización del grupo 8 del Régimen general, 42 euros en 2023:

Cotización adicional: 42 euros × 23,60% × 3 = 29,74 euros.

Esta cotización adicional no se aplica a los contratos por sustitución, a los contratos para la formación y el aprendizaje ni a los contratos para la formación en alternancia.

3.2. Jubilación activa

Cuando un pensionista de jubilación compatibiliza la percepción de la pensión de jubilación con la realización de un trabajo por cuenta ajena, a la cotización por incapacidad temporal y por contingencias profesionales, debe sumársele una cotización especial de solidaridad del 9% sobre la base de cotización por contingencias comunes, no computable a efectos de prestaciones, de la que el 7% es a cargo del empresario y el 2% a cargo del trabajador.

3.3. Transcurso del plazo de ingreso de cuotas

Transcurrido el plazo reglamentario establecido para el pago de las cuotas a la Seguridad Social (mes siguiente al que corresponda su devengo) sin ingreso de las mismas, se devengan los siguientes recargos e intereses:

— Si el sujeto responsable del pago ha cumplido las obligaciones derivadas del correspondiente sistema de liquidación dentro del plazo reglamentario:

- Recargo del 10% de la deuda, si se abonan las cuotas debidas dentro del primer mes natural siguiente al del vencimiento del plazo para su ingreso.
- Recargo del 20% de la deuda, si se abonan las cuotas debidas a partir del segundo mes natural siguiente al del vencimiento del plazo para su ingreso.

— Si el sujeto responsable del pago no ha cumplido las obligaciones derivadas del correspondiente sistema de liquidación dentro del plazo reglamentario:

- Recargo del 20% de la deuda, si se abonan las cuotas debidas antes de la terminación del plazo de ingreso establecido en la reclamación de deuda o acta de liquidación.
- Recargo del 35% de la deuda, si se abonan las cuotas debidas a partir de la terminación de dicho plazo de ingreso.

— Si el sujeto responsable del pago no ha abonado la deuda una vez transcurridos 15 días desde la notificación de la providencia de apremio:

- Intereses de demora del principal de la deuda desde el vencimiento del plazo reglamentario de ingreso.
- Intereses de demora del recargo aplicable en el momento del pago, desde la fecha en que sea exigible.

El tipo de interés de demora es el interés legal del dinero vigente en cada momento del período de devengo (3,25%, en 2023) incrementado en un 25%, salvo que la Ley de Presupuestos del Estado establezca uno diferente (4,0625%, en 2023).

4. Crédito para acciones de formación

Cada empresa dispone de un crédito para la formación de sus trabajadores que podrá hacer efectivo mediante la aplicación de bonificaciones en las cuotas de la Seguridad Social, una vez realizada la formación.

4.1. Determinación del crédito

La cuantía de este crédito es la resultante de aplicar a la cantidad ingresada por la empresa en concepto de cuota de formación profesional durante el año anterior, el porcentaje de bonificación que corresponda en función del tamaño de la empresa, de tal forma que dicho porcentaje será mayor cuanto menor sea la plantilla de la misma.

En 2023, el porcentaje de bonificación aplicable a la cuantía ingresada en concepto de formación profesional durante el año 2022 es, en función del tamaño de la empresa:

— De 6 a 9 trabajadores: 100%.
— De 10 a 49 trabajadores: 75%.
— De 50 a 249 trabajadores: 60%.
— De 250 o más trabajadores: 50%.

En el caso de empresas de 1 a 5 trabajadores, en lugar de un porcentaje se garantiza un crédito de bonificación que, para 2023, es de 420 euros.

Asimismo, pueden beneficiarse de un crédito de formación las empresas que durante el año 2023 abran nuevos centros de trabajo y las empresas de nueva creación. En ambos supuestos, el importe del crédito de bonificaciones en 2023 es el resultado de aplicar al número de trabajadores de nueva incorporación la cuantía de 65 euros.

4.2. Módulos económicos máximos

La empresa podrá utilizar su crédito de formación para formar al número de trabajadores que considere oportuno, respetando los siguientes módulos económicos máximos (coste por participante y horas de formación):

— Formación presencial: 13 euros.
— Teleformación: 7,5 euros.
— Mixta: Se aplicarán los módulos anteriores en función de las horas de formación presencial y teleformación que tenga la acción formativa.

Los costes financiables de la formación en el contrato de formación en alternancia:

— Modalidad presencial: 8 euros.
— Modalidad a distancia/teleformación: 5 euros.
— Bonificación adicional hasta 40 horas por mes y alumno, de 1,5 euros por alumno y hora de tutoría o, en empresas de menos de 5 trabajadores, de 2 euros.

4.3. Coste bonificable

La bonificación aplicable por la empresa no podrá superar el coste máximo bonificable resultante de la siguiente multiplicación:

Coste máx. bonificable = Módulo económico máximo × N.º horas del curso × N.º de participantes.

La cuantía máxima de las bonificaciones que puede aplicarse la empresa para la financiación de los costes de formación en el contrato de formación en alternancia es la que resulte de multiplicar el correspondiente módulo económico por un número de horas equivalente al 25% de la jornada durante el primer año del contrato, y el 15% de la jornada el segundo y tercer año.

Estos porcentajes son del 50% y al 25%, respectivamente, si el alumno es beneficiario del Sistema nacional de garantía juvenil.

4.4. Cofinanciación

La empresa está obligada a aportar la diferencia entre el coste total de la formación y la bonificación que corresponde a la empresa, teniendo en cuenta los siguientes porcentajes mínimos de cofinanciación que, sobre el coste total de formación, son exigibles según sea la plantilla:

— De 1 a 9 trabajadores: 5%.
— De 10 a 49 trabajadores: 10%.

— De 50 a 249 trabajadores: 20%.
— De 250 o más trabajadores: 40%.

La empresa de menos de 5 trabajadores está exenta de la obligación de cofinanciación privada, cofinanciación que, por otra parte, no es aplicable a los permisos individuales de formación.

4.5. Aplicación de las bonificaciones

La cuantía del crédito para la formación, calculado en función de la plantilla, constituye el límite de las bonificaciones que la empresa puede efectuar con cargo a las cotizaciones a la Seguridad Social.

Estas bonificaciones se efectuarán en el mes en que haya finalizado la correspondiente acción formativa y en los meses subsiguientes, hasta completar el crédito de formación a que se tenga derecho.

4.6. Permiso individual de formación

La empresa puede financiar los costes salariales correspondientes a los permisos individuales de formación que conceda con el crédito anual de bonificaciones para formación y con un crédito adicional.

La formación que sea objeto del permiso individual debe estar reconocida mediante una titulación oficial o mediante una acreditación oficial, incluidas las de los títulos de formación profesional y certificados de profesionalidad, así como la de cualquier otra que acredite las competencias para el ejercicio de una ocupación u oficio.

Los costes salariales subvencionables, con un máximo de 200 horas laborales por permiso y curso académico o año natural, en función de la duración de la formación a realizar, son tanto el salario del trabajador (sueldo base, antigüedad y complementos fijos, así como por la parte correspondiente de pagas extraordinarias) como las cotizaciones devengadas a la Seguridad Social durante el período del permiso.

Si los costes salariales del permiso o permisos que concede la empresa superan el 5% de su crédito anual, el importe del crédito adicional para cada empresa es el equivalente al de los costes salariales de los permisos que comunique, con los siguientes límites:

— Para empresas de 1 a 9 trabajadores, el de los costes de 200 horas correspondientes a uno o más permisos.
— Para empresas de 10 a 49 trabajadores, el de los costes de 400 horas.
— Para empresas de 50 a 249 trabajadores, el de los costes de 600 horas.
— Para las de 250 a 499 trabajadores, el de los costes de 800 horas.
— Por cada 500 trabajadores más que la empresa tenga en su plantilla, el de los costes salariales de otras 200 horas.

4.7. Formación y expediente de regulación temporal de empleo

La empresa que desarrolle las acciones formativas a favor de los trabajadores afectados por un expediente de regulación temporal de empleo tiene derecho a un incremento de crédito para la financiación de acciones en el ámbito de la formación programada que, en función del tamaño de esa empresa, asciende a:

— De 1 a 9 trabajadores: 425 euros por persona.
— De 10 a 49 trabajadores: 400 euros por persona.
— De 50 o más trabajadores: 320 euros por persona.

5. Cuotas en el contrato de formación en alternancia

La acción protectora de la Seguridad Social del trabajador con un contrato de formación en alternancia comprende todas las contingencias, situaciones protegibles y prestaciones, incluido el desempleo. También tiene derecho a la cobertura del Fondo de Garantía Salarial.

Para cubrir esas contingencias, durante el año 2023 cabe distinguir dos tramos:

5.1. Cotización mensual hasta la base mínima de cotización

Las cuotas por contingencias comunes a cargo del empresario y a cargo del trabajador, por contingencias profesionales, por desempleo y al Fondo de Garantía Salarial de los contratos para la formación y el aprendizaje, hoy día de formación en alternancia, se incrementan, desde el 1 de enero de 2023, y respecto de las cuantías vigentes a 31 de diciembre de 2022, en el mismo porcentaje que aumenta la base mínima del Régimen general de la Seguridad Social, esto es, 8%:

- 61,24 euros por contingencias comunes: 51,06 euros a cargo del empresario y 10,18 euros a cargo del trabajador.
- 7,03 euros por contingencias profesionales, a cargo del empleador.
- 3,88 euros al Fondo de Garantía Salarial, a cargo del empleador.
- 2,15 euros por formación profesional: 1,90 euros a cargo del empresario y 0,25 euros a cargo del trabajador. Inaplicable esta cotización a los contratos para la formación y el aprendizaje.
- 88,83 euros por desempleo: 69,30 euros a cargo del empresario (5,5%) y 19,53 euros a cargo del trabajador (1,55%).
- Horas extraordinarias por fuerza mayor: 12%, a cargo de la empresa, y 2%, a cargo del trabajador, sobre su importe.
- 7,56 euros para el mecanismo de equidad intergeneracional (MEI): 6,30 euros a cargo del empresario (0,50%) y1,26 euros a cargo del trabajador (1,10%).

5.2. Cotización mensual a partir de la base mínima de cotización

Cuando la base de cotización mensual por contingencias comunes, determinada conforme a las reglas establecidas, es superior a la base mínima mensual de cotización, a las cuotas anteriores se añaden las que resulten de aplicar los tipos establecidos a la diferencia entre ambas bases.

No hay previsto incremento de cotización para el mecanismo de equidad intergeneracional por el exceso sobre la base mínima de cotización por contingencias comunes.

6. Recaudación de cuotas

La gestión recaudatoria de las cuotas, que están obligados a cotizar empresas y trabajadores, está atribuida a la Tesorería General de la Seguridad Social.

Las cuotas de la Seguridad Social y por conceptos de recaudación conjunta se deben liquidar mediante alguno de los siguientes sistemas:

- Sistema de autoliquidación por el sujeto responsable del ingreso de las cuotas de la Seguridad Social y por conceptos de recaudación conjunta.
  En este sistema el empresario debe transmitir por medios electrónicos a la Tesorería General de la Seguridad Social las liquidaciones de cuotas de la Seguridad Social y por conceptos de recaudación conjunta, salvo en aquellos supuestos en que dicha liquidación proceda mediante la presentación de los correspondientes documentos de cotización.

La transmisión o presentación puede efectuarse hasta el último día natural del respectivo plazo reglamentario de ingreso.

— Sistema de liquidación directa por la Tesorería General de la Seguridad Social, por cada trabajador, en función de los datos de que disponga sobre los sujetos obligados a cotizar y de aquellos otros que los sujetos responsables del cumplimiento de la obligación de cotizar deban aportar.
Mediante este sistema, la Tesorería General de la Seguridad Social determinará la cotización correspondiente a cada trabajador, a solicitud del sujeto responsable de su ingreso y cuando los datos que éste deba facilitar permitan realizar el cálculo de la liquidación.
La transmisión por medios electrónicos de los datos que permiten realizar el cálculo o presentación puede efectuarse hasta el penúltimo día natural del respectivo plazo reglamentario de ingreso.

El empresario está obligado a ingresar la totalidad de las cuotas, tanto patronal como obrera, dentro del plazo señalado para ello y que se denomina período voluntario. Y de no efectuarse el ingreso dentro de ese período voluntario, el empresario será apremiado a ello por vía ejecutiva.

6.1. Recaudación en período voluntario

El empresario tiene dos posibilidades a la hora de ingresar las cuotas en período voluntario: ingresarlas en el plazo reglamentario (dentro del mes siguiente al que corresponda su devengo) o efectuar el ingreso fuera del indicado plazo, con los correspondientes recargos (los que se indican en el epígrafe 3.2 anterior), pero antes de que se proceda a la recaudación de las mismas por vía ejecutiva.

Todas las empresas, agrupaciones de empresas y demás sujetos responsables del cumplimiento de la obligación de cotizar encuadrados en el Régimen general de la Seguridad Social deben estar incorporados de forma efectiva al Sistema RED en alguna de sus dos modalidades: RED internet y RED directo.

Así, el pago de las cuotas debe realizarse en alguna de los dos sistemas admitidos por cada una de esas modalidades:

— Domiciliación en Cuenta, que requiere la previa solicitud hasta el día 18 de cada mes de presentación, si bien el cargo efectivo en la entidad financiera no se produce hasta el último día hábil del mes.
— Pago Electrónico, que se basa en la emisión de un Recibo de liquidación de cotizaciones, a su vez, resultado del cálculo automático realizado por la Tesorería General de la Seguridad Social.

La Tesorería General de la Seguridad Social puede conceder aplazamientos de pago de la cuota patronal (no de las cuotas correspondientes a las contingencias de accidentes de trabajo y enfermedades profesionales ni de la cuota obrera, que no admiten demoras) si la empresa que lo solicita se ve imposibilitada de hacer la liquidación de las mismas dentro del plazo reglamentario por dificultades de tesorería de carácter transitorio, siempre y cuando ofrezca garantías suficientes que cubran el total de la deuda.

La falta de ingreso de las cuotas en el plazo reglamentario puede dar lugar a su reclamación administrativa por la Tesorería General de la Seguridad Social por el procedimiento de reclamación de deudas, o por la Inspección de Trabajo y Seguridad Social mediante la extensión de acta de liquidación de cuotas.

6.2. Recaudación ejecutiva

Transcurrido el plazo reglamentario de ingreso, y una vez adquieran firmeza en vía administrativa la reclamación de deuda o el acta de liquidación sin que se haya satisfecho la deuda, se iniciará el procedimiento de apremio mediante la emisión de providencia de apremio, en la que se identificará la deuda pendiente de pago con el recargo correspondiente.

La providencia de apremio constituye el título ejecutivo suficiente para el inicio del procedimiento de apremio por la Tesorería General de la Seguridad Social y tiene la misma fuerza ejecutiva que las sentencias judiciales para proceder contra los bienes y derechos de los obligados al pago de la deuda.

7. **Infracciones y sanciones**

7.1. Infracciones leves

Son infracciones leves las siguientes:

- No conservar, durante 4 años, los documentos de cotización y los recibos justificativos del pago de salarios y del pago delegado de prestaciones.
- No exponer, en lugar destacado del centro de trabajo, o no poner a disposición de los trabajadores, dentro del mes siguiente al que corresponda el ingreso de las cuotas, el ejemplar del documento de cotización o copia autorizada del mismo en el que conste la cotización efectuada correspondiente a aquellos o, en su caso, no facilitar la documentación aludida a los delegados de personal o comités de empresa.
- No facilitar o comunicar fuera de plazo a las entidades correspondientes los datos, certificaciones y declaraciones que estén obligados a proporcionar, u omitirlos, o consignarlos inexactamente.

Estas infracciones son susceptibles de ser sancionadas con multa de importe comprendido entre 70 y 750 euros.

7.2. Infracciones graves

Son infracciones graves las siguientes:

- No ingresar, en la forma y plazos reglamentarios, las cuotas correspondientes que por todos los conceptos recauda la Tesorería General de la Seguridad Social o no efectuar el ingreso en la cuantía debida, siempre que haya habido la procedente transmisión de liquidación o de datos para la liquidación a la referida Tesorería, según cual sea el sistema.
  No constituye infracción la falta de ingreso que obedece a una declaración concursal de la empresa, a un supuesto de fuerza mayor, o a haber solicitado aplazamiento para el pago de las cuotas con carácter previo al inicio de la actuación inspectora, salvo que haya recaído resolución denegatoria.
  En el sistema de autoliquidación de cuotas, el empresario ha debido transmitir por medios electrónicos a la Tesorería General de la Seguridad Social la liquidación, salvo que esta proceda mediante la presentación de los correspondientes documentos de cotización.
  En el sistema de liquidación directa de cuotas, el empresario ha debido solicitar a la Tesorería General de la Seguridad Social el cálculo de la liquidación correspondiente a cada trabajador y transmitir por medios electrónicos los datos que permitan realizar dicho cálculo.
- Obtener o disfrutar indebidamente cualquier tipo de reducciones, bonificaciones o incentivos en relación con el importe de las cuotas sociales que corresponda, entendiendo producida una infracción por cada trabajador afectado.
  No obstante, si se trata de bonificaciones de formación profesional para el empleo y reducciones de las cotizaciones por contingencias profesionales a las empresas que han contribuido especialmente a la disminución y prevención de la siniestralidad laboral, se entiende producida una infracción por empresa y acción formativa.

— No proceder dentro del plazo reglamentario a la cotización por los salarios de tramitación y por las vacaciones devengadas y no disfrutadas antes de la extinción de la relación laboral.

Estas infracciones son susceptibles de ser sancionadas con multa de importe comprendido entre 751 y 7.500 euros.

Cuando la infracción grave consiste en la falta de ingreso, en la forma y plazos reglamentarios, de las cuotas y los conceptos de recaudación conjunta en la cuantía debida, pero se han cumplido las obligaciones derivadas del correspondiente sistema de liquidación, se sanciona con multa:

— En su grado mínimo, del 50% al 65% del importe de las cuotas de Seguridad Social y demás conceptos de recaudación conjunta no ingresados, incluyendo recargos, intereses y costas.
  En principio, la sanción se impone en su grado mínimo cuando la cuantía no ingresada no supera los 10.000 euros.
— En su grado medio, con multa del 65,01% al 80%.
  En principio, la sanción se impone en su grado medio cuando la cuantía no ingresada está comprendida entre 10.001 y 25.000 euros.
— En su grado máximo, con multa del 80,01% al 100%.
  En principio, la sanción se impone en su grado máximo cuando la cuantía no ingresada es superior a los 25.000 euros.
  Se debe imponer la sanción en su grado máximo, cualquiera que sea la cantidad no ingresada, cuando el sujeto responsable ha cotizado en cuantía inferior a la debida mediante la ocultación o falsedad de las declaraciones o datos que tiene obligación de facilitar a la Seguridad Social.

7.3. Infracciones muy graves

Son infracciones muy graves las siguientes:

— No ingresar, en la forma y plazos reglamentarios, las cuotas correspondientes que por todos los conceptos recauda la Tesorería General de la Seguridad Social o no efectuar el ingreso en la cuantía debida, cuando, además, se han incumplido las obligaciones derivadas del correspondiente sistema de liquidación.
  En el sistema de autoliquidación de cuotas, el empresario debe transmitir por medios electrónicos a la Tesorería General de la Seguridad Social la liquidación, salvo que esta proceda mediante la presentación de los correspondientes documentos de cotización.
  En el sistema de liquidación directa de cuotas, el empresario debe solicitar a la Tesorería General de la Seguridad Social el cálculo de la liquidación correspondiente a cada trabajador y transmitir por medios electrónicos los datos que permitan realizar dicho cálculo.
— Pactar con sus trabajadores de forma individual o colectiva la obligación por parte de ellos de pagar total o parcialmente la prima o parte de cuotas a cargo del empresario.
— Efectuar declaraciones o facilitar, comunicar o consignar datos falsos o inexactos, que ocasionen liquidaciones, deducciones o compensaciones fraudulentas en las cuotas a satisfacer a la Seguridad Social, o incentivos relacionados con las mismas.
— El falseamiento de documentos o la simulación de la ejecución de la acción formativa, incluida la teleformación, para la obtención o disfrute indebido de bonificaciones en materia de formación profesional para el empleo.
  Se entenderá una infracción por cada empresa y por cada acción formativa.
— Retener indebidamente, no ingresándola dentro de plazo, la parte de cuota de Seguridad Social descontada a sus trabajadores o efectuar descuentos superiores a los legalmente establecidos, no ingresándolos en el plazo reglamentario.

Estas infracciones muy graves son susceptibles de ser sancionadas con multa de importe comprendido entre 7.501 y 225.018 euros.

No obstante, cuando la infracción muy grave consiste en no ingresar en plazo y formas reglamentarios las cuotas, y no se han cumplido las obligaciones derivadas del correspondiente sistema de liquidación, en retener indebidamente y no ingresar la parte de cuota de Seguridad Social descontada a los trabajadores o en efectuar descuentos superiores a los legalmente establecidos, se sanciona con multa:

— En su grado mínimo, con multa del 100,01% al 115% del exceso del descuento previsto legalmente o del importe no ingresado, incluyendo recargos, intereses y costas en ambos casos.
— En principio, la sanción se impone en su grado mínimo cuando la cuantía no ingresada no supera los 10.000 euros.
— En su grado medio, con multa del 115,01% al 13%.
En principio, la sanción se impone en su grado medio cuando la cuantía no ingresada está comprendida entre 10.001 y 25.000 euros.
— En su grado máximo, con multa del 130,01% al 150%.
En principio, la sanción se impone en su grado máximo cuando la cuantía no ingresada es superior a los 25.000 euros.
Se debe imponer la sanción en su grado máximo, cualquiera que sea la cantidad no ingresada, cuando el sujeto responsable ha cotizado en cuantía inferior a la debida mediante la ocultación o falsedad de las declaraciones o datos que tiene obligación de facilitar a la Seguridad Social.

8. **Delitos contra la Seguridad Social**

La defraudación a la Seguridad Social, por acción u omisión, constituye un delito contra la Seguridad Social cuando la cuantía de las cuotas defraudadas o de las devoluciones o deducciones indebidas excede de 50.000 euros en los siguientes supuestos:

— Eludiendo el pago de las cuotas de Seguridad Social y conceptos de recaudación conjunta.
— Obteniendo indebidamente devoluciones de las cuotas de Seguridad Social y conceptos de recaudación conjunta.
— Disfrutando indebidamente de deducciones por cualquier concepto.

A los efectos de determinar la cuantía defraudada se debe estar al importe total defraudado durante 4 años naturales.

La mera presentación de los documentos de cotización no excluye la defraudación, si ésta se acredita por otros hechos.

La existencia de un procedimiento penal por delito contra la Seguridad Social no paraliza el procedimiento administrativo para la liquidación y cobro de la deuda contraída con la Seguridad Social, salvo que el Juez así lo acuerde.

Este delito contra la Seguridad Social se castiga, salvo que se haya regularizado la situación, con:

— Pena de prisión de 1 a 5 años.
La pena puede ser inferior en uno o dos grados si antes de que transcurran 2 meses desde la citación judicial como imputado se satisface la deuda con la Seguridad Social y se reconocen judicialmente los hechos.
— Multa del tanto al séxtuplo de la cuantía defraudada.
— Pérdida de la posibilidad de obtener subvenciones o ayudas públicas durante un período de 3 a 6 años.
— Pérdida del derecho a gozar de los beneficios o incentivos fiscales o de la Seguridad Social durante un período de 3 a 6 años.

Se considera regularizada la situación ante la Seguridad Social cuando se ha procedido por el obligado frente a la Seguridad Social al completo reconocimiento y pago de la deuda:

— Antes de que se le haya notificado la iniciación de actuaciones inspectoras dirigidas a la determinación de la deuda.
— Antes de que el Ministerio Fiscal o el Letrado de la Seguridad Social interponga querella o denuncia, si las actuaciones inspectoras no se han producido.
— Antes de que el Ministerio Fiscal o el Juez de Instrucción realicen actuaciones que le permitan tener conocimiento formal de la iniciación de diligencias.

Los efectos de la regularización también se aplican cuando se satisfacen la deuda para con la Seguridad Social una vez prescrito el derecho de la Administración a su determinación en vía administrativa.

La regularización de la situación ante la Seguridad Social impide que al sujeto obligado se le persiga por las posibles irregularidades contables u otras falsedades instrumentales que, exclusivamente en relación a la deuda objeto de regularización, el mismo pudiera haber cometido con carácter previo a la regularización de su situación.

9. **Responsabilidad en orden a las prestaciones**

El empresario que incumple con su obligación de cotizar a la Seguridad Social por los trabajadores a su servicio puede verse obligado a responder de las prestaciones que esos trabajadores habrían percibido si dicha cotización se hubiera efectuado correctamente. La responsabilidad difiere según sea la clase de incumplimiento.

9.1. Falta de alta y de cotización

Si concurre la falta de alta y de cotización del trabajador a la Seguridad Social, el empresario se verá obligado a responder de la totalidad de las prestaciones que el trabajador pudiese causar.

En este supuesto, las cotizaciones efectuadas fuera de plazo, después del hecho causante de la prestación, no tendrían efecto alguno en orden a la exoneración de la responsabilidad del empresario.

9.2. Falta total de cotización

Si estando de alta el trabajador en la Seguridad Social, la falta de cotización es total (situación de descubierto) y el incumplimiento empresarial es voluntario, definitivo y, en consecuencia, expresivo de su voluntad de no cumplir con su obligación de cotizar, deviene la responsabilidad del empresario en el pago de las prestaciones que correspondan. Si los incumplimientos fuesen transitorios, ocasionales o involuntarios, la responsabilidad del pago de las prestaciones correspondería a la entidad gestora o colaboradora.

En este caso, se considera que la responsabilidad del empresario, que ingresa fuera de plazo las cotizaciones, con posterioridad al hecho causante de la prestación, se limita a la proporción correspondiente al tiempo de descubierto.

9.3. Cotización inferior a la debida

Cuando, con ánimo de fraude u ocultación, el empresario cotiza por una base inferior a la que legalmente corresponde (infracotización), se hace responsable de la diferencia de las prestaciones entre la cuantía del salario cotizado por el trabajador y el salario realmente percibido por el mismo, ya que la entidad aseguradora únicamente ha de responder hasta el límite de las cotizaciones efectuadas por la empresa. Si por el contrario, la inexactitud se debe a un descuido sin mala fe, es responsable la entidad aseguradora que sólo tendría derecho a cobrar la cuantía no cotizada.

10. Prescripción en materia de cotizaciones

La subsistencia de la obligación de pago de cotizaciones a la Seguridad Social tiene un límite de 4 años, a contar desde la fecha en que preceptivamente debieron ser ingresadas. Quiere decirse que, si los interesados en que ese ingreso se produzca (trabajador afectado, Inspección de Trabajo y Seguridad Social o Tesorería General de la Seguridad Social) no ejercitasen la correspondiente reclamación en ese plazo, la deuda prescribiría, no pudiendo reclamarla. Y ello, sin perjuicio de que el citado plazo de prescripción pueda quedar interrumpido (suspendido) por las causas ordinarias que lo interrumpen (reclamación del pago mediante denuncia del trabajador o por reclamación administrativa mediante reclamación de deuda o acta de liquidación).

Por otro lado, las personas obligadas a cotizar tienen derecho a la devolución total o parcial de las cuotas que por error se hubiesen ingresado. Este derecho a la devolución prescribe también a los 4 años, a contar desde el día siguiente al ingreso de las cotizaciones. Lógicamente, no procederá la devolución de las cuotas que hayan sido ingresadas maliciosamente, y ello sin perjuicio de las responsabilidades de todo orden a que hubiere lugar.

Asimismo, prescriben a los 4 años las infracciones y las correspondientes sanciones que, en esta materia, pudieran producirse.

11. Contratos con derecho a bonificación/reducción

(a cargo de los presupuestos del SPEE-INEM o del Ministerio de Empleo y Seguridad Social)

Claves	Modalidad	Bonificación/Reducción
130 y 230	Trabajadores con discapacidad. Duración indefinida tiempo completo o parcial (R.D. 1445/1982, 1451/1983, 170/2004 y 290/2004). * Con especiales dificultades de acceso al mercado ordinario de trabajo - (enclaves laborales).	Bonificación de las cuotas empresariales por contingencias comunes, AT y EP, desempleo, Fondo de Garantía Salarial y formación profesional: — Menores 45 años: 70% (mujeres: 90%). — Mayores 45 años: 90% (mujeres: 100%). * 100%.
139, 239 y 339	Transformación en indefinidos a tiempo completo o parcial de contratos temporales con trabajadores con discapacidad (Ley 10/1994).	Bonificación de las cuotas empresariales por contingencias comunes, AT y EP, desempleo, Fondo de Garantía Salarial y formación profesional: — Menores 45 años: 70%. — Mayores 45 años: 90%.
—	Contratos en determinados sectores en Ceuta y Melilla (DA 23.ª Ley Seguridad Social).	Bonificación del 50% de las cuotas empresariales por contingencias comunes, desempleo, FOGASA y formación profesional.
410 y 510	Contrato de sustitución con desempleados para sustituir a beneficiarios/as de períodos de suspensión por nacimiento de hijo, adopción y acogimiento o por riesgo durante el embarazo o durante la lactancia natural (a tiempo completo o a tiempo parcial) (Real Decreto-ley 11/1998, Ley 39/1999 y Ley O. 3/2007).	Bonificación del 100% de las cuotas empresariales por contingencias comunes, AT y EP, desempleo, Fondo de Garantía Salarial y formación profesional.

Claves	Modalidad	Bonificación/Reducción
—	Trabajadores en período de suspensión por nacimiento de hijo, adopción, acogimiento, riesgo durante el embarazo, riesgo durante la lactancia natural sustituidos mediante contratos de sustitución bonificados por tal causa (Ley 12/2001).	Bonificación del 100% de las cuotas empresariales por contingencias comunes, AT y EP, desempleo, Fondo de Garantía Salarial y formación profesional.
410 y 510	Contrato de sustitución con personas con discapacidad para sustituir a trabajadores discapacitados en situación de incapacidad temporal (Ley 45/2002).	Bonificación del 100% de las cuotas empresariales por contingencias comunes, AT y EP, desempleo, Fondo de Garantía Salarial y formación profesional.
410 y 510	Contrato de sustitución para sustituir a trabajadoras víctimas de violencia de género, o sexual (L.O. 1/2004 y L.O. 10/2022).	Bonificación de la cuota empresarial por contingencias comunes del 100%, durante toda la suspensión del contrato de trabajo o 6 meses en caso de movilidad geográfica o cambio de centro de trabajo.
150, 250, 350, 450 y 550	Contratos indefinidos o temporales con víctimas de violencia doméstica (a tiempo completo, a tiempo parcial y fijo discontinuo) (Ley 43/2006).	Bonificación de la cuota empresarial: —Indefinidos: 70,83 euros/mes (850 euros/año) para contratos, durante 4 años. —Temporales: 50 euros/mes (600 euros/año), vigencia contrato.
150, 250, 350, 450 y 550	Contratos indefinidos o temporales con víctimas de violencia de género (a tiempo completo, a tiempo parcial y fijo discontinuo) (Ley 43/2006 y RD 1.917/2008).	Bonificación de la cuota empresarial: —Indefinidos: 125 euros/mes (1.500 euros/año) durante 4 años. —Temporales: 50 euros/mes (600 euros/año), vigencia contrato.
150, 250, 350, 450 y 550	Contratos indefinidos o temporales con víctimas de terrorismo (a tiempo completo, a tiempo parcial y fijo discontinuo) (Ley 43/2006).	Bonificación de la cuota empresarial: —Indefinidos: 125 euros/mes (1.500 euros/año), durante 4 años. —Temporales: 50 euros/mes (600 euros/año), vigencia contrato.
150, 250, 350, 450 y 550	Contratos indefinidos o temporales con trabajadores en situación de exclusión social (a tiempo completo, a tiempo parcial y fijo discontinuo) (Ley 43/2006).	Bonificación de la cuota empresarial: —Indefinidos: 50 euros/mes (600 euros/año), durante 4 años. —Temporales: 41,67 euros/mes (500 euros/año), vigencia contrato. —Si en los 12 meses anteriores ha finalizado contrato con empresa de inserción: 137,50 euros/mes (1.650 euros/año) durante los 12 primeros meses.
150, 250, 350, 450 y 550	Contratos indefinidos o temporales con víctimas de trata de seres humanos (a tiempo completo, a tiempo parcial y fijo discontinuo) (Ley 43/2006).	Bonificación de la cuota empresarial: —Indefinidos: 125 euros/mes (1.500 euros/año), durante 2 años. —Temporales: 50 euros/mes (600 euros/año), vigencia contrato.

Claves	Modalidad	Bonificación/Reducción
130, 230, 330, 139, 239 y 339	Contratos indefinidos con trabajadores con discapacidad (a tiempo completo, a tiempo parcial y fijo discontinuo) o transformación en indefinidos de contratos temporales de fomento del empleo o formativos celebrados con trabajadores con discapacidad (a tiempo completo y a tiempo parcial) (Ley 43/2006).	Bonificación de la cuota empresarial de: —375 euros/mes (4.500 euros/año), vigencia contrato. —425 euros/mes (5.100 euros/año): trabajadores con parálisis cerebral, enfermedad mental o discapacidad intelectual, con grado de discapacidad igual o superior al 33%, y con discapacidad física o sensorial con grado de discapacidad igual o superior al 65%. —475 euros/mes (5.700 euros/año): trabajadores con 45 años o más en el momento de la contratación. —445,83 euros/mes (5.350 euros/año): trabajadoras discapacitadas.
430 y 530	Contratos temporales fomento del empleo con trabajadores con discapacidad desempleados e inscritos en la Oficina de empleo (a tiempo completo y a tiempo parcial) (Ley 43/2006).	Bonificación de la cuota empresarial de: —291,66 euros/mes (3.500 euros/año), vigencia contrato. —341,66 euros/mes (4.100 euros/año): trabajadores con parálisis cerebral, enfermedad mental o discapacidad intelectual, con grado de discapacidad igual o superior al 33%, y con discapacidad física o sensorial con grado de discapacidad igual o superior al 65%. —391,66 euros/mes (4.700 euros/año): trabajadores con 45 o más años en el momento de la contratación o trabajadoras discapacitadas.
1/150, 250, 350 y 4XX y 5XX (excepto 450 y 550) 2/139 y 239	Contratos de trabajadores con discapacidad en Centros Especiales de Empleo: 1. Indefinidos (a tiempo completo, a tiempo parcial y fijo discontinuo) o temporales, incluidos los formativos (a tiempo completo y a tiempo parcial). 2. Transformación en indefinidos de contratos temporales de fomento del empleo o de contratos formativos (a tiempo completo y a tiempo parcial). (Ley 43/2006.)	Bonificación del 100% de las cuotas empresariales por contingencias comunes, AT y EP, desempleo, Fondo de Garantía Salarial y formación profesional.
130, 230 y 330	Contrato por tiempo indefinido de personas con capacidad intelectual límite. (Ley 43/2006.)	Bonificación del 50% de la cuota empresarial durante 4 años.
150, 250, 350, 452 y 552	Contratos indefinidos o temporales con trabajadores desempleados en situación de exclusión social celebrados por empresas de inserción (a tiempo completo, a tiempo parcial y fijo discontinuo) (Ley 44/2007).	Bonificación de la cuota empresarial de 70,83 euros/mes (850 euros/año), durante la vigencia contrato o durante 3 años en caso de contrato indefinido.

Claves	Modalidad	Bonificación/Reducción
109, 209 y 309	Transformación en indefinidos de contratos para la obtención de práctica profesional, de relevo o de sustitución por anticipación de la edad de jubilación. (Real Decreto-ley 3/2012 y Ley 3/2012.)	Bonificación en la cuota empresarial a la Seguridad Social: — Varones: 41,67 euros/mes (500 euros/año). — Mujeres: 58,33 euros/mes (700 euros/año).
421	Contrato de formación en alternancia con trabajador inscrito en el Sistema Nacional de Garantía Juvenil. (Ley 3/2012.)	Bonificación en la cuota empresarial a la Seguridad Social: — 100%, si la plantilla es inferior a 250 trabajadores. — 75%, si la plantilla es igual o superior a 250 trabajadores.
109, 209 y 309	Transformación en indefinido de contrato de formación en alternancia con trabajador inscrito en el Sistema nacional de garantía juvenil. (Ley 3/2012.)	Bonificación en la cuota empresarial a la Seguridad Social: — Mujeres: 1.800 euros/año, durante 3 años. — Varones: 1.500 euros/año, durante 3 años.
—	—Contratos en el sector de turismo, comercio vinculado y hostelería en febrero, marzo y noviembre (L 11/2020).	Bonificación en dichos meses del 50% de las cuotas empresariales por contingencias comunes, desempleo, FOGASA y formación profesional.
—	— Contratación indefinida y temporal de personal investigador. (Ley 17/2012 y RD 475/2014.)	Bonificación del 40% de la cuota empresarial por contingencias comunes.
—	Cambio de puesto de trabajo o función distinta por riesgo durante el embarazo o durante la lactancia natural (L 11/2020).	50% de la aportación empresarial por contingencias comunes.
—	Cambio de puesto de trabajo en la misma empresa o el desempeño en otra distinta por enfermedad profesional (L 11/2020 y RD 1.430/09).	50% de la aportación empresarial por contingencias comunes.
—	Contratación de un familiar por el trabajador autónomo (L 6/2017).	100% de la aportación empresarial por contingencias comunes, durante 1 año.
421 y 521 420 y 520	Contratos formativos celebrados con trabajadores con discapacidad: —De formación en alternancia. —Para la obtención de práctica profesional. (DA 20.ª Estatuto de los Trabajadores.)	Bonificación del 50% de la cuota empresarial por contingencias comunes.

12. **Contratos con derecho a reducción**
(a cargo de los presupuestos de la Seguridad Social)

Claves	Modalidad	Reducción
130, 230 y 330	Trabajadores readmitidos una vez recuperados de incapacidad permanente total o absoluta o que continúen afectados por una incapacidad permanente parcial. (RD 1.451/1983.)	50% de la aportación empresarial por contingencias comunes durante 2 años.
100, 200, 300, 150, 250 y 350	Contratos con trabajadores de 65 años o más de edad y 38 años y 6 meses de cotización, o 67 años si la cotización es inferior pero igual o superior a 15 años (art 152 LGSS). En 2023: 65 años edad y 37 años y 9 meses de cotización o 66 años y 4 meses de edad (DT 7.ª LGSS).	Exención de cotización por contingencias comunes, excepto IT derivada de las mismas, desempleo, Fondo de Garantía Salarial y formación profesional.
421	Contrato de formación en alternancia con desempleado inscrito en la oficina de empleo. (Real Decreto-ley 3/2012 y Ley 3/2012.)	Reducción de la cuota empresarial por todos los conceptos: — 100%, si la plantilla es inferior a 250 trabajadores. — 75%, si la plantilla es igual o superior a 250 trabajadores. Reducción del 100% de la cuota el trabajador a la Seguridad Social: por todos los conceptos.
109, 209 y 309	Transformación en indefinido de contrato de formación en alternancia. (Real Decreto-ley 3/2012 y Ley 3/2012.)	Reducción en la cuota empresarial a la Seguridad Social: —Mujeres: 1.800 euros/año, durante 3 años. —Varones: 1.500 euros/año, durante 3 años.
—	Trabajadores de 62 o más años de edad en situación de incapacidad temporal (O.PCM/74/2023)M.	75 por 100 de la cuota empresarial por contingencias comunes.
—	Contribución empresarial mensual a un plan de pensiones del sistema de empleo (DA 47.ª LSS).	100 por 100 del incremento de la cuota, con el límite de 13 veces la cuota mínima empresarial por contingencias comunes.

13. **Casos prácticos**

13.1. Bonificación de cuotas

Planteamiento

Una empresa tiene formalizado un contrato de trabajo de carácter indefinido, y a tiempo completo, con un trabajador discapacitado de 25 años de edad, siendo su categoría profesional la de auxiliar administrativo, que presta sus servicios en la oficina.

La base mensual de cotización por contingencias comunes es de 1.600 euros, y la base de cotización por contingencias profesionales de 1.800 euros; ascendiendo a 200 euros el importe de la base para la cotización adicional por horas extraordinarias.

¿Tiene derecho la empresa empleadora a gozar de algún beneficio en materia de cotización a la Seguridad Social? En caso afirmativo, ¿cómo se efectuaría el cálculo de las cuotas correspondientes?

Solución

1. Derecho a bonificación

Las empresas que contratan, por tiempo indefinido y en jornada completa, a trabajadores con discapacidad tienen derecho a bonificaciones en las cuotas empresariales de la Seguridad Social de 375 euros/mes.

2. Cálculo de las cuotas de cotización

1. *Para contingencias comunes*

- A cargo del empresario: 23,60% × 1.600 euros .... = 377,60 euros
- A cargo del trabajador: 4,70% × 1.600 euros .... = 75,20 euros

2. *Para contingencias profesionales (AT y EP)*

- A cargo del empresario exclusivamente, ocupación «a»:

Por IT: 0,80% × 1.800 euros .... = 14,40 euros
Por IMS: 0,70% × 1.800 euros .... = 12,60 euros

27,00 euros

3. *Para desempleo*

- A cargo del empresario: 5,50% × 1.800 euros .... = 99,00 euros
- A cargo del trabajador: 1,55% × 1.800 euros .... = 27,90 euros

4. *Para el Fondo de Garantía Salarial*

- A cargo del empresario exclusivamente: 0,20% × 1.800 euros .... = 3,60 euros

5. *Para formación profesional*

- A cargo del empresario: 0,60% × 1.800 euros .... = 10,80 euros
- A cargo del trabajador: 0,10% × 1.800 euros .... = 1,80 euros

6. *Para cotización adicional por horas extraordinarias*

- A cargo del empresario: 23,60% × 200 euros...................... = 47,50 euros
- A cargo del trabajador: 4,70% × 200 euros........................ = 9,40 euros

7. *Para cotización adicional del mecanismo de equidad intergeneracional (MEI)*

- A cargo del empresario: 0,50% × 1.600 euros .... = 8,00 euros
- A cargo del trabajador: 0,10% × 1.600 euros .... = 1,60 euros

8. *Bonificación de cuotas a la Seguridad Social* .... = 375,00 euros

13.2. Reducción de cuotas

Planteamiento

Un trabajador, a quien se le había reconocido una incapacidad permanente total, una vez recuperado de su dolencia es readmitido por la empresa en la que prestaba sus servicios en las mismas condiciones que tenía con anterioridad como ayudante no titulado.

La base mensual de cotización del trabajador por contingencias comunes asciende a 1.900 euros. A la misma cuantía asciende la base de cotización por contingencias profesionales.

¿Tiene derecho la empresa empleadora a gozar de algún beneficio en materia de cotización a la Seguridad Social? En caso afirmativo, ¿cómo se efectuaría el cálculo de las cuotas correspondientes?

Solución

1. DERECHO A REDUCCIÓN

Las empresas que readmitan a trabajadores una vez recuperados de incapacidad permanente total tienen derecho a una reducción del 50% de las cuotas empresariales a la Seguridad Social por contingencias comunes durante 2 años.

2. CÁLCULO DE LAS CUOTAS DE COTIZACIÓN

1. *Para contingencias comunes*

- A cargo del empresario: 23,60% × 1.900 euros .... = 448,40 euros
  50% (reducción) × 448,40 euros .... = 224,20 euros

  224,20 euros
- A cargo del trabajador: 4,70% × 1.900 euros = 89,30 euros.

2. *Para contingencias profesionales (AT y EP)*

- A cargo del empresario exclusivamente, ocupación «a»:

Por IT: 0,65% × 1.900 euros .... = 12,35 euros
Por IMS: 0,35% × 1.900 euros .... = 6,65 euros

19,00 euros

3. *Para desempleo*

- A cargo del empresario: 5,50% × 1.900 euros = 104,50 euros.
- A cargo del trabajador: 1,55% × 1.900 euros = 29,45 euros.

4. *Para el Fondo de Garantía Salarial*

- A cargo del empresario exclusivamente: 0,20% × 1.900 euros = 3,80 euros

5. *Para formación profesional*

- A cargo del empresario: 0,60% × 1.900 euros = 11,40 euros.
- A cargo del trabajador: 0,10% × 1.900 euros = 1,90 euros.

7. *Para cotización adicional del mecanismo de equidad intergeneracional (MEI)*

- A cargo del empresario: 0,50% × 1.900 euros .... = 9,50 euros
- A cargo del trabajador: 0,10% × 1.900 euros .... = 1,90 euros

13.3. RECARGO DE CUOTAS

Planteamiento

Una empresa contrata a un trabajador con carácter eventual, durante 4 días naturales, con la categoría de auxiliar administrativo.

La base de cotización por contingencias comunes, correspondiente a la retribución de esos días, asciende a 180 euros. A la misma cuantía asciende la base de cotización por contingencias profesionales.

Al tratarse de un contrato de muy corta duración, ¿tiene algún tipo de penalización? En caso afirmativo, ¿cómo se efectuaría el cálculo de las cuotas correspondientes?

Solución

1. Pago de recargo

El contrato de duración determinada inferior a 30 días tiene una cotización adicional a la finalización del mismo, consistente en el triple de la cuota que resulta de aplicar el tipo de cotización por contingencias comunes a cargo de la empresa, 23.60% en 2023, a la base mínima diaria de cotización del grupo 8 del Régimen general, 42 euros en 2023.

2. Cálculo de las cuotas de cotización

1. *Para contingencias comunes*

- A cargo del empresario: 23,60% × 180 euros. . . . . = 42,48 euros
  Recargo (cotización adicional): 42,00 euros × 23,60% × 3. . . . . = 29,73 euros
  72,21 euros
- A cargo del trabajador: 4,70% × 180 euros = 8,46 euros.

2. *Para contingencias profesionales (AT y EP)*

- A cargo del empresario exclusivamente, ocupación «a»:

  Por IT: 0,80% × 180 euros. . . . . = 1,44 euros
  Por IMS: 0,70% × 180 euros . . . . = 1,26 euros
  2,70 euros

3. *Para desempleo*

- A cargo del empresario: 6,70% × 180 euros = 12,06 euros.
- A cargo del trabajador: 1,60% × 180 euros = 2,88 euros.

4. *Para el Fondo de Garantía Salarial*

- A cargo del empresario exclusivamente: 0,20% × 180 euros = 0,36 euros.

5. *Para formación profesional*

- A cargo del empresario: 0,60% × 180 euros = 1,08 euros.
- A cargo del trabajador: 0,10% × 180 euros = 0,18 euros.

6. *Para cotización adicional del mecanismo de equidad intergeneracional (MEI)*

- A cargo del empresario: 0,50% × 180 euros = 0,90 euros.
- A cargo del trabajador: 0,10% × 180 euros = 0,18 euros.

13.4. Aplicación del crédito por formación continua

Planteamiento

Una empresa quiere organizar y gestionar en 2023 una acción formativa para un grupo de sus trabajadores y trata de determinar el importe máximo de que dispone para financiar, con cargo a bonificaciones en las cuotas de la Seguridad Social, la acción de formación que pretende realizar.

Los datos a tener en cuenta, en los cálculos referidos, son los siguientes:

— Plantilla: 100 trabajadores.
— Cuota ingresada en 2022 por formación profesional: 13.000 euros.

— Participantes en la formación: 25 trabajadores.
— Duración de la formación: 40 horas.
— Nivel de formación: Básico.
— Coste total de la formación: 13.800 euros.

Solución

A los efectos de responder al planteamiento realizado hemos de concretar las siguientes operaciones:

1. Coste máximo bonificable

El coste máximo bonificable es el resultado de la aplicación del módulo económico máximo (coste por participante y hora de formación) establecido para la modalidad formativa elegida por la empresa.

En el supuesto planteado, el cálculo sería el siguiente:

13 euros (módulo económico máximo) × 40 horas (duración del curso) ×
× 25 trabajadores participantes = 13.000 euros.

2. Financiación privada

La empresa está obligada a aportar la diferencia entre el coste total de la formación y la bonificación que corresponde a la empresa, teniendo en cuenta el porcentaje mínimo de cofinanciación que, sobre el coste total de formación, es exigible según escala y número de trabajadores en plantilla:

13.800 euros (coste total de formación) – 13.000 euros (coste máximo bonificable) = 800 euros.

Cuantía ésta (800 euros) que no es superior al importe resultante de la operación siguiente:

20% (porcentaje, según escala, por tener 100 trabajadores en plantilla) ×
× 13.800 euros (coste total de formación) = 2.760 euros

En consecuencia, habrá que reducir o ajustar el coste máximo bonificable a la financiación privada exigible; es decir, a 11.040 euros (13.800 – 2.760).

3. Crédito para la formación

El crédito para la formación es el resultado de aplicar a la cuantía ingresada por la empresa en concepto de cuota de formación profesional durante el año natural anterior, el porcentaje correspondiente, según escala y número de trabajadores en plantilla.

En el supuesto planteado, el cálculo sería el siguiente:

13.000 euros (cuota de formación profesional) × 60% (porcentaje de bonificación,
según escala, por tener 100 trabajadores en plantilla) = 7.800 euros.

4. Conclusiones

Dado que el crédito para la formación resultante (7.800 euros) es inferior al coste máximo bonificable (11.040 euros) deberá concluirse que la empresa dispone de un crédito para financiar su programa de formación de trabajadores, con cargo a las bonificaciones en las cuotas de la Seguridad Social, por importe de 7.800 euros.

Si el crédito de formación hubiera sido superior, se descontará el crédito máximo bonificable, ajustado con la financiación privada exigible (11.040 euros).

14. Modelo de acta de liquidación de cuotas

MINISTERIO DE TRABAJO Y ECONOMÍA SOCIAL. INSPECCIÓN PROVINCIAL DE TRABAJO Y SEGURIDAD SOCIAL DE Dirección Postal: Teléfono:	ACTA DE LIQUIDACIÓN DE CUOTAS A LA SEGURIDAD SOCIAL, DESEMPLEO, FONDO DE GARANTIA SALARIAL Y FOMACIÓN PROFESIONAL Numero: Fecha:

Régimen de Seguridad Social: Identif. Segur. Social (CCC/NAF): D.N.I/N.I.F/C.I.F: Actividad: Entidad de A.T:	SUJETO RESPONSABLE (Empresa) Nombre/Razón Social: Domicilio: Localidad:: OTROS SUJETOS RESPONSABLES: SI NO Ver anexo

NATURALEZA DEL DESCUBIERTO	PERIODO DEL DESCUBIERTO	SE LEVANTA ACTA DE INFRACCION
FALTA DE AFILIACIÓN O ALTA ☐ DIFERENCIAS DE COTIZACIÓN ☐ DERIVACION RESPONSABILIDAD ☐ BONIFICACIONES INDEBIDAS ☐	MES Y AÑO:	SI NO

El/la Inspector/a de Trabajo y Seguridad Social que suscribe, en uso de las facultades que le otorga la Ley 42/1997, de 14 de Noviembre, Ordenadora de la Inspección de Trabajo y Seguridad Social (B.O.E. 15/11/97), y el Texto Refundido de la Ley General de Seguridad Social, aprobado por Real Decreto Legislativo 1/1994, de 20 de junio (B.O.E. 29/06/94), formula la presente acta de liquidación de deudas por las cuotas de Seguridad Social y otros conceptos de recaudación conjunta que se indican, en base a los hechos comprobados, medios utilizados para su esclarecimiento, y elementos de convicción dispuestos que se indican en documento anexo, con expresión de las disposiciones infringidas. Asimismo en documentos anexos por cada periodo parcial se detallan los datos que han servido para calcular el débito, la liquidación parcial, con el importe principal del débito, el recargo del 20% por falta de ingreso en plazo reglamentario, y el total de ambos. En los supuestos de derivación de responsabilidad se incluyen también los intereses y costas. De todo ello resulta que el **IMPORTE TOTAL DE LA DEUDA DEL PERIODO DEL DESCUBIERTO es de** **euros**, como suma de las liquidaciones parciales siguientes:

Periodos liquidados	Nº Trabaj.	Importe principal de la deuda	Recargo 20 %	Intereses	Costas	Importes totales periodos parciales

EL/LA INSPECTOR/A DE TRABAJO Y SEGURIDAD SOCIAL

Fdo:..

La presente Acta tiene el carácter de liquidación provisional, de acuerdo con lo dispuesto en el artículo 31.2 del Texto refundido de la Ley General de la Seguridad Social. Se hace expresa advertencia de que, en el plazo de QUINCE DÍAS HABILES a contar desde la fecha de notificación de la presente Acta, podrá formularse escrito de alegaciones ante el Jefe de la Unidad Especializada de Seguridad Social de la Inspección de Trabajo y Seguridad Social, conforme a lo dispuesto en el precepto antes citado y en el artículo 33.1 del Reglamento General sobre procedimientos para la imposición de sanciones por infracciones de orden social y para los expedientes liquidatorios de cuotas de la Seguridad Social, aprobado por Real Decreto 928/98, de 14 de mayo (B.O.E 3 de Junio). Caso de formular alegaciones, tendrá derecho a la vista y audiencia por plazo de diez días. El plazo máximo para dictar la Resolución del presente expediente liquidatorio será de seis meses a contar desde la fecha del acta de liquidación. El INGRESO del importe de la deuda figurada en la presente Acta de Liquidación en el indicado plazo de 15 días supondrá su conversión en liquidación definitiva (art. 33.1 antes citado), y podrá hacerse efectivo en las oficinas recaudadoras de la Tesorería General de la Seguridad Social o a través de colaboradores autorizados o habilitados para la gestión recaudatoria, utilizando para ello el documento de ingreso TC-1/30.

Modelo I.T. 206

15. Modelo de diligencia de la Inspección de Trabajo y Seguridad Social

MINISTERIO
DE TRABAJO
Y ECONOMÍA SOCIAL

ORGANISMO ESTATAL
INSPECCIÓN DE TRABAJO
Y SEGURIDAD SOCIAL
INSPECCIÓN PROVINCIAL
DE TRABAJO Y SEGURIDAD
SOCIAL DE

DILIGENCIA

FUNCIONARIO ACTUANTE

Nombre y apellidos:

Cuerpo al que pertenece: Inspector/a ☐ Subinspector/a ☐ Técnico/a ☐

Fecha de la actuación:

Forma de actuación (visita/comprobación):

EMPRESA

Nombre o Razón Social:

NIF: Actividad:

Dirección de correo electrónico:

Domicilio del centro de trabajo (calle, número):

Localidad:

Provincia: Código Postal:

Colaboración de los representantes de los trabajadores :

Observaciones:

Se extiende **DILIGENCIA**, conforme a lo establecido en el artículo 21.6 de la Ley 23/2015, de 21 de julio (BOE del 22), Ordenadora del Sistema de Inspección de Trabajo y Seguridad Social y de lo dispuesto en el articulo 68 del Reglamento de Organización y Funcionamiento de la inspección de Trabajo y Seguridad Social aprobado por Real Decreto 138/2000 de 14 de Febrero.

Capítulo X

Retenciones e ingresos a cuenta del IRPF

El empresario está obligado a efectuar retención, a cuenta del Impuesto sobre la Renta de las Personas Físicas (IRPF), de las retribuciones dinerarias que, por razón de los servicios que le prestan, abona a sus trabajadores. Asimismo, está obligado a efectuar ingresos, a cuenta de dicho impuesto, por las retribuciones que satisfaga en especie.

Obligación complementaria de las anteriores, y que también ha de asumir el empresario retenedor, es la de declarar e ingresar en la Hacienda Pública las cantidades retenidas.

1. **Rendimientos de trabajo**

1.1. En general

Se consideran rendimientos íntegros del trabajo todas las contraprestaciones o utilidades, cualquiera que sea su denominación o naturaleza, que deriven, directa o indirectamente del trabajo; y comprenden tanto las dinerarias como las obtenidas en especie, en cuanto retribuyan o se deriven del trabajo personal o sean consecuencia de la relación laboral.

1.2. En particular

Se consideran rendimientos del trabajo, y por consiguiente sujetos a retención, los conceptos siguientes:

a) Los sueldos y salarios (salario base y complementos salariales).

b) Los premios e indemnizaciones derivados del trabajo en lo que exceda de los importes excluidos de gravamen.

A tal efecto se consideran exentas las remuneraciones siguientes:

— La indemnización por despido improcedente, en la cuantía de 45 días de salario por año de servicio, por el tiempo de prestación de servicios anterior al 12 de febrero de 2012, y a razón de 33 días de salario por año de servicio por el tiempo de prestación de servicios posterior a dicha fecha, prorrateando por meses los períodos de tiempo inferiores a un año.

La indemnización no puede ser superior a 720 días de salario, salvo que del cálculo por el periodo anterior al 12 de febrero de 2012 resulte un número de días superior, en cuyo caso se aplica éste, con el límite de 42 mensualidades.

El importe de la indemnización exenta por despido improcedente tiene como límite 180.000 euros.

— La indemnización adicional que, en ejecución de sentencia, pudiera fijar el juez en cuantía de 15 días de salario por año de trabajo y un máximo de 12 mensualidades, en atención a las circunstancias concurrentes y a los perjuicios ocasionados por la no readmisión o por la readmisión irregular, o como consecuencia de la imposibilidad de readmisión por cese o cierre de la empresa.

— La indemnización por despido colectivo, debido a causas económicas, técnicas, organizativas, de producción o por fuerza mayor, en la cuantía de 45 días de salario por año de servicio, por el tiempo de prestación de servicios anterior al 12 de febrero de 2012, y a razón de 33 días de salario por año de servicio por el tiempo de prestación de servicios posterior a dicha fecha, prorrateando por meses los períodos de tiempo inferiores a un año.

La indemnización no puede ser superior a 720 días de salario, salvo que del cálculo por el periodo anterior al 12 de febrero de 2012 resulte un número de días superior, en cuyo caso se aplica éste, con el límite de 42 mensualidades.

El importe de la indemnización exenta por despido colectivo tiene como límite 180.000 euros.

— La indemnización por extinción del contrato debida a causas objetivas, salvo si éstas son económicas, técnicas, organizativas, de producción o por fuerza mayor, en la cuantía de 20 días de salario por año de trabajo, con un máximo de 12 mensualidades.

El importe de la indemnización exenta por la extinción del contrato debida a causas objetivas tiene como límite 180.000 euros.

— La indemnización por extinción del contrato debida a causas objetivas, si éstas son económicas, técnicas, organizativas, de producción o por fuerza mayor, en la cuantía de 45 días de salario por año de servicio, por el tiempo de prestación de servicios anterior al 12 de febrero de 2012 y a razón de 33 días de salario por año de servicio por el tiempo de prestación de servicios posterior a dicha fecha, prorrateando por meses los períodos de tiempo inferiores a un año.

La indemnización no puede ser superior a 720 días de salario, salvo que del cálculo por el periodo anterior al 12 de febrero de 2012 resulte un número de días superior, en cuyo caso se aplica éste, con el límite de 42 mensualidades.

El importe de la indemnización exenta por la extinción del contrato debida a causas objetivas tiene como límite 180.000 euros.

— La indemnización por optar por la extinción del contrato en traslado autorizado, también en la cuantía que exceda del importe de 20 días de salario por año de trabajo, con un máximo de 12 mensualidades.

— La indemnización por resolución del contrato a instancia del trabajador como consecuencia de los perjuicios causados por modificaciones sustanciales de las condiciones de trabajo. Su cuantía es de 20 días de salario por año de servicio, prorrateándose por meses los períodos inferiores a 1 año y con un máximo de 9 mensualidades.

— La indemnización por despido en la cuantía que no exceda del importe legalmente establecido para las relaciones laborales de carácter especial (personal de alta dirección, penados, deportistas profesionales, artistas y representantes).

— La indemnización de una mensualidad de salario, por extinción del contrato a causa de muerte, jubilación o incapacidad del empresario.

— La indemnización de 12 días de salario por cada año de servicio, o la establecida, en su caso, en la normativa específica que sea de aplicación, a la finalización del contrato por expiración del tiempo convenido, excepto en los casos del contrato de sustitución y de los contratos formativos.

— La compensación económica equivalente a 12 días de salario por año de servicio que corresponde al trabajador con discapacidad a la finalización del contrato temporal de fomento de empleo.

c) Los salarios de tramitación percibidos en sustitución de los salarios dejados de percibir durante el tiempo que media entre la fecha del despido y la de la notificación de la sentencia judicial.

d) Las prestaciones por desempleo, salvo que se perciban en la modalidad de pago único.

e) Las pensiones reconocidas por la Seguridad Social, salvo las de incapacidad permanente absoluta o gran invalidez.

f) Los complementos que abonen las empresas a su exclusivo cargo sobre la prestación económica de la Seguridad Social por incapacidad permanente total del trabajador o de la pensión de jubilación.

g) Los subsidios por incapacidad temporal.

h) Las prestaciones durante la situación de riesgo por embarazo.

i) Las remuneraciones en concepto de gastos de representación.

j) Las contribuciones o aportaciones satisfechas por los promotores de planes de pensiones.

k) Las asignaciones para gastos de desplazamiento del domicilio habitual al lugar de trabajo o a la inversa (plus de distancia o plus de transporte), con independencia de que estén o no en el mismo municipio.

l) Las dietas y asignaciones por gastos devengados en el municipio del lugar de trabajo habitual del perceptor, en su cuantía íntegra.

m) Las dietas y asignaciones para gastos de viaje devengados en lugar distinto del trabajo habitual del perceptor, con las excepciones siguientes:

— Los gastos de locomoción, en las siguientes condiciones e importes:

- Cuando el empleado o trabajador utilice medios de transporte público, el importe del gasto que se justifique mediante factura o documento equivalente.
- En otro caso, la cantidad que resulte de computar 0,19 euros por kilómetro recorrido más los gastos de peaje y aparcamiento que se justifiquen.

— Los gastos normales de manutención y estancia en hoteles, restaurantes y demás establecimientos de hostelería en las siguientes condiciones e importes:

- Cuando se haya pernoctado en municipio distinto del lugar de trabajo habitual y del que constituya la residencia del perceptor:

  — Por gastos de estancia, los importes que se justifiquen.
  En el caso de conductores de vehículos dedicados al transporte de mercancías por carretera no es preciso la justificación de los gastos de estancia que no exceden de 15 euros diarios, si se producen por desplazamiento dentro del territorio español, o de 25 euros diarios, si corresponden a desplazamientos a territorio extranjero.

  — Por gastos de manutención, 53,34 euros diarios, si corresponden a desplazamiento dentro del territorio español, o 91,35 euros diarios si corresponden a desplazamiento a territorio extranjero.

- Cuando no se haya pernoctado en municipio distinto del lugar de trabajo habitual y del que constituya la residencia del perceptor, las asignaciones para gastos de manutención que no excedan de 26,67 o 48,08 euros diarios, según se trate de desplazamiento dentro del territorio español o al extranjero, respectivamente.
  En el caso de personal de vuelo esos importes son 36,06 o 66,11 euros/día, según se trate de desplazamiento dentro del territorio español o al extranjero, respectivamente.

1.3. Retribuciones en especie

1.3.1. *En general*

Constituyen retribuciones en especie la utilización, consumo u obtención, para fines particulares, de bienes, derechos o servicios de forma gratuita o por precio inferior al normal de mercado, aun cuando no supongan un gasto real para quien las conceda.

Con carácter general, las rentas en especie se valorarán por su valor normal en el mercado.

1.3.2. *En particular*

Los siguientes rendimientos del trabajo en especie se valorarán de acuerdo con las siguientes normas de valoración:

a) En el caso de utilización de vivienda propiedad del pagador:

- —El 10% del valor catastral.
- —El 5% sobre el valor catastral revisado o modificado que haya entrado en vigor en el período impositivo o en el plazo de los 10 períodos impositivos anteriores.
- —El 5% sobre el 50% del mayor de los siguientes valores: el comprobado por la Administración a efectos de otros tributos o el precio, contraprestación o valor de la adquisición; si carece de valor catastral o no ha sido notificado.

La retribución así determinada no puede exceder del 10% de las restantes contraprestaciones del trabajador.

b) En el caso de la utilización o entrega de vehículos automóviles:

- —En el supuesto de entrega, el coste de adquisición para el pagador, incluidos los tributos que graven la operación.
- —En el supuesto de uso, el 20% anual del coste. En caso de que el vehículo no sea propiedad del pagador, dicho porcentaje se aplicará sobre el valor de mercado que correspondería al vehículo si fuese nuevo.

  No obstante, la valoración se reduce en el caso de automóviles eficientes energéticamente:

  - 15%, si el valor del vehículo, antes de impuestos, no es superior a 25.000 euros y sus emisiones oficiales de CO_2 no son superiores a 120 g/km.
  - 20%, si el valor del vehículo, antes de impuestos, no es superior a 35.000 euros y se trata de un vehículo híbrido o propulsado por un motor de combustión interna que puede utilizar combustibles fósiles alternativos (autogás —GLP— y Gas Natural).
  - 30%, si el valor del vehículo, antes de impuestos, no es superior a 40.000 euros y se trata de un vehículo eléctrico híbrido enchufable con una autonomía mínima de 15 kilómetros.
  - 30%, si se trata de un vehículo eléctrico de batería o de autonomía extendida.

- —En el supuesto de uso y posterior entrega, la valoración de esta última se efectuará teniendo en cuenta la valoración resultante del uso anterior.

c) En los préstamos con tipos de interés inferiores al legal del dinero, la diferencia entre el interés pagado y el interés legal del dinero vigente en el período.

d) Por el coste para el pagador, incluidos los tributos que graven la operación, las siguientes rentas:

- —Las prestaciones en concepto de manutención, hospedaje, viajes y similares.

  La valoración por la utilización de una vivienda que no es propiedad del pagador no puede ser inferior a la que hubiera correspondido de serlo.
- —La primas o cuotas satisfechas en virtud de contrato de seguro u otro similar.

— Las cantidades destinadas a satisfacer gastos de estudios y manutención del contribuyente o de otras personas ligadas al mismo por vínculo de parentesco, incluidos los afines, hasta el 4.º grado inclusive.

e) Por su importe, las contribuciones satisfechas por los promotores de planes de pensiones, así como las cantidades satisfechas por empresarios para hacer frente a los compromisos por pensiones.

f) No obstante lo anterior, cuando el rendimiento del trabajo en especie sea satisfecho por empresas que tengan como actividad habitual la realización de las actividades que dan lugar al mismo, la valoración no podrá ser inferior al precio ofertado al público del bien, derecho o servicio de que se trate.
No obstante, la valoración en el supuesto de uso de un vehículo puede reducirse hasta en un 30% si se trata de vehículos considerados eficientes energéticamente.

A la valoración resultante de la aplicación de los criterios anteriores se adicionará el ingreso a cuenta, salvo que su importe hubiera sido repercutido al perceptor de la renta.

1.3.3. *Exclusiones*

No tienen la consideración de rendimientos del trabajo en especie:

— Las cantidades destinadas a la actualización, capacitación o reciclaje del personal empleado exigidas por el desarrollo de sus actividades o las características de los puestos de trabajo.
— Las primas o cuotas satisfechas por la empresa en virtud de contrato de seguro de accidente laboral o de responsabilidad civil del trabajador.
— Los préstamos con tipo de interés inferior al legal del dinero concertados con anterioridad al 1 de enero de 1992 y cuyo principal ha sido puesto a disposición antes de dicha fecha.

1.3.4. *Exenciones*

Están exentos los siguientes rendimientos del trabajo en especie:

— Las entregas a empleados de productos a precios rebajados que se realicen en cantinas o comedores de empresa o economatos de carácter social: en días hábiles para el trabajador y no durante los días que devengue dietas por manutención exceptuadas de gravamen.
Tienen la consideración de entrega de productos a precios rebajados que se realicen en comedores de empresa las fórmulas indirectas de prestación del servicios, hasta cuantía no superior a 11 euros diarios, y, si cumplen determinadas condiciones: los vales comida o similares, tarjetas u otros medios electrónicos deben estar numerados, ser nominativos, intransmisibles, no acumulables, irreembosables, solo utilizables en establecimientos de hostelería
— La utilización de los bienes destinados a los servicios sociales y culturales del personal empleado.
— Las primas o cuotas satisfechas a entidades aseguradoras para la cobertura de enfermedad del trabajador, que puede alcanzar a su cónyuge y descendientes, y en la cuantía que no exceda de 500 euros anuales por cada una de ellas.
Ese límite asciende a 1.500 euros cuando se trate de una persona con discapacidad.
— La prestación del servicio de educación preescolar, infantil, primaria, secundaria obligatoria, bachillerato y formación profesional por centros educativos autorizados, a los hijos de sus empleados, con carácter gratuito o por precio inferior al normal de mercado.
— Las cantidades satisfechas a las entidades encargadas de prestar el servicio público de transporte colectivo de viajeros con la finalidad de favorecer el desplazamiento de los empleados entre su lugar de residencia y el centro de trabajo, con el límite de 136,36 euros mensuales o 1.500 euros anuales para cada trabajador.
Tienen la misma consideración las fórmulas indirectas de pago como tarjetas o cualquier otro de medio electrónico de pago que cumplen determinadas condiciones: las tarjetas u

otros medios electrónicos deben estar numerados, ser nominativos, intransmisibles, no acumulables, no reembolsables.

— La entrega a los trabajadores en activo, de forma gratuita o por precio inferior al normal de mercado, de acciones o participaciones de la empresa o de otras empresas del grupo, en la parte que no exceda de 12.000 euros anuales el conjunto de las entregadas, y siempre que la oferta se realice en las mismas condiciones para todos los trabajadores de la empresa o grupo.

La oferta debe encuadrar dentro de la política retributiva general de la empresa o grupo; ningún trabajador, incluido su cónyuge y familiares hasta el 2.º grado, puede tener una participación superior al 5% en la empresa o grupo, y los títulos han de mantenerse 3 años, al menos.

2. Cálculo de la retención

La retención a practicar sobre los rendimientos del trabajo será el resultado de aplicar a la cuantía total de las retribuciones que se satisfagan o abonen, el tipo que corresponda.

Existen dos procedimientos para determinar el tipo de retención:

a) *Procedimiento general.*
Con arreglo al procedimiento de general aplicación a la mayor parte de las rentas de trabajo, el tipo de retención se obtiene a partir de la escala de retenciones.

b) *Casos especiales.*
Existen situaciones específicas en que se establecen tipos fijos o se aplican mínimos asociados al procedimiento general.
En 2023, estas situaciones son las siguientes:

Concepto	Especialidad
Retribuciones a administradores y miembros de consejos de administración	35%
Cursos, conferencias, obras literarias, artísticas y científicas que cedan su explotación	15%
Contratos inferiores al año	Mínimo del 2%
Relaciones laborales especiales	Mínimo del 15%
Ceuta y Melilla	Reducción del 60%

2.1. Límites a la obligación de retener

Existe un mínimo que excluye de la obligación de retener. Ahora bien, no existe una única cuantía aplicable a todas las rentas de trabajo, sino que, en función de la situación personal y del número de descendientes, se establecen diversas importes, y que, en el año 2023, son:

Situación del contribuyente	Número de hijos y otros descendientes		
	0	1	2 o más
1.ª Contribuyente soltero, viudo, divorciado o separado legalmente	—	17.270 €	18.617 €
2.ª Contribuyente cuyo cónyuge no obtiene rentas superiores a 1.500 euros anuales, excluidas las exentas	16.696 €	17.894 €	19.241 €
3.ª Otras situaciones	15.000 €	15.599 €	16.272 €

2.1.1. *Situación del contribuyente*

1.ª Se refiere a la situación del contribuyente soltero, viudo, divorciado o separado legalmente, con hijos menores de 18 años o mayores incapacitados sujetos a patria potestad prorrogada o rehabilitada que conviven exclusivamente con él (unidades familiares monoparentales).
2.ª Hace referencia a la situación del contribuyente casado y no separado legalmente, cuyo cónyuge no obtiene rentas anuales superiores a 1.500 euros, excluidas las exentas.
3.ª Corresponde a aquellos contribuyentes que se encuentran en cualquier otra situación distinta de las anteriores. Por ejemplo: solteros sin hijos, casados cuyo cónyuge tiene rentas superiores a 1.500 euros, excluidas las exentas, solteros con hijos cuando éstos conviven también con el otro progenitor, etc. También se computan en esta misma situación los que no manifiestan estar en alguna de las situaciones anteriores.

2.1.2. *Número de hijos y otros descendientes*

Los hijos y otros descendientes a computar son los menores de 25 años o mayores con discapacidad, que conviven con el contribuyente y no tienen rentas anuales superiores a 8.000 euros, excluidas las exentas.

Se asimilan los tutelados y los acogidos, así como aquellos de quienes se tenga atribuida por resolución judicial su guarda y custodia.

2.2. Procedimiento para determinar el importe de la retención

Para calcular las retenciones sobre rendimientos del trabajo, cuando no corresponden tipos fijos, es preciso determinar previamente:

- La base de retención.
- El mínimo personal y familiar.
- La cuota de retención.
- El tipo de retención.

Un vez establecido el tipo, el importe de la retención es el resultado de aplicar ese tipo de retención a la cuantía total de las retribuciones que se satisfacen o abonan.

2.2.1. *Base de retención*

La base de retención es el resultado de minorar la cuantía total de las retribuciones del trabajo, en los conceptos deducibles.

2.2.1.1. *Cuantía total de las retribuciones*

La cuantía total de las retribuciones del trabajo se calculará de acuerdo con las siguientes reglas:

a) Regla general.
Con carácter general, se tomará la cuantía total, dineraria o en especie, que de acuerdo con las normas o estipulaciones contractuales aplicables y demás circunstancias previsibles, vaya normalmente a percibir el contribuyente en el año natural. A estos efectos, las retribuciones en especie se computarán por su valor, sin incluir el importe del ingreso a cuenta.
La cuantía total anual incluirá tanto las retribuciones fijas como las variables previsibles. A estos efectos, se presumirán retribuciones variables previsibles, como mínimo, las obtenidas en el año anterior, salvo que concurran circunstancias que permitan acreditar de manera objetiva un importe inferior.

No se incluyen:

— Contribuciones empresariales a los planes de pensiones y a las mutualidades de previsión social que reducen la base imponible del contribuyente.
— Atrasos que corresponde imputar a ejercicios anteriores.

b) Regla específica.
Cuando se trate de trabajadores manuales que perciban sus retribuciones por peonadas o jornales diarios, consecuencia de una relación esporádica y diaria con el empleador, se tomará como cuantía de las retribuciones el resultado de multiplicar por 100 el importe de la peonada o jornal diario.

2.2.1.2. *Minoraciones*

La cuantía total de las retribuciones, dinerarias y en especie, se minorará en los conceptos siguientes:

— Reducción por irregularidad de determinados rendimientos de trabajo.
El 30% de reducción, en el caso de rendimientos que tengan un período de generación superior a 2 años (premio de jubilación, premio de fidelidad, premio de antigüedad, etc.) o que hayan sido obtenidos de forma irregular en el tiempo (compensación por modificación de condiciones de trabajo, compensación por resolución de mutuo acuerdo de la relación laboral, etc.).
La reducción por los rendimientos que tienen un período de generación superior a 2 años no es de aplicación cuando ya se ha aplicado esa misma reducción en los 5 períodos impositivos anteriores.
Cuando se imputan en un único período impositivo, se consideran rendimientos del trabajo obtenidos de forma notoriamente irregular en el tiempo:

• Las cantidades satisfechas por la empresa a los empleados con motivo del traslado a otro centro de trabajo a municipio distinto que excedan de los gastos de locomoción y manutención del trabajador y de sus familiares durante el traslado y a gastos de traslado de su mobiliario y enseres.
• Las cantidades satisfechas en compensación o reparación de complementos salariales, pensiones o anualidades de duración indefinida o por la modificación de las condiciones de trabajo.
• Cantidades satisfechas por la empresa a los trabajadores por la resolución de mutuo acuerdo de la relación laboral.
• El derecho de opción de compra sobre acciones o participaciones a los trabajadores, cuando sólo pueden ejercitarse transcurridos más de 2 años desde su concesión.

— Cotizaciones a la Seguridad Social.
El importe de las aportaciones a la Seguridad Social a cargo del trabajador.
— Otros gastos deducibles: 2.000 euros anuales.
Este importe se incrementa en:

• 7.750 euros anuales, si se trata de una persona con discapacidad que acredita un grado de discapacidad igual o superior al 65% o necesitar ayuda de terceras personas o movilidad reducida.
• 3.500 euros anuales, si se trata de una persona con discapacidad en un grado igual o superior al 33% e inferior al 65%, pero que no acredita necesitar ayuda de terceras personas o movilidad reducida.
• 2.000 euros anuales, si se trata de un desempleado inscrito en la oficina de empleo que acepta un puesto de trabajo que exige el traslado de su residencia habitual a un nuevo municipio.

El incremento se aplica en el periodo impositivo en el que se produce el cambio de residencia y en el siguiente.

— Reducción por obtención de rendimientos del trabajo.
El rendimiento neto (retribución total, menos la reducción, en su caso, del 30%, y menos las cotizaciones a la Seguridad Social) inferior a 19.747,50 euros, y siempre que no haya rentas, excluidas las exentas, distintas de las del trabajo superiores a 6.500 euros, tiene una minoración de:

- Rendimiento neto del trabajo igual o inferior a 14.047,50 euros: 6.498 euros anuales.
- Rendimiento neto del trabajo comprendido entre 14.047,50 y 19.747,50 euros: 6.498 euros menos el resultado de multiplicar por 1,14 la diferencia entre el rendimiento del trabajo y 14.047,50 euros anuales.

— Reducción por número de descendientes.
Por tener más de 2 descendientes que dan derecho a la aplicación del mínimo por descendientes se puede aplicar una minoración de 600 euros.
— Pensión compensatoria a cónyuge.
En el caso de que el trabajador esté obligado a satisfacer a su cónyuge una pensión compensatoria, el importe de ésta puede disminuir los rendimientos de trabajo.

2.2.2. *Mínimo personal y familiar*

El mínimo personal y familiar es el resultado de sumar el mínimo del contribuyente y los mínimos por descendientes, ascendientes y discapacidad.

2.2.2.1. *Mínimo del contribuyente*

El mínimo del contribuyente es:

— 5.550 euros anuales.
— 6.700 euros anuales, cuando el trabajador tiene una edad superior a 65 años.
— 8.100 euros anuales, cuando el trabajador tiene una edad superior a 75 años.

2.2.2.2. *Mínimo por descendientes*

El mínimo por descendientes es, por cada uno de ellos:

— 2.400 euros anuales por el 1.º.
— 2.700 euros anuales por el 2.º.
— 4.000 euros anuales por el 3.º.
— 4.500 euros anuales por el 4.º y siguientes.

Si el descendiente es menor de 3 años, el mínimo se aumenta en 2.800 euros anuales.

Debe tenerse en cuenta que se incluyen tanto los hijos y descendientes, como los vinculados al trabajador por razón de tutela o acogimiento, y que para ser tenidos en cuenta:

— Los hijos y descendientes deben ser menores de 25 años o con discapacidad en un grado igual o superior al 33%, cualquiera que sea su edad.
— Los hijos y descendientes han de convivir con el trabajador.
Se considera que conviven los descendientes que, dependiendo del trabajador, están internados en centros especializados.
— Los hijos y descendientes del trabajador no deben tener rentas anuales, excluidas las exentas, superiores a 8.000 euros.

Los hijos y descendientes se computan por mitad, excepto cuando el trabajador tiene derecho, de forma exclusiva, a la aplicación de la totalidad del mínimo familiar por este concepto, esto es, cuando los hijos y descendientes conviven únicamente con él y no también con el otro progenitor u otro ascendiente.

2.2.2.3. *Mínimo por ascendientes*

El mínimo por ascendientes es, por cada uno de ellos:

— 1.150 euros anuales.
— 2.550 euros anuales, cuando el ascendiente es mayor de 75 años.

Debe tenerse en cuenta que, para ser tenidos en cuenta:

— Los ascendientes deben ser mayores de 65 años o con discapacidad en un grado igual o superior al 33%, cualquiera que sea su edad.
— Los ascendientes han de convivir con el trabajador.
Se considera que conviven los ascendientes con discapacidad cuando, dependiendo del trabajador, están internados en centros especializados.
— Los ascendientes del trabajador no deben tener rentas anuales, excluidas las exentas, superiores a 8.000 euros.

Cuando el trabajador y uno o más contribuyentes tienen derecho a la aplicación del mínimo por ascendientes, respecto de los mismos ascendientes, su importe se prorratea entre ellos por partes iguales, esto es, porque también conviven con ese ascendiente y tienen el mismo grado de parentesco.

2.2.2.4. *Mínimo por discapacidad*

El mínimo por discapacidad es la suma del mínimo por discapacidad del trabajador y del mínimo por discapacidad de ascendientes y descendientes.
Se considera acreditada la discapacidad:

— En un grado igual o superior al 65%, cuando la incapacidad ha sido declarada judicialmente.
— En un grado igual o superior al 33%, cuando se trata de un pensionista de la Seguridad Social que tiene reconocida una pensión de incapacidad permanente total, absoluta o gran invalidez o de un pensionista de Clases Pasivas que tiene reconocida una pensión de jubilación o retiro por incapacidad permanente para el servicio o inutilidad.

Cuando el trabajador y uno o más contribuyentes tienen derecho a la aplicación del mínimo por discapacidad, respecto de los mismos ascendientes o descendientes, su importe se prorratea entre ellos por partes iguales.

2.2.2.4.1. Mínimo por discapacidad del trabajador

El mínimo por discapacidad del trabajador es:

— 3.000 euros anuales, cuando se trata de un trabajador discapacitado con un grado igual o superior al 33%.
Se incrementa, en concepto de gastos de asistencia, en 3.000 euros anuales si acredita necesitar ayuda de terceras personas o movilidad reducida.
— 9.000 euros anuales, cuando se trata de un trabajador discapacitado con un grado igual o superior al 65%.
Se incrementa, en concepto de gastos de asistencia, en 3.000 euros anuales.

2.2.2.4.2. Mínimo por discapacidad de ascendientes o descendientes

El mínimo por discapacidad de ascendientes o descendientes es, por cada uno de ellos:

— 3.000 euros anuales, cuando se trata de un ascendiente o descendiente discapacitado con un grado igual o superior al 33%.
  Se incrementa, en concepto de gastos de asistencia, en 3.000 euros anuales si acredita necesitar ayuda de terceras personas o movilidad reducida.
— 7.038 euros anuales, cuando se trata de un ascendiente o descendiente discapacitado con un grado igual o superior al 65%.
  Se incrementa, en concepto de gastos de asistencia, en 3.000 euros anuales.

2.2.3. *Cuota de retención*

Para calcular la cuota de retención es preciso aplicar la siguiente escala, en 2023:

Base para calcular el tipo de retención — Hasta euros	Cuota de retención — Euros	Resto base para calcular el tipo de retención — Hasta euros	Tipo aplicable — Porcentaje
0,00	0,00	12.450,00	19,00%
12.450,00	2.365,50	7.750,00	24,00%
20.200,00	4.225,50	15.000,00	30,00%
35.200,00	8.725,50	24.800,00	37,00%
60.000,00	17.901,50	240.000,00	45,00%
300.000,00	125.901,50	En adelante	47,00%

La cuota de retención se obtiene tras restar al resultado de aplicar la tabla a la base de retención el resultado de aplicar la tabla al mínimo personal y familiar.

No obstante, cuando se abonan anualidades por alimentos en favor de los hijos, para calcular la cuota de retención, hay que:

— Sumar al resultado de aplicar la tabla a la base de retención, sin incluir las anualidades por alimentos en favor de los hijos, el resultado de aplicar la tabla a las anualidades por alimentos en favor de los hijos.
— De la suma así obtenida, restar la cantidad resultante de aplicar la tabla al mínimo personal y familiar, incrementado en 1.980 euros.

Cuando la diferencia entre la base para calcular el tipo de retención y el mínimo personal y familiar para calcular el tipo de retención sea cero o negativa, el tipo de retención será cero.

2.2.3.1. *Importe máximo*

Cuando la retribución total del trabajador es igual o inferior a 35.200 euros anuales, el importe máximo de la cuota de retención no puede superar el 43% de la diferencia entre la retribución total del trabajador y el límite cuantitativo excluyente de la obligación de retener que le sea de aplicación según su situación.

2.2.4. *Tipo de retención*

Para determinar el tipo de retención debe multiplicarse por 100 el cociente obtenido de dividir la cuota de retención, su límite, en su caso, entre la cuantía total de las retribuciones:

$$\frac{\text{Cuota de retención}}{\text{Retribución total}} \times 100$$

El tipo de retención se expresa con 2 decimales, los dos primeros, y si se trata de rendimientos obtenidos en Ceuta y Melilla, debe reducirse en un 60%.

2.2.4.1. *Mínimos*

Existen dos situaciones en las que, sin perjuicio de la aplicación del procedimiento general de determinación del tipo, éste tiene unos mínimos:

— Para contratos o relaciones de duración inferior al año: 2% o, si se han obtenido en Ceuta o en Melilla, 0,8%.
— Para relaciones laborales especiales de carácter dependiente, salvo la de los penados y las de las personas con discapacidad; 15% o, si se han obtenido en Ceuta o en Melilla, 6%.

2.2.4.2. *Reducción*

Si el trabajador destina cantidades para la adquisición o rehabilitación de su vivienda habitual utilizando financiación ajena, por lo que tiene derecho a la deducción por inversión en vivienda habitual, el tipo de retención, previa comunicación al empresario, puede reducirse en 2 enteros; pero no resultar negativo como consecuencia de tal minoración.

No procede esta reducción cuando la cuantía total de las retribuciones íntegras procedentes de uno o más pagadores es igual o superior a 33.007,20 euros en el año natural, ni cuando las cantidades se destinan a la construcción o ampliación de la vivienda o a cuentas vivienda.

El derecho a la deducción por inversión en vivienda habitual ya debía existir en relación con cantidades satisfechas para la adquisición de esa vivienda en un período impositivo devengado con anterioridad a 1 de enero de 2013.

2.2.5. *Importe de retención*

El importe de retención es el resultado de multiplicar la cuantía total de las retribuciones dinerarias cada vez que se efectúan pagos por el tipo de retención:

$$\text{Rendimientos de trabajo} \times \text{tipo de retención}$$

2.2.6. *Regularización del tipo de retención*

Existen algunas circunstancias que, al sobrevenir en el curso del año natural, determinan que se proceda a un recálculo del tipo de retención aplicable. Dichas circunstancias podrían clasificarse en dos categorías, según que se refieran a la propia relación, laboral o de otra índole, por la cual se perciben las rentas de trabajo, o bien haga alusión a una modificación en las circunstancias personales y familiares que se tuvieron en cuenta al inicio del período impositivo.

2.2.6.1. *Circunstancias que afectan a la relación con el pagador*

Son las siguientes:

— Prórroga o renovación de contratos inferiores al año.
— Modificaciones salariales en virtud de normas generales o convenios colectivos.
— Ascenso, promoción o descenso de categoría del trabajador.
— Prolongación de la actividad laboral después de cumplir los 65 años de edad.
— Variaciones no previstas a 1 de enero.
— Devengo de nuevas pensiones.

2.2.6.2. *Modificación de las circunstancias personales y familiares*

Pueden producirse por las causas siguientes:

— Aumento en el número de descendientes o una variación en sus circunstancias, y discapacidades sobrevenidas o agravadas en el perceptor o en los descendientes.
— Inicio del pago de pensiones compensatorias entre cónyuges o de anualidades por alimentos a favor de hijos sin derecho a la aplicación por estos últimos del mínimo por descendientes.
— Que el cónyuge del contribuyente deje de estar a cargo de éste por empezar a trabajar o percibir otras rentas superiores a las que se incluyen en el concepto de «cónyuge a cargo».
— Variación en el número o las circunstancias de los ascendientes.
— Si en el curso del año natural el contribuyente, a efectos de la reducción o no de 2 puntos en el tipo de retención, comunica la procedencia o no de la misma en relación con el derecho a la deducción por inversión en vivienda habitual, por destinar cantidades a la adquisición o rehabilitación de la misma utilizando financiación ajena.

2.2.6.3. *Momento en que se produce la regularización*

Como consecuencia de las situaciones anteriormente descritas, el pagador debe proceder al recálculo del tipo de retención aplicable teniendo en cuenta las nuevas circunstancias.

El momento de aplicación del nuevo tipo de retención difiere según las circunstancias:

— En la modificación de las circunstancias laborales, será aquel en que se produzcan las variaciones.
— En la modificación de situaciones personales, cuando se comuniquen al pagador, siempre y cuando la comunicación se produzca con, al menos, 5 días de antelación a la confección de la nómina.

2.2.6.4. *Efectos de la regularización*

La regularización (recálculo del tipo de retención) tiene efectos retroactivos al 1 de enero o al día de inicio de la relación laboral, si es posterior, debiendo tomarse en consideración, por tanto, el exceso o defecto que haya podido producirse en las retenciones efectuadas en los meses anteriores a la variación, y cuya rectificación también ha de ser tenida en cuenta.

2.2.6.5. *Fórmula general*

Para toda regularización producida en el ejercicio, la fórmula general responde a la siguiente operación aritmética para determinar el nuevo tipo recalculado (T).

$$T = \frac{\text{Nueva cuota de retención} - \text{Retenciones ya practicadas}}{\text{Retribución anual tras modificaciones} - \text{Rendimientos ya satisfechos}} \times 100 = \ldots\%$$

Siendo:

- Nueva cuota de retención: es el importe de retención teórico que hubiera resultado el 1 de enero si entonces se hubieran tenido en cuenta los nuevos datos.
- Retenciones ya practicadas: son las retenciones practicadas antes de la regularización. A tal efecto se debe tener en cuenta que se consideran las retenciones que hubieran debido practicarse sin el tipo de retención reducido en 2 enteros, cuando se ha practicado esa reducción por destinar el trabajador cantidades para la adquisición o rehabilitación de su vivienda habitual utilizando financiación ajena por las que va a tener derecho a la deducción por inversión en vivienda habitual.
- Retribución anual tras las modificaciones: es la cuantía total de las rendimientos que se van a percibir en el año teniendo en cuenta las variaciones.
- Rendimientos ya satisfechos: constituyen las retribuciones que han sido satisfechas antes de la regularización.

2.2.6.6. *Reducción*

Si el trabajador, con retribuciones inferiores a 33.007,20 euros, destina cantidades para la adquisición o rehabilitación de su vivienda habitual utilizando financiación ajena por la que, en 2014, va a seguir teniendo derecho a la deducción por inversión en vivienda habitual, el tipo de retención, previa comunicación al empresario, puede reducirse en 2 enteros; pero no puede resultar negativo como consecuencia de tal minoración.

2.2.6.7. *Límite*

El tipo de retención no podrá incrementarse cuando se efectúen regularizaciones por circunstancias que determinen una disminución de la base para calcular el tipo de retención previa a la regularización, o por quedar obligado el perceptor por resolución judicial a satisfacer anualidades por alimentos en favor de los hijos y proceda determinar por separado la parte de cuota de retención correspondiente al importe de dichas anualidades y la que se refiere al resto de base para calcular el tipo de retención.

Asimismo, en los supuestos de regularización por circunstancias que determinen un aumento de la base para calcular el tipo de retención previa a la regularización, el nuevo tipo de retención aplicable no podrá determinar un incremento del importe de las retenciones superior al incremento producido en dicha base de cálculo.

En 2023, el nuevo tipo de retención aplicable no puede ser superior al 47%, o, cuando la totalidad de los rendimientos del trabajo se hubiesen obtenido en Ceuta o Melilla, al 19%.

El tipo de retención es 0 cuando es 0 o negativa la diferencia entre la base de retención y el mínimo personal y familiar para calcular el tipo de retención.

2.3. Comunicaciones del perceptor al pagador

2.3.1. *Acreditación de la situación personal y familiar*

Los contribuyentes deberán comunicar y acreditar ante el pagador la situación personal y familiar que influye en la determinación del tipo de retención, en el importe excepcionado de retener o en las regularizaciones.

El pagador deberá conservar junto con la comunicación debidamente firmada por el contribuyente los justificantes aportados por éste que acrediten la situación personal y familiar.

La falta de comunicación o de acreditación ante el pagador de estas circunstancias personales y familiares o de su variación, determinará que aquél aplique el tipo de retención correspondiente sin tener en cuenta dichas circunstancias.

2.3.2. *Tiempo de la comunicación*

La comunicación deberá efectuarse con anterioridad al día primero de cada año natural o del inicio de la relación por la cual se perciban los haberes, considerando la situación personal y familiar que previsiblemente vaya a existir en estas dos últimas fechas, sin perjuicio de que, de no subsistir aquella situación en las fechas señaladas, se proceda a comunicar su variación al pagador.

No será preciso reiterar en cada ejercicio la comunicación al pagador en tanto no varíen las circunstancias personales y familiares del contribuyente.

2.3.3. *Variación de las circunstancias personales y familiares*

Las variaciones en las circunstancias personales y familiares que se produzcan durante el año y que supongan un menor tipo de retención, podrán ser comunicadas a efectos de la regularización y surtirán efectos a partir de la fecha de la comunicación, siempre y cuando resten, al menos, 5 días para la confección de la correspondiente nómina.

Cuando estas variaciones supongan un mayor tipo de retención, deberán ser comunicadas en el plazo de 10 días desde que se produzcan y se tendrán en cuenta en la primera nómina a confeccionar con posterioridad a esa comunicación, siempre y cuando resten, al menos, 5 días para la confección de la nómina.

2.3.4. *Solicitud de tipos de retención superiores*

Los contribuyentes podrán solicitar en cualquier momento de sus correspondientes pagadores la aplicación de tipos de retención superiores a los que resulten, con arreglo a las siguientes normas:

- La solicitud se realizará por escrito ante los pagadores, quienes vendrán obligados a atender las solicitudes que se les formulen con antelación suficiente a la confección de las correspondientes nóminas.
- El nuevo tipo de retención solicitado se aplicará en el período de tiempo que medie entre su solicitud y el final del año y será de aplicación al contribuyente durante los ejercicios sucesivos, en tanto no renuncie, por escrito, al citado porcentaje o no solicite un tipo de retención superior y siempre que no se produzca ninguna variación de circunstancias que determine un tipo superior.

2.3.5. *Forma*

El contenido de las comunicaciones se ajustará al modelo oficial establecido al efecto, modelo 145.

3. **Cálculo de los ingresos a cuenta sobre las retribuciones en especie**

Cuando se satisfacen retribuciones en especie no existe un importe dinerario del que poder detraer la retención. Por eso, el pagador está obligado a efectuar un ingreso en la Hacienda Pública, en concepto de pago a cuenta del IRPF correspondiente al perceptor.

La cuantía del ingreso a cuenta que corresponda realizar por las retribuciones satisfechas en especie se calculará aplicando a su valor el tipo que, con carácter general o, en su caso, fijo o mínimo, corresponda a los rendimientos dinerarios del trabajador.

El ingreso a cuenta del IRPF ha de ser efectivamente repercutido en el perceptor dado que, como establece el Estatuto de los Trabajadores, las cargas fiscales a cargo del trabajador han de ser satisfechas por el mismo, siendo nulo todo pacto en contrario. En consecuencia, el importe de dicho ingreso a cuenta deberá ser deducido de la cantidad dineraria satisfecha, en la nómina del trabajador.

No existirá obligación de efectuar ingresos a cuenta respecto a las contribuciones satisfechas por los promotores de Planes de Pensiones y de Mutualidades de Previsión Social.

4. **Declaración de retenciones (modelo 111)**

El empresario obligado a retener y practicar ingresos a cuenta debe presentar en los primeros 20 días naturales de los meses de abril, julio, octubre y enero, declaración-autoliquidación de las cantidades retenidas y de los ingresos a cuenta correspondientes al trimestre natural inmediato anterior e ingresar su importe en la Hacienda Pública.

No obstante, si en al año anterior ha tenido un volumen de operaciones superior a 6.010.121,04 euros, la declaración e ingreso debe efectuarse en los 20 primeros días naturales de cada mes, en relación con las cantidades retenidas y los ingresos a cuenta que correspondan por el inmediato anterior.

La presentación de la declaración-autoliquidación, modelo 111, puede ser realizada mediante:

— Presentación electrónica por Internet, con una firma electrónica avanzada o bien, en el caso de obligado tributario persona física, mediante el sistema de firma con clave de acceso en un registro previo como usuario.
  Esta forma de presentación es obligatoria para el obligado tributario cuyo volumen de operaciones ha superado la cifra de 6.010.121,04 euros durante el año natural inmediato anterior.
— Presentación mediante papel impreso generado exclusivamente mediante la utilización del servicio de impresión desarrollado a estos efectos por la Agencia Tributaria en su sede electrónica.

El empresario debe presentar declaración negativa cuando, a pesar de haber satisfecho rentas sometidas a retención e ingreso a cuenta, no hubiera procedido, por razón de su cuantía, a la práctica de retención o ingreso a cuenta alguno.

No procede presentación de declaración negativa cuando no se han satisfecho en el período de declaración rentas sometidas a retención e ingreso a cuenta.

5. **Resumen anual de retenciones (modelo 190)**

El empresario debe presentar una declaración anual de las retenciones e ingresos a cuenta efectuados, modelo 190, en los primeros 20 días naturales del mes de enero, plazo que se amplía a todo el mes de enero cuando la declaración se presenta en soporte directamente legible por ordenador o haya sido generado mediante la utilización, exclusivamente, de los correspondientes módulos de impresión desarrollados, a estos efectos, por la Administración tributaria.

Puede exigirse que en esta declaración, además de sus datos de identificación, conste una relación nominativa de los trabajadores con los siguientes datos de cada uno de ellos:

— Nombre y apellidos.
— Número de identificación fiscal.
— Renta obtenida, con indicación de la identificación, descripción y naturaleza de los conceptos, así como del ejercicio en que dicha renta se ha devengado, incluyendo las rentas no sometidas a retención o ingreso a cuenta por razón de su cuantía, así como las dietas exceptuadas de gravamen y las rentas exentas.
— Reducciones aplicadas por la obtención de rendimientos en un período de generación superior a 2 años o de forma notoriamente irregular en el tiempo.

— Gastos deducibles por cotizaciones a la Seguridad Social.
— Circunstancias personales y familiares e importe de las reducciones tenidas en cuenta para la aplicación del porcentaje de retención correspondiente.
— Importe de las pensiones compensatorias entre cónyuges y anualidades por alimentos tenidas en cuenta para la práctica de las retenciones.
— Que el trabajador le ha comunicado que tiene derecho a la deducción por inversión en vivienda habitual.
— Retención practicada o ingreso a cuenta efectuado.

6. **Certificado de retenciones e ingresos a cuenta**

El retenedor u obligado a ingresar a cuenta deberá expedir en favor del trabajador certificación acreditativa de la retención practicada, o de los ingresos a cuenta efectuados, así como de los restantes datos que deben incluirse en el resumen anual de retenciones.

La citada certificación deberá ponerse a disposición del trabajador con anterioridad a la apertura del plazo de comunicación o de declaración de este impuesto.

Los pagadores deberán comunicar asimismo a los trabajadores la retención o ingreso a cuenta practicados en el momento en que satisfagan las rentas, indicando el porcentaje aplicado.

7. **Retenciones, ingresos a cuenta y autoliquidación del impuesto**

Los retenedores y obligados a realizar ingresos a cuenta quedan sujetos al más estricto y completo sigilo respecto de los datos relativos al perceptor de las rentas.

El perceptor de rentas sobre las que deba retenerse a cuenta de este impuesto computará aquéllas por la contraprestación íntegra devengada.

Cuando la retención no se hubiera practicado o lo hubiera sido por un importe inferior al debido, por causa imputable al retenedor u obligado a ingresar a cuenta, el perceptor deducirá de la cuota la cantidad que debió ser retenida.

Cuando exista obligación de ingresar a cuenta, se presumirá que dicho ingreso ha sido efectuado. El contribuyente incluirá en la base imponible la valoración de la retribución en especie y el ingreso a cuenta, salvo que le hubiera sido repercutido.

No pueden ser objeto de aplazamiento o fraccionamiento las deudas tributarias correspondientes a obligaciones tributarias que deban cumplir el retenedor o el obligado a realizar ingresos a cuenta.

8. **Pactos prohibidos**

Todas las cargas fiscales a cargo del trabajador serán satisfechas por el mismo, siendo nulo todo pacto en contrario.

9. **Infracciones y sanciones**

9.1. Por dejar de ingresar las cantidades retenidas

La falta de ingreso de las cantidades retenidas o que se hubieran debido retener o ingresar a cuenta del impuesto, constituyen una falta grave o muy grave según que las cantidades no ingresadas representen, respectivamente, un porcentaje inferior o igual al 50% del importe de la base de la sanción, o superior; pudiendo ser objeto de sanción pecuniaria proporcional en cuantía del 50 al 100%, si la falta es grave, y del 100 al 150% si la falta es muy grave.

La base de la sanción será la cuantía no ingresada en la autoliquidación como consecuencia de la comisión de la infracción.

9.2. Por incumplir el deber de sigilo

Constituye infracción tributaria de carácter grave el incumplimiento del deber de sigilo que se exige a retenedores y obligados a realizar ingresos a cuenta; consistiendo la sanción en multa pecuniaria fija de 300 euros por cada dato que hubiera sido comunicado indebidamente.

9.3. Por incumplir la obligación de comunicar correctamente datos al pagador

Constituye infracción tributaria no comunicar datos o comunicar datos falsos, incompletos o inexactos al pagador de rentas sometidas a retención o ingreso a cuenta, cuando se deriven de ello retenciones o ingresos a cuenta inferiores a los procedentes.

La infracción será leve cuando el obligado tributario tenga obligación de presentar autoliquidación que incluya las rentas sujetas a retención o ingreso a cuenta; consistiendo la sanción en multa pecuniaria proporcional del 35%.

La infracción será muy grave cuando el obligado tributario no tenga obligación de presentar autoliquidación que incluya las rentas sujetas a retención o ingreso a cuenta; consistiendo la sanción en multa pecuniaria proporcional del 150%.

La base de la sanción será la diferencia entre la retención o ingreso a cuenta procedente y la efectivamente practicada durante el período de aplicación de los datos falsos, incompletos o inexactos.

9.4. Por incumplir la obligación de entregar el certificado de retenciones

Constituye infracción tributaria de carácter leve el incumplimiento de la obligación de entregar el certificado de retenciones o ingresos a cuenta practicados a los obligados tributarios perceptores de las rentas sujetas a retención o ingreso a cuenta; consistiendo la sanción en multa pecuniaria fija de 150 euros.

10. **Delitos contra la Hacienda Pública**

La defraudación a la Hacienda Pública estatal, autonómica o foral, por acción u omisión, eludiendo el pago de cantidades retenidas o que se hubieran debido retener o ingresos a cuenta, constituye un delito contra la Hacienda Pública siempre que el importe no ingresado de esas retenciones o ingresos a cuenta exceda de 120.000 euros.

A los efectos de determinar la cuantía defraudada se debe estar a lo defraudado en cada período impositivo o de declaración, y si éstos son inferiores a 12 meses, el importe de lo defraudado se referirá al año natural.

La mera presentación de declaraciones o autoliquidaciones no excluye la defraudación, cuando ésta se acredite por otros hechos.

Este delito contra la Hacienda Pública se castiga, salvo que se haya regularizado la situación, con:

— Pena de prisión de 1 a 5 años, salvo que la cuantía de la cuota defraudada exceda de 600.000 euros, en cuya caso es de 2 a 6 años.
  La pena puede ser inferior en uno o dos grados si antes de que transcurran 2 meses desde la citación judicial como imputado se satisface la deuda con la Seguridad Social y se reconocen judicialmente los hechos.
— Multa del tanto al séxtuplo de la cuantía defraudada, salvo que la cuantía de la cuota defraudada exceda de 600.000 euros, en cuya caso es del doble al séxtuplo.
— Pérdida de la posibilidad de obtener subvenciones o ayudas públicas durante un período de 3 a 6 años.
— Pérdida del derecho a gozar de los beneficios o incentivos fiscales o de la Seguridad Social durante un período de 3 a 6 años.

Se considera regularizada la situación ante la Seguridad Social cuando se ha procedido por el obligado frente a la Seguridad Social al completo reconocimiento y pago de la deuda:

— Antes de que por la Administración Tributaria se le haya notificado el inicio de actuaciones de comprobación o investigación tendentes a la determinación de las deudas tributarias objeto de la regularización.
— Antes de que el Ministerio Fiscal, el Abogado del Estado o el representante procesal de la Administración autonómica o foral interponga querella o denuncia, si las actuaciones de comprobación o investigación no se han producido.
— Antes de que el Ministerio Fiscal o el Juez de Instrucción realicen actuaciones que le permitan tener conocimiento formal de la iniciación de diligencias.

Los efectos de la regularización también se aplican cuando se satisface la deuda tributaria una vez prescrito el derecho de la Administración a su determinación en vía administrativa.

La regularización de la situación ante la Seguridad Social impide que al sujeto obligado se le persiga por las posibles irregularidades contables u otras falsedades instrumentales que, exclusivamente en relación a la deuda objeto de regularización, el mismo pudiera haber cometido con carácter previo a la regularización de su situación.

11. **Orden jurisdiccional**

La jurisdicción contencioso-administrativa, previo agotamiento de la vía económico-administrativa, será la única competente para dirimir las controversias de hecho y de derecho que se susciten entre la Administración Tributaria y los contribuyentes, retenedores y demás obligados tributarios.

12. **País Vasco y Navarra**

Las Haciendas forales del País Vasco (Álava, Guipúzcoa y Vizcaya) y de Navarra, tienen plenas competencias en el Impuesto sobre la Renta de las Personas Físicas y, en consecuencia, establecen sus particulares reglas para efectuar las retenciones; retenciones que se calculan aplicando al rendimiento íntegro el porcentaje que corresponda en función de los rendimientos anuales y del número de descendientes.

12.1. Tabla de retenciones del País Vasco

En los Territorios Históricos de Álava, Guipúzcoa y Vizcaya la tabla con los porcentajes de retención aplicables en 2023 a los rendimientos del trabajo es:

Importe rendimiento anual		Número de descendientes						
Desde	Hasta	0	1	2	3	4	5	Más
0,01	14.000,00	0	0	0	0	0	0	0
14.000,01	15.220,00	5	3	0	0	0	0	0
15.220,01	15.980,00	6	4	1	0	0	0	0
15.980,01	17.090,00	7	5	3	0	0	0	0
17.090,01	18.380,00	8	6	4	0	0	0	0
18.380,01	19.730,00	9	7	5	2	0	0	0
19.730,01	21.260,00	10	8	7	3	0	0	0
21.260,01	23.020,00	11	10	8	5	1	0	0
23.020,01	24.340,00	12	11	9	6	3	0	0
24.340,01	26.450,00	13	12	10	7	4	0	0
26.450,01	28.730,00	14	13	11	9	6	2	0
28.730,01	31.440,00	15	14	13	10	8	4	0
31.440,01	34.700,00	16	15	14	12	9	6	0
34.700,01	39.200,00	17	16	15	13	11	8	0
39.200,01	42.730,00	18	17	16	15	13	10	2
42.730,01	46.060,00	19	18	17	16	14	12	5
46.060,01	49.950,00	20	19	18	17	15	13	7
49.950,01	54.440,00	21	20	20	18	17	15	9
54.440,01	58.910,00	22	21	21	19	18	16	11
58.910,01	62.530,00	23	22	22	21	19	18	12
62.530,01	66.690,00	24	23	23	22	21	19	14
66.690,01	71.430,00	25	25	24	23	22	20	16
71.430,01	76.990,00	26	26	25	24	23	22	17
76.990,01	82.800,00	27	27	26	25	24	23	19
82.800,01	87.810,00	28	28	27	26	25	24	20
87.810,01	93.650,00	29	29	28	27	27	25	22
93.650,01	100.330,00	30	30	29	29	28	27	23
100.330,01	108.030,00	31	31	30	30	29	28	25
108.030,01	116.500,00	32	32	31	31	30	29	26
116.500,01	125.820,00	33	33	32	32	31	30	28
125.820,01	137.200,00	34	34	33	33	32	32	29
137.200,01	150.220,00	35	35	34	34	33	33	31
150.220,01	164.530,00	36	36	36	35	35	34	32
164.530,01	181.840,00	37	37	37	36	36	35	33
181.840,01	203.240,00	38	38	38	37	37	36	35
203.240,01	225.470,00	39	39	39	38	38	37	36
225.470,01	En adelante	40	40	40	39	39	39	37

A los trabajadores activos con discapacidad les es de aplicación esta tabla minorada, según su grado de discapacidad, en los puntos que señala la siguiente escala:

Desde	Hasta	Apartado 4.a)	Apartado 4.b)
0,01	24.340,00	9	12
24.340,01	31.440,00	7	12
31.440,01	46.060,00	6	10
46.060,01	54.440,00	5	10
54.440,01	76.990,00	4	8
76.990,01	116.500,00	3	6
116.500,01	181.840,00	2	5
181.840,01	En adelante	1	3

12.2. Tabla de retenciones de Navarra

La tabla de retenciones aplicable en Navarra, en 2023, es la siguiente:

Rendimiento anual	Número de hijos y otros descendientes										
	Sin hijos	1	2	3	4	5	6	7	8	9	10 o más
Más de 11.250	4,0	2,0	0,0	0,0	0,0	0,0	0,0	0,0	0,0	0,0	0,0
Más de 12.750	6,0	4,0	2,0	0,0	0,0	0,0	0,0	0,0	0,0	0,0	0,0
Más de 14.250	8,0	6,0	4,0	2,0	0,0	0,0	0,0	0,0	0,0	0,0	0,0
Más de 16.750	10,0	8,0	6,0	4,0	1,0	0,0	0,0	0,0	0,0	0,0	0,0
Más de 19.750	12,0	11,0	9,0	7,0	6,0	4,0	0,0	0,0	0,0	0,0	0,0
Más de 23.250	13,5	12,2	11,5	8,7	7,7	5,7	3,6	0,0	0,0	0,0	0,0
Más de 25.750	14,6	13,3	12,6	9,9	9,2	7,8	5,8	3,8	0,8	0,0	0,0
Más de 28.250	15,8	14,5	13,7	12,4	10,7	8,9	7,9	5,9	3,9	0,9	0,1
Más de 32.250	17,0	16,0	15,0	13,6	12,5	10,8	10,0	8,0	7,0	5,0	2,0
Más de 35.750	18,1	17,1	16,5	14,7	14,0	13,3	12,2	10,2	9,1	7,1	6,1
Más de 41.250	20,0	19,0	18,3	16,9	16,2	15,5	13,7	12,4	11,3	10,2	9,2
Más de 48.000	22,1	21,5	20,9	18,9	18,3	17,7	16,6	15,6	14,5	13,4	12,3
Más de 55.000	24,1	23,5	23,0	22,0	21,5	20,9	19,8	18,7	17,7	16,6	15,0
Más de 62.000	26,1	25,5	24,5	24,0	23,5	22,9	21,9	21,4	19,8	18,7	17,2
Más de 69.250	28,3	27,7	27,0	26,6	25,5	25,0	24,4	22,9	21,8	20,3	19,3
Más de 75.250	29,6	29,2	28,3	27,3	27,2	26,2	26,1	24,5	23,4	22,3	21,3
Más de 82.250	30,8	30,5	30,0	29,4	29,0	28,3	27,7	26,6	25,6	24,5	23,9
Más de 94.750	32,2	31,7	31,2	30,8	30,4	30,0	29,5	28,9	27,8	26,8	25,7
Más de 107.250	33,5	33,0	32,6	32,3	32,0	31,5	31,0	30,0	29,5	28,5	28,0
Más de 120.000	35,1	34,8	34,6	34,0	33,5	32,9	32,4	31,3	30,7	29,7	29,1
Más de 132.750	36,2	36,0	35,8	35,0	34,5	33,9	33,4	32,8	32,0	31,0	30,0
Más de 146.000	38,0	37,5	37,0	36,5	35,5	34,9	34,4	34,0	33,5	32,0	31,5
Más de 200.000	40,0	39,8	39,4	39,0	38,5	38,0	37,5	35,5	34,5	33,7	33,0
Más de 280.000	42,0	41,5	41,2	40,8	40,0	39,5	39,0	37,0	36,0	35,2	34,5
Más de 350.000	43,0	42,9	42,8	42,5	41,5	41,0	40,5	38,5	37,5	36,7	36,0

A los trabajadores activos con discapacidad les es de aplicación esta tabla minorada, según su grado de discapacidad, en los puntos que señala la siguiente escala:

Importe rendimiento anual (euros)		Grado de discapacidad	
Desde	Hasta	Igual o mayor del 33%	Igual o mayor del 65%
11.250,01	23.250,00	5	15
23.250,01	41.250,00	3	15
41.250,01	94.750,00	2	8
94.750,01	En adelante	2	5

13. **Casos prácticos**

13.1. Retribución anual a efectos del IRPF

Planteamiento

Calcular la retribución anual de un trabajador que tiene la retribución mensual siguiente:

— Salario base: 1.200 euros.
— Plus de actividad: 180 euros.
— Plus de transporte: 90 euros.
— Antigüedad: 60 euros.

Además, percibe 2 pagas extraordinarias por importe del salario base más antigüedad, y no se le abonan los pluses de actividad y de transporte durante el mes de vacaciones.

Solución

La retribución anual del trabajador será la resultante de la suma de las percepciones siguientes:

— Salario base (1.200 euros × 12 meses)	14.400 euros
— Antigüedad (60 euros × 12 meses)	720 euros
— Plus de actividad (180 euros × 11 meses)	1.980 euros
— Plus de transporte (90 euros × 11 meses)	990 euros
— Pagas extraordinarias (1.260 euros × 2)	2.520 euros
Total	20.610 euros

13.2. Situación familiar a efectos del IRPF

Planteamiento

Un trabajador, AAA, que percibe retribuciones salariales, tiene la siguiente situación familiar a 1 de enero de 2023:

— Jaime, hijo de 21 años, estudiante en Francia.
— Luis, hijo de 16 años, estudiante, que trabaja esporádicamente.
— Pablo, nieto de 6 meses que, junto con su madre, conviven en el domicilio de don Juan.

¿Cuántos descendientes han de ser tenidos en cuenta a la hora de hacer el cálculo de las retenciones por IRPF?

Solución

Los hijos y otros descendientes a computar son los solteros, menores de 25 años o mayores con discapacidad, que convivan con el contribuyente y no tengan rentas anuales superiores a 8.000 euros.

AAA, a efectos de las retenciones por IRPF, debe considerar 2 descendientes: Luis, de 16 años, y su nieto Pablo, de 6 meses.

Su hijo Jaime no se tiene en cuenta, ya que, si bien no tiene rendimientos anuales superiores a 8.000 euros ni supera los 25 años de edad, no convive con la familia al estar desplazado a Francia.

13.3. Retención a trabajador soltero sin hijos con rentas anuales no superiores a 35.200 euros

Planteamiento

YYY, soltero, de 25 años de edad y sin hijos, percibe unas retribuciones íntegras previsibles de 30.000 euros, y soporta unas cotizaciones anuales a la Seguridad Social de 1.935 euros.

Determínese el tipo de retención aplicable a cuenta del IRPF.

Solución

El salario anual del trabajador (30.000 euros) está sujeto a retención dado que supera el límite cuantitativo de exención (15.000 euros) que, atendida su situación personal (soltero) y número de descendientes (sin hijos), le corresponde.

1.° Base de retención (a – b) 26.065,00

a) Retribución total. 30.000,00
b) Minoraciones (i + ii + iii). 3.935,00

i) Cotizaciones Seguridad Social 1.935,00
ii) Reducción en concepto de otros gastos. 2.000,00
iii) Reducción por obtención de rendimiento 0,00
Rendimiento neto (a – i: 28.065,00) > 19.747,50

2.° Mínimo personal y familiar. 5.550,00
Mínimo del contribuyente ≤ 65 años

3.° Cuota de retención (a – b) 4.930,50

a) Aplicación de la escala a la base de retención (i + ii + iii). 5.985,00

i) (0,00 – 12.450,00) × 19% 2.365,50
12.450,00 × 19%
ii) (12.450,00 – 20.200,00) × 24% 1.860,00
7.750,00 × 24%
iii) (20.200,00 – 26.065,00) × 30% 1.759,50
5.865,00 × 30%

b) Aplicación de la escala al mínimo personal y familiar 1.054,50
(0,00 – 5.550,00) × 19%

Dado que la retribución anual (30.000 euros) es inferior a 35.200 euros, la cuota de retención no puede ser superior a la que resulta de la fórmula siguiente:

(Retribución total – Límite de retención) × 43%: (30.000 – 15.000) × 43%: 6.450

El menor importe de los dos (4.930,50) es el que debe tomarse en consideración para la determinación del tipo de retención.

4.° Tipo de retención.

$$\frac{\text{Cuota de retención}}{\text{Rendimientos de trabajo}} \times 100 = \frac{4.930{,}50}{30.000{,}00} \times 100 = 16{,}43\%.$$

13.4. Retención a trabajador discapacitado casado con 1 hijo de 2 años cuya esposa no trabaja

Planteamiento

ZZZ, trabajador con un grado de discapacidad superior al 65%, casado, de 26 años de edad, percibe unas retribuciones anuales de 37.400 euros, soportando unas cotizaciones anuales de 2.412,30 euros. Tiene 1 hijo de 2 años de edad. La esposa no percibe renta alguna.

Determínese el tipo de retención aplicable a cuenta del Impuesto sobre la Renta de las Personas Físicas.

Solución

El salario anual del trabajador (37.400 euros) está sujeto a retención dado que supera el límite cuantitativo de exención (17.894 euros) que, atendida su situación personal (con cónyuge a cargo) y número de descendientes (1 hijo), le corresponde.

1.° Base de retención (a – b) 25.237,70

a) Retribución total.. 37.400,00
b) Minoraciones (i + ii + iii)...................................... 12.162,30

i) Cotizaciones Seguridad Social 2.412,30
ii) Reducción en concepto de otros gastos.............. 9.750,00
Trabajador con discapacidad ≥ 65%
iii) Reducción por obtención de rendimiento............. 0,00
Rendimiento neto (a – i: 34.987,70) > 19.747,50

2.° Mínimo personal y familiar (a + b + c) 20.150,00

a) Mínimo del contribuyente ≤ 65 años.......................... 5.550,00
b) Mínimo por descendiente 2.600,00
Por el hijo de 2 años (i + ii)

i) 2.400/2 .... 1.200,00
ii) Incremento menor de 3 años: 2.800/2 .... 1.400,00

c) Mínimo por discapacidad....................................... 12.000,00
Trabajador con discapacidad ≥ 65% (9.000 + 3.000)

3.° Cuota de retención (a – b) 1.523,31

a) Aplicación de la escala a la base de retención (i + ii + iii)............ 5.736,81

i) (0,00 – 12.450,00) × 19% 2.365,50
12.450,00 × 19%
ii) (12.450,00 – 20.200,00) × 24% 1.860,00
7.750,00 × 24%
iii) (20.200,00 – 25.237,70) × 30% 1.511,31
5.037,70 × 30%

b) Aplicación de la escala al mínimo personal y familiar (i + ii).......... 4.213,50

i) (0,00 – 12.450,00) × 19% 2.365,50
12.450,00 × 19%
ii) (12.450,00 – 20.150,00) × 24% 1.501,00
7.700,00 × 24%

Para determinar el tipo de retención debe tomarse esa cuota de retención (1.523,31), ya que, por ser la retribución anual (37.400 euros) superior a 35.200 euros, aquella no tiene límite alguno.

4.° Tipo de retención:

$$\frac{\text{Cuota de retención}}{\text{Rendimientos de trabajo}} \times 100 = \frac{1.523,31}{37.400,00} \times 100 = 4,07\%.$$

13.5. RETENCIÓN A TRABAJADOR CASADO CON 1 HIJO CUYA ESPOSA TRABAJA

Planteamiento

BBB, casado, de 66 años de edad, percibe unas retribuciones anuales de 18.000 euros, y cotiza 45 euros a la Seguridad, dado que por su edad y años de cotización sólo esta obligado a hacerlo por incapacidad temporal derivada de contingencias comunes, 0,25%. Tiene un hijo de 15 años de edad. La esposa trabaja y obtiene unos ingresos de 15.000 euros.

Determínese el tipo de retención aplicable a cuenta del IRPF, teniendo en cuenta que el trabajador tiene una antigüedad en la empresa superior a 40 años y va a percibir 1.200 euros en febrero de 2023.

Solución

El salario anual del trabajador (18.000 euros) está sujeto a retención dado que supera el límite cuantitativo de exención (15.599 euros) que, atendida su situación personal (sin cónyuge a cargo) y número de descendientes (1 hijo), le corresponde.

1.° Base de retención (a – b) 13.911,55

a) Retribución total. 18.000,00
b) Minoraciones (i + ii + iii). 4.088,45

i) Cotizaciones Seguridad Social 45,00
ii) Reducción en concepto de otros gastos. 2.000,00
iii) Reducción por obtención de rendimiento. 2.043,45
14.047,50< (a – i: 17.955,00) ≤ 19.747,50
6.498,00 – 1,14 × (17.955,00 – 14.047,50)

2.° Mínimo personal y familiar (a + b) 7.900,00

a) Mínimo del contribuyente ≥ 65 años 6.700,00
5.550 + 1.150
b) Mínimo por descendientes 1.200,00
Por el hijo de 15 años. 1.200,00
2.400 ÷ 2

3.° Cuota de retención (a – b) 1.215,27

a) Aplicación de la escala a la base de retención (i + ii) 2.716,27

i) (0,00 – 12.450,00) × 19% 2.365,50
12.450,00 × 19%
ii) (12.450,00 – 13.911,55) × 24% 350,77
1.461,55 × 24%

b) Aplicación de la escala al mínimo personal y familiar 1.501,00
7.900,00 × 19%

Dado que la retribución anual (18.000 euros) es inferior a 35.200 euros, la cuota de retención no puede ser superior a la que resulta de la fórmula siguiente:

(Retribución total – Límite de retención) × 43%: (18.000 – 15.599) × 43%: 1.032.43

El menor importe de los dos (1.032.43) es el que debe tomarse en consideración para la determinación del tipo de retención.

4.° Tipo de retención:

$$\frac{\text{Cuota de retención}}{\text{Rendimientos de trabajo}} \times 100 = \frac{1.032{,}43}{18.000{,}00} \times 100 = 5{,}73\%.$$

5.° Importe de la retención del mes de febrero

Retribución de enero × tipo de retención: 1.200,00 euros × 5,74% = 68,76 euros

13.6. Retención a trabajador divorciado que convive con 3 hijos de 2, 15 y 17 años de edad y con un ascendiente mayor de 65

Planteamiento

Don MMM, divorciado, de 47 años de edad, percibe una retribución anual de 30.600 euros a la que corresponde una cotización a la Seguridad Social de 1.973,70 euros. Tiene 3 hijos, de 2, 15 y 17 años de edad, que conviven con él, aunque no de forma exclusiva. También convive con él, y sólo con él, su madre de 70 años de edad que carece de renta alguna.

Determínese el tipo de retención aplicable a cuenta del IRPF, teniendo en cuenta que el trabajador ya prestaba servicios antes de 2023 y en febrero percibirá unas retribuciones por importe de 2.040 euros.

Solución

El salario anual del trabajador (30.600 euros) está sujeto a retención dado que supera el límite cuantitativo de exención (16.272 euros) que, atendida su situación personal (divorciado) y número de descendientes (3 hijos), le corresponde.

1.° Base de retención (a – b) 26.026,30

- a) Retribución total 30.600,00
- b) Minoraciones (i + ii + iii + iv) 4.573,70
  - i) Cotizaciones Seguridad Social 1.973,70
  - ii) Reducción en concepto de otros gastos 2.000,00
  - iii) Reducción por obtención de rendimiento 0,00
    Rendimiento neto (a – i: 28.626,30) > 19.747,50
  - iv) Por tener más de 2 descendientes 600,00

2.° Mínimo personal y familiar (a + b + c) 12.650,00

- a) Mínimo del contribuyente < 65 años 5.550,00
- b) Mínimo por descendientes (i + ii + iii) 5.950,00
  - i) Por el hijo de 17 años 1.200,00
    2.400/2
  - ii) Por el hijo de 15 años 1.350,00
    2.700/2
  - iii) Por el hijo de 2 años (• + ••) 3.400,00
    - • 4.000/2
    - •• Incremento menor de 3 años: 2.800/2
- c) Mínimo por ascendientes 1.150,00
  Madre de 70 años, ascendiente > 65 años

3.° Cuota de retención (a – b) 3.559,89

- a) Aplicación de la escala a la base de retención (i + ii + iii) 5.973,39
  - i) (0,00 – 12.450,00) × 19% 2.365,50
    12.450,00 × 19%
  - ii) (12.450,00 – 20.200,00) × 24% 1.860,00
    7.750,00 × 24%
  - iii) (20.200,00 – 26.026,30) × 30% 1.747,89
    5.826,30 × 30%
- b) Aplicación de la escala al mínimo personal y familiar (i + ii) 2.413,50
  - i) (0,00 – 12.450,00) × 19% 2.365,50
    12.450,00 × 19%
  - ii) (12.450,00 – 12.650,00) × 24% 48,00
    200,00 × 24%

Dado que la retribución anual (30.600 euros) es inferior a 35.200 euros, la cuota de retención no puede ser superior a la que resulta de la fórmula siguiente:

(Retribución total – Límite de retención) × 43%: (30.600 – 16.272) × 43%: 13.151

El menor importe de los dos (3.555,89) es el que debe tomarse en consideración para la determinación del tipo de retención.

4.° Tipo de retención:

$$\frac{\text{Cuota de retención}}{\text{Rendimientos de trabajo}} \times 100 = \frac{3.555{,}89}{30.600{,}00} \times 100 = 11{,}63\%.$$

5.° Importe de la retención del mes de enero

Retribución de febrero × tipo de retención: 2.040 euros × 11,63% = 237,25 euros

13.7. Retención a trabajador casado con 2 hijos de 4 y 6 años de edad, uno de ellos discapacitado

Planteamiento

XXX, casado, de 36 años de edad, percibe unas retribuciones anuales de 26.460 euros y cotiza a la Seguridad Social por importe de 1.706,67 euros. Tiene 2 hijos, de 4 y 6 años de edad, el segundo de los cuales padece una discapacidad en grado superior al 65%. La esposa no percibe renta alguna.

Determínese el tipo de retención aplicable a cuenta del IRPF, teniendo en cuenta que el trabajador ya prestaba servicios antes de 2023 y en febrero percibirá unas retribuciones por importe de 1.890 euros.

Solución

El salario anual del trabajador (26.460 euros) está sujeto a retención dado que supera el límite cuantitativo de exención (19.241 euros) que, atendida su situación personal (con cónyuge a cargo) y número de descendientes (2 hijos), le corresponde.

1.° Base de retención (a – b)			22.753,33
a) Retribución total		26.460,00	
b) Minoraciones (i + ii + iii)		3.706,67	
i) Cotizaciones Seguridad Social	1.706,67		
ii) Reducción en concepto de otros gastos	2.000,00		
iii) Reducción por obtención de rendimiento	0,00		
Rendimiento neto (a – i: 24.753,33) > 19.747,50			
2.° Mínimo personal y familiar (a + b + c)			14.100,00
a) Mínimo del contribuyente < 65 años		5.550,00	
b) Mínimo por descendientes (i + ii)		2.550,00	
i) Por el hijo de 6 años	1.200,00		
2.400/2			
ii) Por el hijo de 4 años	1.350,00		
2.700/2			
c) Mínimo por discapacidad		6.000,00	
Hijo con discapacidad > 65%: (9.000 + 3.000)/2			
3.° Cuota de retención (a – b)			2.230,00
a) Aplicación de la escala a la base de retención (i + ii + iii)		4.991,50	
i) (0,00 – 12.450,00) × 19%	2.365,50		
12.450,00 × 19%			

ii) (12.450,00 – 20.200,00) × 24% 1.860,00
7.750,00 × 24%
iii) (20.200,00 – 22.753,33) × 30% 766,00
2.553,33 × 30%

b) Aplicación de la escala al mínimo personal y familiar (i + ii).......... 2.761,50

i) (0,00 – 12.450,00) × 19% 2.365,50
12.450,00 × 19%
ii) (12.450,00 – 14.100,00) × 24% 396,00
1.650,00 × 24%

Dado que la retribución anual (26.460,00 euros) es inferior a 35.200 euros, la cuota de retención no puede ser superior a la que resulta de la fórmula siguiente:

(Retribución total – Límite de retención) × 43%: (26.460,00 – 19.241,00) × 43%: 3.104,17

El menor importe de los dos (2.230,00) es el que debe tomarse en consideración para la determinación del tipo de retención.

4.° Tipo de retención:

$$\frac{\text{Cuota de retención}}{\text{Rendimientos de trabajo}} \times 100 = \frac{2.230,00}{26.460,00} \times 100 = 8,42\%.$$

5.° Importe de la retención del mes de febrero

Retribución de febrero × tipo de retención: 1.890,00 euros × 8,42% = 159,14 euros

13.8. Regularización de retenciones por nacimiento de hijo

Planteamiento

XXX, ejemplo del caso 13.7 anterior (verlo), tiene un nuevo hijo, el tercero, a mitad de año. Las retribuciones percibidas hasta esa fecha fueron de 11.340 euros y las retenciones ascendieron a 954,83 euros.

Dada la nueva situación, se trata de proceder a la regularización del tipo de retención aplicable a cuenta del Impuesto sobre la Renta de las Personas Físicas.

Solución

Será preciso efectuar un nuevo cálculo del tipo de retención como si las circunstancias actuales se hubieran dado desde el inicio del período impositivo, y posteriormente proceder a la regularización de retenciones. Procederemos, en consecuencia, del siguiente modo.

El salario anual del trabajador (26.460 euros) sigue estando sujeto a retención dado que supera el nuevo límite cuantitativo de exención (19.241 euros) que, atendida su situación personal (con cónyuge a cargo) y número de descendientes (3 hijos), le corresponde.

1.° Nueva base de retención (a – b)... 22.153,33

a) Retribución total.. 26.460,00
b) Minoraciones (i + ii + iii + iv) 4.306,67

i) Cotizaciones Seguridad Social 1.706,67
ii) Reducción en concepto de otros gastos.............. 2.000,00
iii) Reducción por obtención de rendimiento............ 0,00
Rendimiento neto (a – i: 24.753,33) > 19.747,50
iv) Por tener más de 2 descendientes.................. 600,00

2.° Nuevo mínimo personal y familiar (a + b + c) 17.500,00

a) Mínimo del contribuyente < 65 años.......................... 5.550,00
b) Mínimo por descendientes (i + ii + iii) 5.950,00

i) Por el hijo de 6 años 1.200,00
2.400/2

ii) Por el hijo de 4 años 1.350,00
2.700/2
iii) Por el hijo recién nacido (• + ••) 3.400,00

• 4.000/2 .... 2.000,00
•• Incremento menor de 3 años: 2.800/2 .... 1.400,00

c) Mínimo por discapacidad 6.000,00
Hijo con discapacidad > 65%: (9.000 + 3.000)/2

3.° Nueva cuota de retención (a – b) 1.234,00

a) Aplicación de la escala a la base de retención (i + ii + iii)........... 4.811,50

i) (0,00 – 12.450,00) × 19% 2.365,50
12.450,00 × 19%
ii) (12.450,00 – 20.200,00) × 24% 1.860,00
7.750,00 × 24%
iii) (20.200,00 – 22.153,33) × 30% 586,00
1.953,33 × 30%

b) Aplicación de la escala al mínimo personal y familiar (i + ii).......... 3.577,50

i) (0,00 – 12.450,00) × 19% 2.365,50
12.450,00 × 19%
ii) (12.450,00 – 17.500,00) × 24% 1.212,00
5.050,00 × 24%

Dado que la retribución anual (26.460,00 euros) es inferior a 35.200 euros, la cuota de retención no puede ser superior a la que resulta de la fórmula siguiente:

(Retribución total – Límite de retención) × 43%: (26.460,00 – 19.241,00) × 43%: 3.104,17

El menor importe de los dos (1.234,00) es el que debe tomarse en consideración para la determinación del tipo de retención.

4.° Tipo de retención de la regularización:

El tipo de retención que se venía aplicando era del 8,42%, habiéndose percibido ingresos, durante los meses de enero a junio, inclusive, de 11.340,00 euros y soportando retenciones por importe de 954,83 euros.
Para determinar el nuevo tipo de retención debe efectuarse la correspondiente regularización mediante la aplicación de la siguiente fórmula:

$$\frac{\text{Nueva cuota de retención – Retenc. ya practicadas}}{\text{Nueva retribución anual – Rendmntos. ya satisfechos}} \times 100 = \frac{1.234{,}00 - 954{,}83}{26.460{,}00 - 11.340{,}00} \times 100 = 1{,}84\%$$

Este tipo de retención tras la regularización resultante se aplicará sobre las cantidades pendientes de devengar.

13.9. Regularización de retenciones cuando el trabajador percibe un incremento de sueldo

Planteamiento

XXX, ejemplo del caso 13.7 (verlo) ve incrementado su salario, en un 15%, a mitad del año, con lo cual su retribución ascenderá a 30.430 euros, correspondiéndole unas cotizaciones anuales a la Seguridad Social de 1.962,74 euros. Las retribuciones percibidas hasta esa fecha fueron de 11.340 euros y las retenciones durante ese mismo período ascendieron a 955,96 euros.

Dada la nueva circunstancia, se trata de proceder a la regularización del tipo de retención aplicable a cuenta del Impuesto sobre la Renta de las Personas Físicas.

Solución

Será preciso efectuar un nuevo cálculo del tipo de retención como si las circunstancias actuales se hubieran dado desde el inicio del período impositivo, y posteriormente proceder a la regularización de retenciones. Procederemos, en consecuencia, del siguiente modo.

El salario anual del trabajador (30.430 euros) sigue estando sujeto a retención dado que supera el nuevo límite cuantitativo de exención (19.241 euros) que, atendida su situación personal (con cónyuge a cargo) y número de descendientes (2 hijos), le corresponde.

1.° Nueva base de retención (a – b) 26.467,26

- a) Retribución total 30.430,00
- b) Minoraciones (i + ii + iii) 3.962,74
  - i) Cotizaciones Seguridad Social 1.962,74
  - ii) Reducción en concepto de otros gastos 2.000,00
  - iii) Reducción por obtención de rendimiento 0,00
    Rendimiento neto (a – i: 28.467,26) > 19.747,50

2.° Mínimo personal y familiar (a + b + c) 14.100,00

- a) Mínimo del contribuyente < 65 años 5.550,00
- b) Mínimo por descendientes (i + ii) 2.550,00
  - i) Por el hijo de 6 años 1.200,00
    2.400/2
  - ii) Por el hijo de 4 años 1.350,00
    2.700/2
- c) Mínimo por discapacidad 6.000,00
  Hijo con discapacidad > 65%: (9.000 + 3.000)/2

3.° Nueva cuota de retención (a – b) 3.344.18

- a) Aplicación de la escala a la base de retención (i + ii + iii) 6.105,68
  - i) (0,00 – 12.450,00) × 19% 2.365,50
    12.450,00 × 19%
  - ii) (12.450,00 – 20.200,00) × 24% 1.860,00
    7.750,00 × 24%
  - iii) (20.200,00 – 26.467,26) × 30% 1.880,18
    6.267,26 × 30%
- b) Aplicación de la escala al mínimo personal y familiar (i + ii) 2.761,50
  - i) (0,00 – 12.450,00) × 19% 2.365,50
    12.450,00 × 19%
  - ii) (12.450,00 – 14.100,00) × 24% 396,00
    1.650,00 × 24%

Dado que la retribución anual (30.430,00 euros) es inferior a 35.200 euros, la cuota de retención no puede ser superior a la que resulta de la fórmula siguiente:

(Retribución total – Límite de retención) × 43%: (30.430,00 – 19.241,00) × 43%: 4.811,27

El menor importe de los dos (3.344,18) es el que debe tomarse en consideración para la determinación del tipo de retención.

4.° Tipo de retención de la regularización:

El tipo de retención que se venía aplicando era del 8,42%, habiéndose percibido ingresos, durante los meses de enero a junio, inclusive, de 11.340,00 euros y soportando retenciones por importe de 954,83 euros.

Para determinar el nuevo tipo de retención debe efectuarse la correspondiente regularización mediante la aplicación de la siguiente fórmula:

$$\frac{\text{Nueva cuota de retención – Retenc. ya practicadas}}{\text{Nueva retribución anual – Rendmntos. ya satisfechos}} \times 100 = \frac{3.344,18 - 954,83}{30.430,00 - 11.340,00} \times 100 = 12,51\%$$

13.10. Retención en caso de pensión compensatoria a favor de cónyuge y anualidad por alimentos a favor de hijos

Planteamiento

MMM, de 48 años de edad, divorciado, tiene un hijo de 15 años que convive con su madre. Percibe unas retribuciones anuales de 44.500 euros, soportando unas cotizaciones anuales a la Seguridad Social de 2.870,25 euros. Satisface a su cónyuge una pensión compensatoria de 8.200 euros anuales. Asimismo, satisface anualidad por alimentos en favor de su hijo por importe de 9.400 euros.

Determínese el tipo de retención aplicable a cuenta del Impuesto sobre la Renta de las Personas Físicas.

Solución

El salario anual del trabajador (44.500 euros) está sujeto a retención dado que supera el límite cuantitativo de exención (15.000 euros) que, atendida su situación personal (divorciado) y número de descendientes (1 hijo, con el que no convive), le corresponde.

1.° Base de retención (a – b) 31.429,75

- a) Retribución total........ 44.500,00
- b) Minoraciones (i + ii + iii + iv) 13.070,25
  - i) Cotizaciones Seguridad Social 2.870,25
  - ii) Reducción en concepto de otros gastos........ 2.000,00
  - iii) Reducción por obtención de rendimiento........ 0,00
    Rendimiento neto (a – i: 41.641,59) > 16.825,00
  - iv) Pensión compensatoria 8.200,00

2.° Mínimo personal y familiar (i + ii + iii) 6.750,00

- i) Mínimo del contribuyente ≤ 65 años 5.550,00
- ii) Mínimo por descendientes........ 1.200,00
  2.400/2
- iii) Incremento por abono de anualidades por alimentos1.980,00

3.° Cuota de retención (a + b – c) 4.901,73

- a) Aplicación de la escala a la base de retención (i + ii + iii)........ 4.774,43
  Se descuenta el importe de las anualidades por alimentos de la base de retención.
  - i) (0,00 – 12.450,00) × 19% 2.365,50
    12.450,00 × 19%
  - ii) (12.450,00 – 20.200,00) × 24% 1.860,00
    7.750,00 × 24%
  - iii) (20.200,00 – 22.029,75) × 30% 548,93
    1.829,75 × 30%
- b) Aplicación de la escala a las anualidades por alimentos 1.786,00
  9.400,00 × 19%
- c) Aplicación de la escala al mínimo personal y familiar (i + ii)........ 1.658,70
  8.730.00 × 19%

Para determinar el tipo de retención debe tomarse esa cuota de retención (4.901,73), ya que, por ser la retribución anual (44.500 euros) superior a 35.200 euros, aquella no tiene límite alguno.

4.° Tipo de retención:

$$\frac{\text{Cuota de retención}}{\text{Rendimientos de trabajo}} \times 100 = \frac{4.901,73}{44.500,00} \times 100 = 11,01\%.$$

13.11. Retención sobre ingresos percibidos en concepto de gastos de locomoción, manutención y estancia

Planteamiento

El trabajador de una empresa realiza, durante un mes, diversos desplazamientos por razón de trabajo, dentro del territorio español, a otros municipios distintos del lugar de trabajo habitual y del que constituye su residencia.

La empresa le hace entrega de la cantidad de 1.300 euros a fin de compensarle de los gastos ocasionados y que, por diversos conceptos, son los siguientes:

— Desplazamientos en tren, debidamente justificados con los correspondientes billetes: 72,00 euros.
— Desplazamientos en vehículo particular, con un recorrido total de 700 kilómetros, en cuantía no justificada.
— Gastos de peaje de autopista, justificados con factura: 18,00 euros.
— Gastos de manutención correspondientes a 10 días, en desplazamiento que exigió pernocta, debidamente justificados con factura de restaurante: 570,00 euros.
— Gastos de manutención correspondientes a 3 días, en desplazamiento que no exigió pernocta, sin justificación de su cuantía.
— Gastos de estancia en hotel durante 9 noches, debidamente acreditados con factura: 252,00 euros.

El tipo de retención por Impuesto sobre la Renta de las Personas Físicas, que mensualmente viene aplicándose al trabajador, es del 23%.

Se trata de saber cuáles son los ingresos fiscales computables en concepto de gastos de locomoción, manutención y estancia, y cuál, en su caso, la retención a practicar.

Solución

Dado que no existe obligación de practicar retención sobre las dietas y gastos de viaje exceptuados de gravamen, hemos de calcular su importe a fin de efectuar sobre el exceso percibido, en su caso, la retención correspondiente.

a) *Ingresos fiscalmente computables*

1. Importe percibido de la empresa		1.300,00 euros
2. Gastos exceptuados de gravamen:		
— Locomoción justificados (tren)	72,00 euros	
— Locomoción no justificados (vehículo particular) (0,19 euros/km × 700 km)	133,00 euros	
— Locomoción justificados (peaje)	18,00 euros	
— Manutención (con pernocta) justificados (53,34 euros × 10 días —límite máximo—)	533,40 euros	
— Manutención (sin pernocta) no justificados (26,67 euros × 3 días)	80,01 euros	
— Estancia justificados	252,00 euros	
		1.088,41 euros
		211,59 euros

b) *Retención a practicar*

23% × 211,59 euros = 48,67 euros.

13.12. Ingreso a cuenta de retribuciones en especie

Planteamiento

El contrato de trabajo establece que el trabajador, además de la retribución en dinero, ha de percibir, durante el año 2023, las siguientes retribuciones en especie:

— Disfrute gratuito de vivienda propiedad de la empresa, cuyo valor catastral, revisado en 2015, es de 78.400,00 euros.
— Uso gratuito de vehículo de la empresa, cuyo coste total de adquisición ascendió a 24.000,00 euros.
El vehículo no tiene la consideración de eficiente energéticamente.
— Préstamo de 18.000,00 euros a un interés del 1,5% anual. El interés legal del dinero, durante el año 2023, es del 3,25%.

Dado que el porcentaje a aplicar como ingreso a cuenta por las percepciones en especie es el mismo que el que corresponde a aplicar a las retribuciones dinerarias del trabajador, suponemos que éste es del 25%.

Con estos datos calcular el importe que, en concepto de ingreso a cuenta, el empresario debe ingresar en el Tesoro.

Solución

1. Valoración de las retribuciones en especie

La valoración anual de las retribuciones en especie que, en el supuesto planteado, percibe el trabajador, es la siguiente:

— Disfrute gratuito de vivienda	3.920,00 euros
5% × 78.400 euros	
— Uso gratuito de vehículo	4.800,00 euros
20% × 24.000 euros (coste del vehículo)	
— Préstamo	315,00 euros
3,25% × 18.000 euros – 1,5% × 18.000 euros	
Valoración total anual	9.035,00 euros

2. Importe del ingreso a cuenta

El importe del ingreso a cuenta será el resultado de aplicar el porcentaje que corresponda, coincidente con el que se aplica al resto de las retribuciones dinerarias del trabajador y que hemos supuesto del 25%, sobre las retribuciones en especie que, mensualmente, se le imputen al trabajador. Según esto, el importe mensual del ingreso a cuenta, por la percepción de salario en especie, será el siguiente:

$$\text{Salario en especie} = \frac{\text{Valoración total anual}}{\text{12 meses}} = \frac{\text{9.035 euros}}{12} = \text{752,92 euros.}$$

Ingreso a cuenta = 25% × 752,92 euros = 188,23 euros.

14. Modelo de comunicación de datos al pagador (IRPF)

Impuesto sobre la Renta de las Personas Físicas **Retenciones sobre rendimientos del trabajo**

Comunicación de datos al pagador (artículo 88 del Reglamento del IRPF)

Modelo **145**

Si prefiere no comunicar a la empresa o entidad pagadora alguno de los datos a que se refiere este modelo, la retención que se le practique podría resultar superior a la procedente. En tal caso, podrá recuperar la diferencia, si procede, al presentar su declaración del IRPF correspondiente al ejercicio de que se trate.

Atención: la inclusión de datos falsos, incompletos o inexactos en esta comunicación, así como la falta de comunicación de variaciones en los mismos que, de haber sido conocidas por el pagador, hubieran determinado una retención superior, constituye infracción tributaria sancionable con multa del 35 al 150 por 100 de las cantidades que se hubieran dejado de retener por esta causa. (Artículo 205 de la Ley 58/2003, de 17 de diciembre, General Tributaria).

1. Datos del perceptor que efectúa la comunicación

NIF | Apellidos y Nombre | Año de nacimiento

Situación familiar:

- Soltero/a, viudo/a, divorciado/a o separado/a legalmente con hijos solteros menores de 18 años o incapacitados judicialmente y sometidos a patria potestad prorrogada o rehabilitada que conviven exclusivamente con Vd., sin convivir también con el otro progenitor, siempre que proceda consignar al menos un hijo o descendiente en el apartado 2 de este documento 1
- Casado/a y no separado/a legalmente cuyo cónyuge no obtiene rentas superiores a 1.500 euros anuales, excluidas las exentas 2

  NIF del cónyuge (si ha marcado la casilla 2, deberá consignar en esta casilla el NIF de su cónyuge) ....
- Situación familiar distinta de las dos anteriores (solteros sin hijos, casados cuyo cónyuge obtiene rentas superiores a 1.500 euros anuales, ..., etc.) 3
  (Marque también esta casilla si no desea manifestar su situación familiar).

Discapacidad (grado de minusvalía reconocido) Igual o superior al 33% e inferior al 65% .... ☐ Igual o superior al 65% .... ☐ Además, tengo acreditada la necesidad de ayuda de terceras personas o movilidad reducida .... ☐

Movilidad geográfica: Si anteriormente estaba Vd. en situación de desempleo e inscrito en la oficina de empleo y la aceptación del puesto de trabajo actual ha exigido el traslado de su residencia habitual a un nuevo municipio, indique la fecha de dicho traslado ....

Obtención de rendimientos con período de generación superior a 2 años durante los 5 períodos impositivos anteriores:
Marque esta casilla si, en el plazo comprendido en los 5 períodos impositivos anteriores al ejercicio al que corresponde la presente comunicación, ha percibido rendimientos del trabajo con período de generación superior a 2 años, a los que, a efectos del cálculo del tipo de retención le haya sido aplicada la reducción por irregularidad contemplada en el artículo 18.2 de la Ley del Impuesto y, sin embargo, posteriormente usted no haya aplicado la citada reducción en su correspondiente autoliquidación del Impuesto sobre la Renta .... ☐

2. Hijos y otros descendientes menores de 25 años, o mayores de dicha edad si son discapacitados, que conviven con el perceptor

Datos de los hijos o descendientes menores de 25 años (o mayores de dicha edad si son discapacitados) que conviven con Vd. y que no tienen rentas anuales superiores a 8.000 euros.

Año de nacimiento	Año de adopción o acogimiento [1]	**Hijos o descendientes con discapacidad** (grado de minusvalía reconocido). Si alguno de los hijos o descendientes tiene reconocido un grado de minusvalía igual o superior al 33 por 100, marque con una "X" la/s casilla/s que corresponda/n a su situación. Grado igual o superior al 33% e inferior al 65%	Grado igual o superior al 65%	Además, tiene acreditada la necesidad de ayuda de terceras personas o movilidad reducida	**Cómputo por entero de hijos o descendientes**. En caso de hijos que convivan únicamente con Vd., sin convivir también con el otro progenitor (padre o madre), o de nietos que convivan únicamente con Vd., sin convivir también con ningún otro de sus abuelos, indíquelo marcando con una "X" esta casilla.
		☐	☐	☐	☐
		☐	☐	☐	☐
		☐	☐	☐	☐
		☐	☐	☐	☐

Atención: Si tiene más de cuatro hijos o descendientes, adjunte otro ejemplar con los datos del quinto y sucesivos.

(1) Solamente en el caso de hijos adoptados o de menores acogidos. Tratándose de hijos adoptados que previamente hubieran estado acogidos, indique únicamente el año del acogimiento.

3. Ascendientes mayores de 65 años, o menores de dicha edad si son discapacitados, que conviven con el perceptor

Datos de los ascendientes mayores de 65 años (o menores de dicha edad si son discapacitados) que conviven con Vd. durante, al menos, la mitad del año y que no tienen rentas anuales superiores a 8.000 euros.

Año de nacimiento	**Ascendientes con discapacidad** (grado de minusvalía reconocido). Si alguno de los ascendientes tiene reconocido un grado de minusvalía igual o superior al 33 por 100, marque con una "X" la/s casilla/s que corresponda/n a su situación. Grado igual o superior al 33% e inferior al 65%	Grado igual o superior al 65%	Además, tiene acreditada la necesidad de ayuda de terceras personas o movilidad reducida	**Convivencia con otros descendientes**. Si alguno de los ascendientes convive también, al menos durante la mitad del año, con otros descendientes del mismo grado que Vd., indique en esta casilla el número total de descendientes con los que convive, incluido Vd. (Si los ascendientes sólo conviven con Vd., no rellene esta casilla).
	☐	☐	☐	☐
	☐	☐	☐	☐

4. Pensiones compensatorias en favor del cónyuge y anualidades por alimentos en favor de los hijos, fijadas ambas por decisión judicial

Pensión compensatoria en favor del cónyuge. Importe anual que está Vd. obligado a satisfacer por resolución judicial ....

Anualidades por alimentos en favor de los hijos. Importe anual que está Vd. obligado a satisfacer por resolución judicial ....

5. Pagos por la adquisición o rehabilitación de la vivienda habitual utilizando financiación ajena, con derecho a deducción en el IRPF

Importante: sólo podrán cumplimentar este apartado los contribuyentes que hayan adquirido su vivienda habitual, o hayan satisfecho cantidades por obras de rehabilitación de la misma, antes del 1 de enero de 2013.

Si está Vd. efectuando pagos por préstamos destinados a la adquisición o rehabilitación de su vivienda habitual por los que vaya a tener derecho a deducción por inversión en vivienda habitual en el IRPF y la cuantía total de sus retribuciones íntegras en concepto de rendimientos del trabajo procedentes de todos sus pagadores es inferior a 33.007,20 euros anuales, marque con una "X" esta casilla .... ☐

6. Fecha y firma de la comunicación

Manifiesto ser contribuyente del IRPF y declaro que son ciertos los datos arriba indicados, presentando ante la empresa o entidad pagadora la presente comunicación de mi situación personal y familiar, o de su variación, a los efectos previstos en el artículo 88 del Reglamento del IRPF.

__________________, ____ de __________ de ______

Firma del perceptor:

Fdo.: D / D.ª ____________________

7. Acuse de recibo

La empresa o entidad: ____________________

acusa recibo de la presente comunicación y documentación.

__________________, ____ de __________ de ______

Firma autorizada y sello de la empresa o entidad pagadora:

Fdo.: D / D.ª ____________________

De conformidad con lo dispuesto en el artículo 5 de la Ley Orgánica 15/1999, de 13 de diciembre, de Protección de Datos de Carácter Personal, el perceptor tendrá derecho a ser informado previamente de la existencia de un fichero o tratamiento de datos de carácter personal, de la finalidad de la recogida de éstos y de los destinatarios de la información, de la identidad y dirección del responsable del tratamiento o, en su caso, de su representante, así como de la posibilidad de ejercitar sus derechos de acceso, rectificación o cancelación de los mismos.

Ejemplar para la empresa o entidad pagadora

Ver. 1.0/2016

15. Modelo de certificado de retenciones e ingresos a cuenta del Impuesto sobre la Renta de las Personas Físicas*

Certificado de retenciones e ingresos a cuenta del Impuesto sobre la Renta de las Personas Físicas

• Datos del perceptor

NIF

Apellidos y nombre

• Datos de la persona o entidad pagadora

NIF

Apellidos y nombre, denominación o razón social

Rendimientos del trabajo, dietas exceptuadas de gravamen y rentas exentas

Datos correspondientes al ejercicio

• Rendimientos del trabajo: detalle de las percepciones y de las retenciones e ingresos a cuenta

Rendimientos correspondientes al ejercicio.

Retribuciones NO derivadas de incapacidad laboral:
- Dinerarias .... Importe íntegro satisfecho / Retenciones practicadas
- En especie .... Valoración / Ingresos a cuenta efectuados / Ingresos a cuenta repercutidos

Retribuciones derivadas de incapacidad laboral:
- Dinerarias .... Importe íntegro satisfecho / Retenciones practicadas
- En especie .... Valoración / Ingresos a cuenta efectuados / Ingresos a cuenta repercutidos

Contribuciones empresariales a planes de pensiones, planes de previsión social empresarial y mutualidades de previsión social (excepto a seguros colectivos de dependencia) .... Importe imputado al perceptor

Contribuciones empresariales a seguros colectivos de dependencia .... Importe imputado al perceptor

Reducciones a que se refieren el artículo 18, apartados 2 y 3, y/o las disposiciones transitorias 11.ª y 12.ª de la Ley del Impuesto .... Importe de las reducciones

Gastos fiscalmente deducibles a que se refiere el artículo 19.2 [letras a), b) y c)] de la Ley del Impuesto .... Importe de los gastos

(Cotizaciones a la Seguridad Social o a mutualidades generales obligatorias de funcionarios, detracciones por derechos pasivos y cotizaciones a Colegios de Huérfanos o entidades similares)

Rendimientos satisfechos en el ejercicio correspondientes a ejercicios anteriores (atrasos).

Se hace constar asimismo que, con independencia de las retribuciones anteriormente detalladas, en el ejercicio a que este certificado se refiere le han sido satisfechas al perceptor que figura en el encabezamiento otras cantidades en concepto de atrasos correspondientes a ejercicios anteriores cuyos datos, a efectos de lo dispuesto en el artículo 14.2.b) de la Ley del Impuesto, se desglosan como sigue:

Ejercicio de devengo	Importe íntegro satisfecho	Retenciones practicadas	Reducciones (art.º 18, 2 y 3, y DT 11.ª y 12.ª de la Ley del Impuesto)	Gastos deducibles (art.º 19.2 [letras a), b) y c)] de la Ley del Impuesto)

Información de interés para el perceptor.- La percepción de cantidades en concepto de atrasos de rendimientos del trabajo dará lugar a la presentación de una declaración complementaria del IRPF por cada uno de los ejercicios a los que dichas cantidades se refieran, sin que estas declaraciones complementarias comporten la exigencia de intereses de demora ni recargo alguno.

Cantidades reintegradas por el perceptor en el ejercicio por haber sido indebida o excesivamente percibidas en ejercicios anteriores (reintegros).

Se hace constar también que, con independencia de los rendimientos anteriormente detallados, el perceptor que figura en el encabezamiento ha reintegrado en el ejercicio a que este certificado se refiere las cantidades que a continuación se detallan, que fueron indebida o excesivamente percibidas en cada uno de los ejercicios que se indican. Asimismo, se hace constar el importe de las reducciones que, en su caso, correspondieron a dichas cantidades a efectos de determinar el tipo de retención en los respectivos ejercicios.

Ejercicio de percepción	Importe íntegro reintegrado	Reducciones que correspondieron

Información de interés para el perceptor.- El reintegro de cantidades incluidas en declaraciones del IRPF ya presentadas por el contribuyente, dará derecho a éste a solicitar de la Administración tributaria la rectificación de dichas declaraciones y, en su caso, la devolución de los ingresos indebidamente realizados en el Tesoro por esta causa, con arreglo a lo dispuesto en los artículos 120.3 y 221.4 de la Ley 58/2003, de 17 de diciembre, General Tributaria.

Dietas exceptuadas de gravamen y rentas exentas del Impuesto.

Importe satisfecho

Dietas y asignaciones para gastos de viaje, en las cuantías exceptuadas de gravamen del IRPF ....

Rentas exentas del IRPF incluidas por la empresa o entidad pagadora en el resumen anual de retenciones e ingresos a cuenta (mod. 190) ....

Ganancias patrimoniales de los vecinos derivadas de los aprovechamientos forestales en montes públicos

Datos correspondientes al ejercicio

• Detalle de las percepciones y de las retenciones e ingresos a cuenta

Contraprestaciones dinerarias .... Importe íntegro satisfecho / Retenciones practicadas

Contraprestaciones en especie .... Valoración / Ingresos a cuenta efectuados / Ingresos a cuenta repercutidos

* No se reproduce en su integridad por ser de suministro oficial.

16. Modelo 111 de autoliquidación de retenciones e ingresos a cuenta sobre rendimientos del trabajo*

ANEXO I

MINISTERIO DE ECONOMÍA Y HACIENDA

Agencia Tributaria
Teléfono: 901 33 55 33
www.agenciatributaria.es

Retenciones e ingresos a cuenta del IRPF
Rendimientos del trabajo y de actividades económicas, premios y determinadas ganancias patrimoniales e imputaciones de renta
Autoliquidación

Modelo **111**

Declarante (1)

Espacio reservado para la etiqueta identificativa

Si no dispone de etiquetas, consigne los datos identificativos que se solicitan a continuación.

NIF | Apellidos y nombre o razón social

Devengo (2)

Ejercicio ... Periodo .....

Espacio reservado para la numeración por código de barras

Liquidación (3)

I. Rendimientos del trabajo

	N.º de perceptores	Importe de las percepciones	Importe de las retenciones
Rendimientos dinerarios	01	02	03
	N.º de perceptores	Valor percepciones en especie	Importe de los ingresos a cuenta
Rendimientos en especie	04	05	06

II. Rendimientos de actividades económicas

	N.º de perceptores	Importe de las percepciones	Importe de las retenciones
Rendimientos dinerarios	07	08	09
	N.º de perceptores	Valor percepciones en especie	Importe de los ingresos a cuenta
Rendimientos en especie	10	11	12

III. Premios por la participación en juegos, concursos, rifas o combinaciones aleatorias

	N.º de perceptores	Importe de las percepciones	Importe de las retenciones
Premios en metálico	13	14	15
	N.º de perceptores	Valor percepciones en especie	Importe de los ingresos a cuenta
Premios en especie	16	17	18

IV. Ganancias patrimoniales derivadas de los aprovechamientos forestales de los vecinos en montes públicos

	N.º de perceptores	Importe de las percepciones	Importe de las retenciones
Percepciones dinerarias	19	20	21
	N.º de perceptores	Valor percepciones en especie	Importe de los ingresos a cuenta
Percepciones en especie	22	23	24

V. Contraprestaciones por la cesión de derechos de imagen: ingresos a cuenta previstos en el artículo 92.8 de la Ley del Impuesto

	N.º de perceptores	Contraprestaciones satisfechas	Importe de los ingresos a cuenta
Contraprestaciones dinerarias o en especie	25	26	27

Total liquidación:

Suma de retenciones e ingresos a cuenta (03 + 06 + 09 + 12 + 15 + 18 + 21 + 24 + 27) 28

A deducir (exclusivamente en caso de autoliquidación complementaria):

Resultados a ingresar de anteriores autoliquidaciones por el mismo concepto, ejercicio y periodo 29

Resultado a ingresar (28 – 29) 30

Ingreso (4)

Ingreso efectuado a favor del Tesoro público. Cuenta restringida de colaboración en la recaudación de la AEAT de declaraciones-liquidaciones o autoliquidaciones.

Importe del ingreso I
(casilla 30)

Forma de pago: En efectivo E.C. adeudo en cuenta

Código cuenta cliente (CCC): Entidad | Sucursal | DC | Número de cuenta

Negativa (5)

Autoliquidación negativa

Complementaria (6)

Si esta autoliquidación es complementaria de otra autoliquidación anterior correspondiente al mismo concepto, ejercicio y período, indíquelo marcando con una "X" esta casilla.

Autoliquidación complementaria

En este caso, consigne a continuación el número de justificante identificativo de la autoliquidación anterior.

Nº de justificante:

Firma (7)

______, a ____ de ______ de ______

Firma:

Este documento no será válido sin la certificación mecánica o, en su defecto, firma autorizada

Ejemplar para el declarante

---

* No se reproduce en su integridad por ser de suministro oficial.

17. Modelo del resumen anual de retenciones sobre rendimientos del trabajo*

MINISTERIO DE HACIENDA Y FUNCIÓN PÚBLICA

Agencia Tributaria
Teléfono: 901 33 55 33
www.agenciatributaria.es

Retenciones e ingresos a cuenta del IRPF
Rendimientos del trabajo y de actividades económicas, premios y determinadas ganancias patrimoniales e imputaciones de renta
Resumen anual

Hoja Resumen

Modelo **190**

Declarante

N.º de identificación fiscal (NIF)

Apellidos y nombre (por este orden), denominación o razón social del declarante

Ejercicio (con 4 cifras) ......

Modalidad de presentación:

Soporte ....

Telemática ....

Nº de justificante:

Persona y datos de contacto

Apellidos y nombre

Teléfono

Correo electrónico

Declaración complementaria o sustitutiva

Si la presentación de esta declaración tiene por objeto incluir percepciones que, debiendo haber sido relacionadas en otra declaración del mismo ejercicio presentada anteriormente, hubieran sido completamente omitidas en la misma, se marcará con "X" la casilla "Declaración complementaria".

Cuando la presentación de esta declaración tenga por objeto anular y sustituir por completo a otra declaración del mismo ejercicio presentada anteriormente, en la cual se hubieran consignado datos inexactos o erróneos, se indicará su carácter de declaración sustitutiva marcando con "X" la casilla correspondiente.

En ambos casos, se hará constar el número de 13 dígitos identificativo de la declaración del mismo ejercicio anteriormente presentada o el de la última de ellas, si se hubieran presentado varias.

Declaración complementaria por inclusión de datos .....

Número identificativo de la declaración anterior ....

Declaración sustitutiva ....

Resumen de los datos incluidos en la declaración

Número total de percepciones relacionadas en la declaración (1) 01

Importe total de las percepciones relacionadas 02

Importe total de las retenciones e ingresos a cuenta relacionados 03

(1) Consigne el número total de los apuntes o registros de percepción contenidos en las hojas interiores de esta declaración o en el soporte. En el caso de que una misma persona o entidad haya sido incluida más de una vez, en la misma o en diferentes claves de percepción, se computarán tantas percepciones como veces haya sido relacionada.

Fecha y firma

________________________________, a _____ de ____________________ de ________

Firma:

Hoja Resumen. Ejemplar para la Administración

* No se reproduce en su integridad por ser de suministro oficial.

Capítulo XI

La relación nominal de trabajadores (modelo TC-2)

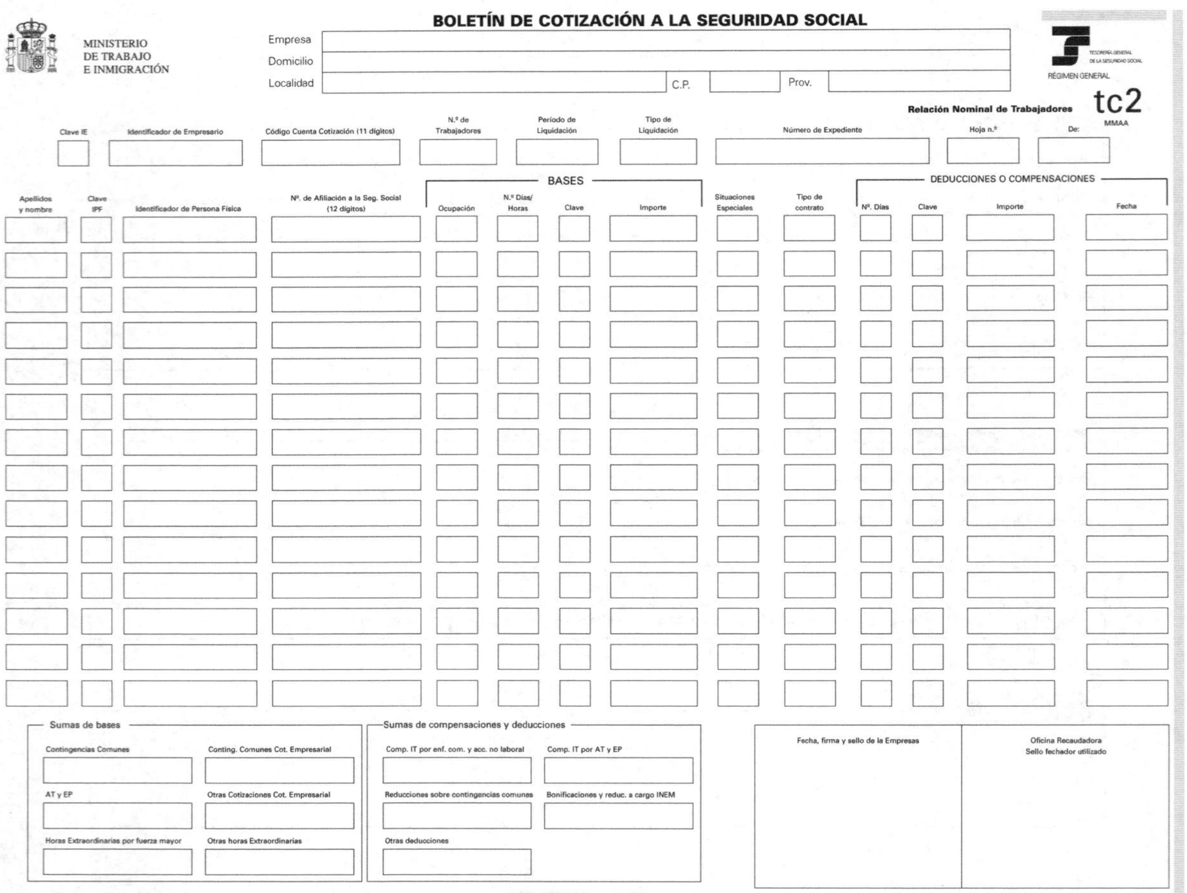
MINISTERIO
DE TRABAJO
E INMIGRACIÓN

BOLETÍN DE COTIZACIÓN A LA SEGURIDAD SOCIAL

Empresa
Domicilio
Localidad C.P. Prov.

TESORERÍA GENERAL DE LA SEGURIDAD SOCIAL
RÉGIMEN GENERAL

Relación Nominal de Trabajadores tc2
MMAA

Clave IE | Identificador de Empresario | Código Cuenta Cotización (11 dígitos) | N.º de Trabajadores | Período de Liquidación | Tipo de Liquidación | Número de Expediente | Hoja n.º | De:

BASES
DEDUCCIONES O COMPENSACIONES

Apellidos y nombre | Clave IPF | Identificador de Persona Física | Nº. de Afiliación a la Seg. Social (12 dígitos) | Ocupación | N.º Días/Horas | Clave | Importe | Situaciones Especiales | Tipo de contrato | Nº. Días | Clave | Importe | Fecha

Sumas de bases
Contingencias Comunes
Conting. Comunes Cot. Empresarial
AT y EP
Otras Cotizaciones Cot. Empresarial
Horas Extraordinarias por fuerza mayor
Otras horas Extraordinarias

Sumas de compensaciones y deducciones
Comp. IT por enf. com. y acc. no laboral
Comp. IT por AT y EP
Reducciones sobre contingencias comunes
Bonificaciones y reduc. a cargo INEM
Otras deducciones

Fecha, firma y sello de la Empresas
Oficina Recaudadora
Sello fechador utilizado

EJEMPLAR PARA LA TESORERÍA GENERAL DE LA SEGURIDAD SOCIAL. PROCESO DE DATOS
COD. EMISOR 029EE
(Este ejemplar debe ser cumplimentado exclusivamente por impresora o máquina de escribir)

La relación nominal de los trabajadores (modelo TC-2) acompañaba al boletín de cotización (modelo TC-1), y en ella constaban los datos identificativos de la empresa, los relativos a los trabajadores y las sumas y las diligencias de formalización.

A partir del 1 de enero de 2011 todas las empresas, agrupaciones de empresas y demás sujetos responsables del cumplimiento de la obligación de cotizar encuadrados en el Régimen general de la Seguridad Social ya deben estar incorporados de forma efectiva al Sistema RED en alguna de sus dos modalidades: RED internet y RED directo.

Por ello, la transmisión de los datos a que se refiere este documento se efectuará según las instrucciones establecidas en el momento en que se produzca dicha transmisión.

MINISTERIO
DE TRABAJO
E INMIGRACIÓN

Relación nominal de trabajadores

TESORERÍA GENERAL
DE LA SEGURIDAD SOCIAL

Datos de envío
Código de envío: Número de autorización:
Periodo de liquidación: Clase de liquidación:
Calificador de liquidación: Número de trabajadores:

tc 2

Datos de empresa
Razón Social:
Código de empresario:
Código Cuenta de Cotización:

Hoja nº.: 1 de 1

NAF	IPF	CAF	Mes	Indicador	D/H cotizadas	Tipo Cto.	Ocup	Bases/Compensación-Deducción						
								Descripción	Importe(€)	Días	T. Resol.	F. Resol.	F. Inicio	F. Fin

SUMA DE BASES(€)

Contingencias comunes
Base de cotización para AT y EP

SUMA DE COMPENSACIONES Y DEDUCCIONES(€)

Referencia: Fecha: Huella:

El titular de la autorización:

Fdo.:

Relaciones nominales actuales

Actualmente, en el Régimen general solo se mantienen como documentos de cotización en soporte físico:

— TC-2/19, Relación nominal de trabajadores del colectivo de artistas y profesionales taurinos, con el TC-4/5, justificante de actuaciones.

Capítulo XII

El boletín de cotización (modelo TC-1)

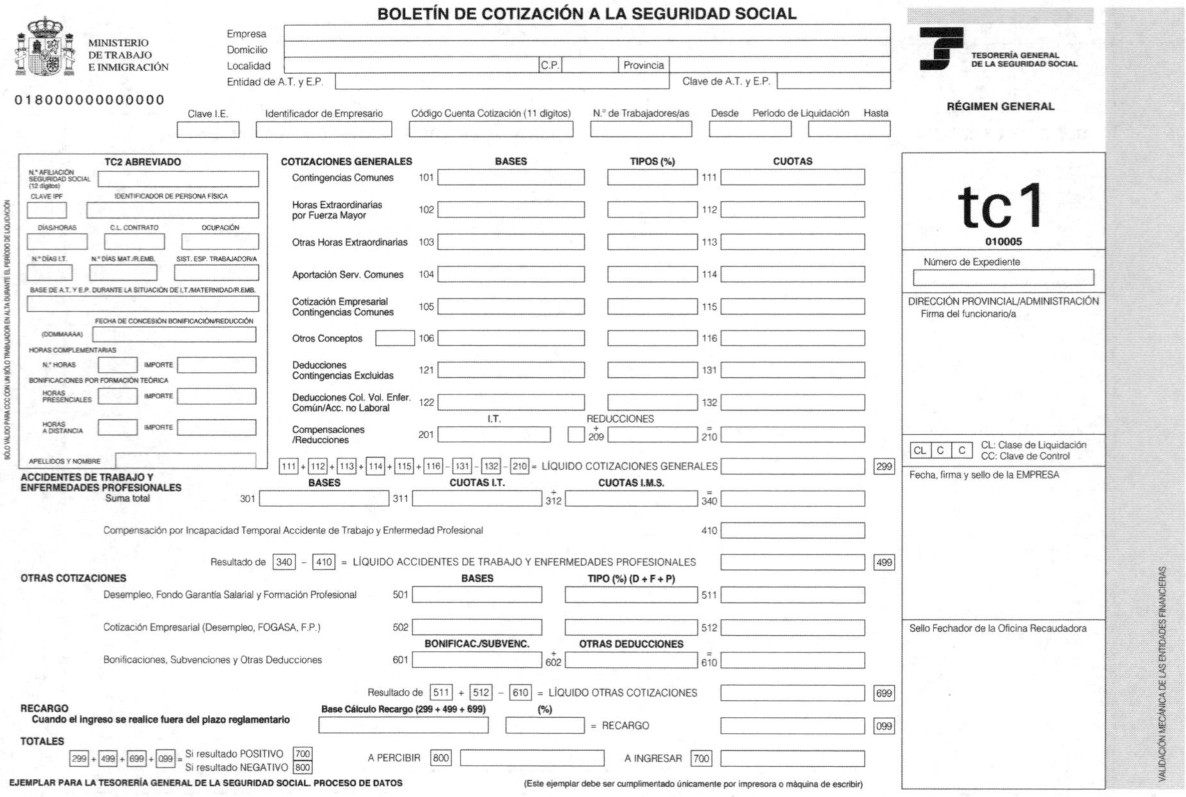

BOLETÍN DE COTIZACIÓN A LA SEGURIDAD SOCIAL

MINISTERIO DE TRABAJO E INMIGRACIÓN

TESORERÍA GENERAL DE LA SEGURIDAD SOCIAL

RÉGIMEN GENERAL

Empresa
Domicilio
Localidad — C.P. — Provincia
Entidad de A.T. y E.P. — Clave de A.T. y E.P.

018000000000000

Clave I.E. — Identificador de Empresario — Código Cuenta Cotización (11 dígitos) — N.º de Trabajadores/as — Desde — Período de Liquidación — Hasta

tc1
010005

Número de Expediente

DIRECCIÓN PROVINCIAL/ADMINISTRACIÓN
Firma del funcionario/a

TC2 ABREVIADO
N.º AFILIACIÓN SEGURIDAD SOCIAL (12 dígitos)
CLAVE IPF — IDENTIFICADOR DE PERSONA FÍSICA
DÍAS/HORAS — C.L. CONTRATO — OCUPACIÓN
N.º DÍAS I.T. — N.º DÍAS MAT./R.EMB. — SIST. ESP. TRABAJADOR/A
BASE DE A.T. Y E.P. DURANTE LA SITUACIÓN DE I.T./MATERNIDAD/R.EMB.
FECHA DE CONCESIÓN BONIFICACIÓN/REDUCCIÓN (DD/MM/AAAA)
HORAS COMPLEMENTARIAS: N.º HORAS — IMPORTE
BONIFICACIONES POR FORMACIÓN TEÓRICA: HORAS PRESENCIALES — IMPORTE; HORAS A DISTANCIA — IMPORTE
APELLIDOS Y NOMBRE
SÓLO VÁLIDO PARA COD CON UN SÓLO TRABAJADOR EN ALTA DURANTE EL PERÍODO DE LIQUIDACIÓN

COTIZACIONES GENERALES		BASES	TIPOS (%)		CUOTAS
Contingencias Comunes	101			111	
Horas Extraordinarias por Fuerza Mayor	102			112	
Otras Horas Extraordinarias	103			113	
Aportación Serv. Comunes	104			114	
Cotización Empresarial Contingencias Comunes	105			115	
Otros Conceptos	106			116	
Deducciones Contingencias Excluidas	121			131	
Deducciones Col. Vol. Enfer. Común/Acc. no Laboral	122			132	
Compensaciones /Reducciones	201	I.T.	REDUCCIONES + 209	= 210	

111 + 112 + 113 + 114 + 115 + 116 − 131 − 132 − 210 = LÍQUIDO COTIZACIONES GENERALES — 299

ACCIDENTES DE TRABAJO Y ENFERMEDADES PROFESIONALES
Suma total — BASES 301 — CUOTAS I.T. 311 — + CUOTAS I.M.S. 312 — = 340

Compensación por Incapacidad Temporal Accidente de Trabajo y Enfermedad Profesional — 410

Resultado de 340 − 410 = LÍQUIDO ACCIDENTES DE TRABAJO Y ENFERMEDADES PROFESIONALES — 499

OTRAS COTIZACIONES — BASES — TIPO (%) (D + F + P)
Desempleo, Fondo Garantía Salarial y Formación Profesional — 501 — 511
Cotización Empresarial (Desempleo, FOGASA, F.P.) — 502 — 512
Bonificaciones, Subvenciones y Otras Deducciones — BONIFICAC./SUBVENC. 601 — + OTRAS DEDUCCIONES 602 — = 610

Resultado de 511 + 512 − 610 = LÍQUIDO OTRAS COTIZACIONES — 699

RECARGO
Cuando el ingreso se realice fuera del plazo reglamentario
Base Cálculo Recargo (299 + 499 + 699) — (%) — = RECARGO — 099

TOTALES
299 + 499 + 699 + 099 = Si resultado POSITIVO 700 / Si resultado NEGATIVO 800
A PERCIBIR 800 — A INGRESAR 700

CL C C — CL: Clase de Liquidación — CC: Clave de Control
Fecha, firma y sello de la EMPRESA
Sello Fechador de la Oficina Recaudadora
VALIDACIÓN MECÁNICA DE LAS ENTIDADES FINANCIERAS

EJEMPLAR PARA LA TESORERÍA GENERAL DE LA SEGURIDAD SOCIAL. PROCESO DE DATOS
(Este ejemplar debe ser cumplimentado únicamente por impresora o máquina de escribir)

Este modelo se utilizaba para la liquidación por las empresas de las cuotas del Régimen general (salvo que los trabajadores a los que se refiriera pertenecieran a los colectivos de artistas, profesionales taurinos o representantes de comercio).

A partir del 1 de enero de 2011 todas las empresas, agrupaciones de empresas y demás sujetos responsables del cumplimiento de la obligación de cotizar encuadrados en el Régimen general de la Seguridad Social ya deben estar incorporados de forma efectiva al Sistema RED en alguna de sus dos modalidades: RED internet y RED directo.

Por ello, la transmisión de los datos a que se refiere este documento se efectuará según las instrucciones establecidas en el momento en que se produzca dicha transmisión.

La adopción del pago electrónico como sistema de ingreso de las cuotas supone la eliminación de los documentos de cotización de la serie TC-1.

MINISTERIO
DE TRABAJO
E INMIGRACIÓN

TESORERÍA GENERAL
DE LA SEGURIDAD SOCIAL

EURO
tc1

Datos de envío
Código de envío:
Período de liquidación:
Calificador de liquidación:

Ordinal de impresión:
Nº de autorización:
Clase de liquidación:

Datos de empresa
Clave cuenta de cotización:
Razón social:
Modalidad de pago:
Expediente referencia:

Hoja nº 1 de 1

Entidad AT y EP:
Código cuenta cliente:
Nº de trabajadores:

* DOCUMENTO BORRADOR *

Descripción	Cal.	Base	Tipos (%)	Importe
Base contingencias AT y EP.				
Imp. percepciones íntegras.				
Contingencias comunes.				
Total de cuotas de AT y EP.				
Cuotas IT por AT y EP.				
Cuotas I.M.S. Por AT y EP.				
Otras cotizaciones (Desempleo, FOGASA y F.P.)				
Líquido cotizaciones generales.				
Líquido A. T. y E. P.				
Líquido otras cotizaciones.				
Importe a ingresar.				

Boletines de cotización actuales

Actualmente, en el Régimen general se mantienen como documentos de cotización en soporte físico:

— TC-1/11, Boletín de cotización del colectivo de artistas y profesionales taurinos.
— TC-1/19, Boletín de cotización del colectivo de artistas y profesionales taurinos. Empresas.
— TC-1/25, Boletín de cotización del sistema especial para las tareas de manipulado y empaquetado de tomate fresco realizadas por cosecheros exportadores.

Capítulo XIII

Contabilización de los gastos de personal

Tienen la consideración de gastos de personal las cantidades devengadas por terceros en contraprestación directa o indirecta de servicios personales, siempre que dichos terceros estén adscritos a las actividades económicas, productivas o de servicios desarrolladas por la empresa.

Es el Plan General de Contabilidad el que define el contenido y las características más importantes de las operaciones que configuran las cuentas relacionadas con estos gastos, facilitando así la solución de los problemas que plantean las operaciones cuya contabilización se pretende.

Igualmente, la descripción que hace el Plan de los motivos más comunes de cargo o abono de las cuentas permite fijar los criterios con los que se deberán formular los respectivos asientos o anotaciones contables.

1. **Cuentas y subcuentas de gastos e ingresos de personal**

Tanto el Plan General de Contabilidad (PGC) como el Plan General de Contabilidad para PYMES (PGCPYMES) habilitan el subgrupo 64, «Gastos de personal», para reflejar contablemente las retribuciones al personal, cualquiera que sea la forma o el concepto por el que se satisfacen, las cuotas de la Seguridad Social a cargo de la empresa y los demás gastos de carácter social.

Las cuentas de posible utilización son:

— 640. «Sueldos y salarios».
— 641. «Indemnizaciones».
— 642. «Seguridad Social a cargo de la empresa».
— 643. «Retribuciones a largo plazo mediante sistemas de aportación definida». (No contemplada por el PGCPYMES.)
— 644. «Retribuciones a largo plazo mediante sistemas de prestación definida». (No contemplada por el PGCPYMES.)

- 6440. «Contribuciones anuales».
- 6442. «Otros costes».

— 645. «Retribuciones al personal mediante instrumentos de patrimonio». (No contemplada por el PGCPYMES.)

- 6450. «Retribuciones al personal liquidados con instrumentos de patrimonio».
- 6457. «Retribuciones al personal liquidados en efectivo basado en instrumentos de patrimonio».

— 649. «Otros gastos sociales».

El Plan General de Contabilidad para PYMES (PGCPYMES) no contempla, en principio, el tratamiento contable de las retribuciones a largo plazo al personal mediante sistemas de aportación o de prestación definida o mediante instrumentos de patrimonio, por lo que, si se realiza una de tales operaciones, hay que remitirse a las correspondientes normas y apartados contenidos en el Plan General de Contabilidad (PGC).

1.1. Cuenta 640. «Sueldos y salarios»

Recoge las remuneraciones, fijas y eventuales, al personal de la empresa.

Se cargará por el importe íntegro de las remuneraciones cuando éstas se devenguen:

- Por el pago en efectivo, con abono a cuentas del subgrupo 57, «Tesorería».
- Por los devengados y no pagados, con abono a la cuenta 465, «Remuneraciones pendientes de pago».
- Por compensación de deudas pendientes, con abonos a las cuentas 254, «Créditos a largo plazo al personal», 460, «Anticipos de remuneraciones», y 544, «Créditos a corto plazo al personal», según proceda.
- Por las retenciones de tributos y cuotas de la Seguridad Social a cargo del personal, con abono a cuentas del subgrupo 47, «Administraciones Públicas».

Su expresión contable podría ser:

(640) Sueldos y salarios	a	(572) Bancos e instituciones de crédito c/c vista, euros
	a	(465) Remuneraciones pendientes de pago
	a	(254) Créditos a largo plazo al personal
	a	(544) Créditos a corto plazo al personal
	a	(460) Anticipos de remuneraciones
	a	(4751) Hacienda Pública, acreedor por retenciones practicadas
	a	(476) Organismos de la Seguridad Social, acreedores

La cuenta 640 se abona al cierre del ejercicio por el importe de su saldo con cargo a la cuenta 129, «Resultado del ejercicio».

1.2. Cuenta 641. «Indemnizaciones»

Recoge las cantidades que se entregan al personal de la empresa para resarcirle de un daño o perjuicio. Se incluyen específicamente en esta cuenta las indemnizaciones por despido y jubilaciones anticipadas.

Se cargará por el importe de las indemnizaciones, con abono a cuentas de los subgrupos 14, «Provisiones»; 46, «Personal»; 47, «Administraciones Públicas», o 57, «Tesorería».

Su expresión contable podría ser:

(641) Indemnizaciones	a	(572) Bancos e instituciones de crédito c/c vista, euros
	a	(4751) Hacienda Pública, acreedor por retenciones practicadas
	a	(465) Remuneraciones pendientes de pago

	a	(14...) Provisiones (Por la obligación de pagar una indemnización a largo plazo, claramente especificada en cuanto a su naturaleza, pero que, a fecha de cierre del ejercicio, es indeterminada en cuanto a su importe exacto o a la fecha en la que se producirá)

La cuenta 641 se abona al cierre del ejercicio por el importe de su saldo con cargo a la cuenta 129,«Resultado del ejercicio».

1.3. Cuenta 642. «Seguridad Social a cargo de la empresa»

Recoge las cuotas de la empresa a favor de los organismos de la Seguridad Social por las diversas prestaciones que éstos realizan.

Se cargará cuando las cuotas sean exigibles, con abono a la cuenta 476, «Organismos de la Seguridad Social, acreedores».

Su expresión contable sería:

(642) Seguridad Social a cargo de la empresa	a	(476) Organismos de la Seguridad Social, acreedores

La cuenta 642 se abona al cierre del ejercicio por el importe de su saldo con cargo a la cuenta 129, «Resultado del ejercicio».

1.4. Cuenta 643. «Retribuciones a largo plazo mediante sistemas de aportación definida»

Recoge el importe de las aportaciones devengadas por remuneraciones a largo plazo al personal de la empresa, tales como pensiones u otras prestaciones por jubilación o retiro, que se articulen a través de un sistema de aportación definida.

Su movimiento es el siguiente:

Se cargará:

— Por el importe de las contribuciones anuales a planes de pensiones u otras instituciones similares externas a la empresa satisfechas en efectivo, con abono a cuentas del subgrupo 57, «Tesorería».
— Por el importe de las primas devengadas y no pagadas, con abono a la cuenta 466, «Remuneraciones mediante sistemas de aportación definida pendientes de pago».

Su expresión contable podría ser:

(643) Retribuciones a largo plazo mediante sistemas de aportación definida		
	a	(572) Bancos e instituciones de crédito c/c vista, euros
	a	(466) Remuneraciones mediante sistemas de aportación definida pendientes de pago

La cuenta 643 se abona al cierre del ejercicio por el importe de su saldo con cargo a la cuenta 129, «Resultado del ejercicio».

1.5. Cuenta 644. «Retribuciones a largo plazo mediante sistemas de prestación definida»

Recoge el importe de las aportaciones devengadas por remuneraciones a largo plazo al personal de la empresa, tales como pensiones u otras prestaciones por jubilación o retiro, que se articulen a través de un sistema de prestación definida.

La cuenta 644 se abona al cierre del ejercicio por el importe de su saldo con cargo a la cuenta 129, « Resultado del ejercicio».

Esta cuenta se desglosa a su vez en dos subcuentas: 6440 y 6442.

1.5.1. *Subcuenta 6440.«Contribuciones anuales»*

Recoge el importe de la contribución anual al sistema de prestación definida.

Su movimiento es el siguiente:

Se cargará:

— Por el importe del coste del servicio del ejercicio corriente relacionado con planes de pensiones u otras instituciones similares externas a la empresa, satisfechas en efectivo, con abono, generalmente, a cuentas del subgrupo 57, «Tesorería», o a la cuenta 140, «Provisiones por retribuciones a largo plazo al personal».

Su expresión contable podría ser:

(6440) Contribuciones anuales	a	(572) Bancos e instituciones de crédito c/c vista, euros
	a	(140) Provisiones por retribuciones a largo plazo al personal

1.5.2. *Subcuenta 6442. «Otros costes»*

Recoge el importe de los costes imputados a la cuenta de pérdidas y ganancias por servicios pasados surgidos por el establecimiento de un plan de retribuciones a largo plazo de prestación definida o por una mejora de las condiciones del mismo.

Su movimiento es el siguiente:

Se cargará por el importe que proceda de acuerdo con lo establecido en la norma de registro y valoración 16.ª del PGC, «Pasivos por retribuciones a largo plazo al personal» con abono a la cuenta 140, «Provisiones por retribuciones a largo plazo al personal» o a la cuenta 5290, «Provisión a corto plazo por retribuciones al personal».

Su expresión contable podría ser:

(6442) Otros costes	a	(140) Provisiones por retribuciones a largo plazo al personal
	a	(5290) Provisión a corto plazo por retribuciones al personal

1.6. Cuenta 645. «Retribuciones al personal mediante instrumentos de patrimonio»

Recoge los importes liquidados por la empresa con instrumentos de patrimonio o con importes en efectivo basados en el valor de instrumentos de patrimonio a cambio de los servicios prestados por los empleados.

La cuenta 645 se abona al cierre del ejercicio por el importe de sus saldos con cargo a la cuenta 129, «Resultado del ejercicio».

Esta cuenta se desglosa a su vez en dos subcuentas: 6450 y 6457.

1.6.1. *Subcuenta 6450. «Retribuciones al personal liquidados con instrumentos de patrimonio»*

Su movimiento es el siguiente:

Se cargará por el importe de las retribuciones devengadas satisfechas con instrumentos de patrimonio de la propia empresa, con abono a cuentas de los subgrupos 10, «Capital», y 11, «Reservas y otros instrumentos de patrimonio».

Su expresión contable podría ser:

(6450) Retribuciones al personal liquidados con instrumentos de patrimonio	a	(100)	Capital social/
	a	(108)	Acciones o participaciones propias en situaciones especiales
	a	(113)	Reservas voluntarias

1.6.2. *Subcuenta 6457. «Retribuciones al personal liquidados en efectivo basado en instrumentos de patrimonio»*

Su movimiento es el siguiente:

Se cargará por el importe de las retribuciones devengadas a satisfacer en efectivo, con abono a la cuenta 147, «Provisión por transacciones con pagos basados en instrumentos de patrimonio» o a la cuenta 5297, «Provisión a corto plazo por transacciones con pagos basados en instrumentos de patrimonio».

Su expresión contable podría ser:

(6457) Retribuciones al personal liquidados en efectivo basado en instrumentos de patrimonio	a	(147)	Provisión por transacciones con pagos basados en instrumentos de patrimonio
	a	(5297)	Provisión a corto plazo por transacciones con pagos basados en instrumentos de patrimonio

1.7. Cuenta 649. «Otros gastos sociales»

Recoge los gastos de naturaleza social realizados en cumplimiento de una disposición legal, o voluntariamente por la empresa.

Se citan, a título indicativo, las subvenciones a economatos y comedores; sostenimiento de escuelas e instituciones de formación profesional; becas para estudio; primas por contratos de seguros sobre la vida, accidentes, enfermedad, etc., excepto las cuotas de la Seguridad Social.

Se cargará, por el importe de los gastos, con abono a cuentas de los grupos 5, «Cuentas financieras», o 7, «Ventas e ingresos», según que se paguen en efectivo o en mercaderías u otros productos.

Su expresión contable podría ser:

(649) Otros gastos sociales	a	(572) Bancos e instituciones de crédito c/c vista, euros
	a	(755) Ingresos por servicios al personal

Al final del ejercicio, la cuenta 649 se abona por su saldo, con cargo a la cuenta 129, «Resultado del ejercicio».

2. **Cuentas de créditos y deudas con el personal**

Tanto el Plan General de Contabilidad (PGC) como el Plan General de Contabilidad para PYMES (PGCPYMES) habilitan el subgrupo 46, «Personal», para reflejar contablemente los saldos con personas que prestan sus servicios a la empresa o con las entidades con las que se instrumentan los compromisos de retribución post-empleo, y cuyas remuneraciones se contabilizan en el subgrupo 64, «Gastos de personal».

Las cuentas de posible utilización son:

— 460. «Anticipos de remuneraciones».
— 465. «Remuneraciones pendientes de pago».
— 466. «Remuneraciones mediante sistemas de aportación definida pendientes de pago». (No contemplada por el PGCPYMES.)

El Plan General de Contabilidad para PYMES (PGCPYMES) no contempla, en principio, el tratamiento contable de las retribuciones mediante sistemas de aportación definida pendientes de pago, por lo que, si se realiza tal operación, hay que remitirse a las correspondientes normas y apartados contenidos en el Plan General de Contabilidad (PGC).

2.1. Cuenta 460. «Anticipos de remuneraciones»

Recoge las entregas a cuenta de remuneraciones al personal de la empresa.

Cualesquiera otros anticipos que tengan la consideración de préstamos al personal se incluirán en la cuenta 544, «Créditos a corto plazo al personal», o en la cuenta 254, «Créditos a largo plazo al personal», según el plazo de vencimiento.

Figurará en el activo del balance.

Su movimiento es el siguiente:

— Se cargará al efectuarse las entregas antes citadas, con abono a cuentas del subgrupo 57, «Tesorería».

Su expresión contable sería:

(460) Anticipos de remuneraciones	a	(572) Bancos e instituciones de crédito c/c vista, euros

— Se abonará al compensar los anticipos con las remuneraciones devengadas, con cargo a cuentas del subgrupo 64, «Gastos de personal».

Su expresión contable sería:

(64) Gastos de personal		a	(460) Anticipos de remuneraciones
		a	(572) Bancos e instituciones de crédito c/c vista, euros

2.2. Cuenta 465. «Remuneraciones pendientes de pago»

Recoge los débitos de la empresa al personal por los conceptos citados en las cuentas 640, «Sueldos y salarios», y 641, «Indemnizaciones».

Figurará en el pasivo del balance.

Su movimiento es el siguiente:

— Se abonará, por las remuneraciones devengadas y no pagadas, con cargo a las cuentas 640, «Sueldos y salarios», y 641, «Indemnizaciones».

Su expresión contable sería:

(640) Sueldos y salarios		
(641) Indemnizaciones	a	(465) Remuneraciones pendientes de pago

— Se cargará cuando se paguen las remuneraciones, con abono a cuentas del subgrupo 57, «Tesorería».

Su expresión contable sería:

(465) Remuneraciones pendientes de pago	a	(572) Bancos e instituciones de crédito c/c vista, euros

2.3. Cuenta 466. «Remuneraciones mediante sistemas de aportación definida pendientes de pago»

Recoge importes pendientes de pago a una entidad separada por retribuciones a largo plazo al personal, tales como pensiones y otras prestaciones por jubilación o retiro, que tengan el carácter de aportación definida, de acuerdo con los términos establecidos en las normas de registro y valoración.

Figurará en el pasivo corriente del balance.

Su movimiento es el siguiente:

— Se abonará por los importes devengados y no pagados, con cargo a la cuenta 643 «Retribuciones a largo plazo mediante sistemas de aportación definida».

Su expresión contable podría ser:

(643) Retribuciones a largo plazo mediante sistemas de aportación definida	a	(466) Remuneraciones mediante sistemas de aportación definida pendientes de pago

— Se cargará cuando se paguen las contribuciones pendientes con abono a cuentas del subgrupo 57.
Su expresión contable podría ser:

(466) Remuneraciones mediante sistemas de aportación definida pendientes de pago	a	(57) Tesorería

3. Cuentas y subcuentas de créditos y deudas con organismos de la Seguridad Social o con la Hacienda Pública

El Plan General de Contabilidad habilita el subgrupo 47, «Administraciones Públicas», para reflejar contablemente los saldos con estos organismos; siendo las cuentas a utilizar las siguientes:

— 471. «Organismos de la Seguridad Social, deudores».
— 475. «Hacienda Pública, acreedora por conceptos fiscales».

- 4751. «Hacienda Pública, acreedora por retenciones practicadas».

— 476. «Organismos de la Seguridad Social, acreedores».

3.1. Cuenta 471. «Organismos de la Seguridad Social, deudores»

Recoge los créditos a favor de la empresa, de los diversos organismos de la Seguridad Social, relacionados con las prestaciones sociales que ellos efectúan.
Figurará en el activo del balance.
Su movimiento es el siguiente:

— Se cargará por las prestaciones a cargo de la Seguridad Social con abono, generalmente, a cuentas del subgrupo 57, «Tesorería».

Su expresión contable sería:

(471) Organismos de la Seguridad Social, deudores	a	(572) Bancos e instituciones de crédito c/c vista, euros

— Se abonará al cancelar el crédito, lo que podrá suceder por compensación con deudas pendientes con organismos de la Seguridad Social o abono a cuentas de la subcuenta 57, «Tesorería».

Su expresión contable sería:

(476) Organismos de la Seguridad Social, acreedores	a	(471) Organismos de la Seguridad Social, deudores
	a	(572) Bancos e instituciones de crédito c/c vista, euros

3.2. Cuenta 475. «Hacienda pública, acreedora por conceptos fiscales»

Recoge los tributos a favor de las Administraciones Públicas, pendientes de pago, tanto si la empresa es contribuyente como si es sustituto del mismo o retenedor.

Figurará en el pasivo del balance.

El contenido y movimiento de las cuentas citadas de cuatro cifras es el siguiente:

3.2.1. Subcuenta 4751. «Hacienda Pública, acreedor por retenciones practicadas»

Recoge el importe de las retenciones tributarias efectuadas, pendientes de pago a la Hacienda Pública:

— Se abonará al devengo del tributo cuando la empresa sea sustituto del contribuyente o retenedor, con cargo a cuentas de los grupos 4, «Acreedores y deudores por operaciones comerciales », 5, «Cuentas financieras», o 6, «Compras y gastos».

Su expresión contable podría ser:

(640)	Sueldos y salario		
(641)	Indemnizaciones		
(642)	Seguridad Social a cargo de la empresa		
(643)	Retribuciones a largo plazo mediante sistemas de aportación definida		
(6440)	Contribuciones anuales»		
(649)	Otros gastos sociales	a	(4751) Hacienda Pública, acreedor por retenciones practicadas

— Se cargará cuando se efectúe su pago, con abono a cuentas del subgrupo 57, «Tesorería».

Su expresión contable sería:

(4751)	Hacienda Pública, acreedor por retenciones practicadas	a	(572) Bancos e instituciones de crédito c/c vista, euros

3.3. Cuenta 476. «Organismos de la Seguridad Social, acreedores»

Recoge las deudas pendientes con organismos de la Seguridad Social como consecuencia de las prestaciones que éstos realizan.

Figurará en el pasivo del balance.

Su movimiento es el siguiente:

— Se abonará:

- Por las cuotas que le corresponden a la empresa, con cargo a la cuenta 642, «Seguridad Social a cargo de la empresa».

Su expresión contable sería:

(642)	Seguridad Social a cargo de la empresa	a	(476) Organismos de la Seguridad Social, acreedores

- Por las retenciones de cuotas que corresponden al personal de la empresa, con cargo a la cuenta 465, «Remuneraciones pendientes de pago», o 640, «Sueldos y salarios».

  Su expresión contable podría ser:

(465) Remuneraciones pendientes de pago (640) Sueldos y salarios	a	(476) Organismos de la Seguridad Social, acreedores

— Se cargará cuando se efectúe el pago, con abono a cuentas del subgrupo 57, «Tesorería».

Su expresión contable sería:

(476) Organismos de la Seguridad Social, acreedores	a	(572) Bancos e instituciones de crédito c/c vista, euros

4. Otras cuentas relacionadas con el personal de la empresa

Tanto el Plan General de Contabilidad (PGC) como, con las excepciones que se indican, el Plan General de Contabilidad para PYMES (PGCPYMES) habilitan también las siguientes cuentas:

— 140. «Provisión por retribuciones a largo plazo al personal». (No contempladas por el PGCPYMES.)
— 254. «Créditos a largo plazo al personal».
— 257. «Derechos de reembolso derivados de contratos de seguro relativos a retribuciones a largo plazo al personal». (No contempladas por el PGCPYMES.)
— 529. «Provisiones a corto plazo».

- 5290. «Provisión a corto plazo por retribuciones al personal». (No contempladas por el PGCPYMES.)

— 544. «Créditos a corto plazo al personal».
— 755. «Ingresos por servicios al personal».
— 795. «Exceso de provisiones».

- 7950. «Exceso de provisión por retribuciones al personal». (No contempladas por el PGCPYMES.)

El Plan General de Contabilidad para PYMES (PGCPYMES) no contempla, en principio, el tratamiento contable de la provisión por retribuciones a largo plazo al personal, ni los derechos de reembolso derivados de contratos de seguro relativos a retribuciones a largo plazo al personal, ni la provisión a corto plazo por retribuciones al personal, así como el exceso de provisión por retribuciones al personal, por lo que, si se realiza una de tales operaciones, hay que remitirse a las correspondientes normas y apartados contenidos en el Plan General de Contabilidad (PGC).

4.1. Cuenta 140. «Provisión por retribuciones a largo plazo al personal»

Recoge los fondos destinados a cubrir las obligaciones legales o contractuales referentes al personal de la empresa, distintas de las recogidas en las cuentas 146 (Provisión para reestructuraciones) y 147 (Provisión por transacciones con pagos basados en instrumentos de patrimonio), sobre las que existe incertidumbre acerca de su cuantía o vencimiento, tales como retribuciones post-empleo de prestación definida o prestaciones por incapacidad.

Su movimiento es el siguiente:

— Se abonará:

- Por las estimaciones de los devengos anuales, con cargo a cuentas del subgrupo 64, «Gastos de personal».
  Su expresión contable podría ser:

(6440) Contribuciones anuales	a	(140) Provisión por retribuciones a largo plazo al personal

- Por el reconocimiento de pérdidas actuariales, con cargo a la cuenta 850, «Pérdidas actuariales», en caso de tratarse de retribuciones post-empleo, debiendo cargarse a una cuenta del subgrupo 64 en las restantes retribuciones a largo plazo al personal.
  Su expresión contable podría ser:

(850) Pérdidas actuariales	a	(140) Provisión por retribuciones a largo plazo al personal

- Por el importe de los ajustes que surjan por la actualización de valores, con cargo a la cuenta 660, « Gastos financieros por actualización de provisiones».
  Su expresión contable sería:

(660) Gastos financieros por actualización de provisiones	a	(140) Provisión por retribuciones a largo plazo al personal

- Por el importe imputado a la cuenta de pérdidas y ganancias de los costes por servicios pasados, con cargo a la cuenta 6442, «Otros costes».
  Su expresión contable sería:

(6442) Otros costes	a	(140) Provisión por retribuciones a largo plazo al personal

— Se cargará:

- Por la disposición que se realice de la provisión, con abono, generalmente, a cuentas del subgrupo 57, «Tesorería».
  Su expresión contable podría ser:

(140) Provisión por retribuciones a largo plazo al personal	a	(572) Bancos e instituciones de crédito c/c vista, euros

- Por el reconocimiento de ganancias actuariales, con abono a la cuenta 950, «Ganancias actuariales», en caso de tratarse de retribuciones post-empleo, debiendo abonarse a una cuenta del subgrupo 64, «Gastos de personal» en las restantes retribuciones a largo plazo al personal.

Su expresión contable podría ser:

(140) Provisión por retribuciones a largo plazo al personal	a	(950) Ganancias actuariales

- Por el rendimiento esperado de los activos afectos, con abono a la cuenta 767, «Ingresos de activos afectos y de derechos de reembolso relativos a retribuciones a largo plazo».
  Su expresión contable sería:

(140) Provisión por retribuciones a largo plazo al personal	a	(767) Ingresos de activos afectos y de derechos de reembolso relativos a retribuciones a largo plazo

- Por el exceso de provisión, con abono a la subcuenta 7950, « Exceso de provisión por retribuciones al personal».
  Su expresión contable sería:

(140) Provisión por retribuciones a largo plazo al personal	a	(7950) Exceso de provisión por retribuciones al personal

4.2. Cuenta 254. «Créditos a largo plazo al personal»

Recoge los créditos concedidos al personal de la empresa, que no tenga la calificación de parte vinculada, cuyo vencimiento sea superior a un año.

Figurará en el activo del balance.

Su movimiento es el siguiente:

— Se cargará:

- A la formalización del crédito, por el importe de éste, con abono, generalmente, a cuentas del subgrupo 57, «Tesorería».
  Su expresión contable podría ser:

(254) Créditos a largo plazo al personal	a	(572) Bancos e instituciones de crédito c/c vista, euros

- Por el ingreso financiero devengado hasta alcanzar el valor de reembolso del crédito, con abono, generalmente, a la cuenta 762 «Ingresos de créditos».
  Su expresión contable podría ser:

(254) Créditos a largo plazo al personal	a	(7620) Ingresos de créditos a largo plazo

— Se abonará por el reintegro anticipado, total o parcial o baja del activo, con cargo, generalmente, a cuentas del subgrupo 57, «Tesorería» y en caso de pérdidas a la cuenta 667 «Pérdidas de créditos no comerciales».
Su expresión contable podría ser:

(572) Bancos e instituciones de crédito c/c vista, euros (667) Pérdidas de créditos no comerciales	a	(254) Créditos a largo plazo al personal

4.3. Cuenta 257. «Derechos de reembolso derivados de contratos de seguro relativos a retribuciones a largo plazo al personal»

Recoge los derechos de reembolso exigibles a una entidad aseguradora, que no cumpliendo los requisitos para ser calificados como activos afectos de acuerdo con lo dispuesto en las normas de registro y valoración deba reconocerse en el activo del balance.

Su movimiento es el siguiente:

— Se cargará:

- Por las cantidades satisfechas en concepto de primas, con abono, generalmente, a cuentas del subgrupo 57, «Tesorería».
  Su expresión contable podría ser:

(257) Derechos de reembolso derivados de contratos de seguro relativos a retribuciones a largo plazo al personal	a	(572) Bancos e instituciones de crédito c/c vista, euros

- Por el reconocimiento de ganancias actuariales, con abono a la cuenta 950, «Ganancias actuariales», en caso de tratarse de retribuciones post-empleo, debiendo abonarse a una cuenta del subgrupo 64, «Gastos de personal» en las restantes retribuciones a largo plazo al personal.
  Su expresión contable podría ser:

(257) Derechos de reembolso derivados de contratos de seguro relativos a retribuciones a largo plazo al personal	a	(950) Ganancias actuariales

- Por el rendimiento esperado de los derechos de reembolso, con abono a la cuenta 767, «Ingresos de activos afectos y de derechos de reembolso relativos a retribuciones a largo plazo».
  Su expresión contable sería:

(257) Derechos de reembolso derivados de contratos de seguro relativos a retribuciones a largo plazo al personal	a	(767) Ingresos de activos afectos y de derechos de reembolso relativos a retribuciones a largo plazo

— Se abonará:

- Por la disposición que se realice del derecho de reembolso, con cargo a la cuenta 140, o con cargo a cuentas del subgrupo 57.
  Su expresión contable podría ser:

(572) Bancos e instituciones de crédito c/c vista, euros	a	(257) Derechos de reembolso derivados de contratos de seguro relativos a retribuciones a largo plazo al personal

- Por el reconocimiento de pérdidas actuariales, con cargo a la cuenta 850, en caso de tratarse de retribuciones post-empleo, debiendo cargarse a una cuenta del subgrupo 64 en las restantes retribuciones a largo plazo al personal.
  Su expresión contable podría ser:

(850) Pérdidas actuariales	a	(257) Derechos de reembolso derivados de contratos de seguro relativos a retribuciones a largo plazo al personal

- Por el exceso de valor del derecho de reembolso que suponga un reembolso directo, con cargo a cuentas del subgrupo 57.
  Su expresión contable podría ser:

(572) Bancos e instituciones de crédito c/c vista, euros	a	(257) Derechos de reembolso derivados de contratos de seguro relativos a retribuciones a largo plazo al personal

4.4. Cuenta 529. «Provisiones a corto plazo»

Las provisiones incluidas en el subgrupo 14 cuya cancelación se prevé en el corto plazo, deben figurar en el epígrafe del pasivo corriente «Provisiones a corto plazo». A estos efectos se traspasará a este subgrupo el importe que represente la obligación a largo plazo con vencimiento a corto de las cuentas correspondientes del subgrupo 14.

4.4.1. *Subcuenta 5290. «Provisión a corto plazo por retribuciones al personal»*

El movimiento de esta cuenta (subcuenta) es análogo al de la correspondiente cuenta del subgrupo 14, la cuenta 140. «Provisión por retribuciones a largo plazo al personal», tratada anteriormente.

4.5. Cuenta 544. «Créditos a corto plazo al personal»

Recoge los créditos concedidos al personal de la empresa, cuyo vencimiento no sea superior a un año.

Figurará en el activo del balance.

Su movimiento es el siguiente:

— Se cargará:

- A la formalización del crédito, por el importe de éste, con abono, generalmente, a cuentas del subgrupo 57, «Tesorería».
  Su expresión contable podría ser:

(544) Créditos a corto plazo al personal	a	(572) Bancos e instituciones de crédito c/c vista, euros

- Por el ingreso financiero devengado hasta alcanzar el valor de reembolso del crédito, con abono, generalmente, a la cuenta 762 «Ingresos de créditos».
  Su expresión contable podría ser:

(544) Créditos a corto plazo al personal	a	(7620) Ingresos de créditos a largo plazo

— Se abonará por el reintegro anticipado, total o parcial o baja del activo, con cargo, generalmente, a cuentas del subgrupo 57, «Tesorería», y en caso de pérdidas a la cuenta 667 «Pérdidas de créditos no comerciales».
Su expresión contable podría ser:

(572) Bancos e instituciones de crédito c/c vista, euros (667) Pérdidas de créditos no comerciales	a	(544) Créditos a corto plazo al personal

4.6. Cuenta 755. «Ingresos por servicios al personal»

Ingresos por servicios varios, tales como economatos, comedores, transportes, viviendas, etc., facilitados por la empresa a su personal.
Su movimiento es el siguiente:

— Se abonará por el importe de los ingresos con cargo, generalmente, a cuentas del subgrupo 57, «Tesorería», o a la 649, «Otros gastos sociales».
Su expresión contable podría ser:

(572) Bancos e instituciones de crédito c/c vista, euros (667) Pérdidas de créditos no comerciales	a	(755) Ingresos por servicios al personal

La cuenta 755 se carga al cierre del ejercicio por el importe de su saldo con cargo a la cuenta 129, «Resultado del ejercicio».

4.7. Cuenta 795. «Exceso de provisiones»

Recoge la diferencia positiva entre el importe de la provisión existente y el que corresponda al cierre del ejercicio o en el momento de atender la correspondiente obligación.

4.7.1. *Subcuenta 7950. «Exceso de provisión por retribuciones al personal»*

Recoge la diferencia positiva entre el importe de la provisión existente y el que corresponde al cierre del ejercicio o en el momento de atender la obligación de retribuir al personal.

Su movimiento es el siguiente:

— Se abonará, por el exceso de provisión con cargo a las correspondientes cuentas del subgrupo 14, «Provisiones» o a la cuenta 529, «Provisiones a corto plazo».

Su expresión contable podría ser:

(140)	Provisión por retribuciones a largo plazo al personal		
(5290)	Provisión a corto plazo por retribuciones al personal	a	(7950) Exceso de provisión por retribuciones al personal

La cuenta 795 se carga al cierre del ejercicio por el importe de su saldo con cargo a la cuenta 129, «Resultado del ejercicio».

5. Casos prácticos

5.1. Contabilización de la nómina

Planteamiento

El recibo de salarios correspondiente al único trabajador de una empresa, que ingresó en la misma el 1-3-2023, refleja el siguiente contenido:

Empresa:	X X	Trabajador:	X X X
Domicilio:	X X	NIF:	X X
CIF:	X X	N.º de afiliación a la Seguridad Social:	X X
		Grupo profesional:	Licenciado
CCC:	X X	Grupo de cotización:	1

Período de liquidación: del 1 de marzo al 31 de marzo de 2023 — Total días 30

	%	IMPORTE	TOTALES
I. DEVENGOS			
1. Percepciones salariales			
Salario base		1.202,00	
Complementos salariales			
Incentivos		240,00	
Horas extraordinarias			
Horas complementarias (contratos a tiempo parcial)			
Gratificaciones extraordinarias			
Salario en especie			
2. Percepciones no salariales			
Indemnizaciones o suplidos			
Prestaciones e indemnizaciones de la Seguridad Social			
Indemnizaciones por traslados, suspensiones o despidos			
Otras percepciones no salariales			
A. TOTAL DEVENGADO			1.442,00
II. DEDUCCIONES			
1. Aportación del trabajador a las cotizaciones a la Seguridad Social y conceptos de recaudación conjunta			
Contingencias comunes y MEI	(1)	78,83	
Desempleo	1,55	25,46	
Formación profesional	0,10	1,64	
Horas extraordinarias			
TOTAL APORTACIONES		105,93	
2. Impuesto sobre la Renta de las Personas Físicas	11,00	158,62	
3. Anticipos			
4. Valor de los productos recibidos en especie			
5. Otras deducciones			
B. TOTAL A DEDUCIR			264,55
LÍQUIDO TOTAL A PERCIBIR (A – B)			1.177,45

31 de marzo de 2023

Firma y sello de la empresa — RECIBÍ

DETERMINACIÓN DE LAS BASES DE COTIZACIÓN A LA SEGURIDAD SOCIAL Y CONCEPTOS DE RECAUDACIÓN CONJUNTA Y DE LA BASE SUJETA A RETENCIÓN DEL IRPF Y APORTACIÓN DE LA EMPRESA

CONCEPTO			BASE	TIPO	APORTACIÓN EMPRESA
1. Contingencias comunes					
	Importe remuneración mensual	1.442,00			
	Importe prorrata pagas extraordinarias	200,33			
	TOTAL		1.642,33	24,10 (2)	395,80
2. Contingencias profesionales y conceptos de recaudación conjunta	AT y EP			1,25	20,53
	Desempleo		1.642,33	5,50	90,33
	Formación profesional			0,60	9,85
	Fondo de Garantía Salarial			0,20	3,28
3. Cotización adicional por horas extraordinarias					
4. Base sujeta a retención del IRPF			1.442,00		

(1) Incluye 0,10% de la cotización por mecanismo de equidad intergeneracional.
(2) Incluye 0,50% de la cotización por mecanismo de equidad intergeneracional.

El empresario debe ingresar en Hacienda la retención practicada así como, en la Tesorería, la cotización a su cargo, 519,79 euros, y la cotización a cargo del trabajador, 105,93 euros. Por ello, se pretende saber cómo se contabilizarían en el libro diario las operaciones siguientes:

1. Pago del recibo de salarios. Se efectúa el día 31 de marzo de 2023.
2. Ingreso de las cuotas de la Seguridad Social. Se efectúa el día 15 de abril de 2023.
3. Ingreso de las retenciones a cuenta del Impuesto sobre la Renta de las Personas Físicas. Se efectúa el día 20 de abril de 2023.

Asimismo, interesa conocer cómo se contabilizarían estas mismas operaciones en el libro diario simplificado si la empresa optase por este modelo de llevanza de su contabilidad.

Solución

Contabilización en el libro diario

La contabilización de las operaciones en el libro diario se efectuaría de la siguiente forma:

1. *Pago del recibo de salarios*

31-3-2023

1.442,00	(640)	Sueldos y salarios				
519,79	(642)	Seguridad Social a cargo de la empresa	a	(570)	Caja	1.117,45
			a	(4751)	Hacienda Pública, acreedor por retenciones practicadas	158,62
			a	(476)	Organismos de la Seguridad Social, acreedores	625,72

La explicación de los saldos de las cuentas del asiento anterior es la siguiente:

- La cuenta 640, «Sueldos y salarios», recoge el importe de la retribución bruta pagada al trabajador.
- La cuenta 570, «Caja», incluye el importe de la retribución líquida pagada en efectivo al trabajador.
- La cuenta 4751, «Hacienda Pública, acreedor por retenciones practicadas», refleja el importe de la retención a cuenta del IRPF, practicada en el recibo de salarios.
- La cuenta 476, «Organismos de la Seguridad Social, acreedores», recoge el importe del TC-1, que incluye la aportación empresarial y la del trabajador.
- La cuenta 642, «Seguridad Social a cargo de la empresa», recoge el importe de la cuota de aportación empresarial, exclusivamente.

2. *Ingreso de las cuotas de la Seguridad Social*

15-4-2023

625,72	(476)	Organismos de la Seguridad Social, acreedores	a	(572)	Bancos e instituciones de crédito c/c vista, euros	625,72

3. *Ingreso de las retenciones a cuenta del IRPF*

20-4-2023

158,62	(4751)	Hacienda Pública, acreedor por retenciones practicadas	a	(572)	Bancos e instituciones de crédito c/c vista, euros	158,62

5.2. Contabilización de diversas operaciones relacionadas con gastos de personal

Planteamiento

Se trata de contabilizar las siguientes operaciones:

1. Se entregan al trabajador 300 euros en efectivo en concepto de anticipo a cuenta de la retribución del mes.
2. Se paga la nómina mensual del trabajador del supuesto anterior, que asciende a 2.000 euros, descontándole el anticipo de 300 euros ya recibido. También se le descuentan 150 euros por retención de IRPF y 135 euros en concepto de aportación a la Seguridad Social.
3. La nómina mensual de un trabajador asciende a 3.000 euros, pero, por dificultades de tesorería, la empresa sólo le hace efectivos 2.000 euros, quedando pendientes de pago 1.000 euros. Las retenciones por IRPF ascienden a 250 euros y la aportación de cuotas a la Seguridad Social, 140 euros.
4. Al trabajador del supuesto anterior se le hace efectiva la retribución de 1.000 euros pendiente de pago.
5. Se satisfacen indemnizaciones por jubilaciones anticipadas de trabajadores por importe de 8.000 euros, siendo la retención a cuenta del IRPF de 2.400 euros.
6. Se transfieren por banco al fondo de pensiones del personal de la empresa, un total de 2.500 euros.
7. Se conceden y pagan en efectivo diversas becas a hijos de trabajadores por importe de 700 euros, haciéndose un descuento como retención a cuenta del IRPF de 105 euros.
8. Se satisfacen retribuciones en especie por importe de 1.000 euros, siendo el importe del ingreso a cuenta de 150 euros, cantidad ésta que no se repercute al trabajador.
9. La nómina de una empresa presenta los siguientes datos, relacionados con los gastos mensuales de personal:
   - Sueldos: 3.700 euros.
   - Indemnizaciones por despido: 2.500 euros.
   - Prestaciones por incapacidad temporal: 450 euros.
   - Aportaciones del trabajador a la Seguridad Social: 276 euros.
   - Aportaciones de la empresa a la Seguridad Social: 1.050 euros.
   - Retenciones por IRPF: 85 euros.
   - Anticipos: 250 euros.
10. Se procede a ingresar en la Tesorería General de la Seguridad Social el importe de las cuotas correspondientes a las aportaciones de empresa y trabajadores del supuesto anterior, que ascienden a 1.326 euros.
11. Se procede a ingresar en la Hacienda Pública el importe de las retenciones a cuenta del IRPF, que asciende a 85 euros.

Solución

1.	300	(460) Anticipo de remuneraciones	a	(572)	Bancos e instituciones de crédito c/c vista, euros	300
2.	2.000	(640) Sueldos y salarios	a	(460)	Anticipo de remuneraciones	300
			a	(4751)	Hacienda Pública, acreedor por retenciones practicadas	150
			a	(476)	Organismos de la Seguridad Social, acreedores	135
			a	(572)	Bancos e instituciones de crédito c/c vista, euros	1.415

3.	3.000	(640)	Sueldos y salarios	a	(4751)	Hacienda Pública, acreedor por retenciones practicadas	250
				a	(476)	Organismos de la Seguridad Social, acreedores	140
				a	(465)	Remuneraciones pendientes de pago	1.000
				a	(572)	Bancos e instituciones de crédito c/c vista, euros	1.610

4.	1.000	(465)	Remuneraciones pendientes de pago	a	(572)	Bancos e instituciones de crédito c/c vista, euros	1.000

5.	8.000	(641)	Indemnizaciones	a	(572)	Bancos e instituciones de crédito c/c vista, euros	5.600
				a	(4751)	Hacienda Pública, acreedor por retenciones practicadas	2.400

6.	2.500	(643)	Retribuciones a largo plazo mediante sistemas de aportación definida	a	(572)	Bancos e instituciones de crédito c/c vista, euros	2.500

7.	700	(649)	Otros gastos sociales	a	(572)	Bancos e instituciones de crédito c/c vista, euros	595
				a	(4751)	Hacienda Pública, acreedor por retenciones practicadas	105

8.	1.150	(649)	Otros gastos sociales	a	(572)	Bancos e instituciones de crédito c/c vista, euros	1.000
				a	(4753)	Hacienda Pública, acreedor por ingresos a cuenta practicados	150

9.	3.700	(640)	Sueldos y salarios				
	2.500	(641)	Indemnizaciones				
	450	(471)	Organismos de la Seguridad Social, deudores				
	1.050	(642)	Seguridad Social a cargo de la empresa	a	(476)	Organismos de la Seguridad Social, acreedores	1.326
				a	(4751)	Hacienda Pública, acreedor por retenciones practicadas	85
				a	(460)	Anticipos de remuneraciones	250
				a	(572)	Bancos e instituciones de crédito c/c vista, euros	6.039

10.	1.326	(476) Organismos de la Seguridad Social, acreedores	a	(471)	Organismos de la Seguridad Social, deudores	450
			a	(572)	Bancos e instituciones de crédito c/c vista, euros	876
11.	85	(4751) Hacienda Pública, acreedor por retenciones practicadas	a	(572)	Bancos e instituciones de crédito c/c vista, euros	85

Segunda parte

Supuestos prácticos

1. Trabajador con retribución mensual

Planteamiento

Un trabajador con la categoría profesional de licenciado, grupo 1 de cotización a la Seguridad Social, presta sus servicios en una empresa desde el 1de enero de 2012 mediante un contrato de trabajo común de carácter indefinido, con un régimen de trabajo a tiempo completo.

Las retribuciones pactadas, de percepción mensual, son las siguientes:

— Salario base: 1.750 euros.
— Incentivo: 240 euros.

También tiene reconocidas dos pagas extraordinarias de 1.750 euros cada una de ellas.

A efectos de cotización por AT y EP, el trabajador va a realizar trabajos exclusivos de oficina, ocupación «a», con unos tipos de cotización de 0,80 por IT y 0,70 por IMS.

Al trabajador, de 47 años, con cónyuge a cargo y 3 hijos de 6, 8 y 10 años de edad, se le aseguraron en contrato unos ingresos anuales de 27.380 euros. Soporta unas cotizaciones anuales a la Seguridad Social de 1.766,01 euros.

En el mes de enero se le practicó la retención conforme a la legislación vigente al 31 de diciembre de 2022, por un importe de 228,85 euros y un tipo de 11,50%.

Con estos datos calcular, en primer lugar, las bases de cotización a la Seguridad Social, las cuotas de empresa y trabajador, así como las retenciones a cuenta del IRPF. Posteriormente, confeccionar el recibo de salarios correspondiente al mes de abril.

Solución

A. Cálculo de las bases de cotización

1. *Para contingencias comunes*

   a) *Conceptos computables:* Salario base e incentivo.
   b) *Conceptos no computables:* —.
   c) *Importe de la base:*

• Salario base	1.750,00 euros
• Incentivos	240,00 euros
	1.990,00 euros
• Prorrata pagas extraordinarias:	
$\frac{1.750 \times 2}{12}$ = ...	291,67 euros
	2.281,67 euros

La cuantía de 2.281,67 euros no es inferior a la base mínima del grupo 1 de cotización a la Seguridad Social (1.759,64 euros) ni es superior a su base máxima (4.495,50 euros); por lo que constituye la base de cotización para estas contingencias.

2. *Para contingencias profesionales (AT y EP)*

   a) *Conceptos computables:* Salario base e incentivo.
   b) *Conceptos no computables:* —.
   c) *Importe de la base:*

   Los 2.281,67 euros constituyen también la base de cotización para contingencias profesionales ya que, al no existir horas extraordinarias, las retribuciones computables son las mismas que las tenidas en cuenta para calcular la base de cotización por contingencias comunes. Además cumplen la condición de estar comprendidos entre el tope mínimo (1.260,00 euros) y el máximo (4.495,50 euros) de cotización para esta clase de contingencias.

3. *Para desempleo, Fondo de Garantía Salarial y formación profesional*

   La base de cotización es la misma que la de AT y EP: 2.281,67 euros.

4. *Para el mecanismo de equidad intergeneracional (MEI)*

   La base de cotización es la misma que la de contingencias comunes. 2.281,67 euros.

B. CÁLCULO DE LAS CUOTAS DE COTIZACIÓN

1. *Para contingencias comunes*

   - A cargo del empresario: 23,60% × 2.281,67 euros = 538,47 euros
   - A cargo del trabajador: 4,70% × 2.281,67 euros = 107,24 euros

2. *Para contingencias profesionales (AT y EP)*

   - A cargo del empresario exclusivamente, ocupación «a» = 34,22 euros:

     Por IT: 0,80% × 2.281,67 euros: 18,25 euros
     Por IMS: 0,70% × 2.281,67 euros: 15,97 euros

3. *Para desempleo*

   - A cargo del empresario: 5,50% × 2.281,67 euros = 125,49 euros
   - A cargo del trabajador: 1,55% × 2.281,67 euros = 35,37 euros

4. *Para el Fondo de Garantía Salarial*

   - A cargo del empresario exclusivamente: 0,20% × 2.281,67 euros = 4,56 euros

5. *Para formación profesional*

   - A cargo del empresario: 0,60% × 2.281,67 euros = 13,69 euros
   - A cargo del trabajador: 0,10% × 2.281,67 euros = 2,28 euros

6. *Para el mecanismo de equidad intergeneracional (MEI)*

   - A cargo del empresario: 0,50% × 2.281,67 euros = 11,41 euros
   - A cargo del trabajador: 0,10% × 2.281,67 euros = 2,28 euros

7. *Importe a ingresar*

• Por contingencias comunes:		645,71	
538,47 + 107,24:	645,71		
• Por contingencias profesionales:		34,22	
• Para desempleo:		160,86	
125,49 + 35,37:	160,86		
• Para el Fondo de Garantía Salarial:		4,56	
• Para formación profesional:		15,97	
13,69 + 2,28:	15,97		
• Para el mecanismo de equidad intergeneracional (MEI):		13,69	
11,41 + 2,28:	13,69		
Total		875,01 euros	

C. Cálculo de las retenciones a cuenta del IRPF

El salario previsible del trabajador en 2023 —27.380 euros, al que corresponde una cotización a su cargo de 1.766,01 euros— está sujeto a retención dado que supera el límite cuantitativo de exención (19.241 euros) que, atendida su situación personal (con cónyuge a cargo) y número de descendientes (tres hijos), le corresponde:

1.° Base de retención (a – b)			23.013,99
a) Retribución total		27.380,00	
b) Minoraciones (i + ii + iii + iv)		4.366,01	
i) Cotizaciones Seguridad Social	1.766,01		
ii) Reducción en concepto de otros gastos	2.000,00		
iii) Reducción por obtención de rendimiento	0,00		
Rendimiento neto (a – i: 25.613,99) > 19.747,50			
iv) Más de 2 descendientes	600,00		
2.° Mínimo personal y familiar (a + b)			10.100,00
a) Mínimo del contribuyente ≤ 65 años		5.550,00	
b) Mínimo por descendientes (i + ii + iii)		4.550,00	
i) Por el 1.°, de 10 años 2.400 ÷ 2: 1.200	1.200,00		
ii) Por el 2.°, de 8 años 2.700 ÷ 2: 1.350	1.350,00		
iii) Por el 3.°, de 6 años 4.000 ÷ 2: 2.000	2.000,00		
3.° Cuota de retención (a – b)			3.150,70
a) Aplicación de la escala a la base de retención (i + ii + iii)		5.069,70	
i) (0,00 – 12.450,00) × 19% 12.450,00 × 19%	2.365,50		
ii) (12.450,00 – 20.200,00) × 24% 7.750,00 × 24%	1.860,00		
iii) (20.200,00 – 23.013,99) × 30% 2.813,99 × 30%	844,20		
b) Aplicación de la escala al mínimo personal y familiar (0,00 – 10.100,00) × 19%		1.919,00	

Como la retribución anual (27.380 euros) es inferior a 35.200 euros, la cuota de retención no puede ser superior a la que resulta de la fórmula siguiente:

(Retribución total – Límite de retención) × 43%: (27.380 – 19.241) × 43% = 3.499,77

El menor importe de los dos (3.150,70) es el que debe tomarse en consideración para la determinación del tipo de retención.

4.º Tipo de retención:

$$\frac{\text{Cuota de retención}}{\text{Rendimientos de trabajo}} \times 100 = \frac{3.150,70}{27.380,00} \times 100 = 11,50\%.$$

Por coincidir el tipo de retención con el que se le había aplicado en enero, no procede efectuar regularización alguna.

5.º Importe de la retención del mes de abril:

La retribución que percibe el trabajador por todos los conceptos está sujeta a retención a cuenta del IRPF.

1.990 euros × 11,50% = 228,85 euros.

D. Confección del recibo de salarios

Ver la página 261.

Normativa aplicada

Los preceptos en los que se fundamenta la solución propuesta son:

— Artículos 141 a 148 de la Ley General de la Seguridad Social.
— Ley 35/2006, de 28 de noviembre, del Impuesto sobre la Renta de las Personas Físicas.
— Disposición adicional 4.ª de la Ley 42/2006, de 28 de diciembre.
— Artículo 122 de la Ley 31/2022, de 23 de diciembre, de Presupuestos Generales del Estado para el año 2023.
— Real Decreto 2064/1995, de 22 de diciembre.
— Artículos 74 a 89 del Real Decreto 439/2007, de 30 de marzo.
— Artículos 1 a 4 y 31 de la Orden PCM/74/2023, de 30 de enero.

D. CONFECCIÓN DEL RECIBO DE SALARIOS

Empresa:	X X
Domicilio:	X X
CIF:	X X
CCC:	X X

Trabajador:	X X X
NIF:	X X
N.º de afiliación a la Seguridad Social:	X X
Grupo profesional:	Licenciado
Grupo de cotización:	1

Período de liquidación: del 1 de abril al 30 de abril de 2023. Total días 30

		IMPORTE	TOTALES
I. DEVENGOS			
1. Percepciones salariales			
Salario base		1.750,00	
Complementos salariales			
Incentivos		240,00	
Horas extraordinarias			
Horas complementarias (contratos a tiempo parcial)			
Gratificaciones extraordinarias			
Salario en especie			
2. Percepciones no salariales			
Indemnizaciones o suplidos			
Prestaciones e indemnizaciones de la Seguridad Social			
Indemnizaciones por traslados, suspensiones o despidos			
Otras percepciones no salariales			
A. TOTAL DEVENGADO			1.990,00
II. DEDUCCIONES			
1. Aportación del trabajador a las cotizaciones a la Seguridad Social y conceptos de recaudación conjunta	%		
Contingencias comunes y MEI	4,80 (1)	109,52	
Desempleo	1,55	35,37	
Formación profesional	0,10	2,28	
Horas extraordinarias			
TOTAL APORTACIONES		147,17	
2. Impuesto sobre la Renta de las Personas Físicas	11,50	228,85	
3. Anticipos			
4. Valor de los productos recibidos en especie			
5. Otras deducciones			
B. TOTAL A DEDUCIR			376,02
LÍQUIDO TOTAL A PERCIBIR (A – B)			1.613,98

30 de abril de 2023

Firma y sello de la empresa RECIBÍ

DETERMINACIÓN DE LAS BASES DE COTIZACIÓN A LA SEGURIDAD SOCIAL Y CONCEPTOS DE RECAUDACIÓN CONJUNTA Y DE LA BASE SUJETA A RETENCIÓN DEL IRPF Y APORTACIÓN DE LA EMPRESA

CONCEPTO			BASE	TIPO	APORTACIÓN EMPRESA
1. Contingencias comunes					
Importe remuneración mensual		1.990,00			
Importe prorrata pagas extraordinarias		291,67			
	TOTAL		2.281,67	24,10 (2)	549,88
2. Contingencias profesionales y conceptos de recaudación conjunta	AT y EP			1,50	34,22
	Desempleo		2.281,67	5,50	125,49
	Formación profesional			0,60	13,69
	Fondo de Garantía Salarial			0,20	4,56
3. Cotización adicional por horas extraordinarias			0,00		
4. Base sujeta a retención del IRPF			1.990,00		

(1) Incluye 0,10% de la cotización para el mecanismo de equidad intergeneracional.
(2) Incluye 0,50% de la cotización para el mecanismo de equidad intergeneracional.

2. Trabajador con retribución diaria

Planteamiento

Un trabajador con la categoría profesional de oficial de 1.ª, grupo 8 de cotización a la Seguridad Social, presta sus servicios en una empresa de reciclaje desde el 1 de enero de 2023, siendo su contratación de carácter ordinario por tiempo indefinido y a jornada completa.

Los devengos económicos, de percepción diaria, pactados con el trabajador son los siguientes:

— Salario base: 45 euros/día.
— Plus de convenio: 9 euros/día.

También tiene derecho a dos pagas extraordinarias de 30 días de salario base cada una de ellas.

Por la actividad económica, recogida de residuos no peligrosos, CNAE-09 38.11, le es de aplicación el CNAE 38 de la tarifa de primas de cotización para accidentes de trabajo y enfermedades profesionales, al que corresponden los porcentajes de 2,10 por IT y 1,60 por IMS.

El trabajador, de 50 años y con cónyuge a cargo, tiene 2 hijos de 6 y 8 años de edad, previéndose al tiempo de la contratación que, a efectos del IRPF, las retribuciones a percibir durante el tiempo que resta hasta el final del año ascenderán a 22.410 euros. Soporta unas cotizaciones totales a la Seguridad Social de 1.445,45 euros.

En el mes de enero se le practicó la retención conforme a la legislación vigente al 31 de diciembre de 2022, por un importe de 178,45 euros y un tipo de 10,66%.

Con estos datos calcular, en primer lugar, las bases de cotización a la Seguridad Social, las cuotas de empresa y trabajador, así como las retenciones a cuenta del IRPF. Posteriormente, confeccionar el recibo de salarios correspondiente al mes de marzo.

Solución

A. Cálculo de las bases de cotización

1. *Para contingencias comunes y MEI*

a) *Conceptos computables:* Salario base y plus de convenio.
b) *Conceptos no computables:* —
c) *Importe de la base:*

• Salario base	45,00 euros
• Plus de convenio	9,00 euros
	54,00 euros
• Prorrata pagas extraordinarias:	
$\frac{45 \times 60}{365}$ = ...	7,40 euros
	61,40 euros

Los referidos 61,40 euros están comprendidos entre la base mínima (42 euros) y máxima (149,85 euros) de su grupo de cotización; por lo que constituyen la base diaria de cotización para estas contingencias.

Cantidad que, multiplicada por los días que tiene el mes, nos dará como resultado la base de cotización mensual:

61,40 euros × 31 días = 1.903,40 euros

2. *Para contingencias profesionales (AT y EP)*

   a) *Conceptos computables:* Salario base y plus de convenio.
   b) *Conceptos no computables:* —.
   c) *Importe de la base:*

   Al no existir horas extraordinarias, la base diaria de cotización resultante por importe de 61,40 euros coincide con la obtenida para contingencias comunes. Además cumple la condición de estar comprendida entre el tope mínimo (1.260 euros/mes ÷ 30 días/mes: 42 euros/día) y el máximo (4.495,50 euros/mes ÷ 30 días/mes: 149,85 euros/día) de cotización para esta clase de contingencias.
   Según esto, la base de cotización mensual será:

   61,40 euros × 31 días: 1.903,40 euros.

3. *Para desempleo, Fondo de Garantía Salarial y formación profesional*

   La base de cotización es la misma que para AT y EP = 1.903,40 euros

B. Cálculo de las cuotas de cotización

1. *Para contingencias comunes*

   - A cargo del empresario: 1.903,40 euros × 23,60% = 449,20 euros
   - A cargo del trabajador: 1.903,40 euros × 4,70% = 89,46 euros

2. *Para contingencias profesionales (AT y EP)*

   - A cargo del empresario exclusivamente, CNAE 37 = 70,42 euros

     — Por IT: 1.903,40 euros × 2,10%: 39,97 euros
     — Por IMS: 1.903,40 euros × 1,60%: 30,45 euros

3. *Para desempleo*

   - A cargo del empresario: 1.903,40 euros × 5,50% = 104,69 euros
   - A cargo del trabajador: 1.903,40 euros × 1,55% = 29,50 euros

4. *Para el Fondo de Garantía Salarial*

   - A cargo del empresario exclusivamente: 1.903,40 euros × 0,20% = 3,81 euros

5. *Para formación profesional*

   - A cargo del empresario: 1.903,40 euros × 0,60% = 11,42 euros
   - A cargo del trabajador: 1.903,40 euros × 0,10% = 1,90 euros

6. *Para el mecanismo de equidad intergeneracional (MEI)*

   - A cargo del empresario: 0,50% × 1.903,40 euros = 9,52 euros.
   - A cargo del trabajador: 0,10% × 1.903,40 euros = 1,90 euros

7. *Importe a ingresar*

- Para contingencias comunes: .... 538,66 euros
  449,20 + 89,46
- Para contingencias profesionales: .... 70,42 euros
- Para desempleo: .... 134,19 euros
  104,69 + 29,50
- Para el Fondo de Garantía Salarial:. .... 3,81 euros
- Para formación profesional: 13,32euros
  11,42 + 1,90
- Para el mecanismo de equidad intergeneracional (MEI):. ...... 11,42 euros
  9,52 + 1,90

Total .... 771,82 euros

C. CÁLCULO DE LAS RETENCIONES A CUENTA DEL IRPF

Supuesta la retribución global del trabajador en el año 2023 de 22.410 euros, constituye ésta una cantidad que supera el límite de retención de 19.241 euros que, atendida su situación personal (con cónyuge a cargo) y número de descendientes (dos hijos), le corresponde. En consecuencia, procede efectuar la correspondiente retención sobre su devengo mensual.

1.° Base de retención (a – b). 18.964,55

a) Retribución total. 22.410,00
b) Minoraciones (i + ii + iii). 3.445,45

i) Cotizaciones Seguridad Social 1.445,45
ii) Reducción en concepto de otros gastos 2.000,00
iii) Reducción por obtención de rendimiento. 0,00

Rendimiento neto (a – i: 20.964,55) > 19.747,50

2.° Mínimo personal y familiar (a + b). 8.100,00

a) Mínimo del contribuyente ≤ 65 años 5.550,00
b) Mínimo por descendientes (i + ii). 2.550,00

i) Por el 1.°, de 8 años 1.200,00
2.400 ÷ 2: 1.200
ii) Por el 2.°, de 6 años 1.350,00
2.700 ÷ 2: 1.350

3.° Cuota de retención (a – b) 2.389,99

a) Aplicación de la escala a la base de retención (i + ii) 3.928,99

i) (0,00 – 12.450,00) × 19%. 2.365,50
12.450,00 × 19%
ii) (12.450,00 – 18.964,55) × 24% 1.563,49
6.514,55 × 24%

b) Aplicación de la escala al mínimo personal y familiar. 1.539,00
(0,00 – 8.100,00) × 19%

Como la retribución anual 22.410 (euros) es inferior a 35.200 euros, la cuota de retención no puede ser superior a la que resulta de la fórmula siguiente:

(Retribución total – Límite de retención) × 43%: (22.410 – 19.241) × 43% = 1.362,67

El menor importe de los dos (1.362,67) es el que debe tomarse en consideración para la determinación del tipo de retención.

4.º Tipo de retención:

$$\frac{\text{Cuota de retención}}{\text{Rendimientos de trabajo}} \times 100 = \frac{1.362,67}{22.410} \times 100 = 6,08\%.$$

Por no coincidir el tipo de retención con el que se había aplicado en enero, procede efectuar la regularización correspondiente.

5.º Tipo de la regularización:

$$\frac{\text{Cuota de retención} - \text{Retenciones practicadas}}{\text{Retribución anual} - \text{Rendimientos satisfechos}} \times 100 = \frac{1.362,67 - 178,45}{22.410 - 1.674} \times 100 = 5,71\%.$$

Este tipo se aplicará sobre las cantidades pendientes de devengar.

6.º Importe de la retención del mes de marzo:

La retribución que percibe el trabajador por todos los conceptos está sujeta a retención a cuenta del IRPF.

1.674 euros × 5,71% = 95,59 euros

D. Confección del recibo de salarios

Ver la página 266.

Normativa aplicada

Los preceptos en los que se fundamenta la solución propuesta son:

- Artículos 141 a 148 de la Ley General de la Seguridad Social.
- Ley 35/2006, de 28 de noviembre, del Impuesto sobre la Renta de las Personas Físicas.
- Disposición adicional 4.ª de la Ley 42/2006, de 28 de diciembre.
- Artículo 122 de la Ley 31/2022, de 23 de diciembre, de Presupuestos Generales del Estado para el año 2023.
- Real Decreto 2064/1995, de 22 de diciembre.
- Artículos 74 a 89 del Real Decreto 439/2007, de 30 de marzo.
- Artículos 1 a 4 y 31 de la Orden PCM/74/2023, de 30 de enero.

D. Confección del recibo de salarios

Empresa:	X X
Domicilio:	X X
CIF:	X X
CCC:	X X

Trabajador:	X X X
NIF:	X X
N.º de afiliación a la Seguridad Social:	X X
Grupo profesional:	Oficial de 1.ª
Grupo de cotización:	8

Período de liquidación: del 1 de enero al 31 de marzo de 2023. Total días 31

		IMPORTE	TOTALES
I. DEVENGOS			
1. Percepciones salariales			
Salario base	45 euros × 31 días	1.395,00	
Complementos salariales			
Plus de convenio	9 euros × 31 días	279,00	
Horas extraordinarias			
Horas complementarias (contratos a tiempo parcial)			
Gratificaciones extraordinarias			
Salario en especie			
2. Percepciones no salariales			
Indemnizaciones o suplidos			
Prestaciones e indemnizaciones de la Seguridad Social			
Indemnizaciones por traslados, suspensiones o despidos			
Otras percepciones no salariales			
A. TOTAL DEVENGADO			1.674,00
II. DEDUCCIONES			
1. Aportación del trabajador a las cotizaciones a la Seguridad Social y conceptos de recaudación conjunta	%		
Contingencias comunes y MEI	4,80 (1)	91,36	
Desempleo	1,55	29,50	
Formación profesional	0,10	1,90	
Horas extraordinarias			
TOTAL APORTACIONES		122,76	
2. Impuesto sobre la Renta de las Personas Físicas	5,71	95,59	
3. Anticipos			
4. Valor de los productos recibidos en especie			
5. Otras deducciones			
B. TOTAL A DEDUCIR			218,35
LÍQUIDO TOTAL A PERCIBIR (A – B)			1.455,65

31 de marzo de 2023

Firma y sello de la empresa RECIBÍ

DETERMINACIÓN DE LAS BASES DE COTIZACIÓN A LA SEGURIDAD SOCIAL Y CONCEPTOS DE RECAUDACIÓN CONJUNTA Y DE LA BASE SUJETA A RETENCIÓN DEL IRPF Y APORTACIÓN DE LA EMPRESA

CONCEPTO			BASE	TIPO	APORTACIÓN EMPRESA
1. Contingencias comunes					
Importe remuneración mensual		1.674,00			
Importe prorrata pagas extraordinarias		229,40			
	TOTAL		1.903,40	24,10 (2)	458,72
2. Contingencias profesionales y conceptos de recaudación conjunta	AT y EP			3,70	70,43
	Desempleo		1.903,40	5,50	104,69
	Formación profesional			0,60	11,42
	Fondo de Garantía Salarial			0,20	3,81
3. Cotización adicional por horas extraordinarias			0,00		
4. Base sujeta a retención del IRPF			1.674,00		

(1) Incluye 0,10% de la cotización para el mecanismo de equidad intergeneracional.
(2) Incluye 0,50% de la cotización para el mecanismo de equidad intergeneracional.

3. Realización de horas extraordinarias

Planteamiento

Un trabajador, de 25 años, con contrato indefinido y con categoría profesional de auxiliar administrativo, grupo 7 de cotización a la Seguridad Social, presta sus servicios a una empresa percibiendo las siguientes retribuciones:

— Salario base: 1.200 euros.
— Antigüedad: 120 euros.
— Incentivo: 200 euros.

Durante el mes de abril se le suponen realizadas horas extraordinarias por los siguientes conceptos e importes:

— Horas extraordinarias por fuerza mayor: 60 euros.
— Otras horas extraordinarias: 72 euros.

También tiene derecho a percibir dos pagas extraordinarias de 1.320 euros cada una.

Está sujeto a la ocupación «a» de la tarifa de primas de cotización por accidentes de trabajo y enfermedades profesionales, a la que corresponden los porcentajes de 0,80 por IT y 0,70 por IMS.

El trabajador, con cónyuge a cargo, tiene 1 hijo de 7 años de edad y, a efectos de IRPF se le presumieron a 1 de enero de 2023 unos ingresos brutos anuales de 20.880 euros. Soporta unas cotizaciones anuales a la Seguridad Social de 1.346,76 euros.

En el mes de enero se le practicó la retención conforme a la legislación vigente al 31 de diciembre de 2022, por un importe de 149,51 euros y un tipo de 9,05%.

Con estos datos calcular, en primer lugar, las bases de cotización a la Seguridad Social, las cuotas de empresa y trabajador, así como las retenciones a cuenta del IRPF. Posteriormente, confeccionar el recibo de salarios correspondiente al mes de abril.

Solución

A. Cálculo de las bases de cotización

1. *Para contingencias comunes*

   a) *Conceptos computables:* Salario base, antigüedad e incentivo.
   b) *Conceptos no computables:* Horas extraordinarias.
   c) *Importe de la base:*

• Salario base	1.200,00 euros
• Antigüedad	120,00 euros
• Incentivos	200,00 euros
	1.520,00 euros

- Prorrata pagas extraordinarias:

$\frac{1.320 \times 2}{12}$ = ... 220,00 euros

1.740,00 euros

Los referidos 1.740 euros están comprendidos entre la base mínima (1.260 euros) y la base máxima de cotización (4.495,50 euros) que a su grupo corresponde.

2. *Para contingencias profesionales (AT y EP)*

a) *Conceptos computables:* Salario base, antigüedad, incentivo y horas extraordinarias.
b) *Conceptos no computables:* —.
c) *Importe de la base:*

- Salario base .... 1.200,00 euros
- Antigüedad .... 120,00 euros
- Incentivo .... 200,00 euros
- Horas extraordinarias:

—por fuerza mayor: 60,00
—habituales: .... 72,00 132,00 euros

1.652,00 euros

- Prorrata pagas extraordinarias:

$\frac{1.320 \times 2}{12}$ = ... 220,00 euros

1.872,00 euros

Los 1.872 euros se encuentran comprendidos entre el tope máximo de cotización (4.495,50 euros) y el tope mínimo (1.260 euros), por lo que constituyen la base de cotización por estas contingencias.

3. *Para desempleo, Fondo de Garantía Salarial y formación profesional*

La base de cotización es la misma que la de AT y EP = 1.872 euros.

4. *Para cotización adicional por horas extraordinarias*

- Base de cotización de las horas extraordinarias por fuerza mayor: 60 euros.
- Base de cotización de las horas extraordinarias habituales: 72 euros.

5. *Para el mecanismo de equidad intergeneracional (MEI)*

La base de cotización es la misma que la de contingencias comunes. 1.740 euros.

B. CÁLCULO DE LAS CUOTAS DE COTIZACIÓN

1. *Para contingencias comunes*

- A cargo del empresario: 23,60% × 1.740 euros = 410,64 euros
- A cargo del trabajador: 4,70% × 1.740 euros = 81,78 euros

2. *Para contingencias profesionales (AT y EP)*

- A cargo del empresario exclusivamente, ocupación «a» = 28,08 euros

Por IT: 0,80% × 1.872 euros: 14,98 euros
Por IMS: 0,70% × 1.872 euros: 13,14 euros

3. *Para desempleo*

- A cargo del empresario: 5,50% × 1.872 euros = 102,96 euros
- A cargo del trabajador: 1,55% × 1.872 euros = 29,02 euros

4. *Para el Fondo de Garantía Salarial*

   - A cargo del empresario exclusivamente: 0,20% × 1.872 euros = 3,74 euros

5. *Para formación profesional*

   - A cargo del empresario: 0,60% × 1.872 euros = 1,23 euros
   - A cargo del trabajador: 0,10% × 1.872 euros = 1,87 euros

6. *Para cotización adicional por horas extraordinarias por fuerza mayor*

   - A cargo del empresario: 12% × 60 euros = 7,20 euros
   - A cargo del trabajador: 2% × 60 euros = 1,20 euros

7. *Para cotización adicional por otras horas extraordinarias*

   - A cargo del empresario: 23,60% × 72 euros = 16,99 euros
   - A cargo del trabajador: 4,70% × 72 euros = 3,38 euros

8. *Para el mecanismo de equidad intergeneracional (MEI)*

   - A cargo del empresario: 0,50% × 1.740 euros = 8,70 euros
   - A cargo del trabajador: 0,10% × 1.740 euros = 1,74 euros

9. *Importe a ingresar*

   - Para contingencias comunes: . . . . 492.42 euros
     410,64 + 81,78
   - Para contingencias profesionales: . . . . 28,08 euros
   - Para desempleo: . . . . 131,98 euros
     102,96 +29,02
   - Para el Fondo de Garantía Salarial:. . . . . 3,74 euros
   - Para formación profesional:. . . . . 13,10 euros
     11,23 + 1,87
   - Por horas extraordinarias: . . . . 28,77 euros

     Fuerza mayor: 7,20 +1,20:. . . . . 8,40 euros
     Otras: 16,99 + 3,38:. . . . . 20,37 euros

   - Para el mecanismo de equidad intergeneracional (MEI):. . . . . 10,44 euros
     8,70 + 1,74

   Total . . . . 708,53 euros

C. Cálculo de las retenciones a cuenta del IRPF

El salario previsible del trabajador en 2023 —20.880 euros, al que corresponde una cotización a su cargo de 1.346,76 euros— está sujeto a retención dado que supera el límite cuantitativo de exención (17.894 euros) que, atendida su situación personal (con cónyuge a cargo) y número de descendientes (1 hijo), le corresponde:

1.º Base de retención (a – b). 17.288,98

   a) Retribución total. 20.880,00
   b) Minoraciones (i + ii + iii). 3.591,02

      i) Cotizaciones Seguridad Social 1.346,76
      ii) Reducción en concepto de otros gastos 2.000,00
      iii) Reducción por obtención de rendimiento. 244,26

         - 14.047,50< (a – i: 19.533,24) < 19.747,50
         - 6.498 – (19.533,24 – 14.047,50) × 1,14: 244,26

2.° Mínimo personal y familiar (a + b) 6.750,00

a) Mínimo del contribuyente ≤ 65 años 5.550,00
b) Mínimo por descendientes 1.200,00
Por el hijo de 7 años (2.400 ÷ 2)

3.° Cuota de retención (a – b) 2.814,36

a) Aplicación de la escala a la base de retención (i + ii) 3.526,86

i) (0,00 – 12.450,00) × 19% 2.365,50
12.450,00 × 19%
ii) (12.450,00 – 17.288,98) × 24% 1.161,36
4.838,98 × 24%

b) Aplicación de la escala al mínimo personal y familiar............... 712,50
(0,00 – 6.750,00) × 19%

Como la retribución anual (20.880 euros) es inferior a 35.200 euros, la cuota de retención no puede ser superior a la que resulta de la fórmula siguiente:

(Retribución total – Límite de retención) × 43%: (20.880 – 17.894) × 43% = 1.283,98

El menor importe de los dos (1.283,98) es el que debe tomarse en consideración para la determinación del tipo de retención.

4.° Tipo de retención:

$$\frac{\text{Cuota de retención}}{\text{Rendimientos de trabajo}} \times 100 = \frac{1.283{,}98}{20.880} \times 100 = 6{,}14\%.$$

Por no coincidir el tipo de retención con el que se había aplicado en enero, procede efectuar la regularización correspondiente.

5.° Tipo de la regularización:

$$\frac{\text{Cuota de retención – Retenciones practicadas}}{\text{Retribución anual – Rendimientos satisfechos}} \times 100 = \frac{1.283{,}98 - 149{,}51}{20.880 - 1.652} \times 100 = 5{,}90\%.$$

Este tipo se aplicará sobre las cantidades pendientes de devengar.

6.° Importe de la retención del mes de abril:

La retribución que percibe el trabajador por todos los conceptos está sujeta a retención a cuenta del IRPF.

1.652 euros × 5,90% = 97,47 euros.

D. Confección del recibo de salarios

Ver la página 271.

Normativa aplicada

Los preceptos en los que se fundamenta la solución propuesta son:

— Artículos 141 a 149 de la Ley General de la Seguridad Social.
— Ley 35/2006, de 28 de noviembre, del Impuesto sobre la Renta de las Personas Físicas.
— Disposición adicional 4.ª de la Ley 42/2006, de 28 de diciembre.
— Artículo 122 de la Ley 31/2022, de 23 de diciembre, de Presupuestos Generales del Estado para el año 2023.
— Real Decreto 2064/1995, de 22 de diciembre.
— Artículos 74 a 89 del Real Decreto 439/2007, de 30 de marzo.
— Artículos 1 a 5 y 31 de la Orden PCM/74/2023, de 30 de enero.

D. Confección del recibo de salarios

Empresa:	X X
Domicilio:	X X
CIF:	X X
CCC:	X X

Trabajador:	X X X
NIF:	X X
N.º de afiliación a la Seguridad Social:	X X
Grupo profesional:	Auxiliar administrativo
Grupo de cotización:	7

Período de liquidación: del 1 de abril al 30 de abril de 2023. Total días 30

	%	IMPORTE	TOTALES
I. DEVENGOS			
1. Percepciones salariales			
Salario base		1.200,00	
Complementos salariales			
Antigüedad		120,00	
Incentivos		200,00	
Horas extraordinarias: 60,00 (por fuerza mayor), 72,00 (otras)		132,00	
Horas complementarias (contratos a tiempo parcial)			
Gratificaciones extraordinarias			
Salario en especie			
2. Percepciones no salariales			
Indemnizaciones o suplidos			
Prestaciones e indemnizaciones de la Seguridad Social			
Indemnizaciones por traslados, suspensiones o despidos			
Otras percepciones no salariales			
A. Total devengado			1.652,00
II. DEDUCCIONES			
1. Aportación del trabajador a las cotizaciones a la Seguridad Social y conceptos de recaudación conjunta			
Contingencias comunes y MEI	4,80 (1)	83,52	
Desempleo	1,55	29,02	
Formación profesional	0,10	1,87	
Horas extraordinarias:			
Fuerza mayor	2,00	1,20	
Otras	4,70	3,38	
Total aportaciones		118,99	
2. Impuesto sobre la Renta de las Personas Físicas	5,90	97,47	
3. Anticipos			
4. Valor de los productos recibidos en especie			
5. Otras deducciones			
B. Total a deducir			216,46
LÍQUIDO TOTAL A PERCIBIR (A – B)			1.435,54

30 de abril de 2023.

Firma y sello de la empresa — RECIBÍ

DETERMINACIÓN DE LAS BASES DE COTIZACIÓN A LA SEGURIDAD SOCIAL Y CONCEPTOS DE RECAUDACIÓN CONJUNTA Y DE LA BASE SUJETA A RETENCIÓN DEL IRPF Y APORTACIÓN DE LA EMPRESA

CONCEPTO			BASE	TIPO	APORTACIÓN EMPRESA
1. Contingencias comunes					
	Importe remuneración mensual	1.520,00			
	Importe prorrata pagas extraordinarias	220,00			
	TOTAL		1.740,00	24,00 (2)	419,34
2. Contingencias profesionales y conceptos de recaudación conjunta	AT y EP			1,50	28,08
	Desempleo		1.872,00	5,50	102,96
	Formación profesional			0,60	11,23
	Fondo de Garantía Salarial			0,20	3,74
3. Cotización adicional por horas extraordinarias			132,00 (3)		24,19
4. Base sujeta a retención del IRPF			1.652,00		

(1) Incluye 0,10% de la cotización para el mecanismo de equidad intergeneracional.
(2) Incluye 0,50% de la cotización para el mecanismo de equidad intergeneracional.
(3) 60 euros, al 12%, horas extraordinarias por fuerza mayor, y 72 euros, al 23,60%, otras horas extraordinarias.

4. Mes en que el trabajador es alta inicial en la empresa

Planteamiento

Un trabajador, de 29 años e inscrito en el Sistema nacional de garantía juvenil, con la categoría profesional de oficial de 1.ª, grupo 8 de cotización a la Seguridad Social, es alta inicial en una empresa dedicada a la fabricación de vidrio hueco el día 7 de marzo de 2023, siendo su contratación de carácter ordinario por tiempo indefinido.

La inscripción en el Sistema nacional de garantía juvenil podría dar lugar a beneficios en la cotización si se hubiera tratado de un contrato para la formación y el aprendizaje.

Los devengos económicos, de percepción diaria, que se le suponen en el mes de marzo son los siguientes:

— Salario base: 32 euros/día.
— Plus de actividad: 7 euros/día.
— Horas extraordinarias por fuerza mayor: 43 euros.

También tiene derecho a dos pagas extraordinarias de 30 días de salario base cada una de ellas.

El CNAE (Código Nacional de Actividades Económicas) de la empresa es 23.13, al que le corresponde en la tarifa de primas (231) un tipo de cotización de 3,10% (1,60% por IT y 1,50% por IMS).

El trabajador es soltero y no tiene hijos, previéndose al tiempo de la contratación que, a efectos del IRPF, las retribuciones a percibir durante el tiempo que resta hasta el final del año ascenderán a 13.278,00 euros. Soporta unas cotizaciones totales a la Seguridad Social de 856,43 euros.

Con estos datos calcular, en primer lugar, las bases de cotización a la Seguridad Social, las cuotas de empresa y trabajador, así como las retenciones a cuenta del IRPF. Posteriormente, confeccionar el recibo de salarios correspondiente al mes de marzo.

Solución

A. Cálculo de las bases de cotización

1. *Para contingencias comunes*

   a) *Conceptos computables:* Salario base y plus de actividad.
   b) *Conceptos no computables:* Horas extraordinarias.
   c) *Importe de la base:*

• Salario base	32,00 euros
• Plus de actividad	7,00 euros
	39,00 euros
• Prorrata pagas extraordinarias: $\frac{32 \times 60}{365}$ = ...	5,26 euros
	44,26 euros

Los referidos 44,26 euros están comprendidos entre la base mínima (42 euros) y máxima (149,85 euros) de su grupo de cotización; por lo que constituyen la base diaria de cotización para estas contingencias.

Días a cotizar = 31 (días mes de marzo) – 6 (se cotiza el día de alta) = 25 días.

Base de cotización de 25 días = 44,26 euros (base diaria) × 25 (días a cotizar) = 1.106,50 euros.

2. *Para contingencias profesionales (AT y EP)*

   a) *Conceptos computables:* Salario base, plus de actividad y horas extraordinarias.
   b) *Conceptos no computables:* —.
   c) *Importe de la base:*

   - Salario base.................... 32,00 euros
   - Plus de actividad .... 7,00 euros
   - Horas extraordinarias diarias:

   $\frac{43}{25}$ = ... 1,72 euros

   40,72 euros

   - Prorrata pagas extras:

   $\frac{32 \times 60}{365}$ = ... 5,26 euros

   45,98 euros

   Los 45,98 euros resultantes cumplen la condición de estar comprendidos entre el tope mínimo de cotización (1.166,70 euros/mes ÷ 30 días/mes: 38,89 euros/día) y el máximo (4.495,50 euros/mes ÷ 30 días/mes: 137,98 euros/día); por lo que constituyen la base diaria de cotización para esta clase de contingencias.

   Base de cotización de 25 días: 45,98 euros (base diaria) × 25 (días a cotizar): 1.149,50 euros.

3. *Para desempleo, Fondo de Garantía Salarial y formación profesional*

   La base de cotización es la misma que para AT y EP = 1.149,50 euros.

4. *Para cotización adicional por horas extraordinarias*

   La base de cotización está constituida por su importe = 43 euros.

5. *Para el mecanismo de equidad intergeneracional (MEI)*

   La base de cotización es la misma que la de contingencias comunes. 1.106,50 euros.

B. CÁLCULO DE LAS CUOTAS DE COTIZACIÓN

1. *Para contingencias comunes*

   - A cargo del empresario: 1.106,50 euros × 23,60% = 261,13 euros
   - A cargo del trabajador: 1.106,50 euros × 4,70% = 52,01 euros

2. *Para contingencias profesionales (AT y EP)*

   - A cargo del empresario exclusivamente, CNAE 37 = 35,63 euros

   — Por IT: 1.149,50 euros × 1,60% = 18,39 euros
   — Por IMS: 1.149,50 euros × 1,50% = 17,24 euros

3. *Para desempleo*

   - A cargo del empresario: 1.149,50 euros × 5,50% = 63,22 euros
   - A cargo del trabajador: 1.149,50 euros × 1,55% = 17,82 euros

4. *Para el Fondo de Garantía Salarial*

- A cargo del empresario exclusivamente: 1.149,50 euros × 0,20% = 2,30 euros

5. *Para formación profesional*

- A cargo del empresario: 1.149,50 euros × 0,60% = 6,90 euros
- A cargo del trabajador: 1.149,50 euros × 0,10% = 1,15 euros

6. *Para cotización adicional por horas extraordinarias por fuerza mayor*

- A cargo del empresario: 43,00 euros × 12,00% = 5,16 euros
- A cargo del trabajador: 43,00 euros × 2,00% = 0,86 euros

7. *Para el mecanismo de equidad intergeneracional (MEI)*

- A cargo del empresario: 0,50% × 1.106,50 euros = 5,53 euros
- A cargo del trabajador: 0,10% × 1.106,50 euros = 1,11 euros

8. *Importe a ingresar*

• Para contingencias comunes: 261,13 + 52,01	313,14 euros
• Para contingencias profesionales:	35,63 euros
• Para desempleo: 63,22 + 17,82	81,04 euros
• Para el Fondo de Garantía Salarial:	2,30 euros
• Para formación profesional: 6,90 + 1,15	8,05 euros
• Por horas extraordinarias: 5,16 + 0,86	6,02 euros
• Para el mecanismo de equidad intergeneracional (MEI): 5,53 + 1,11	6,64 euros
Total	452,82 euros

C. Cálculo de las retenciones a cuenta del IRPF

Supuesta la retribución global del trabajador, durante el año 2023, de 13.278,00 euros, no alcanza su límite de retención de 15.000 euros que, atendida su situación personal (soltero) y número de descendientes (sin hijos), le corresponde. En consecuencia, no procede efectuar retención alguna sobre su devengo mensual.

D. Confección del recibo de salarios

Ver la página 275.

Normativa aplicada

Los preceptos en los que se fundamenta la solución propuesta son:

— Artículos 141 a 149 de la Ley General de la Seguridad Social.
— Ley 35/2006, de 28 de noviembre, del Impuesto sobre la Renta de las Personas Físicas.
— Disposición adicional 4.ª de la Ley 42/2006, de 28 de diciembre.
— Artículo 122 de la Ley 31/2022, de 23 de diciembre, de Presupuestos Generales del Estado para el año 2023.
— Real Decreto 2064/1995, de 22 de diciembre.
— Artículos 74 a 89 del Real Decreto 439/2007, de 30 de marzo.
— Artículos 1 a 5 y 31 de la Orden PCM/74/2023, de 30 de enero.

D. Confección del recibo de salarios

Empresa:	X X
Domicilio:	X X
CIF:	X X
CCC:	X X

Trabajador:	X X X
NIF:	X X
N.º de afiliación a la Seguridad Social:	X X
Grupo profesional:	Oficial de 1.ª
Grupo de cotización:	8

Período de liquidación: del 7 de marzo al 31 de marzo de 2023 — Total días 25

I. DEVENGOS		IMPORTE	TOTALES
1. Percepciones salariales			
Salario base	32 euros × 25 días	800,00	
Complementos salariales			
Actividad	7 euros × 25 días	175,00	
Horas extraordinarias	(por fuerza mayor)	43,00	
Horas complementarias (contratos a tiempo parcial)			
Gratificaciones extraordinarias			
Salario en especie			
2. Percepciones no salariales			
Indemnizaciones o suplidos			
Prestaciones e indemnizaciones de la Seguridad Social			
Indemnizaciones por traslados, suspensiones o despidos			
Otras percepciones no salariales			
A. Total devengado			1.018,00

II. DEDUCCIONES	%		
1. Aportación del trabajador a las cotizaciones a la Seguridad Social y conceptos de recaudación conjunta			
Contingencias comunes y MEI	4,80 (1)	53,11	
Desempleo	1,55	17,82	
Formación profesional	0,10	1,15	
Horas extraordinarias:			
Fuerza mayor	2,00	0,86	
Otras			
Total aportaciones		72,94	
2. Impuesto sobre la Renta de las Personas Físicas	–	–	
3. Anticipos			
4. Valor de los productos recibidos en especie			
5. Otras deducciones			
B. Total a deducir			72,94
LÍQUIDO TOTAL A PERCIBIR (A – B)			945,06

31 de marzo de 2023

Firma y sello de la empresa — RECIBÍ

DETERMINACIÓN DE LAS BASES DE COTIZACIÓN A LA SEGURIDAD SOCIAL Y CONCEPTOS DE RECAUDACIÓN CONJUNTA Y DE LA BASE SUJETA A RETENCIÓN DEL IRPF Y APORTACIÓN DE LA EMPRESA

CONCEPTO		BASE	TIPO	APORTACIÓN EMPRESA
1. Contingencias comunes				
Importe remuneración mensual	975,00			
Importe prorrata pagas extraordinarias	131,50			
	TOTAL	1.106,50	24,10 (2)	266,67
2. Contingencias profesionales y conceptos de recaudación conjunta	AT y EP		3,10	35,63
	Desempleo	1.149,50	5,50	63,22
	Formación profesional		0,60	6,90
	Fondo de Garantía Salarial		0,20	2,30
3. Cotización adicional por horas extraordinarias		43,00	12,00	5,16
4. Base sujeta a retención del IRPF				

(1) Incluye 0,10% de la cotización para el mecanismo de equidad intergeneracional.
(2) Incluye 0,50% de la cotización para el mecanismo de equidad intergeneracional.

5. Trabajador retribuido a razón de salario mínimo

Planteamiento

Un trabajador con categoría profesional de peón, grupo 10 de cotización a la Seguridad Social, comienza a prestar sus servicios con carácter indefinido el 1 de marzo de 2023.

La empresa, dedicada al reciclaje de chatarra, carece de convenio colectivo de aplicación, por lo que son aplicables las retribuciones establecidas por el vigente Real Decreto de salarios mínimos, esto es, 36 euros/día o 1.080 euros/mes.

Por ser de reciente incorporación a la empresa carece de aumento alguno en concepto de antigüedad.

También tiene derecho a dos pagas extraordinarias de 30 días de salario cada una de ellas.

El CNAE (Código Nacional de Actividades Económicas) de la empresa es 38.31, al que le corresponde en la tarifa de primas (38) un tipo de cotización de 3,70% (2,10% por IT y 1,60% por IMS).

El trabajador, soltero, no tiene hijos, y en la fecha de ingreso se le calcularon, por lo que restaba de año, unas retribuciones de 12.827,52 euros. Soporta unas cotizaciones totales a la Seguridad Social de 827,38 euros.

Con estos datos calcular, en primer lugar, las bases de cotización a la Seguridad Social, las cuotas de empresa y trabajador, así como las retenciones a cuenta del IRPF. Posteriormente, confeccionar el recibo de salarios correspondiente al mes de marzo.

Solución

A. Cálculo de las bases de cotización

1. *Para contingencias comunes*

   a) *Concepto computable:* Salario base.
   b) *Concepto no computable:* —.
   c) *Importe de la base:*

   - Salario base .... 36,00 euros
   - Prorrata pagas extraordinarias:

   $$\frac{36{,}00 \times 60}{365} = \ldots\ldots\ldots\ldots \quad 5{,}92 \text{ euros}$$

	41,92 euros

   Los referidos 41,92 euros, que constituirían la base diaria de cotización del trabajador, no están comprendidos entre la base máxima (149,85 euros) y la base mínima (42 euros) del grupo 10 de cotización ya que resultan ser una cifra inferior a esta última. En consecuencia, habrá que considerar como base de cotización la base mínima de su grupo (42 euros).

La referida cifra multiplicada por los días del mes nos dará como resultado la base de cotización mensual:

42 euros/día × 31 días/mes: 1.302 euros/mes

2. *Para contingencias profesionales (AT y EP)*

a) *Concepto computable:* Salario base.
b) *Concepto no computable:* —.
c) *Importe de la base:*

Al no existir horas extraordinarias, la base diaria de cotización resultante coincidiría con la obtenida para contingencias comunes. No obstante, la referida cuantía también es aquí inferior al tope mínimo de cotización). En consecuencia, habrá que cotizar por el referido tope mínimo:

42 euros/día × 31 días/mes: 1.302 euros/mes.

3. *Para desempleo, Fondo de Garantía Salarial y formación profesional*

La base de cotización es la misma que la de AT y EP = 1.302 euros.

4. *Para el mecanismo de equidad intergeneracional (MEI)*

La base de cotización es la misma que la de contingencias comunes. 1.302 euros.

B. Cálculo de las cuotas de cotización

1. *Para contingencias comunes*

- A cargo del empresario: 1.302 euros × 23,60% = 307,27 euros
- A cargo del trabajador: 1.302 euros × 4,70% = 61,19 euros

2. *Para contingencias profesionales (AT y EP)*

- A cargo del empresario exclusivamente, CNAE 37 = 48,17 euros

— Por IT: 1.302 euros × 2,10% = 27,34 euros
— Por IMS: 1.302 euros × 1,60% = 20,83 euros

3. *Para desempleo*

- A cargo del empresario: 1.302 euros × 5,50% = 71,61 euros
- A cargo del trabajador: 1.302 euros × 1,55% = 20,18 euros

4. *Para el Fondo de Garantía Salarial*

- A cargo del empresario exclusivamente: 1.302 euros × 0,20% = 2,60 euros

5. *Para formación profesional*

- A cargo del empresario: 1.302 euros × 0,60% = 7,81 euros
- A cargo del trabajador: 1.302 euros × 0,10% = 1,30 euros

6. *Para el mecanismo de equidad intergeneracional (MEI)*

- A cargo del empresario: 0,50% × 1.302 euros = 6,51 euros
- A cargo del trabajador: 0,10% × 1.302 euros = 1,30 euros

7. *Importe a ingresar*

- Para contingencias comunes: .... 368,46 euros
  307,27 + 61,19
- Para contingencias profesionales: .... 48,17 euros
- Para desempleo: .... 91,79 euros
  71,61 + 20,18
- Para el Fondo de Garantía Salarial:. .... 2,60 euros
- Para formación profesional: .... 9,11 euros
  7,81 + 1,30
- Para el mecanismo de equidad intergeneracional (MEI):. ...... 7,81 euros
  6,51 + 1,30

Total .... 527,94 euros

C. Cálculo de las retenciones a cuenta del IRPF

Supuesta la retribución anual del trabajador durante el año 2023 de 12.827,52 euros, constituye una cantidad que no alcanza el límite de retención de 15.000 euros que, atendida su situación personal (soltero) y número de descendientes (sin hijos), le corresponde. En consecuencia, no procede efectuar retención alguna sobre su devengo mensual.

D. Confección del recibo de salarios

Ver la página 279.

Normativa aplicada

Los preceptos en los que se fundamenta la solución propuesta son:

— Artículos 141 a 148 de la Ley General de la Seguridad Social.
— Ley 35/2006, de 28 de noviembre, del Impuesto sobre la Renta de las Personas Físicas.
— Disposición adicional 4.ª de la Ley 42/2006, de 28 de diciembre.
— Artículo 122 de la Ley 31/2022, de 23 de diciembre, de Presupuestos Generales del Estado para el año 2023.
— Disposición adicional séptima del Real Decreto-ley 32/2021, de 28 de diciembre
— Real Decreto 2064/1995, de 22 de diciembre.
— Artículos 74 a 89 del Real Decreto 439/2007, de 30 de marzo.
— Artículo 1 Real Decreto 99/2023, de 14 de febrero.
— Artículos 1 a 4 y 31 de la Orden PCM/74/2023, de 30 de enero.

D. Confección del recibo de salarios

Empresa:	X X	Trabajador:	X X X
Domicilio:	X X	NIF:	X X
CIF:	X X	N.º de afiliación a la Seguridad Social:	X X
		Grupo profesional:	Peón
CCC:	X X	Grupo de cotización:	10

Período de liquidación: del 1 de marzo al 31 de marzo de 2023 Total días 30

		IMPORTE	TOTALES
I. DEVENGOS			
1. Percepciones salariales			
Salario base	36 euros × 31 días	1.116,00	
Complementos salariales			
Horas extraordinarias			
Horas complementarias (contratos a tiempo parcial)			
Gratificaciones extraordinarias			
Salario en especie			
2. Percepciones no salariales			
Indemnizaciones o suplidos			
Prestaciones e indemnizaciones de la Seguridad Social			
Indemnizaciones por traslados, suspensiones o despidos			
Otras percepciones no salariales			
A. Total devengado			1.116,00
II. DEDUCCIONES			
1. Aportación del trabajador a las cotizaciones a la Seguridad Social y conceptos de recaudación conjunta	%		
Contingencias comunes y MEI	4,80 (1)	62,49	
Desempleo	1,55	20,18	
Formación profesional	0,10	1,30	
Horas extraordinarias			
Total aportaciones		83,97	
2. Impuesto sobre la Renta de las Personas Físicas	–	–	
3. Anticipos			
4. Valor de los productos recibidos en especie			
5. Otras deducciones			
B. Total a deducir			83,97
LÍQUIDO TOTAL A PERCIBIR (A – B)			1.032,03

31 de marzo de 2023

Firma y sello de la empresa RECIBÍ

DETERMINACIÓN DE LAS BASES DE COTIZACIÓN A LA SEGURIDAD SOCIAL Y CONCEPTOS DE RECAUDACIÓN CONJUNTA Y DE LA BASE SUJETA A RETENCIÓN DEL IRPF Y APORTACIÓN DE LA EMPRESA

CONCEPTO			BASE	TIPO	APORTACIÓN EMPRESA
1. Contingencias comunes					
Importe remuneración mensual	1.116,00				
Importe prorrata pagas extraordinarias	000,00				
	TOTAL		1.302,00 (2)	24,10 (3)	313,78
2. Contingencias profesionales y conceptos de recaudación conjunta	AT y EP			3,70	48,17
	Desempleo		1.302,00 (4)	5,50	71,61
	Formación profesional			0,60	7,81
	Fondo de Garantía Salarial			0,20	2,60
3. Cotización adicional por horas extraordinarias					
4. Base sujeta a retención del IRPF					

(1) Incluye 0,10% de la cotización para el mecanismo de equidad intergeneracional.
(2) Por ser inferior a la base mínima, debe tomarse ésta: 1.302 euros = 42 euros/día × 31 días.
(3) Incluye 0,50% de la cotización para el mecanismo de equidad intergeneracional.
(4) Por aplicación del tope mínimo de cotización: 1.302 euros = 1.1260 euros/mes ÷ 30 días × 31 días/mes.

6. Abono de una mensualidad ordinaria y de una gratificación extraordinaria en el doble supuesto de abono conjunto y separado de las mismas

Planteamiento

Un trabajador de 40 años con la categoría de ayudante titulado, grupo 2 de cotización a la Seguridad Social, es contratado, con carácter indefinido, por una empresa el 1 de febrero de 2023.

Los salarios de convenio son los siguientes:

— Salario base: 1.380 euros.
— Plus de actividad: 120 euros.

También tiene derecho a percibir dos pagas extraordinarias de 1.380 euros, cada una de ellas.

Según establece el convenio la paga extraordinaria del mes de julio correspondiente al tiempo trabajado en el semestre natural anterior, se percibe junto con la mensualidad ordinaria de dicho mes.

El CNAE (Código Nacional de Actividades Económicas) de la empresa, una inmobiliaria, es 68.32, al que le corresponde en la tarifa de primas (68) un tipo de cotización de 1,65% (0,65% por IT y 1,00% por IMS).

El trabajador presta sus servicios en trabajos exclusivos de oficina, ocupación «a», por lo que le corresponde en la tarifa de primas un tipo de cotización de 1,50% (0,80 por IT y 0,70 por IMS).

El trabajador, soltero, no tiene hijos, y a la fecha de ingresar en la empresa se le calcularon unas retribuciones brutas anuales de 20.760 euros. Soporta unas cotizaciones totales a la Seguridad Social de 1.339,02 euros.

En el mes de enero se le practicó la retención conforme a la legislación vigente al 31 de diciembre de 2022, por un importe de 180,90 euros y un tipo de 12,06%.

Con estos datos calcular, en primer lugar, las bases de cotización a la Seguridad Social, las cuotas de empresa y trabajador, así como las retenciones a cuenta del IRPF por los salarios correspondientes a la mensualidad ordinaria y extraordinaria del mes de julio. Redactar, posteriormente, los recibos de salarios en el doble supuesto de abono conjunto y separado de las pagas.

Solución

A. Cálculo de las bases de cotización de la mensualidad ordinaria

1. *Para contingencias comunes y MEI*

   a) *Conceptos computables:* Salario base y plus de actividad.
   b) *Conceptos no computables:* —.
   c) *Importe de la base:*

• Salario base	1.380,00 euros
• Plus de actividad	120,00 euros
	1.500,00 euros

- Prorrata pagas extraordinarias:

$$\frac{1.380 \times 2}{12} = \ldots\ldots\ldots\ldots\ldots\ldots\ldots \quad 230{,}00 \text{ euros}$$

1.730,00 euros

La citada cuantía de 1.730 euros se encuentra comprendida entre la base mínima (1.459,30 euros) y la base máxima (4.495,50 euros) de su grupo 2 de cotización; por lo que constituye la base de cotización para esta clase de contingencias.

2. *Para contingencias profesionales (AT y EP)*

a) *Conceptos computables:* Salario base y plus de actividad.
b) *Conceptos no computables:* —.
c) *Importe de la base:*

La base para esta clase de contingencias es la misma que la correspondiente a contingencias comunes (1.730 euros), ya que, al no haber realizado horas extraordinarias, las retribuciones son las mismas. Estando, además, comprendida la referida cifra entre el tope mínimo de cotización (1.260 euros) y el tope máximo (4.495,50 euros).

3. *Para desempleo, Fondo de Garantía Salarial y formación profesional*

La base de cotización es la misma que la de AT y EP = 1.730 euros.

B. COTIZACIÓN POR LA GRATIFICACIÓN EXTRAORDINARIA

La retribución del trabajador en concepto de gratificación extraordinaria de julio consiste en la parte proporcional que le corresponde según el tiempo trabajado en la empresa dentro del semestre natural anterior. Comoquiera que ingresó el 1-2-2023, le corresponderá:

$$\frac{5}{6} \times 1.380 \text{ euros} = 1.150 \text{ euros}$$

El prorrateo mensual de las pagas extraordinarias excluye su cotización cuando se perciben; por eso los referidos 1.150 euros no han de tomarse en consideración a estos efectos.

C. CÁLCULO DE LAS CUOTAS DE COTIZACIÓN

1. *Para contingencias comunes*

- A cargo del empresario: 23,60% × 1.730 euros = 408,28 euros
- A cargo del trabajador: 4,70% × 1.730 euros = 81,31 euros

2. *Para contingencias profesionales (AT y EP)*

- A cargo del empresario exclusivamente, ocupación «a» = 25,95 euros

— Por IT: 1.730,00 euros × 0,80% = 13,84 euros
— Por IMS: 1.730,00 euros × 0,70% = 12,11 euros

3. *Para desempleo*

- A cargo del empresario: 5,50% × 1.730 euros = 95,15 euros
- A cargo del trabajador: 1,55% × 1.730 euros = 26,82 euros

4. *Para el Fondo de Garantía Salarial*

- A cargo del empresario exclusivamente: 0,20% × 1.730 euros = 3,46 euros

5. *Para formación profesional*

- A cargo del empresario: 0,60% × 1.730 euros = 10,38 euros
- A cargo del trabajador: 0,10% × 1.730 euros = 1,73 euros

6. *Para el mecanismo de equidad intergeneracional (MEI)*

- A cargo del empresario: 0,50% × 1.730 euros = 8,65 euros
- A cargo del trabajador: 0,10% × 1.730 euros = 1,73 euros

7. *Importe a ingresar*

• Por contingencias comunes:		489,59
408,28 + 81,31:	489,59	
• Por contingencias profesionales:		25,95
• Para desempleo:		121,97
95,15 + 26,82:	121,97	
• Para el Fondo de Garantía Salarial:		3,46
• Para formación profesional:		12,11
10,38 + 1,73:	12,11	
• Para el mecanismo de equidad intergeneracional (MEI):		10,38
8,65 + 1,73		
Total		663,46 euros

D. Cálculo de las retenciones a cuenta del IRPF

El salario previsible del trabajador en 2023 —20.760 euros, al que corresponde una cotización a su cargo de 1.339,02 euros— está sujeto a retención dado que supera el límite cuantitativo de exención (15.000 euros) que, atendida su situación personal (soltero) y número de descendientes (sin hijos), le corresponde.

1.° Base de retención (a – b) 17.048,75

a) Retribución total 20.760,00
b) Minoraciones (i + ii + iii) 3.711,25

i) Cotizaciones Seguridad Social 1.339,02
ii) Reducción en concepto de otros gastos 2.000,00
iii) Reducción por obtención de rendimiento 372,23

- 14.047,50 < (a – i: 19.420,98,24) < 19.747,50
- 6.498 – (19.420,98 – 14.047,50) × 1,14: 372,23

2.° Mínimo personal y familiar 5.550,00
Mínimo del contribuyente ≤ 65 años

3.° Cuota de retención (a – b) 2.414,70

a) Aplicación de la escala a la base de retención (i + ii) 3.469,20

i) (0,00 – 12.450,00) × 19% 2.365,50
12.450,00 × 19%
ii) (12.450,00 – 17.048,75) × 24% 1.103,70
4.598,75 × 24%

b) Aplicación de la escala al mínimo personal y familiar 1.054,50
(0,00 – 5.550,00) × 19% 1.054,50

Dado que la retribución anual (20.760 euros) es inferior a 35.200 euros, la cuota de retención no puede ser superior a la que resulta de la fórmula siguiente:

(Retribución total – Límite de retención) × 43%: (20.760 – 14.000) × 43%: 2.476,80

El menor importe de los dos (2.414,70) es el que debe tomarse en consideración para la determinación del tipo de retención.

4.º Tipo de retención:

$$\frac{\text{Cuota de retención}}{\text{Rendimientos de trabajo}} \times 100 = \frac{2.414,70}{20.760,00} \times 100 = 11,63\%.$$

Por no coincidir el tipo de retención con el que se había aplicado en enero, procede efectuar la regularización correspondiente.

5.º Tipo de la regularización:

$$\frac{\text{Cuota de retención – Retenciones practicadas}}{\text{Retribución anual – Rendimientos satisfechos}} \times 100 = \frac{2.414,70 - 180,90}{20.760 - 1.500} \times 100 = 11,59\%.$$

Este tipo se aplicará sobre las cantidades pendientes de devengar.

6.º Importe de la retención del mes de abril:

La retribución que percibe el trabajador por todos los conceptos está sujeta a retención a cuenta del IRPF.

1.652 euros × 5,90% = 97,47 euros.

7.º Importe de la retención del mes de julio:

La retribución que percibe el trabajador por todos los conceptos está sujeta a retención a cuenta del IRPF.

— Salario base	1.380,00
— Plus de actividad	120,00
— Gratificación extraordinaria (1.380 × 5/6)	1.150,00
	2.650,00

Importe de la retención: 2.650 × 11,59% = 307,14.

E, F y G. Confección del recibo de salarios

— Abono conjunto de la mensualidad ordinaria y extraordinaria. Ver la página 284.
— Abono separado de la mensualidad ordinaria. Ver la página 285.
— Abono separado de la mensualidad extraordinaria. Ver la página 286.

Normativa aplicada

Los preceptos en los que se fundamenta la solución propuesta son:

— Artículos 141 a 148 de la Ley General de la Seguridad Social.
— Ley 35/2006, de 28 de noviembre, del Impuesto sobre la Renta de las Personas Físicas.
— Disposición adicional 4.ª de la Ley 42/2006, de 28 de diciembre.
— Artículo 122 de la Ley 31/2022, de 23 de diciembre, de Presupuestos Generales del Estado para el año 2023.
— Real Decreto 2064/1995, de 22 de diciembre.
— Artículos 74 a 89 del Real Decreto 439/2007, de 30 de marzo.
— Artículos 1 a 4 y 31 de la Orden PCM/74/2023, de 30 de enero.

E. Confección del recibo de salarios en el supuesto de abono conjunto de la mensualidad ordinaria y de la extraordinaria

Empresa:	X X	Trabajador:	X X X
Domicilio:	X X	NIF:	X X
CIF:	X X	N.º de afiliación a la Seguridad Social:	X X
		Grupo profesional:	Ayudante titulado
CCC:	X X	Grupo de cotización:	2

Período de liquidación: del 1 de julio al 31 de julio de 2023. Total días 30

		IMPORTE	TOTALES
I. DEVENGOS			
1. Percepciones salariales			
Salario base		1.380,00	
Complementos salariales			
Actividad		120,00	
Horas extraordinarias			
Horas complementarias (contratos a tiempo parcial)			
Gratificaciones extraordinarias	Julio: 5/6 s/1.380,00	1.150,00	
Salario en especie			
2. Percepciones no salariales			
Indemnizaciones o suplidos			
Prestaciones e indemnizaciones de la Seguridad Social			
Indemnizaciones por traslados, suspensiones o despidos			
Otras percepciones no salariales			
A. Total devengado			2.650,00
II. DEDUCCIONES			
1. Aportación del trabajador a las cotizaciones a la Seguridad Social y conceptos de recaudación conjunta	%		
Contingencias comunes y MEI	4,80 (1)	83,04	
Desempleo	1,55	26,82	
Formación profesional	0,10	1,73	
Horas extraordinarias			
Total aportaciones		111,59	
2. Impuesto sobre la Renta de las Personas Físicas	11,59	307,14	
3. Anticipos			
4. Valor de los productos recibidos en especie			
5. Otras deducciones			
B. Total a deducir			418,73
LÍQUIDO TOTAL A PERCIBIR (A – B)			2.231,27

31 de julio de 2023

Firma y sello de la empresa

RECIBÍ

DETERMINACIÓN DE LAS BASES DE COTIZACIÓN A LA SEGURIDAD SOCIAL Y CONCEPTOS DE RECAUDACIÓN CONJUNTA Y DE LA BASE SUJETA A RETENCIÓN DEL IRPF Y APORTACIÓN DE LA EMPRESA

CONCEPTO		BASE	TIPO	APORTACIÓN EMPRESA
1. Contingencias comunes				
Importe remuneración mensual	1.500,00			
Importe prorrata pagas extraordinarias	230,00			
	TOTAL	1.730,00	24,10 (2)	416,93
2. Contingencias profesionales y conceptos de recaudación conjunta	AT y EP		1,50	25,95
	Desempleo	1.730,00	5,50	95,15
	Formación profesional		0,60	10,38
	Fondo de Garantía Salarial		0,20	3,46
3. Cotización adicional por horas extraordinarias				
4. Base sujeta a retención del IRPF		2.650,00		

(1) Incluye 0,10% de la cotización para el mecanismo de equidad intergeneracional.
(2) Incluye 0,50% de la cotización para el mecanismo de equidad intergeneracional.

F. Confección del recibo de salarios correspondiente a la mensualidad ordinaria en el supuesto de abono separado de la extraordinaria

Empresa: X X	Trabajador: X X X
Domicilio: X X	NIF: X X
CIF: X X	N.º de afiliación a la Seguridad Social: X X
CCC: X X	Grupo profesional: Ayudante titulado
	Grupo de cotización: 2

Período de liquidación: del 1 de julio al 31 de julio de 2023. Total días 30

		IMPORTE	TOTALES
I. DEVENGOS			
1. Percepciones salariales			
Salario base		1.380,00	
Complementos salariales			
Actividad		120,00	
Horas extraordinarias			
Horas complementarias (contratos a tiempo parcial)			
Gratificaciones extraordinarias			
Salario en especie			
2. Percepciones no salariales			
Indemnizaciones o suplidos			
Prestaciones e indemnizaciones de la Seguridad Social			
Indemnizaciones por traslados, suspensiones o despidos			
Otras percepciones no salariales			
A. Total devengado			1.500,00
II. DEDUCCIONES			
1. Aportación del trabajador a las cotizaciones a la Seguridad Social y conceptos de recaudación conjunta	%		
Contingencias comunes y MEI	4,80 (1)	83,04	
Desempleo	1,55	26,82	
Formación profesional	0,10	1,73	
Horas extraordinarias			
Total aportaciones		111,59	
2. Impuesto sobre la Renta de las Personas Físicas	11,59	173,85	
3. Anticipos			
4. Valor de los productos recibidos en especie			
5. Otras deducciones			
B. Total a deducir			285,44
LÍQUIDO TOTAL A PERCIBIR (A – B)			1.214,56

31 de julio de 2023

Firma y sello de la empresa RECIBÍ

DETERMINACIÓN DE LAS BASES DE COTIZACIÓN A LA SEGURIDAD SOCIAL Y CONCEPTOS DE RECAUDACIÓN CONJUNTA Y DE LA BASE SUJETA A RETENCIÓN DEL IRPF Y APORTACIÓN DE LA EMPRESA

CONCEPTO			BASE	TIPO	APORTACIÓN EMPRESA
1. Contingencias comunes					
Importe remuneración mensual		1.500,00			
Importe prorrata pagas extraordinarias		230,00			
	TOTAL		1.730,00	24,10 (2)	416,93
2. Contingencias profesionales y conceptos de recaudación conjunta	AT y EP			1,50	25,95
	Desempleo		1.730,00	5,50	95,15
	Formación profesional			0,60	3,46
	Fondo de Garantía Salarial			0,20	10,38
3. Cotización adicional por horas extraordinarias					
4. Base sujeta a retención del IRPF			1.500,00		

(1) Incluye 0,10% de la cotización para el mecanismo de equidad intergeneracional.
(2) Incluye 0,50% de la cotización para el mecanismo de equidad intergeneracional.

G. Confección del recibo de salarios correspondiente a la mensualidad extraordinaria en el supuesto de abono separado de la ordinaria

Empresa:	X X
Domicilio:	X X
CIF:	X X
CCC:	X X

Trabajador:	X X X
NIF:	X X
N.º de afiliación a la Seguridad Social:	X X
Grupo profesional:	Ayudante titulado
Grupo de cotización:	2

Período de liquidación: **Extra de julio 2023** Total días

			IMPORTE	TOTALES
I. DEVENGOS				
1. Percepciones salariales				
Salario base				
Complementos salariales				
Horas extraordinarias				
Horas complementarias (contratos a tiempo parcial)				
Gratificaciones extraordinarias	Julio: 5/6 s/1.380,00		1.150,00	
Salario en especie				
2. Percepciones no salariales				
Indemnizaciones o suplidos				
Prestaciones e indemnizaciones de la Seguridad Social				
Indemnizaciones por traslados, suspensiones o despidos				
Otras percepciones no salariales				
A. Total devengado				1.150,00
II. DEDUCCIONES				
1. Aportación del trabajador a las cotizaciones a la Seguridad Social y conceptos de recaudación conjunta		%		
Contingencias comunes y MEI		–	–	
Desempleo		–	–	
Formación profesional		–	–	
Horas extraordinarias				
Total aportaciones				
2. Impuesto sobre la Renta de las Personas Físicas		11,59	133,29	
3. Anticipos				
4. Valor de los productos recibidos en especie				
5. Otras deducciones				
B. Total a deducir				133,29
LÍQUIDO TOTAL A PERCIBIR (A – B)				1.016,71

31 de julio de 2023

Firma y sello de la empresa RECIBÍ

DETERMINACIÓN DE LAS BASES DE COTIZACIÓN A LA SEGURIDAD SOCIAL Y CONCEPTOS DE RECAUDACIÓN CONJUNTA Y DE LA BASE SUJETA A RETENCIÓN DEL IRPF Y APORTACIÓN DE LA EMPRESA

CONCEPTO			BASE	TIPO	APORTACIÓN EMPRESA
1. Contingencias comunes					
Importe remuneración mensual					
Importe prorrata pagas extraordinarias					
	TOTAL				(1)
2. Contingencias profesionales y conceptos de recaudación conjunta	AT y EP				(1)
	Desempleo				(1)
	Formación profesional				(1)
	Fondo de Garantía Salarial				(1)
3. Cotización adicional por horas extraordinarias					
4. Base sujeta a retención del IRPF			1.150,00		

(1) El prorrateo mensual de las pagas extraordinarias excluye su cotización cuando se perciben las mismas.

7. Personal de alta dirección

Planteamiento

Una empresa contrata con carácter indefinido el 1 de enero de 2023 un director gerente, grupo 1 de cotización a la Seguridad Social, al que se le asegura una percepción anual de 84.000 euros, distribuidas en 12 mensualidades de 7.000 euros cada una de ellas y sin derecho a percibir, en consecuencia, paga extraordinaria alguna.

A la empresa, una compañía de seguros, le corresponde el Código Nacional de Actividades Económicas, CNAE-09, 65.11, que tiene asignado en la tarifa de primas un tipo de cotización de 1,50% (0,80 por IT y 0,70 por IMS).

Este alto directivo, de 66 años de edad, con cónyuge sin rentas propias, no tiene hijos.

Soporta unas cotizaciones anuales a la Seguridad Social de 3.479,52 euros.

En el mes de enero se le practicó la retención conforme a la legislación vigente al 31 de diciembre de 2022, por un importe de 2.079,70 euros y un tipo de 29,71%.

Con estos datos calcular, en primer lugar, las bases de cotización a la Seguridad Social, las cuotas de empresa y trabajador, así como las retenciones a cuenta del IRPF. Posteriormente, confeccionar el recibo de salarios correspondiente al mes de abril.

Solución

A. Cálculo de las bases de cotización

1. *Para contingencias comunes*

   a) *Concepto computable:* Salario base.
   b) *Conceptos no computables:* —.
   c) *Importe de la base:*

• Salario base	7.000,00 euros
• Prorrata pagas extraordinarias	—
	7.000,00 euros

La referida cuantía de 7.000,00 euros supera la cifra de 4.495,50 euros que constituye la base máxima de cotización establecida para el grupo 1 de cotización. En consecuencia, es la referida cifra de 4.495,50 euros la que habrá de tenerse en cuenta como base de cotización para estas contingencias.

2. *Para contingencias profesionales (AT y EP)*

   a) *Concepto computable:* Salario base.
   b) *Conceptos no computables:* —.
   c) *Importe de la base:*

También aquí los 7.000 euros resultantes superan el tope máximo establecido para esta clase de contingencias (4.495,50 euros); y, en consecuencia, es esta última cuantía la que constituye la base de cotización definitiva.

3. *Para desempleo, Fondo de Garantía Salarial y formación profesional*

La base de cotización es la misma que la de AT y EP: 4.495,50 euros.

4. *Para el mecanismo de equidad intergeneracional (MEI)*

La base de cotización es la misma que la de contingencias comunes. 4.495,50 euros.

B. Cálculo de las cuotas de cotización

1. *Para contingencias comunes*

- A cargo del empresario: 4.495,50 euros × 23,60% = 1.060,94 euros
- A cargo del trabajador: 4.495,50 euros × 4,70% = 211,29 euros

2. *Para contingencias profesionales (AT y EP)*

- A cargo del empresario exclusivamente, CNAE 37 = 62,10 euros

— Por IT: 4.495,50 euros × 0,80% = 35,96 euros
— Por IMS: 4.495,50 euros × 0,70% = 31,47 euros

3. *Para desempleo*

- A cargo del empresario: 4.495,50 euros × 5,50% = 247,25 euros
- A cargo del trabajador: 4.495,50 euros × 1,55% = 69,68 euros

4. *Para el Fondo de Garantía Salarial*

- A cargo del empresario exclusivamente: 4.495,50 euros × 0,20% = 8,99 euros

5. *Para formación profesional*

- A cargo del empresario: 4.495,50 euros × 0,60% = 26,97 euros
- A cargo del trabajador: 4.495,50 euros × 0,10% = 4,50 euros

6. *Para el mecanismo de equidad intergeneracional (MEI)*

- A cargo del empresario: 4.495,50 euros × 0,50% = 22,48 euros.
- A cargo del trabajador: 4.495,50 euros × 0,10% = 4,50 euros

7. *Importe a ingresar*

- Para contingencias comunes: .... 1.272,23 euros
  1.060,94 + 211,29
- Para contingencias profesionales: .... 67,43 euros
- Para desempleo: .... 316,93 euros
  247,25 + 69,68
- Para el Fondo de Garantía Salarial:. .... 8,99 euros
- Para formación profesional:. .... 31,47 euros
  26,97 + 4,50
- Para el mecanismo de equidad intergeneracional (MEI):. ...... 26,98 euros
  22,48 + 4,50

Total .... 1.724,03 euros

C. Cálculo de las retenciones a cuenta del IRPF

El salario previsible del trabajador en 2023 —84.000 euros, al que corresponde una cotización a su cargo de 3.479,52 euros— está sujeto a retención dado que supera el límite cuantitativo de exención

(16.696 euros) que, atendida su situación personal (con cónyuge a cargo) y número de descendientes (sin hijos), le corresponde.

1.° Base de retención (a – b) 78.520,48

a) Retribución total 84.000,00
b) Minoraciones (i + ii + iii) 5.479,52

i) Cotizaciones Seguridad Social 3.479,52
ii) Reducción en concepto de otros gastos 2.000,00
iii) Reducción por obtención de rendimiento 0,00
(a – i: 80.520,48) > 19.747,50

2.° Mínimo personal y familiar (a + b) 6.700,00
Mínimo del contribuyente > 65 años. 6.700,00

3.° Cuota de retención (a – b) 24.962,72

a) Aplicación de la escala a la base de retención (i + ii + iii + iv + v) 26.235,72

i) (0,00 – 12.450,00) × 19% 2.365,50
12.450,00 × 19%
ii) (12.450,00 – 20.200,00) × 24% 1.860,00
7.750,00 × 24%
iii) (20.200,00 – 35.200,00) × 30% 4.500,00
15.000,00 × 30%
iv) (35.200,00 – 60.000,00) × 37% 9.176,00
24.800,00 × 37%
v) (60.000 – 78.520,48) × 45%: 8.334,22
18.520,48 × 45%

b) Aplicación de la escala al mínimo personal y familiar. 1.273,00
(0,00 – 6.700,00) × 19%

Para determinar el tipo de retención debe tomarse esa cuota de retención (25.109,10), ya que, por ser la retribución anual (84.000 euros) superior a 35.200 euros, aquella no tiene límite alguno.

4.° Tipo de retención:

$$\frac{\text{Cuota de retención}}{\text{Rendimientos de trabajo}} \times 100 = \frac{24.962{,}72}{84.000{,}00} \times 100 = 29{,}71\%.$$

Por coincidir el tipo de retención con el que se le había aplicado en enero, no procede efectuar regularización alguna.

5.° Importe de la retención del mes de abril:

La retribución que percibe el trabajador por todos los conceptos está sujeta a retención a cuenta del IRPF.

Importe de la retención: 7.000,00 euros × 29,71% = 2.079,70.

D. Confección del recibo de salarios

Ver la página 291.

Normativa aplicada

Los preceptos en los que se fundamenta la solución propuesta son:

— Artículos 141 a 148 de la Ley General de la Seguridad Social.
— Ley 35/2006, de 28 de noviembre, del Impuesto sobre la Renta de las Personas Físicas.
— Disposición adicional 4.ª de la Ley 42/2006, de 28 de diciembre.
— Artículo 122 de la Ley 31/2022, de 23 de diciembre, de Presupuestos Generales del Estado para el año 2023.
— Real Decreto 2064/1995, de 22 de diciembre.
— Artículos 74 a 89 del Real Decreto 439/2007, de 30 de marzo.
— Artículos 1 a 4 y 31 de la Orden PCM/74/2023, de 30 de enero.

D. Confección del recibo de salarios

Empresa:	X X
Domicilio:	X X
CIF:	X X
CCC:	X X

Trabajador:	X X X
NIF:	X X
N.º de afiliación a la Seguridad Social:	X X
Grupo profesional:	Director gerente
Grupo de cotización:	1

Período de liquidación: del 1 de abril al 30 de abril de 2023. Total días 30

	%	IMPORTE	TOTALES
I. DEVENGOS			
1. Percepciones salariales			
Salario base		7.000,00	
Complementos salariales			
Horas extraordinarias			
Horas complementarias (contratos a tiempo parcial)			
Gratificaciones extraordinarias			
Salario en especie			
2. Percepciones no salariales			
Indemnizaciones o suplidos			
Prestaciones e indemnizaciones de la Seguridad Social			
Indemnizaciones por traslados, suspensiones o despidos			
Otras percepciones no salariales			
A. TOTAL DEVENGADO			7.000,00
II. DEDUCCIONES			
1. Aportación del trabajador a las cotizaciones a la Seguridad Social y conceptos de recaudación conjunta			
Contingencias comunes y MEI	4,80 (1)	215,79	
Desempleo	1,55	69,68	
Formación profesional	0,10	4,50	
Horas extraordinarias			
TOTAL APORTACIONES		289,97	
2. Impuesto sobre la Renta de las Personas Físicas	29,71	2.079,70	
3. Anticipos			
4. Valor de los productos recibidos en especie			
5. Otras deducciones			
B. TOTAL A DEDUCIR			2.369,67
LÍQUIDO TOTAL A PERCIBIR (A – B)			4.630,33

30 de abril de 2023

Firma y sello de la empresa RECIBÍ

DETERMINACIÓN DE LAS BASES DE COTIZACIÓN A LA SEGURIDAD SOCIAL Y CONCEPTOS DE RECAUDACIÓN CONJUNTA Y DE LA BASE SUJETA A RETENCIÓN DEL IRPF Y APORTACIÓN DE LA EMPRESA

CONCEPTO			BASE	TIPO	APORTACIÓN EMPRESA
1. Contingencias comunes					
	Importe remuneración mensual	7.000,00			
	Importe prorrata pagas extraordinarias				
	TOTAL		4.495,50 (2)	24,10 (3)	1.083,42
2. Contingencias profesionales y conceptos de recaudación conjunta	AT y EP			1,00	67,43
	Desempleo		4.495,50 (4)	5,50	247,25
	Formación profesional			0,60	26,97
	Fondo de Garantía Salarial			0,20	8,99
3. Cotización adicional por horas extraordinarias					
4. Base sujeta a retención del IRPF			7.000,00		

(1) Incluye 0,10% de la cotización para el mecanismo de equidad intergeneracional.
(2) Por aplicación de la base máxima de cotización.
(3) Incluye 0,50% de la cotización para el mecanismo de equidad intergeneracional.
(4) Por aplicación del tope máximo de cotización.

8. Contrato de formación en alternancia

Planteamiento

Un trabajador de 18 años tiene concertado con su empresa desde el 1 de enero de 2023 un contrato de formación en alternancia, prestando sus servicios todos los días laborables, y dedicando a labores formativas el 35% de su jornada.

La retribución del tiempo de trabajo efectivo del trabajador es de 30 euros diarios, con dos pagas extras de 30 días de salario cada una de ellas. El trabajador está soltero y no tiene hijos, y se le calculan unos ingresos anuales de 12.750 euros a efectos del IRPF. Se estima que la cotización a su cargo ascenderá a 330,12 euros en 2023.

Por las 24 horas presenciales de formación teórica del trabajador, a 9 euros por cada hora, el empresario abona al centro de formación una cuantía de 216 euros, coste que pretende bonificarse en la correspondiente liquidación de cuotas. El coste hora/participante financiable es de 8 euros en la modalidad presencial.

Con estos datos calcular, en primer lugar, la retribución mensual que corresponde al trabajador. Indicar después el importe de la cotización a la que están obligados empresa y trabajador, así como las retenciones a cuenta del IRPF. Posteriormente, confeccionar el recibo de salarios correspondiente al mes de junio.

Debe tenerse en cuenta que la cotización en este contrato tiene en cuenta la retribución del trabajador, añadiendo a las cuotas fijadas en la Ley de Presupuestos las cuotas resultantes de aplicar los tipos de cotización establecidos con carácter general, incluidos los correspondientes a formación profesional, al exceso sobre la base mínima.

Solución

A. Cálculo de la retribución mensual

- Salario base: 30 euros × 31 días = 930 euros/mes.

La retribución, 30 euros/día, es superior al salario mínimo interprofesional en proporción al tiempo de trabajo efectivo, 65%: 36 euros/día × 65% = 26,40 euros/día.

B. Base de cotización

1. *Para contingencias comunes y el mecanismo de equidad intergeneracional*

a) Conceptos computables: salario base
b) Conceptos no computables: —.
c) Importe de la base:

• Salario base:	30 euros
• Prorrata pagas extraordinarias: .... 30 × 60 ÷ 365	4,93 euros
	34,93 euros

Esa cuantía es inferior la base mínima (42 euros) por lo que deberán aplicarse las cuotas fijas establecidas para tales supuestos.
A efectos de reconocimiento de las prestaciones económicas derivadas de contingencias comunes a las que el trabajador pueda tener derecho se toma como base de cotización la base mínima de cotización que corresponda: 1.260 euros en 2023.

2. *Para contingencias profesionales (AT y EP), desempleo, Fondo de Garantía Salarial y formación profesional*

   a) Conceptos computables: salario base
   b) Conceptos no computables: —.
   c) Importe de la base:

• Salario base:......................	30 euros
• Prorrata pagas extraordinarias: .... 30 × 60 ÷ 365	4,93 euros
	34,93 euros

   La base para estas contingencias es la misma que la correspondiente a contingencias comunes ya que no se han realizado horas extraordinarias.
   Esa cuantía es inferior la base mínima (42 euros) por lo que deberán aplicarse las cuotas fijas establecidas para tales supuestos.
   A efectos de reconocimiento de las prestaciones económicas derivadas de contingencias profesionales a las que el trabajador pueda tener derecho se toma como base de cotización la base mínima de cotización que corresponda: 1.260 euros en 2023.

3. *Para desempleo*

La base de cotización para desempleo es el 100% de la base mínima de cotización por contingencias profesionales: 1.260 euros en 2023.

C. Cuota de cotización

Para cubrir las contingencias protegidas, el empresario ingresará mensualmente en la Seguridad Social una cuota, que, cuando no hay cotización adicional por horas extraordinarias, asciende en 2023 a 170,69 euros y se distribuye de la siguiente forma:

— 61,24 euros por contingencias comunes: 51,06 euros a cargo del empresario y 10,18 euros a cargo del trabajador.
— 7,03 euros por contingencias profesionales, a cargo del empleador.
— 3,88 euros al Fondo de Garantía Salarial, a cargo del empleador.
— 88,83 euros por desempleo: 69,30 euros a cargo del empresario (5,5%) y 19,53 euros a cargo del trabajador (1,55%).
La base de cotización es la base mínima correspondiente a las contingencias por accidentes de trabajo y enfermedades profesionales: 1.260 euros/mes.
— 2,15 euros por formación profesional: 1,90 euros a cargo del empresario y 0,25 euros a cargo del trabajador.
— 7,56 euros para el mecanismo de equidad intergeneracional (MEI): 6,30 euros a cargo del empresario (0,50%) y 1,26 euros a cargo del trabajador (0,10%).

Aunque en este supuesto no se da el caso, a estas cuotas habría que añadir las resultantes de aplicar los tipos de cotización establecidos con carácter general al exceso de la base determinada según la retribución sobre la base mínima.

D. Cálculo de las retenciones a cuenta del IRPF

Supuesta la retribución global del trabajador durante el año 2023 de 12.750 euros, no alcanza su límite de retención de 15.000 euros que, atendida su situación personal (soltero) y número de descendientes (sin hijos), le corresponde. En consecuencia, no procede efectuar retención alguna sobre su devengo mensual.

E. Confección del recibo de salarios

Ver la página 295.

Normativa aplicada

Los preceptos en los que se fundamenta la solución propuesta son:

— Artículos 141 a 148, 249 y disposición adicional 43.ª de la Ley General de la Seguridad Social.
— Artículo 11 del Estatuto de los Trabajadores.
— Ley 35/2006, de 28 de noviembre, del Impuesto sobre la Renta de las Personas Físicas.
— Artículo 3 de la Ley 3/2012, de 6 de julio.
— Artículo 122 de la Ley 31/2022, de 23 de diciembre, de Presupuestos Generales del Estado para el año 2023.
— Disposición transitoria segunda y disposición final octava del Real Decreto-ley 32/2021, de 28 de diciembre.
— Real Decreto 2064/1995, de 22 de diciembre.
— Artículo 81 del Real Decreto 439/2007, de 30 de marzo.
— Artículos 4 y 44 de la Orden PCM/74/2023, de 30 de enero.

E. Confección del recibo de salarios

Empresa:	X X
Domicilio:	X X
CIF:	X X
CCC:	X X

Trabajador:	X X X
NIF:	X X
N.º de afiliación a la Seguridad Social:	X X
Grupo profesional:	Trab. en form. de 18 años
Grupo de cotización:	10

Período de liquidación: del 1 de enero al 30 de enero de 2023. Total días 30

		IMPORTE	TOTALES
I. DEVENGOS			
1. Percepciones salariales			
Salario base	30 euros × 31 días	930,00	
Complementos salariales			
Horas extraordinarias			
Horas complementarias (contratos a tiempo parcial)			
Gratificaciones extraordinarias			
Salario en especie			
2. Percepciones no salariales			
Indemnizaciones o suplidos			
Prestaciones e indemnizaciones de la Seguridad Social			
Indemnizaciones por traslados, suspensiones o despidos			
Otras percepciones no salariales			
A. Total devengado			930,00
II. DEDUCCIONES			
1. Aportación del trabajador a las cotizaciones a la Seguridad Social y conceptos de recaudación conjunta	%		
Contingencias comunes y MEI	– (1)	11,44	
Desempleo	1,55	19,53	
Formación profesional	–		
Horas extraordinarias			
Total aportaciones			
2. Impuesto sobre la Renta de las Personas Físicas	–	–	
3. Anticipos			
4. Valor de los productos recibidos en especie			
5. Otras deducciones			
B. Total a deducir			31,22
LÍQUIDO TOTAL A PERCIBIR (A – B)			898,78

30 de enero de 2023

Firma y sello de la empresa RECIBÍ

DETERMINACIÓN DE LAS BASES DE COTIZACIÓN A LA SEGURIDAD SOCIAL Y CONCEPTOS DE RECAUDACIÓN CONJUNTA Y DE LA BASE SUJETA A RETENCIÓN DEL IRPF Y APORTACIÓN DE LA EMPRESA

CONCEPTO			BASE	TIPO	APORTACIÓN EMPRESA
1. Contingencias comunes					
Importe remuneración mensual	930,00				
Importe prorrata pagas extraordinarias	152,83				
	TOTAL		1.260,00 (2)	(3)	57,36
2. Contingencias profesionales y conceptos de recaudación conjunta	AT y EP				7,03
	Desempleo		1.260,00 (4)	5,50	69,30
	Formación profesional				1,90
	Fondo de Garantía Salarial				3,88
3. Cotización adicional por horas extraordinarias					
4. Base sujeta a retención del IRPF					

(1) Incluye 0,10% de la cotización para el mecanismo de equidad intergeneracional.
(2) Por aplicación de la base máxima de cotización.
(3) Incluye 0,50% de la cotización para el mecanismo de equidad intergeneracional.
(4) Por aplicación del tope máximo de cotización.

9. Contrato indefinido de trabajador de 65 o más años y con 40 años de cotización

Planteamiento

Un trabajador de 66 años de edad presta sus servicios en una empresa mediante contrato de trabajo indefinido y acreditando 40 años de cotización a la Seguridad Social.

Su categoría profesional es la de oficial de primera, grupo 8 de cotización a la Seguridad Social.

Durante el mes de abril, el trabajador devenga las siguientes retribuciones:

— Salario base: 50 euros/día.
— Plus de convenio: 10 euros/día.

También tiene reconocidas dos pagas extraordinarias de 1.800 euros cada una de ellas.

A la empresa, dedicada a la venta de camiones, CNAE 45.11, le corresponde un tipo de cotización del 2,05%, según la tarifa de primas de AT y EP. No obstante, el trabajador, conductor de un camión de 20 Tm, ocupación «f», tiene asignado un tipo de cotización por AT y EP de 6,70%, 3,35% por IT y 3,35% por IMS.

Los empresarios y trabajadores quedan exentos de cotizar a la Seguridad Social por contingencias comunes, salvo por incapacidad temporal derivada de las mismas, respecto de aquellos trabajadores por cuenta ajena con contratos de trabajo de carácter indefinido, en los que concurran las circunstancias de tener cumplidos 65 o más años de edad y acreditar 38 años y 6 meses de cotización, o 67 años de edad y 15 o más años de cotización efectiva a la Seguridad Social.

No obstante, en 2023 la edad requerida es de 66 años y 4 meses, con al menos 15 años de cotización, o, si se acreditan 37 años y 9 meses de cotización, tan sólo 65 años.

El tipo de cotización por incapacidad temporal derivada de contingencias comunes en 2023 es el 1,55%, del que el 1,30% será a cargo de la empresa y el 0,25% a cargo del trabajador. La exoneración de la cotización comprende también las aportaciones por desempleo, Fondo de Garantía Salarial y formación profesional.

Al trabajador, con cónyuge sin rentas, a principio de año se le calcularon unos ingresos anuales de 25.500 euros; soportando unas cotizaciones totales a la Seguridad Social de 63,75 euros.

En el mes de enero se le practicó la retención conforme a la legislación vigente al 31 de diciembre de 2022, por un importe de 278,38 euros y un tipo de 15,38%.

Con estos datos calcular, en primer lugar, las bases de cotización a la Seguridad Social, las cuotas de empresa y trabajador, así como las retenciones a cuenta del IRPF. Posteriormente, confeccionar el recibo de salarios correspondiente al mes de abril.

SOLUCIÓN

A. CÁLCULO DE LAS BASES DE COTIZACIÓN

1. *Para contingencias comunes*

 a) *Conceptos computables:* Salario base y plus de convenio.
 b) *Conceptos no computables:* —.
 c) *Importe de la base:*

 - Salario base .... 50 euros/día
 - Plus de convenio................ 10 euros/día

 60 euros/día

 - Prorrata pagas extraordinarias:

 $\frac{1.800 \times 2}{12} =$ .... 9,86 euros/día

 69,86 euros/día

 La referida cuantía no es inferior a la base mínima diaria del grupo 8 de cotización a la Seguridad Social (42 euros) ni es superior a su base máxima (4.495,50 euros); por lo que constituye la base de cotización para estas contingencias.
 Por lo tanto, la base de cotización del mes de abril será:

 69,86 euros/día × 30 días/mes = 2.095,80 euros/mes

2. *Para contingencias profesionales (AT y EP)*

 a) *Conceptos computables:* Salario base y plus de convenio.
 b) *Concepto no computable:* —.
 c) *Importe de la base:*

 Los 69,86 euros constituyen también la base de cotización diaria para contingencias profesionales, ya que, al no existir horas extraordinarias, las retribuciones computables son las mismas que las tenidas en cuenta para calcular la base de cotización por contingencias comunes.
 Además, ese importe cumple la condición de estar comprendido entre los topes mínimo 42 euros/día (1.260 euros/mes ÷ 30 días/mes), y máximo, 149,85 euros/día (4.495,50 euros/mes ÷ 30 días/m), para esta clase de contingencias.
 Por lo tanto, la base de cotización del mes de abril será:

 69,86 euros/día × 30 días/mes = 2.095,80 euros/mes.

3. *Para desempleo, Fondo de Garantía Salarial y formación profesional*

 La base de cotización es la misma que la de AT y EP: 2.095,80 euros.

B. CÁLCULO DE LAS CUOTAS DE COTIZACIÓN

1. *Para contingencias comunes*

 El empresario y el trabajador están exentos de cotizar por contingencias comunes, salvo por incapacidad temporal, cotización que se efectúa del siguiente modo:

 - A cargo del empresario: 2.095,80 euros × 1,30% = 27,25 euros
 - A cargo del trabajador: 2.095,80 euros × 0,25% = 5,24 euros

2. *Para contingencias profesionales (AT y EP)*

 - A cargo del empresario exclusivamente, ocupación «f» = 140,42 euros

 Por IT: 3,35% × 2.095,80 euros = 70,21 euros
 Por IMS: 3,35% × 2.095,80 euros = 70,21 euros

3. *Para desempleo, Fondo de Garantía Salarial y formación profesional*

No se efectúa cotización alguna por estos conceptos.

4. *Importe a ingresar*

- Por contingencias comunes: 32,49
  27,25 + 5,24
- Por contingencias profesionales:............ 140,42

Total............................... 172,91 euros

C. CÁLCULO DE LAS RETENCIONES A CUENTA DEL IRPF

El salario previsible del trabajador en 2023 —25.500 euros, al que corresponde una cotización a su cargo de 63,75 euros— está sujeto a retención dado que supera el límite cuantitativo de exención (16.696 euros) que, atendida su situación personal (con cónyuge a cargo) y número de descendientes (sin hijos), le corresponde.

1.º Base de retención (a – b)... 23.436,25

a) Retribución total... 25.500,00
b) Minoraciones (i + ii + iii) 2.063,75

i) Cotizaciones Seguridad Social 63,75
ii) Reducción en concepto de otros gastos 2.000,00
iii) Reducción por obtención de rendimiento............. 0,00
(a – i: 25.436,25) > 19.747,50

2.º Mínimo personal y familiar 6.700,00
Mínimo del contribuyente > 65 años

3.º Cuota de retención (a – b) 3.923,38

a) Aplicación de la escala a la base de retención (i + ii + iii)............ 5.196,38

i) (0,00 – 12.450,00) × 19%......................... 2.365,50
12.450,00 × 19%
ii) (12.450,00 – 20.200,00) × 24% 1.860,00
7.750,00 × 24%
iii) (20.200,00 – 23.436,25) × 30% 970,88
3.236,25 × 30%

b) Aplicación de la escala al mínimo personal y familiar............... 1.273,00
(0,00 – 6.700,00) × 19%

Como la retribución anual (25.500 euros) es inferior a 35.200 euros, la cuota de retención no puede ser superior a la que resulta de la fórmula siguiente:

(Retribución total – Límite de retención) × 43%: (25.500 – 16.696) × 43% = 3.785,72

El menor importe de los dos (3.785,72) es el que debe tomarse en consideración para la determinación del tipo de retención.

4.º Tipo de retención:

$$\frac{\text{Cuota de retención}}{\text{Rendimientos de trabajo}} \times 100 = \frac{3.785,72}{25.500,00} \times 100 = 14,84\%.$$

Por no coincidir el tipo de retención con el que se había aplicado en enero, procede efectuar la regularización correspondiente.

5.º Tipo de la regularización:

$$\frac{\text{Cuota de retención} - \text{Retenciones practicadas}}{\text{Retribución anual} - \text{Rendimientos satisfechos}} \times 100 = \frac{3.785{,}72 - 278{,}38}{25.500 - 1.810} \times 100 = 14{,}80\%.$$

Este tipo se aplicará sobre las cantidades pendientes de devengar.

6.º Importe de la retención del mes de abril:

Todos los conceptos salariales que integran la mensualidad ordinaria están sujetos a retención. En consecuencia, la cuantía de la misma será:

— Salario base.	1.500,00 euros
50,00 euros/día × 30 días	
— Plus de convenio.	300,00 euros
10,00 euros/día × 30 días	
Total	1.800,00 euros

Importe de la retención: 1.800,00 euros × 14,80% = 266,40 euros.

D. Confección del recibo de salarios

Ver la página 300.

Normativa aplicada

Los preceptos en los que se fundamenta la solución propuesta son:

— Artículos 141 a 148 y 152 de la Ley General de la Seguridad Social.
— Ley 35/2006, de 28 de noviembre, del Impuesto sobre la Renta de las Personas Físicas.
— Disposición adicional 4.ª de la Ley 42/2006, de 28 de diciembre.
— Artículo 122 de la Ley 31/2022, de 23 de diciembre, de Presupuestos Generales del Estado para el año 2023.
— Real Decreto 2064/1995, de 22 de diciembre.
— Artículos 74 a 89 del Real Decreto 439/2007, de 30 de marzo.
— Artículos 1 a 4, 30 y 31 de la Orden PCM/74/2023, de 30 de enero.

D. Confección del recibo de salarios

Empresa:	X X	Trabajador:	X X X
Domicilio:	X X	NIF:	X X
CIF:	X X	N.º de afiliación a la Seguridad Social:	X X
		Grupo profesional:	Oficial de 1.ª
CCC:	X X	Grupo de cotización:	8

Período de liquidación: del 1 de abril al 30 de abril de 2023. Total días 30

		IMPORTE	TOTALES
I. DEVENGOS			
1. Percepciones salariales			
Salario base	50 euros × 30 días	1.500,00	
Complementos salariales			
Plus de convenio	10 euros × 30 días	300,00	
Horas extraordinarias			
Horas complementarias (contratos a tiempo parcial)			
Gratificaciones extraordinarias			
Salario en especie			
2. Percepciones no salariales			
Indemnizaciones o suplidos			
Prestaciones e indemnizaciones de la Seguridad Social			
Indemnizaciones por traslados, suspensiones o despidos			
Otras percepciones no salariales			
A. Total devengado			1.800,00
II. DEDUCCIONES			
1. Aportación del trabajador a las cotizaciones a la Seguridad Social y conceptos de recaudación conjunta	%		
Contingencias comunes	0,25	5,24 (1)	
Desempleo	–	–	
Formación profesional	–	–	
Horas extraordinarias			
Total aportaciones		5,24	
2. Impuesto sobre la Renta de las Personas Físicas	14,80	266,40	
3. Anticipos			
4. Valor de los productos recibidos en especie			
5. Otras deducciones			
B. Total a deducir			271,64
LÍQUIDO TOTAL A PERCIBIR (A – B)			1.528,36

30 de abril de 2023

Firma y sello de la empresa RECIBÍ

DETERMINACIÓN DE LAS BASES DE COTIZACIÓN A LA SEGURIDAD SOCIAL Y CONCEPTOS DE RECAUDACIÓN CONJUNTA Y DE LA BASE SUJETA A RETENCIÓN DEL IRPF Y APORTACIÓN DE LA EMPRESA

CONCEPTO			BASE	TIPO	APORTACIÓN EMPRESA
1. Contingencias comunes					
	Importe remuneración mensual	1.800,00 (2)			
	Importe prorrata pagas extraordinarias	295,80 (3)			
		TOTAL	2.095,80	1,30	27,25 (4)
2. Contingencias profesionales y conceptos de recaudación conjunta		AT y EP		6,70	140,42
		Desempleo	2.095,80		
		Formación profesional			
		Fondo de Garantía Salarial			
3. Cotización adicional por horas extraordinarias					
4. Base sujeta a retención del IRPF			1.800,00		

(1) Cotización exclusiva por incapacidad temporal.
(2) 60 euros/día × 30 días/mes.
(3) 9,86 euros/día × 30 días/mes.
(4) Cotización por incapacidad temporal.

10. Contrato indefinido de persona con discapacidad

Planteamiento

Una empresa contrató el 1 de enero de 2023, por tiempo indefinido y en jornada completa, a un trabajador con discapacidad menor de 45 años. Su grado de discapacidad es inferior al 65%.

La categoría profesional que se le reconoce es la de jefe administrativo, grupo 3 de cotización a la Seguridad Social.

Durante el mes de mayo el trabajador devenga las siguientes retribuciones:

— Salario base: 1.170 euros.
— Incentivo: 90 euros.
— Horas extraordinarias: 130 euros.
— Plus de distancia: 75 euros.

También tiene reconocidas tres pagas extraordinarias de 1.260 euros cada una de ellas.

A la empresa, de catering, CNAE 56.29, le corresponde un tipo de cotización del 1,50%, según la tarifa de primas de AT y EP. No obstante, el trabajador, por realizar trabajos exclusivos de oficina, ocupación «a», también tiene asignado un tipo de cotización por AT y EP de 1,50% (0,80 por IT y 0,70 por IMS).

La contratación indefinida de una persona con discapacidad menor de 45 años tiene una bonificación en las cuotas empresariales de la Seguridad Social de 375 euros/mes durante toda la vigencia del contrato.

Al trabajador, con cónyuge sin rentas y un hijo de 17 años de edad, se le calculan unos ingresos anuales de 19.800 euros. Soporta unas cotizaciones anuales a la Seguridad Social de 1.277,10 euros.

En el mes de enero se le practicó la retención conforme a la legislación vigente al 31 de diciembre de 2022, por un importe de 43,97 euros y un tipo de 3,28%.

Con estos datos calcular, en primer lugar, las bases de cotización a la Seguridad Social, las cuotas de empresa y trabajador, así como las retenciones a cuenta del IRPF. Posteriormente, confeccionar el recibo de salarios correspondiente al mes de mayo.

Solución

A. Cálculo de las bases de cotización

1. *Para contingencias comunes*

   a) *Conceptos computables:* Salario base e incentivo y plus de distancia.
   b) *Conceptos no computables:* Horas extraordinarias.

c) *Importe de la base:*

- Salario base .... 1.170,00 euros
- Incentivo .... 90,00 euros
- Plus de distancia .... 75,00 euros

1.335,00 euros

- Prorrata pagas extraordinarias:

$\frac{1.260,00 \times 3}{12}$ = ... 315,00 euros

1.650,00 euros

La citada cantidad de 1.650 euros está comprendida entre la base mínima (1.269,43 euros) y máxima (4.495,50 euros) del grupo de cotización correspondiente a su categoría profesional; por lo que constituye la base de cotización para estas contingencias.

2. *Para contingencias profesionales (AT y EP)*

a) *Conceptos computables:* Salario base, incentivo, plus de distancia y horas extraordinarias.
b) *Conceptos no computables:* —
c) *Importe de la base:*

- Salario base .... 1.170,00 euros
- Incentivo .... 90,00 euros
- Plus de distancia .... 75,00 euros
- Horas extraordinarias .... 130,00 euros

1.465,00 euros

- Prorrata pagas extraordinarias:

$\frac{1.260 \times 3}{12}$ = ... 315,00 euros

1.780,00 euros

Los citados 1.780 euros cumplen la condición de estar comprendidos entre el tope mínimo de cotización (1.166,70 euros) y el tope máximo (4.495,50 euros), por lo que constituyen la base de cotización para estas contingencias.

3. *Para desempleo, Fondo de Garantía Salarial y formación profesional*

La base de cotización es la misma que la de AT y EP = 1.780 euros.

4. *Para cotización adicional por horas extraordinarias*

La base de cotización está constituida por su importe: 130 euros.

4. *Para el mecanismo de equidad intergeneracional (MEI)*

La base de cotización es la misma que la de contingencias comunes. 1.780 euros.

B. CÁLCULO DE LAS CUOTAS DE COTIZACIÓN

1. *Para contingencias comunes*

- A cargo del empresario: 23,60% × 1.650 euros = 389,40 euros
- A cargo del trabajador: 4,70% × 1.650 euros = 77,55 euros

2. *Para contingencias profesionales (AT y EP)*

- A cargo del empresario exclusivamente, ocupación «a» = 26,70 euros

  Por IT: 0,80% × 1.780 euros = 14,24 euros
  Por IMS: 0,70% × 1.780 euros = 12,46 euros

3. *Para desempleo*

- A cargo del empresario: 5,50% × 1.780 euros = 97,90 euros
- A cargo del trabajador: 1,55% × 1.780 euros = 27,59 euros

4. *Para el Fondo de Garantía Salarial*

- A cargo del empresario exclusivamente: 0,20% × 1.780 euros = 3,56 euros

5. *Para formación profesional*

- A cargo del empresario: 0,60% × 1.780 euros = 10,68 euros
- A cargo del trabajador: 0,10% × 1.780 euros = 1,78 euros

6. *Para cotización adicional por horas extraordinarias*

- A cargo del empresario: 23,60% × 130 euros = 30,68 euros
- A cargo del trabajador: 4,70% × 130 euros = 6,11 euros

7. *Para el mecanismo de equidad intergeneracional (MEI)*

- A cargo del empresario: 1.650 euros × 0,50% = 8,25 euros
- A cargo del trabajador: 1.650 euros × 0,10% = 1,65 euros

8. *Importe a ingresar*

• Por contingencias comunes: ... 389,40 + 77,55	466,95
• Por contingencias profesionales: ...	26,70
• Para desempleo: ... 97,90 + 27,59	125,49
• Para el Fondo de Garantía Salarial: ...	3,56
• Para formación profesional: ... 10,68 + 1,78	12,46
• Por horas extraordinarias: ... 30,68 + 6,11	36,79
• Para el mecanismo de equidad intergeneracional (MEI): ... 8,25 + 1,65	9.90
• Bonificación: ...	–375,00
Total ...	306,85 euros

C. Cálculo de las retenciones a cuenta del IRPF

El salario previsible del trabajador en 2023 —19.800 euros, al que corresponde una cotización a su cargo de 1.277,10 euros— está sujeto a retención dado que supera el límite cuantitativo de exención (17.894 euros) que, atendida su situación personal (con cónyuge a cargo) y número de descendientes (un hijo), le corresponde.

1.º Base de retención (a – b) 11.626,85

a) Retribución total 19.800,00
b) Minoraciones (i + ii + iii) 8.173,14

i) Cotizaciones Seguridad Social 1.277,10
ii) Reducción en concepto de otros gastos 5.500,00
Trabajador con discapacidad < 65%
iii) Reducción por obtención de rendimiento 1.396,04

- 14.047,50< (a – i: 18.522,90) < 19.747,50
- 6.498 – (18.522,90 – 14.047,50) × 1,14: ... 1.396,04

2.º Mínimo personal y familiar (a + b + c) 9.750,00

a) Mínimo del contribuyente ≤ 65 años 5.550,00
b) Mínimo por descendientes 1.200,00
Por el hijo de 17 años (2400 ÷ 2)
c) Mínimo por discapacidad 3.000,00
Trabajador con discapacidad < 65%

3.º Cuota de retención (a – b) 356,60

a) Aplicación de la escala a la base de retención 2.209,10
11.626,86 × 19%

b) Aplicación de la escala al mínimo personal y familiar 1.852,50
(0,00 – 9.750,00) × 19%

Dado que la la retribución anual (19.800 euros) es inferior a 35.200 euros, la cuota de retención no puede ser superior a la que resulta de la fórmula siguiente:

(Retribución total – Límite de retención) × 43%: (19.800 – 17.894) × 43%: 819,58

El menor importe de los dos (356,60) es el que debe tomarse en consideración para la determinación del tipo de retención.

4.º Tipo de retención:

$$\frac{\text{Cuota de retención}}{\text{Rendimientos de trabajo}} \times 100 = \frac{356,60}{19.800,00} \times 100 = 1,80\%.$$

Por no coincidir el tipo de retención con el que se había aplicado en enero, procede efectuar la regularización correspondiente.

5.º Tipo de la regularización:

$$\frac{\text{Cuota de retención – Retenciones practicadas}}{\text{Retribución anual – Rendimientos satisfechos}} \times 100 = \frac{356,60 - 43,79}{19.800 - 1.335} \times 100 = 1,69\%.$$

Este tipo se aplicará sobre las cantidades pendientes de devengar.

6.º Importe de la retención del mes de abril:

Todas las retribuciones percibidas por el trabajador durante el mes de mayo, incluido el plus de distancia, están sujetas a retención.

— Salario base	1.170,00 euros
— Incentivo	90,00 euros
— Horas extraordinarias	130,00 euros
— Plus de distancia	75,00 euros
Total	1.465,00 euros

Importe de la retención: 1.465 euros × 1,69% = 24,76 euros.

D. Confección del recibo de salarios

Ver la página 306.

Normativa aplicada

Los preceptos en los que se fundamenta la solución propuesta son:

— Artículos 141 a 149 de la Ley General de la Seguridad Social.
— Ley 35/2006, de 28 de noviembre, del Impuesto sobre la Renta de las Personas Físicas.
— Disposición adicional 4.ª de la Ley 42/2006, de 28 de diciembre.
— Artículo 122 de la Ley 31/2022, de 23 de diciembre, de Presupuestos Generales del Estado para el año 2023.
— Real Decreto 2064/1995, de 22 de diciembre.
— Artículo 2 de la Ley 43/2006, de 29 de diciembre.
— Artículos 74 a 89 y 102 del Real Decreto 439/2007, de 30 de marzo.
— Artículos 1 a 5 y 31 de la Orden PCM/74/2023, de 30 de enero.

D. Confección del recibo de salarios

Empresa: X X	Trabajador: X X X
Domicilio: X X	NIF: X X
CIF: X X	N.º de afiliación a la Seguridad Social: X X
	Grupo profesional: Jefe administrativo
CCC: X X	Grupo de cotización: 3

Período de liquidación: del 1 de mayo al 31 de mayo de 2023 — Total días 30

		IMPORTE	TOTALES
I. DEVENGOS			
1. Percepciones salariales			
Salario base		1.170,00	
Complementos salariales			
Incentivos		90,00	
Horas extraordinarias		130,00	
Horas complementarias (contratos a tiempo parcial)			
Gratificaciones extraordinarias			
Salario en especie			
2. Percepciones no salariales			
Indemnizaciones o suplidos			
Plus de distancia		75,00 (1)	
Prestaciones e indemnizaciones de la Seguridad Social			
Indemnizaciones por traslados, suspensiones o despidos			
Otras percepciones no salariales			
A. Total devengado			1.465,00
II. DEDUCCIONES			
1. Aportación del trabajador a las cotizaciones a la Seguridad Social y conceptos de recaudación conjunta	%		
Contingencias comunes y MEI	4,80 (2)	79,20	
Desempleo	1,55	27,59	
Formación profesional	0,10	1,78	
Horas extraordinarias:			
Fuerza mayor			
Otras	4,70	6,11	
Total aportaciones		114,68	
2. Impuesto sobre la Renta de las Personas Físicas	1,69	24,76	
3. Anticipos			
4. Valor de los productos recibidos en especie			
5. Otras deducciones			
B. Total a deducir			139,44
LÍQUIDO TOTAL A PERCIBIR (A – B)			1.325,56

31 de mayo de 2023

Firma y sello de la empresa — RECIBÍ

DETERMINACIÓN DE LAS BASES DE COTIZACIÓN A LA SEGURIDAD SOCIAL Y CONCEPTOS DE RECAUDACIÓN CONJUNTA Y DE LA BASE SUJETA A RETENCIÓN DEL IRPF Y APORTACIÓN DE LA EMPRESA

CONCEPTO			BASE	TIPO	APORTACIÓN EMPRESA
1. Contingencias comunes					
Importe remuneración mensual	1.315,00				
Importe prorrata pagas extraordinarias	315,00				
	TOTAL		1.650,00	24,10 (3)	23,30 (4)
2. Contingencias profesionales y conceptos de recaudación conjunta	AT y EP			1,50	26,70
	Desempleo		1.780,00	5,50	97,90
	Formación profesional			0,60	10,68
	Fondo de Garantía Salarial			0,20	3,56
3. Cotización adicional por horas extraordinarias			130,00	23,60	30,68
4. Base sujeta a retención del IRPF					

(1) Computa a efectos de cotización a la Seguridad Social y de retención del IRPF.
(2) Incluye 0,10% de la cotización para el mecanismo de equidad intergeneracional.
(3) Incluye 0,50% de la cotización para el mecanismo de equidad intergeneracional.
(4) Por aplicación de la bonificación de 345 euros en contingencias comunes.

11. Abono de salarios con carácter retroactivo

Planteamiento

La firma por empresario y trabajadores de un nuevo convenio colectivo se produce en el mes de marzo de 2023 con efectos retroactivos a 1 de enero del mismo año.

Uno de los trabajadores, contratado con carácter indefinido y con categoría profesional de oficial administrativo, grupo 5 de cotización a la Seguridad Social, tiene las siguientes retribuciones:

Convenio antiguo:

— Salario base: 1.290 euros.
— Pagas extraordinarias: 2 pagas de 1.290 euros cada una.
— Salario anual: 18.060 euros.

Convenio nuevo:

— Salario base: 1.440 euros.
— Pagas extraordinarias: 2 pagas de 1.440 euros cada una.
— Salario anual: 20.160 euros.

A la empresa, una gestora inmobiliaria, CNAE 68.32, le corresponde un tipo de cotización del 1,65%, según la tarifa de primas de AT y EP. No obstante, el trabajador, por realizar trabajos exclusivos de oficina, ocupación «a», tiene asignado un tipo de cotización por AT y EP de 1,50% (0,80 por IT y 0,70 por IMS).

El trabajador, de 35 años, está casado, no tiene hijos y su cónyuge carece de rentas. Por su nueva retribución anual, consecuencia del incremento salarial producido a partir del 1 de marzo de 2023, ha de soportar unas cotizaciones a la Seguridad Social de 1.300,32 euros.

Las retribuciones percibidas durante los meses de enero y febrero, de acuerdo con los antiguos salarios, ascendieron a 2.580 euros, y las retenciones por IRPF durante el mismo período, al tipo del 6,20%, en enero y al 3,02% en febrero, ascendieron a 118,94 euros.

Con estos datos, calcular las bases de cotización correspondientes a la mensualidad ordinaria del mes de marzo y a las diferencias de salarios de enero y febrero, las cuotas de empresa y trabajador, así como las retenciones, regularizándolas, a cuenta del IRPF. Posteriormente, confeccionar los recibos de salarios.

Solución

A. Diferencias salariales en enero y febrero

Enero

1.490 euros (salario nuevo) – 1.290 euros (salario antiguo) = 150 euros (diferencia).

Febrero

1.490 euros (salario nuevo) – 1.290 euros (salario antiguo) = 150 euros (diferencia).

Diferencia total a favor del trabajador: 150 euros (enero) + 150 euros (febrero) = 300 euros.

B. Diferencias en las bases de cotización de enero y febrero

	Enero		Febrero	
	B.C. nueva	B.C. antigua	B.C. nueva	B.C. antigua
Salario	1.440	1.290	1.440	1.290
Prorratas extras	240	215	240	215
	1.680	1.505	1.680	1.505
Diferencia de B.C. de un mes	175		175	

Diferencia total de bases de cotización por contingencias comunes y profesionales en el período de retroactividad:

175 euros (enero) + 175 euros (febrero) = 350 euros

C. Cálculo de las cuotas de cotización por las diferencias de convenio (enero y febrero)

1. *Para contingencias comunes*

- A cargo del empresario: 23,60% × 350 euros = 82,60 euros
- A cargo del trabajador: 4,70% × 350 euros = 16,45 euros

2. *Para contingencias profesionales (AT y EP)*

- A cargo del empresario exclusivamente, ocupación «a»:

Por IT: 0,80% × 350 euros......... =	2,80 euros
Por IMS: 0,70% × 350 euros ...... =	2,45 euros
	5,25 euros

3. *Para desempleo*

- A cargo del empresario: 5,50% × 350 euros = 19,25 euros
- A cargo del trabajador: 1,55% × 350 euros = 5,43 euros

4. *Para el Fondo de Garantía Salarial*

- A cargo del empresario exclusivamente: 0,20% × 350 euros = 0,70 euros

5. *Para formación profesional*

- A cargo del empresario: 0,60% × 350 euros = 2,10 euros
- A cargo del trabajador: 0,10% × 350 euros = 0,35 euros

6. *Para el mecanismo de equidad intergeneracional (MEI)*

- A cargo del empresario: 350 euros × 0,50% = 1,75 euros.
- A cargo del trabajador: 350 euros × 0,10% = 0,35 euros

7. *Importe a ingresar*

• Por contingencias comunes:		99,05
82,60 + 16,45:	99,05	
• Por contingencias profesionales:		5,25
• Para desempleo:		24,68
19,25 + 5,43:	24,68	
• Para el Fondo de Garantía Salarial:		0,70
• Para formación profesional:		2,45
2,10 + 0,35:	2,45	
• Para el mecanismo de equidad intergeneracional (MEI):		2,10 euros
1,75 + 0,35:	2,10	
Total		134,23 euros

D. CÁLCULO DE LAS BASES DE COTIZACIÓN DEL MES DE MARZO

1. *Para contingencias comunes*

- Salario base .... 1.440,00 euros
- Prorrata pagas extraordinarias:

$$\frac{1.440 \times 2}{12} = \text{.......................} \quad 240,00 \text{ euros}$$

1.680,00 euros

Cantidad esta que está comprendida entre la base mínima (1.260 euros) y máxima (4.495,50 euros) de su grupo de cotización y que, en consecuencia, constituye la base de cotización para estas contingencias.

2. *Para contingencias profesionales (AT y EP)*

La base para esta clase de contingencias coincide con la de contingencias comunes (1.505 euros) toda vez que los salarios son los mismos al no existir horas extraordinarias.

La referida cuantía está comprendida además entre el tope mínimo (1.260 euros) y el tope máximo de cotización (4.495,50 euros).

3. *Para desempleo, Fondo de Garantía Salarial y formación profesional*

La base de cotización es la misma que la de AT y EP: 1.680 euros.

4. *Para el mecanismo de equidad intergeneracional (MEI)*

La base de cotización es la misma que la de contingencias comunes: 1.680 euros.

E. CÁLCULO DE LAS CUOTAS DE COTIZACIÓN POR LA MENSUALIDAD DE MARZO

1. *Para contingencias comunes*

- A cargo del empresario: 1.680,00 euros × 23,60% = 396,48 euros
- A cargo del trabajador: 1.680,00 euros × 4,70% = 78,96 euros

2. *Para contingencias profesionales (AT y EP)*

- A cargo del empresario exclusivamente, CNAE 66.011 = 25,20 euros

  — Por IT: 1.680,00 euros × 0,80% = 13,44
  — Por IMS: 1.680,00 euros × 0,70% = 11,76

3. *Para desempleo*

- A cargo del empresario: 1.680,00 euros × 5,50% = 92,40 euros
- A cargo del trabajador: 1.680,00 euros × 1,55% = 26,04 euros

4. *Para el Fondo de Garantía Salarial*

- A cargo del empresario exclusivamente: 1.680,00 euros × 0,20% = 3,36 euros

5. *Para formación profesional*

- A cargo del empresario: 1.680,00 euros × 0,60% = 10,08 euros
- A cargo del trabajador: 1.680,00 euros × 0,10% = 1,68 euros

6. *Para el mecanismo de equidad intergeneracional (MEI)*

- A cargo del empresario: 1.680,00 euros × 0,50% = 8,40 euros
- A cargo del trabajador: 1.680,00 euros × 0,10% = 1,68 euros

7. *Importe a ingresar*

• Por contingencias comunes: 396,48 + 78,96	475,44 euros
• Por contingencias profesionales:	25,20 euros
• Para desempleo: 92,40 + 26,04	118,44 euros
• Para el Fondo de Garantía Salarial:	3,36 euros
• Para formación profesional: 10,08 + 1,68	11,76 euros
• Para el mecanismo de equidad intergeneracional (MEI): 8,40 + 1,68	10,08 euros
Total	644,28 euros

F. Cálculo de las retenciones a cuenta del IRPF

El incremento salarial producido a partir del mes de marzo, con efectos retroactivos al mes de enero, y que modifica la cuantía de la retribución anual inicialmente prevista, obliga a efectuar un nuevo cálculo del tipo de retención y, posteriormente, a la regularización de las retenciones.

El nuevo salario previsible del trabajador en 2023 —20.160 euros, al que corresponde una cotización a su cargo de 1.300,32 euros— está sujeto a retención dado que supera el límite cuantitativo de exención (16.696 euros) que, atendida su situación personal (con cónyuge a cargo) y número de descendientes (sin hijos), le corresponde.

1.° Nueva base de retención (a – b)			15.847,57
a) Retribución total		20.160,00	
b) Minoraciones (i + ii + iii)		4.312,43	
i) Cotizaciones Seguridad Social	1.300,32		
ii) Reducción en concepto de otros gastos	2.000,00		
iii) Reducción por obtención de rendimiento	0,00		
• 14.047,50 < (a – i: 18.859,68) < 19.747,50			
• 6.498 – (18.859,68 – 14.047,50) × 1,14:	1.012,11		
2.° Mínimo personal y familiar			5.550,00
Mínimo del contribuyente ≤ 65 años			

3.° Nueva cuota de retención (a – b 2.126,42

a) Aplicación de la escala a la base de retención (i + ii) 3.180,92

i) (0,00 – 12.450,00) × 19% 2.365,50
12.450,00 × 19%
ii) (12.450,00 – 15.847,57) × 24% 815,42
3.397,57 × 24%

b) Aplicación de la escala al mínimo personal y familiar. 1.054,50
(0,00 – 5.550,00) × 19%

Dado que la nueva retribución anual (20.160 euros) es inferior a 35.200 euros, la cuota de retención no puede ser superior a la que resulta de la fórmula siguiente:

(Retribución total – Límite de retención) × 43%: (20.160 – 16.696) × 43%: 1.489,52

El menor importe de los dos (1.489,52) es el que debe tomarse en consideración para la determinación del tipo de retención de la regularización.

4.° Tipo de retención de la regularización:
El tipo de retención que se venía aplicando era del 6,20% en enero y al 3,02% en febrero, ascendieron a 118,94 euros., habiéndose percibido ingresos, durante los meses de enero y febrero, de 2.580 euros y soportando retenciones por importe de 118,94 euros.

Tipo de regularización:

$$\frac{\text{Nueva cuota de retención – Retenciones practicadas}}{\text{Nueva retribución anual – Rendimientos satisfechos}} \times 100 = \frac{1.489,52 - 118,94}{20.160,00 - 2.580,00} \times 100 = 7,79\%$$

Este tipo de regularización resultante se aplicará sobre las cantidades pendientes de devengar.

5.° Importe de la retención del mes de marzo

— Por las diferencias de enero y febrero: 300 euros × 7,79% . . . . 23,37 euros
— Por la mensualidad del mes de marzo: 1.440 euros × 7,79%. . . . . 112,18 euros

Total . . . . 135,55 euros

G y J. Confección del recibo de salarios

- Por las diferencias de enero y febrero: ver la página 312.
- Por la mensualidad del mes de marzo: ver la página 313.

Normativa aplicada

Los preceptos en los que se fundamenta la solución propuesta son:

— Artículos 141 a 148 de la Ley General de la Seguridad Social.
— Ley 35/2006, de 28 de noviembre, del Impuesto sobre la Renta de las Personas Físicas.
— Disposición adicional 4.ª de la Ley 42/2006, de 28 de diciembre.
— Artículo 122 de la Ley 31/2022, de 23 de diciembre, de Presupuestos Generales del Estado para el año 2023.
— Artículo 23 del Real Decreto 2064/1995, de 22 de diciembre.
— Artículos 74 a 89 y 102 del Real Decreto 439/2007, de 30 de marzo.
— Artículos 1 a 4, 27 y 31 de la Orden PCM/74/2023, de 30 de enero.

G. Confección del recibo de salarios correspondiente a las diferencias de convenio de enero y febrero

Empresa:	X X	Trabajador:	X X X
Domicilio:	X X	NIF:	X X
CIF:	X X	N.º de afiliación a la Seguridad Social:	X X
CCC:	X X	Grupo profesional:	Oficial administrativo
		Grupo de cotización:	5

Período de liquidación: Enero y febrero de 2023 — Total días

	%	IMPORTE	TOTALES
I. DEVENGOS			
1. Percepciones salariales			
Salario base		300,00	
Complementos salariales			
Horas extraordinarias			
Horas complementarias (contratos a tiempo parcial)			
Gratificaciones extraordinarias			
Salario en especie			
2. Percepciones no salariales			
Indemnizaciones o suplidos			
Prestaciones e indemnizaciones de la Seguridad Social			
Indemnizaciones por traslados, suspensiones o despidos			
Otras percepciones no salariales			
A. Total devengado			300,00
II. DEDUCCIONES			
1. Aportación del trabajador a las cotizaciones a la Seguridad Social y conceptos de recaudación conjunta			
Contingencias comunes y MEI	4,80 (1)	16,80	
Desempleo	1,55	5,43	
Formación profesional	0,10	0,35	
Horas extraordinarias			
Total aportaciones		22,58	
2. Impuesto sobre la Renta de las Personas Físicas	7,79	23,37	
3. Anticipos			
4. Valor de los productos recibidos en especie			
5. Otras deducciones			
B. Total a deducir			45,95
LÍQUIDO TOTAL A PERCIBIR (A – B)			254,05

31 de marzo de 2023

Firma y sello de la empresa — RECIBÍ

DETERMINACIÓN DE LAS BASES DE COTIZACIÓN A LA SEGURIDAD SOCIAL Y CONCEPTOS DE RECAUDACIÓN CONJUNTA Y DE LA BASE SUJETA A RETENCIÓN DEL IRPF Y APORTACIÓN DE LA EMPRESA

CONCEPTO			BASE	TIPO	APORTACIÓN EMPRESA
1. Contingencias comunes					
Importe remuneración mensual		300,00			
Importe prorrata pagas extraordinarias		50,00			
	TOTAL		350,00 (2)	24,10 (3)	84,35
2. Contingencias profesionales y conceptos de recaudación conjunta	AT y EP			1,50	5,25
	Desempleo		350,00 (2)	5,50	19,25
	Formación profesional			0,60	2,10
	Fondo de Garantía Salarial			0,20	0,70
3. Cotización adicional por horas extraordinarias			300,00		
4. Base sujeta a retención del IRPF					

(1) Incluye 0,10% de la cotización para el mecanismo de equidad intergeneracional.
(2) Cada mes, 150,00 euros en concepto de salario base y 25,00 euros en el de prorrata de paga extraordinaria.
(3) Incluye 0,50% de la cotización para el mecanismo de equidad intergeneracional.

H. Confección del recibo de salarios correspondiente a la mensualidad ordinaria del mes de marzo

Empresa:	X X	Trabajador:	X X X
Domicilio:	X X	NIF:	X X
CIF:	X X	N.º de afiliación a la Seguridad Social:	X X
		Grupo profesional:	Oficial administrativo
CCC:	X X	Grupo de cotización:	5

Período de liquidación: del 1 de marzo al 31 de marzo de 2023. Total días 30

	%	IMPORTE	TOTALES
I. DEVENGOS			
1. Percepciones salariales			
Salario base		1.440,00	
Complementos salariales			
Horas extraordinarias			
Horas complementarias (contratos a tiempo parcial)			
Gratificaciones extraordinarias			
Salario en especie			
2. Percepciones no salariales			
Indemnizaciones o suplidos			
Prestaciones e indemnizaciones de la Seguridad Social			
Indemnizaciones por traslados, suspensiones o despidos			
Otras percepciones no salariales			
A. TOTAL DEVENGADO			1.440,00
II. DEDUCCIONES			
1. Aportación del trabajador a las cotizaciones a la Seguridad Social y conceptos de recaudación conjunta			
Contingencias comunes y MEI	4,80 (1)	80,64	
Desempleo	1,55	26,04	
Formación profesional	0,10	1,68	
Horas extraordinarias			
TOTAL APORTACIONES		108,36	
2. Impuesto sobre la Renta de las Personas Físicas	7,79	112,18	
3. Anticipos			
4. Valor de los productos recibidos en especie			
5. Otras deducciones			
B. TOTAL A DEDUCIR			220,54
LÍQUIDO TOTAL A PERCIBIR (A – B)			1.219,46

30 de marzo de 2023

Firma y sello de la empresa

RECIBÍ

DETERMINACIÓN DE LAS BASES DE COTIZACIÓN A LA SEGURIDAD SOCIAL Y CONCEPTOS DE RECAUDACIÓN CONJUNTA Y DE LA BASE SUJETA A RETENCIÓN DEL IRPF Y APORTACIÓN DE LA EMPRESA

CONCEPTO			BASE	TIPO	APORTACIÓN EMPRESA
1. Contingencias comunes					
	Importe remuneración mensual	1.440,00			
	Importe prorrata pagas extraordinarias	240,00			
	TOTAL		1.680,00	24,10 (2)	404,88
2. Contingencias profesionales y conceptos de recaudación conjunta	AT y EP			1,50	25,20
	Desempleo		1.680,00	5,50	92,40
	Formación profesional			0,60	10,08
	Fondo de Garantía Salarial			0,20	3,36
3. Cotización adicional por horas extraordinarias					
4. Base sujeta a retención del IRPF			1.440,00		

(1) Incluye 0,10% de la cotización para el mecanismo de equidad intergeneracional.
(2) Incluye 0,50% de la cotización para el mecanismo de equidad intergeneracional.

12. Jornada reducida por guarda legal

Planteamiento

Una trabajadora, contratada con carácter indefinido con categoría de auxiliar administrativo, grupo 7 de cotización a la Seguridad Social, tiene a su cuidado directo un hijo de 4 años de edad.

En ejercicio del derecho a la reducción de jornada, que por tener a su cuidado directo un hijo menor de 12 años le corresponde, solicita y obtiene de su empresario la reducción de aquélla en un 50%; es decir, queda reducida a 20 horas semanales. La citada reducción tiene efectos a partir del 1 de mayo de 2023.

Efectuada la disminución proporcional del salario que le correspondía, queda reducido a las siguientes cuantías:

— Salario base: 600 euros.
— Antigüedad: 30 euros.
— Plus de actividad: 30 euros.

También tiene derecho a dos pagas extraordinarias de 660 euros cada una de ellas.

A la empresa, dedicada a la consultoría de aplicaciones informáticas, CNAE 62.02, le corresponde un tipo de cotización del 1,50%, según la tarifa de primas de AT y EP. No obstante, la trabajadora, que como secretaria de dirección sólo realiza trabajos de oficina, ocupación «a», también tiene asignado un tipo de cotización por AT y EP de 1,50% (0,80 por IT y 0,70 por IMS).

La trabajadora, no tiene cónyuge a cargo dado que su esposo trabaja y tiene rentas superiores a 1.500 euros.

En enero de 2023 se le habían estimado unas retribuciones anuales de 18.480 euros, a las que correspondían una cotización de 1.191,96 euros.

La nueva retribución anual de la trabajadora, consecuencia de la disminución salarial producida a partir del mes de mayo, asciende a 12.320 euros, cantidad ésta a la que corresponden unas cotizaciones a la Seguridad Social de 796,64 euros.

Con estos datos calcular, en primer lugar, las bases de cotización a la Seguridad Social, las cuotas de empresa y trabajador, así como las retenciones a cuenta del IRPF. Posteriormente, confeccionar el recibo de salarios correspondiente al mes de mayo.

Solución

A. Cálculo de las bases de cotización

1. *Para contingencias comunes*

a) *Conceptos computables:* Salario base, antigüedad y plus de actividad.
b) *Conceptos no computables:* —.

c) *Importe de la base:*

• Salario base	600,00 euros
• Antigüedad	30,00 euros
• Plus de actividad	30,00 euros
	560,00 euros
• Prorrata pagas extraordinarias:	
$\frac{660 \times 2}{12}$ = ...	110,00 euros
	770,00 euros

La citada cuantía de 770 euros está comprendida entre la base máxima de su grupo (4.495,50 euros) y la base mínima (607,20 euros) resultante de multiplicar las 80 horas trabajadas en el mes por la base mínima horaria señalada para la cotización a tiempo parcial (para el grupo 7, 7,59 euros/hora), por lo que constituye la base de cotización para estas contingencias comunes.

2. *Para contingencias profesionales (AT y EP)*

a) *Conceptos computables:* Salario base, antigüedad y plus de actividad.
b) *Conceptos no computables:* —.
c) *Importe de la base:*

La base de cotización por esta clase de contingencias coincide con la de contingencias comunes (770 euros) toda vez que, al no existir horas extraordinarias, las retribuciones a tener en cuenta son las mismas. Además, cumplen la condición de estar comprendidas entre el tope máximo de 4.495,50 euros, y la cuantía mínima resultante de multiplicar 7,59 euros × 80 horas (607,20 euros).

3. *Para desempleo, Fondo de Garantía Salarial y formación profesional*

La base de cotización es la misma que para AT y EP = 770 euros.

4. *Para el mecanismo de equidad intergeneracional (MEI)*

La base de cotización es la misma que la de contingencias comunes = 770 euros.

B. CÁLCULO DE LAS CUOTAS DE COTIZACIÓN

1. *Para contingencias comunes*

- A cargo del empresario: 23,60% × 770 euros = 181,72 euros
- A cargo del trabajador: 4,70% × 770 euros = 36,19 euros

2. *Para contingencias profesionales (AT y EP)*

- A cargo del empresario exclusivamente, ocupación «a» = 11,55 euros

Por IT: 0,80% × 770 euros = 6,16 euros
Por IMS: 0,70% × 770 euros = 5,39 euros

3. *Para desempleo*

- A cargo del empresario: 5,50% × 770 euros = 42,35 euros
- A cargo del trabajador: 1,55% × 770 euros = 11,94 euros

4. *Para el Fondo de Garantía Salarial*

- A cargo del empresario exclusivamente: 0,20% × 770 euros = 1,54 euros

5. *Para formación profesional*

- A cargo del empresario: 0,60% × 770 euros = 4,52 euros
- A cargo del trabajador: 0,10% × 770 euros = 0,77 euros

6. *Para el mecanismo de equidad intergeneracional (MEI)*

- A cargo del empresario: 770,00 euros × 0,50% = 3,85 euros
- A cargo del trabajador: 770,00 euros × 0,10% = 0,77 euros

7. *Importe a ingresar*

• Para contingencias comunes: .... 181,72 + 36,19	217,91 euros
• Para contingencias profesionales:..............................	11,55 euros
• Para desempleo: .... 42,35 + 11,94	54,29 euros
• Para el Fondo de Garantía Salarial:	1,54 euros
• Para formación profesional: .... 4,62 + 0,77	5,39 euros
• Para el mecanismo de equidad intergeneracional (MEI):.......... 3,85 + 0,77	4,62 euros
Total	295,30 euros

C. Cálculo de las retenciones a cuenta del IRPF

La disminución salarial producida a partir del mes de mayo, y que modifica la cuantía de las retribuciones inicialmente previstas, obliga a efectuar un nuevo cálculo del tipo de retención y, posteriormente, a la regularización de las retenciones.

No obstante, en el supuesto planteado, dado que el nuevo salario anual del trabajador (12.320 euros) no está sujeto a retención al no superar el límite cuantitativo de exención (15.599 euros) que, atendida su situación personal (sin cónyuge a cargo) y número de descendientes (1 hijo), le corresponde, no procede efectuar retención alguna sobre su devengo mensual.

D. Confección del recibo de salarios

Ver la página 317.

Normativa aplicada

Los preceptos en los que se fundamenta la solución propuesta son:

— Artículos 141 a 148 de la Ley General de la Seguridad Social.
— Ley 35/2006, de 28 de noviembre, del Impuesto sobre la Renta de las Personas Físicas.
— Disposición adicional 4.ª de la Ley 42/2006, de 28 de diciembre.
— Artículo 122 de la Ley 31/2022, de 23 de diciembre, de Presupuestos Generales del Estado para el año 2023.
— Artículo 23 del Real Decreto 2064/1995, de 22 de diciembre.
— Artículos 74 a 89 del Real Decreto 439/2007, de 30 de marzo.
— Artículos 1 a 4, 31, 36, 37 y 43 de la Orden PCM/74/2023, de 30 de enero.

D. Confección del recibo de salarios

Empresa: X X	Trabajador: X X X
Domicilio: X X	NIF: X X
CIF: X X	N.º de afiliación a la Seguridad Social: X X
	Grupo profesional: Auxiliar administrativo
CCC: X X	Grupo de cotización: 7

Período de liquidación: del 1 de mayo al 31 de mayo de 2023 Total días 30

		IMPORTE	TOTALES
I. DEVENGOS			
1. Percepciones salariales			
Salario base		600,00	
Complementos salariales			
Antigüedad		30,00	
Actividad		30,00	
Horas extraordinarias			
Horas complementarias (contratos a tiempo parcial)			
Gratificaciones extraordinarias			
Salario en especie			
2. Percepciones no salariales			
Indemnizaciones o suplidos			
Prestaciones e indemnizaciones de la Seguridad Social			
Indemnizaciones por traslados, suspensiones o despidos			
Otras percepciones no salariales			
A. Total devengado			660,00
II. DEDUCCIONES			
1. Aportación del trabajador a las cotizaciones a la Seguridad Social y conceptos de recaudación conjunta	%		
Contingencias comunes y MEI	4,80 (1)	36,96	
Desempleo	1,55	11,94	
Formación profesional	0,10	0,77	
Horas extraordinarias			
Total aportaciones		49,67	
2. Impuesto sobre la Renta de las Personas Físicas	–	–	
3. Anticipos			
4. Valor de los productos recibidos en especie			
5. Otras deducciones			
B. Total a deducir			49,67
LÍQUIDO TOTAL A PERCIBIR (A – B)			610,33

31 de mayo de 2023

Firma y sello de la empresa RECIBÍ

DETERMINACIÓN DE LAS BASES DE COTIZACIÓN A LA SEGURIDAD SOCIAL Y CONCEPTOS DE RECAUDACIÓN CONJUNTA Y DE LA BASE SUJETA A RETENCIÓN DEL IRPF Y APORTACIÓN DE LA EMPRESA

CONCEPTO			BASE	TIPO	APORTACIÓN EMPRESA
1. Contingencias comunes					
Importe remuneración mensual	660,00				
Importe prorrata pagas extraordinarias	110,00				
	TOTAL		770,00	24,10 (2)	185,57
2. Contingencias profesionales y conceptos de recaudación conjunta	AT y EP			1,50	11,55
	Desempleo		770,00	5,50	42,35
	Formación profesional			0,60	4,62
	Fondo de Garantía Salarial			0,20	1,54
3. Cotización adicional por horas extraordinarias					
4. Base sujeta a retención del IRPF					

(1) Incluye 0,10% de la cotización para el mecanismo de equidad intergeneracional.
(2) Incluye 0,50% de la cotización para el mecanismo de equidad intergeneracional.

13. Contrato a tiempo parcial

PLANTEAMIENTO

Un trabajador con la categoría de auxiliar administrativo, grupo 7 de cotización a la Seguridad Social, es contratado por una empresa el 1 de mayo de 2023 a fin de prestar sus servicios, con carácter eventual, durante 6 meses, trabajando 3 días a la semana, martes, jueves y viernes, a razón de 5 horas diarias, lo que supone 15 horas a la semana. Un trabajador a tiempo completo comparable en la empresa trabaja 40 horas a la semana de lunes a viernes, inclusive.

Durante el mes de mayo, trabaja 13 días, lo que representa 65 horas de trabajo efectivo.

La retribución mensual del trabajador, que incluye la retribución del tiempo de descanso semanal y festivos, es de 468 euros.

También tiene derecho a a la parte proporcional de tres pagas extraordinarias anuales por importe de 468 euros cada una de ellas.

A la empresa, dedicada a la selección de personal, CNAE 78.30, le corresponde un tipo de cotización del 2,75%, según la tarifa de primas de AT y EP. No obstante, el trabajador, que sólo realiza trabajos de oficina, ocupación «a», tiene asignado un tipo de cotización por AT y EP de 1,50% (0,80 por IT y 0,70 por IMS).

El trabajador, de 39 años, está casado, no tiene hijos y su cónyuge carece de rentas.

Se estima que, mientras esté en vigor el contrato, va a percibir una retribución a efectos del Impuesto sobre la Renta de las Personas Físicas de 3.510,00 euros. Soporta unas cotizaciones a la Seguridad Social de 228,15 euros.

Con estos datos calcular, en primer lugar, las bases de cotización a la Seguridad Social, las cuotas de empresa y trabajador, así como las retenciones a cuenta del IRPF. Posteriormente, confeccionar el recibo de salarios y el boletín de cotización a la Seguridad Social, correspondientes al mes de mayo.

SOLUCIÓN

A. CÁLCULO DE LAS BASES DE COTIZACIÓN

1. *Para contingencias comunes*

   a) *Concepto computable:* Salario base.
   b) *Conceptos no computables:* —.
   c) *Importe de la base:*

- Salario base .... 468,00 euros
- Prorrata pagas extraordinarias:

$$\frac{468 \times 3}{12} = \text{.....................} \quad 117{,}00 \text{ euros}$$

585,00 euros

Los 585 euros están comprendidos entre la base máxima de su grupo de cotización (4.495,50 euros) y la base mínima (7,59 euros/hora, base mínima, × 65 horas que deben estimarse como remunerables en mayo = 493,35 euros) que, por tratarse de un contrato a tiempo parcial, le corresponde. En consecuencia, es ésta la cantidad que constituye la base de cotización para estas contingencias.

2. *Para contingencias profesionales (AT y EP)*

   a) *Concepto computable:* Salario base.
   b) *Conceptos no computables:* —.
   c) *Importe de la base:*

   La base de cotización coincide con la de contingencias comunes (585 euros), ya que, al no existir horas extraordinarias, las retribuciones a tener en cuenta son las mismas. Además la citada cuantía cumple la condición de estar comprendida entre el tope máximo (4.495,50 euros) y el tope mínimo (7,59 euros hora × 65 horas/mes: 493,35 euros/mes).

3. *Para desempleo, Fondo de Garantía Salarial y formación profesional*

   La base de cotización es la misma que la de AT y EP = 585 euros.

4. *Para el mecanismo de equidad intergeneracional (MEI)*

   La base de cotización es la misma que la de contingencias comunes = 585 euros.

B. CÁLCULO DE LAS CUOTAS DE COTIZACIÓN

1. *Para contingencias comunes*

   - A cargo del empresario: 23,60% × 585 euros = 138,06 euros
   - A cargo del trabajador: 4,70% × 585 euros = 27,50 euros

2. *Para contingencias profesionales (AT y EP)*

   - A cargo del empresario exclusivamente, ocupación «a» = 8,78 euros

     Por IT: 0,80% × 585 euros = 4,68 euros
     Por IMS: 0,70% × 585 euros = 4,10 euros

3. *Para desempleo*

   - A cargo del empresario: 6,70% × 585 euros = 39,20 euros
     (6,70% en vez de 5,50%, por tratarse de contrato de duración determinada a tiempo parcial).
   - A cargo del trabajador: 1,60% × 585 euros = 9,36 euros
     (1,60% en vez de 1,55%, por tratarse de contrato de duración determinada a tiempo parcial).

4. *Para el Fondo de Garantía Salarial*

   - A cargo del empresario exclusivamente: 0,20% × 585 euros = 1,17 euros

5. *Para formación profesional*

   - A cargo del empresario: 0,60% × 585 euros = 3,51 euros
   - A cargo del trabajador: 0,10% × 585 euros = 0,59 euros

6. *Para el mecanismo de equidad intergeneracional (MEI)*

   - A cargo del empresario: 585,00 euros × 0,50% = 2,93 euros
   - A cargo del trabajador: 585,00 euros × 0,10% = 0,59 euros

7. *Importe a ingresar*

• Por contingencias comunes:		165,56
138,06 + 27,50:	165,56	
• Por contingencias profesionales:		8,78
• Para desempleo:		48,56
39,20 + 9,36:	48,56	
• Para el Fondo de Garantía Salarial:		1,17
• Para formación profesional:		4,10
3,51 + 0,59:	4,10	
• Para el mecanismo de equidad intergeneracional (MEI):		3,52
2,93 + 0,59	3,52	
Total		231,69 euros

C. Cálculo de las retenciones a cuenta del IRPF

Como al trabajador se le precalcularon a 1 de mayo de 2023 unas retribuciones de 3.510 euros, y se trata de una cantidad que no alcanza su límite de retención de 16.696 euros que, atendida su situación personal (con cónyuge a cargo) y número de descendientes (sin hijos), le corresponde, no procedería efectuar retención alguna sobre su devengo mensual. No obstante, al tratarse de un contrato de trabajo de duración inferior al año, procede efectuar una retención mínima del 2%.

Importe de la retención: 2% × 468 euros = 9,36 euros

D. Confección del recibo de salarios

Ver la página 321.

Normativa aplicada

Los preceptos en los que se fundamenta la solución propuesta son:

— Artículos 141 a 148 de la Ley General de la Seguridad Social.
— Artículo 12 del Estatuto de los Trabajadores.
— Ley 35/2006, de 28 de noviembre, del Impuesto sobre la Renta de las Personas Físicas.
— Disposición adicional 4.ª de la Ley 42/2006, de 28 de diciembre.
— Artículo 122 de la Ley 31/2022, de 23 de diciembre, de Presupuestos Generales del Estado para el año 2023.
— Artículos 23 y 65 del Real Decreto 2064/1995, de 22 de diciembre.
— Artículo 86 del Real Decreto 439/2007, de 30 de marzo.
— Artículos 1 a 4, 31, 36 y 37 de la Orden PCM/74/2023, de 30 de enero.

D. Confección del recibo de salarios

Empresa:	X X	Trabajador:	X X X
Domicilio:	X X	NIF:	X X
CIF:	X X	N.º de afiliación a la Seguridad Social:	X X
		Grupo profesional:	Auxiliar administrativo
CCC:	X X	Grupo de cotización:	7

Período de liquidación: del 1 de mayo al 30 de mayo de 2023 — Total días 65 horas

	%	IMPORTE	TOTALES
I. DEVENGOS			
1. Percepciones salariales			
Salario base		468,00	
Complementos salariales			
Horas extraordinarias			
Horas complementarias (contratos a tiempo parcial)			
Gratificaciones extraordinarias			
Salario en especie			
2. Percepciones no salariales			
Indemnizaciones o suplidos			
Prestaciones e indemnizaciones de la Seguridad Social			
Indemnizaciones por traslados, suspensiones o despidos			
Otras percepciones no salariales			
A. Total devengado			468,00
II. DEDUCCIONES			
1. Aportación del trabajador a las cotizaciones a la Seguridad Social y conceptos de recaudación conjunta			
Contingencias comunes y MEI	4,80 (1)	28,08	
Desempleo	1,60	9,36	
Formación profesional	0,10	0,59	
Horas extraordinarias			
Total aportaciones		38,03	
2. Impuesto sobre la Renta de las Personas Físicas	2,00	9,36	
3. Anticipos			
4. Valor de los productos recibidos en especie			
5. Otras deducciones			
B. Total a deducir			47,39
LÍQUIDO TOTAL A PERCIBIR (A – B)			420,61

30 de mayo de 2023

Firma y sello de la empresa — RECIBÍ

DETERMINACIÓN DE LAS BASES DE COTIZACIÓN A LA SEGURIDAD SOCIAL Y CONCEPTOS DE RECAUDACIÓN CONJUNTA Y DE LA BASE SUJETA A RETENCIÓN DEL IRPF Y APORTACIÓN DE LA EMPRESA

CONCEPTO			BASE	TIPO	APORTACIÓN EMPRESA
1. Contingencias comunes					
Importe remuneración mensual	468,00				
Importe prorrata pagas extraordinarias	117,00				
		TOTAL	585,00	24,10 (2)	140,99
2. Contingencias profesionales y conceptos de recaudación conjunta		AT y EP		1,50	8,78
		Desempleo	585,00	6,70	39,20
		Formación profesional		0,60	3,51
		Fondo de Garantía Salarial		0,20	1,17
3. Cotización adicional por horas extraordinarias					
4. Base sujeta a retención del IRPF					

(1) Incluye 0,10% de la cotización para el mecanismo de equidad intergeneracional.
(2) Incluye 0,50% de la cotización para el mecanismo de equidad intergeneracional.

14. Desempleo parcial por reducción de jornada

Planteamiento

La tramitación de un procedimiento de regulación de empleo culmina con la decisión empresarial, comunicada a la autoridad laboral, de reducir, a partir del 1 de julio de 2023, su jornada laboral en 1/3 y durante un período de 6 meses de duración.

Durante la reducción de jornada la empresa va a desarrollar acciones formativas con objeto de mejorar las competencias profesionales y la empleabilidad del trabajador, lo que le va a permitir acogerse a la exención del 20% en su cotización por contingencias comunes y por los conceptos de recaudación conjunta: desempleo, FOGASA y formación profesional.

Las retribuciones del trabajador con anterioridad a la puesta en práctica de la referida reducción de jornada eran las siguientes:

— Salario base: 1.200 euros.
— Antigüedad: 120 euros.
— Incentivo: 132 euros.
— Dos pagas extraordinarias de 1.320 euros cada una de ellas.

El promedio de las bases de cotización de los últimos 180 días de ocupación cotizada asciende a 1.672 euros.

Durante el período de jornada trabajada, la cotización empresarial por contingencias profesionales del trabajador, que sólo realiza trabajos de oficina, es, según la tarifa de primas de AT y EP, la correspondiente a la ocupación «a»: 1,50% (0,80 por IT y 0,70 por IMS).

La categoría del trabajador es la de oficial administrativo, grupo 5 de cotización a la Seguridad Social, y su contrato de trabajo es de carácter indefinido.

El trabajador, de 40 años, es soltero y sin hijos. En enero de 2023 se le habían estimado unas retribuciones anuales de 20.064 euros, a las que correspondía un tipo de retención del 11,70% en enero y 10,26% de febrero a junio de 2023 y ascendían las retenciones durante ese mismo período a 914,77 euros.

La nueva retribución anual del trabajador, consecuencia de la disminución salarial producida por los 6 meses de regulación de empleo, asciende a 16.720 euros, cantidad ésta a la que corresponden unas cotizaciones a la Seguridad Social de 1.078,44 euros.

Con estos datos calcular, en primer lugar, las bases de cotización a la Seguridad Social, las cuotas de empresa y trabajador, así como las retenciones a cuenta del Impuesto sobre la Renta de las Personas Físicas. Posteriormente, confeccionar el recibo de salarios correspondiente al mes de julio.

SOLUCIÓN

A. CÁLCULO DE LOS SALARIOS CORRESPONDIENTES A LA FRACCIÓN DE LA JORNADA TRABAJADA

La empresa abonará a su cargo las siguientes retribuciones:

• Salario base: 1.200 euros × 2/3 (jornada)	=	800,00 euros
• Antigüedad: 120 euros × 2/3 (jornada)	=	80,00 euros
• Incentivo: 132 euros × 2/3 (jornada)	=	88,00 euros
		968,00 euros

B. CÁLCULO DE LA PRESTACIÓN POR DESEMPLEO CORRESPONDIENTE A LA FRACCIÓN DE JORNADA QUE DEJA DE TRABAJAR

La prestación por desempleo parcial, que en la actualidad ya no abona la empresa por delegación, será:

- Base reguladora: 1/3 × 1.672 euros = 557,33 euros
- Prestación económica: 70% × 557,33 euros = 390,13 euros

Ahora bien, deben tenerse en cuenta los límites de percepción de la prestación, que, cuando el trabajador no tiene hijos a cargo, son:

- Máximo: 175% del IPREM mensual, 600 euros en 2023, incrementado en un sexto y en proporción a la reducción de la jornada, esto es, 408,33 euros: 175% (600 + 600 ×1/6) × 1/3.
- Mínimo: 80% del IPREM mensual, 600 euros en 2023, incrementado en un sexto y en proporción a la reducción de la jornada, esto es, 186,67 euros: 80% (600 + 600 ×1/6) × 1/3.

Ya que la prestación calculada está comprendida entre ambos límites, será ese importe, 390,13 euros, el que perciba el trabajador.

C. CÁLCULO DE LAS BASES DE COTIZACIÓN

1. *Para contingencias comunes*

   a) *Conceptos computables:* Salario base, antigüedad e incentivo.
   b) *Conceptos no computables:* —.
   c) *Importe de la base:*

   — Base de cotización correspondiente a la jornada normal:

• Salario base	1.200,00 euros
• Antigüedad	120,00 euros
• Incentivo	132,00 euros
	1.452,00 euros
• Prorrata pagas extraordinarias:	
$\frac{1.320 \times 2}{12}$ = ...	220,00 euros
	1.672,00 euros

   — Base de cotización correspondiente a la fracción de jornada trabajada:

   2/3 × 1.672 euros = 1.114,67 euros

   — Base de cotización correspondiente a la fracción de jornada dejada de trabajar:

   1/3 × 1.672 euros = 557,33 euros

2. *Para contingencias profesionales (AT y EP)*

   a) *Conceptos computables:* Salario base, antigüedad e incentivo.
   b) *Conceptos no computables:* —.
   c) *Importe de la base:*

   Al no existir retribuciones distintas de las tenidas en cuenta para calcular la base de cotización por contingencias comunes el importe de la base de cotización para esta clase de contingencias será la misma, la correspondiente a la fracción de jornada trabajada: 1.114,67 euros.

3. *Para desempleo, Fondo de Garantía Salarial y formación profesional*

La base de cotización es la misma que para AT y EP por la fracción de jornada trabajada.

Por la fracción de jornada no trabajada, mientras se percibe la prestación por desempleo, la base de cotización es el equivalente al promedio de las bases de los últimos 6 meses de ocupación cotizada anteriores a la situación legal de desempleo. En el supuesto se estima que también es la misma.

4. *Para el mecanismo de equidad intergeneracional (MEI)*

La base de cotización es la misma que la de contingencias comunes = 1.114,67 euros.

D. Cálculo de las cuotas de cotización

1. *Para contingencias comunes*

   a) *Por la fracción de jornada trabajada:*
      - A cargo del empresario: 23,60% × 1.114,67 euros = 263,06 euros
      - A cargo del trabajador: 4,70% × 1.114,67 euros = 52,39 euros

   b) *Por la fracción de jornada dejada de trabajar:*
      - A cargo del trabajador: 4,70% × 557,33 euros = 26,19 euros

2. *Para contingencias profesionales (AT y EP)*

   a) *Por la fracción de jornada trabajada:*
      - A cargo del empresario exclusivamente, ocupación «a» = 16,72 euros

        Por IT: 0,80% × 1.114,67 euros = 8,92 euros
        Por IMS: 0,70% × 1.114,67 euros = 7,80 euros

3. *Para desempleo*

   a) *Por la fracción de jornada trabajada:*
      - A cargo del empresario: 5,50% × 1.114,67 euros = 61,31 euros
      - A cargo del trabajador: 1,55% × 1.114,67 euros = 17,28 euros

   b) *Por la fracción de jornada dejada de trabajar:*
      - A cargo del trabajador: 1,55% × 557,33 euros = 8,64 euros

4. *Para el Fondo de Garantía Salarial*

   a) *Por la fracción de jornada trabajada:*
      - A cargo del empresario exclusivamente: 0,20% × 1.114,67 euros = 2,23 euros

5. *Para formación profesional*

   a) *Por la fracción de jornada trabajada:*
      - A cargo del empresario: 0,60% × 1.114,67 euros = 6,69 euros
      - A cargo del trabajador: 0,10% × 1.114,67 euros = 1,11 euros

b) *Por la fracción de jornada dejada de trabajar:*

- A cargo del trabajador: 0,10% × 557,33 euros = 0,56 euros

6. *Para el mecanismo de equidad intergeneracional (MEI)*

a) Por la fracción de jornada trabajada

- A cargo del empresario: 1.114,67,00 euros × 0,50% = 5,57 euros
- A cargo del trabajador: 1.114,67 euros × 0,10% = 1,11 euros

b) Por la fracción de jornada trabajada

- A cargo del trabajador: 557,33 euros × 0,10% = 0,56 euros

7. *Importe a ingresar*

La aportación del trabajador por la jornada no trabajada la ingresa la entidad gestora, una vez efectuado el descuento de la cuantía de la prestación.

La aportación de la empresa, solo por la jornada trabajada, tiene una exención del 20% en todos los conceptos, salvo por contingencias profesionales.

- Por contingencias comunes. . . . . 262,84 euros
  Empresa: 263,06 – 20% × 263,06: 210,45
  Trabajador: 52,39
- Por contingencias profesionales . . . . 16,72 euros
  Empresa: IT 8,92 + IMS 7,80
- Para desempleo. . . . . 66,33 euros
  Empresa: 61,31 – 20% × 61,31: 49,05
  Trabajador: 17,28
- Para el Fondo de Garantía Salarial . . . . 1,78 euros
  Empresa: 2,23 – 20% × 2,23: 1,78
- Para formación profesional . . . . 6,46 euros
  Empresa: 6,69 – 20% × 6,69: 5,35
  Trabajador: 1,11
- Para el mecanismo de equidad intergeneracional (MEI):. . . . . 5,57 euros
  Empresa: 5,57 – 20% × 5,57: 4,46
  Trabajador: 1,11

Total . . . . 354,13 euros

E. CÁLCULO DE LAS RETENCIONES A CUENTA DEL IRPF

La disminución salarial producida durante los 6 meses de regulación de empleo, y que modifica la cuantía de las retribuciones anuales inicialmente previstas, de 20.064 euros a 16.720 euros, obliga a efectuar un nuevo cálculo del tipo de retención y, posteriormente, a la regularización de las retenciones.

1.º Nueva base de retención (a – b) 8.960,79

a) Retribución total. 16.720,00
b) Minoraciones (i + ii + iii) 7.759,21

i) Cotizaciones Seguridad Social 1.078,44
ii) Reducción en concepto de otros gastos 2.000,00
iii) Reducción por obtención de rendimiento. 4.680,77

- 14.047,50 < (a – i: 15.641,56) < 19.747,50
- 6.498 – (15.641,56 – 14.047,50) × 1,14

2.º Mínimo personal y familiar 5.550,00

Mínimo del contribuyente ≤ 65 años

3.º Nueva cuota de retención (a – b) 648,05

a) Aplicación de la escala a la base de retención (i + ii) 1.702,55
8.960,79 × 19%

b) Aplicación de la escala al mínimo personal y familiar 1.054,50
(0,00 – 5.550,00) × 19%

Dado que la la retribución anual (16.720 euros) es inferior a 32.200 euros, la cuota de retención no puede ser superior a la que resulta de la fórmula siguiente:

(Retribución total – Límite de retención) × 43%: (16.720 – 14.000) × 43%: 1.169,60

El menor importe de los dos (648,05) es el que debe tomarse en consideración para la determinación del tipo de retención de la regularización.

4.º Tipo de retención de la regularización:
El tipo de retención que se venía aplicando era del 10,26%, habiéndose percibido ingresos, durante los meses de enero a junio, inclusive, de 8.712 euros y soportando retenciones por importe de 914,76 euros.

$$\frac{\text{Nueva cuota de retención – Retenc. ya practicadas}}{\text{Retribución anual recalculada – Rendmtos. ya satisfechos}} \times 100 = \frac{648{,}05 - 914{,}76}{16.720{,}00 - 8.712} \times 100 = -3{,}33\%$$

Es inaplicable un tipo de regularización negativo.

F. Confección del recibo de salarios

Ver la página 327.

Normativa aplicada

Los preceptos en los que se fundamenta la solución propuesta son:

— Artículo 122 de la Ley 31/2022, de 23 de diciembre, de Presupuestos Generales del Estado para el año 2023.
— Ley 35/2006, de 28 de noviembre, del Impuesto sobre la Renta de las Personas Físicas.
— Disposición adicional 4.ª de la Ley 42/2006, de 28 de diciembre.
— Artículos 1 a 4, 8 y 31 de la Orden PCM/74/2023, de 30 de enero.
— Artículos 23 y 70 del Real Decreto 2064/1995, de 22 de diciembre.
— Artículos 74 a 89 del Real Decreto 439/2007, de 30 de marzo.
— Artículos 1 a 4, 9 y 31 de la Orden PCM/74/2023, de 30 de enero.

F. Confección del recibo de salarios

Empresa:	X X	Trabajador:	X X X
Domicilio:	X X	NIF:	X X
CIF:	X X	N.º de afiliación a la Seguridad Social:	X X
CCC:	X X	Grupo profesional:	Oficial administrativo
		Grupo de cotización:	5

Período de liquidación: del 1 de abril al 31 de julio de 2023 — Total días 30

		IMPORTE	TOTALES
I. DEVENGOS			
1. Percepciones salariales			
Salario base	2/3 de 1.200,00	800,00	
Complementos salariales			
Antigüedad	2/3 de 120,00	80,00	
Incentivos	2/3 de 132,00	88,00	
Horas extraordinarias			
Horas complementarias (contratos a tiempo parcial)			
Gratificaciones extraordinarias			
Salario en especie			
2. Percepciones no salariales			
Indemnizaciones o suplidos			
Prestaciones e indemnizaciones de la Seguridad Social			
Indemnizaciones por traslados, suspensiones o despidos			
Otras percepciones no salariales			
A. Total devengado			968,00

	Base	%	IMPORTE	TOTALES
II. DEDUCCIONES				
1. Aportación del trabajador a las cotizaciones de la Seguridad Social y conceptos de recaudación conjunta				
Contingencias comunes y MEI	1.114,67	4,80 (3)	53,50	
Desempleo	1.114,67	1,55	17,28	
Formación profesional	1.114,67	0,10	1,11	
Total aportaciones				
2. Impuesto sobre la Renta de las Personas Físicas			71,89	
3. Anticipos				
4. Valor de los productos recibidos en especie				
5. Otras deducciones				
B. Total a deducir				71,89
LÍQUIDO TOTAL A PERCIBIR (A – B)				896,11

31 de julio de 2023

DETERMINACIÓN DE LAS BASES DE COTIZACIÓN A LA SEGURIDAD SOCIAL Y CONCEPTOS DE RECAUDACIÓN CONJUNTA Y DE LA BASE SUJETA A RETENCIÓN DEL IRPF Y APORTACIÓN DE LA EMPRESA (1)

CONCEPTO			BASE	TIPO	APORTACIÓN EMPRESA
1. Contingencias comunes					
Importe remuneración mensual		968,00			
Importe prorrata pagas extraordinarias		146,67			
	TOTAL		1.114,67	24,10 (4)	214,91 (2)
2. Contingencias profesionales y conceptos de recaudación conjunta	AT y EP			1,50	16,72
	Desempleo		1.114,67	5,50	49,05 (2)
	Formación profesional			0,60	5,35 (2)
	Fondo de Garantía Salarial			0,20	1,78 (2)
3. Cotización adicional por horas extraordinarias					
4. Base sujeta a retención del IRPF			968,00		

(1) En el recuadro se recoge exclusivamente la información relativa a la fracción de jornada trabajada.
(2) Por aplicación de la exención correspondiente, 20%, al tratarse de un ERTE con realización de acciones formativas.
(3) Incluye 0,10% de la cotización para el mecanismo de equidad intergeneracional.
(4) Incluye 0,50% de la cotización para el mecanismo de equidad intergeneracional.

15. Pluriempleo

Planteamiento

Un trabajador de 30 años de edad, con contrato indefinido, simultanea su trabajo en régimen de pluriempleo, sin contrato de trabajo a tiempo parcial, en dos empresas distintas, con las siguientes condiciones:

Empresa XX, S.A.

- Categoría profesional: Licenciado.
- Grupo de cotización: 1.
- Retribución:
  - —Salario base: 1.500 euros.
  - —Dos pagas extraordinarias de 1.500 euros cada una de ellas.
- A la empresa, un estudio de arquitectura, CNAE 71.11; le corresponde un tipo de cotización del 1,65%, según la tarifa de primas de AT y EP. No obstante, el trabajador, por realizar trabajos exclusivos de oficina, ocupación «a», tiene asignado un tipo de cotización por AT y EP de 1,50% (0,80 por IT y 0,70 por IMS).
- A efectos del IRPF se le supone, soltero, sin hijos y con unas retribuciones anuales de 21.000 euros. Soporta unas cotizaciones anuales a la Seguridad Social de 1.354,50 euros.

En el mes de enero se le practicó la retención conforme a la legislación vigente al 31 de diciembre de 2022, por un importe de 182,70 euros y un tipo de 12,18%.

Empresa YY, S.A.

- Categoría profesional: Oficial administrativo.
- Grupo de cotización: 5.
- Retribución:
  - —Salario base: 780 euros.
  - —Dos pagas extraordinarias de 780 euros cada una de ellas.
- A la empresa, un estudio de ingeniería, CNAE 71.12, le corresponde un tipo de cotización del 1,65%, según la tarifa de primas de AT y EP. No obstante, el trabajador, por realizar trabajos exclusivos de oficina, ocupación «a», tiene asignado un tipo de cotización por AT y EP de 1,50% (0,80 por IT y 0,70 por IMS).
- A efectos del IRPF, también se le supone soltero, sin hijos, y con unas retribuciones anuales de 10.920 euros. Soporta unas cotizaciones anuales a la Seguridad Social de 704,34 euros.

Con estos datos calcular, en primer lugar, las bases de cotización a la Seguridad Social, las cuotas de empresa y trabajador, así como las retenciones a cuenta del Impuesto sobre la Renta de las Personas Físicas. Posteriormente, confeccionar el recibo de salarios correspondiente al mes de abril. Todo ello referido a las dos empresas.

SOLUCIÓN

A. DISTRIBUCIÓN DE LAS BASES Y TOPES MÁXIMOS Y MÍNIMOS DE COTIZACIÓN EN CADA EMPRESA

La distribución se realizará entre todas las empresas en proporción a las retribuciones abonadas al trabajador en cada una de ellas: 1.750 euros [1.500 + (1.500 × 2/12)] en la empresa XX, S.A. y 910 euros [780 + (780 × 2/12)] en la empresa YY, S.A. Lo que importa un total de 2.660 euros. En consecuencia, los límites dentro de los que deberán estar comprendidas las bases de cotización en cada empresa serán:

EMPRESA XX, S.A.

1. *Para contingencias comunes*

$$\text{Base máx.} = \frac{4.495{,}50 \text{ euros (base máx.)} \times 1.750 \text{ euros (retribución)}}{2.660 \text{ euros (total retribución)}} = 2.957{,}57 \text{ euros}$$

$$\text{Base mín.} = \frac{1.759{,}64 \text{ euros (base mín. grupo 1)} \times 1.750 \text{ euros (retribución)}}{2.660 \text{ euros (total retribución)}} = 1.157{,}66 \text{ euros}$$

2. *Para contingencias profesionales (AT y EP)*

$$\text{Tope máx.} = \frac{4.495{,}50 \text{ euros (tope máx.)} \times 1.750 \text{ euros (retribución)}}{2.660 \text{ euros (total retribución)}} = 2.957{,}57 \text{ euros}$$

$$\text{Tope mín.} = \frac{1.260{,}00 \text{ euros (tope mín.)} \times 1.750 \text{ euros (retribución)}}{2.660 \text{ euros (total retribución)}} = 858{,}95 \text{ euros}$$

3. *Para desempleo, Fondo de Garantía Salarial y formación profesional*

Los topes son los mismos que los obtenidos para AT y EP: 2.957,57 euros (tope máximo) y 828,95 euros (tope mínimo).

4. *Para el mecanismo de equidad intergeneracional (MEI)*

Las bases mínima y máxima son las mismas que las de contingencias comunes: 2.957,57 euros (máxima) y 1.157,66 euros (mínima).

EMPRESA YY, S.A.

1. *Para contingencias comunes*

$$\text{Base máx.} = \frac{4.495{,}50 \text{ euros (base máx.)} \times 910 \text{ euros (retribución)}}{2.660 \text{ euros (total retribución)}} = 1.537{,}93 \text{ euros}$$

$$\text{Base mín.} = \frac{1.759{,}64 \text{ euros (base mín. grupo 1)} \times 910 \text{ euros (retribución)}}{2.660 \text{ euros (total retribución)}} = 601{,}98 \text{ euros}$$

Al corresponderle al trabajador diferentes bases mínimas de cotización por su clasificación laboral (grupos 1 y 5) se toma para su distribución la base mínima de superior cuantía (la del grupo 1).

2. *Para contingencias profesionales (AT y EP)*

$$\text{Tope máx.} = \frac{4.495{,}50 \text{ euros (tope máx.)} \times 910 \text{ euros (retribución)}}{2.660 \text{ euros (total retribución)}} = 1.537{,}93 \text{ euros}$$

$$\text{Tope mín.} = \frac{1.260{,}00 \text{ euros (tope mín.)} \times 910 \text{ euros (retribución)}}{2.660 \text{ euros (total retribución)}} = 431{,}05 \text{ euros}$$

3. *Para desempleo, Fondo de Garantía Salarial y formación profesional*

Los topes son los mismos que los obtenidos para AT y EP: 1.537,93 euros (tope máximo) y 431,05 euros (tope mínimo).

4. *Para el mecanismo de equidad intergeneracional (MEI)*

Las bases mínima y máxima son las mismas que las de contingencias comunes: 1.537,93 euros (máxima) y 601,98 euros (mínima).

B. Cálculo de las bases de cotización

Empresa XX, S.A.

1. *Para contingencias comunes*

- Salario base .... 1.500,00 euros
- Prorrata pagas extraordinarias:

$$\frac{1.500,00 \times 2}{12} = \text{.....................} \quad 250,00 \text{ euros}$$

1.750,00 euros

La referida cuantía está comprendida entre la base máxima que le corresponde (2.957,57 euros) y la base mínima (1.157,66 euros). En consecuencia, será ésta la cifra que constituye la base de cotización para estas contingencias.

2. *Para contingencias profesionales (AT y EP)*

La base de cotización coincide con la de contingencias comunes (1.750 euros), ya que las retribuciones son las mismas; no excediendo del tope máximo (2.957,57 euros) ni siendo inferior a su tope mínimo de cotización (828,95 euros).

3. *Para desempleo, Fondo de Garantía Salarial y formación profesional*

La base de cotización es la misma que la de AT y EP = 1.750 euros.

4. *Para el mecanismo de equidad intergeneracional (MEI)*

La base de cotización es la misma que la de contingencias comunes = 1.750 euros.

Empresa YY, S.A.

1. *Para contingencias comunes*

- Salario base .... 780,00 euros
- Prorrata pagas extraordinarias:

$$\frac{780 \times 2}{12} = \text{.......................} \quad 130,00 \text{ euros}$$

910,00 euros

Cuantía ésta que está comprendida entre la base mínima que le corresponde (604,98 euros) y la base máxima (1.537,93 euros). Consecuentemente será ésta la cifra que constituye la base de cotización por contingencias comunes.

2. *Para contingencias profesionales (AT y EP)*

La base de cotización coincide con la de contingencias comunes (910 euros), ya que las retribuciones son las mismas, no excediendo del tope máximo (1.537,93 euros), ni siendo inferior al tope mínimo de cotización (431,05 euros).

3. *Para desempleo, Fondo de Garantía Salarial y formación profesional*

   La base de cotización es la misma que la de AT y EP = 910 euros.

4. *Para el mecanismo de equidad intergeneracional (MEI)*

   La base de cotización es la misma que la de contingencias comunes = 910 euros.

C. Cálculo de las cuotas de cotización

Empresa XX, S.A.

1. *Para contingencias comunes*

   - A cargo del empresario: 23,60% × 1.750 euros = 413,00 euros
   - A cargo del trabajador: 4,70% × 1.750 euros = 82,25 euros

2. *Para contingencias profesionales (AT y EP)*

   - A cargo del empresario exclusivamente, ocupación «a» = 26,25 euros

     — Por IT: 0,80% × 1.750 euros = 14,00 euros
     — Por IMS: 0,70% × 1.750 euros = 12,25 euros

3. *Para desempleo*

   - A cargo del empresario: 5,50% × 1.750 euros = 96,25 euros
   - A cargo del trabajador: 1,55% × 1.750 euros = 27,13 euros

4. *Para el Fondo de Garantía Salarial*

   - A cargo del empresario exclusivamente: 0,20% × 1.750 euros = 3,50 euros

5. *Para formación profesional*

   - A cargo del empresario: 0,60% × 1.750 euros = 10,50 euros
   - A cargo del trabajador: 0,10% × 1.750 euros = 1,75 euros

6. *Para el mecanismo de equidad intergeneracional (MEI):*

   - A cargo del empresario: 1.750,00 euros × 0,50% = 8,75 euros
   - A cargo del trabajador: 1.750,00 euros × 0,10% = 1,75 euros

7. *Importe a ingresar*

• Por contingencias comunes:		495,25
413,00 + 82,25:	495,25	
• Por contingencias profesionales:		26,25
• Para desempleo:		123,38
96,25 + 27,13:	123,38	
• Para el Fondo de Garantía Salarial:		3,50
• Para formación profesional:		12,25
10,50 + 1,75:	12,25	
• Para el mecanismo de equidad intergeneracional (MEI):		10,50
8,75 + 1,75:	10,50	
Total		671,13 euros

EMPRESA YY, S.A.

1. *Para contingencias comunes*

   - A cargo del empresario: 23,60% × 910 euros = 214,76 euros
   - A cargo del trabajador: 4,70% × 910 euros = 42,77 euros

2. *Para contingencias profesionales (AT y EP)*

   - A cargo del empresario exclusivamente, ocupación «a»:

     — Por IT: 0,80% × 910 euros .... = 7,28 euros
     — Por IMS: 0,70% × 910 euros .... = 6,37 euros

     13,65 euros

3. *Para desempleo*

   - A cargo del empresario: 5,50% × 910 euros = 50,05 euros
   - A cargo del trabajador: 1,55% × 910 euros = 14,11 euros

4. *Para el Fondo de Garantía Salarial*

   - A cargo del empresario exclusivamente: 0,20% × 910 euros = 1,82 euros

5. *Para formación profesional*

   - A cargo del empresario: 0,60% × 910 euros = 5,46 euros
   - A cargo del trabajador: 0,10% × 910 euros = 0,91 euros

6. *Para el mecanismo de equidad intergeneracional (MEI):*

   - A cargo del empresario: 910,00 euros × 0,50% = 4,55 euros
   - A cargo del trabajador: 910,00 euros × 0,10% = 0,91 euros

7. *Importe a ingresar*

• Por contingencias comunes:		257,53
214,76 + 42,77:	257,53	
• Por contingencias profesionales:		13,65
• Para desempleo:		64,16
50,05 + 14,11:	64,16	
• Para el Fondo de Garantía Salarial:		1,82
• Para formación profesional:		6,37
5,46 + 0,91:	6,37	
• Para el mecanismo de equidad intergeneracional (MEI):		5,46
4,55 + 0,91:	5,46	
Total		348,99 euros

D. CÁLCULO DE LAS RETENCIONES A CUENTA DEL IRPF

EMPRESA XX, S.A.

El salario previsible del trabajador en 2023 —21.000 euros, al que corresponde una cotización a su cargo de 1.354,50 euros— está sujeto a retención dado que supera el límite cuantitativo de exención (15.000 euros) que, atendida su situación personal (soltero) y número de descendientes (sin hijos), le corresponde.

1.° Base de retención (a – b) 17.529,22

   a) Retribución total 21.000,00

b) Minoraciones (i + ii + iii) 3.470,78

i) Cotizaciones Seguridad Social 1.354,50
ii) Reducción en concepto de otros gastos 2.000,00
iii) Reducción por obtención de rendimiento 116,28

- 14.047,50 < (a – i: 19.645,50) < 19.747,50
- 6.498 – (19.645,50 – 14.047,50) × 1,14

2.° Mínimo personal y familiar 5.550,00

Mínimo del contribuyente ≤ 65 años

3.° Cuota de retención (a – b) 2.530,01

a) Aplicación de la escala a la base de retención (i + ii) 3.584,51

i) (0,00 – 12.450,00) × 19% 2.365,50
12.450,00 × 19%
ii) (12.450,00 – 17.529,22) × 24% 1.219,01
5.079,22 × 24%

b) Aplicación de la escala al mínimo personal y familiar 1.054,50
(0,00 – 5.550,00) × 19%

Dado que la la retribución anual (21.000 euros) es inferior a 35.200 euros, la cuota de retención no puede ser superior a la que resulta de la fórmula siguiente:

(Retribución total – Límite de retención) × 43%: (21.000 – 15.000) × 43%: 2.580

El menor importe de los dos (2.530,01) es el que debe tomarse en consideración para la determinación del tipo de retención.

4.° Tipo de retención:

$$\frac{\text{Cuota de retención}}{\text{Rendimientos de trabajo}} \times 100 = \frac{2.530,01}{21.000,00} \times 100 = 12,04\%.$$

Por no coincidir el tipo de retención con el que se había aplicado en enero, procede efectuar la regularización correspondiente.

5.° Tipo de la regularización:

$$\frac{\text{Cuota de retención – Retenciones practicadas}}{\text{Retribución anual – Rendimientos satisfechos}} \times 100 = \frac{2.530,01 - 182,70}{21.000 - 1.500} \times 100 = 12,03\%.$$

Este tipo se aplicará sobre las cantidades pendientes de devengar.

6.° Importe de la retención del mes de abril:

Importe de la retención: 1.500 × 12,03 = 180,45.

EMPRESA YY, S.A.

Los salarios percibidos en esta empresa no estarán sujetos a retención alguna, ya que los 10.920 euros anuales que se le presumen no alcanzan su límite de retención de 15.000 euros que, atendiendo su condición de soltero, sin hijos, le corresponde.

E Y H. CONFECCIÓN DEL RECIBO DE SALARIOS

Empresa XX, S.A. (ver la página 335).
Empresa YY, S.A. (ver la página 336).

Normativa aplicada

Los preceptos en los que se fundamenta la solución propuesta son:

— Artículos 141 a 148, 153 y 270 bis de la Ley General de la Seguridad Social.
— Ley 35/2006, de 28 de noviembre, del Impuesto sobre la Renta de las Personas Físicas.
— Disposición adicional 4.ª de la Ley 42/2006, de 28 de diciembre.
— Artículo 122 de la Ley 31/2022, de 23 de diciembre, de Presupuestos Generales del Estado para el año 2023.
— Artículos 9 y 23 del Real Decreto 2064/1995, de 22 de diciembre.
— Artículos 74 a 89 del Real Decreto 439/2007, de 30 de marzo.
— Artículos 1 a 4, 9 y 31 de la Orden PCM/74/2023, de 30 de enero.

E. Confección del recibo de salarios de la empresa XX, S.A.

Empresa:	X X
Domicilio:	X X
CIF:	X X
CCC:	X X

Trabajador:	X X X
NIF:	X X
N.º de afiliación a la Seguridad Social:	X X
Grupo profesional:	Licenciado
Grupo de cotización:	1

Período de liquidación: del 1 de abril al 30 de abril de 2023 Total días 30

I. DEVENGOS		IMPORTE	TOTALES
1. Percepciones salariales			
Salario base		1.500,00	
Complementos salariales			
Horas extraordinarias			
Horas complementarias (contratos a tiempo parcial)			
Gratificaciones extraordinarias			
Salario en especie			
2. Percepciones no salariales			
Indemnizaciones o suplidos			
Prestaciones e indemnizaciones de la Seguridad Social			
Indemnizaciones por traslados, suspensiones o despidos			
Otras percepciones no salariales			
A. Total devengado			1.500,00
II. DEDUCCIONES			
1. Aportación del trabajador a las cotizaciones a la Seguridad Social y conceptos de recaudación conjunta	%		
Contingencias comunes y MEI	4,80 (1)	84,00	
Desempleo	1,55	27,13	
Formación profesional	0,10	1,75	
Horas extraordinarias			
Total aportaciones		112,78	
2. Impuesto sobre la Renta de las Personas Físicas	12,03	180,45	
3. Anticipos			
4. Valor de los productos recibidos en especie			
5. Otras deducciones			
B. Total a deducir			293,33
LÍQUIDO TOTAL A PERCIBIR (A – B)			1.206,67

30 de abril de 2023

Firma y sello de la empresa RECIBÍ

DETERMINACIÓN DE LAS BASES DE COTIZACIÓN A LA SEGURIDAD SOCIAL Y CONCEPTOS DE RECAUDACIÓN CONJUNTA Y DE LA BASE SUJETA A RETENCIÓN DEL IRPF Y APORTACIÓN DE LA EMPRESA

CONCEPTO		BASE	TIPO	APORTACIÓN EMPRESA
1. Contingencias comunes				
Importe remuneración mensual	1.500,00			
Importe prorrata pagas extraordinarias	250,00			
	TOTAL	1.750,00	24,10 (2)	421,75
2. Contingencias profesionales y conceptos de recaudación conjunta	AT y EP		1,50	26,25
	Desempleo	1.750,00	5,50	96,25
	Formación profesional		0,60	10,50
	Fondo de Garantía Salarial		0,20	3,50
3. Cotización adicional por horas extraordinarias				
4. Base sujeta a retención del IRPF		1.500,00		

(1) Incluye 0,10% de la cotización para el mecanismo de equidad intergeneracional.
(2) Incluye 0,50% de la cotización para el mecanismo de equidad intergeneracional.

F. Confección del recibo de salarios de la empresa YY, S.A.

Empresa:	X X	Trabajador:	X X X
Domicilio:	X X	NIF:	X X
CIF:	X X	N.º de afiliación a la Seguridad Social:	X X
		Grupo profesional:	Oficial administrativo
CCC:	X X	Grupo de cotización:	5

Período de liquidación: del 1 de abril al 30 de abril de 2023. Total días 30

	%	IMPORTE	TOTALES
I. DEVENGOS			
1. Percepciones salariales			
Salario base		780,00	
Complementos salariales			
Horas extraordinarias			
Horas complementarias (contratos a tiempo parcial)			
Gratificaciones extraordinarias			
Salario en especie			
2. Percepciones no salariales			
Indemnizaciones o suplidos			
Prestaciones e indemnizaciones de la Seguridad Social			
Indemnizaciones por traslados, suspensiones o despidos			
Otras percepciones no salariales			
A. Total devengado			780,00
II. DEDUCCIONES			
1. Aportación del trabajador a las cotizaciones a la Seguridad Social y conceptos de recaudación conjunta			
Contingencias comunes y MEI	4,80 (1)	43,68	
Desempleo	1,55	14,11	
Formación profesional	0,10	0,91	
Horas extraordinarias			
Total aportaciones		58,70	
2. Impuesto sobre la Renta de las Personas Físicas	–	–	
3. Anticipos			
4. Valor de los productos recibidos en especie			
5. Otras deducciones			
B. Total a deducir			58,70
LÍQUIDO TOTAL A PERCIBIR (A – B)			721,30

30 de abril de 2023

Firma y sello de la empresa RECIBÍ

DETERMINACIÓN DE LAS BASES DE COTIZACIÓN A LA SEGURIDAD SOCIAL Y CONCEPTOS DE RECAUDACIÓN CONJUNTA Y DE LA BASE SUJETA A RETENCIÓN DEL IRPF Y APORTACIÓN DE LA EMPRESA

CONCEPTO			BASE	TIPO	APORTACIÓN EMPRESA
1. Contingencias comunes					
Importe remuneración mensual		780,00			
Importe prorrata pagas extraordinarias		130,00			
	TOTAL		910,00	24,10 (2)	219,31
2. Contingencias profesionales y conceptos de recaudación conjunta	AT y EP			1,50	13,65
	Desempleo		910,00	5,50	50,05
	Formación profesional			0,60	5,46
	Fondo de Garantía Salarial			0,20	1,82
3. Cotización adicional por horas extraordinarias					
4. Base sujeta a retención del IRPF					

(1) Incluye 0,10% de la cotización para el mecanismo de equidad intergeneracional.
(2) Incluye 0,50% de la cotización para el mecanismo de equidad intergeneracional.

16. Permiso sin retribución, permaneciendo en alta

Planteamiento

Un trabajador, con contrato indefinido y con la categoría de ingeniero técnico, grupo 2 de cotización a la Seguridad Social, obtiene de su empresario un permiso de 7 días de duración, durante el mes de junio. Durante dicho permiso el trabajador no percibirá retribución alguna, permaneciendo de alta en la Seguridad Social.

El trabajador tiene reconocidas las siguientes percepciones mensuales:

— Salario base: 990 euros.
— Antigüedad: 99 euros.
— Incentivo: 150 euros.
— Plus de actividad: 120 euros.
— Plus de transporte: 18 euros.

También tiene el trabajador derecho a dos pagas extraordinarias de 1.089 euros cada una de ellas.

A la empresa, un centro de educación secundaria, CNAE 85.31, le corresponde, según la tarifa de primas por AT y EP, un tipo de cotización de 1,50% (0,80 por IT y 0,70 por IMS).

El trabajador, de 35 años de edad, está casado, tiene un hijo de 6 años y su cónyuge carece de rentas.

A efectos del IRPF se le ha estimado para 2023 una retribución anual de 18.684 euros y una cotización a la Seguridad Social de 1.205,12 euros.

En el mes de enero se le practicó la retención conforme a la legislación vigente al 31 de diciembre de 2022, por un importe de 69,81 euros y un tipo de 5,07%.

Con estos datos calcular, en primer lugar, las bases de cotización a la Seguridad Social, las cuotas de empresa y trabajador, así como las retenciones a cuenta del Impuesto sobre la Renta de las Personas Físicas. Posteriormente, confeccionar el recibo de salarios correspondiente al mes de junio.

Solución

A. Cálculo de las bases de cotización

1. *Para contingencias comunes*

a) *Conceptos computables:* Salario base, antigüedad, incentivo, plus de actividad y plus de transporte.
b) *Conceptos no computables.*

c) *Importe de la base:*

— Por los 23 días en alta y trabajando:

- Salario base: $\frac{990 \text{ euros}}{30}$ =.............. 33,00 euros

- Antigüedad: $\frac{99 \text{ euros}}{30}$ = ... 3,30 euros

- Incentivo: $\frac{150 \text{ euros}}{30}$ =.................. 5,00 euros

- Plus de actividad: $\frac{120 \text{ euros}}{30}$ = ... 4,00 euros

- Plus de transporte: $\frac{18 \text{ euros}}{30}$ = ... 0,60 euros

- Prorrata pagas extraordinarias:

  $\frac{1.089 \times 2}{360}$ = ... 6,05 euros

  51,95 euros

51,95 euros × 23 días = 1.194,85 euros

— Por los 7 días en alta sin retribución:

Base mínima diaria grupo 2: $\frac{1.459,30}{30}$ = 48,64 euros

48,64 euros × 7 días = 340,48 euros

— Total base de cotización:

1.194,85 euros (23 días en activo) + 340,48 euros (7 días sin trabajar) = 1.535,33 euros.

2. *Para contingencias profesionales (AT y EP)*

a) *Conceptos computables:* Salario base, antigüedad, incentivo y plus de actividad.
b) *Conceptos no computables:* —.
c) *Importe de la base:*

Las retribuciones computables a efectos de cálculo de la base de cotización para esta clase de contingencias, son las mismas que las tenidas en cuenta para contingencias comunes. En consecuencia:

— Por los 23 días en alta y trabajando:

51,95 euros × 23 días = 1.194,85 euros

— Por los 7 días en alta sin retribución:

Tope mínimo diario: $\frac{1.260,00}{30}$ = 42,00 euros

42,00 euros × 7 días = 294,00 euros

— Total base de cotización:

1.194,85 euros (23 días en activo) + 294 euros (7 días sin trabajar) = 1.488,85 euros.

3. *Para desempleo, Fondo de Garantía Salarial y formación profesional*

La base de cotización es la misma que para AT y EP = 1.488,85 euros.

4. *Para el mecanismo de equidad intergeneracional (MEI)*

La base de cotización es la misma que la de contingencias comunes = 1.535,33 euros.

B. Cálculo de las cuotas de cotización

1. *Para contingencias comunes*

- A cargo del empresario: 1.535,33 euros × 23,60% = 362,34 euros
- A cargo del trabajador: 1.535,33 euros × 4,70% = 72,16 euros

2. *Para contingencias profesionales (AT y EP)*

- A cargo del empresario exclusivamente, CNAE 37 = 22,33 euros

— Por IT: 1.488,85 euros × 0,80 % = 11,91 euros
— Por IMS: 1.488,85 euros × 0,70 % = 10,42 euros

3. *Para desempleo*

- A cargo del empresario: 1.488,85 euros × 5,50% = 81,89 euros
- A cargo del trabajador: 1.488,85 euros × 1,55% = 23,08 euros

4. *Para el Fondo de Garantía Salarial*

- A cargo del empresario exclusivamente: 1.488,85 euros × 0,20% = 2,98 euros

5. *Para formación profesional*

- A cargo del empresario: 1.488,85 euros × 0,60% = 8,93 euros
- A cargo del trabajador: 1.488,85 euros × 0,10% = 1,49 euros

6. *Para el mecanismo de equidad intergeneracional (MEI)*

- A cargo del empresario: 0,50% × 1.535,33 euros = 7,68 euros
- A cargo del trabajador: 0,10% × 1.535,3 euros = 1,54 euros

7. *Importe a ingresar*

• Para contingencias comunes: 362,34 + 72,16	434,50 euros
• Para contingencias profesionales:	22,33 euros
• Para desempleo: 81,89 + 23,08	104,97 euros
• Para el Fondo de Garantía Salarial:	2,98 euros
• Para formación profesional: 8,93 + 1,49	10,42euros
• Para el mecanismo de equidad intergeneracional (MEI): 7,68 + 1,54	9,22 euros
Total	584,42 euros

C. CÁLCULO DE LAS RETENCIONES A CUENTA DEL IRPF

El salario previsible del trabajador en 2023 —18.684 euros, al que corresponde una cotización a su cargo de 1.205,12 euros— está sujeto a retención dado que supera el límite cuantitativo de exención (17.894 euros) que, atendida su situación personal (casado con cónyuge a cargo) y número de descendientes (un hijo), le corresponde.

1.° Base de retención (a – b) 12.892,65

a) Retribución total 18.684,00
b) Minoraciones (i + ii + iii) 5.791,35

i) Cotizaciones Seguridad Social 1.205,12
ii) Reducción en concepto de otros gastos 2.000,00
iii) Reducción por obtención de rendimiento 2.586,23

- 14.047,50 < (a – i: 17.478,88) < 19.747,50
- 6.498 – (17.478,88 – 14.047,50) × 1,14

2.° Mínimo personal y familiar (a + b) 6.750,00

a) Mínimo del contribuyente ≤ 65 años 5.550,00
b) Mínimo por descendientes 1.200,00
Por el hijo de 6 años: 2.400 ÷ 2: 1.200 . . . . 1.200,00

3.° Cuota de retención (a – b) 1.525,41

a) Aplicación de la escala a la base de retención (i + ii) 2.807,91

i) (0,00 – 12.450,00) × 19% 2.365,50
12.450,00 × 19%
ii) (12.450,00 – 12.892,65) × 24% 442,41
442,65 × 24%

b) Aplicación de la escala al mínimo personal y familiar 1.282,50

(0,00 – 6.750,00) × 19%

Como la retribución anual 18.684 (euros) es inferior a 35.200 euros, la cuota de retención no puede ser superior a la que resulta de la fórmula siguiente:

(Retribución total – Límite de retención) × 43%: (18.684 – 17.894) × 43% = 339,70

El menor importe de los dos (339,70) es el que debe tomarse en consideración para la determinación del tipo de retención.

4.° Tipo de retención:

$$\frac{\text{Cuota de retención}}{\text{Rendimientos de trabajo}} \times 100 = \frac{339{,}70}{18.684} \times 100 = 1{,}81\%.$$

Por no coincidir el tipo de retención con el que se había aplicado en enero, procede efectuar la regularización correspondiente.

5.° Tipo de la regularización:

$$\frac{\text{Cuota de retención – Retenciones practicadas}}{\text{Retribución anual – Rendimientos satisfechos}} \times 100 = \frac{339{,}70 - 69{,}81}{18.684 - 1.377} \times 100 = 1{,}55\%.$$

Este tipo se aplicará sobre las cantidades pendientes de devengar.

6.º Importe de la retención del mes de junio

La retribución que percibe el trabajador por todos los conceptos está sujeta a retención a cuenta del IRPF.

— Salario base: 33,00 euros/día × 23 días =	759,00 euros
990 euros/mes ÷ 30 días/mes = 33,00 euros/día	
— Antigüedad: 3,30 euros/día × 23 días =	75,90 euros
99 euros/mes ÷ 30 días/mes = 3,30 euros/día	
— Incentivo: 5,00 euros/día × 23 días =	115,00 euros
150 euros/mes ÷ 30 días/mes = 5,00 euros/día	
— Plus actividad: 4,00 euros/día × 23 días =	92,00 euros
120 euros/mes ÷ 30 días/mes = 4,00 euros/día	
— Plus de transporte: 0,60 euros/día × 23 días =	13,80 euros
18 euros/mes ÷ 30 días/mes = 0,60 euros/día	
Total	1.055,70 euros

Importe de la retención: 1.055,70 euros × 1,55% = 16,36 euros.

D. Confección del recibo de salarios

Ver la página 342.

Normativa aplicada

Los preceptos en los que se fundamenta la solución propuesta son:

— Artículos 141 a 148 de la Ley General de la Seguridad Social.
— Ley 35/2006, de 28 de noviembre, del Impuesto sobre la Renta de las Personas Físicas.
— Disposición adicional 4.ª de la Ley 42/2006, de 28 de diciembre.
— Artículo 122 de la Ley 31/2022, de 23 de diciembre, de Presupuestos Generales del Estado para el año 2023.
— Disposición adicional 5.ª del Real Decreto-ley 2/2021, de 26 de enero.
— Artículos 23 y 69 del Real Decreto 2064/1995, de 22 de diciembre.
— Artículos 74 a 89 del Real Decreto 439/2007, de 30 de marzo.
— Artículos 1 a 4, 7 y 31 de la Orden PCM/74/2023, de 30 de enero.

D. Confección del recibo de salarios

Empresa:	X X	Trabajador:	X X X
Domicilio:	X X	NIF:	X X
		N.º de afiliación a la Seguridad Social:	X X
CIF:	X X	Grupo profesional:	Ingeniero técnico
CCC:	X X	Grupo de cotización:	2

Período de liquidación: del 1 de junio al 30 de junio de 2023. Total días 30

	%	IMPORTE	TOTALES
I. DEVENGOS			
1. Percepciones salariales			
Salario base		759,00	
Complementos salariales			
Antigüedad 3,30 euros × 23 días		75,90	
Incentivos 5,00 euros × 23 días		115,00	
Actividad 4,00 euros × 23 días		92,00	
Horas extraordinarias			
Horas complementarias (contratos a tiempo parcial)			
Gratificaciones extraordinarias			
Salario en especie			
2. Percepciones no salariales			
Indemnizaciones o suplidos			
Plus de transporte: 0,60 euros × 23 días		13,80	
Prestaciones e indemnizaciones de la Seguridad Social			
Indemnizaciones por traslados, suspensiones o despidos			
Otras percepciones no salariales			
A. Total devengado			1.055,70
II. DEDUCCIONES			
1. Aportación del trabajador a las cotizaciones a la Seguridad Social y conceptos de recaudación conjunta			
Contingencias comunes y MEI	4,80 (1)	73,70	
Desempleo	1,55	23,08	
Formación profesional	0,10	1,49	
Horas extraordinarias			
Total aportaciones		98,27	
2. Impuesto sobre la Renta de las Personas Físicas	1,55	16,36	
3. Anticipos			
4. Valor de los productos recibidos en especie			
5. Otras deducciones			
B. Total a deducir			114,63
LÍQUIDO TOTAL A PERCIBIR (A – B)			941,07

30 de junio de 2023

Firma y sello de la empresa — RECIBÍ

DETERMINACIÓN DE LAS BASES DE COTIZACIÓN A LA SEGURIDAD SOCIAL Y CONCEPTOS DE RECAUDACIÓN CONJUNTA Y DE LA BASE SUJETA A RETENCIÓN DEL IRPF Y APORTACIÓN DE LA EMPRESA

CONCEPTO			BASE	TIPO	APORTACIÓN EMPRESA
1. Contingencias comunes					
	Importe remuneración mensual	1.055,70			
	Importe prorrata pagas extraordinarias	139,15			
	TOTAL		1.535,33 (2)	24,10 (3)	370,02
2. Contingencias profesionales y conceptos de recaudación conjunta	AT y EP			1,50	22,33
	Desempleo		1.488,85 (4)	5,50	81,89
	Formación profesional			0,60	8,93
	Fondo de Garantía Salarial			0,20	2,98
3. Cotización adicional por horas extraordinarias					
4. Base sujeta a retención del IRPF			1.055,70		

(1) Incluye 0,10% de la cotización para el mecanismo de equidad intergeneracional.
(2) Incluye la base imputable por los 7 días en alta sin retribución, según la base mínima de su grupo: 7 × 1.459,30 / 30: 340,48.
(3) Incluye 0,50% de la cotización para el mecanismo de equidad intergeneracional.
(4) Incluye la base imputable por los 7 días en alta sin retribución, según el tope mínimo: 7 × 1.260,00 / 30: 294.

17. Sancionado con suspensión de empleo y sueldo

Planteamiento

Un trabajador, con contrato indefinido y con la categoría profesional de especialista, grupo 9 de cotización a la Seguridad Social, es sancionado por su empresario con suspensión de empleo y sueldo durante el período comprendido entre el 11 y el 24 de abril (14 días).

El empresario formaliza el correspondiente parte de baja ante la Seguridad Social a efectos de suspender la obligación de cotizar por los referidos días.

Las percepciones del trabajador son las siguientes:

— Salario base: 40 euros/día.
— Antigüedad: 4 euros/día.
— Plus de peligrosidad: 5 euros/día.

También tiene derecho a dos pagas extraordinarias de 30 días de salario base y antigüedad cada una de ellas.

A la empresa, dedicada a la reparación de motocicletas, CNAE 45.40, le corresponde, según la tarifa de primas por AT y EP, un tipo de cotización de 2,90%: 1,70% por IT y 1,20% por IMS.

El trabajador, de 33 años, está casado, su cónyuge dispone de rentas superiores a 1.500 euros y no tienen hijos.

A efectos del IRPF se le ha estimado para 2023 una retribución anual de 21.845 euros y una cotización a la Seguridad Social de 1.409 euros.

En el mes de enero se le practicó la retención conforme a la legislación vigente al 31 de diciembre de 2022, por un importe de 190,94 euros y un tipo de 12,57%.

Con estos datos calcular, en primer lugar, las bases de cotización a la Seguridad Social, las cuotas de empresa y trabajador, así como las retenciones a cuenta del IRPF. Posteriormente, confeccionar el recibo de salarios correspondiente al mes de abril.

Solución

A. Cálculo de las bases de cotización

1. *Para contingencias comunes*

   a) *Conceptos computables:* Salario base, antigüedad y plus de peligrosidad.
   b) *Conceptos no computables:* —.
   c) *Importe de la base:*

   — Por los 16 días en alta y trabajando (del 1-4-2023 al 10-4-2023 y del 25-4-2023 al 30-4-2023):

   - Salario base .... 40,00 euros
   - Antigüedad .... 4,00 euros
   - Plus de peligrosidad .... 5,00 euros

- Prorrata pagas extraordinarias:

$$\frac{(40 + 4{,}00) \times 60}{365} = \ldots\ldots\ldots\ldots\ldots\ldots \quad 7{,}23 \text{ euros}$$

56,23 euros

Los 56,23 euros resultantes están comprendidos entre la base mínima (42 euros) y máxima (149,85 euros) de su grupo de cotización, por lo que constituyen la base diaria de cotización para estas contingencias.
Multiplicando los 56,23 euros por los días que el trabajador permanece en alta y trabajando nos dará el importe de la base de cotización que corresponde a los indicados días:

56,23 euros × 16 días = 899,68 euros

— Por los 14 días de suspensión de empleo y sueldo:

No existen conceptos computables ya que, durante el citado período, el trabajador no trabaja y permanece de baja en la Seguridad Social.

— Base de cotización:

La base de cotización mensual por contingencias comunes se corresponde con la cifra de 899,68 euros por razón de los conceptos salariales percibidos durante los 16 días en que el trabajador permanece en alta y trabajando.

2. *Para contingencias profesionales (AT y EP)*

a) *Conceptos computables:* Salario base, antigüedad y plus de peligrosidad.
b) *Conceptos no computables:* —.
c) *Importe de la base:*

Al no existir horas extraordinarias, la base diaria de cotización coincide con la obtenida para contingencias comunes. Además, cumple la condición de estar comprendida entre el tope mínimo (1.260 euros/mes ÷ 30 días/mes: 42 euros/día) y máximo (4.495,50 euros/mes ÷ 30 días/mes: 149,85 euros/día) de cotización establecidos para esta clase de contingencias.
La base de cotización mensual será la misma que la correspondiente a las contingencias comunes; es decir:

56,23 euros × 16 días = 899,68 euros

3. *Para desempleo, Fondo de Garantía Salarial y formación profesional*

La base de cotización es la misma que para la de AT y EP = 899,68 euros.

4. *Para el mecanismo de equidad intergeneracional (MEI)*

La base de cotización es la misma que la de contingencias comunes = 899,68 euros.

B. Cálculo de las cuotas de cotización

1. *Para contingencias comunes*

- A cargo del empresario: 899,68 euros × 23,60% = 212,32 euros
- A cargo del trabajador: 899,68 euros × 4,70% = 42,28 euros

2. *Para contingencias profesionales (AT y EP)*

- A cargo del empresario exclusivamente, CNAE 45.40 = 26,09 euros

— Por IT: 899,68 euros × 1,70% = 15,29
— Por IMS: 899,68 euros × 1,20% = 10,80

3. *Para desempleo*

- A cargo del empresario: 899,68 euros × 5,50% = 49,48 euros
- A cargo del trabajador: 899,68 euros × 1,55% = 13,95 euros

4. *Para el Fondo de Garantía Salarial*

- A cargo del empresario exclusivamente: 899,68 euros × 0,20%:............ 1,80 euros
  899,68 euros × 0,20%

5. *Para formación profesional*

- A cargo del empresario: 899,68 euros × 0,60%:......................... 5,40 euros
- A cargo del trabajador: 899,68 euros × 0,10%:......................... 0,90 euros

6. *Para el mecanismo de equidad intergeneracional (MEI)*

- A cargo del empresario: 0,50% × 899,68 euros:............. 4,50 euros
- A cargo del trabajador: 0,10% × 899,68 euros:............. 0,90 euros

7. *Importe a ingresar*

- Para contingencias comunes: .... 254,60 euros
  212,32 + 42,28
- Para contingencias profesionales:...................... 26,09 euros
- Para desempleo: .... 63,43 euros
  49,48 + 13,95
- Para el Fondo de Garantía Salarial:...................... 1,80 euros
- Para formación profesional:............................ 6,30 euros
  5,40 + 0,90
- Para el mecanismo de equidad intergeneracional (MEI):....... 5,40 euros
  4,50 + 0,90

Total .... 357,62 euros

C. CÁLCULO DE LAS RETENCIONES A CUENTA DEL IRPF

El salario previsible del trabajador en 2023 —21.845 euros, al que corresponde una cotización a su cargo de 1.409 euros— está sujeto a retención dado que supera el límite cuantitativo de exención (15.000 euros) que, atendida su situación personal (sin cónyuge a cargo) y número de descendientes (sin hijos), le corresponde.

1.° Base de retención (a – b).. 18.436,00

a) Retribución total.................................. 21.845,00
b) Minoraciones (i + ii + iii)............................ 3.409,00

i) Cotizaciones Seguridad Social 1.409,00
ii) Reducción en concepto de otros gastos 2.000,00
iii) Reducción por obtención de rendimiento 0,00
14.047,50 < (a – i: 20.436) > 19.747,50

2.° Mínimo personal y familiar (a + b)................................ 5.550,00

Mínimo del contribuyente ≤ 65 años

3.° Cuota de retención (a – b).. 2.747,64

a) Aplicación de la escala a la base de retención (i + ii)......... 3.802,14

i) (0,00 – 12.450,00) × 19%................ 2.365,50
12.450,00 × 19%
ii) (12.450,00 – 18.436) × 24%.............. 1.436,64
5.986,00 × 24%

b) Aplicación de la escala al mínimo personal y familiar........ 1.054,50
(0,00 – 5-550,00) × 19%

Dado que la retribución anual (21.845 euros) es inferior a 35.200 euros, la cuota de retención no puede ser superior a la que resulta de la fórmula siguiente:

(Retribución total – Límite de retención) × 43%: (21.845 – 15.000) × 43%: 2.943,35

El menor importe de los dos (2.747,64) es el que debe considerarse para la determinación del tipo de retención.

4.º Tipo de retención:

$$\frac{\text{Cuota de retención}}{\text{Rendimientos de trabajo}} \times 100 = \frac{2.747,64}{218,45} \times 100 = 12,57\%.$$

Por coincidir el tipo de retención con el que se le había aplicado en enero, no procede efectuar regularización alguna.

5.º Importe de la retención del mes de abril

La retribución que percibe el trabajador por todos los conceptos está sujeta a retención a cuenta del IRPF.

— Salario base: 40 euros/día × 16 días:	640,00 euros
— Antigüedad: 4 euros/día × 16 días:	64,00 euros
— Plus de peligrosidad: 5,00 euros/día × 16 días:	80,00 euros
Total	784,00 euros

Importe de la retención: 784 euros × 12,57%: 98,55 euros.

D. Confección del recibo de salarios

Ver la página 347.

Normativa aplicada

Los preceptos en los que se fundamenta la solución propuesta son:

— Artículos 141 a 148 de la Ley General de la Seguridad Social.
— Ley 35/2006, de 28 de noviembre, del Impuesto sobre la Renta de las Personas Físicas.
— Disposición adicional 4.ª de la Ley 42/2006, de 28 de diciembre.
— Artículo 122 de la Ley 31/2022, de 23 de diciembre, de Presupuestos Generales del Estado para el año 2023.
— Artículos 23 del Real Decreto 2064/1995, de 22 de diciembre.
— Artículos 74 a 89 del Real Decreto 439/2007, de 30 de marzo.
— Artículos 1 a 4 y 31 de la Orden PCM/74/2023, de 30 de enero.

D. Confección del recibo de salarios

Empresa:	X X	Trabajador:	X X X
Domicilio:	X X	NIF:	X X
CIF:	X X	N.º de afiliación a la Seguridad Social:	X X
		Grupo profesional:	Especialista
CCC:	X X	Grupo de cotización:	9

Período de liquidación: del 1 de abril al 10 de abril de 2023 — Total días 16
y del 25 de abril al 30 de abril de 2023

		IMPORTE	TOTALES
I. DEVENGOS			
1. Percepciones salariales			
Salario base	40,00 euros × 16 días	640,00	
Complementos salariales			
Antigüedad	4 euros × 16 días	64,00	
Plus de peligrosidad	5,00 euros × 16 días	84,00	
Horas extraordinarias			
Horas complementarias (contratos a tiempo parcial)			
Gratificaciones extraordinarias			
Salario en especie			
2. Percepciones no salariales			
Indemnizaciones o suplidos			
Prestaciones e indemnizaciones de la Seguridad Social			
Indemnizaciones por traslados, suspensiones o despidos			
Otras percepciones no salariales			
A. Total devengado			784,00
II. DEDUCCIONES			
1. Aportación del trabajador a las cotizaciones a la Seguridad Social y conceptos de recaudación conjunta	%		
Contingencias comunes y MEI	4,80 (1)	43,18	
Desempleo	1,55	13,95	
Formación profesional	0,10	0,90	
Horas extraordinarias			
Total aportaciones		58,03	
2. Impuesto sobre la Renta de las Personas Físicas	12,57	98,55	
3. Anticipos			
4. Valor de los productos recibidos en especie			
5. Otras deducciones			
B. Total a deducir			156,58
LÍQUIDO TOTAL A PERCIBIR (A – B)			627,42

30 de abril de 2023

DETERMINACIÓN DE LAS BASES DE COTIZACIÓN A LA SEGURIDAD SOCIAL Y CONCEPTOS DE RECAUDACIÓN CONJUNTA Y DE LA BASE SUJETA A RETENCIÓN DEL IRPF Y APORTACIÓN DE LA EMPRESA

CONCEPTO			BASE	TIPO	APORTACIÓN EMPRESA
1. Contingencias comunes					
Importe remuneración mensual		784,00			
Importe prorrata pagas extraordinarias		115,68			
	TOTAL		899,68	24,10 (2)	216,82
2. Contingencias profesionales y conceptos de recaudación conjunta	AT y EP			2,90	26,09
	Desempleo		899,68	5,50	49,48
	Formación profesional			0,60	5,40
	Fondo de Garantía Salarial			0,20	1,80
3. Cotización adicional por horas extraordinarias					
4. Base sujeta a retención del IRPF			784,00		

(1) Incluye 0,10% de la cotización para el mecanismo de equidad intergeneracional.
(2) Incluye 0,50% de la cotización para el mecanismo de equidad intergeneracional.

18. Huelga

Planteamiento

Un trabajador, con contrato indefinido y con la categoría de oficial de 1.ª, grupo 8 de cotización a la Seguridad Social, participa en una huelga que, convocada por el comité de empresa, afecta a su centro de trabajo.

La ausencia al trabajo motivada por la referida circunstancia se produce durante el período comprendido entre los días 8 y 14 del mes de noviembre (7 días).

El empresario, además de no proceder al abono del salario correspondiente a los referidos días, comunica a la Seguridad Social el pase del trabajador a la situación de alta especial a fin de que quede suspendida la obligación de cotizar.

El trabajador tiene reconocidas las siguientes percepciones:

— Salario base: 45 euros/día.
— Antigüedad: 4,50 euros/día.
— Plus de convenio: 5 euros/día.

También tiene derecho a dos pagas extraordinarias de 30 días de salario base y antigüedad cada una de ellas.

A la empresa, dedicada al transporte regular de viajeros por carretera, CNAE 49.39, le corresponde, según la tarifa de primas por AT y EP, un tipo de cotización de 3,30%: 1,80% por IT y 1,50% por IMS.

El trabajador, de 35 años, está casado, su cónyuge no dispone de rentas superiores a 1.500 euros y no tienen hijos.

A efectos del IRPF se le ha estimado para 2023 una retribución anual de 22.862,50 euros y una cotización a la Seguridad Social de 1.474,63 euros.

En el mes de enero se le practicó la retención conforme a la legislación vigente al 31 de diciembre de 2022, por un importe de 219,80 euros y un tipo de 13,01%.

Con estos datos calcular, en primer lugar, las bases de cotización a la Seguridad Social, las cuotas de empresa y trabajador, así como las retenciones a cuenta del IRPF. Posteriormente, confeccionar el recibo de salarios correspondiente al mes de noviembre.

Solución

A. Cálculo de las bases de cotización

1. *Para contingencias comunes*

   a) *Conceptos computables:* Salario base, antigüedad y plus de convenio.
   b) *Conceptos no computables:* —.
   c) *Importe de la base:*

   — Por los 23 días en alta y trabajando (del 1-11-2023 al 7-11-2023 y del 15-11-2023 al 30-11-2023):

   - Salario base .... 45,00 euros
   - Antigüedad .... 4,50 euros
   - Plus de convenio .... 5,00 euros

- Prorrata pagas extraordinarias:

$$\frac{(45 + 4,50) \times 60}{365} = \ldots\ldots\ldots\ldots\ldots\ldots \quad 8,14 \text{ euros}$$

62,64 euros

Los 62,64 euros resultantes están comprendidos entre la base mínima (42 euros) y máxima (149,85 euros) de su grupo de cotización, por lo que constituyen la base diaria de cotización para estas contingencias.
Multiplicando los 62,64 euros por los días que el trabajador permanece en alta y trabajando nos dará el importe de la base de cotización que corresponde a los indicados días:

62,64 euros × 23 días = 1.440,72 euros

— Por los 7 días de huelga:

Durante el período de 7 días de inactividad, que comprende 5 días laborables y 2 días de descanso semanal, no se produce retribución alguna.
No existen, pues, conceptos computables ya que durante el citado período, el trabajador no trabaja y permanece de alta especial en la Seguridad Social, suspendiéndose la obligación de cotizar tanto para el empresario como para el trabajador. (De no comunicar el empresario a la Seguridad Social la situación de huelga del trabajador, subsistiría la obligación de cotizar durante esos días, si bien ésta se efectuaría por la base y tope mínimo de cotización.)

— Base de cotización:

La base de cotización mensual por contingencias comunes se corresponde con la cifra de 1.440,72 euros por razón de los conceptos salariales percibidos durante los 23 días en que el trabajador permanece en alta y trabajando.

2. *Para contingencias profesionales (AT y EP)*

a) *Conceptos computables:* Salario base, antigüedad y plus de actividad.
b) *Conceptos no computables:* —.
c) *Importe de la base:*

Al no existir horas extraordinarias, la base diaria de cotización (62,64 euros) coincide con la obtenida para contingencias comunes. Además, cumple la condición de estar comprendida entre los topes de cotización mínimo, 42 euros/día (1.260 euros/mes ÷ 30 días/mes), y máximo, 149,85 euros/día (4.495,50 euros/mes ÷ 30 días/mes), establecidos para esta clase de contingencias.
La base de cotización mensual será la misma que la correspondiente a las contingencias comunes; es decir:

62,64 euros × 23 días = 1.440,72 euros.

3. *Para desempleo, Fondo de Garantía Salarial y formación profesional*

La base de cotización es la misma que para la de AT y EP = 1.440,72 euros.

4. *Para el mecanismo de equidad intergeneracional (MEI)*

La base de cotización es la misma que la de contingencias comunes = 1.440,72 euros.

B. CÁLCULO DE LAS CUOTAS DE COTIZACIÓN

1. *Para contingencias comunes*

- A cargo del empresario: 23,60% × 1.440,72 euros = 340,01 euros
- A cargo del trabajador: 4,70% × 1.440,72 euros = 67,71 euros

2. *Para contingencias profesionales (AT y EP)*

- A cargo del empresario exclusivamente, CNAE 49.31:

Por IT: 1,80% × 1.440,72 euros . . . . =	25,93 euros
Por IMS: 1,50% × 1.440,72 euros . . =	21,61 euros
	47,54 euros

3. *Para desempleo*

- A cargo del empresario: 5,50% × 1.440,72 euros = 79,24 euros
- A cargo del trabajador: 1,55% × 1.440,72 euros = 22,33 euros

4. *Para formación profesional*

- A cargo del empresario: 0,60% × 1.440,72 euros = 8,64 euros
- A cargo del trabajador: 0,10% × 1.440,72 euros = 1,44 euros

5. *Para el Fondo de Garantía Salarial*

- A cargo del empresario exclusivamente: 0,20% × 1.440,72 euros = 2,88 euros

6. *Para el mecanismo de equidad intergeneracional (MEI)*

- A cargo del empresario: 0,50% × 1.440,72 euros = 7,20 euros
- A cargo del trabajador: 0,10% × 1.440,72 euros = 1,44 euros

7. *Importe a ingresar*

• Para contingencias comunes: . . . . 340,01 + 67,71	407,72 euros
• Para contingencias profesionales:	47,54 euros
• Para desempleo: . . . . 79,24 + 22,33	101,57 euros
• Para el Fondo de Garantía Salarial:.	2,88 euros
• Para formación profesional: . . . . 8,64 + 1,44	10,08 euros
• Para el mecanismo de equidad intergeneracional (MEI):. . . . . . . 7,20 + 1,44	8,64 euros
Total	578,43 euros

C. Cálculo de las retenciones a cuenta del IRPF

El salario previsible del trabajador en 2023 (22.862,50 euros, al que corresponde una cotización a su cargo de 1.474,63) está sujeto a retención dado que supera el límite cuantitativo de exención (16.696 euros) que, atendida su situación personal (con cónyuge a cargo) y número de descendientes (sin hijos), le corresponde.

1.° Base de retención (a – b)			19.387,87
a) Retribución total		22.862,50	
b) Minoraciones (i + ii + iii)		3.474,63	
i) Cotizaciones Seguridad Social	1.474,63		
ii) Reducción en concepto de otros gastos	2.000,00		
iii) Reducción por obtención de rendimiento . . . . 14.047,50 < (a – i: 21.387,87) > 19.747,50	0,00		
2.° Mínimo personal y familiar (a + b) . . . . Mínimo del contribuyente ≤ 65 años			5.550,00

3.º Cuota de retención (a – b) 2.976,09

a) Aplicación de la escala a la base de retención (i + ii) 3.928,99

i) (0,00 – 12.450,00) × 19% 2.365,50
12.450,00 × 19%

ii) (12.450,00 – 19.387,87) × 24% 1.665,09
6.937,87 × 24%

Dado que la retribución anual (22.862,50 euros) es inferior a 35.200 euros, la cuota de retención no puede ser superior a la que resulta de la fórmula siguiente:

(Retribución total – Límite de retención) × 43%: (22.862,50 – 16.696) × 43%: 2.651,60

El menor importe de los dos (2.651,60) es el que debe considerarse para la determinación del tipo de retención.

4.º Tipo de retención:

$$\frac{\text{Cuota de retención}}{\text{Rendimientos de trabajo}} \times 100 = \frac{2.651,60}{22.862,50} \times 100 = 11,59\%.$$

Por no coincidir el tipo de retención con el que se había aplicado en enero, procede efectuar la regularización correspondiente.

5.º Tipo de la regularización:

$$\frac{\text{Cuota de retención – Retenciones practicadas}}{\text{Retribución anual – Rendimientos satisfechos}} \times 100 = \frac{2.651,60 - 219,80}{22.862,50 - 1.689,50} \times 100 = 11,48\%.$$

Este tipo se aplicará sobre las cantidades pendientes de devengar.

5.º Importe de la retención del mes de noviembre:
Por coincidir el tipo de retención con el que se le había aplicado en enero, no procede efectuar regularización alguna.
La retribución que percibe el trabajador por todos los conceptos está sujeta a retención a cuenta del IRPF.

— Salario base: 45,00 euros/día × 23 días = ... 1.035,00 euros
— Antigüedad: 4,50 euros/día × 23 días = ... 103,50 euros
— Plus de convenio: 5,00 euros/día × 23 días = ... 115,00 euros

Total .... 1.253,50 euros

Importe de la retención: 1.253,50 euros × 11,48% = 143,90 euros.

D. Confección del recibo de salarios

Ver la página 352.

Normativa aplicada

Los preceptos en los que se fundamenta la solución propuesta son:

— Artículo 6.3. del Real Decreto-ley 17/1977, de 4 de marzo.
— Artículos 141 a 148 de la Ley General de la Seguridad Social.
— Ley 35/2006, de 28 de noviembre, del Impuesto sobre la Renta de las Personas Físicas.
— Disposición adicional 4.ª de la Ley 42/2006, de 28 de diciembre.
— Artículo 122 de la Ley 31/2022, de 23 de diciembre, de Presupuestos Generales del Estado para el año 2023.
— Artículo 23 del Real Decreto 2064/1995, de 22 de diciembre.
— Artículos 74 a 89 del Real Decreto 439/2007, de 30 de marzo.
— Artículos 1 a 4 y 31 de la Orden PCM/74/2023, de 30 de enero.

D. Confección del recibo de salarios

Empresa:	X X
Domicilio:	X X
CIF:	X X
CCC:	X X

Trabajador:	X X X
NIF:	X X
N.º de afiliación a la Seguridad Social:	X X
Grupo profesional:	Oficial de 1.ª
Grupo de cotización:	8

Período de liquidación: del 1 de noviembre al 7 de noviembre de 2023 Total días 23
y del 15 de noviembre al 30 de noviembre de 2023

		IMPORTE	TOTALES
I. DEVENGOS			
1. Percepciones salariales			
Salario base	45 euros × 23 días	1.035,00	
Complementos salariales			
Antigüedad:	4,50 euros × 23 días	103,50	
Plus de peligrosidad:	5 euros × 23 días	115,00	
Horas extraordinarias			
Horas complementarias (contratos a tiempo parcial)			
Gratificaciones extraordinarias			
Salario en especie			
2. Percepciones no salariales			
Indemnizaciones o suplidos			
Prestaciones e indemnizaciones de la Seguridad Social			
Indemnizaciones por traslados, suspensiones o despidos			
Otras percepciones no salariales			
A. Total devengado			1.253,50
II. DEDUCCIONES			
1. Aportación del trabajador a las cotizaciones a la Seguridad Social y conceptos de recaudación conjunta	%		
Contingencias comunes y MEI	4,80 (1)	69,15	
Desempleo	1,55	22,33	
Formación profesional	0,10	1,44	
Horas extraordinarias			
Total aportaciones		92,92	
2. Impuesto sobre la Renta de las Personas Físicas	11,48	143,90	
3. Anticipos			
4. Valor de los productos recibidos en especie			
5. Otras deducciones			
B. Total a deducir			236,82
LÍQUIDO TOTAL A PERCIBIR (A – B)			1.016,68

30 de noviembre de 2023

DETERMINACIÓN DE LAS BASES DE COTIZACIÓN A LA SEGURIDAD SOCIAL Y CONCEPTOS DE RECAUDACIÓN CONJUNTA Y DE LA BASE SUJETA A RETENCIÓN DEL IRPF Y APORTACIÓN DE LA EMPRESA

CONCEPTO			BASE	TIPO	APORTACIÓN EMPRESA
1. Contingencias comunes					
Importe remuneración mensual		1.253,50			
Importe prorrata pagas extraordinarias		187,22			
	TOTAL		1.440,72	24,10 (2)	347,21
2. Contingencias profesionales y conceptos de recaudación conjunta	AT y EP			3,30	47,54
	Desempleo		1.440,72	5,50	79,24
	Formación profesional			0,60	8,64
	Fondo de Garantía Salarial			0,20	2,88
3. Cotización adicional por horas extraordinarias					
4. Base sujeta a retención del IRPF			1.253,50		

(1) Incluye 0,10% de la cotización para el mecanismo de equidad intergeneracional.
(2) Incluye 0,50% de la cotización para el mecanismo de equidad intergeneracional.

19. Situación de incapacidad temporal derivada de enfermedad común

Planteamiento

Un trabajador, con contrato indefinido y con categoría profesional de auxiliar administrativo, grupo 7 de cotización a la Seguridad Social, causa baja en la empresa por motivo de enfermedad común el 10 de abril de 2023, continuando en dicha situación el día 30 del mismo mes.

La base de cotización del trabajador por contingencias comunes fue, durante el precedente mes de marzo, de 1.691,67 euros. A la misma cuantía ascendió la base de cotización por contingencias profesionales.

El trabajador percibe en activo una retribución de 1.450 euros mensuales en concepto de salario base.

Además tiene reconocidas dos pagas extraordinarias de 1.450 euros cada una de ellas.

A la empresa, dedicada a actividades industriales de limpieza, CNAE 81.21, le corresponde un tipo de cotización del 3,60%, según la tarifa de primas de AT y EP. No obstante, el trabajador, por realizar trabajos exclusivos de oficina, ocupación «a», tiene asignado un tipo de cotización por AT y EP de 1,50% (0,80 por IT y 0,70 por IMS).

Durante el periodo de baja por incapacidad temporal, para la cotización por accidentes de trabajo y enfermedades profesionales se aplica el mismo tipo de cotización que se aplicaba antes de la baja.

El trabajador, de 24 años, está casado, su cónyuge no dispone de rentas superiores a 1.500 euros y no tienen hijos.

A efectos del IRPF se le ha estimado para 2023 una retribución anual de 20.300 euros y una cotización a la Seguridad Social de 1.309,35 euros.

En el mes de enero se le practicó la retención conforme a la legislación vigente al 31 de diciembre de 2022, por un importe de 219,80 euros y un tipo de 13,01%.

Con estos datos, calcular el importe del subsidio económico, las bases de cotización a la Seguridad Social, las cuotas de empresa y trabajador, así como las retenciones a cuenta del IRPF. Posteriormente, confeccionar el recibo de salarios correspondientes al mes de abril.

Solución

A. Cálculo del subsidio económico

1. *Base reguladora*

$$\text{B.R.} = \frac{\text{Base cotización por contingencias comunes mes anterior al de la baja (marzo 2023)}}{\text{Número de días cotizados en dicho mes (30, por ser de retribución mensual)}}$$

$$\text{B.R.} = \frac{1.691,67}{30} = 56,39 \text{ euros}$$

2. *Importe del subsidio*

El subsidio se abonará a partir del decimosexto día de baja en el trabajo, estando a cargo del empresario el abono de la prestación al trabajador desde los días cuarto al decimoquinto de baja, ambos inclusive.

En consecuencia, los días a subsidiar durante el mes de abril serán los siguientes:

— Por los días 4.º al 15.º de la baja (13-4-2023 a 24-4-2023): 12 días.

60% × 56,39 euros = 33,83 euros
33,83 euros × 12 días = 405,96 euros (a cargo del empresario)

— Por los días 16.º al 20 de la baja (25-4-2023 a 29-4-2023): 5 días.

60% × 56,39 euros = 33,83 euros
33,83 euros × 5 días = 169,15 euros (pago delegado del INSS)

— Por el día 21 (30-4-2023): 1 día.

75% × 56,39 euros = 42,29 euros (pago delegado del INSS)

— Importe total del subsidio:

405,96 euros + 169,15 euros + 42,29 euros = 617,40 euros

B. CÁLCULO DE LAS BASES DE COTIZACIÓN

1. *Para contingencias comunes*

a) *Por el período de incapacidad temporal* (10-4-2023 a 30-4-2023) (se cuenta el día de baja y el día de alta):

$$\text{Base diaria} = \frac{\text{Base cotización mes anterior a la baja (marzo 2023)}}{\text{Número de días a que corresponde (30, por ser de retribución mensual)}}$$

$$\text{Base diaria} = \frac{1.691,67}{30} = 56,39 \text{ euros}$$

Al tratarse de un trabajador de percepción mensual, la referida cuantía habrá que multiplicarla por 30 menos el número de días que haya trabajado en el mes; es decir:

Base de cotización = 56,39 euros × 21 (30 – 9) = 1.184,19 euros

b) *Por los días trabajados* (1-4-2023 a 9-4-2023):

- Salario base: $\frac{1.450 \text{ euros} \times 9 \text{ días}}{30}$ .... = 435,00 euros
- Pagas extras: $\frac{1.450 \text{ euros} \times 2 \text{ pagas}}{360} \times 9$ días .. = 72,50 euros

507,50 euros

La cantidad de 507,50 euros resultante constituye la base de cotización correspondiente a los días de alta, dado que está comprendida entre las bases mínima, 378 euros (9 días × 1.260 euros/mes ÷ 30 días/mes), y máxima, 1.348,65 euros (9 días × 4.495,50 euros/mes ÷ 30 días/mes), que proporcionalmente corresponden a los 9 días trabajados.

c) *Total a cotizar por el mes de abril:*
La base total de cotización en el mes de abril está formada por la suma de los importes que corresponden a los períodos de baja y de alta.

1.184,19 euros (por los 21 días en IT) + 507,50 euros (por los 9 días en activo) = 1.691,69 euros

2. *Para contingencias profesionales (AT y EP)*

La base de cotización para accidentes de trabajo y enfermedades profesionales coincide, en este supuesto, con la base de cotización por contingencias comunes (1.691,69 euros), toda vez que en su planteamiento no se han supuesto percibidas horas extraordinarias ni durante el período trabajado en el mes de abril ni tampoco durante el año anterior a la fecha de iniciación de la situación de incapacidad temporal.

El empresario debe cotizar sobre esa base de cotización, 1.691,69 euros, a su exclusiva cuenta y de la siguiente forma:

- Ocupación «a» = 507,50 euros (período trabajado)
- Suspensión por enfermedad = 1.184,19 euros (período en IT)

3. *Para desempleo, Fondo de Garantía Salarial y formación profesional*

La base de cotización es la misma que para AT y EP: 1.691,69 euros.

4. *Para el mecanismo de equidad intergeneracional (MEI)*

La base de cotización es la misma que la de contingencias comunes = 1.691,69 euros.

C. Cálculo de las cuotas de cotización

1. *Para contingencias comunes*

- A cargo del empresario: 23,60% × 1.691,69 euros = 399,24 euros
- A cargo del trabajador: 4,70% × 1.691,69 euros = 79,50 euros

2. *Para contingencias profesionales (AT y EP)*

En los períodos de baja con obligación de cotizar se aplican los mismos tipos que en los periodos de alta.

- A cargo del empresario exclusivamente, CNAE 85.31 = 25,37 euros

— Por el período trabajado, ocupación «a» = 7,61 euros

IT: 507,50 euros × 0,80% = 4,06 euros
IMS: 507,50 euros × 0,70% = 3,55 euros

— Por el período en IT = 17,76 euros

IT: 1.184,19 euros × 0,80% = 9,47 euros
IMS: 1.184,19 euros × 0,70% = 8,29 euros

3. *Para desempleo*

- A cargo del empresario: 5,50% × 1.691,69 euros = 93,04 euros.
- A cargo del trabajador: 1,55% × 1.691,69 euros = 26,22 euros.

4. *Para el Fondo de Garantía Salarial*

- A cargo del empresario exclusivamente: 0,20% × 1.691,69 euros = 3,38 euros

5. *Para formación profesional*

- A cargo del empresario: 0,60% × 1.691,69 euros = 10,15 euros
- A cargo del trabajador: 0,10% × 1.691,69 euros = 1,69 euros

6. *Para el mecanismo de equidad intergeneracional (MEI)*

- A cargo del empresario: 0,50% × 1.691,60 euros = 8,46 euros.
- A cargo del trabajador: 0,10% × 1.691,60 euros = 1,69 euros.

7. *Importe a ingresar*

- Por contingencias comunes: 478,74
  399,24 + 79,50: 478,74
- Por contingencias profesionales: 25,37
  7,61 (4,06 + 3,55) + 17,76 (9,47 + 8,29)
- Para desempleo: 119,26
  93,04 + 26,22: 119,26
- Para el Fondo de Garantía Salarial: 3,38
- Para formación profesional: 11,84
  10,15 + 1,69: 11,84
- Para el mecanismo de equidad intergeneracional (MEI): 10,15
  8,46 + 1,69
- Compensación por pago delegado de IT: .... –211,44
  169,15 + 42,29: 211,44

Total .... 437,30 euros

D. Cálculo de las retenciones a cuenta del IRPF

El salario previsible del trabajador en 2023 (20.300 euros, al que corresponde una cotización a su cargo de 1.289,05 euros) está sujeto a retención dado que supera el límite cuantitativo de exención (16.696 euros) que, atendida su situación personal (con cónyuge a cargo) y número de descendientes (sin hijos), le corresponde.

1.° Base de retención (a – b) 16.127,84

a) Retribución total 20.300,00
b) Minoraciones (i + ii + iii) 4.172,16

i) Cotizaciones Seguridad Social 1.309,35
ii) Reducción en concepto de otros gastos 2.000,00
iii) Reducción por obtención de rendimiento 862,81

- 14.047,50 < (a – i: 18.990,65) < 19.747,50
- 6.498 – (18.990,65 – 14.047,50) × 1,14

2.° Mínimo personal y familiar (a + b) 5.550,00
Mínimo del contribuyente, ≤ 65 años

3.° Cuota de retención (a – b) 2.193,68

a) Aplicación de la escala a la base de retención (i + ii) 3.248,18

i) (0,00 – 12.450,00) × 19% 2.365,50
12.450,00 × 19%
ii) (12.450,00 – 16.127,84) × 24% 882,68
3.677,84 × 24%

b) Aplicación de la escala al mínimo personal y familiar 1.054,50
(0,00 – 5.550,00) × 19%

Dado que la la retribución anual (20.300 euros) es inferior a 25.200 euros, la cuota de retención no puede ser superior a la que resulta de la fórmula siguiente:

(Retribución total – Límite de retención) × 43%: (20.300,00 – 16.696,00) × 43%: 1.549,72.

El menor importe de los dos (1.549,72) es el que debe tomarse en consideración para la determinación del tipo de retención.

4.° Tipo de retención:

$$\frac{\text{Cuota de retención}}{\text{Rendimientos de trabajo}} \times 100 = \frac{1.549,72}{20.300,00} \times 100 = 7,63\%.$$

Por no coincidir el tipo de retención con el que se había aplicado en enero, procede efectuar la regularización correspondiente.

5.° Tipo de la regularización:

$$\frac{\text{Cuota de retención} - \text{Retenciones practicadas}}{\text{Retribución anual} - \text{Rendimientos satisfechos}} \times 100 = \frac{1.549,72 - 148,77}{20.300 - 1.450} \times 100 = 7,43\%.$$

Este tipo se aplicará sobre las cantidades pendientes de devengar.

6.° Importe de la retención del mes de noviembre:
La retribución que percibe el trabajador por todos los conceptos está sujeta a retención a cuenta del IRPF.

— Salario base: 48,33 euros/día × 9 días = ... 1.450 euros/mes 30 días mes = 48,33 euros/día	434,97 euros
— Subsidio de incapacidad temporal = ...	671,40 euros
Total	1.052,37 euros

Importe de la retención: 1.052,37 euros × 7,43% = 78,19 euros.

E. Confección del recibo de salarios

Ver la página 358.

Normativa aplicada

Los preceptos en los que se fundamenta la solución propuesta son:

— Artículos 141 a 148 y 173 de la Ley General de la Seguridad Social.
— Ley 35/2006, de 28 de noviembre, del Impuesto sobre la Renta de las Personas Físicas.
— Disposición adicional 4.ª de la Ley 42/2006, de 28 de diciembre.
— Artículo 122 de la Ley 31/2022, de 23 de diciembre, de Presupuestos Generales del Estado para el año 2023.
— Disposición adicional 5.ª del Real Decreto-ley 2/2021, de 26 de enero.
— Artículos 23 y 68 del Real Decreto 2064/1995, de 22 de diciembre.
— Artículos 74 a 89 del Real Decreto 439/2007, de 30 de marzo.
— Artículos 1 a 4, 6 y 31 de la Orden PCM/74/2023, de 30 de enero.

E. Confección del recibo de salarios

Empresa:	X X	Trabajador:	X X X
Domicilio:	X X	NIF:	X X
CIF:	X X	N.º de afiliación a la Seguridad Social:	X X
CCC:	X X	Grupo profesional:	Auxiliar administrativo
		Grupo de cotización:	7

Período de liquidación: del 1 de abril al 30 de abril de 2023. Total días 30

		IMPORTE	TOTALES
I. DEVENGOS			
1. Percepciones salariales			
Salario base	48,33 euros × 9 días	434,97	
Complementos salariales			
Horas extraordinarias			
Horas complementarias (contratos a tiempo parcial)			
Gratificaciones extraordinarias			
Salario en especie			
2. Percepciones no salariales			
Indemnizaciones o suplidos			
Prestaciones e indemnizaciones de la Seguridad Social	IT enfermedad común del 13-4-2023 al 30-4-2023	617,40	(1)
Indemnizaciones por traslados, suspensiones o despidos			
Otras percepciones no salariales			
A. Total devengado			1.052,37
II. DEDUCCIONES			
1. Aportación del trabajador a las cotizaciones a la Seguridad Social y conceptos de recaudación conjunta	%		
Contingencias comunes y MEI	4,80 (5)	81,20	
Desempleo	1,55	26,22	
Formación profesional	0,10	1,69	
Horas extraordinarias			
Total aportaciones		109,11	
2. Impuesto sobre la Renta de las Personas Físicas	7,43	78,19	
3. Anticipos			
4. Valor de los productos recibidos en especie			
5. Otras deducciones			
B. Total a deducir			187,30
LÍQUIDO TOTAL A PERCIBIR (A – B)			865,07

30 de abril de 2023

Firma y sello de la empresa — RECIBÍ

DETERMINACIÓN DE LAS BASES DE COTIZACIÓN A LA SEGURIDAD SOCIAL Y CONCEPTOS DE RECAUDACIÓN CONJUNTA Y DE LA BASE SUJETA A RETENCIÓN DEL IRPF Y APORTACIÓN DE LA EMPRESA

CONCEPTO		BASE	TIPO	APORTACIÓN EMPRESA
1. Contingencias comunes				
Importe remuneración mensual	1.619,19 (2)			
Importe prorrata pagas extraordinarias	72,50 (3)			
	TOTAL	1.691,69	24,10 (6)	407,68
2. Contingencias profesionales y conceptos de recaudación conjunta	AT y EP		1,50	25,37
	Desempleo	1.691,69 (4)	5,50	93,04
	Formación profesional		0,60	10,15
	Fondo de Garantía Salarial		0,20	3,38
3. Cotización adicional por horas extraordinarias				
4. Base sujeta a retención del IRPF		1.052,37		

(1) 405,96 euros (del 13-4-2023 a 24-4-2023), a cargo del empresario + 211,44 euros (del 25-4-2023 a 30-4-2023), a cargo del INSS.
(2) 435,00 euros (período de alta) + 1.184,19 euros (período de baja por IT).
(3) Sólo por el período en activo
(4) 507,50 euros (período de alta) + 1.184,19 euros (período de baja por IT).
(5) Incluye 0,10% de la cotización para el mecanismo de equidad intergeneracional.
(6) Incluye 0,50% de la cotización para el mecanismo de equidad intergeneracional.

20. Situación de incapacidad temporal derivada de accidente no laboral

PLANTEAMIENTO

Un trabajador, con contrato indefinido y con categoría profesional de jefe administrativo, grupo 3 de cotización a la Seguridad Social, causa baja en la empresa por causa de accidente no laboral el 6 de julio de 2023, situación en la que permanece hasta el 13 de julio de 2023, en que es dado de alta por curación.

La base de cotización por contingencias comunes fue durante el precedente mes de junio de 1.768,33 euros.

El importe de la base de cotización por contingencias profesionales ascendió durante el mismo mes a 1.918,33 euros, de los que 150 euros corresponden a horas extraordinarias.

Durante el año anterior al mes de la baja se cotizaron un total de 870 euros en horas extraordinarias.

Las retribuciones que el trabajador percibe mensualmente en activo son las siguientes:

— Salario base: 1.300 euros.
— Antigüedad: 130 euros.
— Incentivo: 100 euros.

Durante el período trabajado en el mes de la baja tiene acreditados 65 euros en horas extraordinarias.

Tiene derecho a percibir dos pagas extraordinarias de 1.430 euros cada una de ellas.

A la empresa, dedicada a actividades de traducción, CNAE 74.30, le corresponde un tipo de cotización del 1,75%, según la tarifa de primas de AT y EP. No obstante, el trabajador, por realizar trabajos exclusivos de oficina, ocupación «a», tiene asignado un tipo de cotización por AT y EP de 1,50% (0,80 por IT y 0,70 por IMS).

Durante el periodo de baja por incapacidad temporal, para la cotización por accidentes de trabajo y enfermedades profesionales se aplica el mismo tipo de cotización que se aplicaba antes de la baja.

El trabajador, de 46 años, está casado, su cónyuge no dispone de rentas superiores a 1.500 euros y tienen 2 hijos, de 4 y 12 años.

A efectos del IRPF se le ha estimado para 2023 una retribución anual de 21.220 euros y una cotización a la Seguridad Social de 1.368,69 euros.

En el mes de enero se le practicó la retención conforme a la legislación vigente al 31 de diciembre de 2022, por un importe de 111,08 euros y un tipo de 7,26%.

Con estos datos, calcular el importe del subsidio económico, las bases de cotización a la Seguridad Social, las cuotas de empresa y trabajador, así como las retenciones a cuenta del Impuesto sobre la renta de las Personas Físicas. Posteriormente, confeccionar el recibo de salarios correspondiente al mes de julio.

SOLUCIÓN

A. CÁLCULO DEL SUBSIDIO ECONÓMICO

1. *Base reguladora*

$$\text{B.R.} = \frac{\text{Base de cotización por contingencias comunes del mes anterior al de la baja (junio 2023)}}{\text{Número de días cotizados en dicho mes (30)}}$$

$$\text{B.R.} = \frac{1.768{,}33}{30} = 58{,}94 \text{ euros}$$

2. *Cálculo del subsidio*

El subsidio se devenga a partir del cuarto día de la fecha de baja. En consecuencia, los días subsidiados durante el mes de julio serán los siguientes:

Por el período de 9-7-2023 (4.º día de baja) a 13-7-2023 (día del alta): 5 días.

60% × 58,94 euros = 35,36 euros
35,36 euros × 5 días = 176,80 euros (a cargo exclusivo del empresario)

El subsidio o prestación económica por IT, en el caso en que ésta derive de accidente no laboral, entre los días 4.º al 15.º de baja consecutiva en el trabajo, es del exclusivo cargo del empresario, no como pago delegado sino como responsabilidad empresarial directa.

B. CÁLCULO DE LAS BASES DE COTIZACIÓN

1. *Para contingencias comunes*

a) *Por el período de incapacidad temporal* (6-7-2023 a 13-7-2023 se cuenta el día de baja y el de alta):

$$\text{Base diaria} = \frac{\text{Base cotización C.C. mes anterior a la baja (junio 2023)}}{\text{Número de días a que corresponde (30)}}$$

$$\text{Base diaria} = \frac{1.768{,}33}{30} = 58{,}94 \text{ euros}$$

Al tratarse de un trabajador de percepción mensual, la referida cuantía habrá que multiplicarla por 30 menos el número de días que haya trabajado en el mes.
Siendo días trabajados los comprendidos entre 1-7-2023 y 5-7-2023 (5 días) más los comprendidos entre el 14-7-2022 y 31-7-2022 (18 días): total 23 días, operaremos de la siguiente forma:

Base de cotización = 58,94 euros × 7 días (30 – 23) = 412,58 euros

b) *Por los días trabajados* (de 1-7-2023 a 5-7-2023 y de 14-7-2023 a 31-7-2023):

- Salario base: $\frac{1.300 \text{ euros} \times 23 \text{ días}}{30}$ .... = 996,67 euros
- Antigüedad: $\frac{130 \text{ euros} \times 23 \text{ días}}{30}$ .... = 99,67 euros
- Incentivo: $\frac{100 \text{ euros} \times 23 \text{ días}}{30}$ .... = 76,67 euros
- Pagas extras: $\frac{1.430 \text{ euros} \times 2 \text{ pagas}}{360} \times 23$ días . . = 182,72 euros

1.355,73 euros

La cantidad de 1.355,73 euros resultante constituye la base de cotización correspondiente a los días de alta, dado que está comprendida entre las bases mínima, 973,23 euros (23 días × 1.269,43 euros/mes ÷ 30 días/mes), y máxima, 3.173,54 euros (23 días × 4.495,50 euros/mes ÷ 30 días/mes), que proporcionalmente corresponden a los 23 días trabajados.

c) *Total a cotizar por el mes de julio:*

La base total de cotización del mes de julio está formada por la suma de los importes que corresponden a los períodos de baja y de alta.

412,58 euros (por los 7 días en IT) + 1.355,73 euros (por los 23 días en activo) = 1.768,31 euros

Cuantía esta que estando comprendida entre la base mínima (1.269,43 euros) y máxima (4.495,50 euros) del grupo 3 de cotización y constituye la base de cotización por contingencias comunes.

2. *Para contingencias profesionales (AT y EP)*

a) *Por el período de IT* (6-7-2023 a 13-7-2023):

Base diaria = A + B.

$$A = \frac{\text{Base cotización C.P. del mes anterior al de la baja (junio 2022) – Horas extras de ese mes}}{\text{Número de días a que corresponde dicha cotización}} =$$

$$= \frac{1.918,33 - 150}{30} = 58,94 \text{ euros}$$

$$B = \frac{\text{Horas extraordinarias año anterior}}{360} = \frac{870}{360} = 2,42 \text{ euros}$$

Base diaria = A + B = 58,94 euros + 2,42 euros = 61,36 euros que se multiplicarán por 30 menos el número de días que haya trabajado en el mes (30 – 23 días = 7 días).

61,36 euros × 7 días = 429,52 euros

b) *Por los días trabajados* (de 1-7-2023 a 5-7-2023 y de 14-7-2023 a 31-7-2023):

- Salario base: $\frac{1.300 \text{ euros} \times 23 \text{ días}}{30}$ . . . . = 996,67 euros
- Antigüedad: $\frac{130 \text{ euros} \times 23 \text{ días}}{30}$ . . . . = 99,67 euros
- Incentivo: $\frac{100 \text{ euros} \times 23 \text{ días}}{30}$ . . . . = 76,67 euros
- Horas extraordinarias: 65 euros . . . . = 65,00 euros
- Pagas extras: $\frac{1.430 \text{ euros} \times 2 \text{ pagas}}{360}$ × 23 días. . = 182,72 euros

1.420,73 euros

La cantidad de 1.420,73 euros resultante constituye la base de cotización correspondiente a los días de alta, dado que está comprendida entre los topes mínimo, 966 euros (23 días × 1.260,00 euros/mes ÷ 30 días/mes), y máximo, 3.446,55 euros (23 días × 4.495,50 euros/mes ÷ 30 días/mes, que proporcionalmente corresponden a los 9 días trabajados).

c) *Total a cotizar por el mes de julio:*

La base de cotización del mes de julio está formada por la suma de los importes correspondientes a los períodos de baja y de alta.

429,52 euros (por los 7 días de IT) + 1.420,73 euros (por los 23 días en activo) = 1.850,25 euros

No obstante, el empresario podrá cotizar para contingencias profesionales de la siguiente forma:

- Ocupación «a»: 1.420,73 euros (período trabajado)
- Suspensión por enfermedad: 429,52 euros (período en IT)

3. *Para desempleo, Fondo de Garantía Salarial y formación profesional*

La base de cotización es la misma que la de AT y EP = 1.850,25 euros.

4. *Para la cotización adicional por horas extraordinarias*

La base de cotización está constituida por su importe: 65 euros.

5. *Para el mecanismo de equidad intergeneracional (MEI)*

La base de cotización es la misma que la de contingencias comunes = 1.768,31 euros.

C. Cálculo de las cuotas de cotización

1. *Para contingencias comunes*

- A cargo del empresario: 23,60% × 1.768,31 euros = 417,32 euros
- A cargo del trabajador: 4,70% × 1.768,31 euros = 83,11 euros

2. *Para contingencias profesionales (AT y EP)*

En los períodos de baja con obligación de cotizar se aplican los mismos tipos que en los periodos de alta.

- A cargo del empresario exclusivamente = 27,77 euros

— Por el período trabajado, ocupación «a» = 21,32 euros

IT: 1.420,73 euros × 0,80% = 11,37 euros
IMS: 1420,73 euros × 0,70% = 9,95 euros

— Por el período en IT = 6,45 euros

IT: 429,52 euros × 0,80% = 3,44 euros
IMS: 429,52 euros × 0,70% = 3,01 euros

3. *Para desempleo*

- A cargo del empresario: 5,50% × 1.850,25 euros = 101,76 euros
- A cargo del trabajador: 1,55% × 1.850,25 euros = 28,68 euros

4. *Para el Fondo de Garantía Salarial*

- A cargo del empresario exclusivamente: 0,20% × 1.850,25 euros = 3,70 euros.

5. *Para formación profesional*

- A cargo del empresario: 0,60% × 1.850,25 euros = 11,10 euros
- A cargo del trabajador: 0,10% × 1.850,25 euros = 1,85 euros

6. *Para cotización adicional por horas extraordinarias*

- A cargo del empresario: 23,60% × 65 euros = 15,34 euros
- A cargo del trabajador: 4,70% × 65 euros = 3,06 euros

7. *Para el mecanismo de equidad intergeneracional (MEI)*

- A cargo del empresario: 0,50% × 1. 768,31 euros = 8,84 euros
- A cargo del trabajador: 0,10% × 1. 768,31 euros = 1,77 euros

8. *Importe a ingresar*

• Por contingencias comunes:		500,43
417,32 + 83,11:	500,43	
• Por contingencias profesionales:		27,77
21,32 (11,37 + 9,95) + 6,45 (3,44 + 3,01)		
• Para desempleo:		130,44
101,76 + 28,68:	130,44	
• Para el Fondo de Garantía Salarial:		3,70
• Para formación profesional:		12,95
11,10 + 1,85:	12,95	
• Por horas extraordinarias:		18,40
15,34 + 3,06:	18,40	
• Para el mecanismo de equidad intergeneracional (MEI):		10,61
8,84 + 1,77		
Total		704,30 euros

D. CÁLCULO DE LAS RETENCIONES A CUENTA DEL IRPF

El salario previsible del trabajador en 2023 —21.220 euros, al que corresponde una cotización a su cargo de 1.368,69 euros— está sujeto a retención dado que supera el límite cuantitativo de exención (19.241 euros) que, atendida su situación personal (con cónyuge a cargo) y número de descendientes (dos hijos), le corresponde.

1.º Base de retención (a – b)			17.851,31
a) Retribución total		21.220,00	
b) Minoraciones (i + ii + iii)		3.368,69	
i) Cotizaciones Seguridad Social	1.368,69		
ii) Reducción en concepto de otros gastos	2.000,00		
iii) Reducción por obtención de rendimiento	0,00		
14.047,50 < (a – i: 19.851,31) < 19.747,50			
2.º Mínimo personal y familiar (a + b)			8.100,00
a) Mínimo del contribuyente, ≤ 65 años		5.550,00	
b) Mínimo por descendientes (i + ii)		2.550,00	
i) Por el hijo de 12 años	1.200,00		
2400 ÷ 2			
ii) Por el hijo de 4 años	1.350,00		
2700 ÷ 2 (?)			
3.º Cuota de retención (a – b)			2.122,81
a) Aplicación de la escala a la base de retención (i + ii)		3.661,81	
i) (0,00 – 12.450,00) × 19%	2.365,50		
12.450,00 × 19%			
ii) (12.450,00 – 17.851,31) × 24%	1.296,31		
5.401,31 × 24%			
b) Aplicación de la escala al mínimo personal y familiar		1.539,00	
(0,00 – 8.100,00) × 19%			

Dado que la la retribución anual (21.220 euros) es inferior a 35.200 euros, la cuota de retención no puede ser superior a la que resulta de la fórmula siguiente:

(Retribución total – Límite de retención) × 43%: (21.220,00 – 19.241,00) × 43%: 850,97.

El menor importe de los dos (850,97) es el que debe tomarse en consideración para la determinación del tipo de retención.

4.° Tipo de retención:

$$\frac{\text{Cuota de retención}}{\text{Rendimientos de trabajo}} \times 100 = \frac{850{,}97}{21.220{,}00} \times 100 = 4{,}01\%.$$

Por no coincidir el tipo de retención con el que se había aplicado en enero, procede efectuar la regularización correspondiente.

5.° Tipo de la regularización:

$$\frac{\text{Cuota de retención – Retenciones practicadas}}{\text{Retribución anual – Rendimientos satisfechos}} \times 100 = \frac{850{,}97 - 111{,}08}{21.220 - 1.530} \times 100 = 3{,}75\%.$$

Este tipo se aplicará sobre las cantidades pendientes de devengar.

6.° Importe de la retención del mes de julio:
La retribución que percibe el trabajador por todos los conceptos está sujeta a retención a cuenta del IRPF.

— Salario base: 43,33 euros/día × 23 días = ...	996,59 euros
1.300 euros/mes ÷ 30 días/mes = 43,33 euros/día	
— Antigüedad: 3,30 euros/día × 23 días = ...	99,59 euros
130 euros/mes ÷ 30 días/mes = 4,33 euros/día	
— Incentivo: 3,33 euros/día × 23 días = ...	76,59 euros
100 euros/mes ÷ 30 días/mes = 3,33 euros/día	
— Horas extraordinarias.	65,00 euros
— Subsidio de incapacidad temporal = ...	176,80 euros
Total	1.414,57 euros

Importe de la retención: 1.414,57 × 3,75% = 53,05.

E. Confección del recibo de salarios

Ver la página 365.

Normativa aplicada

Los preceptos en los que se fundamenta la solución propuesta son:

— Artículos 141 a 149 de la Ley General de la Seguridad Social.
— Ley 35/2006, de 28 de noviembre, del Impuesto sobre la Renta de las Personas Físicas.
— Disposición adicional 4.ª de la Ley 42/2006, de 28 de diciembre.
— Artículo 122 de la Ley 31/2022, de 23 de diciembre, de Presupuestos Generales del Estado para el año 2023.
— Artículos 23 y 68 del Real Decreto 2064/1995, de 22 de diciembre.
— Artículos 74 a 89 y 102 del Real Decreto 439/2007, de 30 de marzo.
— Artículos 1 a 6 y 31 de la Orden PCM/74/2023, de 30 de enero.

E. Confección del recibo de salarios

Empresa:	X X
Domicilio:	X X
CIF:	X X
CCC:	X X

Trabajador:	X X X
NIF:	X X
N.º de afiliación a la Seguridad Social:	X X
Grupo profesional:	Jefe administrativo
Grupo de cotización:	3

Período de liquidación: del 1 de julio al 31 de julio de 2023 Total días 30

I. DEVENGOS	%	IMPORTE	TOTALES
1. Percepciones salariales			
Salario base 43,33 euros × 23 días		996,59	
Complementos salariales			
Antigüedad 4,33 euros × 23 días		99,59	
Incentivos 3,33 euros × 23 días		76,59	
Horas extraordinarias		65,00	
Horas complementarias (contratos a tiempo parcial)			
Gratificaciones extraordinarias			
Salario en especie			
2. Percepciones no salariales			
Indemnizaciones o suplidos			
Prestaciones e indemnizaciones de la Seguridad Social: IT accidente no laboral del 9-7-2023 al 13-7-2023		176,80	
Indemnizaciones por traslados, suspensiones o despidos			
Otras percepciones no salariales			
A. Total devengado			1.414,57
II. DEDUCCIONES			
1. Aportación del trabajador a las cotizaciones a la Seguridad Social y conceptos de recaudación conjunta			
Contingencias comunes y MEI	4,80 (4)	84,88	
Desempleo	1,55	28,68	
Formación profesional	0,10	1,85	
Horas extraordinarias:			
Fuerza mayor			
Otras	4,70	3,06	
Total aportaciones		118,47	
2. Impuesto sobre la Renta de las Personas Físicas	3,75	53,05	
3. Anticipos			
4. Valor de los productos recibidos en especie			
5. Otras deducciones			
B. Total a deducir			171,52
LÍQUIDO TOTAL A PERCIBIR (A – B)			1.243,05

31 de julio de 2023

Firma y sello de la empresa RECIBÍ

DETERMINACIÓN DE LAS BASES DE COTIZACIÓN A LA SEGURIDAD SOCIAL Y CONCEPTOS DE RECAUDACIÓN CONJUNTA Y DE LA BASE SUJETA A RETENCIÓN DEL IRPF Y APORTACIÓN DE LA EMPRESA

CONCEPTO			BASE	TIPO	APORTACIÓN EMPRESA
1. Contingencias comunes					
	Importe remuneración mensual	1.585,59 (1)			
	Importe prorrata pagas extraordinarias	182,72 (2)			
		TOTAL	1.768,31	24,10 (5)	426,16
2. Contingencias profesionales y conceptos de recaudación conjunta		AT y EP		1,50	27,77
		Desempleo	1.850,25 (3)	5,50	101,76
		Formación profesional		0,60	11,10
		Fondo de Garantía Salarial		0,20	3,70
3. Cotización adicional por horas extraordinarias			65,00	23,60	15,34
4. Base sujeta a retención del IRPF			1.414,57		

(1) 1.173,01 euros (período de alta) + 412,58 euros (período de baja por IT).
(2) Sólo por el período en acivo.
(3) 1.420,73 euros (período de alta) + 429,52 euros (período de baja por IT).
(4) Incluye 0,10% de la cotización para el mecanismo de equidad intergeneracional.
(5) Incluye 0,50% de la cotización para el mecanismo de equidad intergeneracional.

21. Situación de incapacidad temporal derivada de accidente de trabajo

Planteamiento

Un trabajador, con contrato indefinido y con la categoría de oficial de tercera, grupo 9 de cotización a la Seguridad Social, sufre un accidente laboral causando baja el 6 de junio de 2023, situación en la que permanece hasta el 17 de junio de 2023, en que es dado de alta por curación.

La base de cotización del trabajador por contingencias comunes fue, durante el precedente mes de mayo, de 1.650,64 euros. A la misma cuantía ascendió la cotización por contingencias profesionales.

Durante el año anterior al mes de la baja se han cotizado 450 euros en concepto de horas extraordinarias.

Durante los días del mes en que permanece activo se le acreditan 160 euros por horas extraordinarias por fuerza mayor.

El salario que percibe el trabajador en activo es el siguiente:

— Salario base: 38 euros/día.
— Plus de convenio: 5 euros/día.
— Incentivo: 4 euros/día.

Tiene derecho también a dos pagas extraordinarias de 30 días de salario base cada una de ellas.

A la empresa, dedicada a la distribución de películas cinematográficas, CNAE 59.17, le corresponde, según la tarifa de primas de AT y EP, un tipo de cotización de 1,50% (0,80 por IT y 0,70 por IMS).

Durante el periodo de baja por incapacidad temporal, para la cotización por accidentes de trabajo y enfermedades profesionales se aplica el mismo tipo de cotización que se aplicaba antes de la baja.

El trabajador, de 27 años, está casado, su cónyuge no dispone de rentas superiores a 1.500 euros y tienen 2 hijos, de 2 y 4 años.

A efectos del IRPF se le ha estimado para 2023 una retribución anual de 19.435 euros y una cotización a la Seguridad Social de 1.253,56 euros.

En el mes de enero se le practicó la retención conforme a la legislación vigente al 31 de diciembre de 2022, por un importe de 57,99 euros y un tipo de 3,98%.

Con estos datos calcular, el importe del subsidio económico, las bases de cotización a la Seguridad Social, las cuotas de empresa y trabajador, así como las retenciones a cuenta del Impuesto sobre la Renta de las Personas Físicas. Posteriormente, confeccionar el recibo de salarios correspondiente al mes de junio.

SOLUCIÓN

A. CÁLCULO DEL SUBSIDIO ECONÓMICO

1. *Base reguladora*

BR = A + B.

$$A = \frac{\text{Base cotización C.P. del mes anterior al de la baja (mayo 2023) – Horas extras de ese mes}}{\text{Número de días a que se refiere dicha cotización (31, por ser de retribución diaria)}} =$$

$$= \frac{1.650,64}{31} = 53,25 \text{ euros}$$

$$B = \frac{\text{Horas extras cotizadas durante el año anterior al mes de la baja (mayo 2023)}}{\text{Número de días cotizados durante el año anterior al mes de la baja (365)}} =$$

$$= \frac{450}{365} = 1,23 \text{ euros}$$

BR = A + B = 53,25 euros + 1,23 euros = 54,48 euros

2. *Importe del subsidio*

Como el subsidio por incapacidad temporal derivada de accidente de trabajo se devenga a partir del día siguiente al del accidente, los días a subsidiar durante el mes de junio serán los siguientes:

Por los días comprendidos en el período 7-6-2023 a 17-6-2023: 11 días.

75% × 54,48 euros = 40,86 euros.
40,86 euros × 11 días = 449,46 euros.

B. CÁLCULO DE LAS BASES DE COTIZACIÓN

1. *Para contingencias comunes*

a) *Por el período de IT* (7-6-2023 a 17-6-2023) (se cuenta el día de alta):

$$\text{Base diaria} = \frac{\text{Base cotización C.C. mes anterior a la baja (mayo 2023)}}{\text{Número de días a que corresponde (31, por ser de retribución diaria)}} =$$

$$= \frac{1.650,64}{31} = 53,25 \text{ euros}$$

Al tratarse de un trabajador de percepción diaria, la referida cuantía habrá que multiplicarla por el número de días que ha permanecido de baja; es decir:

Base de cotización = 53,25 euros × 11 días = 585,75 euros

b) *Por días trabajados* (1-6-2023 a 6-6-2023 y 18-6-2023 a 30-6-2023). Se cuenta el día de la baja:

- Salario diario .... 47,00 euros
- Parte proporcional pagas extras:

$\frac{38 \times 60}{365}$ = ... 6,25 euros

53,25 euros

La cantidad de 53,25 euros resultante constituye la base de cotización diaria, dado que está comprendida entre las bases mínima (42,00 euros) y máxima (149,85 euros) de su grupo de cotización.

Base de cotización: 53,25 euros × 19 días = 1.011,75 euros

c) *Total a cotizar por el mes de junio:*

La base de cotización del mes de junio está formada por la suma de los importes correspondientes a los períodos de baja y de alta.

585,75 euros (por los 11 días de IT) + 1.011,75 euros (por los 19 días en activo) = 1.597,50 euros

2. *Para contingencias profesionales*

a) *Por el período de IT* (7-6-2023 a 17-6-2023):

Base diaria = A + B.

$$A = \frac{\text{Base cotización C.P. del mes anterior al de la baja (mayo 2023) – Horas extras de ese mes}}{\text{Número de días a que corresponde dicha cotización (31)}} =$$

$$= \frac{1.650,64}{31} = 53,25 \text{ euros}$$

$$B = \frac{\text{Horas extras cotizadas durante el año anterior al mes de la baja (mayo 2022)}}{\text{Número de días a que corresponde (365)}} =$$

$$= \frac{450}{365} = 1,23 \text{ euros}$$

Base diaria: A + B = 53,25 euros + 1,23 euros = 54,48 euros

Al tratarse de un trabajador de retribución diaria, la referida cuantía habrá que multiplicarla por el número de días que ha permanecido de baja; es decir:

Base de cotización = 54,48 euros × 11 días = 599,28 euros

b) *Por los días trabajados* (1-6-2023 a 6-6-2023 y 18-6-2023 a 30-6-2023):

- Salario diario .... 47,00 euros
- Parte proporcional pagas extras:

  $\frac{38 \times 60}{365}$ = ... 6,25 euros

- Horas extraordinarias:

  $\frac{160}{19}$ = ... 8,42 euros

  61,67 euros

La cantidad de 61,67 euros resultante constituye la base de cotización diaria, dado que está comprendida entre los topes mínimo (42,00 euros) y máximo (149,85 euros) de su grupo de cotización.

Base de cotización: 61,67 euros × 19 días = 1.171,73 euros

c) *Total a cotizar por el mes de junio:*

La base de cotización del mes de junio está formada por la suma de los importes correspondientes a los períodos de baja y de alta, ya que en los períodos de baja con obligación de cotizar se aplican los mismos tipos que en los periodos de alta.

599,28 euros (por los 11 días de IT) + 1.171,73 euros (por los 19 días en activo) = 1.771,01 euros.

En consecuencia, el empresario deberá cotizar para contingencias profesionales de la siguiente forma:

- CNAE 59.17: 1.171,73 (por el período trabajado).
- CNAE 59.17: 599,28 (por el período en IT).

C. CÁLCULO DE LAS CUOTAS DE COTIZACIÓN

1. *Para contingencias comunes*

- A cargo del empresario: 1.597,50 euros × 23,60% = 377,01 euros
- A cargo del trabajador: 1.597,50 euros × 4,70% = 75,08 euros

2. *Para contingencias profesionales (AT y EP)*

- A cargo del empresario exclusivamente, CNAE 59.17 = 26,55 euros

—Por el período trabajado, ocupación «a» = 17,57 euros

IT: 1.060,96 euros × 0,80% = 9,37 euros
IMS: 1.060,96 euros × 0,70% = 8,20 euros

—Por el período en IT = 8,98 euros

IT: 599,28 euros × 0,80% = 4,79 euros
IMS: 599,28 euros × 0,70% = 4,19 euros

3. *Para desempleo*

- A cargo del empresario: 1.771,01 euros × 5,50% = 97,41 euros
- A cargo del trabajador: 1.771,01 euros × 1,55% = 27,45 euros

4. *Para el Fondo de Garantía Salarial*

- A cargo del empresario exclusivamente = 3,54 euros
1.771,01 euros × 0,20%

5. *Para formación profesional*

- A cargo del empresario: 1.771,01 euros × 0,60% = 10,63 euros
- A cargo del trabajador: 1.771,01 euros × 0,10% = 1,77 euros

6. *Adicional por horas extraordinarias por fuerza mayor*

- A cargo del empresario: 12% × 160 euros × 12% = 19,20 euros
- A cargo del trabajador: 2% × 160 euros × 2% = 3,20 euros

7. *Para el mecanismo de equidad intergeneracional (MEI)*

- A cargo del empresario: 0,50% × 1.597,50 euros = 7,99 euros
- A cargo del trabajador: 0,10% × 1.597,50 euros = 1,60 euros

8. *Importe a ingresar*

• Para contingencias comunes: .... 377,01 + 75,08	452,09 euros
• Para contingencias profesionales: .... 17,57 (9,37 + 8,20) + 8,98 (4,79 + 4,19)	26.55 euros
• Para desempleo: .... 97,41 + 27,45	124,86 euros
• Para el Fondo de Garantía Salarial:.........................	3,54 euros
• Para formación profesional:............................. 10,63 + 1,77	12,40 euros
• Por horas extraordinarias .... Fuerza mayor: 19,20 + 3,20	22.40 euros
• Para el mecanismo de equidad intergeneracional (MEI):....... 7,99 + 1,60	9,59 euros
• Compensación por pago delegado	–449,46 euros
Total	201,97 euros

D. Cálculo de las retenciones a cuenta del IRPF

En enero, el salario previsible del trabajador en 2023 —19.435 euros, al que correspondía una cotización a su cargo de 1.253,56 euros— estaba sujeto a retención dado que superaba el límite cuantitativo de exención al 31 de diciembre de 2022 (17.634 euros) que, atendida su situación personal (con cónyuge a cargo) y número de descendientes (dos hijos), le correspondía:

1.º Base de retención (a – b) 14.396,13

- a) Retribución total 19.435,00
- b) Minoraciones (i + ii + iii) 5.038,87
  - i) Cotizaciones Seguridad Social 1.253,56
  - ii) Reducción en concepto de otros gastos 2.000,00
  - iii) Reducción por obtención de rendimiento 1.785,31
    - 14.047,50 < (a – i: 18.181,44) < 19.747,50
    - 6.498 – (18.181,34 – 14.047,50) × 1,14

2.º Mínimo personal y familiar (a + b) 9.500,00

- a) Mínimo del contribuyente ≤ 65 años 5.550,00
- b) Mínimo por descendientes (i + ii) 3.950,00
  - i) Por el hijo de 4 años: 1.200,00
    2.400 ÷ 2: 1.200,00
  - ii) Por el hijo de 2 años: 2.750,00
    2.700 ÷ 2: 1.200: 1.350,00
    Por ser menor de 3 años: 2.800 ÷ 2: 1.400,00

3.º Cuota de retención (a – b) 1.027,57

- a) Aplicación de la escala a la base de retención (i + ii) 2.832,57
  - i) (0,00 – 12.450,00) × 19% 2.365,50
    12.450,00 × 19%
  - ii) (12.450,00 – 14.396,13) × 19% 467,07
    1.946,13 × 24%
- b) Aplicación de la escala al mínimo personal y familiar 1.805,00
  (0,00 – 9.500,00) × 19%

Como la retribución anual (19.435 euros) es inferior a 35.200 euros, la cuota de retención no puede ser superior a la que resulta de la fórmula siguiente:

(Retribución total – Límite de retención) × 43%: (19.435 – 19.241) × 43% = 83,42

El menor importe de los dos (83,42) es el que debe tomarse en consideración para la determinación del tipo de retención.

4.º Tipo de retención:

$$\frac{\text{Cuota de retención}}{\text{Rendimientos de trabajo}} \times 100 = \frac{83{,}42}{19.435} \times 100 = 0{,}42\%.$$

Por no coincidir el tipo de retención con el que se había aplicado en enero, procede efectuar la regularización correspondiente.

5.º Tipo de la regularización:

$$\frac{\text{Cuota de retención – Retenciones practicadas}}{\text{Retribución anual – Rendimientos satisfechos}} \times 100 = \frac{83{,}42 - 57{,}99}{19.435 - 1.457} \times 100 = 0{,}14\%.$$

Este tipo se aplicará sobre las cantidades pendientes de devengar.

E. Confección del recibo de salarios

Ver la página 372.

Normativa aplicada

Los preceptos en los que se fundamenta la solución propuesta son:

— Artículos 141 a 149 de la Ley General de la Seguridad Social.
— Ley 35/2006, de 28 de noviembre, del Impuesto sobre la Renta de las Personas Físicas.
— Disposición adicional 4.ª de la Ley 42/2006, de 28 de diciembre.
— Artículo 122 de la Ley 31/2022, de 23 de diciembre, de Presupuestos Generales del Estado para el año 2023.
— Artículos 23 y 68 del Real Decreto 2064/1995, de 22 de diciembre.
— Artículos 74 a 89 del Real Decreto 439/2007, de 30 de marzo.
— Artículos 1 a 6 y 31 de la Orden PCM/74/2023, de 30 de enero.

E. Confección del recibo de salarios

Empresa:	X X	Trabajador:	X X X
Domicilio:	X X	NIF:	X X
CIF:	X X	N.º de afiliación a la Seguridad Social:	X X
		Grupo profesional:	Jefe administrativo
CCC:	X X	Grupo de cotización:	3

Período de liquidación: del 1 de junio al 30 de junio de 2023 — Total días 30

	%	IMPORTE	TOTALES
I. DEVENGOS			
1. Percepciones salariales			
Salario base 38 euros × 19 días		722,00	
Complementos salariales			
Plus de convenio (5 euros × 19 días)		95,00	
Incentivos (4 euros × 19 días)		76,00	
Horas extraordinarias		160,00	
Horas complementarias (contratos a tiempo parcial)			
Gratificaciones extraordinarias			
Salario en especie			
2. Percepciones no salariales			
Indemnizaciones o suplidos			
Prestaciones e indemnizaciones de la Seguridad Social: IT accidente de trabajo del 7-6-2023 al 17-6-2023		449,46	
Indemnizaciones por traslados, suspensiones o despidos			
Otras percepciones no salariales			
A. Total devengado			1.502,46
II. DEDUCCIONES			
1. Aportación del trabajador a las cotizaciones a la Seguridad Social y conceptos de recaudación conjunta			
Contingencias comunes y MEI	4,80 (4)	75,08	
Desempleo	1,55	27,45	
Formación profesional	0,10	1,77	
Horas extraordinarias:			
Fuerza mayor	2,00	3,20	
Otras			
Total aportaciones		107,50	
2. Impuesto sobre la Renta de las Personas Físicas	0,14	2,10	
3. Anticipos			
4. Valor de los productos recibidos en especie			
5. Otras deducciones			
B. Total a deducir			109,60
LÍQUIDO TOTAL A PERCIBIR (A – B)			1.392,86

30 de junio de 2023

Firma y sello de la empresa — RECIBÍ

DETERMINACIÓN DE LAS BASES DE COTIZACIÓN A LA SEGURIDAD SOCIAL Y CONCEPTOS DE RECAUDACIÓN CONJUNTA Y DE LA BASE SUJETA A RETENCIÓN DEL IRPF Y APORTACIÓN DE LA EMPRESA

CONCEPTO		BASE	TIPO	APORTACIÓN EMPRESA
1. Contingencias comunes				
Importe remuneración mensual	1.478,75 (1)			
Importe prorrata pagas extraordinarias	118,75 (2)			
	TOTAL	1.597,50	24,10 (5)	426,81
2. Contingencias profesionales y conceptos de recaudación conjunta	AT y EP		1,25	26,57
	Desempleo	1.771,01 (3)	5,50	97,41
	Formación profesional		0,60	10,63
	Fondo de Garantía Salarial		0,20	3,54
3. Cotización adicional por horas extraordinarias		160,00	12,00	19,20
4. Base sujeta a retención del IRPF		1.502,46		

(1) 893,00 euros (período de alta) + 585,75 euros (periodo de baja por IT).
(2) Sólo por el período en activo.
(3) 1.171,73 euros (período de alta) + 599,28 euros (periodo de baja por IT).
(4) Incluye 0,10% de la cotización para el mecanismo de equidad intergeneracional.
(5) Incluye 0,50% de la cotización para el mecanismo de equidad intergeneracional.

22. Situación de incapacidad temporal derivada de enfermedad común, de trabajador a tiempo parcial

Planteamiento

Un trabajador contratado a tiempo parcial con carácter indefinido, con categoría profesional de auxiliar administrativo, grupo 7 de cotización a la Seguridad Social, causa baja en la empresa por motivo de enfermedad común el 10 de noviembre de 2023, continuando en dicha situación el día 30 del mismo mes.

El trabajador tiene contratados sus servicios todos los jueves, viernes y sábados del año realizando una jornada de 6 horas diarias. Los días concertados como de trabajo efectivo durante el mes de noviembre son 12, lo que representa un total de 72 horas a realizar.

La suma de las bases de cotización del trabajador por contingencias comunes durante los 3 meses anteriores a la fecha de la baja es de 2.100,00 euros, correspondientes a 40 días trabajados. A la misma cuantía ascendió la base de cotización por contingencias profesionales.

El trabajador percibe en activo una retribución de 600 euros mensuales en concepto de salario base, que incluye la retribución del descanso semanal y de los días festivos.

Además tiene reconocidas dos pagas extraordinarias de 600 euros cada una de ellas.

A la empresa, dedicada a la confección de ropa de trabajo, CNAE 14.12, le corresponde un tipo de cotización de 1,50% (0,80 por IT y 0,70 por IMS); según la tarifa de primas de AT y EP. No obstante, el trabajador, por realizar trabajos exclusivos de oficina, ocupación «a», también tiene asignado un tipo de cotización por AT y EP de 1,50% (0,80 por IT y 0,70 por IMS).

Durante el periodo de baja por incapacidad temporal, para la cotización por accidentes de trabajo y enfermedades profesionales se aplica el mismo tipo de cotización que se aplicaba antes de la baja.

El trabajador, de 27 años, está casado, su cónyuge no dispone de rentas superiores a 1.500,00 euros y tiene 2 hijos, de 7 y 9 años de edad.

A efectos del IRPF se le ha estimado para 2023 una retribución anual de 8.400,00 euros y una cotización a la Seguridad Social de 541,80 euros.

El trabajador no pertenece a colectivo alguno que permita aplicar bonificación en la cuota empresarial de la Seguridad Social.

Con estos datos, calcular el importe del subsidio económico, las bases de cotización a la Seguridad Social, las cuotas de empresa y trabajador, así como las retenciones a cuenta del Impuesto sobre la Renta de las Personas Físicas. Posteriormente, confeccionar el recibo de salarios correspondiente al mes de noviembre.

Solución

A. Cálculo del subsidio económico

1. *Base reguladora*

La base reguladora diaria es el resultado de dividir la suma de las bases del mes de cotización a tiempo parcial acreditadas desde la última alta laboral, con un máximo de 3 meses antes del mes de la baja, entre el número de días naturales comprendidos en el periodo.

$$B.R. = \frac{\text{Suma de las bases de cotización desde última alta anteriores (máximo 3 meses)}}{\text{Número de días naturales en dicho período}}$$

$$B.R. = \frac{\text{2.100,00 euros/mes}}{\text{92 días/mes}} = \text{22,83 euros/día}$$

2. *Importe del subsidio*

El subsidio se abona a partir del decimosexto día de baja en el trabajo, estando a cargo del empresario el abono de la prestación al trabajador desde los días 4.° al 15.° de baja, ambos inclusive.

En consecuencia, el subsidio en el mes de noviembre será:

— Por los días 4.° al 15.° de la baja (13-11-2023 a 24-11-2023): 12 días.

22,83 euros × 60%: 13,70 euros.
13,70 euros × 12 días: 164,40 euros (a cargo del empresario).

— Por los días 16.° al 20.° de la baja (25-11-2023 a 29-11-2023): 5 días

22,83 euros × 60%: 13,70 euros.
13,70 euros × 5 días: 68,50 euros (pago delegado del INSS).

— Por el día 21.° (30-11-2023): 1 día.

22,83 euros × 75%: 17,12 euros.
17,12 euros × 1 día: 17,12 euros (pago delegado del INSS).

— Importe total del subsidio:

164,40 euros + 68,50 euros + 17,12 euros = 250,02 euros.

B. Cálculo de las bases de cotización

1. *Para contingencias comunes*

a) *Por el período de incapacidad temporal* (10-11-2023 a 30-11-2023): 21 días, de los cuales sólo 9 son de trabajo efectivo.

Durante la situación de incapacidad temporal, la base diaria de cotización es la base reguladora diaria de la prestación, esto es, el resultado de dividir la suma de las bases de cotización a tiempo parcial acreditadas desde la última alta laboral, con un máximo de 3 meses inmediatamente anteriores al del hecho causante, entre el número de días naturales comprendidos en el período.

• $$\text{Base diaria} = \frac{\text{Suma de las bases por contingencias comunes de los 3 meses anteriores al de la baja}}{\text{Número de días naturales de dicho período}}$$

$$\text{Base diaria} = \frac{\text{2.100,00 euros}}{\text{92 días}} = \text{22,83 euros/día}$$

Esta base de cotización se aplica durante todos los días en que el trabajador permanece en situación de incapacidad temporal:

• Base de cotización: 22,83 euros/día × 21 días = 479,43 euros.

b) *Por el período de actividad* (1-11-2023 a 9-11-2023): 9 días. De los cuales sólo 5 son de trabajo efectivo.

- Salario base = $\frac{\text{600 euros} \times \text{3 días}}{\text{14 (días efectivos del mes)}}$ .... = 150,00 euros
- Pagas extras:

$\frac{600 \times \text{2 pagas}}{\text{156 (días contratados del año)}} \times$ 3 días .... = 23,08 euros

173,08 euros

La cantidad de 173,08 euros resultante constituye la base de cotización correspondiente a los días de alta, dado que supera la base mínima de cotización, 136,62 euros (3 días × 6 horas/día × 7,59 euros/hora), pero no excede de la máxima, 449,55 euros (3 días × 4.495,50 euros/mes ÷ 30 días/mes), atribuibles a esos días.

c) *Total a cotizar por el mes de noviembre:*

La base total de cotización del mes de noviembre estará formada por la suma de los importes correspondientes a los períodos de baja y de alta.

479,43 euros (por los 21 días en IT) + 173,08 euros (por los 5 días en activo): 652,51 euros.

2. *Para contingencias profesionales (AT y EP)*

La base de cotización para accidentes de trabajo y enfermedades profesionales coincide, en este supuesto, con la base de cotización por contingencias comunes (652,51 euros), toda vez que no existen horas extraordinarias.

Quiere esto decir que el empresario habrá de cotizar los 652,51 euros, a su exclusiva cuenta y de la siguiente forma:

- Ocupación «a» = 173,08 euros (días en activo).
- Baja por enfermedad = 479,43 euros (días de IT).

3. *Para desempleo, Fondo de Garantía Salarial y formación profesional*

La base de cotización es la misma que para AT y EP: 652,51 euros.

4. *Para el mecanismo de equidad intergeneracional (MEI)*

La base de cotización es la misma que la de contingencias comunes = 652,51 euros.

C. Cálculo de las cuotas de cotización

1. *Para contingencias comunes*

- A cargo del empresario: 652,51 euros × 23,60% = 153,99 euros
- A cargo del trabajador: 652,51 euros × 4,70% = 30,67 euros

2. *Para contingencias profesionales (AT y EP)*

- A cargo del empresario exclusivamente, CNAE 37 = 9,79 euros

— Por los días en activo, ocupación «a» = 2,59 euros

IT: 173,08 euros × 0,80% = 1,38 euros
IMS: 173,08 euros × 0,70% = 1,21 euros

— Por los días en IT = 7,20 euros

IT: 479,43 euros × 0,80% = 3,84 euros
IMS: 479,43 euros × 0,70% = 3,36 euros

3. *Para desempleo*

- A cargo del empresario: 652,51 euros × 5,50% = 35,89 euros
- A cargo del trabajador: 652,51 euros × 1,55% = 10,11 euros

4. *Para el Fondo de Garantía Salarial*

- A cargo del empresario exclusivamente: 652,51 euros × 0,20% = 1,31 euros

5. *Para formación profesional*

- A cargo del empresario: 652,51 euros × 0,60% = 3,92 euros
- A cargo del trabajador: 652,51 euros × 0,10% = 0,65 euros

6. *Para el mecanismo de equidad intergeneracional (MEI)*

- A cargo del empresario: 652,51 × 0,50% euros = 3,26 euros
- A cargo del trabajador: 652,51 × 0,10% euros = 0,65 euros

7. *Importe a ingresar*

• Para contingencias comunes: .... 153,99 + 30,67	184,66 euros
• Para contingencias profesionales: .... 2,59 (1,38 + 1,21) + 7,20 (3,84 + 3,36)	9,79 euros
• Para desempleo: .... 35,89 + 10,11	46,00 euros
• Para el Fondo de Garantía Salarial:.	1,31 euros
• Para formación profesional: .... 3,92 + 0,65	4,57 euros
• Para el mecanismo de equidad intergeneracional (MEI):. ...... 3,26 + 0,65	3,91 euros
• Compensación por pago delegado de IT: .... 68,50 + 17,12	85,62 euros
Total	164,62 euros

D. Cálculo de las retenciones a cuenta del IRPF

Supuesta la retribución global del trabajador durante el año 2023 de 8.400,00 euros, constituye una cantidad que no alcanza el límite de retención de 19.241 euros que, atendida su situación personal (cónyuge a cargo) y número de descendientes (2 hijos), le corresponde. En consecuencia, no procede efectuar retención alguna sobre su devengo mensual.

E. Confección del recibo de salarios

Ver la página 378.

Normativa aplicada

Los preceptos en los que se fundamenta la solución propuesta son:

— Artículos 141 a 148, 246 y 248 de la Ley General de la Seguridad Social.
— Ley 35/2006, de 28 de noviembre, del Impuesto sobre la Renta de las Personas Físicas.
— Disposición adicional 4.ª de la Ley 42/2006, de 28 de diciembre.
— Artículo 122 de la Ley 31/2022, de 23 de diciembre, de Presupuestos Generales del Estado para el año 2023.
— Artículos 23 y 65 del Real Decreto 2064/1995, de 22 de diciembre.
— Artículos 74 a 89 del Real Decreto 439/2007, de 30 de marzo.
— Artículos 1 a 4, 31 y 36 a 38 de la Orden PCM/74/2023, de 30 de enero.

E. Confección del recibo de salarios

Empresa:	X X	Trabajador:	X X X
Domicilio:	X X	NIF:	X X
CIF:	X X	N.º de afiliación a la Seguridad Social:	X X
CCC:	X X	Grupo profesional:	Auxiliar administrativo
		Grupo de cotización:	7

Período de liquidación: del 1 de noviembre al 30 de noviembre de 2023. Total días 72

	IMPORTE	TOTALES
I. DEVENGOS		
1. Percepciones salariales		
Salario base	156,00 (1)	
Complementos salariales		
Horas extraordinarias		
Horas complementarias (contratos a tiempo parcial)		
Gratificaciones extraordinarias		
Salario en especie		
2. Percepciones no salariales		
Indemnizaciones o suplidos		
Prestaciones e indemnizaciones de la Seguridad Social: IT enfermedad común del 13-11-2023 al 30-11-2023	250,02 (2)	
Indemnizaciones por traslados, suspensiones o despidos		
Otras percepciones no salariales		
A. Total devengado		400,02

II. DEDUCCIONES	%	IMPORTE	TOTALES
1. Aportación del trabajador a las cotizaciones a la Seguridad Social y conceptos de recaudación conjunta			
Contingencias comunes y MEI	4,80 (6)	31,32	
Desempleo	1,55	10,11	
Formación profesional	0,10	0,65	
Horas extraordinarias			
Total aportaciones		42,08	
2. Impuesto sobre la Renta de las Personas Físicas			
3. Anticipos			
4. Valor de los productos recibidos en especie			
5. Otras deducciones			
B. Total a deducir			42,08
LÍQUIDO TOTAL A PERCIBIR (A – B)			357,94

30 de noviembre de 2023.

Firma y sello de la empresa RECIBÍ

DETERMINACIÓN DE LAS BASES DE COTIZACIÓN A LA SEGURIDAD SOCIAL Y CONCEPTOS DE RECAUDACIÓN CONJUNTA Y DE LA BASE SUJETA A RETENCIÓN DEL IRPF Y APORTACIÓN DE LA EMPRESA

CONCEPTO			BASE	TIPO	APORTACIÓN EMPRESA
1. Contingencias comunes					
Importe remuneración mensual	629,43 (3)				
Importe prorrata pagas extraordinarias	23,08 (4)				
	TOTAL		652,51	23,60 (7)	157,25
2. Contingencias profesionales y conceptos de recaudación conjunta	AT y EP			1,50	9,79
	Desempleo		652,51 (5)	5,50	35,89
	Formación profesional			0,60	3,92
	Fondo de Garantía Salarial			0,20	1,31
3. Cotización adicional por horas extraordinarias					
4. Base sujeta a retención del IRPF					

(1) Por los 3 días de trabajo efectivo (de 1-11-2023 a 9-11-2023) con una retribución mensual de 600 euros y 12 días de trabajo efectivo: 3 días × 600 euros/mes × 12 días.
(2) 164,40 euros (del 13-11-2023 al 24-11-2023), a cargo del empresario, +85,62 euros (68,50 + 17,12, del 25-11-2023 al 30-11-2023), a cargo del INSS.
(3) 150,00 euros (período de alta) + 479,43 euros (período de baja por IT).
(4) Solo por el período en activo: 600 euros/paga × 2 pagas × 3 días ÷ 156 días.
(5) 173,08 euros (período de alta) + 479,43 euros (período de baja por IT).
(6) Incluye 0,10% de la cotización para el mecanismo de equidad intergeneracional.
(7) Incluye 0,50% de la cotización para el mecanismo de equidad intergeneracional.

23. Suspensión por nacimiento de hijo

Planteamiento

Una trabajadora, con contrato indefinido y con categoría profesional de oficial administrativo, grupo 5 de cotización a la Seguridad Social, inicia su período de descanso por el nacimiento de un hijo el 14 de mayo de 2023.

La base de cotización tanto por contingencias comunes como por contingencias profesionales fue, durante el precedente mes de abril, de 1.775 euros.

Su salario base mensual es de 1.420 euros, teniendo reconocidas asimismo tres pagas extraordinarias de 1.420 euros cada una de ellas.

A la empresa, una peluquería, CNAE 96.02, le corresponde un tipo de cotización de 1,50% (0,80 por IT y 0,70 por IMS); según la tarifa de primas de AT y EP. No obstante, la trabajadora, por realizar trabajos exclusivos de oficina, ocupación «a», también tiene asignado un tipo de cotización por AT y EP de 1,50% (0,80 por IT y 0,70 por IMS).

Durante el periodo de descanso, para la cotización por accidentes de trabajo y enfermedades profesionales se aplica el mismo tipo de cotización que se aplicaba antes de la baja.

La trabajadora, de 28 años, está casada, su cónyuge no dispone de rentas superiores a 1.500 euros y éste es su primer hijo.

A efectos del IRPF se le ha estimado para 2023 una retribución anual de 21.300 euros y una cotización a la Seguridad Social de 1.373,85 euros.

En el mes de enero se le practicó la retención conforme a la legislación vigente al 31 de diciembre de 2022, por un importe de 167,42 euros por 1.420 euros y un tipo de 11,79%.

Hasta la fecha del nacimiento del hijo, la trabajadora ha percibido 5.680 euros, soportando una retención de 559,77 euros: 167,42 euros, por 1.420 euros al 11,79%, y 392,35 euros, por 4.260 euros al 9,21%.

Con estos datos calcular el subsidio económico, las bases de cotización, las cuotas de empresa y trabajadora, así como las retenciones a cuenta del Impuesto sobre la Renta de las Personas Físicas, correspondientes al mes de mayo en que la trabajadora inicia su descanso. Confeccionar, posteriormente, el recibo de salarios correspondiente a los días del mes que permanece en activo.

Solución

A. Cálculo del subsidio económico

1. *Base reguladora*

$$\text{B.R.} = \frac{\text{Base de cotización por contingencias comunes del mes anterior al del descanso (abril 2023)}}{\text{Número de días cotizados en dicho mes (30)}}$$

$$\text{B.R.} = \frac{1.775}{30} = 59{,}17 \text{ euros}$$

2. *Importe del subsidio*

Como el subsidio de suspensión por nacimiento de hijo se devenga desde la fecha en que se inicia el descanso, los días a subsidiar serán los siguientes:

Por el período 14-5-2023 a 31-5-2023: 18 días

- 100% × 59,17 euros = 59,17 euros
- 59,17 euros × 18 días = 1.065,06 euros

3. *Pago del subsidio*

El subsidio por nacimiento de hijo se abona directamente por el INSS, por lo que la empresa no podrá deducir cantidad alguna en el boletín de cotización por ese concepto.

Durante la situación por nacimiento de hijo, el INSS, en el momento de hacer efectivo el subsidio, procederá subsidio a deducir del importe del mismo la cuantía a que ascienda la suma de las aportaciones del trabajador relativas a las cotizaciones a la Seguridad Social, desempleo y formación profesional que en cada caso procedan, para su ingreso en la Tesorería General de la Seguridad Social.

El empresario vendrá obligado a ingresar únicamente las aportaciones a su cargo.

B. CÁLCULO DE LAS BASES DE COTIZACIÓN

1. *Para contingencias comunes*

a) *Por el período de descanso* (14-5-2023 a 31-5-2023):

- $\text{Base diaria} = \dfrac{\text{Base de cotización del mes anterior al del descanso (abril 2023)}}{\text{Número de días cotizados mes de abril 2022}} =$

$$= \frac{1.775}{30} = 59,17 \text{ euros}$$

- Días de descanso = 17 (30, por ser de percepción mensual – 13 días trabajados)
- Base de cotización = 59,17 euros × 17 = 1.005,89 euros

b) *Por los días trabajados* (1-5-2023 a 13-5-2023):

- Salario base: $\dfrac{1.420 \text{ euros} \times 13 \text{ días}}{30}$ . . . . = 615,33 euros
- Pagas extras: $\dfrac{1.420 \text{ euros} \times 3 \text{ pagas}}{360} \times 13 \text{ días}$ . . . = 153,83 euros

769,16 euros

La cantidad de 769,16 euros resultante constituye la base de cotización correspondiente a los días de alta, dado que está comprendida entre las bases mínima, 546,00 euros (13 días × 1.260 euros/mes ÷ 30 días/mes), y máxima, 1.948,05 euros (13 días × 4.495,50 euros/mes ÷ 30 días/mes), que proporcionalmente corresponden a los 13 días trabajados.

c) *Total a cotizar por el mes de mayo:*

La base total de cotización en el mes de mayo estará formada por la suma de los importes que corresponden a los períodos de descanso y de alta.

1.005,89 euros (por los días de descanso) + 769,16 euros (por los días en activo) = 1.775,05 euros.

2. *Para contingencias profesionales (AT y EP)*

Coincide en este supuesto con la base de cotización por contingencias comunes (1.775,05 euros) toda vez que en el planteamiento no se hace referencia a la percepción de cuantía alguna en concepto de horas extraordinarias, ni durante el período trabajado en el mes de mayo ni tampoco durante el año anterior a la fecha de iniciación de la situación por nacimiento de hijo. Además, la citada cuantía no supera el tope máximo de cotización (4.495,50 euros), para esta clase de contingencias.

Para AT y EP el empresario habrá de cotizar, a su exclusivo cargo, de la siguiente forma:

- Ocupación «a»: 769,16 euros (período trabajado).
- Suspensión por nacimiento de hijo: 1.005,89 euros (período de descanso).

3. *Para desempleo, Fondo de Garantía Salarial y formación profesional*

La base de cotización es la misma que para AT y EP = 1.775,05 euros.

4. *Para el mecanismo de equidad intergeneracional (MEI)*

La base de cotización es la misma que la de contingencias comunes =1.775,05 euros.

C. Cálculo de las cuotas de cotización

1. *Para contingencias comunes*

- A cargo del empresario: 23,60% × 1.775,05 euros = 418,91 euros
- A cargo del trabajador (por el período trabajado):
  4,70% × 769,16 euros = 36,15 euros (deducidos del salario por el empresario)
- A cargo del trabajador (por el período de descanso):
  4,70% × 1.005,89 euros = 47,28 euros (deducidos del subsidio por el INSS)

2. *Para contingencias profesionales (AT y EP)*

- A cargo del empresario exclusivamente = 26,62 euros

  — Por el período trabajado, ocupación «a» = 11,53 euros

  IT: 769.16 euros × 0,80% = 6,15 euros
  IMS: 769.16 euros × 0,70% = 5,38 euros

  — Por el período de suspensión = 15,09 euros

  IT: 1.005,89 euros × 0,80% = 8,05 euros
  IMS: 1.005,89 euros × 0,70% = 7,04 euros

3. *Para desempleo*

- A cargo del empresario: 5,50% × 1.775,05 euros = 97,63 euros
- A cargo del trabajador (por el período trabajado):
  1,55% × 769,16 euros = 11,92 euros (deducidos del salario por el empresario)
- A cargo del trabajador (por el período de descanso):
  1,55% × 1.005,89 euros = 15,59 euros (deducidos del subsidio por el INSS)

4. *Para el Fondo de Garantía Salarial*

- A cargo del empresario exclusivamente: 0,20% × 1.775,05 euros = 3,55 euros

5. *Para formación profesional*

- A cargo del empresario: 0,60% × 1.775,05 euros = 10,65 euros
- A cargo del trabajador (por el período trabajado):
  0,10% × 769,16 euros = 0,77 euros (deducidos del salario por el empresario)
- A cargo del trabajador (por el período de descanso):
  0,10% × 1.005,89 euros = 1,01 euros (deducidos del subsidio por el INSS)

6. *Para el mecanismo de equidad intergeneracional (MEI)*

- A cargo del empresario: 0,50% × 1.775,05 euros = 8,88 euros.
- A cargo del trabajador (por el período trabajado): 0,10% × 769,16 euros = 0,77 euros (deducidos del salario por el empresario)
- A cargo del trabajador (por el período de descanso): 0,10% × 1.005,89 euros = 1,01 euros (deducidos del subsidio por el INSS

7. *Importe a ingresar*

• Por contingencias comunes:		455,06
418,91 + 36,15:	455,06	
• Por contingencias profesionales:		26,62
11,53 (6,15 + 5,38) + 15,09 (8,05 + 7,04)		
• Para desempleo:		109,55
97,63 + 11,92:	109,55	
• Para el Fondo de Garantía Salarial:		3,55
• Para formación profesional:		11,42
10,65 + 0,77:	11,42	
• Para el mecanismo de equidad intergeneracional (MEI):		9,65 euros
8,88 + 0,77		
Total		615,85 euros

D. Cálculo de las retenciones a cuenta del IRPF

El nacimiento del nuevo hijo, producido en el mes de mayo, que supone una modificación en la situación familiar del trabajador, obliga a efectuar un nuevo cálculo del tipo de retención, y, posteriormente, a la regularización de las retenciones. El salario anual del trabajador está sujeto a retención dado que supera el límite cuantitativo de exención (17.894 euros) que, atendida su situación personal (con cónyuge a cargo) y número de descendientes (1 hijo), le corresponde.

1.º Base de retención (a – b)			17.926,15
a) Retribución total		21.300,00	
b) Minoraciones (i + ii + iii)		3.357,51	
i) Cotizaciones Seguridad Social	1.373,85		
ii) Reducción en concepto de otros gastos	2.000,00		
iii) Reducción por obtención de rendimiento	0,00		
14.047,50 < (a – i: 19.926,15) > 19.747,50			
2.º Nuevo mínimo personal y familiar (a + b)			8.150,00
a) Mínimo del contribuyente, ≤ 65 años		5.550,00	
b) Mínimo por descendientes		2.600,00	
Por el hijo recién nacido (• + ••)	2.600,00		
• 2.400 / 2	1.200,00		
•• Incremento menor de 3 años: 2.800 / 2	1.400,00		
3.º Nueva cuota de retención (a – b)			2.131,28
a) Aplicación de la escala a la base de retención (i + ii)		3.679,78	
i) (0,00 – 12.450,00) × 19%	2.365,50		
12.450,00 × 19%			
ii) (12.450,00 – 17.926,15) × 24%	1.314,28		
5.476,15 × 24%			
b) Aplicación de la escala al mínimo personal y familiar		1.548,50	
(0,00 – 8.150,00) × 19%			

Dado que la la retribución anual (21.300 euros) es inferior a 35.200 euros, la cuota de retención no puede ser superior a la que resulta de la fórmula siguiente:

(Retribución total – Límite de retención) × 43%: (21.300,00 – 17.894,00) × 43%: 1.464,58.

El menor importe de los dos (1.468,58) es el que debe tomarse en consideración para la determinación del tipo de retención de la regularización.

4.° Tipo de la retención de la regularización:
El tipo de retención que se venía aplicando era del 9,21%, habiéndose percibido ingresos, durante los meses de enero a junio, inclusive, de 5.680,00 euros y soportando retenciones por importe de 559,77 euros.

Para determinar el nuevo tipo de retención debe efectuarse la correspondiente regularización mediante la aplicación de la siguiente fórmula:

$$\frac{\text{Nueva cuota de retención} - \text{Retenc. ya practicadas}}{\text{Nueva retribución anual} - \text{Rendmtos. ya satisfechos}} \times 100 = \frac{1.464,58 - 559,77}{21.300,00 - 5.680,00} \times 100 = 5,79\%$$

Este tipo de retención tras la regularización resultante se aplicará sobre las cantidades pendientes de devengar.

7.° Importe de la retención del mes de mayo:

La retribución que percibe la trabajadora por los 13 días trabajados está sujeta a retención a cuenta del IRPF:

$$\frac{1.420 \text{ euros/mes}}{30 \text{ días/mes}} = 47,33 \text{ euros/día}$$

47,33 euros/día × 13 días = 615,33 euros.

Importe de la retención: 615,33 euros × 5,79% = 35,63 euros.

E. Confección del recibo de salarios

Ver la página 383.

Normativa aplicada

Los preceptos en los que se fundamenta la solución propuesta son:

— Artículos 141 a 148 de la Ley General de la Seguridad Social.
— Ley 35/2006, de 28 de noviembre, del Impuesto sobre la Renta de las Personas Físicas.
— Disposición adicional 4.ª de la Ley 42/2006, de 28 de diciembre.
— Artículo 122 de la Ley 31/2022, de 23 de diciembre, de Presupuestos Generales del Estado para el año 2023.
— Artículos 23 y 68 del Real Decreto 2064/1995, de 22 de diciembre.
— Artículos 74 a 89 del Real Decreto 439/2007, de 30 de marzo.
— Artículos 1 a 4, 6 y 31 de la Orden PCM/74/2023, de 30 de enero.

E. Confección del recibo de salarios correspondiente al mes de mayo (1)

Empresa:	X X
Domicilio:	X X
CIF:	X X
CCC:	X X

Trabajador:	X X X
NIF:	X X
N.º de afiliación a la Seguridad Social:	X X
Grupo profesional:	Oficial administrativo
Grupo de cotización:	5

Período de liquidación: del 1 de mayo al 31 de mayo de 2023. Total días 30

		IMPORTE	TOTALES
I. DEVENGOS			
1. Percepciones salariales			
Salario base	47,33 euros × 13 días	615,33	
Complementos salariales			
Horas extraordinarias			
Horas complementarias (contratos a tiempo parcial)			
Gratificaciones extraordinarias			
Salario en especie			
2. Percepciones no salariales			
Indemnizaciones o suplidos			
Prestaciones e indemnizaciones de la Seguridad Social			
Indemnizaciones por traslados, suspensiones o despidos			
Otras percepciones no salariales			
A. Total devengado			615,33
II. DEDUCCIONES			
1. Aportación del trabajador a las cotizaciones a la Seguridad Social y conceptos de recaudación conjunta	%		
Contingencias comunes y MEI	4,80 (5)	36,92	
Desempleo	1,55	11,92	
Formación profesional	0,10	0,77	
Horas extraordinarias			
Total aportaciones		49,61	
2. Impuesto sobre la Renta de las Personas Físicas	5,79	35,63	
3. Anticipos			
4. Valor de los productos recibidos en especie			
5. Otras deducciones			
B. Total a deducir			85,24
LÍQUIDO TOTAL A PERCIBIR (A – B)			530,09

31 de mayo de 2023.

Firma y sello de la empresa RECIBÍ

DETERMINACIÓN DE LAS BASES DE COTIZACIÓN A LA SEGURIDAD SOCIAL Y CONCEPTOS DE RECAUDACIÓN CONJUNTA Y DE LA BASE SUJETA A RETENCIÓN DEL IRPF Y APORTACIÓN DE LA EMPRESA

CONCEPTO		BASE	TIPO	APORTACIÓN EMPRESA
1. Contingencias comunes				
Importe remuneración mensual	1.621,22 (2)			
Importe prorrata pagas extraordinarias	153,83 (3)			
	TOTAL	1.775,05	24,10 (6)	427,79
2. Contingencias profesionales y conceptos de recaudación conjunta	AT y EP		1,50	26,62
	Desempleo	1.775,05 (4)	5,50	97,63
	Formación profesional		0,60	10,65
	Fondo de Garantía Salarial		0,20	3,55
3. Cotización adicional por horas extraordinarias				
4. Base sujeta a retención del IRPF		615,33		

(1) Durante la situación de suspensión por nacimiento de hijo el pago de la prestación lo efectúa el INSS, así como el descuento por la cotización a la Seguridad Social y la retención de IRPF a cargo de la trabajadora.
(2) 615,33 euros (período de alta) + 1.005,89 euros (período de suspensión por nacimiento de hijo).
(3) Solo por el período en activo.
(4) 769,16 euros (período de alta) + 1.005,89 euros (período de suspensión por nacimiento de hijo).
(5) Incluye 0,10% de la cotización para el mecanismo de equidad intergeneracional.
(6) Incluye 0,50% de la cotización para el mecanismo de equidad intergeneracional.

24. Retribuciones en especie

Planteamiento

Un trabajador, con contrato indefinido y con la categoría profesional de director administrativo, grupo 1 de cotización a la Seguridad Social, es alta inicial en la empresa el 1 de enero de 2023, siendo su contratación por tiempo indefinido.

Los devengos económicos pactados para todo el año 2023 ascienden a 27.000 euros brutos distribuidos en 12 pagas ordinarias de 1.800 euros cada una de ellas y 3 extraordinarias del mismo importe.

El contrato establece también que, además de la retribución dineraria, el trabajador ha de percibir durante el referido año las siguientes retribuciones en especie:

- — Disfrute gratuito de una vivienda, propiedad de la empresa y cuyo valor catastral es de 22.400 euros.
- — Uso gratuito de vehículo de la empresa, cuyo coste total ascendió a 25.000 euros.
- — Préstamo de 10.000 euros a un interés del 2% anual. El interés legal del dinero, durante 2023, es del 3,25%.

A la empresa, agencia de publicidad, CNAE 73.11, le corresponde un tipo de cotización del 1,70%, según la tarifa de primas de AT y EP. No obstante, el trabajador, por realizar trabajos exclusivos de oficina, ocupación «a», tiene asignado un tipo de cotización por AT y EP de 1,50%, 0,80% por IT y 0,70% por IMS.

El trabajador, de 48 años de edad, está casado, su cónyuge no dispone de rentas superiores a 1.500 euros y tiene un hijo de 20 años.

A efectos del IRPF se le ha estimado para 2023 una cotización a la Seguridad Social de 2.216,54 euros.

En el mes de enero se le practicó la retención conforme a la legislación vigente al 31 de diciembre de 2022, por un importe de 416,13 euros y un tipo de 17,24% para una retribución de 2.413,75 euros.

Con estos datos calcular, en primer lugar, las bases de cotización a la Seguridad Social, las cuotas de empresa y trabajador, así como la retenciones y el ingreso a cuenta del IRPF. Posteriormente confeccionar el recibo de salarios correspondiente al mes de febrero.

Solución

A. Comentarios y operaciones previas

1. *Retención e ingreso a cuenta del IRPF*

En materia de IRPF hay que decir que la normativa vigente establece, con respecto a las retribuciones del trabajador, una distinción entre la «retención» y el «ingreso a cuenta» del referido impuesto.

La «retención» se efectúa sobre el importe mensual que el trabajador ha de recibir «en metálico», en porcentaje que se obtiene en función de la retribución total anual, dineraria o en especie, y de sus circunstancias personales y familiares, y después de aplicar la escala de retenciones vigente.

El «ingreso a cuenta» es una obligación que asume el empresario cuando remunera al trabajador con retribuciones «en especie». Y en virtud de la cual debe ingresar en el Tesoro, la cantidad que resulte de aplicar un porcentaje sobre las retribuciones en especie que, mensualmente, se le imputen como percibidas al trabajador. El porcentaje será el mismo que corresponde aplicar a las retribuciones dinerarias del trabajador. Dado que las cargas fiscales han de ser satisfechas por el trabajador, siendo nulo todo pacto en contrario, el «ingreso a cuenta» habrá de ser efectivamente repercutido en el perceptor, deduciendo su importe de las cantidades dinerarias mensualmente satisfechas.

2. *Valoración de la retribución en especie*

La valoración de las retribuciones en especie que, en el supuesto planteado, percibe el trabajador es la siguiente:

• Disfrute gratuito de vivienda. . . . . 10% × 22.400 (valor catastral)	2.240,00 euros
• Uso gratuito de vehículo . . . . 20% × 25.000 (coste del vehículo)	5.000,00 euros
• Préstamo de 10.000 euros al 2% de interés anual. . . . . Intereses al 3,25%, interés legal – intereses al 2%, interés pactado 325 – 200	125,00 euros
Valoración total anual.	7.365,00 euros

3. *Cálculo del porcentaje de retención*

El salario previsible del trabajador en 2023 —34.365 euros, 27.000 en dinero y 7.365 en especie, y al que corresponde una cotización a su cargo de 2.216,54 euros— está sujeto a retención dado que supera el límite cuantitativo de exención (17.894 euros) que, atendida su situación personal (con cónyuge a cargo) y número de descendientes (un hijo), le corresponde.

1.º Base de retención (a – b).			30.148,46
a) Retribución total.		34.365,00	
b) Minoraciones (i + ii + iii).		4.216,54	
i) Cotizaciones Seguridad Social	2.216,54		
ii) Reducción en concepto de otros gastos	2.000,00		
iii) Reducción por obtención de rendimiento. . . . . (a – i: 32.148,46) > 19.747,50	0,00		
2.º Mínimo personal y familiar (a + b)			6.750,00
a) Mínimo del contribuyente, ≤ 65 años.		5.550,00	
b) Mínimo por descendientes . . . . Por el 1.er hijo de 20 años: 2400 / 2		1.200,00	
3.º Cuota de retención (a – b)			5.927,54
a) Aplicación de la escala a la base de retención (i + ii + iii).		7.210,04	
i) (0,00 – 12.450,00) × 19%. . . . . 12.450,00 × 19%	2.365,50		
ii) (12.450,00 – 20.200,00) × 24% . . . . 7.750,00 × 24%	1.860,00		
iii) (20.200,00 – 30.148,45) × 30% . . . . 9.948,46 × 30%	2.984,54		
b) Aplicación de la escala al mínimo personal y familiar. . . . . (0 – 6.750,00) × 19%		1.282,50	

Como la retribución anual (34.365 euros) es inferior a 35.200 euros, la cuota de retención no puede ser superior a la que resulta de la fórmula siguiente:

(Retribución total – Límite de retención) × 43%: (34.365 – 17.894) × 43% = 7.082,53

El menor importe de los dos (5.927,54) es el que debe tomarse en consideración para la determinación del tipo de retención.

4.° Tipo de retención:

$$\frac{\text{Cuota de retención}}{\text{Rendimientos de trabajo}} \times 100 = \frac{5.927,54}{34.365,00} \times 100 = 17,24\%.$$

Por coincidir el tipo de retención con el que se le había aplicado en enero, no procede efectuar regularización alguna.

5.° Importe de la retención del mes de febrero:

El importe de la retención mensual, por la percepción de salario en metálico, es:

$$\text{Salario en metálico} = \frac{\text{Importe cuota anual}}{\text{15 pagas}} = \frac{27.000}{15} = 1.800 \text{ euros.}$$

Retención = 1.800 euros × 17,24% = 310,32 euros.

6.° Importe del ingreso a cuenta del mes de febrero:

El importe del ingreso a cuenta, por la percepción del salario en especie, es, habida cuenta que se aplica el mismo porcentaje que al salario en metálico:

$$\text{Salario en especie} = \frac{\text{Valoración total anual}}{\text{12 mensualidades}} = \frac{7.365}{12} = 613,75 \text{ euros.}$$

Ingreso a cuenta = 613,75 euros × 17,24% = 106,43 euros.

4. *Concepto cotizable a la Seguridad Social*

En materia de cotización hay que recordar que las remuneraciones percibidas por el trabajador en bienes distintos del dinero, consecuencia de una obligación contractualmente contraída por el empresario, han de reflejarse en el apartado correspondiente del recibo de salarios ya que, al ser salario, integran la base de cotización a la Seguridad Social del mes en que se perciben.

La valoración de las retribuciones en especie que, para calcular la base de cotización, es necesario realizar, la efectuamos según los criterios fiscales antes mencionados que, en esta materia, también son de aplicación.

B. Cálculo de las bases de cotización

1. *Para contingencias comunes*

a) *Conceptos computables:* Salario base y salario en especie.
b) *Conceptos no computables:* —.
c) *Importe de la base:*

- Salario base .... 1.800,00 euros
- Salario en especie:

$$\frac{\text{Valoración total anual}}{12} = \frac{7.365,00}{12} = \text{..........................} \quad 613,75 \text{ euros}$$

- Prorrata pagas extraordinarias:

$$\frac{1.800 \times 3}{12} = \text{..} \quad 450,00 \text{ euros}$$

2.863,75 euros

Los referidos 2.863,75 euros constituyen la base de cotización para esta clase de contingencias, dado que no superan el importe de la base máxima establecida para su grupo profesional (4.495,50 euros).

2. *Para contingencias profesionales (AT y EP)*

   a) *Conceptos computables:* Salario base y salario en especie.
   b) *Conceptos no computables:* —.
   c) *Importe de la base:*

   La base de cotización para esta clase de contingencias coincide con la base de cotización por contingencias comunes (2.863,75 euros), ya que, al no existir horas extras, los salarios computables son los mismos.

3. *Para desempleo, Fondo de Garantía Salarial y formación profesional*

   La base de cotización es la misma que la de AT y EP = 2.863,75 euros.

4. *Para el mecanismo de equidad intergeneracional (MEI)*

   La base de cotización es la misma que la de contingencias comunes = 2.863,75 euros.

C. Cálculo de las cuotas de cotización

1. *Para contingencias comunes*

   - A cargo del empresario: 2.863,75 euros × 23,60% = 675,85 euros
   - A cargo del trabajador: 2.863,75 euros × 4,70% = 134,60 euros

2. *Para contingencias profesionales (AT y EP)s*

   - A cargo del empresario exclusivamente, ocupación «a» = 42,96 euros

     — Por IT: 2.863,75 euros × 0,80% = 22,91
     — Por IMS: 2.863,75 euros × 0,70% = 20,05

3. *Para desempleo*

   - A cargo del empresario: 2.863,75 euros × 5,50% = 157,51 euros
   - A cargo del trabajador: 2.863,75 euros × 1,55% = 44,39 euros

4. *Para el Fondo de Garantía Salarial*

   - A cargo del empresario exclusivamente: 2.863,75 euros × 0,20% = 5,73 euros

5. *Para formación profesional*

   - A cargo del empresario: 0,60% × 2.863,75 euros = 17,18 euros
   - A cargo del trabajador: 0,10% × 2.863,75 euros = 2,86 euros

6. *Para el mecanismo de equidad intergeneracional (MEI)*

   - A cargo del empresario: 0,50% × 2.863,75 euros = 14,32 euros
   - A cargo del trabajador: 0,10% × 2.863,75 euros = 2,86 euros

7. *Importe a ingresar*

• Para contingencias comunes: .... 675,85 + 134,60	810,45 euros
• Para contingencias profesionales:	42,96 euros
• Para desempleo: .... 157,51 + 44,39	201,90 euros
• Para el Fondo de Garantía Salarial:.	5,73 euros
• Para formación profesional: .... 17,18 + 2,86	20,04 euros
• Para el mecanismo de equidad intergeneracional (MEI):. .... 14,32 + 2,86	17,18 euros
Total	1.098,26 euros

D. Deducciones

El importe de las deducciones a efectuar en la nómina del trabajador es el siguiente:

1. *Retención a cuenta del IRPF*

Lo recordamos, aunque ya fue calculado anteriormente.

1.800 euros × 17,24% = 310,32 euros.

Siendo:

— 1.800 euros: salario mensual en dinero.
— 17,24%: porcentaje obtenido, atendida la situación personal, las circunstancias familiares y el importe anual de la retribución total del trabajador, tanto en dinero como en especie.

2. *Valor de los productos en especie*

En este apartado de la nómina debe indicarse la cantidad en que se valoró la retribución en especie (613,75 euros) a fin de que, como líquido, resulte un importe que se corresponda con el salario que el trabajador tiene derecho a percibir en dinero efectivo.

3. *Ingreso a cuenta del IRPF por las retribuciones en especie*

En este apartado de la nómina, debe indicarse el importe del ingreso a cuenta del IRPF que corresponde, según explicamos anteriormente.

613,75 euros × 17,24% = 105,81 euros.

Siendo:

— 613,75 euros: salario mensual en especie.
— 17,24%: porcentaje obtenido, atendida la situación personal, las circunstancias familiares y el importe anual de la retribución total del trabajador, tanto en dinero como en especie.

E. Confección del recibo de salarios

Ver la página 389.

Normativa aplicada

Los preceptos en los que se fundamenta la solución propuesta son:

— Artículos 141 a 148 de la Ley General de la Seguridad Social.
— Ley 35/2006, de 28 de noviembre, del Impuesto sobre la Renta de las Personas Físicas.
— Disposición adicional 4.ª de la Ley 42/2006, de 28 de diciembre.
— Artículo 122 de la Ley 31/2022, de 23 de diciembre, de Presupuestos Generales del Estado para el año 2023.
— Artículo 23 del Real Decreto 2064/1995, de 22 de diciembre.
— Artículos 74 a 89 y 102 del Real Decreto 439/2007, de 30 de marzo.
— Artículos 1 a 4 y 31 de la Orden PCM/74/2023, de 30 de enero.

E. Confección del recibo de salarios

Empresa:	X X	Trabajador:	X X X
Domicilio:	X X	NIF:	X X
CIF:	X X	N.º de afiliación a la Seguridad Social:	X X
CCC:	X X	Grupo profesional:	Director
		Grupo de cotización:	1

Período de liquidación: del 1 de febrero al 31 de febrero de 2023. Total días 30

		IMPORTE	TOTALES
I. DEVENGOS			
1. Percepciones salariales			
Salario base		1.800,00	
Complementos salariales			
Horas extraordinarias			
Horas complementarias (contratos a tiempo parcial)			
Gratificaciones extraordinarias			
Salario en especie		613,75 (1)	
2. Percepciones no salariales			
Indemnizaciones o suplidos			
Prestaciones e indemnizaciones de la Seguridad Social			
Indemnizaciones por traslados, suspensiones o despidos			
Otras percepciones no salariales			
A. Total devengado			2.413,75
II. DEDUCCIONES	%		
1. Aportación del trabajador a las cotizaciones a la Seguridad Social y conceptos de recaudación conjunta			
Contingencias comunes y MEI	4,80 (4)	137,46	
Desempleo	1,55	44,39	
Formación profesional	0,10	2,86	
Total aportaciones		184,71	
2. Impuesto sobre la Renta de las Personas Físicas	17,24	310,32	
3. Anticipos			
4. Valor de los productos recibidos en especie		613,75	
5. Otras deducciones			
6. Ingresos a cuenta del IRPF por las retrib. en especie	17,24	105,81	
B. Total a deducir			1.214,59
LÍQUIDO TOTAL A PERCIBIR (A – B)			1.199,16 (2)

31 de febrero de 2023

Firma y sello de la empresa RECIBÍ

DETERMINACIÓN DE LAS BASES DE COTIZACIÓN A LA SEGURIDAD SOCIAL Y CONCEPTOS DE RECAUDACIÓN CONJUNTA Y DE LA BASE SUJETA A RETENCIÓN DEL IRPF Y APORTACIÓN DE LA EMPRESA

CONCEPTO		BASE	TIPO	APORTACIÓN EMPRESA
1. Contingencias comunes				
Importe remuneración mensual	2.413,75 (3)			
Importe prorrata pagas extraordinarias	450,00			
	TOTAL	2.863,75	24,10 (5)	690,16
2. Contingencias profesionales y conceptos de recaudación conjunta	AT y EP		1,50	42,96
	Desempleo	2.863,75	5,50	157,51
	Formación profesional		0,60	17,18
	Fondo de Garantía Salarial		0,20	5,73
3. Cotización adicional por horas extraordinarias				
4. Base sujeta a retención del IRPF		1.800,00		

(1) Sin incluir el importe del ingreso a cuenta (105,81 euros) sobre las retribuciones en especie, dado que es el trabajador y no la empresa quien debe soportar este coste.
(2) Importe en dinero.
(3) Incluye tanto el salario en dinero (1.800,00 euros) como el salario en especie (613,75 euros).
(4) Incluye 0,10% de la cotización para el mecanismo de equidad intergeneracional.
(5) Incluye 0,50% de la cotización para el mecanismo de equidad intergeneracional.

25. Extinción del contrato por dimisión del trabajador

Planteamiento

Un trabajador, con contrato indefinido y con la categoría de auxiliar administrativo, grupo 7 de cotización a la Seguridad Social, comunica al empresario su intención de dar fin a la relación laboral que les une el día 10 de abril de 2023.

Las retribuciones mensuales del trabajador son las siguientes:

— Salario base: 1.140 euros.
— Antigüedad: 114 euros.
— Incentivo: 250 euros.

También tiene derecho a tres pagas extraordinarias de 1.254 euros cada una de ellas. Las dos primeras (julio y Navidad) se perciben por semestre completo de trabajo, mientras que la tercera (beneficios) es de periodificación anual.

Las vacaciones consisten en 30 días de descanso por año de servicio retribuidas a salario real de 1.504 euros.

A la empresa, agencia de suministro de personal, CNAE 78.20, le corresponde un tipo de cotización del 2,75%, según la tarifa de primas de AT y EP. No obstante, el trabajador, por realizar trabajos exclusivos de oficina, ocupación «a», tiene asignado un tipo de cotización por AT y EP de 1,50% (0,80 por IT y 0,70 por IMS).

El trabajador, de 26 años de edad, está casado, su cónyuge no dispone de rentas superiores a 1.500 euros y no tienen hijos.

A efectos del IRPF se le ha estimado para 2023 una retribución anual de 21.810 euros y una cotización a la Seguridad Social de 1.406,75 euros.

En el mes de enero se le practicó la retención conforme a la legislación vigente al 31 de diciembre de 2022, por un importe de 188,30 euros y un tipo de 12,52% para una retribución de 1.504 euros.

Con estos datos calcular el importe que, en concepto de liquidación, le corresponde; las bases de cotización, las cuotas de empresa y trabajador, y la retención a cuenta del IRPF. Confeccionar, asimismo, el recibo de salarios del mes del cese y el recibo de salarios de la liquidación del trabajador.

SOLUCIÓN

A. CÁLCULO DE LIQUIDACIÓN

1. *Mensualidad de abril* (de 1-4-2023 a 10-4-2023 = 10 días)

- Salario base: $\frac{1.140 \text{ euros} \times 10 \text{ días}}{30}$ .... = 380,00 euros
- Antigüedad: $\frac{114 \text{ euros} \times 10 \text{ días}}{30}$ .... = 38,00 euros
- Incentivo: $\frac{250 \text{ euros} \times 10 \text{ días}}{30}$ .... = 83,33 euros

501,33 euros

2. *Parte proporcional de pagas extras*

- Extra de julio: De 1-1-2023 (inicio del devengo) a 10-4-2023 (fecha del cese) = 100 días.

$\frac{1.254 \text{ euros} \times 100}{181}$ = 692,82 euros

- Extra de Navidad: No le corresponde por ser la prorrata semestral, y no encontrarse en la empresa durante el segundo semestre del año.
- Participación de beneficios: De 1-1-2023 (inicio del devengo) a 10-4-2023 (fecha del cese) = 100 días.

$\frac{1.254 \text{ euros} \times 100}{365}$ = 343,56 euros

3. *Parte proporcional de vacaciones*

- De 1-1-2023 (inicio del devengo) a 10-4-2023 (fecha del cese) = 100 días.

$\frac{1.504 \text{ euros} \times 100}{365}$ = 412,05 euros

B. CÁLCULO DE LAS BASES DE COTIZACIÓN

Las pagas extraordinarias que se liquidan no integran base de cotización alguna, dado que ya se cotizan mediante el prorrateo mensual.

La retribución percibida en compensación de las vacaciones no disfrutadas tiene carácter salarial y, en consecuencia, está sujeta a cotización. No obstante, no procede incluir su importe en la base de cotización que integra las percepciones ordinarias del mes del cese. La cotización por este concepto es complementaria a la del mes de extinción del contrato y comprenderá el importe correspondiente a los días de duración de las vacaciones, aun cuando alcancen también el siguiente mes natural o se inicie una nueva relación laboral durante los mismos, sin prorrateo alguno y en aplicación, en su caso, del tope máximo de cotización correspondiente al mes o meses que resulten afectados.

B1. *Base de cotización de la mensualidad ordinaria*

1. *Para contingencias comunes*

a) *Conceptos computables:* Salario base, antigüedad e incentivo.
b) *Conceptos no computables:* Parte proporcional de las pagas extras de julio y beneficios y parte proporcional de vacaciones.

c) *Importe de la base:*

- Salario base: $\frac{1.140 \text{ euros} \times 10 \text{ días}}{30}$ .... = 380,00 euros
- Antigüedad: $\frac{114 \text{ euros} \times 10 \text{ días}}{30}$ .... = 38,00 euros
- Incentivo: $\frac{250 \text{ euros} \times 10 \text{ días}}{30}$ .... = 83,33 euros

501,33 euros

- Prorrata extras:

$\frac{1.254 \text{ euros} \times 3 \text{ pagas}}{360} \times 10$ días .... = 104,50 euros

605,83 euros

La citada cuantía de 605,83 euros se encuentra comprendida entre la base mínima, 420,00 euros (10 días × 1.260,00 euros/mes ÷ 30 días/mes), y máxima, 1.498,50 euros (10 días × 4.495,50 euros/mes ÷ 30 días/mes), correspondientes por los 10 días de trabajo de su grupo 7 de cotización, y en consecuencia constituye la base de cotización para esta clase de contingencias.

2. *Para contingencias profesionales (AT y EP)*

a) *Conceptos computables:* Salario base, antigüedad e incentivo.
b) *Conceptos no computables:* Parte proporcional de las pagas extras de julio y beneficios y parte proporcional de vacaciones.
c) *Importe de la base:*

La cuantía de 605,83 euros constituye también la base de cotización por contingencias profesionales, toda vez que al no existir horas extraordinarias, las retribuciones son las mismas que las tenidas en cuenta para calcular la base de cotización por contingencias comunes, y además se encuentra comprendida entre los topes mínimo, 420,00 euros (10 días × 1.260,00 euros/mes ÷ 30 días/mes), y máximo, 1.498,50 euros (10 días × 4.495,50 euros/mes ÷ 30 días/mes), que proporcionalmente corresponden a los 10 días trabajados.

3. *Para desempleo, Fondo de Garantía Salarial y formación profesional*

La base de cotización es la misma que para AT y EP = 605,83 euros.

4. *Para el mecanismo de equidad intergeneracional (MEI)*

La base de cotización es la misma que la de contingencias comunes = 605,83 euros.

B2. *Base de cotización de la compensación económica por las vacaciones no disfrutadas*

El importe de la liquidación correspondiente a la parte proporcional de las vacaciones no disfrutadas constituye la base de cotización para las contingencias comunes, profesionales, desempleo, Fondo de Garantía Salarial y formación profesional.

La permanencia del trabajador en la empresa durante el año completo le haría acreedor de una compensación equivalente al importe de 30 días de salario real (1.504 euros). No obstante, dado que su estancia se ha limitado a 100 días (de 1-1-2023 a 10-4-2023) le corresponde una retribución proporcional:

$$\frac{1.504 \text{ euros} \times 100}{365} = 412{,}05 \text{ euros}$$

Esa retribución, 412,05 euros, constituye la base de cotización por este concepto, dado que la referida cuantía, que corresponde a la liquidación de 8,22 días de vacaciones (100 × 30 / 365), está comprendida entre las bases de cotización mínima, 345,24 euros (8,22 días × 1.260,00 euros/mes ÷ 30 días/mes), y máxima, 1.231,77 euros (8,22 días × 4.495,50 euros/mes ÷ 30 días/mes).

C. Cálculo de las cuotas de cotización

a) *Por la mensualidad ordinaria*

1. *Para contingencias comunes*

- A cargo del empresario: 23,60% × 605,83 euros = 142,98 euros
- A cargo del trabajador: 4,70% × 605,83 euros = 28,47 euros

2. *Para contingencias profesionales (AT y EP)*

- A cargo del empresario exclusivamente, ocupación «a» = 9,09 euros

— Por IT: 605,83 euros × 0,80% = 4,85
— Por IMS: 605,83 euros × 0,70% = 4,24

3. *Para desempleo*

- A cargo del empresario: 5,50% × 605,83 euros = 33,32 euros
- A cargo del trabajador: 1,55% × 605,83 euros = 9,39 euros

4. *Para el Fondo de Garantía Salarial*

- A cargo del empresario exclusivamente: 0,20% × 605,83 euros = 1,21 euros

5. *Para formación profesional*

- A cargo del empresario: 0,60% × 605,83 euros = 3,63 euros
- A cargo del trabajador: 0,10% × 605,83 euros = 0,61 euros

6. *Para el mecanismo de equidad intergeneracional (MEI)*

- A cargo del empresario: 0,50% ×605,83 euros = 3,03 euros
- A cargo del trabajador: 0,10% × 605,83 euros = 0,61 euros

b) *Por las vacaciones*

1. *Para contingencias comunes*

- A cargo del empresario: 23,60% × 412,05 euros = 97,24 euros
- A cargo del trabajador: 4,70% × 412,05 euros = 19,37 euros

2. *Para contingencias profesionales (AT y EP)*

- A cargo del empresario exclusivamente, ocupación «a» = 6,18 euros

— Por IT: 412,05 euros × 0,80% = 3,30
— Por IMS: 412,05 euros × 0,70% = 2,88

3. *Para desempleo*

- A cargo del empresario: 5,50% × 412,05 euros = 22,66 euros
- A cargo del trabajador: 1,55% × 412,05 euros = 6,39 euros

4. *Para el Fondo de Garantía Salarial*

- A cargo del empresario exclusivamente: 0,20% × 412,05 euros = 0,82 euros

5. *Para formación profesional*

- A cargo del empresario: 0,60% × 412,05 euros = 2,47 euros
- A cargo del trabajador: 0,10% × 412,05 euros = 0,41 euros

6. *Para el mecanismo de equidad intergeneracional (MEI)*

- A cargo del empresario: 0,50% × 412,05 euros = 2,06 euros
- A cargo del trabajador: 0,10% × 412,05 euros = 0,41 euros

7. *Importe a ingresar*

- Para contingencias comunes: .... 288,06 euros
  240,22 (142,98 + 97,24) + 47.84 (28,47 + 19,379
- Para contingencias profesionales: .... 15,27 euros
  9,09 + 6,18
- Para desempleo: .... 71,76 euros
  55,98 (33,32 + 22,66) + 15,78 (9,39 + 6,39)
- Para el Fondo de Garantía Salarial:. .... 2,03 euros
  1,21 + 0,82
- Para formación profesional:. .... 7,12 euros
  6,10 (3,63 + 2,47) + 1,02 (0,61 + 0,41)
- Para el mecanismo de equidad intergeneracional (MEI):. .... 6,11 euros
  5,09 (3,03 + 2,06) + 1,02 (0,61 + 0,41)

Total .... 390,35 euros

D. Cálculo de las retenciones a cuenta del IRPF

El tipo de retención aplicable es el mismo que venía soportando el trabajador hasta la fecha de la extinción del contrato y que, el 1 de febrero de 2023, le fue calculado en los términos que, a continuación, se explican.

En enero, el salario previsible del trabajador en 2023 —21.810 euros, al que correspondía una cotización a su cargo de 1.406,75 euros— estaba sujeto a retención dado que superaba el límite cuantitativo de exención (16.696 euros) que, atendida su situación personal (con cónyuge a cargo) y número de descendientes (sin hijos), le corresponde:

1.° Base de retención (a – b). 18.403,25

a) Retribución total. 21.810,00
b) Minoraciones (i + ii + iii). 3.406,75

i) Cotizaciones Seguridad Social 1.406,75
ii) Reducción en concepto de otros gastos 2.000,00
iii) Reducción por obtención de rendimiento. 0,00
14.047,50 < (a – i: 20.403,25) > 19.747,50

2.° Mínimo personal y familiar 5.550,00
Mínimo del contribuyente ≤ 65 años

3.° Cuota de retención (a – b) 2.739,78

a) Aplicación de la escala a la base de retención (i + ii) 3.794,28

i) (0,00 – 12.450,00) × 19%. 2.365,50
12.450,00 × 19%
ii) (12.450,00 – 18.403,25) × 24% 1.428,78
5.953,25 × 24%

b) Aplicación de la escala al mínimo personal y familiar. 1.054,50
(0 – 5.550,00) × 19%

Dado que la la retribución anual (21.810 euros) es inferior a 25.200 euros, la cuota de retención no puede ser superior a la que resulta de la fórmula siguiente:

(Retribución total – Límite de retención) × 43%: (21.810 – 16.696) × 43%: 2.199,02.

El menor importe de los dos (2.199,022) es el que debe tomarse en consideración para la determinación del tipo de retención.

4.° Tipo de retención:

$$\frac{\text{Cuota de retención}}{\text{Rendimientos de trabajo}} \times 100 = \frac{2.199,02}{21.810} \times 100 = 10,08\%.$$

Por no coincidir el tipo de retención con el que se había aplicado en enero, procede efectuar la regularización correspondiente.

5.° Tipo de la regularización:

$$\frac{\text{Cuota de retención – Retenciones practicadas}}{\text{Retribución anual – Rendimientos satisfechos}} \times 100 = \frac{2.199,02 - 188,30}{21.810 - 1.504} \times 100 = 9,90\%.$$

Este tipo se aplicará sobre las cantidades pendientes de devengar.

6.° Importe de la retención de la liquidación:

a) *En la mensualidad ordinaria*

Los conceptos retributivos que percibe el trabajador, en concepto de días trabajados durante el mes del cese (10 días), y que están sujetos a retención por IRPF, son los siguientes:

— Salario base	380,00 euros
— Antigüedad	38,00 euros
— Incentivo	83,33 euros
Base sujeta a retención	501,33 euros

Importe de la retención: 9,90% × 501,33 euros = 49,63 euros.

b) *En la liquidación de vacaciones y pagas extraordinarias*

Los importes sujetos a retención por estos conceptos son los siguientes:

— Vacaciones	412,05 euros
— Extra julio	692,82 euros
— Paga de beneficios	343,56 euros
	1.448,43 euros

Importe de la retención: 9,90% × 1.448,43 euros = 143,39 euros.

E Y F. CONFECCIÓN DE LOS RECIBOS DE SALARIOS

Habrán de confeccionarse dos recibos de salarios: uno, para integrar la retribución ordinaria correspondiente a los días trabajados en el mes del cese (10 días); y otro, para incluir la compensación económica de las vacaciones no disfrutadas y la retribución de las pagas extraordinarias.

Ver las páginas 397 y 398.

Normativa aplicada

Los preceptos en los que se fundamenta la solución propuesta son:

— Artículos 141 a 148 de la Ley General de la Seguridad Social.
— Ley 35/2006, de 28 de noviembre, del Impuesto sobre la Renta de las Personas Físicas.
— Disposición adicional 4.ª de la Ley 42/2006, de 28 de diciembre.
— Artículo 122 de la Ley 31/2022, de 23 de diciembre, de Presupuestos Generales del Estado para el año 2023.
— Disposición adicional 5.ª del Real Decreto-ley 2/2021, de 26 de enero.
— Artículo 23 del Real Decreto 2064/1995, de 22 de diciembre.
— Artículos 74 a 89 del Real Decreto 439/2007, de 30 de marzo.
— Artículos 1 a 4 y 31 de la Orden PCM/74/2023, de 30 de enero.

E. Confección del recibo de salarios de la mensualidad ordinaria

Empresa:	X X	Trabajador:	X X X
Domicilio:	X X	NIF:	X X
CIF:	X X	N.º de afiliación a la Seguridad Social:	X X
		Grupo profesional:	Auxiliar administrativo
CCC:	X X	Grupo de cotización:	7

Período de liquidación: del 1 de abril al 10 de abril de 2023. Total días 10

	%	IMPORTE	TOTALES
I. DEVENGOS			
1. Percepciones salariales			
Salario base		380,00	
Complementos salariales			
Antigüedad		38,00	
Incentivos		83,33	
Horas extraordinarias			
Horas complementarias (contratos a tiempo parcial)			
Gratificaciones extraordinarias			
Salario en especie			
2. Percepciones no salariales			
Indemnizaciones o suplidos			
Prestaciones e indemnizaciones de la Seguridad Social			
Indemnizaciones por traslados, suspensiones o despidos			
Otras percepciones no salariales			
A. Total devengado			501,33
II. DEDUCCIONES			
1. Aportación del trabajador a las cotizaciones a la Seguridad Social y conceptos de recaudación conjunta			
Contingencias comunes y MEI	4,80 (1)	29,08	
Desempleo	1,55	9,39	
Formación profesional	0,10	0,61	
Horas extraordinarias			
Total aportaciones		39,08	
2. Impuesto sobre la Renta de las Personas Físicas	9,90	49,63	
3. Anticipos			
4. Valor de los productos recibidos en especie			
5. Otras deducciones			
B. Total a deducir			88,71
LÍQUIDO TOTAL A PERCIBIR (A – B)			412,62

10 de abril de 2023

Firma y sello de la empresa RECIBÍ

DETERMINACIÓN DE LAS BASES DE COTIZACIÓN A LA SEGURIDAD SOCIAL Y CONCEPTOS DE RECAUDACIÓN CONJUNTA Y DE LA BASE SUJETA A RETENCIÓN DEL IRPF Y APORTACIÓN DE LA EMPRESA

CONCEPTO			BASE	TIPO	APORTACIÓN EMPRESA
1. Contingencias comunes					
Importe remuneración mensual		501,33			
Importe prorrata pagas extraordinarias		104,50			
	TOTAL		605,83	24,10 (2)	146,01
2. Contingencias profesionales y conceptos de recaudación conjunta	AT y EP			1,50	9,09
	Desempleo		605,83	5,50	33,32
	Formación profesional			0,60	3,63
	Fondo de Garantía Salarial			0,20	1,21
3. Cotización adicional por horas extraordinarias					
4. Base sujeta a retención del IRPF			501,33		

(1) Incluye 0,10% de la cotización para el mecanismo de equidad intergeneracional.
(2) Incluye 0,50% de la cotización para el mecanismo de equidad intergeneracional.

F. Confección del recibo de salarios de vacaciones y pagas extraordinarias

Empresa:	X X
Domicilio:	X X
CIF:	X X
CCC:	X X

Trabajador:	X X X
NIF:	X X
N.º de afiliación a la Seguridad Social:	X X
Grupo profesional:	Auxiliar administrativo
Grupo de cotización:	7

Liquidación de vacaciones y pagas extraordinarias

	%	IMPORTE	TOTALES
I. DEVENGOS			
1. Percepciones salariales			
Salario base			
Complementos salariales			
P.P. vacaciones		412,05	
Horas extraordinarias			
Horas complementarias (contratos a tiempo parcial)			
Gratificaciones extraordinarias P.P. julio		692,82	
Participación en beneficios		343,56	
2. Percepciones no salariales			
Indemnizaciones o suplidos			
Prestaciones e indemnizaciones de la Seguridad Social			
Indemnizaciones por traslados, suspensiones o despidos			
Otras percepciones no salariales			
A. TOTAL DEVENGADO			1.448,43
II. DEDUCCIONES			
1. Aportación del trabajador a las cotizaciones a la Seguridad Social y conceptos de recaudación conjunta			
Contingencias comunes y MEI	4,80 (1)	19,78	
Desempleo	1,55	6,39	
Formación profesional	0,10	0,41	
Horas extraordinarias			
TOTAL APORTACIONES		26,58	
2. Impuesto sobre la Renta de las Personas Físicas	9,90	143,39	
3. Anticipos			
4. Valor de los productos recibidos en especie			
5. Otras deducciones			
B. TOTAL A DEDUCIR			169,97
LÍQUIDO TOTAL A PERCIBIR (A – B)			1.278,46

10 de abril de 2023

Firma y sello de la empresa RECIBÍ

DETERMINACIÓN DE LAS BASES DE COTIZACIÓN A LA SEGURIDAD SOCIAL Y CONCEPTOS DE RECAUDACIÓN CONJUNTA Y DE LA BASE SUJETA A RETENCIÓN DEL IRPF Y APORTACIÓN DE LA EMPRESA

CONCEPTO			BASE	TIPO	APORTACIÓN EMPRESA
1. Contingencias comunes					
	Importe remuneración mensual	412,05			
	Importe prorrata pagas extraordinarias	(2)			
	TOTAL		412,05	24,10 (3)	99,30
2. Contingencias profesionales y conceptos de recaudación conjunta	AT y EP			1,50	6,18
	Desempleo		412,05	5,50	22,66
	Formación profesional			0,60	2,47
	Fondo de Garantía Salarial			0,20	0,82
3. Cotización adicional por horas extraordinarias					
4. Base sujeta a retención del IRPF			1.448,43		

(1) Incluye 0,10% de la cotización para el mecanismo de equidad intergeneracional.
(2) No se incluye la prorrata de las pagas extraordinarias, por haberlo sido ya mensualmente en la base de cotización.
(3) Incluye 0,50% de la cotización para el mecanismo de equidad intergeneracional.

26. Extinción del contrato por despido disciplinario

Planteamiento

Un trabajador, con contrato indefinido y con categoría de ayudante no titulado, grupo 4 de cotización a la Seguridad Social, es despedido por su empresario con efectos desde el 30 de noviembre de 2023.

Disconforme con la decisión empresarial, el trabajador plantea papeleta conciliatoria ante el SMAC, celebrándose el correspondiente trámite con resultado de avenencia. El empresario, en el acto de conciliación celebrado, reconoce la improcedencia del despido, opta por la no readmisión del trabajador y pone a disposición de éste tanto la indemnización legal como la liquidación que por todos los conceptos salariales le corresponde hasta la fecha del despido.

El trabajador, al que se le supone una antigüedad desde 1 de enero de 2004, tiene reconocidas, en el convenio, las siguientes retribuciones: salario base 1.800 euros; antigüedad 180 euros; incentivo 235 euros.

Durante el último mes en que prestó sus servicios en la empresa, realizó horas extraordinarias por fuerza mayor por importe de 190 euros.

También tiene derecho a percibir las pagas extraordinarias de julio y Navidad, a razón de 2.215 euros cada una de ellas; pagas que se periodifican semestralmente a efectos de prorrateo.

El trabajador ya ha disfrutado de los 30 días de vacaciones que le corresponden; vacaciones que, según el convenio, se disfrutan en proporción al tiempo trabajado durante el año natural.

El trabajador, que realiza trabajos exclusivos de oficina, tiene asignado, según la tarifa de primas, ocupación «a», un tipo de cotización por AT y EP de 1,50% (0,80 por IT y 0,70 por IMS).

El trabajador, de 48 años, está casado, su cónyuge no dispone de rentas superiores a 1.500 euros y tienen 2 hijos, de 5 y 7 años de edad.

A efectos del IRPF se le había estimado para 2023 una retribución anual de 31.010 euros y una cotización a la Seguridad Social de 2.000,15 euros.

En el mes de enero se le practicó la retención conforme a la legislación vigente al 31 de diciembre de 2022, por un importe de 337,79 euros y un tipo de 15,25% para una retribución de 2.215,00 euros.

Con estos datos calcular el importe de la liquidación del trabajador, las bases de cotización, las cuotas de empresa y trabajador y la retención a cuenta del Impuesto sobre la Renta de las Personas Físicas. Posteriormente, confeccionar el recibo de salarios del mes del cese y el recibo de salarios de la liquidación del trabajador.

Solución

A. Cálculo de la liquidación

1. *Mensualidad de noviembre* (de 1-11-2023 a 30-11-2023, fecha de extinción)

• Salario base	1.800,00 euros
• Antigüedad	180,00 euros
• Incentivo	235,00 euros
• Horas extraordinarias por fuerza mayor	190,00 euros
	2.405,00 euros

2. *Parte proporcional de pagas extras*

- Extra de Navidad: $\frac{5}{6} \times 2.215$ euros = 1.845,83 euros
- Extra de julio: No le corresponde por ser la prorrata semestral y haberla ya percibido.

3. *Parte proporcional de vacaciones*

Partimos del supuesto de que el trabajador disfrutó y cobró, antes del cese en la empresa, los 30 días de vacaciones que por año natural completo de trabajo, según convenio, le correspondían.

Comoquiera que el cese se produjo el 30-11-2023 (1 mes antes de finalizar el año natural), habrá que efectuar el siguiente descuento:

- $\frac{1}{12} \times 2.215$ euros = 184,58 euros

4. *Indemnización por extinción del contrato*

- Antigüedad del trabajador: De 1-1-2004 (fecha de ingreso) a 30-11-2023 (fecha del cese) = 19 años y 11 meses.
- Salario diario:

$$\frac{\text{Salario mensual}}{30} = \frac{2.215}{30} \ldots\ldots = \quad 73{,}83 \text{ euros}$$

$$\text{Prorrata extras} = \frac{2.215 \times 2}{360} \ldots\ldots = \quad 12{,}31 \text{ euros}$$

86,14 euros, diarios

- Para establecer el importe de la indemnización hay que distinguir dos períodos: uno, desde el 1 de enero de 2004, la fecha de celebración del contrato, hasta el 11 de febrero de 2012, período durante el cual la indemnización ha de calcularse a razón de 45 días por año de servicio; y otro, desde el 12 de febrero de 2012 hasta fecha del cese efectivo en el trabajo, el 30 de noviembre de 2023, período durante el cual la indemnización ha de calcularse a razón de 33 días por año de servicio. Así, los días que sirven para fijar la indemnización son:

  1.1.2004 – 11.2.2012:

  $$45 \text{ días/año} \times \left(8 + \frac{1}{12}\right) \text{ años:} \ldots\ldots \quad 364 \text{ días}$$

  12.2.2012 – 30.11.2023:

  $$33 \text{ días/año} \times \left(11 + \frac{10}{12}\right) \text{ años:} \ldots\ldots \quad 391 \text{ días}$$

  Total .... 755 días

El número de días que sirve para calcular la indemnización no puede exceder de los 720 días que, en principio, están establecidos como límite.

Por lo tanto, la indemnización será de, 86,14 euros/día × 720 días, 66.020,80 euros.

5. *Salarios de tramitación*

Reconocida la improcedencia del despido por el empresario, y habiendo optado por la no readmisión del trabajador, no procede abono de cantidad alguna en concepto de salarios de tramitación.

B. Cálculo de las bases de cotización

La paga extraordinaria que se liquida no integra base de cotización alguna dado que ya se cotiza mediante prorrateo mensual.

La indemnización por despido está excluida de cotización.

Las horas extraordinarias no integran la base de cotización para contingencias comunes. Sí integran la base de cotización para las demás contingencias.

1. *Para contingencias comunes*

a) *Conceptos computables:* Salario base, antigüedad e incentivo.
b) *Conceptos no computables:* Horas extraordinarias, indemnización por despido y parte proporcional de la paga de Navidad.
c) *Importe de la base:*

- Salario base .... 1.800,00 euros
- Antigüedad .... 180,00 euros
- Incentivo .... 235,00 euros
- Prorrata de extras:

$$\frac{2.215 \times 2}{12} = \ldots\ldots\ldots \quad 369{,}17 \text{ euros}$$

2.584,17 euros

La citada cuantía de 2.584,17 euros no supera el importe de la base máxima de cotización que al grupo 4 le corresponde (4.495,50 euros) y, en consecuencia, constituye la base de cotización para estas contingencias.

2. *Para contingencias profesionales (AT y EP)*

a) *Conceptos computables:* Salario base, antigüedad, incentivo, y horas extraordinarias.
b) *Conceptos no computables:* Indemnización por despido y parte proporcional de la paga de Navidad.
c) *Importe de la base:*

- Salario base .... 1.800,00 euros
- Antigüedad .... 180,00 euros
- Incentivo .... 235,00 euros
- Horas extraordinarias .... 190,00 euros
- Prorrata de extras:

$$\frac{2.215 \times 2}{12} = \ldots\ldots\ldots \quad 369{,}17 \text{ euros}$$

2.774,17 euros

La cuantía de 2.774,17 euros no supera el tope máximo de cotización (4.495,50 euros), por lo que constituye la base de cotización para estas contingencias.

3. *Para desempleo, Fondo de Garantía Salarial y formación profesional*

La base de cotización es la misma que la de AT y EP = 2.774,17 euros.

4. *Cotización adicional por horas extraordinarias*

La base de cotización está constituida por su importe: 190 euros.

4. *Para el mecanismo de equidad intergeneracional (MEI)*

La base de cotización es la misma que la de contingencias comunes = 2.584,17 euros.

C. CÁLCULO DE LAS CUOTAS DE COTIZACIÓN

1. *Para contingencias comunes*

- A cargo del empresario: 23,60% × 2.584,17 euros = 609,86 euros
- A cargo del trabajador: 4,70% × 2.584,17 euros = 121,46 euros

2. *Para contingencias profesionales (AT y EP)*

- A cargo del empresario exclusivamente, ocupación «a» = 41,61 euros

— Por IT: 2.774,17 euros × 0,80% = 22,19
— Por IMS: 2.774,17 euros × 0,70% = 19,42

3. *Para desempleo*

- A cargo del empresario: 5,50% × 2.774,17 euros = 152,58 euros
- A cargo del trabajador: 1,55% × 2.774,17 euros = 43,00 euros

4. *Para el Fondo de Garantía Salarial*

- A cargo del empresario exclusivamente: 0,20% × 2.774,17 euros = 5,55 euros

5. *Para formación profesional*

- A cargo del empresario: 0,60% × 2.774,17 euros = 16,65 euros
- A cargo del trabajador: 0,10% × 2.774,17 euros = 2,77 euros

6. *Para cotización adicional por horas extraordinarias por fuerza mayor*

- A cargo del empresario: 12% × 190 euros = 22,80 euros
- A cargo del trabajador: 2% × 190 euros = 3,80 euros

7. *Para el mecanismo de equidad intergeneracional (MEI)*

- A cargo del empresario: 0,50% × 2.584,17euros = 12,92 euros
- A cargo del trabajador: 0,10% × 2.584,172 euros = 2,58 euros

8. *Importe a ingresar*

• Por contingencias comunes:		731,32
609,86 + 121,46:	731,32	
• Por contingencias profesionales:		41,61
• Para desempleo:		195,58
152,58 + 43,00:	195,58	
• Para el Fondo de Garantía Salarial:		5,55
• Para formación profesional:		19,42
16,65 + 2,77:	19,42	
• Por horas extraordinarias:		26,60
Fuerza mayor: 22,80 + 3,80	26,60	
• Para el mecanismo de equidad intergeneracional (MEI): 12,92 + 2,58		15,50
Total		1.035,58 euros

D. Cálculo de las retenciones a cuenta del IRPF

El tipo de retención aplicable es el mismo que venía soportando el trabajador hasta la fecha de la extinción del contrato y que le fue calculado en los términos que, a continuación, se explican.

En enero, el salario previsible del trabajador en 2023 —31.010 euros, al que correspondía una cotización a su cargo de 2.000,15 euros— estaba sujeto a retención dado que superaba el límite cuantitativo de exención (19.241 euros) que, atendida su situación personal (con cónyuge a cargo) y número de descendientes (dos hijos), le correspondía:

1.º Base de retención (a – b)			27.009,85
a) Retribución total		31.010,00	
b) Minoraciones (i + ii + iii)		4.000,15	
i) Cotizaciones Seguridad Social	2.000,15		
ii) Reducción en concepto de otros gastos	2.000,00		
iii) Reducción por obtención de rendimiento (•)	0,00		
Rendimiento neto (a – i: 29.009,85) > 19.747,50			
2.º Mínimo personal y familiar (a + b)			8.100,00
a) Mínimo del contribuyente ≤ 65 años		5.550,00	
b) Mínimo por descendientes (i + ii)		2.550,00	
i) Por el 1.º, de 7 años	1.200,00		
2.400 ÷ 2: 1.200			
ii) Por el 2.º, de 5 años	1.350,00		
2.700 ÷ 2: 1.350			
3.º Cuota de retención (a – b)			4.729,46
a) Aplicación de la escala a la base de retención (i + ii + iii)		6.268,46	
i) (0,00 – 12.450,00) × 19%	2.365,50		
12.450,00 × 19%			
ii) (12.450,00 – 20.200,00) × 24%	1.860,00		
7.750,00 × 24%			
iii) (20.200,00 – 27.009,85) × 30%	2.042,96		
6.809,85 × 30%			
b) Aplicación de la escala al mínimo personal y familiar		1.539,00	
(0 – 8.100,00) × 19%			

Como la retribución anual (31.010 euros) es inferior a 35.200 euros, la cuota de retención no puede ser superior a la que resulta de la fórmula siguiente:

(Retribución total – Límite de retención) × 43%: (31.010 – 19.241) × 43% = 5.060,67

El menor importe de los dos (4.729,46) es el que debe tomarse en consideración para la determinación del tipo de retención.

4.º Tipo de retención:

$$\frac{\text{Cuota de retención}}{\text{Rendimientos de trabajo}} \times 100 = \frac{4.726,46}{31.010,00} \times 100 = 15,25\%.$$

Por coincidir el tipo de retención con el que se le había aplicado en enero, no procede efectuar regularización alguna.

5.° Importe de la retención:

Los conceptos retributivos que están sujetos a retención son:

— Salario base	1.800,00 euros
— Antigüedad	180,00 euros
— Incentivo	235,00 euros
— Horas extraordinarias	190,00 euros
— Extra Navidad	1.845,83 euros
Base sujeta a retención	4.250,83 euros

No está sujeta a retención la indemnización de 53.665,22 euros.

Importe de la retención: 15,25% × 4.250,83 euros = 648,25 euros.

E. Confección de los recibos de salarios

Ver la página 405.

Normativa aplicada

Los preceptos en los que se fundamenta la solución propuesta son:

- Artículo 56 y disposición transitoria 11.ª de la Ley del Estatuto de los Trabajadores.
- Artículos 141 a 148 de la Ley General de la Seguridad Social.
- Ley 35/2006, de 28 de noviembre, del Impuesto sobre la Renta de las Personas Físicas.
- Disposición adicional 4.ª de la Ley 42/2006, de 28 de diciembre.
- Artículo 122 de la Ley 31/2022, de 23 de diciembre, de Presupuestos Generales del Estado para el año 2023.
- Artículo 23 del Real Decreto 2064/1995, de 22 de diciembre.
- Artículos 74 a 89 del Real Decreto 439/2007, de 30 de marzo.
- Artículos 1 a 4, 28, 29 y 31 de la Orden PCM/74/2023, de 30 de enero.

E. Confección del recibo de salarios

Empresa:	X X	Trabajador:	X X X
Domicilio:	X X	NIF:	X X
CIF:	X X	N.º de afiliación a la Seguridad Social:	X X
CCC:	X X	Grupo profesional:	Ayudante no titulado
		Grupo de cotización:	4

Período de liquidación: del 1 de noviembre al 30 de noviembre de 2023. Total días 30

	%	IMPORTE	TOTALES
I. DEVENGOS			
1. Percepciones salariales			
Salario base		1.800,00	
Complementos salariales			
Antigüedad		180,00	
Incentivos		235,00	
Horas extraordinarias (por fuerza mayor)		190,00	
Horas complementarias (contratos a tiempo parcial)			
Gratificaciones extraordinarias (Navidad)		1.845,83	
Salario en especie			
2. Percepciones no salariales			
Indemnizaciones o suplidos			
Prestaciones e indemnizaciones de la Seguridad Social			
Indemnizaciones por traslados, suspensiones o despidos			
Indemnización por despido		62.020,80	
Otras percepciones no salariales			
A. Total devengado			66.271,63
II. DEDUCCIONES			
1. Aportación del trabajador a las cotizaciones a la Seguridad Social y conceptos de recaudación conjunta			
Contingencias comunes y MEI	4,80 (1)	124,04	
Desempleo	1,55	43,00	
Formación profesional	0,10	2,77	
Horas extraordinarias:			
Fuerza mayor	2,00	3,80	
Otras			
Total aportaciones		173,61	
2. Impuesto sobre la Renta de las Personas Físicas	15,25	648,25	
3. Anticipos		184,58	
4. Valor de los productos recibidos en especie			
5. Otras deducciones			
B. Total a deducir			1.006,40
LÍQUIDO TOTAL A PERCIBIR (A – B)			65.265,19

30 de noviembre de 2023

Firma y sello de la empresa — RECIBÍ

DETERMINACIÓN DE LAS BASES DE COTIZACIÓN A LA SEGURIDAD SOCIAL Y CONCEPTOS DE RECAUDACIÓN CONJUNTA Y DE LA BASE SUJETA A RETENCIÓN DEL IRPF Y APORTACIÓN DE LA EMPRESA

CONCEPTO			BASE	TIPO	APORTACIÓN EMPRESA
1. Contingencias comunes					
	Importe remuneración mensual	2.215,00 (2)			
	Importe prorrata pagas extraordinarias	369,17			
	TOTAL		2.584,17	23,60 (3)	622,78
2. Contingencias profesionales y conceptos de recaudación conjunta	AT y EP			1,50	41,61
	Desempleo		2.774,17	5,50	152,58
	Formación profesional			0,60	16,65
	Fondo de Garantía Salarial			0,20	5,55
3. Cotización adicional por horas extraordinarias			190,00	12,00	22,80
4. Base sujeta a retención del IRPF			4.250,83		

(1) Incluye 0,10% de la cotización para el mecanismo de equidad intergeneracional.
(2) No se incluye el importe de la paga extraordinaria, ya que se prorratea mensualmente en la base de cotización.
(3) Incluye 0,50% de la cotización para el mecanismo de equidad intergeneracional.

27. Extinción del contrato por finalización de la sustitución

Planteamiento

Un trabajador con la categoría de licenciado, grupo 1 de cotización a la Seguridad Social, que había sido contratado para sustituir a un trabajador en excedencia por el ejercicio de un cargo público, ve extinguido su contrato de trabajo con fecha 30 de junio de 2023 como consecuencia de la reincorporación del trabajador sustituido.

La extinción de la relación laboral por esta causa da derecho al trabajador a percibir la liquidación que, por todos los conceptos salariales, se le adeudan hasta la fecha de la extinción, y sin que dicha terminación le haga acreedor de indemnización alguna.

El trabajador tiene reconocidas en el convenio las siguientes retribuciones: salario base 1.650 euros; incentivo 150 euros.

Durante el último mes en que prestó sus servicios en la empresa, realizó horas extraordinarias por fuerza mayor por importe de 120 euros.

También tiene derecho a percibir las pagas extraordinarias de julio y Navidad, de 1.800 euros cada una de ellas; pagas que se periodifican semestralmente a efectos de prorrateo.

El trabajador no ha disfrutado todavía de los 30 días de vacaciones que le corresponden, vacaciones que, según el convenio, se disfrutan en proporción al tiempo trabajado durante el año natural.

A la empresa, una compañía de seguros, CNAE 65.11, le corresponde un tipo de cotización por AT y EP de 1,50% (0,80 por IT y 0,70 por IMS), que coincide con el de la ocupación del trabajador, «a», porque realiza trabajos exclusivos de oficina.

El trabajador, de 30 años, tiene 3 hijos, de 6, 4 y 2 años de edad, su cónyuge carece de rentas, y, a efectos del IRPF, se había estimado el 1 de enero que, en el año 2023, percibiría una retribución de 12.600 euros y cotizaría a la Seguridad Social 812,70 euros.

Con estos datos calcular el importe de la liquidación del trabajador, las bases de cotización, las cuotas de empresa y trabajador y la retención a cuenta del IRPF. Posteriormente, confeccionar el recibo de salarios del mes del cese y el recibo de salarios de la liquidación del trabajador.

Solución

A. Cálculo de la liquidación

1. *Mensualidad de junio* (de 1-6-2023 a 30-6-2023, fecha de extinción)

• Salario base	1.650,00 euros
• Incentivo	150,00 euros
• Horas extraordinarias por fuerza mayor	120,00 euros
	1.920,00 euros

2. *Parte proporcional de pagas extras*

- Extra de julio: $\frac{6}{6} \times 1.800$ euros = 1.800 euros
- Extra de Navidad: No le corresponde, por ser la prorrata semestral y no hallarse de alta en la empresa durante el segundo semestre.

3. *Parte proporcional de vacaciones*

- $\frac{6}{12} \times 1.800$ euros = 900 euros

B. CÁLCULO DE LAS BASES DE COTIZACIÓN

La paga extraordinaria que se liquida no integra base de cotización alguna dado que ya se cotiza mediante prorrateo mensual.

La retribución percibida en concepto de vacaciones no disfrutadas tiene carácter salarial y, en consecuencia, está sujeta a cotización. No obstante, no procede incluir su importe en la base de cotización que integra las percepciones ordinarias del mes del cese. Esta cotización es complementaria a la del mes de extinción del contrato y comprenderá el importe correspondiente a los días de duración de las vacaciones, aun cuando alcancen también el siguiente mes natural o se inicie una nueva relación laboral durante los mismos, sin prorrateo alguno y con aplicación, en su caso, del tope máximo de cotización correspondiente al mes o meses que resulten afectados.

B1. *Base de cotización correspondiente a la mensualidad ordinaria*

1. *Para contingencias comunes*

a) *Conceptos computables:* Salario base e incentivo.
b) *Conceptos no computables:* Horas extraordinarias, parte proporcional de la paga de julio y parte proporcional de vacaciones
c) *Importe de la base:*

- Salario base .... 1.650,00 euros
- Incentivo .... 150,00 euros
- Prorrata de extras:

$\frac{1.800 \times 2}{12}$ = ... 300,00 euros

2.100,00 euros

La citada cuantía de 2.100 euros no supera el importe de la base máxima de cotización que al grupo 1 le corresponde (4.495,50 euros) y, en consecuencia, constituye la base de cotización para estas contingencias.

2. *Para contingencias profesionales (AT y EP)*

a) *Conceptos computables:* Salario base, incentivo y horas extraordinarias.
b) *Conceptos no computables:* Parte proporcional de la paga de julio y parte proporcional de vacaciones.
c) *Importe de la base:*

- Salario base .... 1.650,00 euros
- Incentivo .... 150,00 euros
- Horas extraordinarias .... 120,00 euros
- Prorrata de extras:

$\frac{1.800 \times 2}{12}$ = ... 300,00 euros

2.220,00 euros

La cuantía de 2.220 euros, que no supera el tope máximo de cotización (4.495,50 euros), constituye la base de cotización para estas contingencias.

3. *Para desempleo, Fondo de Garantía Salarial y formación profesional*

   La base de cotización es la misma que la de AT y EP = 2.220 euros.

4. *Cotización adicional por horas extras*

   La base de cotización está constituida por su importe: 120 euros.

5. *Para el mecanismo de equidad intergeneracional (MEI)*

   La base de cotización es la misma que la de contingencias comunes = 2.100 euros.

B2. *Base de cotización correspondiente a la compensación económica por las vacaciones no disfrutadas*

El importe de la liquidación correspondiente a la parte proporcional de las vacaciones no disfrutadas constituye la base de cotización para las contingencias comunes, profesionales, desempleo, Fondo de Garantía Salarial y formación profesional.

La permanencia del trabajador en la empresa durante el año completo le haría acreedor de una compensación equivalente al importe de 30 días de salario real (1.800 euros). No obstante dado que su estancia se ha limitado a 6 meses (de enero a junio), le corresponde una retribución proporcional.

$$\frac{6}{12} \times 1.800 \text{ euros} = 900 \text{ euros}$$

Esa retribución, 900 euros, constituye la base de cotización por este concepto, dado que la referida cuantía, que corresponde a la liquidación de 15 días de vacaciones (6 × 30 / 12), está comprendida entre las bases de cotización mínima, 879,82 euros (15 días × 1.759,64 euros/mes ÷ 30 días/mes), y máxima, 2.247,25 euros (15 días × 4.495,50 euros/mes ÷ 30 días/mes) atribuibles a esos días.

C. Cálculo de las cuotas de cotización

a) *Por la mensualidad ordinaria*

1. *Para contingencias comunes*
   - A cargo del empresario: 23,60% × 2.100 euros = 495,60 euros
   - A cargo del trabajador: 4,70% × 2.100 euros = 98,70 euros

2. *Para contingencias profesionales (AT y EP)*
   - A cargo del empresario exclusivamente, ocupación «a» = 33,30 euros
     - — Por IT: 2.220,00 euros × 0,80% = 17,76
     - — Por IMS: 2.220,00 euros × 0,70% = 15,54

3. *Para desempleo*
   - A cargo del empresario: 5,50% × 2.220 euros = 122,10 euros
   - A cargo del trabajador: 1,55% × 2.220 euros = 34,41 euros

4. *Para el Fondo de Garantía Salarial*
   - A cargo del empresario exclusivamente: 0,20% × 2.220 euros = 4,44 euros

5. *Para formación profesional*
   - A cargo del empresario: 0,60% × 2.220 euros = 13,32 euros
   - A cargo del trabajador: 0,10% × 2.220 euros = 2,22 euros

6. *Para cotización adicional por horas extraordinarias por fuerza mayor*

 - A cargo del empresario: 12% × 120 euros = 14,40 euros
 - A cargo del trabajador: 2% × 120 euros = 2,40 euros

7. *Para el mecanismo de equidad intergeneracional (MEI)*

 - A cargo del empresario: 0,50% ×2.100 euros = 10,50 euros
 - A cargo del trabajador: 0,10% × 2.100 euros = 2,10 euros

b) *Por las vacaciones*

1. *Para contingencias comunes*

 - A cargo del empresario: 23,60% × 900 euros = 212,40 euros
 - A cargo del trabajador: 4,70% × 900 euros = 42,30 euros

2. *Para contingencias profesionales (AT y EP)*

 - A cargo del empresario exclusivamente, ocupación «a» = 13,50 euros

 — Por IT: 900,00 euros × 0,80% = 7,20
 — Por IMS: 900,00 euros × 0,70% = 6,30

3. *Para desempleo*

 - A cargo del empresario: 5,50% × 900 euros = 49,50 euros
 - A cargo del trabajador: 1,55% × 900 euros = 13,95 euros

4. *Para el Fondo de Garantía Salarial*

 - A cargo del empresario exclusivamente: 0,20% × 900 euros = 1,80 euros

5. *Para formación profesional*

 - A cargo de empresario: 0,60% × 900 euros = 5,40 euros
 - A cargo del trabajador: 0,10% × 900 euros = 0,90 euros

6. *Para el mecanismo de equidad intergeneracional (MEI)*

 - A cargo del empresario: 0,50% ×900 euros = 4,50 euros
 - A cargo del trabajador: 0,10% × 900 euros = 0,90 euros

7. *Importe a ingresar*

• Por contingencias comunes:		849,00
708,00 (495,60 + 212,40) + 141,00 (98,70 + 42,30):	849,00	
• Por contingencias profesionales:		46,80
33,30 (17,76 + 15,54) + 13,50 (7,20 + 6,30)	46,80	
• Para desempleo:		219,96
171,60 (122,10 + 49,50) + 48,36 (34,41 + 13,95)	219,96	
• Para el Fondo de Garantía Salarial:		6,24
4,44 + 1,80:	6,24	
• Para formación profesional:		21,84
18,72 (13,32 + 5,40) + 3,12 (2,22 + 0,90)	21,84	
• Por horas extraordinarias:		16,80
Fuerza mayor: 14,40 + 2,40	16,80	
• Para el mecanismo de equidad intergeneracional (MEI):		5,40
4,50 + 0,90		
Total		1.166,04 euros

D. Cálculo de las retenciones a cuenta del IRPF

Supuesta la retribución global del trabajador, durante el año 2023, de 12.600 euros, no alcanza su límite de retención de 19.241 euros que, atendida su situación personal (cónyuge a cargo) y número de descendientes (tres hijos), le corresponde. En consecuencia, no procede efectuar retención alguna sobre su devengo mensual.

E y F. Confección de los recibos de salarios

Habrán de confeccionarse dos recibos de salarios: uno, para integrar la retribución ordinaria correspondiente a los 30 días del mes del cese; y otro, para incluir la compensación económica de las vacaciones no disfrutadas y la retribución de las pagas extraordinarias.

Ver las páginas 411 y 412.

Normativa aplicada

Los preceptos en los que se fundamenta la solución propuesta son:

— Artículos 141 a 148 de la Ley General de la Seguridad Social.
— Ley 35/2006, de 28 de noviembre, del Impuesto sobre la Renta de las Personas Físicas.
— Disposición adicional 4.ª de la Ley 42/2006, de 28 de diciembre.
— Artículo 122 de la Ley 31/2022, de 23 de diciembre, de Presupuestos Generales del Estado para el año 2023.
— Artículo 23 del Real Decreto 2064/1995, de 22 de diciembre.
— Artículos 74 a 89 del Real Decreto 439/2007, de 30 de marzo.
— Artículos 1 a 4 y 31 de la Orden PCM/74/2023, de 30 de enero.

E. Confección del recibo de salarios de la mensualidad ordinaria

Empresa:	X X	Trabajador:	X X X
Domicilio:	X X	NIF:	X X
CIF:	X X	N.º de afiliación a la Seguridad Social:	X X
		Grupo profesional:	Licenciado
CCC:	X X	Grupo de cotización:	1

Período de liquidación: del 1 de junio al 30 de junio de 2023. Total días 30

	%	IMPORTE	TOTALES
I. DEVENGOS			
1. Percepciones salariales			
Salario base		1.650,00	
Complementos salariales			
Incentivos		150,00	
Horas extraordinarias (por fuerza mayor)		120,00	
Horas complementarias (contratos a tiempo parcial)			
Gratificaciones extraordinarias			
Salario en especie			
2. Percepciones no salariales			
Indemnizaciones o suplidos			
Prestaciones e indemnizaciones de la Seguridad Social			
Indemnizaciones por traslados, suspensiones o despidos			
Otras percepciones no salariales			
A. Total devengado			1.920,00
II. DEDUCCIONES			
1. Aportación del trabajador a las cotizaciones a la Seguridad Social y conceptos de recaudación conjunta			
Contingencias comunes y MEI	4,80 (1)	100,80	
Desempleo	1,55	34,41	
Formación profesional	0,10	2,22	
Horas extraordinarias:			
Fuerza mayor	2,00	2,40	
Otras			
Total aportaciones		139,83	
2. Impuesto sobre la Renta de las Personas Físicas	–	–	
3. Anticipos			
4. Valor de los productos recibidos en especie			
5. Otras deducciones			
B. Total a deducir			139,83
LÍQUIDO TOTAL A PERCIBIR (A – B)			1.780,17

30 de junio de 2023.

Firma y sello de la empresa — RECIBÍ

DETERMINACIÓN DE LAS BASES DE COTIZACIÓN A LA SEGURIDAD SOCIAL Y CONCEPTOS DE RECAUDACIÓN CONJUNTA Y DE LA BASE SUJETA A RETENCIÓN DEL IRPF Y APORTACIÓN DE LA EMPRESA

CONCEPTO			BASE	TIPO	APORTACIÓN EMPRESA
1. Contingencias comunes					
	Importe remuneración mensual	1.800,00			
	Importe prorrata pagas extraordinarias	300,00			
	TOTAL		2.100,00	24,10 (2)	506,10
2. Contingencias profesionales y conceptos de recaudación conjunta	AT y EP			1,50	33,30
	Desempleo		2.220,00	5,50	122,10
	Formación profesional			0,60	13,32
	Fondo de Garantía Salarial			0,20	4,44
3. Cotización adicional por horas extraordinarias			120,00	12,00	14,40
4. Base sujeta a retención del IRPF			1.920,00		

(1) Incluye 0,10% de la cotización para el mecanismo de equidad intergeneracional.
(2) Incluye 0,50% de la cotización para el mecanismo de equidad intergeneracional.

F. Confección del recibo de salarios de vacaciones y paga extraordinaria

Empresa:	X X
Domicilio:	X X
CIF:	X X
CCC:	X X

Trabajador:	X X X
NIF:	X X
N.º de afiliación a la Seguridad Social:	X X
Grupo profesional:	Licenciado
Grupo de cotización:	1

Liquidación de vacaciones y paga extraordinaria

		IMPORTE	TOTALES
I. DEVENGOS			
1. Percepciones salariales			
Salario base			
Complementos salariales			
P.P. vacaciones		900,00	
Horas extraordinarias			
Horas complementarias (contratos a tiempo parcial)			
Gratificaciones extraordinarias	P.P. julio	1.800,00	
Salario en especie			
2. Percepciones no salariales			
Indemnizaciones o suplidos			
Prestaciones e indemnizaciones de la Seguridad Social			
Indemnizaciones por traslados, suspensiones o despidos			
Otras percepciones no salariales			
A. Total devengado			2.700,00
II. DEDUCCIONES			
1. Aportación del trabajador a las cotizaciones a la Seguridad Social y conceptos de recaudación conjunta	%		
Contingencias comunes y MEI	4,80 (1)	43,20	
Desempleo	1,55	13,95	
Formación profesional	0,10	0,90	
Horas extraordinarias			
Total aportaciones		58,05	
2. Impuesto sobre la Renta de las Personas Físicas	–	–	
3. Anticipos			
4. Valor de los productos recibidos en especie			
5. Otras deducciones			
B. Total a deducir			58,05
LÍQUIDO TOTAL A PERCIBIR (A – B)			2.641,95

30 de junio de 2023

Firma y sello de la empresa RECIBÍ

DETERMINACIÓN DE LAS BASES DE COTIZACIÓN A LA SEGURIDAD SOCIAL Y CONCEPTOS DE RECAUDACIÓN CONJUNTA Y DE LA BASE SUJETA A RETENCIÓN DEL IRPF Y APORTACIÓN DE LA EMPRESA

CONCEPTO			BASE	TIPO	APORTACIÓN EMPRESA
1. Contingencias comunes					
	Importe remuneración mensual	900,00 (2)			
	Importe prorrata pagas extraordinarias				
	TOTAL		900,00	24,10 (3)	216,90
2. Contingencias profesionales y conceptos de recaudación conjunta	AT y EP			1,50	13,50
	Desempleo		900,00	5,50	49,50
	Formación profesional			0,60	5,40
	Fondo de Garantía Salarial			0,20	1,80
3. Cotización adicional por horas extraordinarias					
4. Base sujeta a retención del IRPF			2.700,00		

(1) Incluye 0,10% de la cotización para el mecanismo de equidad intergeneracional.
(2) No se incluye el importe de la paga extraordinaria, ya que se prorratea mensualmente en la base de cotización.
(3) Incluye 0,50% de la cotización para el mecanismo de equidad intergeneracional.

Tercera parte

Textos legales básicos

Salario

Cotización

1. Estatuto de los Trabajadores: texto refundido aprobado por Real Decreto Legislativo 2/2015, de 23 de octubre

TÍTULO I

DE LA RELACIÓN INDIVIDUAL DE TRABAJO

. . . .

CAPÍTULO II

Contenido del contrato de trabajo

. . . .

Sección 3.ª

Clasificación profesional y promoción en el trabajo

. . . .

Art. 25. Promoción económica

1. El trabajador, en función del trabajo desarrollado, podrá tener derecho a una promoción económica en los términos fijados en convenio colectivo o contrato individual.

2. Lo dispuesto en el apartado anterior se entiende sin perjuicio de los derechos adquiridos o en curso de adquisición en el tramo temporal correspondiente.

Sección 4.ª

Salarios y garantías salariales

Art. 26. Del salario

1. Se considerará salario la totalidad de las percepciones económicas de los trabajadores, en dinero o en especie, por la prestación profesional de los servicios laborales por cuenta ajena, ya retribuyan el trabajo efectivo, cualquiera que sea la forma de remuneración, o los periodos de descanso computables como de trabajo.

En ningún caso, incluidas las relaciones laborales de carácter especial a que se refiere el artículo 2, el salario en especie podrá superar el 30 por 100 de las percepciones salariales del trabajador, ni dar lugar a la minoración de la cuantía íntegra en dinero del salario mínimo interprofesional.

2. No tendrán la consideración de salario las cantidades percibidas por el trabajador en concepto de indemnizaciones o suplidos por los gastos realizados como consecuencia de su actividad laboral, las prestaciones e indemnizaciones de la Seguridad Social y las indemnizaciones correspondientes a traslados, suspensiones o despidos.

3. Mediante la negociación colectiva o, en su defecto, el contrato individual, se determinará la estructura del salario, que deberá comprender el salario base, como retribución fijada por unidad de tiempo o de obra y, en su caso, complementos salariales fijados en función de circunstancias relativas a las condiciones personales del trabajador, al trabajo realizado o a la situación y resultados de la empresa, que se calcularán conforme a los criterios que a tal efecto se pacten. Igualmente se pactará el carácter consolidable o no de dichos complementos salariales, no teniendo el carácter de consolidables, salvo acuerdo en contrario, los que estén vinculados al puesto de trabajo o a la situación y resultados de la empresa.

4. Todas las cargas fiscales y de Seguridad Social a cargo del trabajador serán satisfechas por el mismo, siendo nulo todo pacto en contrario.

5. Operará la compensación y absorción cuando los salarios realmente abonados, en su conjunto y cómputo anual, sean más favorables para los trabajadores que los fijados en el orden normativo o convencional de referencia.

Art. 27. Salario mínimo interprofesional (1)

1. El Gobierno fijará, previa consulta con las organizaciones sindicales y asociaciones empresariales más representativas, anualmente, el salario mínimo interprofesional, teniendo en cuenta:

a) El índice de precios de consumo.

b) La productividad media nacional alcanzada.

c) El incremento de la participación del trabajo en la renta nacional.

d) La coyuntura económica general.

Igualmente se fijará una revisión semestral para el caso de que no se cumplan las previsiones sobre el índice de precios citado.

La revisión del salario mínimo interprofesional no afectará a la estructura ni a la cuantía de los salarios profesionales cuando estos, en su conjunto y cómputo anual, fueran superiores a aquel.

2. El salario mínimo interprofesional, en su cuantía, es inembargable.

Art. 28. Igualdad de remuneración por razón de sexo (2)

1. El empresario está obligado a pagar por la prestación de un trabajo de igual valor la misma retribución, satisfecha

(1) Ver el Real Decreto 99/2023, de 14 de febrero, por el que se fija el salario mínimo interprofesional para 2023.

(2) Artículo redactado conforme a lo dispuesto en el Real Decreto-ley 6/2019, de 1 de marzo.

directa o indirectamente, y cualquiera que sea la naturaleza de la misma, salarial o extrasalarial, sin que pueda producirse discriminación alguna por razón de sexo en ninguno de los elementos o condiciones de aquella.

Un trabajo tendrá igual valor que otro cuando la naturaleza de las funciones o tareas efectivamente encomendadas, las condiciones educativas, profesionales o de formación exigidas para su ejercicio, los factores estrictamente relacionados con su desempeño y las condiciones laborales en las que dichas actividades se llevan a cabo en realidad sean equivalentes.

2. El empresario está obligado a llevar un registro con los valores medios de los salarios, los complementos salariales y las percepciones extrasalariales de su plantilla, desagregados por sexo y distribuidos por grupos profesionales, categorías profesionales o puestos de trabajo iguales o de igual valor.

Las personas trabajadoras tienen derecho a acceder, a través de la representación legal de los trabajadores en la empresa, al registro salarial de su empresa.

3. Cuando en una empresa con al menos cincuenta trabajadores, el promedio de las retribuciones a los trabajadores de un sexo sea superior a los del otro en un 25 por 100 o más, tomando el conjunto de la masa salarial o la media de las percepciones satisfechas, el empresario deberá incluir en el Registro salarial una justificación de que dicha diferencia responde a motivos no relacionados con el sexo de las personas trabajadoras.

Art. 29. Liquidación y pago (1)

1. La liquidación y el pago del salario se harán puntual y documentalmente en la fecha y lugar convenidos o conforme a los usos y costumbres. El periodo de tiempo a que se refiere el abono de las retribuciones periódicas y regulares no podrá exceder de 1 mes.

El trabajador y, con su autorización, sus representantes legales, tendrán derecho a percibir, sin que llegue el día señalado para el pago, anticipos a cuenta del trabajo ya realizado.

La documentación del salario se realizará mediante la entrega al trabajador de un recibo individual y justificativo del pago del mismo. El recibo de salarios se ajustará al modelo que apruebe el Ministerio de Empleo y Seguridad Social, salvo que por convenio colectivo o, en su defecto, por acuerdo entre la empresa y los representantes de los trabajadores, se establezca otro modelo que contenga con la debida claridad y separación las diferentes percepciones del trabajador, así como las deducciones que legalmente procedan.

La liquidación de los salarios que correspondan a quienes presten servicios en trabajos que tengan el carácter de fijos-discontinuos, en los supuestos de conclusión de cada periodo de actividad, se llevará a cabo con sujeción a los trámites y garantías establecidos en el artículo 49.2.

2. El derecho al salario a comisión nacerá en el momento de realizarse y pagarse el negocio, la colocación o venta en que hubiera intervenido el trabajador, liquidándose y pagándose, salvo que se hubiese pactado otra cosa, al finalizar el año.

El trabajador y sus representantes legales pueden pedir en cualquier momento comunicaciones de la parte de los libros referentes a tales devengos.

3. El interés por mora en el pago del salario será el 10 por 100 de lo adeudado.

4. El salario, así como el pago delegado de las prestaciones de la Seguridad Social, podrá efectuarlo el empresario en moneda de curso legal o mediante cheque u otra modalidad de pago similar a través de entidades de crédito, previo informe al comité de empresa o delegados de personal.

Art. 30. Imposibilidad de la prestación

Si el trabajador no pudiera prestar sus servicios una vez vigente el contrato porque el empresario se retrasare en darle trabajo por impedimentos imputables al mismo y no al trabajador, este conservará el derecho a su salario, sin que pueda hacérsele compensar el que perdió con otro trabajo realizado en otro tiempo.

Art. 31. Gratificaciones extraordinarias

El trabajador tiene derecho a 2 gratificaciones extraordinarias al año, una de ellas con ocasión de las fiestas de Navidad y la otra en el mes que se fije por convenio colectivo o por acuerdo entre el empresario y los representantes legales de los trabajadores. Igualmente se fijará por convenio colectivo la cuantía de tales gratificaciones.

No obstante, podrá acordarse en convenio colectivo que las gratificaciones extraordinarias se prorrateen en las 12 mensualidades.

Art. 32. Garantías del salario

1. Los créditos salariales por los últimos 30 días de trabajo y en cuantía que no supere el doble del salario mínimo interprofesional gozarán de preferencia sobre cualquier otro crédito, aunque este se encuentre garantizado por prenda o hipoteca.

2. Los créditos salariales gozarán de preferencia sobre cualquier otro crédito respecto de los objetos elaborados por los trabajadores mientras sean propiedad o estén en posesión del empresario.

3. Los créditos por salarios no protegidos en los apartados anteriores tendrán la condición de singularmente privilegiados en la cuantía que resulte de multiplicar el triple del salario mínimo interprofesional por el número de días del salario pendientes de pago, gozando de preferencia sobre cualquier otro crédito, excepto los créditos con derecho real, en los supuestos en los que estos, con arreglo a la Ley, sean preferentes. La misma consideración tendrán las indemnizaciones por despido en la cuantía correspondiente al mínimo legal calculada sobre una base que no supere el triple del salario mínimo.

4. El plazo para ejercitar los derechos de preferencia del crédito salarial es de 1 año, a contar desde el momento en que debió percibirse el salario, transcurrido el cual prescribirán tales derechos.

5. Las preferencias reconocidas en los apartados precedentes serán de aplicación en todos los supuestos en los que, no hallándose el empresario declarado en concurso, los correspondientes créditos concurran con otro u otros sobre bienes de aquel. En caso de concurso, serán de aplicación las disposiciones de la Ley 22/2003, de 9 de julio, Concursal, relativas a la clasificación de los créditos y a las ejecuciones y apremios. (2)

Art. 33. El Fondo de Garantía Salarial

1. El Fondo de Garantía Salarial, organismo autónomo adscrito al Ministerio de Empleo y Seguridad Social, con personalidad jurídica y capacidad de obrar para el cumplimiento de sus fines, abonará a los trabajadores el importe de los salarios pendientes de pago a causa de insolvencia o concurso del empresario.

A los anteriores efectos, se considerará salario la cantidad reconocida como tal en acto de conciliación o en resolución judicial por todos los conceptos a que se refiere el artículo 26.1, así como los salarios de tramitación en los supuestos en que legalmente procedan, sin que pueda el Fondo abonar, por uno u otro concepto, conjunta o separadamente, un importe superior a la cantidad resultante de multiplicar el doble del salario mínimo interprofesional diario, in-

(1) Ver la Orden de 27 de diciembre de 1994, por la que se aprueba el modelo de recibo individual de salario, modificada por la Orden ESS/2098/2014, de 6 de noviembre, para incluir la aportación del empresario.

(2) La referencia a la Ley Concursal debe entender referida a la vigente, cuyo texto refundido ha sido aprobado por el Real Decreto Legislativo 1/2020, de 5 de mayo.

cluyendo la parte proporcional de las pagas extraordinarias, por el número de días de salario pendiente de pago, con un máximo de 120 días.

2. El Fondo de Garantía Salarial, en los casos del apartado anterior, abonará indemnizaciones reconocidas como consecuencia de sentencia, auto, acto de conciliación judicial o resolución administrativa a favor de los trabajadores a causa de despido o extinción de los contratos conforme a los artículos 50, 51, 52, 40.1 y 41.3, y de extinción de contratos conforme a los artículos 181 y 182 del texto refundido de la Ley Concursal, aprobado por el Real Decreto Legislativo 1/2020, de 5 de mayo, y al artículo 11.2 del Real Decreto 1620/2011, de 14 de noviembre, por el que se regula la relación laboral de carácter especial del servicio del hogar familiar, así como las indemnizaciones por extinción de contratos temporales o de duración determinada en los casos que legalmente procedan. En todos los casos, con el límite máximo de una anualidad, excepto en el supuesto del artículo 41.3 de esta norma, en que el límite máximo será de 9 mensualidades y en el del artículo 11.2 del Real Decreto 1620/2011, de 14 de noviembre, en que el límite será de 6 mensualidades, sin que el salario diario, base del cálculo, pueda exceder del doble del salario mínimo interprofesional, incluyendo la parte proporcional de las pagas extraordinarias.

El importe de la indemnización, a los solos efectos de abono por el Fondo de Garantía Salarial para los casos de despido o extinción de los contratos conforme a los artículos 50 y 56, se calculará sobre la base de 30 días por año de servicio, con el límite fijado en el párrafo anterior. (1)

3. En caso de procedimientos concursales, desde el momento en que se tenga conocimiento de la existencia de créditos laborales o se presuma la posibilidad de su existencia, el juez, de oficio o a instancia de parte, citará al Fondo de Garantía Salarial, sin cuyo requisito no asumirá este las obligaciones señaladas en los apartados anteriores. El Fondo se personará en el expediente como responsable legal subsidiario del pago de los citados créditos, pudiendo instar lo que a su derecho convenga y sin perjuicio de que, una vez realizado, continúe como acreedor en el expediente. A los efectos del abono por el Fondo de las cantidades que resulten reconocidas a favor de los trabajadores, se tendrán en cuenta las reglas siguientes:

Primera. Sin perjuicio de los supuestos de responsabilidad directa del organismo en los casos legalmente establecidos, el reconocimiento del derecho a la prestación exigirá que los créditos de los trabajadores aparezcan incluidos en la lista de acreedores o, en su caso, reconocidos como deudas de la masa por el órgano del concurso competente para ello en cuantía igual o superior a la que se solicita del Fondo, sin perjuicio de la obligación de aquellos de reducir su solicitud o de reembolsar al Fondo la cantidad que corresponda cuando la cuantía reconocida en la lista definitiva fuese inferior a la solicitada o a la ya percibida.

Segunda. Las indemnizaciones a abonar a cargo del Fondo, con independencia de lo que se pueda pactar en el proceso concursal, se calcularán sobre la base de 20 días por año de servicio, con el límite máximo de 1 anualidad, sin que el salario diario, base del cálculo, pueda exceder del doble del salario mínimo interprofesional, incluyendo la parte proporcional de las pagas extraordinarias.

Tercera. En el supuesto de que los trabajadores perceptores de estas indemnizaciones solicitaran del Fondo el abono de la parte de indemnización no satisfecha por el empresario, el límite de la prestación indemnizatoria a cargo del Fondo se reducirá en la cantidad ya percibida por aquellos.

4. El Fondo asumirá las obligaciones especificadas en los apartados anteriores, previa instrucción de expediente para la comprobación de su procedencia.

Para el reembolso de las cantidades satisfechas, el Fondo de Garantía Salarial se subrogará obligatoriamente en los derechos y acciones de los trabajadores, conservando el carácter de créditos privilegiados que les confiere el artículo 32 de esta Ley. Si dichos créditos concurriesen con los que puedan conservar los trabajadores por la parte no satisfecha por el Fondo, unos y otros se abonarán a prorrata de sus respectivos importes.

5. El Fondo de Garantía Salarial se financiará con las aportaciones efectuadas por todos los empresarios a que se refiere el artículo 1.2 de esta Ley, tanto si son públicos como privados.

El tipo de cotización se fijará por el Gobierno sobre los salarios que sirvan de base para el cálculo de la cotización para atender las contingencias derivadas de accidentes de trabajo, enfermedad profesional y desempleo en el sistema de la Seguridad Social.

6. A los efectos de este artículo se entiende que existe insolvencia del empresario cuando, instada la ejecución en la forma establecida por la Ley 36/2011, de 10 de octubre, Reguladora de la Jurisdicción Social, no se consiga satisfacción de los créditos laborales. La resolución en que conste la declaración de insolvencia será dictada previa audiencia del Fondo de Garantía Salarial.

7. El derecho a solicitar del Fondo de Garantía Salarial el pago de las prestaciones que resultan de los apartados anteriores prescribirá al año de la fecha del acto de conciliación, sentencia, auto o resolución de la autoridad laboral en que se reconozca la deuda por salarios o se fijen las indemnizaciones. (2)

Tal plazo se interrumpirá por el ejercicio de las acciones ejecutivas o de reconocimiento del crédito en procedimiento concursal y por las demás formas legales de interrupción de la prescripción.

8. El Fondo de Garantía Salarial tendrá la consideración de parte en la tramitación de los procedimientos arbitrales, a efectos de asumir las obligaciones previstas en este artículo.

9. El Fondo de Garantía Salarial dispensará la protección regulada en este artículo en relación con los créditos impagados de los trabajadores que ejerzan o hayan ejercido habitualmente su trabajo en España cuando pertenezcan a una empresa con actividad en el territorio de al menos 2 Estados miembros de la Unión Europea, 1 de los cuales sea España, cuando concurran, conjuntamente, las siguientes circunstancias:

a) Que se haya solicitado la apertura de un procedimiento colectivo basado en la insolvencia del empresario en un Estado miembro distinto de España, previsto por sus disposiciones legales y administrativas, que implique el desapoderamiento parcial o total del empresario y el nombramiento de un síndico o persona que ejerza una función similar.

b) Que se acredite que la autoridad competente, en virtud de dichas disposiciones, ha decidido la apertura del procedimiento; o bien que ha comprobado el cierre definitivo de la empresa o el centro de trabajo del empresario, así como la insuficiencia del activo disponible para justificar la apertura del procedimiento.

Cuando, de acuerdo con los términos establecidos en este apartado, la protección de los créditos impagados corresponda al Fondo de Garantía Salarial, este solicitará información de la institución de garantía del Estado miembro en el que se tramite el procedimiento colectivo de insolvencia sobre los créditos pendientes de pago de los trabajadores y sobre los satisfechos por dicha institución de garantía y pedirá su colaboración para garantizar que las cantidades abonadas a los trabajadores sean tenidas en cuenta en el procedimiento, así como para conseguir el reembolso de dichas cantidades.

---

(1) Apartado redactado conforme a lo dispuesto en el Real Decreto-ley 16/2022, de 6 de septiembre..

(2) Por Resolución de 11 de noviembre de 2020 se aprueba el modelo de solicitud de prestaciones de garantía salarial.

10. En el supuesto de procedimiento concursal solicitado en España en relación con una empresa con actividad en el territorio de al menos otro Estado miembro de la Unión Europea, además de España, el Fondo de Garantía Salarial estará obligado a proporcionar información a la institución de garantía del Estado en cuyo territorio los trabajadores de la empresa en estado de insolvencia hayan ejercido o ejerzan habitualmente su trabajo, en particular, poniendo en su conocimiento los créditos pendientes de pago de los trabajadores, así como los satisfechos por el propio Fondo de Garantía Salarial.

Asimismo, el Fondo de Garantía Salarial prestará a la institución de garantía competente la colaboración que le sea requerida en relación con su intervención en el procedimiento y con el reembolso de las cantidades abonadas a los trabajadores.

11. El Fondo procederá a la instrucción de un expediente para la comprobación de la procedencia de los salarios e indemnizaciones reclamados, respetando en todo caso los límites previstos en los apartados anteriores.

Concluida la instrucción del expediente, el órgano competente dictará resolución en el plazo máximo de 3 meses contados desde la presentación en forma de la solicitud. La notificación al interesado deberá ser cursada dentro del plazo de 10 días a partir de la fecha en que el acto haya sido dictado.

Transcurrido dicho plazo sin que haya recaído resolución expresa, el solicitante podrá entender estimada por silencio administrativo la solicitud de reconocimiento de las obligaciones con cargo al Fondo, sin que en ningún caso pueda obtenerse por silencio el reconocimiento de obligaciones en favor de personas que no puedan ser legalmente beneficiarias o por cuantía superior a la que resulte por aplicación de los límites previstos en los apartados anteriores. La resolución expresa posterior al vencimiento del plazo solo podrá dictarse de ser confirmatoria del reconocimiento de la obligación, en favor de personas que puedan ser legalmente beneficiarias y dentro de los límites previstos en los apartados anteriores. En todo caso, a efectos probatorios, se podrá solicitar un certificado acreditativo del silencio producido, en el que se incluirán las obligaciones con cargo al Fondo que, dentro de los límites previstos en los apartados anteriores, deben entenderse reconocidas.

Contra dicha resolución podrá interponerse demanda ante el órgano jurisdiccional del orden social competente en el plazo de 2 meses contados desde el día siguiente al de la notificación si el acto fuera expreso; si no lo fuera, dicho plazo se contará a partir del día siguiente a aquel en que deba entenderse estimada la solicitud conforme a lo establecido en el apartado anterior por silencio. (1)

. . . .

Sección 5.ª

Tiempo de trabajo

. . . .

Art. 35. Horas extraordinarias

1. Tendrán la consideración de horas extraordinarias aquellas horas de trabajo que se realicen sobre la duración máxima de la jornada ordinaria de trabajo, fijada de acuerdo con el artículo anterior. Mediante convenio colectivo o, en su defecto, contrato individual, se optará entre abonar las horas extraordinarias en la cuantía que se fije, que en ningún caso podrá ser inferior al valor de la hora ordinaria, o compensarlas por tiempos equivalentes de descanso retribuido. En ausencia de pacto al respecto, se entenderá que las horas extraordinarias realizadas deberán ser compensadas mediante descanso dentro de los 4 meses siguientes a su realización.

2. El número de horas extraordinarias no podrá ser superior a 80 al año, salvo lo previsto en el apartado 3. Para los trabajadores que por la modalidad o duración de su contrato realizasen una jornada en cómputo anual inferior a la jornada general en la empresa, el número máximo anual de horas extraordinarias se reducirá en la misma proporción que exista entre tales jornadas.

A los efectos de lo dispuesto en el párrafo anterior, no se computarán las horas extraordinarias que hayan sido compensadas mediante descanso dentro de los 4 meses siguientes a su realización.

El Gobierno podrá suprimir o reducir el número máximo de horas extraordinarias por tiempo determinado, con carácter general o para ciertas ramas de actividad o ámbitos territoriales, para incrementar las oportunidades de colocación de los trabajadores en situación de desempleo.

3. No se tendrá en cuenta, a efectos de la duración máxima de la jornada ordinaria laboral, ni para el cómputo del número máximo de las horas extraordinarias autorizadas, el exceso de las trabajadas para prevenir o reparar siniestros y otros daños extraordinarios y urgentes, sin perjuicio de su compensación como horas extraordinarias.

4. La prestación de trabajo en horas extraordinarias será voluntaria, salvo que su realización se haya pactado en convenio colectivo o contrato individual de trabajo, dentro de los límites del apartado 2.

5. A efectos del cómputo de horas extraordinarias, la jornada de cada trabajador se registrará día a día y se totalizará en el periodo fijado para el abono de las retribuciones, entregando copia del resumen al trabajador en el recibo correspondiente.

Art. 36. Trabajo nocturno, trabajo a turnos y ritmo de trabajo

1. A los efectos de lo dispuesto en esta Ley, se considera trabajo nocturno el realizado entre las 10 de la noche y las 6 de la mañana.

. . . .

2. El trabajo nocturno tendrá una retribución específica que se determinará en la negociación colectiva, salvo que el salario se haya establecido atendiendo a que el trabajo sea nocturno por su propia naturaleza o se haya acordado la compensación de este trabajo por descansos.

3. Se considera trabajo a turnos toda forma de organización del trabajo en equipo según la cual los trabajadores ocupan sucesivamente los mismos puestos de trabajo, según un cierto ritmo, continuo o discontinuo, implicando para el trabajador la necesidad de prestar sus servicios en horas diferentes en un periodo determinado de días o de semanas.

. . . .

Art. 37. Descanso semanal, fiestas y permisos

1. Los trabajadores tendrán derecho a un descanso mínimo semanal, acumulable por periodos de hasta 14 días, de día y medio ininterrumpido que, como regla general, comprenderá la tarde del sábado o, en su caso, la mañana del lunes y el día completo del domingo. La duración del descanso semanal de los menores de 18 años será, como mínimo, de 2 días ininterrumpidos.

. . . .

2. Las fiestas laborales, que tendrán carácter retribuido y no recuperable, no podrán exceder de 14 al año, de las cuales dos serán locales. (2)

. . . .

(1) Apartado añadido por el Real Decreto-ley 19/2020, de 26 de mayo.

(2) Por Resolución de 7 de octubre de 2022, de la Dirección General de Trabajo, se publica la relación de fiestas laborales para el año 2023.

3. El trabajador, previo aviso y justificación, podrá ausentarse del trabajo, con derecho a remuneración, por alguno de los motivos y por el tiempo siguiente:

a) 15 días naturales en caso de matrimonio.

b) 2 días por el fallecimiento, accidente o enfermedad graves, hospitalización o intervención quirúrgica sin hospitalización que precise reposo domiciliario, de parientes hasta el segundo grado de consanguinidad o afinidad. Cuando con tal motivo la persona trabajadora necesite hacer un desplazamiento al efecto, el plazo será de 4 días. (1)

c) 1 día por traslado del domicilio habitual.

d) Por el tiempo indispensable, para el cumplimiento de un deber inexcusable de carácter público y personal, comprendido el ejercicio del sufragio activo.

. . . .

En el supuesto de que el trabajador, por cumplimiento del deber o desempeño del cargo, perciba una indemnización, se descontará el importe de la misma del salario a que tuviera derecho en la empresa.

e) Para realizar funciones sindicales o de representación del personal en los términos establecidos legal o convencionalmente.

f) Por el tiempo indispensable para la realización de exámenes prenatales y técnicas de preparación al parto y, en los casos de adopción, guarda con fines de adopción o acogimiento, para la asistencia a las preceptivas sesiones de información y preparación y para la realización de los preceptivos informes psicológicos y sociales previos a la declaración de idoneidad, siempre, en todos los casos, que deban tener lugar dentro de la jornada de trabajo.

. . . .

4. En los supuestos de nacimiento, adopción, guarda con fines de adopción o acogimiento, de acuerdo con el artículo 45.1.d), las personas trabajadoras tendrán derecho a una hora de ausencia del trabajo, que podrán dividir en dos fracciones, para el cuidado del lactante hasta que este cumpla 9 meses. La duración del permiso se incrementará proporcionalmente en los casos de nacimiento, adopción, guarda con fines de adopción o acogimiento múltiples.

Quien ejerza este derecho, por su voluntad, podrá sustituirlo por una reducción de su jornada en media hora con la misma finalidad o acumularlo en jornadas completas en los términos previstos en la negociación colectiva o en el acuerdo a que llegue con la empresa respetando, en su caso, lo establecido en aquella.

. . . .

Cuando ambos progenitores, adoptantes, guardadores o acogedores ejerzan este derecho con la misma duración y régimen, el periodo de disfrute podrá extenderse hasta que el lactante cumpla 12 meses, con reducción proporcional del salario a partir del cumplimiento de los 9 meses. (2)

5. Las personas trabajadoras tendrán derecho a ausentarse del trabajo durante una hora en el caso de nacimiento prematuro de hijo o hija, o que, por cualquier causa, deban permanecer hospitalizados a continuación del parto. Asimismo, tendrán derecho a reducir su jornada de trabajo hasta un máximo de dos horas, con la disminución proporcional del salario. Para el disfrute de este permiso se estará a lo previsto en el apartado 7. (2)

6. Quien por razones de guarda legal tenga a su cuidado directo algún menor de 12 años o una persona con discapacidad que no desempeñe una actividad retribuida tendrá derecho a una reducción de la jornada de trabajo diaria, con la disminución proporcional del salario entre, al menos, un octavo y un máximo de la mitad de la duración de aquella.

Tendrá el mismo derecho quien precise encargarse del cuidado directo de un familiar, hasta el segundo grado de consanguinidad o afinidad, que por razones de edad, accidente o enfermedad no pueda valerse por sí mismo, y que no desempeñe actividad retribuida.

El progenitor, guardador con fines de adopción o acogedor permanente tendrá derecho a una reducción de la jornada de trabajo, con la disminución proporcional del salario de, al menos, la mitad de la duración de aquella, para el cuidado, durante la hospitalización y tratamiento continuado, del menor a su cargo afectado por cáncer (tumores malignos, melanomas y carcinomas), o por cualquier otra enfermedad grave, que implique un ingreso hospitalario de larga duración y requiera la necesidad de su cuidado directo, continuo y permanente, acreditado por el informe del Servicio público de salud u órgano administrativo sanitario de la Comunidad autónoma correspondiente y, como máximo, hasta que el hijo o persona que hubiere sido objeto de acogimiento permanente o de guarda con fines de adopción cumpla los 23 años. En consecuencia, el mero cumplimiento de los 18 años de edad por el hijo o el menor sujeto a acogimiento permanente o a guarda con fines de adopción no será causa de extinción de la reducción de la jornada, si se mantiene la necesidad de cuidado directo, continuo y permanente. Por convenio colectivo, se podrán establecer las condiciones y supuestos en los que esta reducción de jornada se podrá acumular en jornadas completas.

En los supuestos de separación o divorcio el derecho será reconocido al progenitor, guardador o acogedor con quien conviva la persona enferma.

Cuando la persona enferma que se encuentre en el supuesto previsto en el párrafo tercero de este apartado contraiga matrimonio o constituya una pareja de hecho, tendrá derecho a la reducción de jornada quien sea su cónyuge o pareja de hecho, siempre que acredite las condiciones para ser beneficiario.

Las reducciones de jornada contempladas en este apartado constituyen un derecho individual de los trabajadores, hombres o mujeres. No obstante, si dos o más trabajadores de la misma empresa generasen este derecho por el mismo sujeto causante, el empresario podrá limitar su ejercicio simultáneo por razones justificadas de funcionamiento de la empresa. (3)

. . . .

8. Las personas trabajadoras que tengan la consideración de víctima de violencia de género, de violencias sexuales o de terrorismo tendrán derecho, para hacer efectiva su protección o su derecho a la asistencia social integral, a la reducción de la jornada de trabajo con disminución proporcional del salario o a la reordenación del tiempo de trabajo, a través de la adaptación del horario, de la aplicación del horario flexible o de otras formas de ordenación del tiempo de trabajo que se utilicen en la empresa. También tendrán derecho a realizar su trabajo total o parcialmente a distancia o a dejar de hacerlo si este fuera el sistema establecido, siempre en ambos casos que esta modalidad de prestación de servicios sea compatible con el puesto y funciones desarrolladas por la persona. (4)

. . . .

Art. 38. Vacaciones anuales

1. El periodo de vacaciones anuales retribuidas, no sustituible por compensación económica, será el pactado en convenio colectivo o contrato individual. En ningún caso la duración será inferior a 30 días naturales.

. . . .

---

(1) Letra redactada conforme a lo dispuesto en el Real Decreto-ley 6/2019, de 1 de marzo.

(2) Apartado redactado conforme a lo dispuesto en el Real Decreto-ley 6/2019, de 1 de marzo.

(3) Apartado redactado conforme a lo dispuesto en la Ley 22/2021, de 28 de diciembre.

(4) Párrafo redactado conforme a lo dispuesto en la Ley Orgánica 10/2022, de 6 de septiembre.

CAPÍTULO III

Modificación, suspensión y extinción del contrato de trabajo

Sección 1.ª

Movilidad funcional y geográfica

. . . .

Art. 40. Movilidad geográfica

. . . .

Notificada la decisión de traslado, el trabajador tendrá derecho a optar entre el traslado, percibiendo una compensación por gastos, o la extinción de su contrato, percibiendo una indemnización de 20 días de salario por año de servicio, prorrateándose por meses los periodos de tiempo inferiores a 1 año y con un máximo de 12 mensualidades. La compensación a que se refiere el primer supuesto comprenderá tanto los gastos propios como los de los familiares a su cargo, en los términos que se convengan entre las partes, y nunca será inferior a los límites mínimos establecidos en los convenios colectivos.

. . . .

Sección 3.ª

Suspensión del contrato

Art. 45. Causas y efectos de la suspensión

1. El contrato de trabajo podrá suspenderse por las siguientes causas:

a) Mutuo acuerdo de las partes.

b) Las consignadas válidamente en el contrato.

c) Incapacidad temporal de los trabajadores.

d) Nacimiento, adopción, guarda con fines de adopción o acogimiento, de conformidad con el Código Civil o las Leyes civiles de las Comunidades Autónomas que lo regulen, siempre que su duración no sea inferior a un año, de menores de 6 años o de menores de edad mayores de 6 años con discapacidad o que por sus circunstancias y experiencias personales o por provenir del extranjero, tengan especiales dificultades de inserción social y familiar debidamente acreditadas por los servicios sociales competentes. (1)

e) Riesgo durante el embarazo y riesgo durante la lactancia natural de un menor de 9 meses.

f) Ejercicio de cargo público representativo.

g) Privación de libertad del trabajador, mientras no exista sentencia condenatoria.

h) Suspensión de empleo y sueldo, por razones disciplinarias.

i) Fuerza mayor temporal.

j) Causas económicas, técnicas, organizativas o de producción.

k) Excedencia forzosa.

l) Ejercicio del derecho de huelga.

m) Cierre legal de la empresa.

n) Decisión de la trabajadora que se vea obligada a abandonar su puesto de trabajo como consecuencia de ser víctima de violencia de género o de violencia sexual. (2)

2. La suspensión exonera de las obligaciones recíprocas de trabajar y remunerar el trabajo.

. . . .

Art. 47. Reducción de jornada o suspensión del contrato por causas económicas, técnicas, organizativas o de producción o derivadas de fuerza mayor (3)

1. La empresa podrá reducir temporalmente la jornada de trabajo de las personas trabajadoras o suspender temporalmente los contratos de trabajo, por causas económicas, técnicas, organizativas o de producción de carácter temporal, con arreglo a lo previsto en este artículo y al procedimiento que se determine reglamentariamente.

2. A efectos de lo previsto en este artículo, se entiende que concurren causas económicas cuando de los resultados de la empresa se desprenda una situación económica negativa, en casos tales como la existencia de pérdidas actuales o previstas, o la disminución persistente de su nivel de ingresos ordinarios o ventas. En todo caso, se entenderá que la disminución es persistente si durante dos trimestres consecutivos el nivel de ingresos ordinarios o ventas de cada trimestre es inferior al registrado en el mismo trimestre del año anterior.

Se entiende que concurren causas técnicas cuando se produzcan cambios, entre otros, en el ámbito de los medios o instrumentos de producción; causas organizativas cuando se produzcan cambios, entre otros, en el ámbito de los sistemas y métodos de trabajo del personal o en el modo de organizar la producción; y causas productivas cuando se produzcan cambios, entre otros, en la demanda de los productos o servicios que la empresa pretende colocar en el mercado.

. . . .

5. Las empresas podrán aplicar la reducción de la jornada de trabajo o la suspensión de los contratos de trabajo por causa derivada de fuerza mayor temporal, previo procedimiento tramitado conforme a lo dispuesto en este apartado, en el artículo 51.7 y en sus disposiciones reglamentarias de aplicación.

. . . .

6. La fuerza mayor temporal podrá estar determinada por impedimentos o limitaciones en la actividad normalizada de la empresa que sean consecuencia de decisiones adoptadas por la autoridad pública competente, incluidas aquellas orientadas a la protección de la salud pública.

. . . .

7. Serán normas comunes aplicables a los expedientes de regulación temporal de empleo por causas económicas, técnicas, organizativas y de producción, y a los que estén basados en una causa de fuerza mayor temporal, las siguientes:

a) La reducción de jornada podrá ser de entre un 10 y un 70 por 100 y computarse sobre la base de la jornada diaria, semanal, mensual o anual.

. . . .

f) La prestación a percibir por las personas trabajadoras se regirá por lo establecido en el artículo 267 del texto refundido de la Ley General de la Seguridad Social y sus normas de desarrollo.

Art. 47 bis. Mecanismo RED de Flexibilidad y Estabilización del Empleo (4)

1. El Mecanismo RED de Flexibilidad y Estabilización del Empleo es un instrumento de flexibilidad y estabilización del empleo que, una vez activado por el Consejo de Ministros, permitirá a las empresas la solicitud de medidas de reducción de jornada y suspensión de contratos de trabajo.

Este Mecanismo RED tendrá dos modalidades:

a) Cíclica, cuando se aprecie una coyuntura macroeconómica general que aconseje la adopción de instrumentos adicionales de estabilización, con una duración máxima de un año.

(1) Letra redactada conforme a lo dispuesto en el Real Decreto-ley 6/2019, de 1 de marzo.

(2) Letra redactada conforme a lo dispuesto en la Ley Orgánica 10/2022, de 6 de septiembre.

(3) Artículo redactado conforme a lo dispuesto en el Real Decreto-ley 32/2021, de 28 de diciembre.

(4) Artículo añadido por el Real Decreto-ley 32/2021, de 28 de diciembre..

b) Sectorial, cuando en un determinado sector o sectores de actividad se aprecien cambios permanentes que generen necesidades de recualificación y de procesos de transición profesional de las personas trabajadoras, con una duración máxima inicial de un año y la posibilidad de dos prórrogas de seis meses cada una.

. . . .

3. Una vez activado el Mecanismo, las empresas podrán solicitar voluntariamente a la autoridad laboral la reducción de la jornada o la suspensión de los contratos de trabajo, mientras esté activado el Mecanismo, en cualquiera de sus centros de trabajo y en los términos previstos en este artículo.

. . . .

Sección 3.ª

Suspensión del contrato

. . . .

Art. 48. Suspensión con reserva de puesto de trabajo

. . . .

4. El nacimiento, que comprende el parto y el cuidado de menor de 12 meses, suspenderá el contrato de trabajo de la madre biológica durante 16 semanas, de las cuales serán obligatorias las 6 semanas ininterrumpidas inmediatamente posteriores al parto, que habrán de disfrutarse a jornada completa, para asegurar la protección de la salud de la madre.

El nacimiento suspenderá el contrato de trabajo del progenitor distinto de la madre biológica durante 16 semanas, de las cuales serán obligatorias las 6 semanas ininterrumpidas inmediatamente posteriores al parto, que habrán de disfrutarse a jornada completa, para el cumplimiento de los deberes de cuidado previstos en el artículo 68 del Código Civil.

En los casos de parto prematuro y en aquellos en que, por cualquier otra causa, el neonato deba permanecer hospitalizado a continuación del parto, el periodo de suspensión podrá computarse, a instancia de la madre biológica o del otro progenitor, a partir de la fecha del alta hospitalaria. Se excluyen de dicho cómputo las 6 semanas posteriores al parto, de suspensión obligatoria del contrato de la madre biológica.

En los casos de parto prematuro con falta de peso y en aquellos otros en que el neonato precise, por alguna condición clínica, hospitalización a continuación del parto, por un periodo superior a 7 días, el periodo de suspensión se ampliará en tantos días como el nacido se encuentre hospitalizado, con un máximo de 13 semanas adicionales, y en los términos en que reglamentariamente se desarrolle.

En el supuesto de fallecimiento del hijo o hija, el periodo de suspensión no se verá reducido, salvo que, una vez finalizadas las 6 semanas de descanso obligatorio, se solicite la reincorporación al puesto de trabajo.

La suspensión del contrato de cada uno de los progenitores por el cuidado de menor, una vez transcurridas las primeras 6 semanas inmediatamente posteriores al parto, podrá distribuirse a voluntad de aquellos, en períodos semanales a disfrutar de forma acumulada o interrumpida y ejercitarse desde la finalización de la suspensión obligatoria posterior al parto hasta que el hijo o la hija cumpla 12 meses. No obstante, la madre biológica podrá anticipar su ejercicio hasta 4 semanas antes de la fecha previsible del parto. El disfrute de cada período semanal o, en su caso, de la acumulación de dichos períodos, deberá comunicarse a la empresa con una antelación mínima de 15 días.

Este derecho es individual de la persona trabajadora sin que pueda transferirse su ejercicio al otro progenitor.

La suspensión del contrato de trabajo, transcurridas las primeras 6 semanas inmediatamente posteriores al parto, podrá disfrutarse en régimen de jornada completa o de jornada parcial, previo acuerdo entre la empresa y la persona trabajadora, y conforme se determine reglamentariamente.

La persona trabajadora deberá comunicar a la empresa, con una antelación mínima de 15 días, el ejercicio de este derecho en los términos establecidos, en su caso, en los convenios colectivos. Cuando los 2 progenitores que ejerzan este derecho trabajen para la misma empresa, la dirección empresarial podrá limitar su ejercicio simultáneo por razones fundadas y objetivas, debidamente motivadas por escrito. (1)

5. En los supuestos de adopción, de guarda con fines de adopción y de acogimiento, de acuerdo con el artículo 45.1.d), la suspensión tendrá una duración de 16 semanas para cada adoptante, guardador o acogedor. 6 semanas deberán disfrutarse a jornada completa de forma obligatoria e ininterrumpida inmediatamente después de la resolución judicial por la que se constituye la adopción o bien de la decisión administrativa de guarda con fines de adopción o de acogimiento.

Las 10 semanas restantes se podrán disfrutar en períodos semanales, de forma acumulada o interrumpida, dentro de los 12 meses siguientes a la resolución judicial por la que se constituya la adopción o bien a la decisión administrativa de guarda con fines de adopción o de acogimiento. En ningún caso un mismo menor dará derecho a varios periodos de suspensión en la misma persona trabajadora. El disfrute de cada período semanal o, en su caso, de la acumulación de dichos períodos, deberá comunicarse a la empresa con una antelación mínima de 15 días. La suspensión de estas 10 semanas se podrá ejercitar en régimen de jornada completa o a tiempo parcial, previo acuerdo entre la empresa y la persona trabajadora afectada, en los términos que reglamentariamente se determinen.

En los supuestos de adopción internacional, cuando sea necesario el desplazamiento previo de los progenitores al país de origen del adoptado, el periodo de suspensión previsto para cada caso en este apartado, podrá iniciarse hasta 4 semanas antes de la resolución por la que se constituye la adopción.

Este derecho es individual de la persona trabajadora sin que pueda transferirse su ejercicio al otro adoptante, guardador con fines de adopción o acogedor.

La persona trabajadora deberá comunicar a la empresa, con una antelación mínima de 15 días, el ejercicio de este derecho en los términos establecidos, en su caso, en los convenios colectivos. Cuando los 2 adoptantes, guardadores o acogedores que ejerzan este derecho trabajen para la misma empresa, ésta podrá limitar el disfrute simultáneo de las 10 semanas voluntarias por razones fundadas y objetivas, debidamente motivadas por escrito. (1)

6. En el supuesto de discapacidad del hijo o hija en el nacimiento, adopción, en situación de guarda con fines de adopción o de acogimiento, la suspensión del contrato a que se refieren los apartados 4 y 5 tendrá una duración adicional de 2 semanas, una para cada uno de los progenitores. Igual ampliación procederá en el supuesto de nacimiento, adopción, guarda con fines de adopción o acogimiento múltiple por cada hijo o hija distinta del primero. (1)

7. En el supuesto de riesgo durante el embarazo o de riesgo durante la lactancia natural, en los términos previstos en el artículo 26 de la Ley 31/1995, de 8 de noviembre, de Prevención de Riesgos Laborales, la suspensión del contrato finalizará el día en que se inicie la suspensión del contrato por parto o el lactante cumpla 9 meses, respectivamente, o, en ambos casos, cuando desaparezca la imposibilidad de la trabajadora de reincorporarse a su puesto anterior o a otro compatible con su estado. (1)

8. En el supuesto previsto en el artículo 45.1.n), el periodo de suspensión tendrá una duración inicial que no podrá exceder de 6 meses, salvo que de las actuaciones de tutela judi-

(1) Apartado redactado conforme a lo dispuesto en el Real Decreto-ley 6/2019, de 1 de marzo.

cial resultase que la efectividad del derecho de protección de la víctima requiriese la continuidad de la suspensión. En este caso, el juez podrá prorrogar la suspensión por periodos de 3 meses, con un máximo de 18 meses. (1)

. . . .

Sección 4.ª

Extinción del contrato

Art. 49. Extinción del contrato

1. El contrato de trabajo se extinguirá:

. . . .

c) Por expiración del tiempo convenido. A la finalización del contrato, excepto en los contratos formativos y el contrato de duración determinada por causa de sustitución, la persona trabajadora tendrá derecho a recibir una indemnización de cuantía equivalente a la parte proporcional de la cantidad que resultaría de abonar 12 días de salario por cada año de servicio, o la establecida, en su caso, en la normativa específica que sea de aplicación. (2)

. . . .

2. El empresario, con ocasión de la extinción del contrato, al comunicar a los trabajadores la denuncia, o, en su caso, el preaviso de la extinción del mismo, deberá acompañar una propuesta del documento de liquidación de las cantidades adeudadas.

El trabajador podrá solicitar la presencia de un representante legal de los trabajadores en el momento de proceder a la firma del recibo del finiquito, haciéndose constar en el mismo el hecho de su firma en presencia de un representante legal de los trabajadores, o bien que el trabajador no ha hecho uso de esta posibilidad. Si el empresario impidiese la presencia del representante en el momento de la firma, el trabajador podrá hacerlo constar en el propio recibo, a los efectos oportunos.

. . . .

Art. 51. Despido colectivo

. . . .

4. Alcanzado el acuerdo o comunicada la decisión a los representantes de los trabajadores, el empresario podrá notificar los despidos individualmente a los trabajadores afectados, lo que deberá realizar conforme a lo establecido en el artículo 53.1. En todo caso, deberán haber transcurrido como mínimo 30 días entre la fecha de la comunicación de la apertura del periodo de consultas a la autoridad laboral y la fecha de efectos del despido.

. . . .

Art. 53. Forma y efectos de la extinción por causas objetivas

1. La adopción del acuerdo de extinción al amparo de lo prevenido en el artículo anterior exige la observancia de los requisitos siguientes:

a) Comunicación escrita al trabajador expresando la causa.

b) Poner a disposición del trabajador, simultáneamente a la entrega de la comunicación escrita, la indemnización de 20 días por año de servicio, prorrateándose por meses los periodos de tiempo inferiores a 1 año y con un máximo de 12 mensualidades.

. . . .

c) Concesión de un plazo de preaviso de 15 días, computado desde la entrega de la comunicación personal al trabajador hasta la extinción del contrato de trabajo.

. . . .

2. Durante el periodo de preaviso el trabajador, o su representante legal si se trata de una persona con discapacidad que lo tuviera, tendrá derecho, sin pérdida de su retribución, a una licencia de 6 horas semanales con el fin de buscar nuevo empleo.

. . . .

Art. 55. Forma y efectos del despido disciplinario

. . . .

6. El despido nulo tendrá el efecto de la readmisión inmediata del trabajador, con abono de los salarios dejados de percibir.

7. El despido procedente convalidará la extinción del contrato de trabajo que con aquel se produjo, sin derecho a indemnización ni a salarios de tramitación.

Art. 56. Despido improcedente

1. Cuando el despido sea declarado improcedente, el empresario, en el plazo de 5 días desde la notificación de la sentencia, podrá optar entre la readmisión del trabajador o el abono de una indemnización equivalente a 33 días de salario por año de servicio, prorrateándose por meses los periodos de tiempo inferiores a 1 año, hasta un máximo de 24 mensualidades. La opción por la indemnización determinará la extinción del contrato de trabajo, que se entenderá producida en la fecha del cese efectivo en el trabajo. (3)

2. En caso de que se opte por la readmisión, el trabajador tendrá derecho a los salarios de tramitación. Estos equivaldrán a una cantidad igual a la suma de los salarios dejados de percibir desde la fecha de despido hasta la notificación de la sentencia que declarase la improcedencia o hasta que hubiera encontrado otro empleo, si tal colocación fuera anterior a dicha sentencia y se probase por el empresario lo percibido, para su descuento de los salarios de tramitación.

3. En el supuesto de no optar el empresario por la readmisión o la indemnización, se entiende que procede la primera.

4. Si el despedido fuera un representante legal de los trabajadores o un delegado sindical, la opción corresponderá siempre a este. De no efectuar la opción, se entenderá que lo hace por la readmisión. Cuando la opción, expresa o presunta, sea en favor de la readmisión, esta será obligada. Tanto si opta por la indemnización como si lo hace por la readmisión, tendrá derecho a los salarios de tramitación a los que se refiere el apartado 2.

5. Cuando la sentencia que declare la improcedencia del despido se dicte transcurridos más de 90 días hábiles desde la fecha en que se presentó la demanda, el empresario podrá reclamar del Estado el abono de la percepción económica a la que se refiere el apartado 2, correspondiente al tiempo que exceda de dichos 90 días hábiles.

En los casos de despido en que, con arreglo a este apartado, sean por cuenta del Estado los salarios de tramitación, serán con cargo al mismo las cuotas de la Seguridad Social correspondientes a dichos salarios.

. . . .

(1) Apartado redactado conforme a lo dispuesto en el Real Decreto-ley 6/2019, de 1 de marzo.

(2) Letra redactada conforme a lo dispuesto en el Real Decreto-ley 32/2021, de 28 de diciembre.

(3) Ver la disposición transitoria undécima, relativa a la cuantía indemnizatoria según la fecha de celebración del contrato.

DISPOSICIONES ADICIONALES

. . . .

Tercera. Negociación colectiva y contrato fijo de obra

Lo dispuesto en el artículo 15.1. a) y 5 y en el artículo 49.1.c) se entiende sin perjuicio de lo que se establece o pueda establecerse sobre la regulación del contrato fijo de obra, incluida su indemnización por cese, en la negociación colectiva de conformidad con la disposición adicional tercera de la Ley 32/2006, de 18 de octubre, reguladora de la subcontratación en el sector de la construcción.

. . . .

Decimonovena. Cálculo de indemnizaciones en determinados supuestos de jornada reducida (1)

1. En los supuestos de reducción de jornada contemplados en el artículo 37.4 en su párrafo final, así como en sus apartados 5, 6 y 8, el salario a tener en cuenta a efectos del cálculo de las indemnizaciones previstas en esta Ley será el que hubiera correspondido a la persona trabajadora sin considerar la reducción de jornada efectuada, siempre y cuando no hubiera transcurrido el plazo máximo legalmente establecido para dicha reducción.

2. Igualmente, será de aplicación lo dispuesto en el párrafo anterior en los supuestos de ejercicio a tiempo parcial de los derechos según lo establecido en el séptimo párrafo del artículo 48.4 y en el segundo párrafo del artículo 48.5.

Vigésima. Contratos formativos celebrados con trabajadores con discapacidad (2)

1. Las empresas que celebren contratos formativos con trabajadores con discapacidad tendrán derecho a una bonificación de cuotas con cargo a los presupuestos del Servicio Público de Empleo Estatal, durante la vigencia del contrato, del 50 por 100 de la cuota empresarial de la Seguridad Social correspondiente a contingencias comunes, previstas para estos contratos.

. . . .

Vigesimoquinta. Acciones formativas en los expedientes de regulación temporal de empleo regulados en los artículos 47 y 47 bis (3)

Durante las reducciones de jornada de trabajo o suspensiones de contratos de trabajo a las que se refieren los artículos 47 y 47 bis, las empresas podrán desarrollar acciones formativas para cada una de las personas afectadas, que tendrán como objetivo la mejora de las competencias profesionales y la empleabilidad de las personas trabajadoras.

. . . .

Las acciones formativas deberán desarrollarse durante la aplicación de la reducción de la jornada o suspensión del contrato, en el ámbito de un expediente de regulación temporal de empleo, o en tiempo de trabajo. En cualquier caso, deberán respetarse los descansos legalmente establecidos y el derecho a la conciliación de la vida laboral, personal y familiar.

. . . .

DISPOSICIONES TRANSITORIAS

. . . .

Undécima. Indemnizaciones por despido improcedente

1. La indemnización por despido prevista en el artículo 56.1 será de aplicación a los contratos suscritos a partir del 12 de febrero de 2012.

2. La indemnización por despido improcedente de los contratos formalizados con anterioridad al 12 de febrero de 2012 se calculará a razón de 45 días de salario por año de servicio por el tiempo de prestación de servicios anterior a dicha fecha, prorrateándose por meses los periodos de tiempo inferiores a 1 año, y a razón de 33 días de salario por año de servicio por el tiempo de prestación de servicios posterior, prorrateándose igualmente por meses los periodos de tiempo inferiores a 1 año. El importe indemnizatorio resultante no podrá ser superior a 720 días de salario, salvo que del cálculo de la indemnización por el periodo anterior al 12 de febrero de 2012 resultase un número de días superior, en cuyo caso se aplicará este como importe indemnizatorio máximo, sin que dicho importe pueda ser superior a 42 mensualidades, en ningún caso.

. . . .

(1) Disposición redactada conforme a lo dispuesto en el Real Decreto-ley 6/2019, de 1 de marzo.

(2) Disposición redactada conforme a lo dispuesto en el Real Decreto-ley 32/2021, de 28 de diciembre.

(3) Disposición añadida por el Real Decreto-ley 32/2021, de 28 de diciembre.

2. Real Decreto 99/2023, de 14 de febrero, por el que se fija el salario mínimo interprofesional para 2023

Artículo 1. Cuantía del salario mínimo interprofesional

El salario mínimo para cualesquiera actividades en la agricultura, en la industria y en los servicios, sin distinción de sexo ni edad de los trabajadores, queda fijado en 36 euros/día o 1.080 euros/mes, según el salario esté fijado por días o por meses.

En el salario mínimo se computa únicamente la retribución en dinero, sin que el salario en especie pueda, en ningún caso, dar lugar a la minoración de la cuantía íntegra en dinero de aquel.

Este salario se entiende referido a la jornada legal de trabajo en cada actividad, sin incluir en el caso del salario diario la parte proporcional de los domingos y festivos. Si se realizase jornada inferior se percibirá a prorrata.

Para la aplicación en cómputo anual del salario mínimo se tendrán en cuenta las reglas sobre compensación que se establecen en los artículos siguientes.

Art. 2. Complementos salariales

Al salario mínimo consignado en el artículo 1 se adicionarán, sirviendo el mismo como módulo, en su caso, y según lo establecido en los convenios colectivos y contratos de trabajo, los complementos salariales a que se refiere el artículo 26.3 del texto refundido de la Ley del Estatuto de los Trabajadores, aprobado por el Real Decreto Legislativo 2/2015, de 23 de octubre, así como el importe correspondiente al incremento garantizado sobre el salario a tiempo en la remuneración a prima o con incentivo a la producción.

Art. 3. Compensación y absorción

A efectos de aplicar el último párrafo del artículo 27.1 del Estatuto de los Trabajadores, en cuanto a compensación y absorción en cómputo anual por los salarios profesionales del incremento del salario mínimo interprofesional, se procederá de la forma siguiente:

1. La revisión del salario mínimo interprofesional establecida en este Real Decreto no afectará a la estructura ni a la cuantía de los salarios profesionales que viniesen percibiendo las personas trabajadoras cuando tales salarios en su conjunto y en cómputo anual fuesen superiores a dicho salario mínimo.

A tales efectos, el salario mínimo en cómputo anual que se tomará como término de comparación será el resultado de adicionar al salario mínimo fijado en el artículo 1 de este Real Decreto los devengos a que se refiere el artículo 2, sin que en ningún caso pueda considerarse una cuantía anual inferior a 15.120 euros.

2. Estas percepciones son compensables con los ingresos que por todos los conceptos viniesen percibiendo las personas trabajadoras en cómputo anual y jornada completa con arreglo a normas legales o convencionales, laudos arbitrales y contratos individuales de trabajo en vigor en la fecha de promulgación de este Real Decreto.

3. Las normas legales o convencionales y los laudos arbitrales que se encuentren en vigor en la fecha de promulgación de este Real Decreto subsistirán en sus propios términos, sin más modificación que la que fuese necesaria para asegurar la percepción de las cantidades en cómputo anual que resulten de la aplicación del apartado 1 de este artículo, debiendo, en consecuencia, ser incrementados los salarios profesionales inferiores al indicado total anual en la cuantía necesaria para equipararse a este.

Art. 4. Personas trabajadoras eventuales, temporeros y temporeras, y empleadas y empleados de hogar

1. Las personas trabajadoras eventuales, así como las temporeras y temporeros cuyos servicios a una misma empresa no excedan de ciento veinte días percibirán, conjuntamente con el salario mínimo a que se refiere el artículo 1, la parte proporcional de la retribución de los domingos y festivos, así como de las dos gratificaciones extraordinarias a que, como mínimo, tiene derecho toda persona trabajadora, correspondientes al salario de treinta días en cada una de ellas, sin que la cuantía del salario profesional pueda resultar inferior a 51,15 euros por jornada legal en la actividad.

En lo que respecta a la retribución de las vacaciones, las personas trabajadoras a que se refiere este artículo percibirán, conjuntamente con el salario mínimo interprofesional fijado en el artículo 1, la parte proporcional de este correspondiente a las vacaciones legales mínimas en los supuestos en que no existiera coincidencia entre el periodo de disfrute de las vacaciones y el tiempo de vigencia del contrato. En los demás casos, la retribución del periodo de vacaciones se efectuará de acuerdo con el artículo 38 del Estatuto de los Trabajadores y demás normas de aplicación.

2. De acuerdo con el artículo 8.5 del Real Decreto 1620/2011, de 14 de noviembre, por el que se regula la relación laboral de carácter especial del servicio del hogar familiar, que toma como referencia para la determinación del salario mínimo de las empleadas y empleados de hogar que trabajen por horas, en régimen externo, el fijado para las personas trabajadoras eventuales y temporeras y que incluye todos los conceptos retributivos, el salario mínimo de dichas empleadas y empleados de hogar será de 8,45 euros por hora efectivamente trabajada.

3. En las cuantías del salario mínimo por días u horas fijadas en los apartados anteriores se computa únicamente la retribución en dinero, sin que el salario en especie pueda, en ningún caso, dar lugar a la minoración de la cuantía íntegra en dinero de aquellas.

DISPOSICIÓN TRANSITORIA

Única. No afectación de la nueva cuantía del salario mínimo interprofesional en las referencias contenidas en normas no estatales y relaciones privadas

1. De acuerdo con la habilitación legal expresa establecida en el artículo 13 del Real Decreto-ley 28/2018, de 28 de diciembre, para la revalorización de las pensiones públicas y otras medidas urgentes en materia social, laboral y de empleo, de conformidad con la cual se considerarán habilitadas legalmente las reglas de afectación establecidas en el Real Decreto que fije anualmente el salario mínimo interprofesional en relación con el incremento de su cuantía a las normas no estatales y contratos y pactos de naturaleza privada no laborales vigentes a su entrada en vigor, las nuevas cuantías del salario mínimo interprofesional que se establecen en este Real Decreto no serán de aplicación:

a) A las normas vigentes a la fecha de entrada en vigor de este Real Decreto de las Comunidades Autónomas, de las ciudades de Ceuta y Melilla y de las entidades que integran la Administración local que utilicen el salario mínimo interprofesional como indicador o referencia del nivel de renta para determinar la cuantía de determinadas prestaciones o para acceder a determinadas prestaciones, beneficios o servicios públicos, salvo disposición expresa en contrario de las propias Comunidades Autónomas, de las ciudades de Ceuta y Melilla o de las entidades que integran la Administración local.

b) A cualesquiera contratos y pactos de naturaleza privada vigentes a la fecha de entrada en vigor de este Real Decreto que utilicen el salario mínimo interprofesional como referencia a cualquier efecto, salvo que las partes acuerden la aplicación de las nuevas cuantías del salario mínimo interprofesional.

2. En los supuestos a que se refiere el apartado anterior, salvo disposición o acuerdo en contrario, la cuantía del salario mínimo interprofesional se entenderá referida durante 2023 a la que estaba vigente a la entrada en vigor de este Real Decreto.

3. Lo dispuesto en los apartados anteriores se entiende sin perjuicio de que deban ser modificados los salarios establecidos en contratos o pactos de naturaleza privada inferiores en su conjunto y en cómputo anual a las cuantías del salario mínimo interprofesional que se establecen para 2023 en el presente Real Decreto en la cuantía necesaria para asegurar la percepción de dichas cuantías, siendo de aplicación las reglas sobre compensación y absorción que se establecen en el artículo 3.

DISPOSICIONES FINALES

Primera. Título competencial

Este Real Decreto se dicta al amparo de lo dispuesto en el artículo 149.1.7.ª de la Constitución española, que atribuye al Estado la competencia exclusiva en materia de legislación laboral, sin perjuicio de su ejecución por los órganos de las comunidades autónomas.

Segunda. Desarrollo y ejecución

Se autoriza a la Ministra de Trabajo y Economía Social para dictar, en el ámbito de sus competencias, las disposiciones de carácter general que resulten necesarias para el desarrollo y ejecución de este Real Decreto.

Tercera. Entrada en vigor y periodo de vigencia

Este Real Decreto entrará en vigor el día siguiente al de su publicación en el *Boletín Oficial del Estado* y surtirá efectos durante el período comprendido entre el 1 de enero y el 31 de diciembre de 2023, procediendo, en consecuencia, el abono del salario mínimo en el mismo establecido con efectos del 1 de enero de 2023.

3. Real Decreto-ley 3/2004, de 25 de junio, para la racionalización de la regulación del salario mínimo interprofesional y para el incremento de su cuantía (*)

CAPÍTULO 1

Racionalización de la regulación del salario mínimo interprofesional

Artículo 1. Desvinculación del salario mínimo interprofesional de otros efectos distintos de los laborales

1. Con el fin de garantizar la función del salario mínimo interprofesional como garantía salarial mínima de los trabajadores por cuenta ajena establecida en el artículo 27 del texto refundido de la Ley del Estatuto de los Trabajadores, aprobado por el Real Decreto Legislativo 1/1995, de 24 de marzo, y de limitar sus efectos a los estrictamente laborales, a partir de la fecha de entrada en vigor de este Real Decreto-ley dicho salario se desvinculará de otros efectos o finalidades distintas de la indicada anteriormente. (1)

2. De acuerdo en el apartado anterior, se mantendrá la vinculación con el salario mínimo interprofesional en los supuestos que se indican a continuación para determinar:

a) El salario del trabajador en los términos y condiciones establecidos en las normas reguladoras de las relaciones laborales de carácter especial a que se refiere el artículo 2 del texto refundido de la Ley del Estatuto de los Trabajadores.

b) La retribución del trabajador contratado para la formación, en los términos del artículo 11.2 del texto refundido de la Ley del Estatuto de los Trabajadores.

c) Las garantías, privilegios y preferencias del salario establecidas en el artículo 32 del texto refundido de la Ley del Estatuto de los Trabajadores, así como en la legislación procesal civil y en la legislación concursal.

d) Los límites de la responsabilidad del Fondo de Garantía Salarial, en los términos del artículo 33 del texto refundido de la Ley del Estatuto de los Trabajadores.

e) El salario correspondiente a una colocación para que ésta sea considerada adecuada a los efectos de la protección por desempleo, según lo dispuesto en el último párrafo del artículo 231.3 del texto refundido de la Ley General de la Seguridad Social, aprobado por el Real Decreto Legislativo 1/1994, de 20 de junio. (2)

f) La cuantía máxima del anticipo al que tiene derecho el trabajador que haya obtenido a su favor una sentencia en la que se condene al empresario al pago de una cantidad y contra la que se haya interpuesto recurso, conforme al artículo 287.3 del texto refundido de la Ley de Procedimiento Laboral, aprobado por el Real Decreto Legislativo 2/1995, de 7 de abril. (3)

g) El importe de la garantía financiera que deben constituir las empresas de trabajo temporal, en los términos establecidos en el artículo 3 de la Ley 14/1994, de 1 de junio, por la que se regulan las empresas de trabajo temporal.

h) Los límites de referencia de las compensaciones mínimas que corresponden a los socios de trabajo y a los socios de las cooperativas de explotación comunitaria de la tierra, en los términos establecidos, respectivamente, en los artículos 13.4 y 97.5 de la Ley 27/1999, de 16 de julio, de Cooperativas.

i) La retribución de los trabajadores declarados en situación de incapacidad permanente parcial que se reincorporen a la empresa, en los términos establecidos en el artículo 1 del Real Decreto 1451/1983, de 11 de mayo, por el que, en cumplimiento de lo previsto en la Ley 13/1982, de 7 de abril, se regula el empleo selectivo y las medidas de fomento del empleo de los trabajadores minusválidos.

j) La cuantía de la subvención de los costes salariales correspondientes a los puestos de trabajo ocupados por los trabajadores con discapacidad que presten servicios en los centros especiales de empleo, conforme a lo previsto en la Orden del ministro de Trabajo e Inmigración, de 16 de octubre de 1998, por la que se establecen las bases reguladoras para la concesión de las ayudas y subvenciones públicas destinadas al fomento de la integración laboral de los minusválidos en centros especiales de empleo y trabajo autónomo.

k) La cuantía de la subvención de los costes salariales derivados de los contratos que se suscriban con los alumnos trabajadores establecida en las siguientes normas:

1.ª La Orden del ministro de Trabajo e Inmigración, de 14 de noviembre de 2001, por la que se regulan el programa de escuelas taller y casas de oficios y las unidades de promoción y desarrollo y se establecen las bases reguladoras de la concesión de subvenciones públicas a dichos programas.

(*) Debe tenerse en cuenta que la Ley General de la Seguridad Social a que se refiere este Real Decreto-ley es al texto refundido de la misma aprobado por el Real Decreto Legislativo 1/1994, de 30 de junio, que ha sido sustituido por el texto refundido de la misma aprobado por el Real Decreto Legislativo 8/2015, de 30 de octubre.

Las referencias a minusválidos deben entenderse realizadas a personas con discapacidad.

(1) La referencia al Real Decreto Legislativo 1/1995, de 24 de marzo, debe entenderse realizada al Real Decreto Legislativo 2/2015, de 23 de octubre.

(2) La referencia al último párrafo del artículo 231.3 debe entenderse realizada al último párrafo del artículo 301 del texto refundido de la Ley General de la Seguridad Social aprobado por el Real Decreto Legislativo 8/2015, de 30 de octubre.

(3) La referencia al artículo 287.3 debe entenderse realizada al artículo 289 de la Ley 36/2011, de 10 de octubre, reguladora de la Jurisdicción Social.

2.ª La Orden del ministro de Trabajo e Inmigración, de 14 de noviembre de 2001, por la que se desarrolla el Real Decreto 282/1999, de 22 de febrero, por el que se establece el programa de talleres de empleo, y se establecen las bases reguladoras de la concesión de subvenciones públicas a dicho programa.

3. Asimismo, se mantendrá la vinculación con el salario mínimo interprofesional para determinar:

a) Las bases mínimas de cotización en los Regímenes de la Seguridad Social, según lo dispuesto en el artículo 16 del texto refundido de la Ley General de la Seguridad Social. (1)

b) Los requisitos de acceso y, en su caso, mantenimiento de las pensiones de viudedad, orfandad, prestaciones en favor de familiares, prestaciones familiares y por nacimiento o adopción del tercer o sucesivos hijos, así como el importe de la prestación económica por parto o adopción múltiples, establecida en el artículo 188 del texto refundido de la Ley General de la Seguridad Social. (2)

c) Los requisitos para el acceso y mantenimiento de las prestaciones que integran el sistema de protección por desempleo, en los términos que se determinan en el artículo 3.1 de este Real Decreto-ley.

Art. 2. Establecimiento de un indicador público de renta de efectos múltiples

1. Para que pueda utilizarse como indicador o referencia del nivel de renta que sirva para determinar la cuantía de determinadas prestaciones o para acceder a determinadas prestaciones, beneficios o servicios públicos, y pueda sustituir en esta función al salario mínimo interprofesional, se crea el indicador público de renta de efectos múltiples (IPREM).

2. Anualmente, en la Ley de Presupuestos Generales del Estado, se determinará la cuantía del citado indicador teniendo en cuenta, al menos, la previsión u objetivo de inflación utilizados en ella. Con anterioridad a la aprobación del proyecto de Ley anual de Presupuestos Generales del Estado, el Gobierno consultará a las organizaciones empresariales y sindicales más representativas sobre la cuantía del IPREM.

. . . . (3)

3. A partir de la entrada en vigor de este Real Decreto-ley, las referencias al salario mínimo interprofesional contenidas en normas vigentes del Estado, cualquiera que sea su rango, se entenderán referidas al IPREM, salvo las señaladas en el artículo 1 de este Real Decreto-ley y en sus normas de desarrollo.

4. Las Comunidades Autónomas, las Ciudades de Ceuta y Melilla y las entidades que integran la Administración local podrán utilizar como índice o referencia de renta el IPREM, sin perjuicio de su potestad para fijar indicadores propios en el ejercicio de las competencias que constitucionalmente les correspondan.

Art. 3. Sistema de protección por desempleo

1. De acuerdo con lo establecido en el artículo 1, se seguirán entendiendo referidos al salario mínimo interprofesional, sin modificación del régimen establecido en la normativa correspondiente, los requisitos de rentas y, en su caso, de responsabilidades familiares para el acceso y mantenimiento de las siguientes prestaciones:

a) La prestación por desempleo del nivel contributivo a que se refiere el artículo 206.1.1.a) del texto refundido de la Ley General de la Seguridad Social, en relación con el cómputo de las rentas de los hijos para fijar las cuantías máxima y mínima de la citada prestación, así como en relación con la estimación de responsabilidades familiares a efectos de lo previsto en el artículo 212.1.b) y c) de dicha Ley. (4)

b) El subsidio por desempleo a que se refiere el artículo 206.1.2.a) del texto refundido de la Ley General de la Seguridad Social. (5)

c) La renta activa de inserción, establecida en la disposición final 5.ª4 del texto refundido de la Ley General de la Seguridad Social y en sus normas de desarrollo. (6)

d) El subsidio por desempleo establecido en el Real Decreto 5/1997, de 10 de enero, por el que se regula el subsidio por desempleo en favor de los trabajadores eventuales incluidos en el Régimen Especial Agrario de la Seguridad Social.

e) La renta agraria establecida en el Real Decreto 426/2003, de 11 de abril, por el que se regula la renta agraria para los trabajadores eventuales incluidos en el Régimen Especial Agrario de la Seguridad Social residentes en las Comunidades Autónomas de Andalucía y Extremadura.

2. Se entenderán referidas al IPREM las cuantías de las prestaciones señaladas en el apartado anterior, en los siguientes términos:

a) Las cuantías máxima y mínima de la prestación por desempleo del nivel contributivo, según lo establecido en el artículo 211.3 del texto refundido de la Ley General de la Seguridad Social, en la redacción dada por la disposición final 1.ª de este Real Decreto-ley. (7)

b) La cuantía del subsidio por desempleo, según lo establecido en el artículo 217.1 y 2 del texto refundido de la Ley General de la Seguridad Social, en la redacción dada por la disposición final 1.ª de este Real Decreto-ley. (8)

c) La cuantía de la renta activa de inserción, establecida en la disposición final 5.ª4 del texto refundido de la Ley General de la Seguridad Social y en sus normas de desarrollo, será igual al 80 por 100 del IPREM mensual vigente en cada momento. (9)

d) La cuantía del subsidio por desempleo establecido en el Real Decreto 5/1997, de 10 de enero, por el que se regula el subsidio por desempleo en favor de los trabajadores eventuales incluidos en el Régimen Especial Agrario de la Seguridad Social, será igual al 80 por 100 del IPREM mensual vigente en cada momento.

e) La cuantía de la renta agraria establecida en el Real Decreto 426/2003, de 11 de abril, por el que se regula la renta agraria para los trabajadores eventuales incluidos en el Régimen Especial Agrario de la Seguridad Social residentes en las Comunidades Autónomas de Andalucía y Extremadura,

---

(1) La referencia al artículo 16 debe entenderse realizada al artículo 19.2 de la vigente Ley General de la Seguridad Social.

(2) La referencia al artículo 188 debe entenderse realizada al artículo 360 de la vigente Ley General de la Seguridad Social.

(3) Así, el importe del IPREM para el año 2023 asciende a 20 euros/día, 600 euros/mes y 7.200euros/año.

Si la referencia al salario mínimo interprofesional, sin excluir las pagas, debe ser sustituida por la referencia al IPREM, la cuantía anual de éste asciende a 8.400 euros (DA 90.ª L 31/22).

(4) La referencia al artículo 206.1.1.a) debe entenderse realizada al artículo 265.1.a) 1.° y las referencias a los artículos 212.1.b) y c) al artículo 271.1.c), todos ellos de la vigente Ley General de la Seguridad Social.

(5) La referencia al artículo 206.1.2.a) debe entenderse realizada al artículo 265.1.b) 1.° de la vigente Ley General de la Seguridad Social.

(6) Ver nota (*) en el título de esta disposición. Por el Real Decreto 1369/2006, de 24 de noviembre, se regula el programa de renta activa de inserción.

(7) La referencia al artículo 211.3 debe entenderse realizada al artículo 278 de la vigente Ley General de la Seguridad Social.

(8) La referencia al artículo 217.1 y 2 debe entenderse realizada al artículo 278.1 de la vigente Ley General de la Seguridad Social.

(9) Por el Real Decreto 1369/2006, de 24 de noviembre, se regula el programa de renta activa de inserción.

será igual al porcentaje siguiente del IPREM mensual vigente en cada momento:

Número de jornadas reales)	Porcentaje sobre el IPREM
Desde 35 hasta 64	80
Desde 65 hasta 94	85
Desde 95 hasta 124	91
Desde 125 hasta 154	96
Desde 155 hasta 179	101
Desde 180	107

3. La referencia al IPREM no supondrá modificación alguna del régimen establecido en las normas reguladoras de las prestaciones, salvo las derivadas de lo establecido en el apartado anterior.

4. Se mantendrá la vinculación con el salario mínimo interprofesional de la cuantía de las percepciones que, de acuerdo con el artículo 38.4 del Real Decreto 1445/1982, de 25 de junio, modificado por el Real Decreto 1809/1986, de 28 junio, deben garantizarse a los perceptores de prestaciones por desempleo en relación con los trabajos de colaboración social que realicen conforme a lo previsto en el artículo 213.3 del texto refundido de la Ley General de la Seguridad Social. (1)

. . . .

DISPOSICIONES FINALES

. . . .

Segunda. Fundamento constitucional

Este Real Decreto-ley se dicta al amparo del artículo 149.1.7.a, 13.ª y 17.ª de la Constitución, que establece la competencia exclusiva del Estado en materia de legislación laboral, bases y planificación general de la actividad económica y legislación básica y régimen económico de la Seguridad Social.

Tercera. Desarrollo reglamentario

1. Se autoriza al Gobierno para dictar cuantas disposiciones sean necesarias para el desarrollo y ejecución de este Real Decreto-ley.

2. Las referencias a reales decretos y órdenes ministeriales incluidas en este Real Decreto-ley se entienden sin perjuicio de la facultad del Gobierno y de los titulares de los departamentos ministeriales de proceder a su modificación o derogación en el ejercicio de la potestad reglamentaria.

Cuarta. Entrada en vigor

El presente Real Decreto-ley entrará en vigor el 1 de julio de 2004.

(1) La referencia al artículo 213.3) debe entenderse realizada al artículo 272.2 de la vigente Ley General de la Seguridad Social.

4. Orden de 27 de diciembre de 1994, por la que se aprueba el modelo de recibo individual de salarios

Artículo 1. Modelo de recibo de salarios

1. El recibo individual de salarios al que se refiere el apartado 1 del artículo 29 del Estatuto de los Trabajadores, en la redacción dada al mismo por la Ley 11/1994, de 19 de mayo, se ajustará al modelo que se inserta como anexo a la presente Orden o al que, en su sustitución, se establezca por Convenio Colectivo o, en su defecto, mediante acuerdo entre la empresa y los representantes de los trabajadores, en los términos previstos en la Ley citada. (1)

Los recibos de salarios que, sin eliminar ninguno de los conceptos contenidos en el modelo anexo a la presente Orden ni alterar su denominación, contengan modificaciones de carácter puramente formal o incluyan elementos adicionales de información al trabajador sobre la retribución percibida se considerarán ajustados al citado modelo.

2. El recibo de salarios se referirá a meses naturales. Las empresas que abonen a los trabajadores salarios por períodos inferiores deberán documentar dichos abonos como anticipos a cuenta de la liquidación definitiva, que se extenderá en el recibo mensual de salarios.

Art. 2. Firma del trabajador

1. El recibo de salarios será firmado por el trabajador al hacerse entrega del duplicado del mismo y abonarle, en moneda de curso legal o mediante cheque, o talón bancario, las cantidades resultantes de la liquidación. La firma del recibo dará fe de la percepción por el trabajador de dichas cantidades, sin que suponga su conformidad con las mismas.

2. Cuando al abono se realice mediante transferencia bancaria, el empresario entregará al trabajador el duplicado del recibo sin recabar su firma, que se entenderá sustituida, a los efectos previstos en el apartado anterior, por el comprobante del abono expedido por la entidad bancaria.

Art. 3. Conservación de los recibos de salarios

Los recibos de salarios expedidos se archivarán y conservarán por las empresas, junto con los boletines de cotización a la Seguridad Social, durante un período mínimo de cinco años, a fin de permitir las comprobaciones oportunas.

DISPOSICIÓN TRANSITORIA

Las empresas que en la fecha de entrada en vigor de la presente Orden vinieran utilizando el modelo de recibo de salarios anexo a la Orden de 22 de noviembre de 1973 (*Boletín Oficial del Estado* de 11 de diciembre), u otro modelo debidamente autorizado conforme a lo dispuesto en el artículo 9 de la misma Orden, podrán seguirlo utilizando durante un período de 5 años a contar desde la citada entrada en vigor.

DISPOSICIÓN FINAL

La presente Orden entrará en vigor el día 1 de marzo de 1995.

---

(1) Por Orden ESS/2098/2014, de 6 de noviembre, se modifica el modelo para incluir la aportación del empresario, como se recoge en el anexo.

La referencia al Estatuto de los Trabajadores debe entenderse realizada al texto refundido de la Ley del mismo aprobado por Real Decreto Legislativo 2/2015, de 23 de octubre.

ANEXO

Recibo individual justificativo del pago de salarios

Empresa:	Trabajador:
Domicilio:	NIF:
CIF:	N.º de afiliación a la Seguridad Social:
CCC:	Grupo profesional:
	Grupo de cotización:

Período de liquidación: del ...... de .... al ...... de .... de 20..... Total días

	IMPORTE	TOTALES
I. DEVENGOS		
1. Percepciones salariales		
Salario base		
Complementos salariales		
______________		
______________		
______________		
Horas extraordinarias		
Horas complementarias (contratos a tiempo parcial)		
Gratificaciones extraordinarias		
Salario en especie		
2. Percepciones no salariales		
Indemnizaciones o suplidos		
______________		
Prestaciones e indemnizaciones de la Seguridad Social		
______________		
Indemnizaciones por traslados, suspensiones o despidos		
______________		
Otras percepciones no salariales		
______________		
A. TOTAL DEVENGADO		
II. DEDUCCIONES		
1. Aportación del trabajador a las cotizaciones ala Seguridad Social y conceptos de recaudación conjunta		
%		
Contingencias comunes		
Desempleo		
Formación profesional		
Horas extraordinarias		
TOTAL APORTACIONES		
2. Impuesto sobre la Renta de las Personas Físicas		
3. Anticipos		
4. Valor de los productos recibidos en especie		
5. Otras deducciones		
B. TOTAL A DEDUCIR		
LÍQUIDO TOTAL A PERCIBIR (A – B)		

.... de .... de 20....

Firma y sello de la empresa RECIBÍ

DETERMINACIÓN DE LAS BASES DE COTIZACIÓN A LA SEGURIDAD SOCIAL Y CONCEPTOS DE RECAUDACIÓN CONJUNTA Y DE LA BASE SUJETA A RETENCIÓN DEL IRPF Y APORTACIÓN DE LA EMPRESA

CONCEPTO		BASE	TIPO	APORTACIÓN EMPRESA
1. Contingencias comunes				
Importe remuneración mensual..........				
Importe prorrata pagas extraordinarias				
	TOTAL..................			
2. Contingencias profesionales y conceptos de recaudación conjunta	AT y EP			
	Desempleo			
	Formación profesional			
	Fondo de Garantía Salarial			
3. Cotización adicional por horas extraordinarias				
4. Base sujeta a retención del IRPF				

5. Ley General de la Seguridad Social: texto refundido aprobado por Real Decreto Legislativo 8/2015, de 30 de octubre

TÍTULO I

NORMAS GENERALES DEL SISTEMA DE LA SEGURIDAD SOCIAL

. . . .

CAPÍTULO II

Campo de aplicación y estructura del sistema de la Seguridad Social

Art. 7. Extensión del campo de aplicación

1. Estarán comprendidos en el sistema de la Seguridad Social, a efectos de las prestaciones contributivas, cualquiera que sea su sexo, estado civil y profesión, los españoles que residan en España y los extranjeros que residan o se encuentren legalmente en España, siempre que, en ambos supuestos, ejerzan su actividad en territorio nacional y estén incluidos en alguno de los apartados siguientes:

a) Trabajadores por cuenta ajena que presten sus servicios en las condiciones establecidas por el artículo 1.1 del texto refundido de la Ley del Estatuto de los Trabajadores, en las distintas ramas de la actividad económica o asimilados a ellos, bien sean eventuales, de temporada o fijos, aun de trabajo discontinuo, e incluidos los trabajadores a distancia, y con independencia, en todos los casos, del grupo profesional del trabajador, de la forma y cuantía de la remuneración que perciba y de la naturaleza común o especial de su relación laboral.

. . . .

Art. 12. Familiares

1. A efectos de lo dispuesto en el artículo 7.1, no tendrán la consideración de trabajadores en cuenta ajena, salvo prueba en contrario: el cónyuge, los descendientes, ascendientes y demás parientes del empresario, por consanguinidad o afinidad hasta el segundo grado inclusive y, en su caso, por adopción, ocupados en su centro o centros de trabajo, cuando convivan en su hogar y estén a su cargo.

2. Sin perjuicio de lo previsto en el apartado anterior y de conformidad con lo establecido por la disposición adicional décima de la Ley 20/2007, de 11 de julio, del Estatuto del trabajo autónomo, los trabajadores autónomos podrán contratar, como trabajadores por cuenta ajena, a los hijos menores de 30 años, aunque convivan con ellos. En este caso, del ámbito de la acción protectora dispensada a los familiares contratados quedará excluida la cobertura por desempleo.

Se otorgará el mismo tratamiento a los hijos que, aun siendo mayores de 30 años, tengan especiales dificultades para su inserción laboral. A estos efectos, se considerará que existen dichas especiales dificultades cuando el trabajador esté incluido en alguno de los grupos siguientes:

a) Personas con parálisis cerebral, personas con enfermedad mental o personas con discapacidad intelectual, con un grado de discapacidad reconocido igual o superior al 33 por 100.

b) Personas con discapacidad física o sensorial, con un grado de discapacidad reconocido igual o superior al 33 por 100 e inferior al 65 por 100, siempre que causen alta por primera vez en el sistema de la Seguridad Social.

c) Personas con discapacidad física o sensorial, con un grado de discapacidad reconocido igual o superior al 65 por 100. (2)

. . . .

CAPÍTULO III

Afiliación, cotización y recaudación

. . . .

Sección 2.ª

Cotización a la Seguridad Social y por conceptos de recaudación conjunta (1)

Art. 18. Obligatoriedad

1. La cotización a la Seguridad Social es obligatoria en todos los Regímenes del sistema.

(1) Ver la Orden PCM/74/2023, de 30 de enero, por la que se desarrollan las normas legales de cotización para el ejercicio 2023.

(2) Apartado redactado conforme a lo dispuesto en la Ley 6/2017, de 24 de octubre.

La cotización por la contingencia de desempleo así como al Fondo de Garantía Salarial, por formación profesional y por cuantos otros conceptos se recauden conjuntamente con las cuotas de la Seguridad Social será obligatoria en los Regímenes y supuestos y con el alcance establecidos en esta Ley y en su normativa de desarrollo, así como en otras normas reguladoras de tales conceptos.

2. La obligación de cotizar nacerá desde el momento de iniciación de la actividad correspondiente, determinándose en las normas reguladoras de cada Régimen las personas que han de cumplirla.

3. Son responsables del cumplimiento de la obligación de cotizar y del pago de los demás recursos de la Seguridad Social las personas físicas o jurídicas o entidades sin personalidad a las que las normas reguladoras de cada Régimen y recurso impongan directamente la obligación de su ingreso y, además, los que resulten responsables solidarios, subsidiarios o sucesores *mortis causa* de aquellos, por concurrir hechos, omisiones, negocios o actos jurídicos que determinen esas responsabilidades, en aplicación de cualquier norma con rango de ley que se refiera o no excluya expresamente las obligaciones de Seguridad Social, o de pactos o convenios no contrarios a las leyes. Dicha responsabilidad solidaria, subsidiaria o *mortis causa* se declarará y exigirá mediante el procedimiento recaudatorio establecido en esta Ley y en su normativa de desarrollo.

4. En caso de que la responsabilidad por la obligación de cotizar corresponda al empresario, podrá dirigirse el procedimiento recaudatorio que se establece en esta Ley y en su normativa de desarrollo contra quien efectivamente reciba la prestación de servicios de los trabajadores que emplee, aunque formalmente no figure como empresario en los contratos de trabajo, en los registros públicos o en los archivos de las entidades gestoras y servicios comunes.

Art. 19. Bases y tipos de cotización

1. Las bases y tipos de cotización a la Seguridad Social y por los conceptos que se recauden conjuntamente con las cuotas de la Seguridad Social serán los que establezca cada año la correspondiente Ley de Presupuestos Generales del Estado.

2. Las bases de cotización a la Seguridad Social, en cada uno de sus Regímenes, tendrán como tope máximo las cuantías fijadas para cada año por la correspondiente Ley de Presupuestos Generales del Estado y como tope mínimo las cuantías del salario mínimo interprofesional vigente en cada momento, incrementadas en un sexto, salvo disposición expresa en contrario. (1)

3. Sin perjuicio de lo indicado en el apartado 1, la cotización correspondiente a las contingencias de accidentes de trabajo y enfermedades profesionales se realizará mediante la aplicación de los tipos de cotización establecidos para cada actividad económica, ocupación o situación en la tarifa de primas establecidas legalmente. Las primas correspondientes tendrán a todos los efectos la condición de cuotas de la Seguridad Social.

La base de cotización para la contingencia de desempleo, en todos los Regímenes de la Seguridad Social que tengan cubierta la misma, será la correspondiente a las contingencias de accidentes de trabajo y enfermedades profesionales.

De igual modo, la base de cotización para determinar las aportaciones al Fondo de Garantía Salarial y para formación profesional, en todos los Regímenes de la Seguridad Social en los que exista la obligación de efectuarlas, será la correspondiente a las contingencias de accidentes de trabajo y enfermedades profesionales.

Art. 20. Adquisición, mantenimiento, pérdida y reintegro de beneficios en la cotización

1. Únicamente podrán obtener reducciones, bonificaciones o cualquier otro beneficio en las bases, tipos y cuotas de la Seguridad Social y por conceptos de recaudación conjunta, las empresas y demás sujetos responsables que se encuentren al corriente en el cumplimiento de sus obligaciones con la Seguridad Social en relación al ingreso por cuotas y conceptos de recaudación conjunta, así como respecto de cualquier otro recurso de la Seguridad Social que sea objeto de la gestión recaudatoria de la Seguridad Social, en la fecha de su concesión. (2)

2. La adquisición y mantenimiento de los beneficios en la cotización a que se refiere el apartado anterior requerirán, en todo caso, que las empresas y demás sujetos responsables del cumplimiento de la obligación de cotizar que hubieren solicitado u obtenido tales beneficios suministren por medios electrónicos los datos relativos a la inscripción de empresas, afiliación, altas y bajas de trabajadores, variaciones de datos de unas y otros, así como los referidos a cotización y recaudación en el ámbito de la Seguridad Social, en los términos y condiciones que se establezcan por el Ministerio de Empleo y Seguridad Social.

No obstante lo anterior, la Tesorería General de la Seguridad Social podrá autorizar, excepcionalmente y con carácter transitorio, la presentación de dicha documentación en soporte distinto al electrónico previa solicitud del interesado y en atención al número de trabajadores, su dispersión o la naturaleza pública del sujeto responsable.

3. La falta de ingreso en plazo reglamentario de las cuotas de la Seguridad Social y por conceptos de recaudación conjunta devengadas con posterioridad a la obtención de los beneficios en la cotización dará lugar únicamente a su pérdida automática respecto de las cuotas correspondientes a períodos no ingresados en dicho plazo, salvo que sea debida a error de la Administración de la Seguridad Social.

4. Cuando, por causa no imputable a la Administración, los beneficios en la cotización no se hubieran deducido en los términos reglamentariamente establecidos, podrá solicitarse el reintegro de su importe dentro del plazo de 3 meses, a contar desde la fecha de presentación de la liquidación en que el respectivo beneficio debió descontarse. De no efectuarse la solicitud en dicho plazo se extinguirá este derecho.

De proceder el reintegro en este supuesto, si el mismo no se efectuase dentro de los 3 meses siguientes a la fecha de presentación de la respectiva solicitud, el importe a reintegrar se incrementará con el interés de demora previsto en el artículo 31.3, que se aplicará al del beneficio correspondiente por el tiempo transcurrido desde la fecha en que se presente la solicitud hasta la de la propuesta de pago.

Sección 3.ª

Liquidación y recaudación de las cuotas y demás recursos del sistema

Subsección 1.ª

Disposiciones generales

Art. 21. Competencia

1. La Tesorería General de la Seguridad Social, como caja única del sistema de la Seguridad Social, llevará a

(1) El tope máximo de la base de cotización queda fijado, a partir del 1 de enero de 2023, en 4.495,50 euros/mes (art. 122 L 31/22).

(2) Apartado redactado conforme a lo dispuesto en la Ley 22/2021, de 28 de diciembre.

efecto la gestión liquidatoria y recaudatoria de los recursos de esta, así como de los conceptos de recaudación conjunta con las cuotas de la Seguridad Social, tanto en período voluntario como en vía ejecutiva, bajo la dirección y tutela del Estado.

2. El ejercicio de la función liquidatoria se efectuará sin perjuicio de las competencias que tengan atribuidas sobre la materia la Inspección de Trabajo y Seguridad Social y, respecto a determinados recursos distintos a cuotas, otros organismos u órganos administrativos.

3. Para realizar la función recaudatoria, la Tesorería General de la Seguridad Social podrá concertar los servicios que considere convenientes con las distintas administraciones públicas o con entidades particulares habilitadas al efecto.

Las habilitaciones que se otorguen a las entidades particulares a que se refiere el párrafo anterior tendrán, en todo caso, carácter temporal. Los conciertos con tales entidades habrán de ser autorizados por el Consejo de Ministros.

Art. 22. Liquidación e ingreso de las cuotas y demás recursos

1. Las cuotas de la Seguridad Social, desempleo y por conceptos de recaudación conjunta se liquidarán, en los términos previstos en esta Ley y en sus normas de aplicación y desarrollo, mediante alguno de los siguientes sistemas:

a) Sistema de autoliquidación por el sujeto responsable del ingreso de las cuotas de la Seguridad Social y por conceptos de recaudación conjunta.

b) Sistema de liquidación directa por la Tesorería General de la Seguridad Social, por cada trabajador, en función de los datos de que disponga sobre los sujetos obligados a cotizar y de aquellos otros que los sujetos responsables del cumplimiento de la obligación de cotizar deban aportar, en los términos previstos en el artículo 29.2.

Mediante este sistema, la Tesorería General de la Seguridad Social determinará la cotización correspondiente a cada trabajador, a solicitud del sujeto responsable de su ingreso y cuando los datos que este deba facilitar permitan realizar el cálculo de la liquidación.

No se procederá a la liquidación de cuotas por este sistema respecto de aquellos trabajadores que no figuren en alta en el Régimen de la Seguridad Social que corresponda durante el período a liquidar, aunque el sujeto responsable del ingreso hubiera facilitado sus datos a tal efecto.

c) Sistema de liquidación simplificada, que se aplicará para la determinación de las cuotas de los trabajadores por cuenta propia incluidos en el Régimen Especial de la Seguridad Social de los Trabajadores por Cuenta Propia o Autónomos y en el Régimen Especial de la Seguridad Social de los Trabajadores del Mar, de las cuotas de los Sistemas Especiales del Régimen General para Empleados de Hogar y para Trabajadores por Cuenta Ajena Agrarios durante la situación de inactividad, así como de las cuotas fijas del Seguro Escolar, de convenios especiales y de cualquier otra cuota cuya liquidación pueda establecerse a través de este sistema.

. . . .

3. El ingreso de las cuotas y demás recursos se realizará en el plazo y forma que se establezcan en esta Ley, en sus normas de aplicación y desarrollo o en las disposiciones específicas aplicables a los distintos Regímenes y a los sistemas especiales, bien directamente en la Tesorería General de la Seguridad Social o bien a través de las entidades concertadas conforme al artículo 21, así como, en su caso, en otras condiciones legalmente previstas.

También se podrán ingresar las cuotas y demás recursos en las entidades autorizadas al efecto por el Ministerio de Empleo y Seguridad Social, quien dictará las normas para el ejercicio de esta función y podrá revocar la autorización concedida, en caso de incumplimiento, previo expediente incoado al efecto.

El ingreso de las cuotas y demás recursos en las entidades concertadas o autorizadas surtirá, desde el momento en que se lleve a cabo, los mismos efectos que si se hubiera realizado en la propia Tesorería General de la Seguridad Social.

. . . .

Art. 24. Prescripción

1. Prescribirán a los 4 años los siguientes derechos y acciones:

a) El derecho de la Administración de la Seguridad Social para determinar las deudas por cuotas y por conceptos de recaudación conjunta mediante las oportunas liquidaciones.

b) La acción para exigir el pago de las deudas por cuotas de la Seguridad Social y conceptos de recaudación conjunta.

c) La acción para imponer sanciones por incumplimiento de las normas de Seguridad Social.

. . . .

3. La prescripción quedará interrumpida por las causas ordinarias y, en todo caso, por cualquier actuación administrativa realizada con conocimiento formal del responsable del pago conducente a la liquidación o recaudación de la deuda y, especialmente, por su reclamación administrativa mediante reclamación de deuda o acta de liquidación. La prescripción quedará interrumpida, asimismo, por el inicio de las actuaciones a que se refiere el artículo 20.6 de la Ley 23/2015, de 21 de julio, Ordenadora del Sistema de Inspección de Trabajo y Seguridad Social.

Art. 25. Prelación de créditos

Los créditos por cuotas de la Seguridad Social y conceptos de recaudación conjunta y, en su caso, los recargos o intereses que sobre aquellos procedan gozarán, en su totalidad, de igual orden de preferencia que los créditos a que se refiere el artículo 1924.1.° del Código Civil. Los demás créditos de la Seguridad Social gozarán del orden de preferencia establecido en el apartado 2.° E) del referido precepto.

En caso de concurso, los créditos por cuotas de la Seguridad Social y conceptos de recaudación conjunta y, en su caso, los recargos e intereses que sobre aquellos procedan, así como los demás créditos de la Seguridad Social, quedarán sometidos a lo establecido en la legislación concursal.

. . . .

Art. 26. Devolución de ingresos indebidos, reembolso de los costes de las garantías y pago de cantidades declaradas por sentencia

1. Las personas obligadas a cotizar o al pago de otras deudas con la Seguridad Social objeto de gestión recaudatoria por la Administración de la Seguridad Social tendrán derecho, en los términos y supuestos que reglamentariamente se establezcan, a la devolución total o parcial del importe de los ingresos que por error se hubiesen realizado.

El importe a devolver a consecuencia de un ingreso indebido estará constituido por:

a) El importe del ingreso indebidamente efectuado y reconocido como tal.

b) Los recargos, intereses, en su caso, y costas que se hubieran satisfecho cuando el ingreso indebido se hubiera realizado por vía de apremio.

c) El interés de demora previsto en el artículo 31.3, aplicado a las cantidades indebidamente ingresadas por el tiempo transcurrido desde la fecha de su ingreso en la Tesorería General de la Seguridad Social hasta la propuesta de pago.

En todo caso, el tipo de interés de demora aplicable será el vigente a lo largo del período en que dicho interés se devengue.

2. No procederá la devolución de cuotas u otros recursos ingresados maliciosamente, sin perjuicio de la responsabilidad de todo orden a que hubiera lugar.

3. El derecho a la devolución de ingresos indebidos prescribirá a los 4 años, a contar desde el día siguiente al de su ingreso.

. . . .

Subsección 2.ª

Liquidación y recaudación en periodo voluntario

Art. 28. Efectos de la falta de pago en plazo reglamentario

La falta de pago de la deuda dentro del plazo reglamentario de ingreso establecido determinará la aplicación del recargo y el devengo de los intereses de demora en los términos establecidos en esta Ley.

El recargo y los intereses de demora, cuando sean exigibles, se ingresarán conjuntamente con las deudas sobre las que recaigan.

Cuando el ingreso fuera del plazo reglamentario sea imputable a error de la Administración, sin que la misma actúe en calidad de empresario, no se aplicará recargo ni se devengarán intereses.

Art. 29. Cumplimiento de obligaciones en materia de liquidación de cuotas y compensación

1. En el sistema de autoliquidación de cuotas a que se refiere la letra a) del artículo 22.1, los sujetos responsables del cumplimiento de la obligación de cotizar deberán transmitir por medios electrónicos a la Tesorería General de la Seguridad Social las liquidaciones de cuotas de la Seguridad Social y por conceptos de recaudación conjunta, salvo en aquellos supuestos en que dicha liquidación proceda mediante la presentación de los correspondientes documentos de cotización.

La transmisión o presentación a que se refiere el párrafo anterior podrá efectuarse hasta el último día natural del respectivo plazo reglamentario de ingreso.

2. En el sistema de liquidación directa de cuotas a que se refiere la letra b) del artículo 22.1, los sujetos responsables del cumplimiento de la obligación de cotizar deberán solicitar a la Tesorería General de la Seguridad Social el cálculo de la liquidación correspondiente a cada trabajador y transmitir por medios electrónicos los datos que permitan realizar dicho cálculo, hasta el penúltimo día natural del respectivo plazo reglamentario de ingreso.

El referido cálculo se efectuará en función de los datos de que disponga la Tesorería General de la Seguridad Social sobre los sujetos obligados a cotizar, constituidos tanto por los que ya hayan sido facilitados por los sujetos responsables en cumplimiento de las obligaciones establecidas en materia de inscripción de empresas y afiliación, altas, bajas y variaciones de datos de trabajadores, y por aquellos otros que obren en su poder y afecten a la cotización, como por los que deban aportar, en su caso, los citados sujetos responsables en cada período de liquidación.

Asimismo, la Tesorería General de la Seguridad Social aplicará las deducciones que correspondan a los trabajadores por los que se practique la liquidación dentro de plazo reglamentario así como, en su caso, la compensación del importe de las prestaciones abonadas a aquellos en Régimen de pago delegado con el de las cuotas debidas correspondientes al mismo período de liquidación, en función de los datos recibidos de las entidades gestoras y colaboradoras de la Seguridad Social, conforme a lo previsto en el apartado 5 de este artículo.

Cuando, una vez practicada la liquidación, el sujeto responsable del ingreso de las cuotas solicite su rectificación aportando datos distintos a los inicialmente transmitidos, las obligaciones a que se refiere el párrafo primero de este apartado solo se considerarán cumplidas cuando resulte posible efectuar una nueva liquidación de cuotas dentro de plazo reglamentario, salvo que la imposibilidad de liquidar en plazo se deba a causas imputables exclusivamente a la Administración.

Tampoco se considerarán incumplidas las citadas obligaciones cuando, una vez practicada la liquidación y dentro del plazo reglamentario, el sujeto responsable del ingreso solicite la rectificación de errores materiales, aritméticos o de cálculo en la citada liquidación imputables exclusivamente a la Administración y ello comporte la práctica de una nueva liquidación corrigiendo tales errores fuera de dicho plazo.

3. El incumplimiento de las obligaciones a que se refieren los apartados anteriores o su cumplimiento dentro de los plazos reglamentariamente establecidos, aun cuando no se ingresen las cuotas correspondientes o se ingrese exclusivamente la aportación del trabajador, producirán los efectos señalados en esta Ley y en sus disposiciones de aplicación y desarrollo.

4. En el sistema de liquidación simplificada de cuotas a que se refiere la letra c) del artículo 22.1 no será exigible el cumplimiento de las obligaciones establecidas en los apartados 1 y 2 de este artículo, siempre que el alta de los sujetos obligados a que se refieran dichas cuotas en el Régimen de la Seguridad Social que corresponda, en los supuestos en que ese alta proceda, se haya solicitado dentro del plazo reglamentariamente establecido.

De solicitarse el alta fuera del plazo reglamentario, el cumplimiento de las obligaciones establecidas en los apartados 1 y 2 de este artículo no será exigible respecto a la liquidación de las cuotas correspondientes a los periodos posteriores a la presentación de la solicitud, que se efectuará mediante este sistema.

En tales casos, será aplicable lo previsto en esta Ley para los supuestos en que, existiendo dichas obligaciones, se hubieran cumplido dentro de plazo.

5. El cumplimiento de las obligaciones establecidas en los apartados 1 y 2 dentro de plazo permitirá a los sujetos responsables compensar su crédito por las prestaciones abonadas como consecuencia de su colaboración obligatoria con la Seguridad Social y su deuda por las cuotas debidas en el mismo período a que se refieren las respectivas liquidaciones, cualquiera que sea el momento del pago de tales cuotas.

Fuera del supuesto regulado en este apartado, los sujetos responsables del pago de cuotas no podrán compensar sus créditos frente a la Seguridad Social por prestaciones satisfechas en Régimen de pago delegado o por cualquier otro concepto con el importe de aquellas cuotas, cualquiera que sea el momento del pago de las mismas y hayan sido o no reclamadas en período voluntario o en vía de apremio, sin perjuicio del derecho de los sujetos responsables para solicitar el pago de sus respectivos créditos frente a la Tesorería General de la Seguridad Social o a la entidad gestora o colaboradora correspondiente.

Art. 30. Recargos por ingreso fuera de plazo (1)

1. Transcurrido el plazo reglamentario establecido para el pago de las cuotas a la Seguridad Social sin ingreso de las mismas y sin perjuicio de las especialidades previstas para los aplazamientos, se devengarán los siguientes recargos:

a) Cuando los sujetos responsables del pago hubieran cumplido dentro de plazo las obligaciones establecidas en los apartados 1 y 2 del artículo 29:

1.º Recargo del 10 por 100 de la deuda, si se abonasen las cuotas debidas dentro del primer mes natural siguiente al del vencimiento del plazo para su ingreso.

2.º Recargo del 20 por 100 de la deuda, si se abonasen las cuotas debidas a partir del segundo mes natural siguiente al del vencimiento del plazo para su ingreso.

b) Cuando los sujetos responsables del pago no hubieran cumplido dentro de plazo las obligaciones establecidas en los apartados 1 y 2 del artículo 29:

1.º Recargo del 20 por 100 de la deuda, si se abonasen las cuotas debidas antes de la terminación del plazo de ingreso establecido en la reclamación de deuda o acta de liquidación.

---

(1) Artículo redactado conforme a lo dispuesto en la Ley 6/2017, de 24 de octubre.

2.º Recargo del 35 por 100 de la deuda, si se abonasen las cuotas debidas a partir de la terminación de dicho plazo de ingreso.

. . . .

Art. 31. Interés de demora

1. Los intereses de demora por las deudas con la Seguridad Social serán exigibles, en todo caso, si no se hubiese abonado la deuda una vez transcurridos 15 días desde la notificación de la providencia de apremio o desde la comunicación del inicio del procedimiento de deducción.

Asimismo serán exigibles dichos intereses cuando no se hubiese abonado el importe de la deuda en el plazo fijado en las resoluciones desestimatorias de los recursos presentados contra las reclamaciones de deuda o actas de liquidación, si la ejecución de dichas resoluciones fuese suspendida en los trámites del recurso contencioso-administrativo que contra ellas se hubiese interpuesto.

2. Los intereses de demora exigibles serán los que haya devengado el principal de la deuda desde el vencimiento del plazo reglamentario de ingreso y los que haya devengado, además, el recargo aplicable en el momento del pago, desde la fecha en que, según el apartado anterior, sean exigibles.

3. El tipo de interés de demora será el interés legal del dinero vigente en cada momento del período de devengo, incrementado en un 25 por 100, salvo que la Ley de Presupuestos Generales del Estado establezca uno diferente. (1)

. . . .

Art. 33. Reclamaciones de deudas

1. Transcurrido el plazo reglamentario sin ingreso de las cuotas debidas, la Tesorería General de la Seguridad Social reclamará su importe al sujeto responsable incrementado con el recargo que proceda, conforme a lo dispuesto en el artículo 30, en los siguientes supuestos:

a) Falta de cotización respecto de trabajadores dados de alta, cuando no se hubiesen cumplido dentro de plazo las obligaciones establecidas en los apartados 1 y 2 del artículo 29 o cuando, habiéndose cumplido, las liquidaciones de cuotas o datos de cotización transmitidos o los documentos de cotización presentados contengan errores materiales, aritméticos o de cálculo que resulten directamente de los mismos.

Si estas circunstancias fuesen comprobadas por la Inspección de Trabajo y Seguridad Social, lo comunicará a la Tesorería General de la Seguridad Social con la propuesta de liquidación que proceda.

b) Falta de cotización en relación con trabajadores dados de alta que no consten en las liquidaciones de cuotas o datos de cotización transmitidos ni en los documentos de cotización presentados en plazo, respecto de los que se considerará que no se han cumplido las obligaciones establecidas en los apartados 1 y 2 del artículo 29.

c) Diferencias de importe entre las cuotas ingresadas y las que legalmente corresponda liquidar, que resulten directamente de las liquidaciones o datos de cotización transmitidos o de los documentos de cotización presentados, siempre que no proceda realizar una valoración jurídica por la Inspección de Trabajo y Seguridad Social sobre su carácter cotizable, en cuyo caso se procederá conforme a lo previsto en el apartado 1.b) del artículo siguiente.

d) Deudas por cuotas cuya liquidación no corresponda a la Inspección de Trabajo y Seguridad Social.

. . . .

3. Los importes exigidos en las reclamaciones de deudas por cuotas, impugnadas o no, deberán hacerse efectivos dentro de los plazos siguientes:

a) Las notificadas entre los días 1 y 15 de cada mes, desde la fecha de la notificación hasta el día 5 del mes siguiente o el inmediato hábil posterior.

b) Las notificadas entre los días 16 y último de cada mes, desde la fecha de notificación hasta el día 20 del mes siguiente o el inmediato hábil posterior.

4. Las deudas con la Seguridad Social por recursos distintos a cuotas serán también objeto de reclamación de deuda, en la que se indicará el importe de la misma, así como los plazos reglamentarios de ingreso.

5. La interposición de recurso de alzada contra las reclamaciones de deuda solo suspenderá el procedimiento recaudatorio cuando se garantice con aval suficiente o se consigne el importe de la deuda, incluido, en su caso, el recargo en que se hubiese incurrido.

En caso de resolución desestimatoria del recurso, transcurrido el plazo de 15 días desde su notificación sin pago de la deuda se iniciará el procedimiento de apremio mediante la expedición de la providencia de apremio o el procedimiento de deducción, según proceda.

Art. 34. Actas de liquidación de cuotas

1. Procederá la formulación de actas de liquidación en las deudas por cuotas originadas por:

a) Falta de afiliación o de alta de trabajadores en cualquiera de los Regímenes del sistema de la Seguridad Social.

b) Diferencias de cotización por trabajadores dados de alta, resulten o no directamente de las liquidaciones o datos de cotización transmitidos o de los documentos de cotización presentados, dentro o fuera de plazo.

c) Derivación de la responsabilidad del sujeto obligado al pago, cualquiera que sea su causa y Régimen de la Seguridad Social aplicable, y con base en cualquier norma con rango de ley que no excluya la responsabilidad por deudas de Seguridad Social. En los casos de responsabilidad solidaria legalmente previstos, la Inspección de Trabajo y Seguridad Social podrá extender acta a todos los sujetos responsables o a alguno de ellos, en cuyo caso el acta de liquidación comprenderá el principal de la deuda a que se extienda la responsabilidad solidaria, los recargos, intereses y costas devengadas hasta la fecha en que se extienda el acta.

d) Aplicación indebida de las bonificaciones en las cotizaciones de la Seguridad Social, previstas reglamentariamente para la financiación de las acciones formativas del subsistema de formación profesional para el empleo.

En los casos a los que se refieren las letras a), b) y c), la Inspección de Trabajo y Seguridad Social podrá formular requerimientos a los sujetos obligados al pago de cuotas adeudadas por cualquier causa, previo reconocimiento de la deuda por aquellos ante el funcionario actuante. En este caso, el ingreso de la deuda por cuotas contenida en el requerimiento será hecho efectivo en el plazo que determine la Inspección de Trabajo y Seguridad Social, que no será inferior a 1 mes ni superior a 4 meses. En caso de incumplimiento del requerimiento, se procederá a extender acta de liquidación y de infracción por impago de cuotas.

Las actas de liquidación de cuotas se extenderán por la Inspección de Trabajo y Seguridad Social, notificándose en todos los casos a través de los órganos de dicha Inspección que, asimismo, notificarán las actas de infracción practicadas por los mismos hechos, en la forma que reglamentariamente se establezca.

. . . .

3. Los importes de las deudas figurados en las actas de liquidación serán hechos efectivos hasta el último día del mes siguiente al de su notificación, una vez dictado el correspondiente acto administrativo definitivo de liquidación, iniciándose en otro caso el procedimiento de deducción o el procedimiento de apremio en los términos establecidos en esta Ley y en sus normas de desarrollo.

4. Las actas de liquidación y las de infracción que se refieran a los mismos hechos se practicarán simultáneamente

(1) En el año 2023 el interés legal del dinero es el 3,25 por 100 y el de demora el 4,0625 por 100 (DA 42.ª L 31/22).

por la Inspección de Trabajo y Seguridad Social. La competencia y el procedimiento para su resolución son los señalados en el apartado 2.

Las sanciones por infracciones propuestas en dichas actas de infracción se reducirán automáticamente al 50 por 100 de su cuantía, si el infractor diese su conformidad a la liquidación practicada ingresando su importe en el plazo señalado en el apartado 3. Esta reducción automática solo podrá aplicarse en el supuesto de que la cuantía de la liquidación supere la de la sanción propuesta inicialmente.

. . . .

CAPÍTULO VI

Colaboración en la gestión de la Seguridad Social

. . . .

Sección 3.ª

Empresas

Art. 102. Colaboración de las empresas (1)

1. Las empresas, individualmente consideradas y en relación con su propio personal, podrán colaborar en la gestión de la Seguridad Social exclusivamente en alguna o algunas de las formas siguientes:

a) Asumiendo directamente el pago, a su cargo, de las prestaciones por incapacidad temporal derivada de accidente de trabajo y enfermedad profesional y las prestaciones de asistencia sanitaria y recuperación profesional, incluido el subsidio consiguiente que corresponda durante la indicada situación.

b) Pagando a sus trabajadores, a cargo de la entidad gestora o mutua obligada, las prestaciones económicas por incapacidad temporal, así como las demás que puedan determinarse reglamentariamente.

2. El Ministerio de Empleo y Seguridad Social podrá establecer con carácter obligatorio, para todas las empresas o para algunas de determinadas características, la colaboración en el pago de prestaciones a que se refiere el apartado c) anterior.

La colaboración obligatoria consiste en el pago por la empresa a sus trabajadores, a cargo de la entidad gestora o colaboradora, de las prestaciones económicas, compensándose su importe en la liquidación de las cotizaciones sociales que aquella debe ingresar. La empresa deberá comunicar a la entidad gestora, a través de los medios electrónicos establecidos, los datos obligación de la misma requeridos en el parte médico de baja, en los términos que se establezcan reglamentariamente. El Ministerio de Empleo y Seguridad Social podrá suspender o dejar sin efecto la colaboración obligatoria cuando la empresa incumpla las obligaciones establecidas.

. . . .

CAPÍTULO IX

Inspección e infracciones y sanciones en materia de Seguridad Social

Art. 133. Competencias de la Inspección

1. La inspección en materia de Seguridad Social se ejercerá a través de la Inspección de Trabajo y Seguridad Social, desarrollando las funciones y competencias que tiene atribuidas por la Ley 23/2015, de 21 de julio, Ordenadora del Sistema de Inspección de Trabajo y Seguridad Social, la presente Ley y normas concordantes.

2. Específicamente corresponderá a la Inspección de Trabajo y Seguridad Social:

a) La vigilancia en el cumplimiento de las obligaciones que derivan de la presente Ley y, en especial, de los fraudes y morosidad en el ingreso y recaudación de cuotas de la Seguridad Social.

. . . .

Art. 135. Infracciones y sanciones

1. En materia de infracciones y sanciones, se estará a lo dispuesto en la presente Ley y en el texto refundido de la Ley sobre Infracciones y Sanciones en el Orden Social, aprobado por el Real Decreto Legislativo 5/2000, de 4 de agosto.

. . . .

TÍTULO II

RÉGIMEN GENERAL DE LA SEGURIDAD SOCIAL

CAPÍTULO I

Campo de aplicación

Art. 136. Extensión

1. Estarán obligatoriamente incluidos en el campo de aplicación del Régimen General de la Seguridad Social los trabajadores por cuenta ajena y los asimilados a los que se refiere el artículo 7.1.a) de esta Ley, salvo que por razón de su actividad deban quedar comprendidos en el campo de aplicación de algún Régimen especial de la Seguridad Social.

. . . .

CAPÍTULO II

Inscripción de empresas y normas sobre afiliación, cotización y recaudación

. . . .

(1) Artículo redactado conforme a lo dispuesto en el Real Decreto-ley 28/2018, de 28 de diciembre.

Sección 2.ª

Cotización (1)

Subsección 1.ª

Disposiciones generales

Art. 141. Sujetos obligados

1. Estarán sujetos a la obligación de cotizar al Régimen General de la Seguridad Social los trabajadores y asimilados comprendidos en su campo de aplicación y los empresarios por cuya cuenta trabajen.

2. La cotización comprenderá dos aportaciones:

a) de los empresarios, y

b) de los trabajadores.

3. No obstante lo dispuesto en los apartados anteriores, por las contingencias de accidentes de trabajo y enfermedades profesionales la cotización completa correrá a cargo exclusivamente de los empresarios.

Art. 142. Sujeto responsable

1. El empresario es sujeto responsable del cumplimiento de la obligación de cotizar e ingresará las aportaciones propias y las de sus trabajadores, en su totalidad.

Responderán, asimismo, solidaria, subsidiariamente o *mortis causa* las personas o entidades sin personalidad a que se refieren los artículos 18 y 168.1 y 2.

La responsabilidad solidaria por sucesión en la titularidad de la explotación, industria o negocio que se establece en el citado artículo 168 se extiende a la totalidad de las deudas generadas con anterioridad al hecho de la sucesión. Se entenderá que existe dicha sucesión aun cuando sea una sociedad laboral la que continúe la explotación, industria o negocio, esté o no constituida por trabajadores que prestaran servicios por cuenta del empresario anterior.

En caso de que el empresario sea una sociedad o entidad disuelta y liquidada, sus obligaciones de cotización a la Seguridad Social pendientes se transmitirán a los socios o partícipes en el capital, que responderán de ellas solidariamente y hasta el límite del valor de la cuota de liquidación que se les hubiere adjudicado.

2. El empresario descontará a sus trabajadores, en el momento de hacerles efectivas sus retribuciones, la aportación que corresponda a cada uno de ellos. Si no efectuase el descuento en dicho momento no podrá realizarlo con posterioridad, quedando obligado a ingresar la totalidad de las cuotas a su exclusivo cargo.

En los justificantes de pago de dichas retribuciones, el empresario deberá informar a los trabajadores de la cuantía total de la cotización a la Seguridad Social indicando, de acuerdo con lo establecido en el artículo 141.2, la parte de la cotización que corresponde a la aportación del empresario y la parte correspondiente al trabajador, en los términos que reglamentariamente se determinen. (2)

3. El empresario que habiendo efectuado tal descuento no ingrese dentro de plazo la parte de cuota correspondiente a sus trabajadores, incurrirá en responsabilidad ante ellos y ante los organismos de la Administración de la Seguridad Social afectados, sin perjuicio de las responsabilidades penal y administrativa que procedan.

Art. 143. Nulidad de pactos

Será nulo todo pacto, individual o colectivo, por el cual el trabajador asuma la obligación de pagar total o parcialmente la prima o parte de cuota a cargo del empresario.

Igualmente, será nulo todo pacto que pretenda alterar las bases de cotización que se fijan en el artículo 147.

Art. 144. Duración de la obligación de cotizar

1. La obligación de cotizar nacerá con el inicio de la prestación del trabajo, incluido el período de prueba. La mera solicitud de la afiliación o alta del trabajador al organismo competente de la Administración de la Seguridad Social surtirá en todo caso idéntico efecto.

2. La obligación de cotizar se mantendrá por todo el período en que el trabajador esté en alta en el Régimen General o preste sus servicios, aunque estos revistan carácter discontinuo. Dicha obligación subsistirá asimismo respecto a los trabajadores que se encuentren cumpliendo deberes de carácter público o desempeñando cargos de representación sindical, siempre que ello no dé lugar a la excedencia en el trabajo.

3. Dicha obligación solo se extinguirá con la solicitud en regla de la baja en el Régimen General al organismo competente de la Administración de la Seguridad Social. Sin embargo, dicha comunicación no extinguirá la obligación de cotizar si continuase la prestación de trabajo.

4. La obligación de cotizar continuará en la situación de incapacidad temporal, cualquiera que sea su causa, en la de nacimiento y cuidado de menor, en la de riesgo durante el embarazo y en la de riesgo durante la lactancia natural, así como en las demás situaciones previstas en el artículo 166 en que así se establezca reglamentariamente.

Sin perjuicio de lo dispuesto en el párrafo anterior, las empresas tendrán derecho a una reducción del 75 por 100 de las cuotas empresariales a la Seguridad Social por contingencias comunes durante la situación de incapacidad temporal de aquellos trabajadores que hubieran cumplido la edad de 62 años. A estas reducciones de cuotas no les resultará de aplicación lo establecido en el artículo 20.1. (3)

5. La obligación de cotizar se suspenderá durante las situaciones de huelga y cierre patronal.

6. La obligación de cotizar por las contingencias de accidentes de trabajo y enfermedades profesionales existirá aunque la empresa, con infracción de lo dispuesto en esta Ley, no tuviera establecida la protección de su personal, o de parte de él, respecto a dichas contingencias. En tal caso, las primas debidas se devengarán a favor de la Tesorería General de la Seguridad Social.

Art. 145. Tipo de cotización

1. El tipo de cotización tendrá carácter único para todo el ámbito de protección de este Régimen General. Su establecimiento y su distribución, para determinar las aportaciones respectivas del empresario y trabajador obligados a cotizar, se efectuarán en la correspondiente Ley de Presupuestos Generales del Estado.

2. El tipo de cotización se reducirá en el porcentaje o porcentajes correspondientes a aquellas situaciones y contingencias que no queden comprendidas en la acción protectora que se determine de acuerdo con lo previsto en el artículo 155.2, para quienes sean asimilados a trabajadores por cuenta ajena, así como para otros supuestos establecidos legal o reglamentariamente.

Art. 146. Cotización por accidentes de trabajo y enfermedades profesionales (1)

1. No obstante lo dispuesto en el artículo anterior, la cotización por las contingencias de accidentes de trabajo y enfermedades profesionales se realizará mediante la aplicación de

(1) Por el Real Decreto 2064/1995, de 22 de diciembre, se aprueba el Reglamento general sobre cotización y liquidación de otros derechos de la Seguridad Social.

Ver la Orden PCM/74/2023, de 30 de enero, por la que se desarrollan las normas legales de cotización para el ejercicio 2023.

(2) Ver la Orden de 27 de diciembre de 1994, por la que se aprueba el modelo de recibo individual de salarios.

(3) Apartado redactado conforme a lo dispuesto en la Ley 16/2022, de 5 de septiembre.

los tipos de cotización establecidos para cada actividad económica, ocupación, o situación en la tarifa de primas establecida legalmente. Para el cálculo de dichos tipos de cotización se computará el coste de las prestaciones y las exigencias de los servicios preventivos y rehabilitadores.

2. De igual forma se podrán establecer, para las empresas que ofrezcan riesgos de enfermedades profesionales, tipos adicionales a la cotización de accidentes de trabajo, en relación a la peligrosidad de la industria o clase de trabajo y a la eficacia de los medios de prevención empleados.

3. La cuantía de los tipos de cotización a que se refieren los apartados anteriores podrá reducirse en el supuesto de empresas que se distingan por el empleo de medios eficaces de prevención. Asimismo, dicha cuantía podrá aumentarse en el caso de empresas que incumplan sus obligaciones en materia de seguridad y salud en el trabajo. La reducción y el aumento previstos en este apartado no podrán exceder del 10 por 100 de los tipos de cotización, si bien el aumento podrá llegar hasta un 20 por 100 en caso de reiterado incumplimiento de las aludidas obligaciones.

4. Los empresarios que ocupen a trabajadores, a quienes en razón de su actividad les resulte de aplicación un coeficiente reductor de la edad de jubilación, deberán cotizar por el tipo de cotización por accidentes de trabajo y enfermedades profesionales más alto de los establecidos, siempre y cuando el establecimiento de ese coeficiente reductor no lleve aparejada una cotización adicional por tal concepto.

Lo previsto en este apartado no será de aplicación a los empresarios que ocupen a trabajadores incluidos en el ámbito de aplicación del Real Decreto 1539/2003, de 5 de diciembre, por el que se establecen coeficientes reductores de la edad de jubilación a favor de los trabajadores que acreditan un grado importante de discapacidad. Tampoco resultará de aplicación a los trabajadores embarcados en barcos de pesca hasta 10 Toneladas de Registro Bruto incluidos en el Régimen Especial de Trabajadores del Mar. (2)

Art. 147. Base de cotización

1. La base de cotización para todas las contingencias y situaciones amparadas por la acción protectora del Régimen General, incluidas las de accidente de trabajo y enfermedad profesional, estará constituida por la remuneración total, cualquiera que sea su forma o denominación, tanto en metálico como en especie, que con carácter mensual tenga derecho a percibir el trabajador o asimilado, o la que efectivamente perciba de ser esta superior, por razón del trabajo que realice por cuenta ajena.

Las percepciones de vencimiento superior al mensual se prorratearán a lo largo de los 12 meses del año.

Las percepciones correspondientes a vacaciones anuales devengadas y no disfrutadas y que sean retribuidas a la finalización de la relación laboral serán objeto de liquidación y cotización complementaria a la del mes de la extinción del contrato. La liquidación y cotización complementaria comprenderán los días de duración de las vacaciones, aun cuando alcancen también el siguiente mes natural o se inicie una nueva relación laboral durante los mismos, sin prorrateo alguno y con aplicación, en su caso, del tope máximo de cotización correspondiente al mes o meses que resulten afectados.

No obstante lo establecido en el párrafo anterior, serán aplicables las normas generales de cotización en los términos que reglamentariamente se determinen cuando, mediante ley o en ejecución de la misma, se establezca que la remuneración del trabajador debe incluir, conjuntamente con el salario, la parte proporcional correspondiente a las vacaciones devengadas.

2. Únicamente no se computarán en la base de cotización los siguientes conceptos:

a) Las asignaciones para gastos de locomoción del trabajador que se desplace fuera de su centro habitual de trabajo para realizar el mismo en lugar distinto, cuando utilice medios de transporte público, siempre que el importe de dichos gastos se justifique mediante factura o documento equivalente.

b) Las asignaciones para gastos de locomoción del trabajador que se desplace fuera de su centro habitual de trabajo para realizar el mismo en lugar distinto, no comprendidos en el apartado anterior, así como para gastos normales de manutención y estancia generados en municipio distinto del lugar del trabajo habitual del perceptor y del que constituya su residencia, en la cuantía y con el alcance previstos en la normativa estatal reguladora del Impuesto sobre la Renta de la Personas Físicas.

c) Las indemnizaciones por fallecimiento y las correspondientes a traslados, suspensiones y despidos.

Las indemnizaciones por fallecimiento y las correspondientes a traslados y suspensiones estarán exentas de cotización hasta la cuantía máxima prevista en norma sectorial o convenio colectivo aplicable.

Las indemnizaciones por despido o cese del trabajador estarán exentas en la cuantía establecida con carácter obligatorio en el texto refundido de la Ley del Estatuto de los Trabajadores, en su normativa de desarrollo o, en su caso, en la normativa reguladora de la ejecución de sentencias, sin que pueda considerarse como tal la establecida en virtud de convenio, pacto o contrato.

Cuando se extinga el contrato de trabajo con anterioridad al acto de conciliación, estarán exentas las indemnizaciones por despido que no excedan de la que hubiera correspondido en el caso de que este hubiera sido declarado improcedente, y no se trate de extinciones de mutuo acuerdo en el marco de planes o sistemas colectivos de bajas incentivadas.

Sin perjuicio de lo dispuesto en los párrafos anteriores, en los supuestos de despido o cese como consecuencia de despidos colectivos, tramitados de conformidad con lo dispuesto en el artículo 51 del texto refundido de la Ley del Estatuto de los Trabajadores, o producidos por las causas previstas en el artículo 52.c) del citado texto refundido, siempre que en ambos casos se deban a causas económicas, técnicas, organizativas, de producción o por fuerza mayor, quedará exenta la parte de indemnización percibida que no supere los límites establecidos con carácter obligatorio en el mencionado Estatuto para el despido improcedente.

d) Las prestaciones de la Seguridad Social, las mejoras de las prestaciones por incapacidad temporal concedidas por las empresas y las asignaciones destinadas por estas para satisfacer gastos de estudios dirigidos a la actualización, capacitación o reciclaje del personal a su servicio, cuando tales estudios vengan exigidos por el desarrollo de sus actividades o las características de los puestos de trabajo.

e) Las horas extraordinarias, salvo para la cotización por accidentes de trabajo y enfermedades profesionales de la Seguridad Social.

3. Los empresarios deberán comunicar a la Tesorería General de la Seguridad Social en cada período de liquidación el importe de todos los conceptos retributivos abonados a sus trabajadores, con independencia de su inclusión o no en la base de cotización a la Seguridad Social y aunque resulten de aplicación bases únicas.

Las contribuciones empresariales satisfechas a los planes de pensiones, en su modalidad de sistema de empleo, en el marco del texto refundido de la Ley de Regulación de Planes y Fondos de Pensiones, aprobada por el Real Decreto Legislativo 1/2002, de 29 de noviembre, y a instrumentos de modalidad de empleo propios establecidos por la legislación de las Comunidades Autónomas con competencia exclusiva en

(1) Artículo redactado conforme a lo dispuesto en el Real Decreto-ley 28/2018, de 28 de diciembre.

(2) Apartado añadido por el Real Decreto-ley 28/2018, de 28 de diciembre.

materia de mutualidades no integradas en la Seguridad Social se deberán comunicar, respecto de cada trabajador, código de cuenta de cotización y período de liquidación a la Tesorería General de la Seguridad Social antes de solicitarse el cálculo de la liquidación de cuotas correspondiente. (1)

4. No obstante lo dispuesto en el apartado 2.e), el Ministerio de Empleo y Seguridad Social podrá establecer el cómputo de las horas extraordinarias, ya sea con carácter general, ya sea por sectores laborales en los que la prolongación de la jornada sea característica de su actividad.

Art. 148. Topes máximo y mínimo de la base de cotización

1. El tope máximo de la base de cotización, único para todas las actividades, categorías profesionales y contingencias incluidas en este Régimen, será el establecido, para cada año, en la correspondiente Ley de Presupuestos Generales del Estado.

2. El tope máximo de la base de cotización así establecido será aplicable igualmente en los casos de pluriempleo. A los efectos de esta Ley se entenderá por pluriempleo la situación de quien trabaje en dos o más empresas distintas, en actividades que den lugar a su inclusión en el campo de aplicación de este Régimen General.

3. La base de cotización tendrá como tope mínimo la cuantía establecida en el artículo 19.2.

4. El Ministerio de Empleo y Seguridad Social adecuará, en función de los días y horas trabajados, los topes mínimos y las bases mínimas fijados para cada grupo de categorías profesionales, en relación con los supuestos en que, por disposición legal, se establezca expresamente la cotización por días o por horas.

Art. 149. Cotización adicional por horas extraordinarias

La remuneración que obtengan los trabajadores por el concepto de horas extraordinarias, con independencia de su cotización a efectos de accidentes de trabajo y enfermedades profesionales, estará sujeta a una cotización adicional por parte de empresarios y trabajadores, con arreglo a los tipos que se establezcan en la correspondiente Ley de Presupuestos Generales del Estado.

La cotización adicional por horas extraordinarias estructurales que superen el tope máximo de 80 horas establecido en el artículo 35.2 del texto refundido de la Ley del Estatuto de los Trabajadores se efectuará mediante la aplicación del tipo general de cotización establecido para las horas extraordinarias en la Ley de Presupuestos Generales del Estado.

Art. 150. Normalización

El Ministerio de Empleo y Seguridad Social establecerá la normalización de las bases de cotización que resulten con arreglo a lo establecido en la presente sección.

Subsección 2.ª

Cotización en supuestos especiales

Art. 151. Cotización adicional en contratos de duración determinada (2)

1. Los contratos de duración determinada inferior a 30 días tendrán una cotización adicional a cargo del empresario a la finalización del mismo.

2. Dicha cotización adicional se calculará multiplicando por 3 la cuota resultante de aplicar a la base mínima diaria de cotización del grupo 8 del Régimen General de la Seguridad Social para contingencias comunes, el tipo general de cotización a cargo de la empresa para la cobertura de las contingencias comunes.

3. Esta cotización adicional no se aplicará a los contratos a los que se refiere este artículo, cuando sean celebrados con trabajadores incluidos en el Sistema Especial para Trabajadores por Cuenta Ajena Agrarios, en el Sistema Especial para Empleados de Hogar, en el Régimen Especial para la Minería del Carbón, o en la relación laboral especial de las personas artistas que desarrollan su actividad en las artes escénicas, audiovisuales y musicales, así como de las personas que realizan actividades, técnicas o auxiliares necesarias para el desarrollo de dicha actividad; ni a los contratos por sustitución. (3)

Art. 152. Cotización al Régimen general a partir de la edad de jubilación (4)

1. Las empresas y las personas trabajadoras quedarán exentas de cotizar a la Seguridad Social por contingencias comunes, salvo por incapacidad temporal derivada de dichas contingencias, respecto de los trabajadores por cuenta ajena y de los socios trabajadores o de trabajo de las cooperativas, una vez hayan alcanzado la edad de acceso a la pensión de jubilación que en cada caso resulte de aplicación según lo establecido en el artículo 205.1.a).

2. La exención en la cotización prevista en este artículo comprenderá también las aportaciones por desempleo, Fondo de Garantía Salarial y formación profesional.

3. Las exenciones establecidas en este artículo no serán aplicables a las cotizaciones relativas a trabajadores que presten sus servicios en las administraciones públicas o en los organismos públicos regulados en la Ley 40/2015, de 1 de octubre, de Régimen Jurídico del Sector Público.

4. Los períodos en los que resulte de aplicación la exención prevista en este artículo serán computados como cotizados a los efectos de acceso y determinación de la cuantía de las prestaciones. La base reguladora de la prestación se determinará, en relación con estos períodos, conforme a lo dispuesto en el artículo 161.4.

Art. 153. Cotización en supuestos de compatibilidad de jubilación y trabajo (5)

Durante la realización de un trabajo por cuenta ajena compatible con la pensión de jubilación, en los términos establecidos en el artículo 214, los empresarios y los trabajadores cotizarán al Régimen General únicamente por incapacidad temporal y por contingencias profesionales, según la normativa reguladora de dicho Régimen, si bien quedarán sujetos a una cotización especial de solidaridad del 9 por 100 sobre la base de cotización por contingencias comunes, no computable a efectos de prestaciones, que se distribuirá entre ellos, corriendo a cargo del empresario el 7 por 100 y del trabajador el 2 por 100.

Art. 153 bis. Cotización en los supuestos de reducción de jornada o suspensión de contrato (6)

En los supuestos de reducción temporal de jornada o suspensión temporal del contrato de trabajo, ya sea por decisión del empresario al amparo de lo establecido en los artículos 47 o 47 bis del texto refundido de la Ley del Estatuto de los Trabajadores, o en virtud de resolución judicial adoptada en el seno de un procedimiento concursal, la empresa

(1) Párrafo añadido por la Ley 12/2022, de 30 de junio.

(2) Artículo redactado conforme a lo dispuesto en el Real Decreto-ley 32/2021, de 28 de diciembre.

(3) Apartado redactado conforme a lo dispuesto en el Real Decreto-ley 5/2022, de 22 de marzo.

(4) Artículo redactado conforme a lo dispuesto en la Ley 21/2021, de 28 de diciembre.

(5) Artículo redactado conforme a lo dispuesto en la Ley 11/2020, de 30 de diciembre.

(6) Artículo redactado conforme a lo dispuesto en el Real Decreto-ley 1/2023, de 10 de enero.

está obligada al ingreso de las cuotas correspondientes a la aportación empresarial.

En caso de causarse derecho a la prestación por desempleo o a la prestación a la que se refiere la disposición adicional cuadragésima primera, corresponde a la entidad gestora de la prestación el ingreso de la aportación del trabajador en los términos previstos en el artículo 273.2 y en dicha disposición adicional, respectivamente.

En estos supuestos, las bases de cotización a la Seguridad Social para el cálculo de la aportación empresarial por contingencias comunes y por contingencias profesionales, estarán constituidas por el promedio de las bases de cotización en la empresa afectada correspondientes a dichas contingencias de los 6 meses naturales inmediatamente anteriores al mes anterior al del inicio de cada situación de reducción de jornada o suspensión del contrato. Para el cálculo de dicho promedio, se tendrá en cuenta el número de días en situación de alta, en la empresa de que se trate, durante el período de los 6 meses indicados.

Las bases de cotización calculadas conforme a lo indicado anteriormente se reducirán, en los supuestos de reducción temporal de jornada, en función de la jornada de trabajo no realizada.

No obstante, en los supuestos en que la persona trabajadora haya causado alta en la empresa en el mes anterior al inicio de cada situación, o en el mismo mes del inicio de la situación, para el cálculo de dicho promedio se tomarán las bases de cotización en la empresa afectada correspondiente al mes inmediatamente anterior al del inicio de la situación, o al mes del inicio de situación, respectivamente.

Durante los períodos de suspensión temporal de contrato de trabajo y de reducción temporal de jornada, respecto de la jornada de trabajo no realizada, no resultarán de aplicación las normas de cotización correspondientes a las situaciones de incapacidad temporal, descanso por nacimiento y cuidado de menor, y riesgo durante el embarazo y la lactancia natural.

Sección 3.ª

Recaudación

Artículo. 154. Normas generales

1. A efectos de lo dispuesto en el capítulo III del título I de esta Ley, los empresarios y, en su caso, las personas señaladas en los artículos 18 y 168.1 y 2, serán los obligados a ingresar la totalidad de las cuotas de este Régimen General en el plazo, lugar y forma establecidos en esta Ley y en sus normas de aplicación y desarrollo.

2. Serán imputables a los sujetos responsables del cumplimiento de la obligación de cotizar los recargos y el interés de demora establecidos en los artículos 30 y 31.

3. El ingreso de las cuotas fuera de plazo reglamentario se efectuará con arreglo al tipo de cotización vigente en la fecha en que las cuotas se devengaron.

. . . .

CAPÍTULO IV

Normas generales en materia de prestaciones

Art. 161. Cuantía de las prestaciones

1. La cuantía de las prestaciones económicas no determinada en la presente Ley será fijada en sus normas de desarrollo.

2. La cuantía de las pensiones y de las demás prestaciones cuyo importe se calcule sobre una base reguladora se determinará en función de la totalidad de las bases por las que se haya cotizado durante los períodos que se señalen para cada una de ellas.

La cotización adicional por horas extraordinarias a que se refiere el artículo 149 no será computable a efectos de determinar la base reguladora de las prestaciones.

. . . .

Art. 164. Recargo de las prestaciones económicas derivadas de accidente de trabajo o enfermedad profesional

1. Todas las prestaciones económicas que tengan su causa en accidente de trabajo o enfermedad profesional se aumentarán, según la gravedad de la falta, de un 30 a un 50 por 100, cuando la lesión se produzca por equipos de trabajo o en instalaciones, centros o lugares de trabajo que carezcan de los medios de protección reglamentarios, los tengan inutilizados o en malas condiciones, o cuando no se hayan observado las medidas generales o particulares de seguridad y salud en el trabajo, o las de adecuación personal a cada trabajo, habida cuenta de sus características y de la edad, sexo y demás condiciones del trabajador.

2. La responsabilidad del pago del recargo establecido en el apartado anterior recaerá directamente sobre el empresario infractor y no podrá ser objeto de seguro alguno, siendo nulo de pleno derecho cualquier pacto o contrato que se realice para cubrirla, compensarla o trasmitirla.

3. La responsabilidad que regula este artículo es independiente y compatible con las de todo orden, incluso penal, que puedan derivarse de la infracción.

Art. 165. Condiciones del derecho a las prestaciones (1)

1. Para causar derecho a las prestaciones del Régimen General, las personas incluidas en su campo de aplicación habrán de cumplir, además de los requisitos particulares exigidos para acceder a cada una de ellas, el requisito general de estar afiliadas y en alta en dicho Régimen o en situación asimilada a la de alta al sobrevenir la contingencia o situación protegida, salvo disposición legal expresa en contrario.

2. En las prestaciones cuyo reconocimiento o cuantía esté subordinado, además, al cumplimiento de determinados períodos de cotización, solamente serán computables a tales efectos las cotizaciones efectivamente realizadas o las expresamente asimiladas a ellas en esta Ley o en sus disposiciones reglamentarias.

3. Las cuotas correspondientes a la situación de incapacidad temporal, de maternidad, de paternidad, de riesgo durante el embarazo o de riesgo durante la lactancia natural serán computables a efectos de los distintos períodos previos de cotización exigidos para el derecho a las prestaciones.

4. No se exigirán períodos previos de cotización para el derecho a las prestaciones derivadas de accidente, sea o no de trabajo, o de enfermedad profesional, salvo disposición legal expresa en contrario.

5. El período de suspensión con reserva del puesto de trabajo, contemplado en el artículo 48.8 del texto refundido de la Ley del Estatuto de los Trabajadores para supuestos de violencia de género o violencia sexual, tendrá la consideración de período de cotización efectiva a efectos de las correspondientes prestaciones de la Seguridad Social por jubilación, incapacidad permanente, muerte y supervivencia, nacimiento y cuidado de menor, desempleo y cuidado de menores afectados por cáncer u otra enfermedad grave. (2)

(1) Las referencias en este artículo a las situaciones de maternidad y paternidad deben entenderse situaciones a las situaciones por nacimiento, que comprende el parto y el cuidado de menor de 12 meses, y por adopción, guarda con fines de adopción y acogimiento.

(2) Apartado redactado conforme a lo dispuesto en la Ley Orgánica 10/2022, de 6 de septiembre.

6. El período por maternidad o paternidad que subsista a la fecha de extinción del contrato de trabajo, o que se inicie durante la percepción de la prestación por desempleo, será considerado como período de cotización efectiva a efectos de las correspondientes prestaciones de la Seguridad Social por jubilación, incapacidad permanente, muerte y supervivencia, maternidad, paternidad y cuidado de menores afectados por cáncer u otra enfermedad grave.

. . . .

CAPÍTULO V

Incapacidad temporal

Art. 169. Concepto

1. Tendrán la consideración de situaciones determinantes de incapacidad temporal:

a) Las debidas a enfermedad común o profesional y a accidente, sea o no de trabajo, mientras el trabajador reciba asistencia sanitaria de la Seguridad Social y esté impedido para el trabajo, con una duración máxima de 365 días, prorrogables por otros 180 días cuando se presuma que durante ellos puede el trabajador ser dado de alta médica por curación.

b) Los períodos de observación por enfermedad profesional en los que se prescriba la baja en el trabajo durante los mismos, con una duración máxima de 6 meses, prorrogables por otros 6 cuando se estime necesario para el estudio y diagnóstico de la enfermedad.

2. A efectos del período máximo de duración de la situación de incapacidad temporal que se señala en la letra a) del apartado anterior, y de su posible prórroga, se computarán los períodos de recaída y de observación.

Se considerará que existe recaída en un mismo proceso cuando se produzca una nueva baja médica por la misma o similar patología dentro de los 180 días naturales siguientes a la fecha de efectos del alta médica anterior.

. . . .

Art. 171. Prestación económica (1)

La prestación económica en las diversas situaciones constitutivas de incapacidad temporal consistirá en un subsidio equivalente a un tanto por 100 sobre la base reguladora, que se fijará y se hará efectivo en los términos establecidos en esta Ley y en sus normas de desarrollo.

Art. 172. Beneficiarios

Serán beneficiarios del subsidio por incapacidad temporal las personas incluidas en este Régimen General que se encuentren en cualquiera de las situaciones determinadas en el artículo 169, siempre que, además de reunir la condición general exigida en el artículo 165.1, acrediten los siguientes períodos mínimos de cotización:

a) En caso de enfermedad común, 180 días dentro de los 5 años inmediatamente anteriores al hecho causante.

b) En caso de accidente, sea o no de trabajo, y de enfermedad profesional, no se exigirá ningún período previo de cotización.

Art. 173. Nacimiento y duración del derecho al subsidio

1. En caso de accidente de trabajo o enfermedad profesional, el subsidio se abonará desde el día siguiente al de la baja en el trabajo, estando a cargo del empresario el salario íntegro correspondiente al día de la baja.

En caso de enfermedad común o de accidente no laboral, el subsidio se abonará a partir del cuarto día de baja en el trabajo, si bien desde el día cuarto al decimoquinto de baja, ambos inclusive, el subsidio estará a cargo del empresario.

2. El subsidio se abonará mientras el beneficiario se encuentre en situación de incapacidad temporal, conforme a lo establecido en el artículo 169.

3. Durante las situaciones de huelga y cierre patronal el trabajador no tendrá derecho a la prestación económica por incapacidad temporal.

. . . .

Art. 176. Periodos de observación y obligaciones especiales en caso de enfermedad profesional

1. A efectos de lo dispuesto en el artículo 169.1.b), se considerará como período de observación el tiempo necesario para el estudio médico de la enfermedad profesional cuando haya necesidad de aplazar el diagnóstico definitivo.

2. Lo dispuesto en el apartado anterior se entenderá sin perjuicio de las obligaciones establecidas, o que puedan establecerse en lo sucesivo, a cargo de este Régimen General o de los empresarios, cuando por causa de enfermedad profesional se acuerde respecto de un trabajador el traslado de puesto de trabajo, su baja en la empresa u otras medidas análogas.

CAPÍTULO VI

Nacimiento y cuidado de menor (2)

Sección 1.ª

Supuesto general

Art. 177. Situaciones protegidas (3)

A efectos de la prestación por nacimiento y cuidado de menor prevista en esta sección, se consideran situaciones protegidas el nacimiento, la adopción, la guarda con fines de adopción y el acogimiento familiar, de conformidad con el Código Civil o las Leyes civiles de las comunidades autónomas que lo regulen, siempre que, en este último caso, su duración no sea inferior a un año, durante los períodos de descanso que por tales situaciones se disfruten, de acuerdo con lo previsto en los apartados 4, 5 y 6 del artículo 48 del texto refundido de la Ley del Estatuto de los Trabajadores, y en el artículo 49.a), b) y c) del texto refundido de la Ley del Estatuto Básico del Empleado Público.

Art. 178. Beneficiarios (3)

1. Serán beneficiarios del subsidio por nacimiento y cuidado de menor las personas incluidas en este Régimen General, cualquiera que sea su sexo, que disfruten de los descansos referidos en el artículo anterior, siempre que, además de reunir la condición general exigida en el artículo 165.1 y las demás que reglamentariamente se establezcan, acrediten los siguientes períodos mínimos de cotización:

a) Si la persona trabajadora tiene menos de 21 años de edad en la fecha del nacimiento, o en la fecha de la deci-

---

(1) La cuantía de la prestación económica por incapacidad temporal derivada de enfermedad común o accidente no laboral será durante el período comprendido desde el 4.° día a partir del de la baja en el trabajo ocasionada por la enfermedad o el accidente y hasta el 20.° día, inclusive, de permanencia en tal situación, de un subsidio equivalente al 60 por 100 de la base reguladora correspondiente, según dispone el Real Decreto 53/1980, de 11 de enero.

La prestación económica en la situación de incapacidad temporal derivada de accidente de trabajo o enfermedad profesional será del 75 por 100 de la base reguladora, a tenor de lo dispuesto en la Orden de 13 de octubre de 1967.

(2) Rúbrica redactada conforme a lo dispuesto en el Real Decreto-ley 6/2019, de 1 de marzo.

(3) Artículo redactado conforme a lo dispuesto en el Real Decreto-ley 6/2019, de 1 de marzo.

sión administrativa de acogimiento o de guarda con fines de adopción o de la resolución judicial por la que se constituye la adopción, no se exigirá período mínimo de cotización.

b) Si la persona trabajadora tiene cumplidos 21 años de edad y es menor de 26 en la fecha del nacimiento, o en la fecha de la decisión administrativa de acogimiento o de guarda con fines de adopción o de la resolución judicial por la que se constituye la adopción, el período mínimo de cotización exigido será de 90 días cotizados dentro de los 7 años inmediatamente anteriores al momento de inicio del descanso. Se considerará cumplido el mencionado requisito si, alternativamente, acredita 180 días cotizados a lo largo de su vida laboral, con anterioridad a esta última fecha.

c) Si la persona trabajadora tiene cumplidos 26 años de edad en la fecha del nacimiento, o en la fecha de la decisión administrativa de acogimiento o de guarda con fines de adopción o de la resolución judicial por la que se constituye la adopción, el período mínimo de cotización exigido será de 180 días cotizados dentro de los 7 años inmediatamente anteriores al momento de inicio del descanso. Se considerará cumplido el mencionado requisito si, alternativamente, acredita 360 días cotizados a lo largo de su vida laboral, con anterioridad a esta última fecha.

2. En el supuesto de nacimiento, la edad señalada en el apartado anterior será la que tenga cumplida la interesada en el momento de inicio del descanso, tomándose como referente el momento del parto a efectos de verificar la acreditación del período mínimo de cotización que, en su caso, corresponda.

3. En los supuestos de adopción internacional previstos en el tercer párrafo del artículo 48.5 del texto refundido de la Ley del Estatuto de los Trabajadores, y en el párrafo cuarto del artículo 49.b) del texto refundido de la Ley del Estatuto Básico del Empleado Público, la edad señalada en el apartado 1 será la que tengan cumplida los interesados en el momento de inicio del descanso, tomándose como referente el momento de la resolución a efectos de verificar la acreditación del período mínimo de cotización que, en su caso, corresponda.

Art. 179. Prestación económica (1)

1. La prestación económica por nacimiento y cuidado de menor consistirá en un subsidio equivalente al 100 por 100 de la base reguladora correspondiente. A tales efectos, con carácter general, la base reguladora será la base de cotización por contingencias comunes del mes inmediatamente anterior al mes previo al del hecho causante, dividida entre el número de días a que dicha cotización se refiera.

A efectos de lo dispuesto en el párrafo anterior, cuando la persona trabajadora perciba retribución mensual y haya permanecido en alta en la empresa todo el mes natural, la base de cotización correspondiente se dividirá entre treinta.

2. No obstante, en los supuestos en que la persona trabajadora haya ingresado en la empresa en el mes anterior al del hecho causante, para el cálculo de la base reguladora se tomará la base de cotización por contingencias comunes correspondiente al mes inmediatamente anterior al del inicio del descanso o del permiso por nacimiento y cuidado de menor.

Si la persona trabajadora hubiera ingresado en la empresa en el mismo mes del hecho causante, para el cálculo de la base reguladora se tomará la base de cotización por contingencias comunes de dicho mes.

3. En los supuestos señalados en los apartados anteriores, el subsidio podrá reconocerse por el Instituto Nacional de la Seguridad Social mediante resolución provisional teniendo en cuenta la última base de cotización por contingencias comunes que conste en las bases corporativas del sistema, en tanto no esté incorporada a las mismas la base de cotización por contingencias comunes a que se hace referencia en los apartados anteriores.

Si posteriormente se comprobase que la base de cotización que correspondiera de conformidad con lo previsto en los apartados anteriores fuese diferente a la aplicada en la resolución provisional, se recalculará la prestación y se emitirá resolución definitiva. Si la base de cotización no hubiese variado, la resolución provisional devendrá definitiva en un plazo de 3 meses desde su emisión.

Art. 180. Pérdida o suspensión del derecho al subsidio por nacimiento y cuidado de menor (2)

El derecho al subsidio por nacimiento y cuidado de menor podrá ser denegado, anulado o suspendido, cuando el beneficiario hubiera actuado fraudulentamente para obtener o conservar dicha prestación, así como cuando trabajara por cuenta propia o ajena durante los correspondientes períodos de descanso.

Sección 2.ª

Supuesto especial

Art. 181. Beneficiarias (2)

Serán beneficiarias del subsidio por nacimiento previsto en esta sección, las trabajadoras incluidas en este Régimen General que, en caso de parto, reúnan todos los requisitos establecidos para acceder a la prestación por nacimiento y cuidado de menor regulada en la sección anterior, salvo el período mínimo de cotización establecido en el artículo 178.

Art. 182. Prestación económica

1. La prestación económica por nacimiento regulada en esta sección tendrá la consideración de no contributiva a los efectos del artículo 109. (2)

2. La cuantía de la prestación será igual al 100 por 100 del indicador público de renta de efectos múltiples (IPREM) vigente en cada momento, salvo que la base reguladora calculada conforme al artículo 179 o al artículo 248 fuese de cuantía inferior, en cuyo caso se estará a esta.

3. La duración de la prestación será de 42 días naturales a contar desde el parto, pudiendo denegarse, anularse o suspenderse el derecho por las mismas causas establecidas en el artículo 180.

Dicha duración se incrementará en 14 días naturales en los siguientes supuestos:

a) Nacimiento de hijo en una familia numerosa o en la que, con tal motivo, adquiera dicha condición, de acuerdo con lo dispuesto en la Ley 40/2003, de 18 de noviembre, de Protección a las Familias Numerosas.

b) Nacimiento de hijo en una familia monoparental, entendiendo por tal la constituida por un solo progenitor con el que convive el hijo nacido y que constituye el sustentador único de la familia.

c) Parto múltiple, entendiendo que existe el mismo cuando el número de nacidos sea igual o superior a dos.

d) Discapacidad de la madre o del hijo en un grado igual o superior al 65 por 100.

El incremento de la duración es único, sin que proceda su acumulación cuando concurran dos o más circunstancias de las señaladas.

(1) Artículo redactado conforme a lo dispuesto en el Real Decreto-ley 13/2022, de 26 de julio.

(2) Artículo redactado conforme a lo dispuesto en el Real Decreto-ley 6/2019, de 1 de marzo.

CAPÍTULO VII

Corresponsabilidad en el cuidado del lactante (1)

Art. 183. Situación protegida (2)

A efectos de la prestación económica por ejercicio corresponsable del cuidado del lactante, se considera situación protegida la reducción de la jornada de trabajo en media hora que, de acuerdo con lo previsto en el párrafo cuarto del artículo 37.4 del texto refundido de la Ley del Estatuto de los Trabajadores, lleven a cabo con la misma duración y régimen los dos progenitores, adoptantes, guardadores con fines de adopción o acogedores de carácter permanente, cuando ambos trabajen, para el cuidado del lactante desde que cumpla 9 meses hasta los 12 meses de edad.

La acreditación del ejercicio corresponsable del cuidado del lactante se realizará mediante certificación de la reducción de la jornada por las empresas en que trabajen sus progenitores, adoptantes, guardadores o acogedores.

Reglamentariamente se determinarán los requisitos que deberá cumplir esta documentación.

Art. 184. Beneficiarios (2)

1. Para el acceso al derecho a la prestación económica por ejercicio corresponsable del cuidado del lactante, se exigirán los mismos requisitos y en los mismos términos y condiciones que los establecidos para la prestación por nacimiento y cuidado de menor regulada en la sección 1.ª del capítulo VI.

2. Cuando concurran en ambos progenitores, adoptantes, guardadores con fines de adopción o acogedores de carácter permanente, las circunstancias necesarias para tener la condición de beneficiarios de la prestación, el derecho a percibirla solo podrá ser reconocido a favor de uno de ellos.

3. Las previsiones contenidas en este capítulo no serán aplicables a los funcionarios públicos, que se regirán por lo establecido en el artículo 48.f) del texto refundido de la Ley del Estatuto Básico del Empleado Público, y en la normativa que lo desarrolle.

Art. 185. Prestación económica (2)

1. La prestación económica por ejercicio corresponsable del cuidado de lactante consistirá en un subsidio equivalente al 100 por 100 de la base reguladora establecida para la prestación de incapacidad temporal derivada de contingencias comunes, y en proporción a la reducción que experimente la jornada de trabajo.

2. Esta prestación se extinguirá cuando el o la menor cumpla 12 meses de edad.

CAPÍTULO VIII

Riesgo durante el embarazo

Art. 186. Situación protegida

A los efectos de la prestación económica por riesgo durante el embarazo, se considera situación protegida el periodo de suspensión del contrato de trabajo en los supuestos en que, debiendo la mujer trabajadora cambiar de puesto de trabajo por otro compatible con su estado, en los términos previstos en el artículo 26.3 de la Ley 31/1995, de 8 de noviembre, de Prevención de Riesgos Laborales, dicho cambio de puesto no resulte técnica u objetivamente posible, o no pueda razonablemente exigirse por motivos justificados.

La prestación correspondiente a la situación de riesgo durante el embarazo tendrá la naturaleza de prestación derivada de contingencias profesionales.

Art. 187. Prestación económica

1. La prestación económica por riesgo durante el embarazo se reconocerá a la mujer trabajadora en los términos y condiciones previstos en esta Ley para la prestación económica de incapacidad temporal derivada de contingencias profesionales, con las particularidades establecidas en los apartados siguientes.

2. La prestación económica nacerá el día en que se inicie la suspensión del contrato de trabajo y finalizará el día anterior a aquel en que se inicie la suspensión del contrato de trabajo por maternidad o al de reincorporación de la mujer trabajadora a su puesto de trabajo anterior o a otro compatible con su estado. (3)

3. La prestación económica consistirá en un subsidio equivalente al 100 por cien de la base reguladora correspondiente. A tales efectos, la base reguladora será equivalente a la que esté establecida para la prestación de incapacidad temporal derivada de contingencias profesionales.

4. La gestión y el pago de la prestación económica por riesgo durante el embarazo corresponderá a la entidad gestora o a la mutua colaboradora con la Seguridad Social en función de la entidad con la que la empresa tenga concertada la cobertura de los riesgos profesionales.

CAPÍTULO IX

Riesgo durante la lactancia natural

Art. 188. Situación protegida

A los efectos de la prestación económica por riesgo durante la lactancia natural, se considera situación protegida el período de suspensión del contrato de trabajo en los supuestos en que, debiendo la mujer trabajadora cambiar de puesto de trabajo por otro compatible con su situación, en los términos previstos en el artículo 26.4 de la Ley 31/1995, de 8 de noviembre, de Prevención de Riesgos Laborales, dicho cambio de puesto no resulte técnica u objetivamente posible, o no pueda razonablemente exigirse por motivos justificados.

Art. 189. Prestación económica

La prestación económica por riesgo durante la lactancia natural se reconocerá a la mujer trabajadora en los términos y condiciones previstos en esta Ley para la prestación económica por riesgo durante el embarazo, y se extinguirá en el momento en que el hijo cumpla 9 meses, salvo que la beneficiaria se haya reincorporado con anterioridad a su puesto de trabajo anterior o a otro compatible con su situación, en cuyo caso se extinguirá el día anterior al de dicha reincorporación.

CAPÍTULO X

Cuidado de menores afectados por cáncer u otra enfermedad grave

Art. 190. Situación protegida (4)

1. A efectos de la prestación económica por cuidado de hijos o personas sujetas a guarda con fines de adopción o acogida con carácter permanente, menores de 18 años, afec-

(1) Capítulo redactado conforme a lo dispuesto en el Real Decreto-ley 6/2019, de 1 de marzo.

(2) Artículo redactado conforme a lo dispuesto en el Real Decreto-ley 6/2019, de 1 de marzo.

(3) La referencia a la suspensión del contrato por maternidad debe entenderse realizada a la suspensión del contrato por nacimiento de hijo.

(4) Artículo redactado conforme a lo dispuesto en la Ley 22/2021, de 28 de diciembre.

tados por cáncer u otra enfermedad grave, se considera situación protegida la reducción de la jornada de trabajo de, al menos, un 50 por 100 que, de acuerdo con lo previsto en el párrafo tercero del artículo 37.6 del texto refundido de la Ley del Estatuto de los Trabajadores, lleven a cabo los progenitores, guardadores con fines de adopción o acogedores de carácter permanente, cuando ambos trabajen, o cuando solo haya un progenitor por tratarse de familias monoparentales, para el cuidado directo, continuo y permanente del menor a su cargo afectado por cáncer (tumores malignos, melanomas y carcinomas) o por cualquier otra enfermedad grave que requiera ingreso hospitalario de larga duración, durante el tiempo de hospitalización y tratamiento continuado de la enfermedad.

2. La acreditación del padecimiento del cáncer u otra enfermedad grave, así como de la necesidad de hospitalización y tratamiento, y de cuidado durante el mismo, en los términos indicados en el apartado anterior, se realizará mediante informe del servicio público de salud u órgano administrativo sanitario de la comunidad autónoma correspondiente.

3. Alcanzada la mayoría de edad, si persistiera el padecimiento del cáncer o la enfermedad grave, diagnosticada antes de alcanzar la mayoría de edad, y subsistiera la necesidad de hospitalización, tratamiento y de cuidado durante el mismo, en los términos y con la acreditación que se exigen en los apartados anteriores, se mantendrá la prestación económica hasta los 23 años de edad.

4. Reglamentariamente se determinarán las enfermedades consideradas graves, a efectos del reconocimiento de la prestación económica prevista en este capítulo. (1)

Art. 191. Beneficiarios (2)

1. Para el acceso al derecho a la prestación económica de la situación protegida prevista en el artículo anterior, se exigirán los mismos requisitos y en los mismos términos y condiciones que los establecidos para la prestación por nacimiento y cuidado de menor regulada en la sección 1.ª del capítulo VI.

2. Cuando concurran en ambos progenitores, guardadores con fines de adopción o acogedores de carácter permanente, las circunstancias necesarias para tener la condición de beneficiarios de la prestación, el derecho a percibirla solo podrá ser reconocido a favor de uno de ellos.

En los supuestos de separación o divorcio el derecho será reconocido al progenitor, guardador o acogedor con quien conviva la persona enferma.

3. Cuando la persona enferma que se encuentre en el supuesto previsto en el apartado 3 del artículo anterior, contraiga matrimonio o constituya una pareja de hecho, tendrá derecho a la prestación quien sea su cónyuge o pareja de hecho, siempre que acredite las condiciones para ser beneficiario.

4. Las previsiones contenidas en este capítulo no serán aplicables a los funcionarios públicos, que se regirán por lo establecido en el artículo 49.e) del texto refundido de la Ley del Estatuto Básico del Empleado Público, aprobado por el Real Decreto Legislativo 5/2015, de 30 de octubre.

Art. 192. Prestación económica (2)

1. La prestación económica de la situación protegida prevista en el artículo 190, consistirá en un subsidio equivalente al 100 por 100 de la base reguladora establecida para la prestación de incapacidad temporal derivada de contingencias profesionales, y en proporción a la reducción que experimente la jornada de trabajo.

2. Esta prestación se extinguirá cuando, previo informe del servicio público de salud u órgano administrativo sanitario de la comunidad autónoma correspondiente, cese la necesidad del cuidado directo, continuo y permanente, del hijo o la persona sujeta a acogimiento o a guarda con fines de adopción del beneficiario, o cuando este cumpla los 23 años.

3. La gestión y el pago de la prestación económica corresponderá a la mutua colaboradora con la Seguridad Social o, en su caso, a la entidad gestora con la que la empresa tenga concertada la cobertura de los riesgos profesionales.

. . . .

CAPÍTULO XVII

Disposiciones aplicables a determinados trabajadores del Régimen General

Sección 1.ª

Trabajadores contratados a tiempo parcial

. . . .

Art. 246. Cotización

1. La base de cotización a la Seguridad Social y de las aportaciones que se recaudan conjuntamente con las cuotas de aquella será siempre mensual y estará constituida por las retribuciones efectivamente percibidas en función de las horas trabajadas, tanto ordinarias como complementarias.

2. La base de cotización así determinada no podrá ser inferior a las cantidades que reglamentariamente se determinen.

3. Las horas complementarias cotizarán a la Seguridad Social sobre las mismas bases y tipos que las horas ordinarias.

Art. 247. Cómputo de los periodos de cotización (3)

A efectos de acreditar los períodos de cotización necesarios para causar derecho a las prestaciones de jubilación, incapacidad permanente, muerte y supervivencia, incapacidad temporal, maternidad y paternidad, se aplicarán las siguientes reglas:

a) Se tendrán en cuenta los distintos períodos durante los cuales el trabajador haya permanecido en alta con un contrato a tiempo parcial, cualquiera que sea la duración de la jornada realizada en cada uno de ellos.

A tal efecto, el coeficiente de parcialidad, que viene determinado por el porcentaje de la jornada realizada a tiempo parcial respecto de la jornada realizada por un trabajador a tiempo completo comparable, se aplicará sobre el período de alta con contrato a tiempo parcial, siendo el resultado el número de días que se considerarán efectivamente cotizados en cada período.

Al número de días que resulten se le sumarán, en su caso, los días cotizados a tiempo completo, siendo el resultado el total de días de cotización acreditados computables para el acceso a las prestaciones.

b) Una vez determinado el número de días de cotización acreditados, se procederá a calcular el coeficiente global de parcialidad, siendo este el porcentaje que representa el número de días trabajados y acreditados como cotizados, de acuerdo con lo establecido en la letra a), sobre el total de días en alta a lo largo de toda la vida laboral del trabajador. En caso de tratarse de subsidio por incapacidad temporal, el cálculo del coeficiente global de parcialidad se realizará exclusivamente sobre los últimos 5 años. Si se trata del subsidio por maternidad y paternidad, el coeficiente global de parcialidad se calculará sobre los últimos 7 años o, en su caso, sobre toda la vida laboral.

(1) Ver el Real Decreto 1148/2011, de 29 de julio.

(2) Artículo redactado conforme a lo dispuesto en la Ley 22/2021, de 28 de diciembre.

(3) La referencia a las prestaciones de maternidad y paternidad en este artículo deben entenderse realizadas a la prestación por nacimiento y cuidado de menor.

c) El período mínimo de cotización exigido a los trabajadores a tiempo parcial para cada una de las prestaciones económicas que lo tengan establecido, será el resultado de aplicar al período regulado con carácter general el coeficiente global de parcialidad a que se refiere la letra b).

En los supuestos en que, a efectos del acceso a la correspondiente prestación económica, se exija que parte o la totalidad del período mínimo de cotización exigido esté comprendido en un plazo de tiempo determinado, el coeficiente global de parcialidad se aplicará para fijar el período de cotización exigible. El espacio temporal en el que habrá de estar comprendido el período exigible será, en todo caso, el establecido con carácter general para la respectiva prestación.

Art. 248. Cuantía de las prestaciones económicas (1)

1. En la determinación de la base reguladora de las prestaciones económicas se tendrán en cuenta las siguientes reglas:

. . . .

b) La base reguladora diaria de las prestaciones por maternidad y por paternidad, será el resultado de dividir la suma de las bases de cotización acreditadas en la empresa durante el año anterior a la fecha del hecho causante entre 365.

No obstante, las prestaciones por maternidad y paternidad podrán reconocerse mediante resolución provisional conforme a lo previsto en el artículo 179.2.

c) La base reguladora diaria de la prestación por incapacidad temporal será el resultado de dividir la suma de las bases de cotización a tiempo parcial acreditadas desde la última alta laboral, con un máximo de 3 meses inmediatamente anteriores al del hecho causante, entre el número de días naturales comprendidos en el período.

La prestación económica se abonará durante todos los días naturales en que el interesado se encuentre en la situación de incapacidad temporal.

. . . .

Sección 2.ª

Trabajadores contratados para la formación y el aprendizaje

Artículo 249. Acción protectora y cotización (2)

1. La acción protectora de la Seguridad Social del trabajador contratado para la formación y el aprendizaje comprenderá todas las contingencias, situaciones protegibles y prestaciones de aquella, incluido el desempleo.

Respecto a la protección por desempleo, resultará de aplicación lo establecido en el título III con las especialidades previstas en el artículo 290.

2. Los contratos suscritos conforme a lo dispuesto en el apartado anterior de este artículo estarán exentos de la cotización por formación profesional.

Sección 3.ª

Art. 249 bis. Cómputo de los periodos de cotización en contratos de corta duración (2)

1. A los exclusivos efectos de acreditar los periodos mínimos de cotización necesarios para causar derecho a las prestaciones de jubilación, incapacidad permanente, muerte y supervivencia, incapacidad temporal, maternidad y paternidad, y cuidado de menores afectados por cáncer u otra enfermedad grave, en los contratos de carácter temporal cuya duración efectiva sea igual o inferior a cinco días, regulados en el artículo 151 de esta ley, cada día de trabajo se considerará como 1,4 días de cotización, sin que en ningún caso pueda computarse mensualmente un número de días mayor que el que corresponda al mes respectivo.

2. Esta previsión no será de aplicación en los supuestos de contratos a tiempo parcial, de relevo a tiempo parcial y contrato fijo-discontinuo.

TÍTULO III

PROTECCIÓN POR DESEMPLEO

CAPÍTULO I

Normas generales

Art. 262. Objeto de la protección

. . . .

3. El desempleo será parcial cuando el trabajador vea reducida temporalmente su jornada diaria ordinaria de trabajo, entre un mínimo de un 10 y un máximo de un 70 por 100, siempre que el salario sea objeto de análoga reducción.

A estos efectos, se entenderá por reducción temporal de la jornada diaria ordinaria de trabajo, aquella que se decida por el empresario al amparo de lo establecido en el artículo 47 del texto refundido de la Ley del Estatuto de los Trabajadores o de resolución judicial adoptada en el seno de un procedimiento concursal, sin que estén comprendidas las reducciones de jornadas definitivas o que se extiendan a todo el período que resta de la vigencia del contrato de trabajo.

. . . .

CAPÍTULO II

Nivel contributivo

. . . .

Art. 263. Niveles de protección

1. La protección por desempleo se estructura en un nivel contributivo y en un nivel asistencial, ambos de carácter público y obligatorio.

2. El nivel contributivo tiene como objeto proporcionar prestaciones sustitutivas de las rentas salariales dejadas de percibir como consecuencia de la pérdida de un empleo anterior o de la suspensión del contrato o reducción de la jornada.

. . . .

Art. 264. Personas protegidas

1. Estarán comprendidos en la protección por desempleo, siempre que tengan previsto cotizar por esta contingencia:

(1) La referencia a las prestaciones de maternidad y paternidad en este artículo deben entenderse realizadas a la prestación por nacimiento y cuidado de menor.

(2) Artículo redactado conforme a lo dispuesto en el Real Decreto-ley 28/2018, de 28 de diciembre.

La referencia a las prestaciones de maternidad y paternidad en este artículo deben entenderse realizadas a la prestación por nacimiento y cuidado de menor.

a) Los trabajadores por cuenta ajena incluidos en el Régimen General de la Seguridad Social.

. . . .

Art. 265. Acción protectora

1. La protección por desempleo comprenderá las prestaciones siguientes:

a) En el nivel contributivo:

1.º Prestación por desempleo total o parcial.

2.º Abono de la aportación de la empresa correspondiente a las cotizaciones a la Seguridad Social durante la percepción de las prestaciones por desempleo, salvo en los supuestos previstos en el artículo 273.2.

. . . .

Art. 267. Situación legal de desempleo

1. Se encontrarán en situación legal de desempleo los trabajadores que estén incluidos en alguno de los siguientes supuestos:

. . . .

c) Cuando se reduzca temporalmente la jornada ordinaria diaria de trabajo, por decisión del empresario al amparo de lo establecido en el artículo 47 del texto refundido de la Ley del Estatuto de los Trabajadores o en virtud de resolución judicial adoptada en el seno de un procedimiento concursal, en ambos casos en los términos del artículo 262.3 de esta Ley.

. . . . (1)

Art. 269. Duración de la prestación por desempleo

1. La duración de la prestación por desempleo estará en función de los períodos de ocupación cotizada en los 6 años anteriores a la situación legal de desempleo o al momento en que cesó la obligación de cotizar, con arreglo a la siguiente escala:

Periodo de cotización (en días)	Periodo de prestación (en días)
Desde 360 hasta 539	120
Desde 540 hasta 719	180
Desde 720 hasta 899	240
Desde 900 hasta 1.079	300
Desde 1.080 hasta 1.259	360
Desde 1.260 hasta 1.439	420
Desde 1.440 hasta 1.619	480
Desde 1.620 hasta 1.799	540
Desde 1.800 hasta 1.979	600
Desde 1.980 hasta 2.159	660
Desde 2.160	720

. . . .

2. A efectos de determinación del período de ocupación cotizada a que se refiere el apartado anterior, se tendrán en cuenta todas las cotizaciones que no hayan sido computadas para el reconocimiento de un derecho anterior, tanto de nivel contributivo como asistencial. No obstante, no se considerará como derecho anterior el que se reconozca en virtud de la suspensión de la relación laboral prevista en el artículo 45.1.n) del texto refundido de la Ley del Estatuto de los Trabajadores.

En el supuesto de que se hayan realizado trabajos a tiempo parcial durante los períodos a que hace referencia el apartado anterior, para determinar los períodos de cotización se estará a lo que se determine en la normativa reglamentaria de desarrollo.

No se computarán las cotizaciones correspondientes al tiempo de abono de la prestación que efectúe la entidad gestora o, en su caso, la empresa, excepto cuando la prestación se perciba en virtud de la suspensión de la relación laboral prevista en el artículo 45.1.n) del texto refundido de la Ley del Estatuto de los Trabajadores, tal como establece el artículo 165.5 de esta Ley.

. . . .

5. En el caso de desempleo parcial a que se refiere el artículo 262.3, la consunción de prestaciones generadas se producirá por horas y no por días. A tal fin, el porcentaje consumido será equivalente al de reducción de jornada decidida por el empresario, al amparo de lo establecido en el artículo 47 del texto refundido de la Ley del Estatuto de los Trabajadores o de resolución judicial adoptada en el seno de un procedimiento concursal.

. . . .

Art. 270. Cuantía de la prestación por desempleo

1. La base reguladora de la prestación por desempleo será el promedio de la base por la que se haya cotizado por dicha contingencia durante los últimos 180 días del período a que se refiere el apartado 1 del artículo anterior.

En el cálculo de la base reguladora de la prestación por desempleo se excluirá la retribución por horas extraordinarias, con independencia de su inclusión en la base de cotización por dicha contingencia fijada en el artículo 19. A efectos de ese cálculo dichas retribuciones tampoco se incluirán en el certificado de empresa.

En el supuesto de que se hayan realizado trabajos a tiempo parcial, para determinar los períodos de cálculo de la base reguladora de las prestaciones por desempleo se estará a lo que se determine en la normativa reglamentaria de desarrollo.

2. La cuantía de la prestación se determinará aplicando a la base reguladora los siguientes porcentajes: el 70 por 100 durante los 180 primeros días y el 50 por 100 a partir del día 181.

3. La cuantía máxima de la prestación por desempleo será del 175 por 100 del indicador público de rentas de efectos múltiples, salvo cuando el trabajador tenga uno o más hijos a su cargo, en cuyo caso la cuantía será, respectivamente, del 200 por 100 o del 225 por 100 de dicho indicador.

La cuantía mínima de la prestación por desempleo será del 107 por 100 o del 80 por 100 del indicador público en rentas de efectos múltiples, según que el trabajador tenga o no, respectivamente, hijos a su cargo.

En caso de desempleo por pérdida de empleo a tiempo parcial o a tiempo completo, las cuantías máximas y mínimas de la prestación, contempladas en los párrafos anteriores, se determinarán teniendo en cuenta el indicador público de rentas de efectos múltiples calculado en función del promedio de las horas trabajadas durante el período de los últimos 180 días, a que se refiere el apartado 1, ponderándose tal promedio en relación con los días en cada empleo a tiempo parcial o completo durante dicho período.

A los efectos de lo previsto en este apartado, se tendrá en cuenta el indicador público de rentas de efectos múltiples mensual vigente en el momento del nacimiento del derecho, incrementado en una sexta parte.

. . . .

5. La prestación por desempleo parcial se determinará, según las reglas señaladas en los apartados anteriores, en proporción a la reducción de la jornada de trabajo.

6. En los supuestos de reducción de jornada previstos en los apartados 5, 6 y 8 del artículo 37 del texto refundido de la Ley del Estatuto de los Trabajadores, para el cálculo de la base reguladora, las bases de cotización se computarán incrementadas hasta el 100 por 100 de la cuantía que hubiera correspondido si se hubiera mantenido, sin reducción, el trabajo a tiempo completo o parcial.

Si la situación legal de desempleo se produce estando el trabajador en las situaciones de reducción de jornada citadas, las cuantías máxima y mínima a que se refieren los apartados anteriores se determinarán teniendo en cuenta el

(1) Apartado redactado conforme a lo dispuesto en el Real Decreto-ley 32/2021, de 28 de diciembre.

indicador público de rentas de efectos múltiples en función de las horas trabajadas antes de la reducción de la jornada.

. . . .

Art. 273. Cotización durante la situación de desempleo

. . . .

2. En los supuestos de reducción de jornada o suspensión del contrato, la entidad gestora ingresará únicamente la aportación del trabajador, una vez efectuado el descuento a que se refiere el apartado anterior. (1)

. . . .

CAPÍTULO V

Disposiciones especiales aplicables a determinados colectivos

. . . .

Sección 2.ª

Otros colectivos

Art. 290. Trabajadores contratados para la formación y aprendizaje

1. La cotización por la contingencia de desempleo en el contrato para la formación y el aprendizaje se efectuará por la cuota fija resultante de aplicar a la base mínima correspondiente a las contingencias de accidentes de trabajo y enfermedades profesionales el mismo tipo de cotización y distribución entre empresario y trabajador establecidos para el contrato en prácticas.

. . . .

DISPOSICIONES ADICIONALES

. . . .

Vigésima tercera. Bonificaciones de cuotas de la Seguridad Social y de aportaciones de recaudación conjunta en determinadas relaciones laborales de carácter especial y reducciones respecto de trabajadores de determinados ámbitos geográficos (2)

. . . .

2. Los empresarios, excluida la Administración Pública y las entidades, organismos y empresas del sector público, dedicados a actividades encuadradas en los Sectores de Agricultura, Pesca y Acuicultura; Industria, excepto Energía y Agua; Comercio; Turismo; Hostelería y resto de servicios, excepto el Transporte Aéreo de ala fija, Construcción de Edificios, Actividades Financieras y de Seguros y Actividades Inmobiliarias en las Ciudades de Ceuta y Melilla, con cuentas de cotización asignadas a dichas empresas en las que tengan trabajadores que presten actividad en las referidas ciudades, tendrán derecho a una bonificación del 50 por 100 en sus aportaciones a las cuotas de la Seguridad Social por contingencias comunes, así como por los conceptos de recaudación conjunta de desempleo, formación profesional y Fondo de Garantía Salarial. (3)

. . . .

Cuadragésima primera. Medidas de protección social de las personas trabajadoras afectadas por la aplicación del Mecanismo RED de Flexibilidad y Estabilización del Empleo, regulado en el artículo 47 bis del texto refundido de la Ley del Estatuto de los Trabajadores (4)

1. Cuando, conforme a lo establecido en el artículo 47 bis del texto refundido de la Ley del Estatuto de los Trabajadores, por acuerdo del Consejo de Ministros, se active el Mecanismo RED de Flexibilidad y Estabilización del Empleo, y las empresas afectadas obtengan autorización de la autoridad laboral para su aplicación, podrán reducir la jornada de trabajo o suspender los contratos de trabajo de las personas trabajadoras, y estas acceder a la prestación regulada en esta disposición, en los términos y condiciones establecidos en la misma.

Podrán acceder a esta prestación del Mecanismo RED las personas trabajadoras por cuenta ajena, cuando se suspenda temporalmente su contrato de trabajo o se reduzca temporalmente su jornada ordinaria de trabajo, siempre que su salario sea objeto de análoga reducción, sin que sea necesario acreditar un periodo mínimo de cotización previo a la Seguridad Social.

. . . .

3. La base reguladora de la prestación será el promedio de las bases de cotización en la empresa en la que se aplique el mecanismo por contingencias de accidentes de trabajo y enfermedades profesionales, excluidas las retribuciones por horas extraordinarias, correspondientes a los 180 días inmediatamente anteriores a la fecha de inicio de aplicación de la medida a la persona trabajadora.

En caso de no acreditar 180 días de ocupación cotizada en dicha empresa, la base reguladora se calculará en función de las bases correspondientes al periodo inferior acreditado en la misma.

4. La cuantía de la prestación se determinará aplicando a la base reguladora, calculada de conformidad con el apartado anterior, el porcentaje del 70 por 100, durante toda la vigencia de la medida.

No obstante, la cuantía máxima mensual a percibir será la equivalente al 225 por 100 del indicador público de rentas de efectos múltiples mensual vigente en el momento del nacimiento del derecho incrementado en una sexta parte.

En caso de que la relación laboral sea a tiempo parcial, la cuantía máxima contemplada en el párrafo anterior se determinará teniendo en cuenta el indicador público de rentas de efectos múltiples calculado en función del promedio de las horas trabajadas durante el período a que se refiere el apartado 3.

5. Durante la aplicación de las medidas de suspensión o reducción, la empresa ingresará la aportación de la cotización que le corresponda, debiendo la entidad gestora ingresar únicamente la aportación de la persona trabajadora, previo descuento de su importe de la cuantía de su prestación.

. . . .

Cuadragésima tercera. Cotización a la Seguridad Social de los contratos formativos en alternancia (4)

1. Respecto de los contratos para la formación en alternancia a los que se refiere el artículo 11.2 del texto refun-

(1) Apartado redactado conforme a lo dispuesto en el Real Decreto-ley 32/2021, de 28 de diciembre.
(2) Disposición derogada a partir del 1 de septiembre de 2023 (DD RDI 1/23).
(3) Apartado redactado conforme a lo dispuesto en el Real Decreto-ley 29/2021, de 21 de diciembre.
(4) Disposición añadida por el Real Decreto-ley 32/2021, de 28 de diciembre.

dido de la Ley del Estatuto de los Trabajadores, aprobado por el Real Decreto Legislativo 2/2015, de 23 de octubre, cuando se celebren a tiempo completo, el empresario estará obligado a cotizar a la Seguridad Social por la totalidad de las contingencias de la Seguridad Social, en los siguientes términos:

1.° Cuando la base de cotización mensual por contingencias comunes, determinada conforme a las reglas establecidas en el Régimen de la Seguridad Social que corresponda, no supere la base mínima mensual de cotización de dicho Régimen, el empresario ingresará mensualmente en la Seguridad Social, las cuotas únicas que determine para cada ejercicio la correspondiente Ley de Presupuestos Generales del Estado, siendo la cuota por contingencias comunes a cargo del empresario y del trabajador, y la cuota por contingencias profesionales a cargo exclusivo del empresario. Igualmente, ingresará las cuotas únicas correspondientes al Fondo de Garantía Salarial, que serán a su exclusivo cargo, así como las correspondientes a desempleo y por formación profesional, que serán a cargo del empresario y del trabajador, en las cuantías igualmente fijadas en la correspondiente Ley de Presupuestos Generales del Estado.

2.° Cuando la base de cotización mensual por contingencias comunes, determinada conforme a las reglas establecidas en el Régimen de la Seguridad Social que corresponda, supere la base mínima mensual de cotización de dicho Régimen, la cuota a ingresar estará constituida por el resultado de sumar las cuotas únicas a las que se refiere el ordinal anterior y las cuotas resultantes de aplicar los tipos de cotización que correspondan al importe que exceda la base de cotización anteriormente indicada de la base mínima.

2. La base de cotización a efecto de prestaciones será la base mínima mensual de cotización en el Régimen General de la Seguridad Social, salvo que el importe de la base de cotización a que se refiere el ordinal 2.° del apartado anterior sea superior, en cuyo caso se aplicará esta.

3. A los contratos formativos en alternancia a tiempo parcial les resultarán de aplicación las normas de cotización indicadas en esta disposición para los contratos formativos en alternancia a tiempo completo.

4. A los contratos formativos en alternancia les resultarán de aplicación los beneficios en la cotización a la Seguridad Social que, a la entrada en vigor de esta disposición, estén establecidos para los contratos para la formación y el aprendizaje.

Cuadragésima cuarta. Beneficios en la cotización a la Seguridad Social aplicables a los expedientes de regulación temporal de empleo y al Mecanismo RED (1)

1. Durante la aplicación de los expedientes de regulación temporal de empleo a los que se refieren los artículos 47 y 47 bis del texto refundido de la Ley del Estatuto de los Trabajadores, las empresas podrán acogerse voluntariamente, siempre y cuando concurran las condiciones y requisitos incluidos en esta disposición adicional, a las exenciones en la cotización a la Seguridad Social sobre la aportación empresarial por contingencias comunes y por conceptos de recaudación conjunta a que se refiere el artículo 153.bis, que se indican a continuación:

a) El 20 por 100 a los expedientes de regulación temporal de empleo por causas económicas, técnicas, organizativas o de producción a los que se refieren los artículos 47.1 y 47.4 del texto refundido de la Ley del Estatuto de los Trabajadores.

b) El 90 por 100 a los expedientes de regulación temporal de empleo por causa de fuerza mayor temporal a los que se refiere el artículo 47.5 del texto refundido de la Ley del Estatuto de los Trabajadores.

c) El 90 por 100 a los expedientes de regulación temporal de empleo por causa de fuerza mayor temporal determinada por impedimentos o limitaciones en la actividad normalizada de la empresa, a los que se refiere el artículo 47.6 del texto refundido de la Ley del Estatuto de los Trabajadores.

d) En los expedientes de regulación temporal de empleo a los que resulte de aplicación el Mecanismo RED de Flexibilidad y Estabilización del Empleo en su modalidad cíclica, a los que se refiere al artículo 47 bis. 1. a) del texto refundido de la Ley del Estatuto de los Trabajadores:

1.° El 60 por 100, desde la fecha en que se produzca la activación, por acuerdo del Consejo de Ministros, hasta el último día del cuarto mes posterior a dicha fecha de activación.

2.° El 30 por 100, durante los 4 meses inmediatamente siguientes a la terminación del plazo al que se refiere el párrafo 1.° anterior.

3.° El 20 por 100, durante los 4 meses inmediatamente siguientes a la terminación del plazo al que se refiere el párrafo 2.° anterior.

e) El 40 por 100 a los expedientes de regulación temporal de empleo a los que resulte de aplicación el Mecanismo RED de Flexibilidad y Estabilización del Empleo en su modalidad sectorial, a los que se refiere al artículo 47.bis.1.b) del texto refundido de la Ley del Estatuto de los Trabajadores.

Las exenciones previstas en letras a), d) y e) de este apartado resultarán de aplicación exclusivamente en el caso de que las empresas desarrollen las acciones formativas a las que se refiere la disposición adicional vigesimoquinta del texto refundido de la Ley del Estatuto de los Trabajadores.

Las exenciones reguladas en esta disposición se aplicarán respecto de las personas trabajadoras afectadas por las suspensiones de contratos o reducciones de jornada, en alta en los códigos de cuenta de cotización de los centros de trabajo afectados.

El Consejo de Ministros, atendiendo a las circunstancias que concurran en la coyuntura macroeconómica general o en la situación en la que se encuentre determinado sector o sectores de la actividad, podrá impulsar las modificaciones legales necesarias para modificar los porcentajes de las exenciones en la cotización a la Seguridad Social reguladas en esta disposición, así como establecer la aplicación de exenciones a la cotización debida por los trabajadores reactivados, tras los períodos de suspensión del contrato o de reducción de la jornada, en el caso de los expedientes de regulación temporal de empleo a los que se refiere el artículo 47 bis.1.a) de la Ley del Estatuto de los Trabajadores.

2. Las exenciones en la cotización a que se refiere esta disposición adicional no tendrán efectos para las personas trabajadoras, manteniéndose la consideración del período en que se apliquen como efectivamente cotizado a todos los efectos.

3. Para la aplicación de estas exenciones no resultará de aplicación lo establecido en los apartados 1 y 3 del artículo 20.

4. Las exenciones reguladas en esta disposición adicional, que se financiarán con aportaciones del Estado, serán a cargo de los presupuestos de la Seguridad Social, de las mutuas colaboradoras con la Seguridad Social, del Servicio Público de Empleo Estatal y del Fondo de Garantía Salarial, respecto a las exenciones que correspondan a cada uno de ellos.

5. Estas exenciones en la cotización se aplicarán por la Tesorería General de la Seguridad Social a instancia de la empresa, previa comunicación de la identificación de las personas trabajadoras y periodo de la suspensión o reducción de jornada y previa presentación de declaración responsable, respecto de cada código de cuenta de cotización, en el que figuren de alta las personas trabajadoras adscritas a los centros de trabajo afectados, y mes de devengo. Esta declaración hará referencia tanto a la existencia como al mantenimiento de la vigencia de los expedientes de regulación temporal de empleo y al cumplimiento de los requisitos es-

(1) Disposición redactada conforme a lo dispuesto en el Real Decreto-ley 1/2023, de 10 de enero.

tablecidos para la aplicación de estas exenciones. La declaración hará referencia a haber obtenido, en su caso, la correspondiente resolución de la autoridad laboral emitida de forma expresa o por silencio administrativo.

Para que la exención resulte de aplicación estas declaraciones responsables se deberán presentar antes de solicitarse el cálculo de la liquidación de cuotas correspondiente al periodo de devengo de cuotas sobre el que tengan efectos dichas declaraciones.

6. Junto con la comunicación de la identificación de las personas trabajadoras y período de suspensión o reducción de jornada se realizará, en los supuestos a los que se refieren las letras a), d) y e) del apartado 1, una declaración responsable sobre el compromiso de la empresa de realización de las acciones formativas a las que se refiere esta disposición.

Para que la exención resulte de aplicación, esta declaración responsable se deberá presentar antes de solicitarse el cálculo de la liquidación de cuotas correspondiente al periodo de devengo de las primeras cuotas sobre las que tengan efectos dichas declaraciones. Si la declaración responsable se efectuase en un momento posterior a la última solicitud del cálculo de la liquidación de cuotas dentro del período de presentación en plazo reglamentario correspondiente, estas exenciones únicamente se aplicarán a las liquidaciones que se presenten con posterioridad, pero no a los períodos ya liquidados.

7. Las comunicaciones y declaraciones responsables a las que se refieren los apartados anteriores se deberán realizar, mediante la transmisión de los datos que establezca la Tesorería General de la Seguridad Social, a través del Sistema de remisión electrónica de datos en el ámbito de la Seguridad Social (Sistema RED), regulado en la Orden ESS/484/2013, de 26 de marzo.

8. La Tesorería General de la Seguridad Social comunicará al Servicio Público de Empleo Estatal la relación de personas trabajadoras por las que las empresas se han aplicado las exenciones, conforme a lo establecido en las letras a), d) y e) del apartado 1.

El Servicio Público de Empleo Estatal, por su parte, verificará la realización de las acciones formativas a las que se refiere la disposición adicional vigesimoquinta del texto refundido de la Ley del Estatuto de los Trabajadores, conforme a todos los requisitos establecidos en la misma y en la presente disposición.

Cuando no se hayan realizado las acciones formativas a las que se refiere este artículo, según la verificación realizada por el Servicio Público de Empleo Estatal, la Tesorería General de la Seguridad Social informará de tal circunstancia a la Inspección de Trabajo y Seguridad Social para que ésta inicie los expedientes sancionadores y liquidatorios de cuotas que correspondan, respecto de cada una de las personas trabajadoras por las que no se hayan realizado dichas acciones.

En el supuesto de que la empresa acredite la puesta a disposición de las personas trabajadoras de las acciones formativas no estará obligada al reintegro de las exenciones a las que se refieren las letras a), d) y e) del apartado 1, cuando la persona trabajadora no las haya realizado.

9. Las empresas que se hayan beneficiado de las exenciones conforme a lo establecido en las letras a), d) y e) del apartado 1, que incumplan las obligaciones de formación a las que se refieren estas letras deberán ingresar el importe de las cotizaciones de cuyo pago resultaron exoneradas respecto de cada trabajador en el que se haya incumplido este requisito, con el recargo y los intereses de demora correspondientes, según lo establecido en las normas recaudatorias de la Seguridad Social, previa determinación por la Inspección de Trabajo y Seguridad Social del incumplimiento de estas obligaciones y de los importes a reintegrar.

10. Las exenciones en la cotización reguladas en la presente disposición adicional estarán condicionadas al mantenimiento en el empleo de las personas trabajadoras afectadas durante los 6 meses siguientes a la finalización del periodo de vigencia del expediente de regulación temporal de empleo.

Las empresas que incumplan este compromiso deberán reintegrar el importe de las cotizaciones de cuyo pago resultaron exoneradas en relación a la persona trabajadora respecto de la cual se haya incumplido este requisito, con el recargo y los intereses de demora correspondientes, según lo establecido en las normas recaudatorias de la Seguridad Social, previa comprobación del incumplimiento de este compromiso y la determinación de los importes a reintegrar por la Inspección de Trabajo y Seguridad Social.

No se considerará incumplido este compromiso cuando el contrato de trabajo se extinga por despido disciplinario declarado como procedente, dimisión, muerte, jubilación o incapacidad permanente total, absoluta o gran invalidez de la persona trabajadora. Tampoco se considera incumplido por el fin del llamamiento de las personas con contrato fijo-discontinuo, cuando este no suponga un despido sino una interrupción del mismo.

En particular, en el caso de contratos temporales, no se entenderá incumplido este requisito cuando el contrato se haya formalizado de acuerdo con lo previsto en el artículo 15 del Estatuto de los Trabajadores y se extinga por finalización de su causa, o cuando no pueda realizarse de forma inmediata la actividad objeto de contratación.

. . . .

Cuadragésima sexta. Protección social de las personas trabajadoras en los expedientes de regulación temporal de empleo por fuerza mayor (1)

Las personas trabajadoras afectadas por expedientes de regulación temporal de empleo autorizados con base en lo previsto en el artículo 47.5 y 6 del Estatuto de los Trabajadores se beneficiarán, en el ámbito de las prestaciones contributivas por desempleo vinculadas a dichos expedientes, de las medidas siguientes:

a) La cuantía de la prestación se determinará aplicando a la base reguladora el porcentaje del 70 por 100, durante toda la vigencia de la medida. No obstante, serán de aplicación las cuantías máximas y mínimas previstas en el artículo 270.3.

b) El acceso a esta prestación no implicará el consumo de las cotizaciones previamente efectuadas a ningún efecto.

c) Las personas afectadas tendrán derecho al reconocimiento de la prestación contributiva por desempleo, aunque carezcan del período de ocupación cotizada mínimo necesario para ello.

Cuadragésima séptima. Reducciones de cuotas de las contribuciones empresariales a los planes de empleo (2)

1. Por las contribuciones empresariales satisfechas mensualmente a los planes de pensiones, en su modalidad de sistema de empleo, en el marco del texto refundido de la Ley de Regulación de Planes y Fondos de Pensiones, y a los instrumentos de modalidad de empleo propios de previsión social establecidos por la legislación de las Comunidades Autónomas con competencia exclusiva en materia de mutualidades no integradas en la Seguridad Social, las empresas tendrán derecho a una reducción de las cuotas empresariales a la Seguridad Social por contingencias comunes, exclu-

(1) Disposición añadida por el Real Decreto-ley 2/2022, de 22 de febrero.

(2) Disposición añadida por la Ley 12/2022, de 30 de junio.

sivamente por el incremento en la cuota que derive directamente de la aportación empresarial al plan de pensiones en los términos dispuestos en el párrafo siguiente.

El importe máximo de estas contribuciones a las que se aplicará una reducción del 100 por 100 es el que resulte de multiplicar por 13 la cuota resultante de aplicar a la base mínima diaria de cotización del grupo 8 del Régimen General de la Seguridad Social para contingencias comunes, el tipo general de cotización a cargo de la empresa para la cobertura de dichas contingencias.

2. Estas reducciones de cuotas se aplicarán por la Tesorería General de la Seguridad Social a instancia de la empresa, previa comunicación de la identificación de las personas trabajadoras, periodo de liquidación e importe de las contribuciones empresariales efectivamente realizadas.

Para que la reducción de cuotas resulte de aplicación estas comunicaciones se deberán presentar, de conformidad con lo establecido en el artículo 147.3, antes de solicitarse el cálculo de la liquidación de cuotas correspondiente.

Las referidas comunicaciones se deberán realizar mediante la transmisión de los datos que establezca la Tesorería General de la Seguridad Social, a través del Sistema de remisión electrónica de datos en el ámbito de la Seguridad Social (Sistema RED), regulado en la Orden ESS/484/2013, de 26 de marzo.

3. Para la obtención de estas reducciones de cuotas la empresa deberá de encontrarse al corriente de pago en las cuotas de la Seguridad Social en los términos establecidos en el artículo 20, con excepción de lo indicado en su apartado 1.

DISPOSICIONES TRANSITORIAS

. . . .

Séptima. Aplicación paulatina de la edad de jubilación y de los años de cotización

Las edades de jubilación y el período de cotización a que se refiere el artículo 205.1.a), así como las referencias a la edad que se contienen en los artículos 152.1, 207.1.a) y 2, 208.1.a) y 2, 214.1.a) y 311.1 se aplicarán de forma gradual, en los términos que resultan del siguiente cuadro:

Año	Períodos cotizados	Edad exigida
2013	35 años y 3 meses o más. Menos de 35 años y 3 meses.	65 años. 65 años y 1 mes.
2014	35 años y 6 meses o más. Menos de 35 años y 6 meses.	65 años. 65 años y 2 meses.
2015	35 años y 9 meses o más. Menos de 35 años y 9 meses.	65 años. 65 años y 3 meses.
2016	36 o más años. Menos de 36 años.	65 años. 65 años y 4 meses.
2017	36 años y 3 meses o más. Menos de 36 años y 3 meses.	65 años. 65 años y 5 meses.
2018	36 años y 6 meses o más. Menos de 36 años y 6 meses.	65 años. 65 años y 6 meses.
2019	36 años y 9 meses o más. Menos de 36 años y 9 meses.	65 años. 65 años y 8 meses.
2020	37 o más años. Menos de 37 años.	65 años. 65 años y 10 meses.
2021	37 años y 3 meses o más. Menos de 37 años y 3 meses.	65 años. 66 años.
2022	37 años y 6 meses o más. Menos de 37 años y 6 meses.	65 años. 66 años y 2 meses.
2023	37 años y 9 meses o más. Menos de 37 años y 9 meses.	65 años. 66 años y 4 meses.
2024	38 o más años. Menos de 38 años.	65 años. 66 años y 6 meses.
2025	38 años y 3 meses o más. Menos de 38 años y 3 meses.	65 años. 66 años y 8 meses.
2026	38 años y 3 meses o más. Menos de 38 años y 3 meses.	65 años. 66 años y 10 meses.
A partir del año 2027	38 años y 6 meses o más. Menos de 38 años y 6 meses.	65 años. 67 años.

. . . .

6. Ley 42/2006, de 28 de diciembre, de Presupuestos Generales del Estado para el año 2007

. . . .

DISPOSICIONES ADICIONALES

. . . .

Cuarta. Tarifa de primas para la cotización a la Seguridad Social por accidentes de trabajo y enfermedades profesionales (1)

Uno. La cotización a la Seguridad Social de los empresarios, cualquiera que sea el Régimen de encuadramiento, y, en su caso, de los trabajadores por cuenta propia incluidos en el Régimen Especial de Trabajadores del Mar y en el Sistema Especial para Trabajadores por Cuenta Propia Agrarios, establecido en el Régimen Especial de los Trabajadores por Cuenta Propia o Autónomos, por las contingencias de accidentes de trabajo y enfermedades profesionales se llevará a cabo, a partir del 1 de enero de 2019, en función de la correspondiente actividad económica, ocupación o situación, mediante la aplicación de la siguiente tarifa:

TARIFA PARA LA COTIZACIÓN POR ACCIDENTES DE TRABAJO Y ENFERMEDADES PROFESIONALES

Cuadro I

Códigos CNAE-2009 y título de la actividad económica		Tipos de cotización		
		IT	IMS	Total
01	Agricultura, ganadería, caza y servicios relacionados con las mismas Excepto:	1,50	1,10	2,60
0113	Cultivo de hortalizas, raíces y tubérculos.	1,00	1,00	2,00
0119	Otros cultivos no perennes.	1,00	1,00	2,00
0129	Otros cultivos perennes.	2,25	2,90	5,15
0130	Propagación de plantas.	1,15	1,10	2,25
014	Producción ganadera (Excepto el 0147).	1,80	1,50	3,30
0147	Avicultura.	1,25	1,15	2,40
015	Producción agrícola combinada con la producción ganadera.	1,60	1,20	2,80
016	Actividades de apoyo a la agricultura, a la ganadería y de preparación posterior a la cosecha (Excepto 0164).	1,60	1,20	2,80
0164	Tratamiento de semillas para reproducción.	1,15	1,10	2,25
017	Caza, captura de animales y servicios relacionados con las mismas.	1,80	1,50	3,30
02	Silvicultura y explotación forestal.	2,25	2,90	5,15
03	Pesca y acuicultura (Excepto v, w y 0322).	3,05	3,35	6,40
v	Grupo segundo de cotización del Régimen especial del Mar.	2,10	2,00	4,10
w	Grupo tercero de cotización del Régimen especial del Mar.	1,65	1,70	3,35
0322	Acuicultura en agua dulce.	3,05	3,20	6,25
05	Extracción de antracita, hulla y lignito (Excepto y).	2,30	2,90	5,20
y	Trabajos habituales en interior de minas.	3,45	3,70	7,15
06	Extracción de crudo de petróleo y gas natural.	2,30	2,90	5,20
07	Extracción de minerales metálicos.	2,30	2,90	5,20
08	Otras industrias extractivas (Excepto 0811).	2,30	2,90	5,20
0811	Extracción de piedra ornamental y para la construcción, piedra caliza, yeso, creta y pizarra.	3,45	3,70	7,15
09	Actividades de apoyo a las industrias extractivas.	2,30	2,90	5,20

(1) Disposición redactada conforme a lo dispuesto en el Real Decreto-ley 28/2018, de 28 de diciembre.
De aplicación en 2023 conforme a lo dispuesto en el artículo 122 de la Ley 31/2022, de 23 de diciembre.
Ver el artículo 4 de la Orden PCM/74/2023, de 30 de enero, por la que se desarrollan las normas legales de cotización para el ejercicio 2023.

Códigos CNAE-2009 y título de la actividad económica		Tipos de cotización		
		IT	IMS	Total
10	Industria de la alimentación (Excepto 101,102,106, 107 y 108).	1,60	1,60	3,20
101	Procesado y conservación de carne y elaboración de productos cárnicos.	2,00	1,90	3,90
102	Procesado y conservación de pescados, crustáceos y moluscos.	1,80	1,50	3,30
106	Fabricación de productos de molinería, almidones y productos amiláceos.	1,70	1,60	3,30
107	Fabricación de productos de panadería y pastas alimenticias.	1,05	0,90	1,95
108	Fabricación de otros productos alimenticios.	1,05	0,90	1,95
11	Fabricación de bebidas.	1,60	1,60	3,20
12	Industria del tabaco.	1,00	0,80	1,80
13	Industria textil (Excepto 1391).	1,00	0,85	1,85
1391	Fabricación de tejidos de punto.	0,80	0,70	1,50
14	Confección de prendas de vestir (Excepto 1411, 1420 y 143).	0,80	0,70	1,50
1411	Confección de prendas de vestir de cuero.	1,50	1,10	2,60
1420	Fabricación de artículos de peletería.	1,50	1,10	2,60
143	Confección de prendas de vestir de punto.	0,80	0,70	1,50
15	Industria del cuero y del calzado.	1,50	1,10	2,60
16	Industria de la madera y del corcho, excepto muebles; cestería y espartería (Excepto 1624 y 1629).	2,25	2,90	5,15
1624	Fabricación de envases y embalajes de madera.	2,10	2,00	4,10
1629	Fabricación de otros productos de madera; artículos de corcho, cestería y espartería.	2,10	2,00	4,10
17	Industria del papel (Excepto 171).	1,00	1,05	2,05
171	Fabricación de pasta papelera, papel y cartón.	2,00	1,50	3,50
18	Artes gráficas y reproducción de soportes grabados.	1,00	1,00	2,00
19	Coquerías y refino de petróleo.	1,45	1,90	3,35
20	Industria química (Excepto 204 y 206) .	1,60	1,40	3,00
204	Fabricación de jabones, detergentes y otros artículos de limpieza y abrillantamiento; fabricación de perfumes y cosméticos.	1,50	1,20	2,70
206	Fabricación de fibras artificiales y sintéticas.	1,50	1,20	2,70
21	Fabricación de productos farmacéuticos.	1,30	1,10	2,40
22	Fabricación de productos de caucho y plástico.	1,75	1,25	3,00
23	Fabricación de otros productos minerales no metálicos (Excepto 231, 232, 2331, 234 y 237).	2,10	2,00	4,10
231	Fabricación de vidrio y productos de vidrio.	1,60	1,50	3,10
232	Fabricación de productos cerámicos refractarios.	1,60	1,50	3,10
2331	Fabricación de azulejos y baldosas de cerámica.	1,60	1,50	3,10
234	Fabricación de otros productos cerámicos.	1,60	1,50	3,10
237	Corte, tallado y acabado de la piedra.	2,75	3,35	6,10
24	Metalurgia; fabricación de productos de hierro, acero y ferroaleaciones.	2,00	1,85	3,85
25	Fabricación de productos metálicos, excepto maquinaria y equipo.	2,00	1,85	3,85
26	Fabricación de productos informáticos, electrónicos y ópticos.	1,50	1,10	2,60
27	Fabricación de material y equipo eléctrico.	1,60	1,20	2,80
28	Fabricación de maquinaria y equipo n.c.o.p.	2,00	1,85	3,85
29	Fabricación de vehículos de motor, remolques y semirremolques .	1,60	1,20	2,80
30	Fabricación de otro material de transporte (Excepto 3091 y 3092).	2,00	1,85	3,85
3091	Fabricación de motocicletas.	1,60	1,20	2,80
3092	Fabricación de bicicletas y de vehículos para personas con discapacidad.	1,60	1,20	2,80
31	Fabricación de muebles.	2,00	1,85	3,85
32	Otra industria manufacturera (Excepto 321, 322).	1,60	1,20	2,80
321	Fabricación de artículos de joyería y artículos similares.	1,00	0,85	1,85
322	Fabricación de instrumentos musicales.	1,00	0,85	1,85
33	Reparación e instalación de maquinaria y equipo (Excepto 3313 y 3314).	2,00	1,85	3,85
3313	Reparación de equipos electrónicos y ópticos.	1,50	1,10	2,60
3314	Reparación de equipos eléctricos.	1,60	1,20	2,80
35	Suministro de energía eléctrica, gas, vapor y aire acondicionado.	1,80	1,50	3,30
36	Captación, depuración y distribución de agua.	2,10	1,60	3,70
37	Recogida y tratamiento de aguas residuales.	2,10	1,60	3,70
38	Recogida, tratamiento y eliminación de residuos; valorización .	2,10	1,60	3,70
39	Actividades de descontaminación y otros servicios de gestión de residuos.	2,10	1,60	3,70
41	Construcción de edificios (Excepto 411).	3,35	3,35	6,70
411	Promoción inmobiliaria.	0,85	0,80	1,65

Códigos CNAE-2009 y título de la actividad económica		Tipos de cotización		
		IT	IMS	Total
42	Ingeniería civil.	3,35	3,35	6,70
43	Actividades de construcción especializada.	3,35	3,35	6,70
45	Venta y reparación de vehículos de motor y motocicletas (Excepto 452 y 454).	1,00	1,05	2,05
452	Mantenimiento y reparación de vehículos de motor.	2,45	2,00	4,45
454	Venta, mantenimiento y reparación de motocicletas y de sus repuestos y accesorios.	1,70	1,20	2,90
46	Comercio al por mayor e intermediarios del comercio, excepto de vehículos de motor y motocicletas. Excepto:	1,40	1,20	2,60
4623	Comercio al por mayor de animales vivos.	1,80	1,50	3,30
4624	Comercio al por mayor de cueros y pieles.	1,80	1,50	3,30
4632	Comercio al por mayor de carne y productos cárnicos.	1,80	1,50	3,30
4638	Comercio al por mayor de pescados, mariscos y otros productos alimenticios.	1,60	1,40	3,00
4672	Comercio al por mayor de metales y minerales metálicos.	1,80	1,50	3,30
4673	Comercio al por mayor de madera, materiales de construcción y aparatos sanitarios.	1,80	1,50	3,30
4674	Comercio al por mayor de ferretería, fontanería y calefacción.	1,80	1,55	3,35
4677	Comercio al por mayor de chatarra y productos de desecho.	1,80	1,55	3,35
4690	Comercio al por mayor no especializado.	1,80	1,55	3,35
47	Comercio al por menor, excepto de vehículos de motor y motocicletas (Excepto 473).	0,95	0,70	1,65
473	Comercio al por menor de combustible para la automoción en establecimientos especializados.	1,00	0,85	1,85
49	Transporte terrestre y por tubería (Excepto 494).	1,80	1,50	3,30
494	Transporte de mercancías por carretera y servicios de mudanza.	2,00	1,70	3,7
50	Transporte marítimo y por vías navegables interiores .	2,00	1,85	3,85
51	Transporte aéreo.	1,90	1,70	3,60
52	Almacenamiento y actividades anexas al transporte (Excepto x, 5221).	1,80	1,50	3,30
x	Carga y descarga; estiba y desestiba.	3,35	3,35	6,70
5221	Actividades anexas al transporte terrestre.	1,00	1,10	2,10
53	Actividades postales y de correos.	1,00	0,75	1,75
55	Servicios de alojamiento.	0,80	0,70	1,50
56	Servicios de comidas y bebidas.	0,80	0,70	1,50
58	Edición.	0,65	1,00	1,65
59	Actividades cinematográficas, de vídeo y de programas de televisión, grabación de sonido y edición musical.	0,80	0,70	1,50
60	Actividades de programación y emisión de radio y televisión.	0,80	0,70	1,50
61	Telecomunicaciones.	0,80	0,70	1,50
62	Programación, consultoría y otras actividades relacionadas con la informática.	0,80	0,70	1,50
63	Servicios de información (Excepto 6391).	0,65	1,00	1,65
6391	Actividades de las agencias de noticias.	0,80	0,70	1,50
64	Servicios financieros, excepto seguros y fondos de pensiones.	0,80	0,70	1,50
65	Seguros, reaseguros y fondos de pensiones, excepto Seguridad Social obligatoria.	0,80	0,70	1,50
66	Actividades auxiliares a los servicios financieros y a los seguros.	0,80	0,70	1,50
68	Actividades inmobiliarias.	0,65	1,00	1,65
69	Actividades jurídicas y de contabilidad.	0,80	0,70	1,50
70	Actividades de las sedes centrales; actividades de consultoría de gestión empresarial.	0,80	0,70	1,50
71	Servicios técnicos de arquitectura e ingeniería; ensayos y análisis técnicos.	0,65	1,00	1,65
72	Investigación y desarrollo.	0,80	0,70	1,50
73	Publicidad y estudios de mercado.	0,90	0,80	1,70
74	Otras actividades profesionales, científicas y técnicas (Excepto 742).	0,90	0,85	1,75
742	Actividades de fotografía.	0,80	0,70	1,50
75	Actividades veterinarias.	1,50	1,10	2,60
77	Actividades de alquiler.	1,00	1,00	2,00
78	Actividades relacionadas con el empleo (Excepto x, 781).	1,55	1,20	2,75
X	Carga y descarga: estiba y desestiba.	3,35	3,35	6,70
781	Actividades de las agencias de colocación.	0,95	1,00	1,95
79	Actividades de las agencias de viajes, operadores turísticos, servicios de reservas y actividades relacionadas con los mismos.	0,80	0,70	1,50
80	Actividades de seguridad e investigación.	1,40	2,20	3,60
81	Servicios a edificios y actividades de jardinería (Excepto 811).	2,10	1,50	3,60
811	Servicios integrales a edificios e instalaciones.	1,00	0,85	1,85
82	Actividades administrativas de oficina y otras actividades auxiliares a las empresas (Excepto 8220 y 8292).	1,00	1,05	2,05
8220	Actividades de los centros de llamadas.	0,80	0,70	1,50

Códigos CNAE-2009 y título de la actividad económica		Tipos de cotización		
		IT	IMS	Total
8292	Actividades de envasado y empaquetado.	1,80	1,50	3,30
84	Administración Pública y defensa; Seguridad Social obligatoria (Excepto 842).	0,65	1,00	1,65
842	Prestación de servicios a la comunidad en general.	1,40	2,20	3,60
85	Educación.	0,80	0,70	1,50
86	Actividades sanitarias (Excepto 869).	0,80	0,70	1,50
869	Otras actividades sanitarias.	0,95	0,80	1,75
87	Asistencia en establecimientos residenciales.	0,80	0,70	1,50
88	Actividades de servicios sociales sin alojamiento.	0,80	0,70	1,50
90	Actividades de creación, artísticas y espectáculos.	0,80	0,70	1,50
91	Actividades de bibliotecas, archivos, museos y otras actividades culturales. (Excepto 9104).	0,80	0,70	1,50
9104	Actividades de los jardines botánicos, parques zoológicos y reservas naturales.	1,75	1,20	2,95
92	Actividades de juegos de azar y apuestas.	0,80	0,70	1,50
93	Actividades deportivas, recreativas y de entretenimiento (Excepto u).	1,70	1,30	3,00
u	Espectáculos taurinos.	2,85	3,35	6,20
94	Actividades asociativas.	0,65	1,00	1,65
95	Reparación de ordenadores, efectos personales y artículos de uso doméstico (Excepto 9524).	1,50	1,10	2,60
9524	Reparación de muebles y artículos de menaje.	2,00	1,85	3,85
96	Otros servicios personales (Excepto 9602, 9603 y 9609).	0,85	0,70	1,55
9602	Peluquería y otros tratamientos de belleza.	0,80	0,70	1,50
9603	Pompas fúnebres y actividades relacionadas.	1,80	1,50	3,30
9609	Otros servicios personales n.c.o.p.	1,50	1,10	2,60
97	Actividades de los hogares como empleadores de personal doméstico.	0,80	0,70	1,50
99	Actividades de organizaciones y organismos extraterritoriales.	1,20	1,15	2,35

Cuadro II

Tipos aplicables a ocupaciones y situaciones en todas las actividades		Tipos de cotización		
		IT	IMS	Total
a	Personal en trabajos exclusivos de oficina.	0,80	0,70	1,50
b	Representantes de Comercio.	1,00	1,00	2,00
d	Personal de oficios en instalaciones y reparaciones en edificios, obras y trabajos de construcción en general.	3,35	3,35	6,70
f	Conductores de vehículo automóvil de transporte de mercancías que tenga una capacidad de carga útil superior a 3,5 Tm.	3,35	3,35	6,70
g	Personal de limpieza en general. Limpieza de edificios y de todo tipo de establecimientos. Limpieza de calles.	2,10	1,50	3,60
h	Vigilantes, guardas, guardas jurados y personal de seguridad.	1,40	2,20	3,60

Dos. En orden a la aplicación de lo establecido en el apartado Uno anterior se tendrán en cuenta las siguientes reglas:

Primera. En los períodos de baja por incapacidad temporal y otras situaciones con suspensión de la relación laboral con obligación de cotización, continuará siendo de aplicación el tipo de cotización correspondiente a la respectiva actividad económica u ocupación.

Segunda. Para la determinación del tipo de cotización aplicable en función a lo establecido en la tarifa contenida en esta disposición se tomará como referencia lo previsto en su Cuadro I para identificar el tipo asignado en el mismo en razón de la actividad económica principal desarrollada por la empresa o por el trabajador por cuenta propia incluido en el Régimen Especial de Trabajadores del Mar o en el Sistema Especial para Trabajadores por Cuenta Propia Agrarios, establecido en el Régimen Especial de los Trabajadores por Cuenta Propia o Autónomos, conforme a la Clasificación Nacional de Actividades Económicas (CNAE-2009), aprobada por Real Decreto 475/2007, de 13 de abril, y a los códigos que en la misma se contienen en relación con cada actividad.

Cuando en una empresa concurran, junto con la actividad principal, otra u otras que deban ser consideradas auxiliares respecto de aquélla, el tipo de cotización será el establecido para dicha actividad principal. Cuando la actividad principal de la empresa concurra con otra que implique la producción de bienes o servicios que no se integren en el proceso productivo de la primera, disponiendo de medios de producción diferentes, el tipo de cotización aplicable con respecto a los trabajadores ocupados en éste será el previsto para la actividad económica en que la misma quede encuadrada.

Cuando los trabajadores por cuenta propia realicen varias actividades que den lugar a una única inclusión en el Régimen Especial de Trabajadores por Cuenta Propia o Autónomos, el tipo de cotización aplicable será el más elevado de los establecidos para las actividades que lleve a cabo el trabajador.

Tercera. No obstante lo indicado en la regla anterior, cuando la ocupación desempeñada por el trabajador por cuenta ajena se corresponda con alguna de las enumeradas en el Cuadro II, el tipo de cotización aplicable será el previsto en dicho cuadro para la ocupación de que se trate, en tanto que el tipo correspondiente a tal ocupación difiera del que corresponda en razón de la actividad de la empresa.

A los efectos de la determinación del tipo de cotización aplicable a las ocupaciones referidas en la letra «a» del Cuadro II, se considerará «personal en trabajos exclusivos de oficina» a los trabajadores por cuenta ajena que, sin estar sometidos a los riesgos de la actividad económica de la empresa, desarrollen su ocupación exclusivamente en la realización de trabajos propios de oficina aun cuando los mismos se correspondan con la actividad de la empresa, y siempre que tales trabajos se desarrollen únicamente en los lugares destinados a oficinas de la empresa.

Tres. La determinación del tipo de cotización aplicable será efectuada, en los términos que reglamentariamente se establezca, por la Tesorería General de la Seguridad Social en función de la actividad económica declarada por la empresa o por el trabajador por cuenta propia o, en su caso, por las ocupaciones o situaciones de los trabajadores, con independencia de que, para la formalización de la protección frente a las contingencias profesionales, se hubiera optado en favor de una entidad gestora de la Seguridad Social o de una entidad colaboradora de la misma.

Cuatro. El Gobierno procederá al correspondiente ajuste anual de los tipos de cotización incluidos en la tarifa recogida en la presente disposición, así como a la adaptación de las actividades económicas a las nuevas clasificaciones CNAE que se aprueben y a la supresión progresiva de las ocupaciones que se enumeran en la clasificación contenida en la referida tarifa.

. . . .

7. Ley 31/2022, de 23 de diciembre, de Presupuestos Generales del Estado para el año 2023

. . . .

TÍTULO VIII

COTIZACIONES SOCIALES

Art. 122. Bases y tipos de cotización a la Seguridad Social, Desempleo, Protección por cese de actividad, Fondo de Garantía Salarial y Formación Profesional durante el año 2023 (1)

Las bases y tipos de cotización a la Seguridad Social, Desempleo, Protección por cese de actividad, Fondo de Garantía Salarial y Formación Profesional, a partir del 1 de enero de 2023, serán los siguientes:

Uno. Topes máximo y mínimo de las bases de cotización a la Seguridad Social.

1. El tope máximo de la base de cotización en cada uno de los Regímenes de la Seguridad Social que lo tengan establecido, queda fijado, a partir del 1 de enero de 2023, en la cuantía de 4.495,50 euros mensuales.

2. De acuerdo con lo establecido en el artículo 19.2 del texto refundido de la Ley General de la Seguridad Social, aprobado por el Real Decreto Legislativo 8/2015, de 30 de octubre, desde el 1 de enero de 2023, las bases de cotización en los Regímenes de la Seguridad Social y respecto de las contingencias que se determinan en este artículo, tendrán como tope mínimo las cuantías del salario mínimo interprofesional vigente en cada momento, incrementadas en un sexto, salvo disposición expresa en contrario.

Dos. Bases y tipos de cotización en el Régimen General de la Seguridad Social.

1. Las bases mensuales de cotización para todas las contingencias y situaciones protegidas por el Régimen General de la Seguridad Social, exceptuadas las de accidentes de trabajo y enfermedades profesionales, estarán limitadas, para cada grupo de categorías profesionales, por las bases mínimas y máximas siguientes:

a) Las bases mínimas de cotización, según categorías profesionales y grupos de cotización, se incrementarán desde el 1 de enero de 2023, y respecto de las vigentes en 31 de diciembre de 2022, en el mismo porcentaje en que aumente el salario mínimo interprofesional.

Las bases mínimas de cotización aplicables a los trabajadores con contrato a tiempo parcial se adecuarán en orden a que la cotización en esta modalidad de contratación sea equivalente a la cotización a tiempo completo por la misma unidad de tiempo y similares retribuciones.

b) Las bases máximas, cualquiera que sea la categoría profesional y grupo de cotización, serán a partir del 1 de enero de 2023 de 4.495,50 euros mensuales o de 149,85 euros diarios.

2. Los tipos de cotización en el Régimen General de la Seguridad Social serán, durante el año 2023, los siguientes:

a) Para las contingencias comunes el 28,30 por 100, siendo el 23,60 por 100 a cargo de la empresa y el 4,70 por 100 a cargo del trabajador.

b) Para las contingencias de accidentes de trabajo y enfermedades profesionales se aplicarán los porcentajes de la tarifa de primas incluida en la disposición adicional cuarta de la Ley 42/2006, de 28 de diciembre, de Presupuestos Generales del Estado para el año 2007, siendo las primas resultantes a cargo exclusivo de la empresa.

Conforme a lo dispuesto en el artículo 146.4 del texto refundido de la Ley General de la Seguridad Social, en el caso de empresas que ocupen a trabajadores a quienes en razón de su actividad les resulte de aplicación un coeficiente reductor de la edad de jubilación, se aplicará el tipo de cotización por accidentes de trabajo y enfermedades profesionales más alto de los establecidos en dicha tarifa de primas, siempre y cuando el establecimiento de ese coeficiente reductor no lleve aparejada una cotización adicional por tal concepto.

Lo previsto en el párrafo anterior no será de aplicación a los empresarios que ocupen a trabajadores incluidos en el ámbito de aplicación del Real Decreto 1539/2003, de 5 de diciembre, por el que se establecen coeficientes reductores de la edad de jubilación a favor de los trabajadores que acreditan un grado importante de discapacidad.

3. Durante el año 2023, para la cotización adicional por horas extraordinarias establecida en el artículo 149 del texto refundido de la Ley General de la Seguridad Social, se aplicarán los siguientes tipos de cotización:

a) Cuando se trate de las horas extraordinarias motivadas por fuerza mayor, el 14 por 100, del que el 12,00 por 100 será a cargo de la empresa y el 2,00 por 100 a cargo del trabajador.

b) Cuando se trate de las horas extraordinarias no comprendidas en el párrafo anterior, el 28,30 por 100, del que el 23,60 por 100 será a cargo de la empresa y el 4,70 por 100 a cargo del trabajador.

. . . .

(1) Ver la Orden PCM/74/2023, de 30 de enero, por la que se desarrollan las normas legales de cotización para el ejercicio 2023.

Diez. Base de cotización a la Seguridad Social durante la percepción de la prestación por desempleo de nivel contributivo, durante la percepción de la prestación del Mecanismo RED y durante la percepción de la prestación por cese de actividad de los trabajadores autónomos.

1. Durante la percepción de la prestación por desempleo por extinción de la relación laboral la base de cotización a la Seguridad Social de aquellos trabajadores por los que exista obligación legal de cotizar, será la base reguladora de la prestación por desempleo, determinada según lo establecido en el artículo 270.1 del texto refundido de la Ley General de la Seguridad Social, con respeto, en todo caso, del importe de la base mínima por contingencias comunes prevista para cada categoría profesional y, a efectos de las prestaciones de Seguridad Social, dicha base tendrá consideración de base de contingencias comunes.

En los supuestos de reducción temporal de jornada o de suspensión temporal de la relación laboral, ya sea por decisión del empresario al amparo de lo establecido en los artículos 47 o 47 bis del texto refundido de la Ley del Estatuto de los Trabajadores, aprobado por el Real Decreto Legislativo 2/2015, de 23 de octubre, o en virtud de resolución judicial adoptada en el seno de un procedimiento concursal, se aplicarán las siguientes bases de cotización:

a) En caso de causarse derecho a la prestación por desempleo, la base de cotización a la Seguridad Social para la determinación de la aportación de los trabajadores por los que exista obligación legal de cotizar será el equivalente al promedio de las bases de los últimos 6 meses de ocupación cotizada, por contingencias comunes y por contingencias de accidentes de trabajo y enfermedades profesionales, anteriores a dichas situaciones.

En caso de causarse derecho a la prestación del Mecanismo RED a que se refiere la disposición adicional cuadragésima primera del texto refundido de la Ley General de la Seguridad Social, la base de cotización a la Seguridad Social para la determinación de la aportación de los trabajadores por los que exista obligación legal de cotizar será el promedio de las bases de cotización en la empresa en la que se aplique el mecanismo de contingencias de accidentes de trabajo y enfermedades profesionales, correspondientes a los 180 días inmediatamente anteriores a la fecha de inicio de aplicación de la medida a la persona trabajadora.

En caso de no acreditar 180 días de ocupación cotizada en dicha empresa, la base de cotización se calculará en función de las bases correspondientes al periodo inferior acreditado en la misma.

b) La base de cotización a la Seguridad Social para determinar la aportación empresarial por contingencias comunes y por contingencias profesionales estará constituida por el promedio de las bases de cotización en la empresa afectada correspondientes a dichas contingencias de los 6 meses naturales inmediatamente anteriores al inicio de cada situación de reducción de jornada o suspensión del contrato. Para el cálculo de dicho promedio, se tendrá en cuenta el número de días en situación de alta, en la empresa de que se trate, durante el período de los 6 meses indicados. La base de cotización calculada conforme a lo indicado anteriormente se reducirá, en los supuestos de reducción temporal de jornada, en función de la jornada de trabajo no realizada.

La reanudación de la prestación por desempleo, en los supuestos de suspensión del derecho, supondrá la reanudación de la obligación de cotizar por la base de cotización indicada en los párrafos anteriores correspondiente al momento del nacimiento del derecho.

Cuando se hubiese extinguido el derecho a la prestación por desempleo y, en aplicación del artículo 269.3 del texto refundido de la Ley General de la Seguridad Social, el trabajador opte por reabrir el derecho inicial, la base de cotización a la Seguridad Social será la base reguladora de la prestación por desempleo correspondiente al momento del nacimiento del derecho inicial por el que se opta.

Durante la percepción de la prestación solo se actualizará la base de cotización indicada en los párrafos anteriores, cuando resulte inferior a la base mínima de cotización a la Seguridad Social vigente en cada momento que corresponda al grupo de cotización del trabajador en el momento de producirse la situación legal de desempleo y hasta dicho tope.

. . . .

Once. Cotización por Desempleo, Fondo de Garantía Salarial, Formación Profesional y Cese de actividad de los trabajadores autónomos.

La cotización por las contingencias de Desempleo, Fondo de Garantía Salarial, Formación Profesional y por Cese de actividad, se llevará a cabo, a partir del 1 de enero de 2023, de acuerdo con lo que a continuación se señala:

1. La base de cotización para Desempleo, Fondo de Garantía Salarial y Formación Profesional en todos los Regímenes de la Seguridad Social que tengan cubiertas las mismas, será la correspondiente a las contingencias de accidentes de trabajo y enfermedades profesionales.

. . . .

La base de cotización por desempleo de los contratos para la formación y el aprendizaje y de los contratos de formación en alternancia será la base mínima correspondiente a las contingencias de accidentes de trabajo y enfermedades profesionales, salvo que el importe de la base de cotización a que se refiere el ordinal 2.º del apartado 1 de la disposición adicional cuadragésima tercera del texto refundido de la Ley General de la Seguridad Social sea superior, en cuyo caso se aplicará esta última.

. . . .

2. A partir del 1 de enero de 2023, los tipos de cotización serán los siguientes:

A) Para la contingencia de desempleo:

a) Contratación indefinida, incluidos los contratos indefinidos a tiempo parcial y fijos discontinuos, así como la contratación de duración determinada en las modalidades de contratos de formación en alternancia, para la formación y el aprendizaje, formativo para la obtención de la práctica profesional adecuada al nivel de estudios, de relevo, interinidad y contratos, cualquiera que sea la modalidad utilizada, realizados con trabajadores discapacitados: el 7,05 por 100, del que el 5,50 por 100 será a cargo del empresario y el 1,55 por 100 a cargo del trabajador.

b) Contratación de duración determinada:

1.º Contratación de duración determinada a tiempo completo: el 8,30 por 100, del que el 6,70 por 100 será a cargo del empresario y el 1,60 por 100 a cargo del trabajador.

2.º Contratación de duración determinada a tiempo parcial: el 8,30 por 100, del que el 6,70 por 100 será a cargo del empresario y el 1,60 por 100 a cargo del trabajador.

. . . .

B) Para la cotización al Fondo de Garantía Salarial, el 0,20 por 100 a cargo exclusivo de la empresa.

. . . .

C) Para la cotización por Formación Profesional, el 0,70 por 100, siendo el 0,60 por 100 a cargo de la empresa y el 0,10 por 100 a cargo del trabajador.

. . . .

Doce. Cotización en los contratos para la formación y el aprendizaje y en los contratos de formación en alternancia.

Conforme a lo dispuesto en las disposiciones transitorias primera y segunda del Real Decreto-ley 32/2021, de 28 de diciembre, de medidas urgentes para la reforma laboral, la garantía de la estabilidad en el empleo y la transformación del mercado de trabajo, las cuotas únicas por cada día trabajado, aplicables a partir del 1 de enero de 2023 en los contratos para la formación y el aprendizaje y en los contratos de formación en alternancia en los supuestos a que se refiere el apartado 1 de la disposición adicional cuadragésima tercera del texto refundido de la Ley General de la Seguridad Social, serán las del año 2022 incrementadas en la misma proporción que lo haga el SMI para 2023. (1)

. . . .

Catorce. Cotización correspondiente al mecanismo de equidad intergeneracional.

Conforme a lo dispuesto en la disposición final cuarta de la Ley 21/2021, de 28 de diciembre, de garantía del poder adquisitivo de las pensiones y de otras medidas de refuerzo de la sostenibilidad financiera y social del sistema público de pensiones, a partir del 1 de enero de 2023 se efectuará una cotización de 0,6 puntos porcentuales aplicable a la base de cotización por contingencias comunes en todas las situaciones de alta o asimiladas a la de alta en el sistema de la Seguridad Social en las que exista obligación de cotizar para la cobertura de la pensión de jubilación.

Cuando el tipo de cotización deba ser objeto de distribución entre empleador y trabajador, el 0,50 por 100 será a cargo del empleador y el 0,10 por 100 a cargo del trabajador.

Quince. Salvo lo establecido en los apartados anteriores, en ningún caso y por aplicación del artículo 19 del texto refundido de la Ley General de la Seguridad Social, las bases mínimas o únicas de cotización de cualquiera de los Regímenes que integran el sistema de la Seguridad Social podrán ser inferiores a la base mínima del Régimen General de la Seguridad Social.

. . . .

DISPOSICIONES ADICIONALES

. . . .

Cuadragésima segunda. Interés legal del dinero

Uno. De conformidad con lo dispuesto en el artículo 1 de la Ley 24/1984, de 29 de junio, sobre modificación del tipo de interés legal del dinero, este queda establecido en el 3,25 por 100 hasta el 31 de diciembre del año 2023.

Dos. Durante el mismo periodo, el interés de demora a que se refiere al artículo 26.6 de la Ley 58/2003, de 17 de diciembre, General Tributaria, será el 4,0625 por 100.

Tres. Durante el mismo periodo, el interés de demora a que se refiere el artículo 38.2 de Ley 38/2003, de 17 de noviembre, General de Subvenciones, será el 4,0625 por 100.

. . . .

Nonagésima. Determinación del indicador público de rentas de efectos múltiples (IPREM) para 2023

De conformidad con lo establecido en el artículo 2.2 del Real Decreto-ley 3/2004, de 25 de junio, para la racionalización de la regulación del salario mínimo interprofesional y para el incremento de su cuantía, el indicador público de renta de efectos múltiples (IPREM) tendrá las siguientes cuantías durante 2023:

a) El IPREM diario, 20 euros.
b) El IPREM mensual, 600 euros.
c) El IPREM anual, 7.200 euros.
d) En los supuestos en que la referencia al salario mínimo interprofesional ha sido sustituida por la referencia al IPREM en aplicación de lo establecido en el Real Decreto-ley 3/2004, de 25 de junio, la cuantía anual del IPREM será de 8.400 euros cuando las correspondientes normas se refieran al salario mínimo interprofesional en cómputo anual, salvo que expresamente excluyeran las pagas extraordinarias; en este caso, la cuantía será de 7.200 euros.

. . . .

Nonagésima primera. Reducción de cuotas a la Seguridad Social en las provincias de Cuenca, Soria y Teruel

Uno. Reducción de cuotas a la Seguridad Social por el ejercicio de una actividad por cuenta ajena en las provincias de Cuenca, Soria y Teruel.

1. La contratación indefinida, a tiempo completo, a tiempo parcial o de fijos-discontinuos, de personas que causen alta, o que figuren en situación de alta a la entrada en vigor de esta disposición, en códigos de cuenta de cotización asignados a empresarios para el alta de trabajadores en el Régimen General, excluidos sus sistemas especiales, en las provincias de Cuenca, Soria o Teruel, dará derecho a una reducción en la cotización a la Seguridad Social, durante toda la vigencia del contrato, de:

a) Un 5 por 100 de la aportación empresarial por contingencias comunes, respecto de las personas trabajadoras cuya alta, o variación de datos, con el contrato indefinido se haya producido con anterioridad a la entrada en vigor de la presente Ley.

b) Un 15 por 100 de la aportación empresarial por contingencias comunes, respecto de las contrataciones cuyo inicio de actividad se produzca a partir de la entrada en vigor de la presente Ley, en aquellos supuestos en los que el municipio declarado por la empresa como lugar de la actividad, en la solicitud de asignación de código de cuenta de cotización, o como variación del dato, sea uno que tenga una cifra oficial de población, resultante de la revisión por el Instituto Nacional de Estadística del Padrón municipal, igual o superior a 1.000 habitantes.

c) Un 20 por 100 de la aportación empresarial por contingencias comunes, respecto de las contrataciones cuyo inicio de actividad se produzca a partir de la entrada en vigor de la presente Ley, en aquellos supuestos en los que el municipio declarado por la empresa como lugar de la actividad, en la solicitud de asignación de código de cuenta de cotización, o como variación del dato, sea uno que tenga una cifra oficial de población, resultante de la revisión por el Instituto Nacional de Estadística del Padrón municipal, de menos de 1.000 habitantes.

. . . .

Nonagésima segunda. Financiación de la formación profesional para el empleo

. . . .

Cinco. Las empresas que cotizan por la contingencia de formación profesional dispondrán de un crédito para la formación de sus trabajadores de acuerdo con lo establecido en el artículo 9 de la Ley 30/2015, de 9 de septiembre, que resultará de aplicar a la cuantía ingresada por la empresa en concepto de formación profesional durante el año 2022 el porcentaje de bonificación que, en función del tamaño de las empresas, se establece a continuación:

a) Empresas de 6 a 9 trabajadores: 100 por 100.
b) De 10 a 49 trabajadores: 75 por 100.
c) De 50 a 249 trabajadores: 60 por 100.
d) De 250 o más trabajadores: 50 por 100.

Las empresas de 1 a 5 trabajadores dispondrán de un crédito de bonificación por empresa de 420 euros, en lugar de un porcentaje. Asimismo, podrán beneficiarse de un crédito de formación, en los términos establecidos en la citada normativa, las empresas que durante el año 2023 abran nuevos

(1) Los contratos para la formación y el aprendizaje están exentos de la cotización por formación profesional (art. 249 LSS).

centros de trabajo, así como las empresas de nueva creación, cuando incorporen a su plantilla nuevos trabajadores. En estos supuestos las empresas dispondrán de un crédito de bonificaciones cuyo importe resultará de aplicar al número de trabajadores de nueva incorporación la cuantía de 65 euros.

Asimismo, de acuerdo con lo establecido en el apartado 7 del mencionado artículo 9 de la Ley 30/2015, de 9 de septiembre, las empresas que formen a personas afectadas por expedientes de regulación temporal de empleo regulados en el artículo 47 del Estatuto de los Trabajadores o por una de las modalidades del Mecanismo RED a las que hace referencia el artículo 47 bis de dicha norma, tendrán derecho a un incremento de crédito para la financiación de acciones en el ámbito de la formación programada de la cantidad que se indica en dicho apartado, en función del tamaño de la empresa.

Las empresas que durante el año 2023 concedan permisos individuales de formación a sus trabajadores dispondrán de un crédito de bonificaciones para formación adicional al crédito anual que les correspondería de conformidad con lo establecido en el párrafo primero de este apartado, por el importe que resulte de aplicar los criterios determinados por la normativa aplicable. El crédito adicional asignado al conjunto de las empresas que concedan los citados permisos no podrá superar el 5 por 100 del crédito establecido en el presupuesto del Servicio Público de Empleo Estatal para la financiación de las bonificaciones en las cotizaciones de la Seguridad Social por formación profesional para el empleo.

Seis. El Real Decreto 2/2020, de 12 de enero, por el que se reestructuran los departamentos ministeriales, atribuye al Ministerio de Educación y Formación Profesional competencias en materia de formación profesional para el empleo. Para su financiación, se ingresará en el Tesoro Público la parte de la cuota de formación profesional que acuerden de manera conjunta los Ministerios de Educación y Formación Profesional y de Trabajo y Economía Social, manteniendo su afectación a la realización de gastos en materia de formación profesional para el empleo por parte del Ministerio de Educación y Formación Profesional.

. . . .

Nonagésima séptima. Suspensión del sistema de reducción de las cotizaciones por contingencias profesionales por disminución de la siniestralidad laboral.

Se suspende la aplicación del sistema de reducción de las cotizaciones por contingencias profesionales a las empresas que hayan disminuido de manera considerable la siniestralidad laboral, prevista en el Real Decreto 231/2017, de 10 de marzo, para las cotizaciones que se generen durante el año 2023. Esta suspensión se extenderá hasta que el Gobierno proceda a la reforma del citado Real Decreto.

. . . .

8. Real Decreto-ley 11/1998, de 4 de septiembre, por el que se regulan las bonificaciones de cuotas a la Seguridad Social de los contratos de interinidad que se celebren con personas desempleadas para sustituir a trabajadores durante los períodos de descanso por maternidad, adopción y acogimiento (*)

Artículo 1. Darán derecho a una bonificación del 100 por 100 en las cuotas empresariales de la Seguridad Social, incluidas las de accidentes de trabajo y enfermedades profesionales, y en las aportaciones empresariales de las cuotas de recaudación conjunta:

a) Los contratos de interinidad que se celebren con personas desempleadas para sustituir a trabajadoras que tengan suspendido su contrato de trabajo por riesgo durante el embarazo o por riesgo durante la lactancia natural y hasta tanto se inicie la correspondiente suspensión del contrato por maternidad biológica o el lactante cumpla 9 meses, respectivamente, o, en ambos casos, cuando desaparezca la imposibilidad de la trabajadora de reincorporarse a su puesto anterior o a otro compatible con su estado.

b) Los contratos de interinidad que se celebren con personas desempleadas para sustituir a trabajadores y trabajadoras que tengan suspendido su contrato de trabajo durante los períodos de descanso por maternidad, adopción y acogimiento preadoptivo o permanente o que disfruten de la suspensión por paternidad en los términos establecidos en los artículos 48.4 y 48 bis del Estatuto de los Trabajadores. (1)

La duración máxima de las bonificaciones prevista en este apartado b) coincidirá con la de las respectivas suspensiones de los contratos a que se refieren los artículos citados en el párrafo anterior.

En el caso de que el trabajador no agote el período de descanso o permiso a que tuviese derecho, los beneficios se extinguirán en el momento de su incorporación a la empresa.

c) Los contratos de interinidad que se celebren con personas desempleadas para sustituir a trabajadores autónomos, socios trabajadores o socios de trabajo de las sociedades cooperativas, en los supuestos de riesgo durante el embarazo o riesgo durante la lactancia natural, períodos de descanso por maternidad, adopción y acogimiento o suspensión por paternidad, en los términos establecidos en los párrafos anteriores.

Art. 2. Los beneficios que se establecen en el artículo anterior no serán de aplicación en los siguientes casos:

a) Contrataciones de interinidad que se suscriban con el cónyuge, ascendientes, descendientes y demás parientes por consanguinidad o afinidad hasta el segundo grado inclusive del empresario, o de aquellos que sean miembros de los órganos de administración de las empresas que revistan la forma jurídica de sociedad.

b) Contratos celebrados por las Administraciones públicas y sus organismos autónomos.

. . . .

(*) Las referencias en este Real Decreto-ley a los periodos de descanso por maternidad y a la suspensión de contrato por paternidad deben entenderse referidas a la suspensión de contrato por nacimiento de hijo y cuidado de menor.

Este Real Decreto-ley queda derogado a partir del 1 de septiembre de 2023, fecha de entrada en vigor del Real Decreto-ley 1/2023, de 10 de enero.

(1) La referencia a los artículos 48.4 y 48 bis del Estatuto de los Trabajadores debe entenderse realizada al artículo 48 de esa misma disposición vigente.

9. Ley 12/2001, de 9 de julio, de medidas urgentes de reforma del mercado de trabajo para el incremento del empleo y la mejora de su calidad (*)

. . . .

DISPOSICIONES ADICIONALES

Segunda. Bonificaciones de cuotas de Seguridad Social para los trabajadores en período de descanso por maternidad, adopción, acogimiento, riesgo durante el embarazo, riesgo durante la lactancia natural o suspensión por paternidad (1)

A la cotización de los trabajadores por cuenta ajena sustituidos durante los períodos de descanso por maternidad, adopción, acogimiento, paternidad, riesgo durante el embarazo o riesgo durante la lactancia natural, mediante los contratos de interinidad bonificados, celebrados con desempleados a que se refiere el Real Decreto-Ley 11/1998, de 4 de septiembre, les será de aplicación una bonificación del 100 por 100 en las cuotas empresariales de la Seguridad Social, incluidas las de accidentes de trabajo y enfermedades profesionales y en las aportaciones empresariales de las cuotas de recaudación conjunta.

Solo será de aplicación esta bonificación mientras coincidan en el tiempo la suspensión de actividad por dichas causas y el contrato de interinidad del sustituto y, en todo caso, con el límite máximo del periodo de suspensión.

. . . .

(*) Las referencias en esta Ley a los periodos de descanso por maternidad y por paternidad deben entenderse realizadas a la suspensión de contrato por nacimiento de hijo y cuidado de menor.

(1) Esta disposición adicional segunda queda derogada a partir del 1 de septiembre de 2023, fecha de entrada en vigor del Real Decreto-ley 1/2023, de 10 de enero.

10. Ley 45/2002, de 12 de diciembre, de medidas urgentes para la reforma del sistema de protección por desempleo y mejora de la ocupabilidad

. . . .

DISPOSICIONES ADICIONALES

. . . .

Novena. Bonificación de cuotas a la Seguridad Social para contratos de interinidad con los que se sustituyan bajas por incapacidad temporal de discapacitados

Los contratos de interinidad que se celebren con personas minusválidas desempleadas, para sustituir a trabajadores y trabajadoras minusválidos que tengan suspendido su contrato de trabajo por incapacidad temporal durante el período que persista dicha situación, darán derecho a una bonificación del 100 por 100 de las cuotas empresariales de la Seguridad Social, incluidas las de accidentes de trabajo y enfermedades profesionales y en las aportaciones empresariales de las cuotas de recaudación conjunta. (1)

. . . .

(1) Las referencias a «minusválidos» y a «personas minusválidas», se entenderán realizadas a «personas con discapacidad» (DA 8.ª L 39/06).

Esta disposición adicional novena queda derogada a partir del 1 de septiembre de 2023, fecha de entrada en vigor del Real Decreto-ley 1/2023, de 10 de enero.

11. Ley Orgánica 1/2004, de 28 de diciembre, de medidas de protección integral contra la violencia de género

. . . .

CAPÍTULO II

Derechos laborales y prestaciones de la Seguridad Social

Art. 21. Derechos laborales y de Seguridad Social (1)

1. La trabajadora víctima de violencia de género tendrá derecho, en los términos previstos en el Estatuto de los Trabajadores, a la reducción o a la reordenación de su tiempo de trabajo, a la movilidad geográfica, al cambio de centro de trabajo, a la adaptación de su puesto de trabajo y a los apoyos que precise por razón de su discapacidad para su reincorporación, a la suspensión de la relación laboral con reserva de puesto de trabajo y a la extinción del contrato de trabajo.

3. Las empresas que formalicen contratos de interinidad, para sustituir a trabajadoras víctimas de violencia de género que hayan suspendido su contrato de trabajo o ejercitado su derecho a la movilidad geográfica o al cambio de centro de trabajo, tendrán derecho a una bonificación del 100 por 100 de las cuotas empresariales a la Seguridad Social por contingencias comunes, durante todo el período de suspensión de la trabajadora sustituida o durante 6 meses en los supuestos de movilidad geográfica o cambio de centro de trabajo. Cuando se produzca la reincorporación, ésta se realizará en las mismas condiciones existentes en el momento de la suspensión del contrato de trabajo, garantizándose los ajustes razonables que se puedan precisar por razón de discapacidad.

4. Las ausencias o faltas de puntualidad al trabajo motivadas por la situación física o psicológica derivada de la violencia de género se considerarán justificadas y serán remuneradas, cuando así lo determinen los servicios sociales de atención o servicios de salud, según proceda, sin perjuicio de que dichas ausencias sean comunicadas por la trabajadora a la empresa a la mayor brevedad.

. . . .

(1) Artículo redactado conforme a lo dispuesto en la Ley Orgánica 10/2022, de 6 de septiembre.

12. Ley 43/2006, de 29 de diciembre, para la mejora del crecimiento y del empleo (*)

CAPÍTULO I

Medidas de impulso de la contratación indefinida

Sección 1.ª

Programa de Fomento del Empleo

Artículo 1. Objeto del Programa y beneficiarios (1)

1. El presente Programa regula las bonificaciones por la contratación indefinida, tanto a tiempo completo como a tiempo parcial e incluida la modalidad de fijo discontinuo, de los trabajadores desempleados inscritos en la Oficina de Empleo, incluidos aquellos que estén trabajando en otra empresa con un contrato a tiempo parcial, siempre que su jornada de trabajo sea inferior a un tercio de la jornada de trabajo de un trabajador a tiempo completo comparable.

Igualmente se regulan las bonificaciones para el mantenimiento del empleo de determinados trabajadores.

2. Asimismo, se regulan con carácter excepcional bonificaciones para los contratos temporales que se celebren con trabajadores con discapacidad o con personas que se encuentren en situación de exclusión social, siempre que, en ambos casos, estén desempleados e inscritos en la Oficina de Empleo, así como con personas que tengan acreditada la condición de víctima de violencia de género en los términos de la Ley Orgánica 1/2004, de 28 de diciembre, de Medidas de Protección Integral contra la Violencia de Género, o de víctima de violencia doméstica o con personas que tengan acreditada la condición de víctima del terrorismo, de acuerdo con lo dispuesto en el artículo 34 de la Ley 29/2011, de 22 de septiembre, de Reconocimiento y Protección Integral a las Víctimas del Terrorismo.

3. Podrán ser beneficiarios de las bonificaciones establecidas en este Programa de Fomento del Empleo las empresas, incluidos los trabajadores autónomos, y sociedades laborales o cooperativas a las que se incorporen trabajadores como socios trabajadores o de trabajo, siempre que estas últimas hayan optado por un Régimen de Seguridad Social propio de trabajadores por cuenta ajena.

También podrán ser beneficiarios de dichas bonificaciones las empresas, incluidos los trabajadores autónomos, y sociedades laborales y cooperativas a que se refiere el párrafo anterior en el caso de transformación de contratos temporales en contratos o vínculos societarios indefinidos, en los supuestos incluidos en este Programa de Fomento del Empleo.

4. Quedarán excluidos de los beneficios del presente Programa la Administración General del Estado y los organismos regulados en el título III y en la disposición adicional 10.ª de la Ley 6/1997, de 14 de abril, de Organización y Funcionamiento de la Administración General del Estado, así como las Administraciones autonómicas y las entidades locales y sus organismos públicos.

No se aplicará lo establecido en este apartado cuando se trate de la contratación de trabajadores con discapacidad por centros especiales de empleo de titularidad pública.

5. La cuantía y duración de las bonificaciones se regirán por lo establecido en los artículos siguientes, incluyéndose a efectos informativos un cuadro-resumen de las mismas en el anexo de esta Ley.

Art. 2. Ámbito de aplicación e incentivos a la contratación

1. .... (2)

2. Los empleadores que contraten a personas con discapacidad tendrán derecho a las siguientes bonificaciones:

1) En el supuesto de contratación indefinida, tendrán derecho a una bonificación mensual de la cuota empresarial a la Seguridad Social o, en su caso, de su equivalente diario por trabajador contratado, de 375 euros/mes (4500 euros/año) durante toda la vigencia del contrato. La misma bonificación se disfrutará en el supuesto de transformación en indefinidos de los contratos temporales de fomento del empleo celebrados con personas con discapacidad, o de transformación en indefinidos de contratos formativos suscritos con trabajadores con discapacidad.

2) En el supuesto del número anterior, la bonificación será de 425 euros/mes (5100 euros/año) si el trabajador con discapacidad está incluido en alguno de los grupos siguientes:

a) Personas con parálisis cerebral, personas con enfermedad mental o personas con discapacidad intelectual, con un grado de minusvalía reconocido igual o superior al 33 por 100.

b) Personas con discapacidad física o sensorial, con un grado de minusvalía reconocido igual o superior al 65 por 100.

3) Si el trabajador con discapacidad tiene en el momento de la contratación 45 o más años o si se trata de una mujer, la bonificación que corresponda de acuerdo con los números anteriores, se incrementará, respectivamente, en 100 euros/mes (1200 euros/año) o en 70,83 euros/mes (850 euros/año), sin que los incrementos establecidos en este número sean compatibles entre sí.

4) En el caso de que las personas con discapacidad sean contratadas mediante el contrato temporal de fomento del empleo, la bonificación ascenderá a 291,66 euros/mes (3500 euros/año) durante toda la vigencia del contrato.

La bonificación será de 341,66 euros/mes (4100 euros/año) si el trabajador con discapacidad está incluido en alguno de los grupos siguientes:

i) Personas con parálisis cerebral, personas con enfermedad mental o personas con discapacidad intelectual, con un grado de minusvalía reconocido igual o superior al 33 por 100.

(*) Las referencias en esta Ley a «grado de minusvalía», «trabajadores minusválidos» y «minusválidos», se entenderán realizadas a «grado de discapacidad», «trabajadores con discapacidad» y «personas con discapacidad», respectivamente (DA 2.ª RD 1971/99).

(1) Artículo derogado a partir del 1 de septiembre de 2023, fecha de entrada en vigor del Real Decreto-ley 1/2023, de 10 de enero.

(2) Apartado derogado por la Ley 35/2010, de 17 de septiembre.

ii) Personas con discapacidad física o sensorial, con un grado de minusvalía reconocido igual o superior al 65 por 100.

Si el trabajador tiene en el momento de la contratación 45 o más años, o si se trata de una mujer, la bonificación que corresponda de acuerdo con los párrafos anteriores, se incrementará, en ambos supuestos, en 50 euros/mes (600 euros/año), siendo tales incrementos compatibles entre sí.

5) Para tener derecho a los beneficios establecidos en este apartado los trabajadores con discapacidad deberán tener un grado de minusvalía igual o superior al 33 por 100, o la específicamente establecida en cada caso. Se considerarán también incluidos los pensionistas de la Seguridad Social que tengan reconocida una pensión de incapacidad permanente en el grado de total, absoluta o gran invalidez, así como los pensionistas de clases pasivas que tengan reconocida una pensión de jubilación o de retiro por incapacidad permanente para el servicio o inutilidad.

3. No obstante lo establecido en el apartado anterior, cuando se trate de trabajadores con discapacidad, que reúnan los requisitos a que se refiere su último párrafo, contratados por un centro especial de empleo, mediante un contrato indefinido o temporal, incluidos los contratos formativos, se aplicarán las bonificaciones del 100 por 100 de la cuota empresarial a la Seguridad Social, incluidas las de accidentes de trabajo y enfermedad profesional y las cuotas de recaudación conjunta. La misma bonificación se disfrutará por los centros especiales de empleo en el supuesto de transformación en indefinidos de los contratos temporales de fomento de empleo de personas con discapacidad o de transformación en indefinidos de los contratos de duración determinada o temporales, incluidos los formativos suscritos con trabajadores con discapacidad.

4. Los empleadores que contraten indefinidamente a personas que tengan acreditada la condición de víctima de violencia de género en los términos de la Ley Orgánica 1/2004, de 28 de diciembre, de Medidas de Protección Integral contra la Violencia de Género, o de víctima de violencia doméstica, sin que sea necesaria la condición de estar en desempleo, tendrán derecho, desde la fecha de celebración del contrato, a una bonificación mensual de la cuota empresarial a la Seguridad Social o, en su caso, por su equivalente diario, por trabajador contratado de 70,83 euros/mes (850 euros/año) durante 4 años. (1)

En el caso de que se celebren contratos temporales con estas personas se tendrá derecho a una bonificación mensual de la cuota empresarial a la Seguridad Social o, en su caso, por su equivalente diario, por trabajador contratado de 50 euros/mes (600 euros/año), durante toda la vigencia del contrato. (2)

4 bis. Los empleadores que contraten indefinidamente a personas que tengan acreditada la condición de víctima del terrorismo, de acuerdo con lo dispuesto en el artículo 34 de la Ley 29/2011, de 22 de septiembre, de Reconocimiento y Protección Integral a las Víctimas del Terrorismo, sin que sea necesaria la condición de estar en desempleo, tendrán derecho, desde la fecha de celebración del contrato, a una bonificación mensual de la cuota empresarial a la Seguridad Social o, en su caso, por su equivalente diario, por trabajador contratado de 125 euros/mes (1500 euros/año) durante 4 años.

En el caso de que se celebren contratos temporales con estas personas se tendrá derecho a una bonificación mensual de la cuota empresarial a la Seguridad Social o, en su caso, por su equivalente diario, por trabajador contratado de 50 euros/mes (600 euros/año), durante toda la vigencia del contrato. (2)

4 ter. Los empleadores que contraten indefinidamente a víctimas de trata de seres humanos, identificadas de acuerdo con lo dispuesto en el artículo 59 bis de la Ley Orgánica 4/2000, de 11 de enero, sobre derechos y libertades de los extranjeros en España y su integración social, y que, en su caso, hayan obtenido la autorización de residencia y trabajo por circunstancias excepcionales, sin que sea necesaria la condición de estar en desempleo, tendrán derecho, desde la fecha de celebración del contrato, a una bonificación mensual de la cuota empresarial a la Seguridad Social o, en su caso, por su equivalente diario, por trabajador contratado de 125 euros/mes (1.500 euros/año) durante 2 años.

En el caso de que se celebren contratos temporales con estas personas se tendrá derecho a una bonificación mensual de la cuota empresarial a la Seguridad Social o, en su caso, por su equivalente diario, por trabajador contratado de 50 euros/mes (600 euros/año), durante toda la vigencia del contrato. (2)

4 quater. Los empleadores que contraten por tiempo indefinido a personas con capacidad intelectual límite tendrán derecho, desde la fecha de celebración del contrato, a una bonificación mensual de la cuota empresarial a la Seguridad Social o, en su caso, por su equivalente diario, por trabajador contratado de 125 euros/mes (1.500 euros/año) durante cuatro años.

Se considerarán personas con capacidad intelectual límite aquellas que el Gobierno determine reglamentariamente. (3)

5. Los empleadores que contraten indefinidamente a trabajadores en situación de exclusión social, incluidos en los colectivos relacionados en la disposición adicional 2.ª de esta Ley, y que tengan acreditada esta condición por los servicios sociales u órganos competentes, podrán acogerse a las bonificaciones mensuales de la cuota empresarial a la Seguridad Social o, en su caso, por su equivalente diario, por trabajador contratado, de 50 euros/mes (600 euros/año) durante 4 años.

En el caso de que la contratación sea temporal dará derecho a una bonificación de 41,67 euros/mes (500 euros/año), durante toda la vigencia del contrato.

En aquellos supuestos en los que el trabajador contratado haya finalizado un contrato de trabajo con una empresa de inserción social durante los 12 meses anteriores, no haya prestado posteriormente sus servicios por cuenta ajena para otro empleador con posterioridad al cese en la empresa de inserción y sea contratado por un empleador que no tenga la condición de empresa de inserción o centro especial de empleo, la bonificación será de 137,50 euros al mes, durante un periodo máximo de 12 meses. A la finalización de este periodo de 12 meses, serán de aplicación las bonificaciones previstas en los párrafos primero y segundo de este apartado hasta la duración máxima prevista. (2)

6. Las bonificaciones por contratación indefinida establecidas en los apartados 4, 4 bis y 5 serán de aplicación asimismo en los supuestos de transformación en indefinidos de los contratos temporales celebrados con las personas pertenecientes respectivamente a cada uno de los colectivos a que se refieren dichos apartados. (2)

7. En todos los casos mencionados en este artículo, con excepción de los previstos en el apartado 3, cuando el contrato indefinido o temporal sea a tiempo parcial, la bonificación resultará de aplicar a las previstas en cada caso un porcentaje igual al de la jornada pactada en el contrato al que se le sumarán 30 puntos porcentuales, sin que en ningún caso pueda superar el 100 por 100 de la cuantía prevista. (2)

8. Los contratos de trabajo que se celebren con los trabajadores incluidos en los colectivos a que se refiere este artículo se formalizarán en el modelo oficial que facilite el Servicio Público de Empleo Estatal. (2)

Art. 3. .... (4)

(1) A partir del 11 de diciembre de 2008, para la víctima de violencia de género ese importe pasa a ser de 125 euros/mes, 1500 euros/año (RD 1917/08).

(2) Apartado derogado a partir del 1 de septiembre de 2023, fecha de entrada en vigor del Real Decreto-ley 1/2023, de 10 de enero.

(3) Apartado añadido por el Real Decreto-ley 11/2021, de 27 de mayo, y derogado a partir del 1 de septiembre de 2023, fecha de entrada en vigor del Real Decreto-ley 1/2023, de 10 de enero.

(4) Artículo derogado por la Ley 35/2010, de 17 de septiembre.

Art. 4. Bonificaciones para el mantenimiento del empleo y la igualdad de oportunidades

1. .... (1)
2. .... (2)

Art. 5. Requisitos de los beneficiarios

Los beneficiarios de las bonificaciones previstas en este Programa deberán reunir los siguientes requisitos:

a) Hallarse al corriente en el cumplimiento de sus obligaciones tributarias y de Seguridad Social tanto en la fecha de alta de los trabajadores como durante la aplicación de las bonificaciones correspondientes. Si durante el período de bonificación existe una falta de ingreso en plazo reglamentario de dichas obligaciones, se producirá la pérdida automática de las bonificaciones reguladas en el presente Programa, respecto de las cuotas correspondientes a períodos no ingresados en dicho plazo, teniéndose en cuenta dicho período como consumido para el cómputo del tiempo máximo de bonificación.

b) No haber sido excluidos del acceso a los beneficios derivados de la aplicación de los programas de empleo por la comisión de infracciones muy graves no prescritas, todo ello de conformidad con lo previsto en el artículo 46.2 de la Ley sobre Infracciones y Sanciones en el Orden Social, Texto Refundido aprobado en el Real Decreto Legislativo 5/2000, de 4 de agosto.

Art. 6. Exclusiones

1. Las bonificaciones previstas en este Programa no se aplicarán en los siguientes supuestos:

a) Relaciones laborales de carácter especial previstas en el artículo 2 del Estatuto de los Trabajadores, Texto Refundido aprobado por el Real Decreto Legislativo 1/1995, de 24 de marzo, u otras disposiciones legales, con la excepción de la relación laboral de trabajadores con discapacidad en Centro Especial de Empleo. (3)

b) Contrataciones que afecten al cónyuge, ascendientes, descendientes y demás parientes por consanguinidad o afinidad, hasta el segundo grado inclusive, del empresario o de quienes tengan el control empresarial, ostenten cargos de dirección o sean miembros de los órganos de administración de las entidades o de las empresas que revistan la forma jurídica de sociedad, así como las que se produzcan con estos últimos.

No será de aplicación esta exclusión cuando el empleador sea un trabajador autónomo que contrate como trabajador por cuenta ajena a los hijos menores de 30 años, tanto si conviven o no con él, o cuando se trate de un trabajador autónomo sin asalariados, y contrate a un solo familiar menor de 45 años, que no conviva en su hogar ni esté a su cargo.

c) Contrataciones realizadas con trabajadores que en los 24 meses anteriores a la fecha de la contratación hubiesen prestado servicios en la misma empresa, grupo de empresas o entidad mediante un contrato por tiempo indefinido, o en los últimos 6 meses mediante un contrato de duración determinada o temporal o mediante un contrato formativo, de relevo o de sustitución por jubilación.

No se aplicará lo establecido en el párrafo anterior en los supuestos de transformación de los contratos, en que se estará a lo previsto en los artículos 2.6, 3 y 4.2.

Lo dispuesto en este apartado será también de aplicación en el supuesto de vinculación laboral anterior del trabajador con empresas a las que el solicitante de los beneficios haya sucedido en virtud de lo establecido en el artículo 44 del Estatuto de los Trabajadores.

d) Trabajadores que hayan finalizado su relación laboral de carácter indefinido en otra empresa en un plazo de 3 meses previos a la formalización del contrato. Esta exclusión no se aplicará cuando la finalización del contrato sea por despido reconocido o declarado improcedente, o por despido colectivo.

2. Las empresas que hayan extinguido o extingan por despido reconocido o declarado improcedente o por despido colectivo contratos bonificados quedarán excluidas por un período de 12 meses de las bonificaciones establecidas en este Programa. La citada exclusión afectará a un número de contratos igual al de las extinciones producidas.

El período de exclusión se contará a partir del reconocimiento o de la declaración de improcedencia del despido o de la extinción derivada del despido colectivo.

3. Cuando se trate de contrataciones con trabajadores con discapacidad, sólo les serán de aplicación las exclusiones de la letra c), si el contrato previo hubiera sido por tiempo indefinido, y de la letra d) del apartado 1, así como la establecida en el apartado 2.

No obstante, la exclusión establecida en la letra d) del apartado 1 no será de aplicación en el supuesto de contratación de trabajadores con discapacidad procedentes de centros especiales de empleo, tanto en lo que se refiere a su incorporación a una empresa ordinaria, como en su posible retorno al centro especial de empleo de procedencia o a otro centro especial de empleo. Tampoco será de aplicación dicha exclusión en el supuesto de incorporación a una empresa ordinaria de trabajadores con discapacidad en el marco del programa de empleo con apoyo.

En todo caso, las exclusiones de las citadas letras c) y d) no se aplicarán si se trata de trabajadores con especiales dificultades para su inserción laboral. A estos efectos, se considerará que existen dichas especiales dificultades cuando el trabajador esté incluido en alguno de los grupos siguientes:

a) Personas con parálisis cerebral, personas con enfermedad mental o personas con discapacidad intelectual, con un grado de discapacidad reconocido igual o superior al 33 por 100.

b) Personas con discapacidad física o sensorial, con un grado de discapacidad reconocido igual o superior al 65 por 100.

Art. 7. Concurrencia, cuantía máxima e incompatibilidad de las bonificaciones

1. En el supuesto en que la contratación de un trabajador pudiera dar lugar simultáneamente a su inclusión en más de uno de los supuestos para los que están previstas bonificaciones en este Programa, sólo será posible aplicarlas respecto de uno de ellos, correspondiendo la opción al beneficiario en el momento de formalizar el alta del trabajador en la Seguridad Social que da derecho a la aplicación de las bonificaciones.

No obstante lo señalado en el párrafo anterior, las bonificaciones en las cotizaciones previstas para los contratos indefinidos con trabajadores de 60 o más años y con una antigüedad en la empresa de 5 o más años serán compatibles con las bonificaciones establecidas con carácter general, sin que en ningún caso la suma de las bonificaciones aplicables pueda superar el 100 por 100 de la cuota empresarial a la Seguridad Social, sin perjuicio, en su caso, de lo dispuesto en el artículo 112 bis del Texto Refundido de la Ley General de la Seguridad Social, aprobado por Real Decreto Legislativo 1/1994, de 20 de junio. (4)

.... (5)

2. Las bonificaciones no podrán, en ningún caso, superar el 100 por 100 de la cuota empresarial a la Seguridad Social que hubiera correspondido ingresar.

3. Las bonificaciones aquí previstas no podrán, en concurrencia con otras medidas de apoyo público establecidas

(1) Apartado derogado por el Real Decreto-ley 20/2012, de 13 de julio.

(2) Apartado derogado por el Real Decreto-ley 3/2012, de 10 de febrero, y la Ley 3/2012, de 6 de julio.

(3) El vigente Estatuto de los Trabajadores es el texto refundido de la Ley aprobado por el Real Decreto Legislativo 2/2015, de 23 de octubre.

(4) La referencia al último párrafo del artículo 112 bis debe entenderse realizada al artículo 152 del texto refundido de la Ley General de la Seguridad Social aprobado por el Real Decreto Legislativo 8/2015, de 30 de octubre.

(5) Párrafo derogado por la Ley 35/2010, de 17 de septiembre.

para la misma finalidad, superar el 60 por 100 del coste salarial anual correspondiente al contrato que se bonifica, salvo en el caso de los trabajadores con discapacidad contratados por los Centros Especiales de Empleo, en que se estará a lo establecido en la normativa reguladora de las ayudas y subvenciones destinadas a la integración laboral de las personas con discapacidad en estos Centros.

Art. 8. Mantenimiento de bonificaciones

1. Cuando, durante la vigencia de un contrato bonificado al amparo de esta Ley que se hubiera concertado a tiempo parcial, se transforme en a tiempo completo, o viceversa, no se perderán las bonificaciones, sino que se percibirán conforme corresponda al nuevo contrato, sin que ello suponga el inicio de ningún nuevo período de bonificación.

En el supuesto de que se reitere la novación del contrato a que se refiere el párrafo anterior, se perderán las bonificaciones a partir de la segunda novación, salvo que esta última sea de tiempo parcial a tiempo completo.

No se producirá tampoco la pérdida de las bonificaciones en los supuestos en que los trabajadores jubilados parcialmente incrementen anualmente la reducción de su jornada de trabajo y salario, de acuerdo con lo establecido en la normativa aplicable.

2. Se podrán mantener las bonificaciones de las cuotas a la Seguridad Social que se vinieran disfrutando por la contratación indefinida de un trabajador cuando éste haya extinguido voluntariamente un contrato acogido a medidas previstas en los Programas de Fomento del Empleo de aplicación a partir del 17 de mayo de 1997, incluidas las medidas reguladas en este Programa de Fomento, y sea contratado sin solución de continuidad mediante un nuevo contrato indefinido, a tiempo completo o parcial, incluida la modalidad de fijo discontinuo, por otra empresa o entidad, dentro del mismo grupo de empresas.

En este caso, al nuevo contrato le serán de aplicación las bonificaciones de las cuotas a la Seguridad Social que respecto del trabajador se vinieran disfrutando por el anterior empleador, en la misma cuantía y por el tiempo que reste para completar el período total previsto en el momento de su contratación indefinida inicial. En el supuesto de que el contrato fuera a tiempo parcial y se transforme en a tiempo completo, o viceversa, se estará a lo establecido en el apartado anterior.

Si el primer empleador hubiera percibido alguna otra ayuda de fomento del empleo por la misma contratación, no estará obligado a su devolución, ni se tendrá derecho a una nueva ayuda en su caso por el nuevo contrato.

3. En caso de sucesión de empresas, en virtud de lo establecido en el artículo 44 del Estatuto de los Trabajadores, el nuevo empleador no perderá el derecho a las bonificaciones disfrutadas por el anterior, beneficiándose de ellas por el tiempo que reste hasta el período máximo que correspondiera.

Art. 9. Reintegro de los beneficios

1. En los supuestos de obtención de las bonificaciones sin reunir los requisitos exigidos, procederá la devolución de las cantidades dejadas de ingresar por bonificación de cuotas a la Seguridad Social con el recargo y los intereses de demora correspondientes, según lo establecido en las normas recaudatorias en materia de Seguridad Social.

2. La obligación de reintegro establecida en el párrafo anterior se entiende sin perjuicio de lo previsto en la Ley sobre Infracciones y Sanciones en el Orden Social.

. . . .

DISPOSICIONES ADICIONALES

Primera. Contrato temporal de fomento del empleo para personas con discapacidad

1. Las empresas podrán contratar temporalmente para la realización de sus actividades, cualquiera que fuere la naturaleza de las mismas, a trabajadores con discapacidad desempleados inscritos en la oficina de empleo, con un grado de minusvalía igual o superior al 33 por 100 o a pensionistas de la Seguridad Social que tengan reconocida una pensión de incapacidad permanente en el grado de total, absoluta o gran invalidez y a pensionistas de clases pasivas que tengan reconocida una pensión de jubilación o de retiro por incapacidad permanente para el servicio o inutilidad.

2. La duración de estos contratos no podrá ser inferior a 12 meses ni superior a 3 años. Cuando se concierten por un plazo inferior al máximo establecido podrán prorrogarse antes de su terminación por períodos no inferiores a 12 meses.

3. A la terminación del contrato el trabajador tendrá derecho a percibir una compensación económica equivalente a 12 días de salario por año de servicio.

4. No podrán contratar temporalmente al amparo de la presente disposición las empresas que en los 12 meses anteriores a la contratación hayan extinguido contratos indefinidos por despido reconocido o declarado improcedente o por despido colectivo.

El período de exclusión se contará a partir del reconocimiento o de la declaración de improcedencia del despido o de la extinción derivada del despido colectivo.

5. A estos contratos les será de aplicación la subvención establecida en el artículo 12 del Real Decreto 1451/1983, de 11 de mayo, por el que, en cumplimiento de lo previsto en Ley 13/1982, de 7 de abril, se regula el empleo selectivo y las medidas de fomento del empleo de los trabajadores minusválidos. (1)

6. La transformación de los contratos de duración determinada regulados en esta disposición en contratos indefinidos dará derecho a la obtención de las subvenciones establecidas en el Real Decreto 1451/1983, de 11 de mayo.

7. Los empresarios deberán contratar a los trabajadores a través de la oficina de empleo y formalizar los contratos por escrito en el modelo oficial que se facilite por el Servicio Público de Empleo Estatal.

8. El Gobierno podrá modificar lo establecido en esta disposición, de acuerdo con el artículo 17.3 del Estatuto de los Trabajadores, previa consulta a las organizaciones empresariales y sindicales más representativas.

Segunda. Exclusión social y fomento del empleo

A efectos del Programa de Fomento del Empleo regulado en la sección 1.ª del capítulo I de esta Ley, la situación de exclusión social se acreditará por la pertenencia a alguno de los colectivos relacionados en el apartado 1 del artículo 2 de la Ley para la regulación del régimen de las empresas de inserción.

Tercera. Financiación, aplicación y control de los incentivos del Programa de Fomento del Empleo (2)

1. Las bonificaciones previstas para las contrataciones establecidas en el Programa de Fomento del Empleo regulado en esta Ley, se financiarán con cargo a la correspondiente partida presupuestaria del Servicio Público de Empleo Estatal.

2. Las bonificaciones de cuotas de la Seguridad Social se aplicarán por los empleadores con carácter automático en los correspondientes documentos de cotización, sin perjuicio de su control y revisión por la Inspección de Trabajo y Seguridad

(1) Las referencias en esta Ley a «grado de minusvalía», «trabajadores minusválidos» y «minusválidos», se entenderán realizadas a «grado de discapacidad», «trabajadores con discapacidad» y «personas con discapacidad», respectivamente (DA 2.ª RD 1971/99).

(2) Esta disposición adicional tercera queda derogada a partir del 1 de septiembre de 2023, fecha de entrada en vigor del Real Decreto-ley 1/2023, de 10 de enero.

Social, por la Tesorería General de Seguridad Social y por el Servicio Público de Empleo Estatal.

3. La Tesorería General de la Seguridad Social facilitará mensualmente al Servicio Público de Empleo Estatal, el número de trabajadores objeto de bonificaciones de cuotas a la Seguridad Social, desagregados por cada uno de los colectivos de bonificación, con sus respectivas bases de cotización y las deducciones que se apliquen de acuerdo con los programas de incentivos al empleo y que son financiadas por el Servicio Público de Empleo Estatal.

4. Con la misma periodicidad, la Dirección General del Servicio Público de Empleo Estatal, facilitará a la Dirección General de Inspección de Trabajo y Seguridad Social la información necesaria sobre el número de contratos comunicados objeto de bonificaciones de cuotas, detallados por colectivos, así como cuanta información relativa a las cotizaciones y deducciones aplicadas a los mismos sea precisa, al efecto de facilitar a este centro directivo la planificación y programación de la actuación inspectora que permita vigilar la adecuada aplicación de las bonificaciones previstas en los correspondientes programas de incentivos al empleo, por los sujetos beneficiarios de la misma.

. . . .

Octava. Modalidades de contratación en centros especiales de empleo

Los contratos que concierten los centros especiales de empleo con trabajadores con discapacidad a los que sea aplicable el Real Decreto 1368/1985, de 17 de julio, por el que se regula la relación laboral de carácter especial de los minusválidos que trabajen en los centros especiales de empleo, deberán ajustarse a cualquiera de las modalidades de contratación previstas en la legislación laboral, de acuerdo con los requisitos establecidos en cada caso. (1)

. . . .

DISPOSICIONES FINALES

. . . .

Séptima. Entrada en vigor

La presente Ley entrará en vigor el día siguiente al de su publicación en el *Boletín Oficial del Estado.*

(1) Las referencias en esta Ley a «grado de minusvalía», «trabajadores minusválidos» y «minusválidos», se entenderán realizadas a «grado de discapacidad», «trabajadores con discapacidad» y «personas con discapacidad», respectivamente (DA 2.ª RD 1971/99).

13. Ley 3/2012, de 6 de julio, de medidas urgentes para la reforma del mercado laboral

. . . .

Art. 3. Reducciones de cuotas en los contratos para la formación y el aprendizaje (1)

1. Las empresas que, a partir de la entrada en vigor de esta Ley celebren contratos para la formación y el aprendizaje con trabajadores desempleados inscritos en la oficina de empleo, tendrán derecho, durante toda la vigencia del contrato, incluidas las prórrogas, a una reducción de las cuotas empresariales a la Seguridad Social por contingencias comunes, así como las correspondientes a accidentes de trabajo y enfermedades profesionales, desempleo, fondo de garantía salarial y formación profesional, correspondientes a dichos contratos, del 100 por 100 si el contrato se realiza por empresas cuya plantilla sea inferior a 250 personas, o del 75 por 100, en el supuesto de que la empresa contratante tenga una plantilla igual o superior a esa cifra.

Asimismo, en los contratos para la formación y el aprendizaje celebrados o prorrogados según lo dispuesto en el párrafo anterior, se reducirá el 100 por 100 de las cuotas de los trabajadores a la Seguridad Social durante toda la vigencia del contrato, incluidas las prórrogas.

2. Las empresas que, a la finalización de su duración inicial o prorrogada, transformen en contratos indefinidos los contratos para la formación y el aprendizaje, cualquiera que sea la fecha de su celebración, tendrán derecho a una reducción en la cuota empresarial a la Seguridad Social de 1500 euros/año, durante 3 años. En el caso de mujeres, dicha reducción será de 1800 euros/año.

En el supuesto de trabajadores contratados para la formación y el aprendizaje y puestos a disposición de empresas usuarias, estas tendrán derecho, en los mismos términos, a idéntica reducción cuando, sin solución de continuidad, concierten con dichos trabajadores un contrato de trabajo por tiempo indefinido.

3. En lo no previsto en este artículo, será de aplicación lo establecido en la sección I del capítulo I de la Ley 43/2006, de 29 de diciembre, para la mejora del crecimiento y del empleo.

4. Las reducciones previstas en este artículo no serán de aplicación en los contratos para la formación y el aprendizaje cuando se suscriban en el marco de las acciones y medidas establecidos en la letra d) del artículo 25.1 de la Ley 56/2003, de 16 de diciembre, de Empleo, incluyendo los proyectos de Escuelas Taller, Casas de Oficios y Talleres de Empleo.

5. Los beneficios en las cotizaciones a la Seguridad Social a cargo de las empresas previstos en este artículo consistirán en una bonificación cuando la contratación se produzca con trabajadores inscritos en el Sistema Nacional de Garantía Juvenil que cumplan con los requisitos establecidos en el artículo 105 de la Ley 18/2014, de 15 de octubre, de aprobación de medidas urgentes para el crecimiento, la competitividad y la eficiencia, aplicándose dicha bonificación en los mismos términos que las reducciones previstas en los apartados anteriores.

CAPÍTULO II

Fomento de la contratación indefinida y otras medidas para favorecer la creación de empleo

. . . .

Art. 7. Bonificaciones de cuotas por transformación de contratos en prácticas, de relevo y de sustitución en indefinidos (2)

1. Las empresas que transformen en indefinidos contratos en prácticas, a la finalización de su duración inicial o prorrogada, o que transformen en indefinidos contratos de relevo y de sustitución por anticipación de la edad de jubilación, cualquiera que sea la fecha de su celebración, tendrán derecho a una bonificación en la cuota empresarial a la Seguridad Social de 41,67 euros/mes (500 euros/año), durante 3 años.

En el caso de mujeres, dichas bonificaciones serán de 58,33 euros/mes (700 euros/año).

2. Podrán ser beneficiarios de las bonificaciones establecidas en este artículo las empresas que tengan menos de 50 trabajadores en el momento de producirse la contratación, incluidos los trabajadores autónomos, y sociedades laborales o cooperativas a las que se incorporen trabajadores como socios trabajadores o de trabajo, siempre que estas últimas hayan optado por un Régimen de Seguridad Social propio de trabajadores por cuenta ajena.

---

(1) Estas reducciones tienen la naturaleza de bonificaciones en las cotizaciones sociales en el caso de trabajadores inscritos en el Sistema Nacional de Garantía Juvenil que cumplan con los requisitos establecidos en el artículo 105 de la Ley 18/2014, de 15 de octubre (DT RDI 6/16).

Se extiende a los contratos formativos en alternancia los beneficios en la cotización establecidos para los contratos para la formación y el aprendizaje (DA 43.ª LSS).

Este artículo queda derogado a partir del 1 de septiembre de 2023, fecha de entrada en vigor del Real Decreto-ley 1/2023, de 10 de enero.

(2) Artículo derogado a partir del 1 de septiembre de 2023, fecha de entrada en vigor del Real Decreto-ley 1/2023, de 10 de enero.

En el supuesto de trabajadores contratados en prácticas y puestos a disposición de empresas usuarias, estas tendrán derecho, en los mismos términos, a idénticas bonificaciones cuando, sin solución de continuidad, concierten con dichos trabajadores un contrato de trabajo por tiempo indefinido.

3. En lo no previsto en esta disposición, será de aplicación lo establecido en la sección I del capítulo I de la Ley 43/2006, de 29 de diciembre, para la mejora del crecimiento y del empleo.

. . . .

DISPOSICIONES ADICIONALES

Primera. Financiación, aplicación y control de las bonificaciones y reducciones de las cotizaciones sociales

1. Las bonificaciones de cuotas previstas en esta Ley, se financiarán con cargo a la correspondiente partida presupuestaria del Servicio Público de Empleo Estatal. Las reducciones de cuotas previstas para las contrataciones y transformaciones de los contratos para la formación y el aprendizaje establecidas en esta Ley se financiarán con cargo a la correspondiente partida presupuestaria de la Tesorería General de la Seguridad Social.

2. Las bonificaciones y las reducciones de cuotas de la Seguridad Social se aplicarán por los empleadores con carácter automático en los correspondientes documentos de cotización, sin perjuicio de su control y revisión por la Inspección de Trabajo y Seguridad Social, por la Tesorería General de Seguridad Social y por el Servicio Público de Empleo Estatal.

3. La Tesorería General de la Seguridad Social facilitará mensualmente al Servicio Público de Empleo Estatal, el número de trabajadores objeto de bonificaciones de cuotas a la Seguridad Social, desagregados por cada uno de los colectivos de bonificación, con sus respectivas bases de cotización y las deducciones que se apliquen de acuerdo con los programas de incentivos al empleo y que son financiadas por el Servicio Público de Empleo Estatal.

4. Con la misma periodicidad, la Dirección General del Servicio Público de Empleo Estatal, facilitará a la Dirección General de Inspección de Trabajo y Seguridad Social la información necesaria sobre el número de contratos comunicados objeto de bonificaciones de cuotas, detallados por colectivos, así como cuanta información relativa a las cotizaciones y deducciones aplicadas a los mismos sea precisa, al efecto de facilitar a este centro directivo la planificación y programación de la actuación inspectora que permita vigilar la adecuada aplicación de las bonificaciones previstas en los correspondientes programas de incentivos al empleo, por los sujetos beneficiarios de la misma.

. . . .

14. Ley 18/2014, de 15 de octubre, de aprobación de medidas urgentes para el crecimiento, la competitividad y la eficiencia

. . . .

TÍTULO IV

MEDIDAS DE FOMENTO DE LA EMPLEABILIDAD Y LA OCUPACIÓN

CAPÍTULO I

Sistema nacional de garantía juvenil

Sección 1.ª

Disposiciones generales

Art. 87. Objeto

El presente capítulo tiene por objeto regular el régimen general del Sistema Nacional de Garantía Juvenil en España y el procedimiento de atención a los beneficiarios del mismo.

Asimismo, se establecen nuevas medidas de apoyo a la formación y a la contratación para el colectivo de jóvenes no ocupados ni integrados en los sistemas de educación o formación.

Art. 88. Ámbito de aplicación (1)

Los sujetos que participan en el Sistema Nacional de Garantía Juvenil son los siguientes:

. . . .

d) Los interlocutores sociales y entidades que actúen en el ámbito privado.

e) Los jóvenes mayores de 16 años y menores de 30 que cumplan con los requisitos recogidos en esta Ley para beneficiarse de una acción derivada del Sistema Nacional de Garantía Juvenil.

. . . .

Sección 2.ª

Sistema nacional de garantía juvenil

Subsección 2.ª

Inscripción en el Sistema Nacional de Garantía Juvenil

Art. 96. Objeto de la inscripción (2)

Para beneficiarse de una acción derivada del marco de la Garantía Juvenil será necesario inscribirse con el objetivo de que los sujetos contemplados en las letras a), b), c) y d) del artículo 88 puedan identificar a las personas interesadas que reúnen los requisitos que se establecen en la presente ley así como, con carácter previo a la atención, permitir recabar sus características personales, educativas, formativas, de experiencia laboral, entre otras, que resultan relevantes para dicha atención.

Art. 97. Requisitos para la inscripción (3)

Se establecen los siguientes requisitos para inscribirse en el Sistema Nacional de Garantía Juvenil:

a) Tener nacionalidad española o ser ciudadanos de la Unión Europea o de los Estados parte del Acuerdo sobre el Espacio Económico Europeo o Suiza que se encuentren en España en ejercicio de la libre circulación y residencia.

También podrán inscribirse los extranjeros titulares de una autorización para residir en territorio español que habilite para trabajar, así como los menores no acompañados que aporten una Acreditación de los Servicios de Protección de Menores de la Comunidad Autónoma que justifique individualmente el acceso, mediante la inscripción, a actividades o programas de educación o formación que redunden en su beneficio. (4)

b) Estar empadronado en cualquier localidad del territorio español.

c) Tener más de 16 años y menos de 30 años. (5)

(1) Artículo redactado conforme a lo dispuesto en el Real Decreto ley 8/2019, de 8 de marzo.

(2) Artículo redactado conforme a lo dispuesto en el Real Decreto ley 6/2016, de 23 de diciembre.

(3) Artículo redactado conforme a lo dispuesto en el Real Decreto ley 6/2016, de 23 de diciembre.

(4) Letra redactada conforme a lo dispuesto en el Real Decreto-ley 2/2021, de 26 de enero.

(5) Letra redactada conforme a lo dispuesto en el Real Decreto-ley 8/2019, de 8 de marzo.

d) No haber trabajado en el día natural anterior a la fecha de presentación de la solicitud.

e) No haber recibido acciones educativas en el día natural anterior a la fecha de presentación de la solicitud.

f) No haber recibido acciones formativas en el día natural anterior a la fecha de presentación de la solicitud.

g) Presentar una declaración expresa de tener interés en participar en el Sistema Nacional de Garantía Juvenil, adquiriendo un compromiso de participación activa en las actuaciones que se desarrollen en el marco de la Garantía Juvenil. En el caso de los demandantes de empleo bastará con su inscripción en los servicios públicos de empleo.

. . . .

Art. 99. Lista única de demanda (1)

1. Las personas interesadas en la atención del Sistema Nacional de Garantía Juvenil, inscritas en el fichero creado al efecto, pasarán a constituir una lista única de demanda a disposición de los sujetos incluidos en las letras a), b), c) y d) del artículo 88 que deberán identificarse por los mecanismos oportunos, garantizándose que sus actuaciones se realizan en el marco de Garantía Juvenil y de conformidad a lo contemplado en esta norma.

2. La lista única será tratada y ordenada por parte de los sujetos incluidos en las letras a), b) c) y d) del artículo 88 quienes emplearán esos datos de acuerdo a sus criterios de selección y/o a las normas que regulen sus propias convocatorias o acciones en el desarrollo de los objetivos contemplados en el artículo 90.

3. El tratamiento y ordenación de la lista única de demanda del Sistema Nacional de Garantía Juvenil tiene por objeto la identificación de las personas inscritas en el Sistema Nacional de Garantía Juvenil que cumplen con los requisitos establecidos por los sujetos incluidos en las letras a), b) c) y d) del artículo 88, siendo responsabilidad de ellos la selección de beneficiarios y la integración de la información generada, para la actualización del sistema.

. . . .

Subsección 4.ª

Atención del Sistema Nacional de Garantía Juvenil

. . . .

Art. 105. Requisitos y proceso de atención

1. Para ser beneficiario de las medidas o acciones previstas en el artículo 106, será necesaria la inscripción e inclusión en la lista única de demanda, el cumplimiento de los requisitos específicos exigidos en las convocatorias o en las acciones que desarrollen cualquiera de los sujetos incluidos en las letras a), b) c) y d) del artículo 88.

Transcurridos 4 meses desde la fecha de inscripción en el Sistema Nacional de Garantía Juvenil se deberá comprobar, con carácter previo a prestar cualquier tipo de atención, que se siguen cumpliendo los requisitos que permitieron la inscripción del joven, esto es:

a) No haber trabajado en el día natural anterior al momento de recibir la actuación.

b) No haber recibido acciones educativas en el día natural anterior al momento de recibir la actuación.

c) No haber recibido acciones formativas en el día natural anterior al momento de recibir la actuación.

Los requisitos previstos en las letras b) y c) del presente apartado no serán de aplicación para el disfrute de las medidas contempladas en las letras c) y d) del artículo 106 así como de los incentivos previstos en los artículos 107, 108 y 109.

En el supuesto de personas beneficiarias de alguna medida o acción previstas en el artículo 106 que, a 1 de enero de 2017, no estuvieran inscritas en el Sistema Nacional de Garantía Juvenil, se tendrá en cuenta lo establecido en el apartado quinto del artículo 98. (2)

Los requisitos previstos en las letras a), b) y c) del presente apartado no son de aplicación en el caso de medidas que contribuyan al mantenimiento del empleo de personas jóvenes que eran beneficiarias del Sistema Nacional de Garantía Juvenil cuando accedieron a su empleo o actuación previa y se hayan visto afectadas por expedientes de regulación de empleo temporales. Esta disposición tendrá efectos desde la fecha en que dichos expedientes de regulación temporal de empleo temporales hubieran sido reconocidos. (3)

2. El desarrollo del proceso de atención a partir de la lista única de demanda será realizado, en el ámbito de sus competencias, por parte de los sujetos incluidos en las letras a), b), c) y d) del artículo 88. (2)

3. En todo caso, para la ordenación de la lista única de demanda, a la que se refiere el artículo 99 así como para llevar a cabo el proceso de atención, se tendrán en cuenta criterios como la edad, la experiencia laboral previa, la permanencia en el desempleo o el nivel de cualificación, priorizando a aquellas personas jóvenes que no hayan recibido previamente atención por parte del Sistema y a aquellos que estén más próximos a cumplir la edad máxima prevista en el sistema.

4. Las personas inscritas podrán acceder mediante identificación electrónica a los contenidos específicos que se habiliten al objeto de atenderles, utilizando para ello los medios existentes para dicha identificación, incluido el empleo de usuario y contraseña obtenidos de conformidad a lo indicado en el artículo 98.

5. Se considerará como atendido todo sujeto que, cumpliendo los requisitos descritos en el apartado 1, haya aceptado ser beneficiario y reciba cualquiera de las actuaciones que se desarrollen. En el supuesto de rechazo a la propuesta de actuación ofertada, los sujetos incluidos en las letras a), b) c) y d) del artículo 88 evaluarán la situación y determinarán la conveniencia de ofrecer otras actuaciones a aquellos sujetos que, habiendo sido contemplados como beneficiarios, no cumplen con el requisito de participación activa. (2)

6. Los usuarios atendidos podrán ser beneficiarios nuevamente del Sistema Nacional de Garantía Juvenil en el supuesto de que cumplan con los requisitos recogidos en el apartado 1 del presente artículo y manifiesten su interés por recibir atención.

7. Los usuarios que estén siendo atendidos con alguna de las medidas o acciones previstas en el artículo 106, seguirán siendo beneficiarios, y las empresas, incluidos los trabajadores autónomos, seguirán recibiendo los incentivos contemplados en los artículos 107, 108 y 109, aun habiendo superado la edad prevista en el primer párrafo del apartado 4 del artículo 101 de esta Ley.

Art. 106. Medidas y acciones (4)

Los objetivos establecidos en el artículo 90 requieren el desarrollo de las siguientes medidas y acciones a favor de los sujetos a los que se refiere el artículo 88 e):

. . . .

c) En cumplimiento del objetivo de apoyo a la contratación, se desarrollarán aquellas actuaciones o medidas que

(1) Artículo redactado conforme a lo dispuesto en el Real Decreto-ley 6/2016, de 23 de diciembre.

(2) Apartado redactado conforme a lo dispuesto en el Real Decreto-ley 6/2016, de 23 de diciembre.

(3) Párrafo añadido por el Real Decreto-ley 2/2021, de 26 de enero.

(4) Artículo redactado conforme a lo dispuesto en el Real Decreto-ley 2/2021, de 26 de enero.

incentiven la inserción laboral de los sujetos mayores de 16 años a los que se refiere el artículo 88 e) que podrán consistir en incentivos en la cotización a la Seguridad Social, fomento de los contratos formativos previstos en la normativa vigente, ayudas al empleo para la contratación con un período mínimo de permanencia, fomento de la Economía Social, formación y fomento del empleo para el colectivo de jóvenes investigadores, medidas que contribuyan al mantenimiento del empleo de personas jóvenes que eran beneficiarias del Sistema Nacional de Garantía Juvenil cuando accedieron a su empleo o actuación previa y se han visto afectados por expedientes de regulación temporal de empleo así como cualesquiera otras de carácter similar.

. . . .

15. Real Decreto-ley 1/2023, de 10 de enero, de medidas urgentes en materia de incentivos a la contratación laboral y mejora de la protección social de las personas artistas (*)

CAPÍTULO I

Disposiciones generales

. . . .

Sección 2.ª

Personas destinatarias de las medidas de fomento del empleo

Art. 4. Personas destinatarias de la contratación laboral incentivada

1. Con independencia de su nacionalidad, origen étnico, sexo, orientación sexual, identidad de género, edad, religión o creencias, ideología, discapacidad, enfermedad o cualquier otra condición o circunstancia personal o social que determine el texto refundido de la Ley de Empleo, podrán ser destinatarias de las medidas de fomento de la contratación laboral, en los términos señalados en el capítulo II cuando se financien mediante bonificaciones en la cotización y en los señalados por las administraciones públicas competentes cuando se financien mediante subvenciones públicas:

a) Personas de atención prioritaria, que figuren registradas en los servicios públicos de empleo como demandantes de servicios de empleo en situación laboral de desempleadas.

No obstante, no se requerirá la inscripción en los servicios públicos de empleo a las mujeres víctimas de violencia de género, de violencias sexuales o de trata de seres humanos, de explotación sexual o laboral, a las mujeres en contextos de prostitución, a las víctimas del terrorismo, a las personas trabajadoras con discapacidad que pasen a prestar sus servicios desde el mercado de trabajo protegido de los centros especiales de empleo o enclaves laborales al mercado de trabajo ordinario, a las personas en riesgo o situación de exclusión social que pasen a prestar sus servicios desde empresas de inserción a empresas del mercado ordinario, así como a las personas inscritas en el Sistema Nacional de Garantía Juvenil. Asimismo, no será precisa la inscripción como demandantes de empleo de las personas destinatarias de la contratación laboral incentivada a las que se excepcione de tal requisito en este Real Decreto-ley, o en cualquier otra norma legal o reglamentaria.

b) Personas trabajadoras que se encuentren en alguno de estos supuestos:

1.º Que vean transformados sus contratos en contratos indefinidos en los supuestos previstos en esta norma.

2.º Que vean mejorada su contratación por conversión de contratos indefinidos a tiempo parcial en contratos indefinidos a tiempo completo, o de contratos fijos discontinuos en contratos indefinidos ordinarios en los supuestos previstos en esta norma.

2. La condición de persona destinataria de la contratación laboral incentivada deberá acreditarse:

a) En el caso de las bonificaciones de cuotas, a la fecha del alta de la persona trabajadora en el régimen correspondiente de la Seguridad Social o, en su caso, a la fecha en que se produzca la variación de datos correspondiente a partir de la cual se produzca el inicio de la aplicación de la bonificación.

b) En el caso de las subvenciones públicas, a la fecha de celebración del contrato incentivado.

3. Los contratos de trabajo que se celebren con las personas trabajadoras incluidas en los colectivos a que se refiere este artículo se formalizarán en el modelo oficial que facilite el Servicio Público de Empleo Estatal.

Art. 5. Personas destinatarias de otros programas o medidas de impulso y mantenimiento del empleo estable

Además de las personas destinatarias de la contratación laboral incentivada a que se refiere el artículo anterior, podrán ser destinatarias de los demás programas o medidas de impulso y mantenimiento del empleo estable las personas consideradas como tales en cada uno de ellos, en los términos señalados en el capítulo II cuando se financien mediante bonificaciones en la cotización y en los señalados por la Administraciones Pública cuando se financien mediante subvenciones públicas previstas en el artículo 1.2, y en particular:

a) Las cotizaciones de las personas trabajadoras sustituidas por motivos de conciliación de la vida familiar y laboral o que cambian de puesto de trabajo por riesgos derivados del embarazo o durante la lactancia natural, así como en los supuestos de enfermedad profesional.

b) Personas trabajadoras que se incorporan como socias trabajadoras o de trabajo a cooperativas y sociedades laborales.

Art. 6. Definiciones de personas destinatarias de las medidas de fomento del empleo

A efectos de esta norma, se entenderá por:

a) Personas de atención prioritaria: las personas incluidas en alguno de los colectivos de atención prioritaria para la política de empleo previstos en el texto refundido de la Ley de Empleo.

(*) Este Real Decreto-ley entra en vigor el 1 de septiembre de 2023.

b) Personas con discapacidad: las definidas como tales en el texto refundido de la Ley General de derechos de las personas con discapacidad y de su inclusión social, aprobado por el Real Decreto Legislativo 1/2013, de 29 de noviembre.

c) Personas con discapacidad que presentan mayores dificultades de acceso al mercado de trabajo: las personas con parálisis cerebral, con trastorno de la salud mental, con discapacidad intelectual o con trastorno del espectro del autismo, con un grado de discapacidad reconocido igual o superior al 33 por 100; así como las personas con discapacidad física o sensorial con un grado de discapacidad reconocido igual o superior al 65 por 100.

d) Personas en riesgo o situación de exclusión social: quienes se hallen incluidas en alguno de los colectivos relacionados en el artículo 2.1 de la Ley 44/2007, de 13 de diciembre, para la regulación del régimen de las empresas de inserción, así como cualquier otro colectivo que, por sus características y situación socio económica tenga acreditada esta condición por los servicios sociales u órganos competentes.

e) Mujeres víctimas de violencia de género: las mujeres que acrediten dicha situación de conformidad con lo previsto en el artículo 23 de la Ley Orgánica 1/2004, de 28 de diciembre, de Medidas de Protección Integral contra la Violencia de Género.

f) Mujeres víctimas de trata de seres humanos, de explotación sexual o laboral y mujeres en contextos de prostitución: las mujeres que acrediten dicha situación mediante informe de un servicio público encargado de la atención integral a las víctimas de trata, explotación sexual o laboral y mujeres en contextos de prostitución o por entidades sociales especializadas debidamente reconocidas por las Administraciones públicas competentes en la materia, de acuerdo con lo dispuesto en el artículo 47 del Real Decreto-ley 6/2022, de 29 de marzo, por el que se adoptan medidas urgentes en el marco del Plan Nacional de respuesta a las consecuencias económicas y sociales de la guerra en Ucrania.

g) Mujeres víctimas de violencias sexuales: las mujeres mayores de 16 años que acrediten dicha situación de conformidad con lo previsto en el artículo 37 de la Ley Orgánica 10/2022, de 6 de septiembre, de garantía integral de la libertada sexual.

h) Víctimas del terrorismo: las personas que acrediten dicha condición de acuerdo con lo dispuesto en el artículo 34 de la Ley 29/2011, de 22 de septiembre, de Reconocimiento y Protección Integral a las Víctimas del Terrorismo.

Sección 3.ª

Beneficiarios de los incentivos

Art. 7. Determinación de los beneficiarios

1. Podrán beneficiarse de los incentivos previstos en este Real Decreto-ley, en los términos y condiciones que para cada programa o medida se determine:

a) Las empresas u otros empleadores.

b) Las personas trabajadoras por cuenta propia o autónomas.

c) Las sociedades laborales o cooperativas por la incorporación de personas socias trabajadoras o de trabajo.

d) Las entidades públicas y privadas sin ánimo de lucro, con la excepción señalada en el apartado 2.

En todo caso, a efectos de la aplicación de los beneficios en las cotizaciones sociales, todos los beneficiarios deberán ser empresas inscritas en el sistema de la Seguridad Social en su condición de sujetos responsables del ingreso de cuotas de la Seguridad Social.

2. No podrán ser beneficiarios la Administración General del Estado, la Administración de las comunidades autónomas y las entidades que integran la Administración local, así como los organismos públicos y demás entidades de derecho público con personalidad jurídica propia vinculadas o dependientes de cualquiera de las Administraciones públicas señaladas anteriormente, en los términos establecidos en el artículo 2 de la Ley 40/2015, de 1 de octubre, de Régimen Jurídico del Sector Público.

No se aplicará lo establecido en este apartado a la contratación de personas trabajadoras con discapacidad por centros especiales de empleo de titularidad pública, así como a la contratación de personas en situación de exclusión social por empresas de inserción participadas por las administraciones o entidades públicas. Tampoco será de aplicación a la contratación del personal investigador predoctoral previsto en el artículo 27.

Art. 8. Requisitos de los beneficiarios

Para ser beneficiario se requerirá:

a) No haber sido inhabilitado para obtener subvenciones y ayudas públicas y para gozar de beneficios e incentivos fiscales o de la Seguridad Social, de acuerdo con el artículo 33.7.f) de la Ley Orgánica 10/1995, de 23 de noviembre, del Código Penal.

b) Respecto de los beneficios en las cotizaciones de la Seguridad Social, no haber sido excluido del acceso a las ayudas, subvenciones, bonificaciones y beneficios derivados de la aplicación de los programas de empleo o formación profesional para el empleo, por la comisión de infracciones graves o muy graves no prescritas, de conformidad con lo previsto en los artículos 46 y 46 bis del texto refundido de la Ley sobre Infracciones y Sanciones en el Orden Social, aprobado por el Real Decreto Legislativo 5/2000, de 4 de agosto.

Asimismo, respecto de las subvenciones públicas, no haber sido excluido del acceso a los beneficios derivados de la aplicación de programas de empleo por la comisión de infracciones graves o muy graves no prescritas, de conformidad con lo previsto en los artículos 62 y 63 de la Ley 38/2003, de 17 de noviembre, General de Subvenciones.

c) Hallarse al corriente en el cumplimiento de sus obligaciones tributarias.

En el caso de que se trate de beneficios en las cuotas de la Seguridad Social, la fecha en que se deberá estar al corriente en el cumplimiento de estas obligaciones será aquella en la que se comunique a la Tesorería General de la Seguridad Social el alta de la persona trabajadora o la variación de datos correspondiente en el supuesto de que el inicio del derecho a la bonificación de cuotas no se produzca como consecuencia del alta.

A los efectos de considerarse cumplido el requisito de hallarse al corriente en las obligaciones tributarias durante toda la duración de los beneficios, así como para el acceso a nuevos beneficios, se considerará que los certificados emitidos por vía telemática por el órgano competente tendrán un plazo de validez de 6 meses desde su emisión, quedando acreditado el cumplimiento del citado requisito durante la totalidad de dicho plazo, con independencia de la situación tributaria en la que se encuentre la empresa entre la fecha a la que se refiere el párrafo anterior y la del vencimiento del plazo de validez de 6 meses indicado anteriormente. Dicho plazo de validez se extenderá durante otros 6 meses desde que se verifique, dentro de cada uno de dichos plazos, la condición de encontrarse al corriente en el cumplimiento de obligaciones tributarias por el acceso a nuevos beneficios.

d) Encontrarse al corriente en el cumplimiento de sus obligaciones con la Seguridad Social en relación con el ingreso por cuotas y conceptos de recaudación conjunta, así como respecto de cualquier otro recurso de la Seguridad Social que sea objeto de la gestión recaudatoria de la Seguridad Social, en los términos y condiciones establecidos en el artículo 20 del texto refundido de la Ley General de la Seguridad Social, aprobado por el Real Decreto Legislativo 8/2015, de 30 de octubre, y en su desarrollo reglamentario, salvo que se establezca legalmente la inaplicación de alguno de los apartados de dicho artículo.

En el supuesto de beneficios en las cuotas empresariales de la Seguridad Social, si durante el período de su disfrute concurren las circunstancias establecidas en el artículo 20.3 del texto refundido de la Ley General de la Seguridad Social, se producirá la pérdida automática de los beneficios regulados en la presente norma, respecto de las cuotas correspondientes a períodos no ingresados en plazo reglamentario, salvo que sean debidas a error de la Administración, teniéndose en cuenta dicho período como consumido para el cómputo del tiempo máximo de disfrute de tales beneficios. La citada pérdida automática de beneficios se aplicará exclusivamente respecto de las personas trabajadoras en las que concurran las circunstancias descritas en el artículo 20.3 del texto refundido de la Ley General de la Seguridad Social en el marco de las liquidaciones de cuotas practicadas en el sistema de liquidación directa al que se refiere el artículo 22 de la citada ley.

A estos efectos se entenderá que las empresas no se encuentran al corriente en el cumplimiento del requisito al que se refiere esta letra d) cuando el alta de la persona trabajadora se haya comunicado por la empresa ante la Tesorería General de la Seguridad Social en momento posterior a la finalización del plazo reglamentario de presentación de la correspondiente liquidación de cuotas o, en su caso, a aquel en el que se haya realizado la última confirmación de la liquidación de cuotas, dentro del correspondiente plazo reglamentario de presentación, en la que debería haberse incluido por primera vez a la persona trabajadora afectada con aplicación de las bonificaciones en la cotización de que se trate.

e) Contar con el correspondiente plan de igualdad, en el caso de las empresas obligadas legal o convencionalmente a su implantación, de acuerdo con lo establecido en el artículo 45 de la Ley Orgánica 3/2007, de 22 de marzo, para la igualdad efectiva de mujeres y hombres,

El requisito previsto en el párrafo anterior se entenderá cumplido con la inscripción obligatoria en registro público de conformidad con lo previsto en el artículo 11 del Real Decreto 901/ 2020, de 13 de octubre, por el que se regulan los planes de igualdad y su registro y se modifica el Real Decreto 713/2010, de 28 de mayo, sobre registro y depósito de convenios y acuerdos colectivos de trabajo.

Art. 9. Obligaciones de mantenimiento en el empleo

1. En las bonificaciones a la contratación laboral indefinida, incluida la transformación de contratos en los supuestos previstos en esta norma, y por la incorporación, con carácter indefinido, como personas socias trabajadoras o de trabajo en cooperativas y sociedades laborales, el beneficiario deberá mantener a la persona destinataria de estas medidas en situación de alta, o asimilada a la de alta con obligación de cotizar, en el régimen correspondiente de la Seguridad Social, al menos 3 años desde la fecha de inicio del contrato, transformación o incorporación bonificados. Dicha obligación es de aplicación en los supuestos y los términos de este apartado cuando se disfrute de subvenciones previstas en el artículo 1.2.

A efectos de lo establecido en este apartado, se entenderá como fecha de inicio del contrato, la transformación o la incorporación incentivados, la fecha del alta, o, en su caso, variación de datos, de la persona trabajadora en la empresa con las condiciones determinantes de la aplicación del correspondiente beneficio.

2. A efectos del cumplimiento de las obligaciones de mantenimiento de la situación de alta, o asimilada a la de alta, en el correspondiente régimen de la Seguridad Social, no se tendrán en cuenta las extinciones de contratos de trabajo por causas objetivas o por despidos disciplinarios que no hayan sido declarados o reconocidos como improcedentes, los despidos colectivos que no hayan sido declarados no ajustados a derecho, así como las extinciones causadas por dimisión, jubilación, muerte o incapacidad permanente total, absoluta o gran invalidez de las personas trabajadoras, o por resolución del período de prueba. Asimismo, no se tendrán en cuenta las extinciones de contratos de trabajo causadas por jubilación, muerte o incapacidad permanente total, absoluta o gran invalidez del empresario, por expiración del tiempo convenido en caso de contratos formativos o de duración determinada bonificados en esta norma, o por fin del llamamiento de personas trabajadoras con contrato fijo-discontinuo, así como, en el caso de subrogaciones, por las causas legales estipuladas. También quedarán excluidas las extinciones de contratos a personas trabajadoras con discapacidad de centros especiales de empleo que pasen de prestar sus servicios en centros especiales de empleo a la empresa ordinaria.

3. El incumplimiento de las obligaciones de mantenimiento del alta, o de la situación asimilada al alta con obligación de cotizar, en el régimen correspondiente de la Seguridad Social, previstas en este artículo, determinará la pérdida del derecho a los correspondientes beneficios, con aplicación de lo establecido en el artículo 13.

Art. 10. Cuantías y duración de los beneficios

1. La cuantía y la duración de las bonificaciones en la cotización se regirán por lo establecido en cada uno de los programas o medidas previstos en el capítulo II.

Las bonificaciones se aplicarán respecto del importe de las aportaciones empresariales a la cotización a la Seguridad Social por contingencias comunes y por contingencias profesionales, así como a la cotización por los conceptos de recaudación conjunta de desempleo, Fondo de Garantía Salarial y formación profesional, teniendo como límite, en cualquier caso, el 100 por cien del importe de dichas aportaciones.

En el caso de las bonificaciones en la cotización destinadas a promover la contratación laboral, se establece una cuantía de bonificación por cada mes natural completo en el que la persona destinataria de las medidas de fomento de empleo figure en situación de alta con obligación de cotizar la persona trabajadora contratada, durante el período a que se extienda la aplicación de las bonificaciones.

En el supuesto de que la persona trabajadora no figure en alta durante todo un mes natural completo, o la bonificación en la cotización no fuera aplicable a la totalidad de un mes natural completo, el importe de la bonificación aplicable durante dicho período mensual será el resultado de multiplicar el número de días de alta con obligación de cotizar con derecho a la bonificación durante dicho mes por el importe diario de la bonificación. Este importe diario será el que resulte de dividir la bonificación en la cotización mensual aplicable entre 30, y en el caso de que el resultado fuese decimal periódico se tomarán en cuenta las dos cifras decimales con redondeo superior en el caso de que la tercera cifra decimal esté comprendida entre 5 y 9.

2. Respecto de los incentivos a la contratación laboral, sus cuantías se establecen por cada contrato suscrito a tiempo completo.

En los supuestos de contratación a tiempo parcial, las citadas cuantías se reducirán proporcionalmente en función de la jornada establecida, sin que ésta pueda ser inferior, a efectos de la aplicación de los correspondientes incentivos, al 50 por 100 de la jornada a tiempo completo de una persona trabajadora comparable. A estos efectos, se entenderá por persona trabajadora a tiempo completo comparable lo establecido en el artículo 12.1 del texto refundido de la Ley del Estatuto de los Trabajadores, aprobado por Real Decreto Legislativo 2/2015, de 23 de octubre.

A efectos de la aplicación del incentivo en el caso de bonificaciones de cuotas, se entenderá que el porcentaje del 50 por 100 a que hace referencia el párrafo anterior es el porcentaje comunicado por la empresa en el momento del alta, o como variación de datos, identificativo del tiempo de trabajo realizado por la persona trabajadora en cada uno de los días del correspondiente período de liquidación de cuotas. Cuando la jornada de trabajo, definida conforme a lo indicado en este párrafo, sea inferior al 50 por 100 de la jornada a tiempo completo de una persona trabajadora comparable, no resultará de aplicación ningún importe de bonificación de cuotas, teniéndose en cuenta dicho período como consumido para el cómputo del tiempo máximo de disfrute de la bonificación de cuotas.

El citado límite de duración mínima de la jornada a tiempo parcial no resultará de aplicación al colectivo de personas con discapacidad, como medida de adecuación del empleo a sus capacidades, ni tampoco en los supuestos de reducción de jornada previstos en el artículo 37.4, 6 y 8 del texto refundido de la Ley del Estatuto de los Trabajadores, ni durante los períodos en los que las personas trabajadoras reduzcan su jornada de trabajo como consecuencia del ejercicio del derecho a la huelga.

3. Cuando, durante la vigencia de un contrato incentivado que se hubiera concertado a tiempo parcial, el mismo se transforme en contrato a tiempo completo o pase a tener una jornada distinta, con el límite indicado en el apartado anterior, se mantendrán los beneficios, pero sin que ello suponga el inicio de ningún nuevo periodo de aplicación de tales beneficios. A efectos de la aplicación del incentivo en el caso de bonificaciones de cuotas, estas se mantendrán, percibiéndose en la proporción correspondiente a la nueva jornada de trabajo, cuando se produzca una variación del tiempo de trabajo comunicado, mediante variación de datos, por el empleador y, asimismo, se tendrá en cuenta lo indicado en el tercer párrafo del apartado anterior.

4. En caso de sucesión de empresas, en virtud de lo establecido en el artículo 44 del texto refundido de la Ley del Estatuto de los Trabajadores, el nuevo empleador no perderá el derecho a los beneficios o incentivos disfrutados por el anterior, beneficiándose de ellos por el tiempo que reste hasta el periodo máximo que correspondiera, aplicándosele igualmente las obligaciones de mantenimiento del empleo previstas en el artículo 9.

5. En el supuesto de personas trabajadoras que accedan a la jubilación parcial, la empresa no perderá el derecho a los beneficios o incentivos disfrutados hasta entonces, beneficiándose de ellos por el tiempo que reste hasta el periodo máximo que corresponda, con aplicación de las obligaciones de mantenimiento en el empleo previstas en el artículo 9.

Art. 11. Exclusiones

1. Los incentivos a la contratación previstos en este Real Decreto-ley, cualquiera que sea la forma que adopten, no se aplicarán en los siguientes supuestos:

a) Relaciones laborales de carácter especial previstas en el artículo 2 del texto refundido de la Ley del Estatuto de los Trabajadores u otras disposiciones legales, con la excepción de la relación laboral de personas trabajadoras con discapacidad en centros especiales de empleo y la del servicio del hogar familiar, respecto de los beneficios previstos legalmente, así como la de las personas penadas en las instituciones penitenciarias y las personas menores incluidos en el ámbito de aplicación de la Ley Orgánica 5/2000, de 12 de enero, reguladora de la responsabilidad penal de los menores, en los términos señalados en la disposición transitoria segunda.

b) Contrataciones que afecten al cónyuge, ascendientes, descendientes y demás parientes por consanguinidad o afinidad, hasta el segundo grado inclusive, del empresario o de quienes tengan el control empresarial, ostenten cargos de dirección o sean miembros de los órganos de administración de las entidades o de las empresas que revistan la forma jurídica de sociedad, así como las que se produzcan con estos últimos.

c) Contrataciones realizadas con personas trabajadoras que en los 12 meses anteriores a la fecha de alta de la persona trabajadora en el correspondiente régimen de la Seguridad Social hubiesen prestado servicios en la misma empresa o entidad mediante un contrato por tiempo indefinido, o en los últimos 6 meses mediante un contrato de duración determinada o un contrato formativo, cualquiera que sea su modalidad y la duración de su jornada.

No se aplicará lo establecido en el párrafo anterior en los supuestos de transformación de contratos que estén incentivados con arreglo a esta norma.

d) Personas trabajadoras que hayan causado baja en el correspondiente régimen de la Seguridad Social con un contrato de trabajo indefinido para otro empleador en un plazo de 3 meses previos a la fecha del alta en el correspondiente régimen de la Seguridad Social con el contrato incentivado. Esta exclusión no se aplicará cuando la finalización del contrato sea por despido reconocido o declarado improcedente, o por despido colectivo.

Lo dispuesto en este apartado será también de aplicación en el supuesto de vinculación laboral anterior de la persona trabajadora con empleadores a los que la persona solicitante de los incentivos haya sucedido en virtud de lo establecido en el artículo 44 del texto refundido de la Ley del Estatuto de los Trabajadores.

2. Cuando se trate de contrataciones con personas trabajadoras con discapacidad, sólo les serán de aplicación las exclusiones del apartado 1.c), si el contrato previo hubiera sido por tiempo indefinido, y del apartado 1.d).

No obstante, la exclusión establecida en el apartado 1.d) no será de aplicación en el supuesto de contratación de personas trabajadoras con discapacidad procedentes de centros especiales de empleo, tanto en lo que se refiere a su incorporación a una empresa ordinaria, como en su posible retorno al centro especial de empleo de procedencia o a otro centro especial de empleo. Tampoco será de aplicación dicha exclusión en el supuesto de incorporación a una empresa ordinaria de personas trabajadoras con discapacidad en el marco del programa de empleo con apoyo.

3. En todo caso, las exclusiones citadas en el apartado anterior no se aplicarán si se trata de personas trabajadoras con discapacidad que presentan mayores dificultades de acceso al mercado de trabajo. A efectos de esta norma, se considerarán como tales a las personas incluidas en alguno de los grupos señalados en el artículo 6.c).

4. Los empleadores que hayan extinguido o extingan por despido reconocido o declarado improcedente o por despido colectivo contratos incentivados quedarán excluidos por un periodo de 12 meses de los incentivos a la contratación. La citada exclusión afectará a un número de contratos igual al de las extinciones producidas.

El periodo de exclusión se contará a partir del reconocimiento o de la declaración de improcedencia del despido o de la extinción derivada del despido colectivo.

Art. 12. Incompatibilidad y concurrencia de beneficios

1. En el caso en que la contratación de una persona trabajadora o la incorporación a sociedades laborales o cooperativas pudiera dar lugar simultáneamente a su inclusión en más de uno de los supuestos para los que están previstos beneficios en la cotización en esta norma, sólo será posible disfrutarlos respecto de uno de ellos, correspondiendo la opción al beneficiario en el momento de la solicitud del alta, o de la variación de datos, de la persona trabajadora en el correspondiente régimen de la Seguridad Social. Dicha opción se ejercitará a través de la comunicación de los datos establecidos por la Tesorería General de la Seguridad Social para la identificación de la bonificación elegida.

Si la opción del beneficiario, ejercida como una variación de datos, se produce respecto de las bonificaciones en la cotización reguladas en los artículos 18, 19 y 30, y por el mismo trabajador se tuviese derecho, a consecuencia de la contratación inicial, a otra bonificación distinta, la opción por esas bonificaciones supondrá la suspensión en la aplicación de la otra bonificación que se pudiese venir disfrutando respecto de dicho trabajador. La aplicación de la bonificación suspendida podrá reanudarse siempre que no se haya agotado el período máximo para su percepción, entendiéndose, a tal efecto, que el cómputo de dicho período no se ha interrumpido durante el tiempo en que se haya disfrutado de las bonificaciones de los artículos 18, 19 y 30.

Sin perjuicio de lo indicado en el párrafo primero de este apartado, las bonificaciones de cuotas a las que se refiere el artículo 26 serán compatibles con las del artículo 23.

2. Las bonificaciones previstas en este Real Decreto-ley no podrán, en concurrencia con otras medidas de apoyo público establecidas para la misma finalidad, superar el 60 por 100 del coste salarial anual correspondiente al contrato que se bonifica, salvo en el caso de los trabajadores con discapacidad contratados por los Centros Especiales de Empleo, en que se estará a lo establecido en la normativa reguladora de las ayudas y subvenciones destinadas a la integración laboral de las personas con discapacidad en estos Centros.

Art. 13. Reintegros

1. En los supuestos de obtención de beneficios en las cuotas de la Seguridad Social sin reunir los requisitos exigidos y de incumplimiento de las obligaciones previstas en los artículos 9 y 12 procederá la devolución de todas las cantidades dejadas de ingresar con el recargo y los intereses de demora correspondientes, según lo establecido en las normas recaudatorias en materia de Seguridad Social.

2. En el caso de que proceda el reintegro de subvenciones públicas previstas en el artículo 1.2, se estará a lo que establezcan las normas dictadas por la Administración Pública competente para su concesión.

3. Las obligaciones de reintegro establecidas en los apartados anteriores se entiende sin perjuicio de lo previsto en el texto refundido de la Ley sobre Infracciones y Sanciones en el Orden Social y, en su caso, en la Ley 38/2003, de 17 de noviembre, General de Subvenciones.

CAPÍTULO II

Incentivos y otros instrumentos de apoyo al empleo

Sección 1.ª

Bonificaciones en las cuotas de la Seguridad Social y por conceptos de recaudación conjunta

Subsección 1.ª

Contratación laboral de personas con capacidad intelectual límite o readmitidas tras cesar en la empresa por incapacidad permanente

Art. 14. Bonificaciones por la contratación indefinida de personas con capacidad intelectual límite

La contratación indefinida de personas con capacidad intelectual límite dará derecho a una bonificación en la cotización, en los términos establecidos en el artículo 10, de 128 euros/mes durante 4 años.

Se consideran personas con capacidad intelectual límite aquellas que se determinan en el artículo 2 del Real Decreto 368/2021, de 25 de mayo, sobre medidas de acción positiva para promover el acceso al empleo de personas con capacidad intelectual límite.

Art. 15. Bonificaciones por la contratación indefinida de personas trabajadoras readmitidas tras haber cesado en la empresa por incapacidad permanente total o absoluta

1. La contratación indefinida que suponga la readmisión de personas trabajadoras que hubieran cesado en la empresa por incapacidad permanente total o absoluta, según los supuestos previstos en el artículo 2.1 y 2 del Real Decreto 1451/1983, de 11 de mayo, por el que en cumplimiento de lo previsto en la Ley 13/1982, de 7 de abril, se regula el empleo selectivo y las medidas de fomento del empleo de los trabajadores minusválidos, dará derecho a una bonificación en la cotización, en los términos establecidos en el artículo 10, de 138 euros/mes durante un período de 2 años, siempre y cuando la citada readmisión no responda a un derecho de las personas trabajadoras a reincorporarse al puesto de trabajo.

2. La bonificación indicada en el párrafo anterior será también de aplicación en los supuestos de personas mayores de 55 años con incapacidad permanente reincorporadas a su empresa en otra categoría, así como de personas mayores de esa edad que recuperan su capacidad y pudieran ser contratadas por otra empresa.

Subsección 2.ª

Contratación de mujeres víctimas de violencia de género, de violencias sexuales y de trata de seres humanos y explotación sexual o laboral. Otras medidas de conciliación

Art. 16. Bonificaciones por la contratación indefinida de mujeres víctimas de violencia de género, de violencias sexuales y de trata de seres humanos, tanto con fines de explotación sexual como laboral

La contratación indefinida de mujeres que tengan acreditada la condición de víctimas de violencia de género, de violencias sexuales o de trata de seres humanos, de explotación sexual o de explotación laboral, y mujeres en contextos de prostitución conforme a las definiciones contenidas en el artículo 6.e), f) y g), respectivamente, dará derecho a una bonificación en la cotización, en los términos establecidos en el artículo 10, de 128 euros/mes durante 4 años.

Art. 17. Bonificaciones en los contratos de duración determinada que se celebren con personas desempleadas para sustitución de personas trabajadoras en determinados supuestos

1. Darán derecho a una bonificación en la cotización, en los términos establecidos en el artículo 10, de 366 euros/mes durante el período al que se refiere el apartado 2:

a) Los contratos de duración determinada que se celebren con personas jóvenes desempleadas, menores de 30 años, para sustitución de personas trabajadoras que estén percibiendo las prestaciones económicas por riesgo durante el embarazo o riesgo durante la lactancia natural, a las que se refieren los artículos 186 a 189 del texto refundido de la Ley General de la Seguridad Social.

b) Los contratos de duración determinada que se celebren con personas jóvenes desempleadas, menores de 30 años, para sustitución de personas trabajadoras que estén percibiendo las prestaciones económicas por nacimiento y cuidado del menor o la menor o ejercicio corresponsable del cuidado del menor o de la menor lactante, a las que se refieren los artículos 177 a 185 del texto refundido de la Ley General de la Seguridad Social.

c) Los contratos de duración determinada que se celebren con personas desempleadas para sustitución de personas trabajadoras autónomas, personas socias trabajadoras o socias de trabajo de las sociedades cooperativas, en los supuestos y en los términos establecidos en las letras a) y b) anteriores.

La bonificación aplicable a este supuesto será compatible con la establecida en el artículo 38 de la Ley 20/2007, de 11 de julio, del Estatuto del trabajo autónomo.

d) Los contratos de duración determinada que se celebren con personas desempleadas con discapacidad para sustitución de personas trabajadoras con discapacidad que tengan suspendido su contrato de trabajo por incapacidad temporal.

2. En los supuestos a que se refiere el apartado anterior, la duración de las bonificaciones en la cotización coincidirá con el período en el que se superpongan el contrato de sustitución y la respectiva prestación o, en su caso, situación de incapacidad temporal.

Art. 18. Bonificaciones en la cotización de las personas trabajadoras sustituidas durante las situaciones de nacimiento y cuidado del menor o la menor, ejercicio corresponsable del cuidado del menor o de la menor lactante, riesgo durante el embarazo y riesgo durante la lactancia natural

1. A la cotización de las personas trabajadoras por cuenta ajena sustituidas durante el percibo de las prestaciones económicas por nacimiento y cuidado de menor, ejercicio corresponsable del cuidado del menor o de la menor lactante, riesgo durante el embarazo o riesgo durante la lactancia natural, mediante los contratos de sustitución a que se refiere el artículo 17.1.a) y b), les será de aplicación una bonificación en la cotización, en los términos establecidos en el artículo 10, de 366 euros/mes.

2. Asimismo, a la cotización de los socios trabajadores o socios de trabajo de las sociedades cooperativas, sustituidos durante los períodos de descanso por nacimiento y cuidado del o de la menor, ejercicio corresponsable en el cuidado del menor o de la menor lactante, riesgo durante el embarazo o riesgo durante la lactancia natural, mediante los contratos de sustitución bonificados, celebrados con personas desempleadas a que se refiere el artículo 17.1.c), les será de aplicación una bonificación de 366 euros/mes en las cuotas empresariales de la Seguridad Social correspondiente a todos los conceptos para el caso de los socios encuadrados en un régimen de Seguridad Social propio de personas trabajadoras por cuenta ajena.

3. La duración de las bonificaciones indicadas en los apartados 1 y 2 coincidirá con el período en el que se superpongan el contrato de sustitución y la respectiva prestación.

Art. 19. Bonificación en los supuestos de cambio de puesto de trabajo por riesgo durante el embarazo o riesgo durante la lactancia natural, así como en los supuestos de enfermedad profesional

1. En los supuestos en que, por razón de riesgo durante el embarazo o riesgo durante la lactancia natural, la trabajadora, en virtud de lo previsto en el artículo 26 de la Ley 31/1995, de 8 de noviembre de Prevención de Riesgos Laborales, sea destinada a un puesto de trabajo o función diferente y compatible con su estado, se aplicará con respecto a las cuotas devengadas durante el periodo de permanencia en el nuevo puesto de trabajo o función, una bonificación en la cotización, en los términos establecidos en el artículo 10, de 138 euros/mes.

La situación de riesgo durante el embarazo o riesgo durante la lactancia natural se acreditará por la empresa mediante el informe de resultados de la evaluación de riesgos a que se refiere el artículo 16.2 de la citada Ley 31/1995, de 8 de noviembre.

2. Asimismo, la bonificación prevista en el apartado anterior será aplicable en aquellos casos en que, por razón de enfermedad profesional, en los términos y condiciones legalmente previstos, se produzca un cambio de puesto de trabajo en la misma empresa o el desempeño, en otra distinta, de un puesto de trabajo compatible con el estado de la persona trabajadora.

La existencia de la enfermedad profesional se acreditará mediante certificación del correspondiente equipo de valoración de incapacidades del Instituto Nacional de la Seguridad Social. Por su parte, la constatación de la compatibilidad del nuevo puesto de trabajo con el estado de salud de la persona trabajadora se efectuará por la Inspección de Trabajo y Seguridad Social.

Subsección 3.ª

Contratación de personas en situación de exclusión social y desempleadas de larga duración y víctimas del terrorismo

Art. 20. Bonificaciones por la contratación indefinida de personas en situación de exclusión social

1. La contratación indefinida de personas trabajadoras en situación de exclusión social, conforme a la definición contenida en el artículo 6.d), dará derecho a una bonificación en la cotización, en los términos establecidos en el artículo 10, de 128 euros/mes durante 4 años.

A efectos de la aplicación de la bonificación de cuotas, la empresa deberá contar previamente con la acreditación de la situación de exclusión social por los servicios sociales u órgano público competente, conforme a lo señalado en el artículo 6.d), y mantener la documentación acreditativa durante 5 años a disposición de los órganos competentes para la verificación, vigilancia y control de las bonificaciones.

2. En aquellos supuestos en los que la persona trabajadora contratada haya finalizado un contrato de trabajo con una empresa de inserción durante los 12 meses anteriores, no haya prestado posteriormente sus servicios por cuenta ajena por un período superior a 30 días para otro empleador con posterioridad al cese en la empresa de inserción y sea contratada con carácter indefinido por un empleador que no tenga la condición de empresa de inserción o centro especial de empleo, la bonificación será de 147 euros/mes durante un periodo máximo de 12 meses. A la finalización de este periodo de 12 meses, será de aplicación la bonificación establecida en el apartado 1 anterior hasta completar la duración máxima prevista en dicho apartado.

Art. 21. Bonificación por la contratación indefinida de personas desempleadas de larga duración

La contratación indefinida de personas desempleadas e inscritas en la oficina de empleo al menos 12 meses en los 18 meses anteriores a la contratación dará derecho a una bonificación en la cotización, en los términos establecidos en el artículo 10, de 110 euros/mes durante 3 años.

Cuando estos contratos se concierten con mujeres o con personas de 45 o más años, la bonificación indicada será de 128 euros/mes durante 3 años.

Art. 22. Bonificaciones por la contratación indefinida de personas víctimas del terrorismo

La contratación indefinida de personas que tengan acreditada la condición de víctima de terrorismo conforme a la definición contenida en el artículo 6.h), dará derecho a una bonificación en la cotización, en los términos establecidos en el artículo 10, de 128 euros/mes durante 4 años.

Subsección 4.ª

Contratación formativa y su transformación en contratos indefinidos y contratación de personal investigador en formación

Art. 23. Bonificaciones por la realización del contrato de formación en alternancia

El contrato de formación en alternancia dará derecho, durante su vigencia, incluidas sus prórrogas, en los términos establecidos en el artículo 10, a una bonificación de 91 euros/mes. Asimismo, el citado contrato dará derecho a una bonificación de 28 euros/mes en las cuotas de la persona trabajadora a la Seguridad Social y por los conceptos de recaudación conjunta.

Estas bonificaciones no serán de aplicación en los contratos de formación en alternancia cuando se suscriban en el marco de programas públicos mixtos de empleo-formación.

Art. 24. Bonificación por la transformación en indefinidos de contratos formativos y de relevo

1. La transformación en indefinidos de contratos formativos a la finalización de su duración inicial o prorrogada, cualquiera que sea la fecha de su celebración, dará derecho a una bonificación en la cotización, en los términos establecidos en el artículo 10, de 128 euros/mes durante 3 años. En el caso de mujeres, dicha bonificación será de 147 euros/mes.

En el supuesto de personas trabajadoras con contrato formativo y puestas a disposición de empresas usuarias, estas tendrán derecho, en los términos señalados en el párrafo anterior, a idénticas bonificaciones cuando, sin solución de continuidad, concierten con dichas personas trabajadoras un contrato de trabajo por tiempo indefinido.

2. La transformación en indefinidos de contratos de relevo, cualquiera que sea la fecha de su celebración, dará derecho a una bonificación en la cotización, en los términos establecidos en el artículo 10, de 55 euros/mes durante los 3 años siguientes. En el caso de mujeres, dicha bonificación será de 73 euros/mes.

3. La empresa deberá acreditar las condiciones determinantes de la aplicación de las anteriores bonificaciones de cuotas con la comunicación del alta en el correspondiente régimen de la Seguridad Social de la persona trabajadora en el supuesto previsto en el segundo párrafo del apartado 1, o de la variación de datos en los supuestos de transformación de contratos previstos en el primer párrafo del apartado 1 y en el apartado 2.

Art. 25. Bonificación por la contratación indefinida o la incorporación como persona socia en la cooperativa o sociedad laboral de personas que realizan formación práctica en empresas

1.La contratación indefinida o la incorporación como persona socia en la cooperativa o sociedad laboral de las personas que desarrollen formación práctica en las empresas por parte de la empresa donde las realice, ya sea a la finalización o durante el desarrollo de la misma, dará derecho a una bonificación en la cotización, en los términos establecidos en el artículo 10, de 138 euros/mes durante un período máximo de 3 años, salvo que la persona trabajadora contratada sea persona con discapacidad, en cuyo caso la bonificación podrá aplicarse durante toda la vigencia del contrato.

2. Para el caso de incorporación como persona socia en la cooperativa, la citada bonificación sólo será de aplicación cuando dicha entidad haya optado por un régimen de Seguridad Social propio de personas trabajadoras por cuenta ajena.

Art. 26. Bonificaciones a la formación en alternancia

1. La actividad formativa en el ámbito laboral, vinculada al contrato de formación en alternancia, cuando, en los términos que se determine reglamentariamente, sea desarrollada en el ámbito de la empresa dará derecho a bonificaciones en las cuotas empresariales de la Seguridad Social para la financiación de los costes de la formación recibida por la persona trabajadora contratada, en la cuantía máxima que resulte de multiplicar el módulo económico establecido reglamentariamente por un número de horas equivalente al 35 por 100 de la jornada durante el primer año del contrato, y el 15 por 100 de la jornada el segundo.

Cuando el contrato de formación en alternancia se formalice con personas beneficiarias del Sistema Nacional de Garantía Juvenil, la cuantía máxima de las bonificaciones que podrá aplicarse la empresa para la financiación de los costes de formación será la que resulte de multiplicar el correspondiente módulo económico por un número de horas equivalente al 50 por 100 de la jornada durante el primer año del contrato, y del 25 por 100 de la jornada el segundo.

2. Todas las empresas que realicen contratos de formación en alternancia se podrán aplicar una bonificación por costes derivados de tutorización de las personas trabajadoras con una cuantía máxima de 1,5 euros por alumno o alumna y hora de tutoría, con un máximo de 40 horas por mes y alumno o alumna. En el supuesto de empresas de menos de cinco personas trabajadoras la bonificación adicional tendrá una cuantía máxima de 2 euros por alumno o alumna y hora de tutoría, con un máximo de 40 horas por mes y alumno o alumna. Tales bonificaciones por costes de tutorización se aplicarán sobre la cuota empresarial de Formación Profesional y se financiarán con cargo a la cuota de formación profesional.

Art. 27. Bonificación por la contratación de personal investigador bajo la modalidad de contrato predoctoral

La contratación de personal investigador bajo la modalidad de contrato predoctoral establecida en el artículo 21 de la Ley 14/2011, de 1 de junio, de la Ciencia, la Tecnología y la Innovación, dará derecho, durante la vigencia del contrato, incluidas sus prórrogas, a una bonificación en la cotización, en los términos establecidos en el artículo 10, de 115 euros/mes.

Subsección 5.ª

Apoyo al empleo en la economía social y en ámbitos o sectores específicos

Art. 28. Bonificaciones por la incorporación de personas trabajadoras como socias trabajadoras o de trabajo a cooperativas y sociedades laborales

1. La incorporación de personas trabajadoras desempleadas como socias trabajadoras o de trabajo a cooperativas y sociedades laborales, dará derecho a una bonificación en la cotización, en los términos establecidos en el artículo 10, de 73 euros/mes durante 3 años, cuando dichas entidades hayan optado por un Régimen de Seguridad Social propio de personas trabajadoras por cuenta ajena.

2. Si las incorporaciones a que se refiere el apartado anterior se realizan con personas jóvenes menores de 30 años, o personas menores de 35 años que tengan reconocido un grado de discapacidad igual o superior al 33 por 100, la bonificación será de 147 euros/mes durante el primer año, y de 73 euros/mes durante los 2 años restantes.

Art. 29. Bonificación por la transformación en contratos fijos-discontinuos de contratos temporales suscritos con personas trabajadoras por cuenta ajena agrarias

La transformación de contratos temporales en el contrato por tiempo indefinido fijo-discontinuo regulado en el artículo 16 del texto refundido de la Ley del Estatuto de los Trabajadores, dará derecho, durante los 3 años siguientes, a una bonificación en la cotización, en los términos establecidos en el artículo 10, de 55 euros/mes, o de 73 euros/mes en el caso de mujeres, cuando la citada transformación corresponda a contratos temporales suscritos con personas trabajadoras por cuenta ajena agrarias incluidas en el Sistema Especial para Trabajadores por Cuenta Ajena Agrarios.

Art. 30. Medida de apoyo a la prolongación del periodo de actividad de las personas trabajadoras con contratos fijos-discontinuos en los sectores de turismo y comercio y hostelería vinculados a la actividad turística

Las empresas, excluidas las pertenecientes al sector público, dedicadas a actividades encuadradas en los sectores de turismo, así como los de comercio y hostelería, siempre que se encuentren vinculados a dicho sector del turismo, que generen actividad productiva en los meses de febrero, marzo y noviembre de cada año y que inicien y/o mantengan en alta durante dichos meses la ocupación de las personas trabajadoras con contratos de carácter fijo-discontinuo, podrán aplicar en dichos meses una bonificación en la cotización, en los términos establecidos en el artículo 10, de 262 euros/mes.

Art. 31. Bonificaciones respecto de personas contratadas en determinados sectores de actividad y ámbitos geográficos

1. Las empresas, excluida la administración pública y las entidades, organismos y empresas del sector público, dedicados a actividades encuadradas en los sectores de agricultura, pesca y acuicultura; industria, excepto energía y agua; comercio; turismo; hostelería y resto de servicios, excepto el transporte aéreo de ala fija, construcción de edificios, actividades financieras y de seguros y actividades inmobiliarias, así como en otros sectores o ámbitos de actividad que se determinen legalmente, en las ciudades de Ceuta y Melilla, con cuentas de cotización asignadas a dichas empresas en las que tengan personas trabajadoras con contratos indefinidos que presten actividad en las referidas ciudades, tendrán derecho a una bonificación en la cotización, en los términos establecidos en el artículo 10, de 262 euros/mes durante la vigencia de los contratos.

2. La bonificación anterior resultará de aplicación exclusivamente en el caso de que las empresas desarrollen, para cada persona trabajadora con contrato bonificado, acciones formativas relacionadas con la actividad empresarial por un tiempo mínimo de duración de 20 horas cada año, salvo que el período de aplicación de la bonificación dentro del año haya sido inferior a 6 meses. El desarrollo, organización y comunicación de las acciones formativas a que se refiere el párrafo anterior deberán realizarse en el marco de la iniciativa de formación programada por las empresas para sus personas trabajadoras, conforme a lo previsto en la Ley 30/2015, de 9 de septiembre, por la que se regula el Sistema de Formación Profesional para el empleo en el ámbito laboral, y en su normativa de desarrollo.

Sección 2.ª

Otros instrumentos de apoyo al empleo

Art. 32. Acuerdos por el empleo en el marco de la negociación colectiva

1. Podrán ser objeto de incentivos en los términos y condiciones que se determinen, legal o reglamentariamente, las medidas acordadas en el marco de la negociación colectiva, que incluyan compromisos tales como el mantenimiento o el incremento del empleo, la conversión de contratos formativos o de relevo en indefinidos o la mejora del empleo indefinido a tiempo parcial o fijo discontinuo en empleo indefinido a tiempo completo u ordinario, así como las medidas de acción positiva previstas en el artículo 17.4 del texto refundido de la Ley del Estatuto de los Trabajadores.

2. La adopción en el marco de la negociación colectiva de las medidas previstas en el apartado anterior podrá introducirse como consideración de tipo social o relativa al empleo conforme a lo previsto en la Ley 9/2017, de 8 de noviembre, de Contratos del Sector Público, por la que se transponen al ordenamiento jurídico español las Directivas del Parlamento Europeo y del Consejo 2014/23/UE y 2014/24/UE, de 26 de febrero de 2014.

. . . .

Sección 3.ª

Normas comunes a las bonificaciones en la cotización

Subsección 1.ª

Aplicación, control y coordinación

Art. 36. Aplicación de las bonificaciones en la cotización

1. La Tesorería General de la Seguridad Social aplicará los beneficios en las cuotas de la Seguridad Social en las liquidaciones de cuotas practicadas a través del sistema de liquidación directa y sistema de liquidación simplificada, al que hace referencia el artículo 22.1 del texto refundido de la Ley General de la Seguridad Social, utilizando para ello los programas y aplicaciones disponibles para la gestión liquidatoria y recaudatoria de la Seguridad Social.

2. La aplicación de los beneficios de cuotas se realizará automáticamente en función de los datos de que disponga la Tesorería General de la Seguridad Social sobre los sujetos obligados a cotizar, constituidos tanto por los que ya hayan sido facilitados por los sujetos responsables en cumplimiento de las obligaciones establecidas en materia de inscripción de empresas y afiliación, altas, bajas y variaciones de datos de personas trabajadoras; por aquellos otros que obren en su poder; por los datos adicionales que deban aportar, en su caso, los sujetos responsables para la identificación correcta de la bonificación de cuotas de que se trate, y por los que deba proporcionar el Servicio Público de Empleo Estatal conforme a lo establecido en el artículo 38.

Los datos establecidos por la Tesorería General de la Seguridad Social y proporcionados por las empresas a través del Sistema de Remisión Electrónica de Datos (RED), para la aplicación de las bonificaciones en la cotización, tienen el carácter de declaraciones responsables, en los términos establecidos en el artículo 69.1 de la Ley 39/2015, de 1 de octubre, del Procedimiento Administrativo Común de las Administraciones Públicas, sobre la concurrencia de todas las condiciones establecidas legal o reglamentariamente para dicha aplicación, debiendo la empresa acreditar, ante el Servicio Público de Empleo Estatal o el Organismo Estatal Inspección de Trabajo y Seguridad Social, los aspectos sobre los que se ha efectuado la declaración responsable, a requerimiento de esos organismos, así como respecto de cualquier otro aspecto determinante del derecho a la aplicación de las bonificaciones en la cotización.

. . . .

Subsección 2.ª

Acreditación

Art. 39. Acreditación de los requisitos de los beneficiarios de bonificaciones

A efectos de la aplicación y el control de las bonificaciones en la cotización, a que se refieren, respectivamente, los artículos 36 y 37, los requisitos previstos para sus beneficiarios en el artículo 8 se acreditarán como sigue:

a) La Administración de Justicia proporcionará a la Tesorería General de la Seguridad Social y al Servicio Público de Empleo Estatal, a través de medios telemáticos, la información necesaria para identificar a las empresas que incumplan el requisito señalado en el artículo 8.a).

b) El órgano competente para resolver por razón de la materia proporcionará a la Tesorería General de la Seguridad Social y al Servicio Público de Empleo Estatal, a través de medios telemáticos, la información necesaria para identificar a las empresas y personas trabajadoras que incumplan el requisito señalado en el artículo 8.b).

c) Las Administraciones Tributarias, incluidas las de régimen foral, proporcionarán a la Tesorería General de la Seguridad Social y al Servicio Público de Empleo Estatal, a través de medios telemáticos, la información necesaria sobre el cumplimiento del requisito señalado en el artículo 8.c).

d) A efectos de acreditar el requisito de encontrarse al corriente en el cumplimiento de las obligaciones con la Seguridad Social, previsto en el artículo 8.d), se entenderá que la fecha en que debe concurrir este requisito es la del alta de la persona trabajadora en el correspondiente régimen de la Seguridad Social o, en su caso, de la variación de datos correspondiente.

Art. 40. Acreditación de la inexistencia de exclusiones

1. A efectos de aplicar las bonificaciones en la cotización y en el momento de comunicar la solicitud de alta o la variación de datos de sus personas trabajadoras, las empresas proporcionarán los datos que establezca la Tesorería General de la Seguridad Social a través del Sistema de Remisión Electrónica de Datos (RED), que tendrán el carácter de declaración responsable, en los términos previstos en el artículo 69.1 de la Ley 39/2015, de 1 de octubre, del Procedimiento Administrativo Común de las Administraciones Públicas, sobre la inexistencia del supuesto de exclusión a que se refiere el artículo 11.1.a). La documentación acreditativa de tal extremo será puesta a disposición del Servicio Público de Empleo Estatal o del Organismo Estatal Inspección de Trabajo de la Seguridad Social cuando dichos organismos lo requieran, a los efectos previstos en el artículo 37.

2. Respecto a los supuestos de exclusión a que se refiere el artículo 11.1.c) y d) y a efectos de aplicar las bonificaciones en la cotización, el requisito se entenderá cumplido cuando se verifique que el trabajador no ha figurado en alta en ningún código de cuenta de cotización de la misma o de otra empresa en los períodos y en las modalidades de contrato indicados en ambos párrafos, así como por las causas de la baja que procedan en el segundo de ellos. Sin perjuicio de ello, la comunicación por las empresas a la Tesorería General de la Seguridad Social, a través del Sistema RED, de los datos necesarios para acceder a las distintas bonificaciones en el momento de comunicar las solicitudes de alta o de variación de datos de sus personas trabajadoras, constituirá una declaración responsable, en los términos establecidos en el artículo 69.1 de la Ley 39/2015, de 1 de octubre, sobre la inexistencia de los supuestos de exclusión a que se refiere el artículo 11.1.c) y d). La documentación acreditativa de tal extremo será puesta a disposición del Servicio Público de Empleo Estatal o del Organismo Estatal Inspección de Trabajo de la Seguridad Social cuando dichos organismos lo requieran, a los efectos previstos en el artículo 37 de esta norma.

3. En los supuestos de exclusión a los que se refiere el artículo 11.1.b) y 3, se entenderá, a efectos de la aplicación de las bonificaciones, que el requisito estará cumplido cuando se comunique a la Tesorería General de la Seguridad Social, en el alta o variación de datos, los datos establecidos por la misma para la identificación de la bonificación.

4. Asimismo, respecto de los requisitos y exclusiones incluidos en los artículos 14 a 31, así como en las disposiciones adicionales primera, tercera a séptima y novena, se entenderá, a efectos de la aplicación de las bonificaciones, que los mismos estarán cumplidos cuando se comunique a la Tesorería General de la Seguridad Social, en el alta o variación de datos, los datos establecidos por la misma para la identificación de la bonificación.

La documentación acreditativa de tales extremos será puesta a disposición del Servicio Público de Empleo Estatal o del Organismo Estatal Inspección de Trabajo de la Seguridad Social cuando dichos organismos lo requieran, a efecto de lo establecido en el artículo 37.

CAPÍTULO III

Financiación y evaluación

Art. 41. Financiación

1. Las bonificaciones en la cotización previstas en este Real Decreto-ley se financiarán con cargo a la correspondiente partida presupuestaria del Servicio Público de Empleo Estatal.

. . . .

DISPOSICIONES ADICIONALES

Primera. Bonificación por la contratación indefinida de personas jóvenes con baja cualificación beneficiarias del Sistema Nacional de Garantía Juvenil

1. En el primer año de vigencia de este Real Decreto-ley, los contratos indefinidos que se celebren con personas jóvenes menores de 30 años con baja cualificación y que sean beneficiarias del Sistema Nacional de Garantía Juvenil, darán derecho a una bonificación en la cotización, en los términos establecidos en el artículo 10, de 275 euros/mes, durante 3 años.

A efectos de lo establecido en esta disposición, se considerarán personas jóvenes con baja cualificación aquellas que no hayan alcanzado los estudios correspondientes al título de Bachillerato o Ciclo Formativo de Grado Medio del sistema de Formación Profesional, de acuerdo con la declaración que realicen a este respecto en su inscripción en el fichero del Sistema Nacional de Garantía Juvenil. El falseamiento en dicha declaración podrá dar lugar a su exclusión como personas beneficiarias del citado Sistema.

. . . .

Segunda. Reintegro de subvenciones y beneficios de seguridad social en materia de contratación y empleo en supuestos de deslocalización empresarial

Las empresas que procedan al traslado de su actividad industrial, productiva o de negocio a territorios que no formen parte del de los Estados miembros de la Unión Europea o del de los Estados signatarios del Acuerdo sobre el Espacio Económico Europeo, deberán proceder a la devolución de todas las cantidades dejadas de ingresar con el recargo y los intereses de demora correspondientes, según lo establecido en las normas recaudatorias en materia de Seguridad Social en concepto de beneficios sociales en materia de cotización por las contrataciones realizadas durante los 4 años inmediatamente anteriores a la deslocalización.

Igualmente procederá el reintegro de subvenciones públicas contempladas en disposiciones de ámbito competencial estatal obtenidas en materia de contratación y empleo, de acuerdo con el procedimiento que establezcan las normas dictadas para su concesión.

Las obligaciones de reintegro establecidas en los párrafos anteriores se entienden sin perjuicio de lo previsto en el texto refundido de la Ley sobre Infracciones y Sanciones en el Orden Social y, en su caso, en la Ley 38/2003, de 17 de noviembre, General de Subvenciones.

. . . .

Quinta. Bonificaciones por la contratación de personas con discapacidad

1. La contratación de personas con discapacidad dará derecho a las bonificaciones en la cotización establecidas en los apartados 2 y 3 del artículo 2 de la Ley 43/2006, de 29 de diciembre, para la mejora del crecimiento y del empleo, así como en el artículo 1 del Real Decreto-ley 18/2011, de 18 de noviembre, por el que se regulan las bonificaciones de cuotas a la Seguridad Social de los contratos de trabajo celebrados con personas con discapacidad por la Organización Nacional de Ciegos Españoles (ONCE) y se establecen medidas de Seguridad Social para las personas trabajadoras afectadas por la crisis de la bacteria «E.coli».

Respecto de los contratos formativos celebrados con personas trabajadoras con discapacidad, será igualmente aplicable la bonificación prevista en la disposición adicional vigésima del texto refundido de la Ley del Estatuto de los Trabajadores.

Asimismo, seguirá resultando aplicable lo previsto en la disposición adicional primera de Ley 43/2006, de 29 de diciembre, para la mejora del crecimiento y del empleo.

2. También será de aplicación a la contratación de personas con discapacidad lo establecido en los artículos 5 a 9 de

la citada Ley 43/2006, de 29 de diciembre, referidos a los requisitos de los beneficiarios, las exclusiones, la concurrencia, cuantía máxima e incompatibilidad de las bonificaciones, el mantenimiento de bonificaciones y el reintegro de los beneficios, respectivamente.

3. En lo no previsto en los apartados anteriores, serán de aplicación supletoria las disposiciones generales contenidas en el capítulo I, así como las normas comunes a las bonificaciones en la cotización previstas en la sección 3.ª del capítulo II.

4. El Gobierno, en el marco de las conclusiones del Libro Blanco de Empleo y Discapacidad, y tras mantener el oportuno proceso de consultas con las organizaciones sindicales y empresariales más representativas y el sector social representativo de la discapacidad, desarrollará las iniciativas legislativas oportunas para ordenar e impulsar los programas de empleo en favor de las personas con discapacidad.

Sexta. Bonificaciones en los supuestos de contratos suscritos por empresas de inserción

1. En los términos establecidos en el artículo 10, la contratación por empresas de inserción de personas en situación de exclusión social dará derecho a la bonificación en la cotización establecida en el artículo 16, apartado 3.a), de la Ley 44/2007, de 13 de diciembre, para la regulación del régimen de las empresas de inserción.

La bonificación anterior será de 147 €/mes durante toda la vigencia del contrato, o durante 3 años en el supuesto de contratación indefinida, para el caso de menores de 30 años, o menores de 35 años que tengan reconocido un grado de discapacidad igual o superior al 33 por 100.

2. Se aplicará lo establecido en la Ley 43/2006, de 29 de diciembre, en cuanto a los requisitos que han de cumplir los beneficiarios, las exclusiones en la aplicación de las bonificaciones, cuantía máxima, incompatibilidades o reintegro de beneficios. En lo no previsto en dicha norma legal, serán de aplicación las disposiciones generales contenidas en el capítulo I de este Real Decreto-ley, así como las normas comunes a las bonificaciones en la cotización previstas en la sección 3.ª del capítulo II del mismo.

Séptima. Bonificación en la cotización empresarial a la Seguridad Social del personal investigador

1. La contratación de personas investigadoras dará derecho a las bonificaciones en la cotización previstas en el Real Decreto 475/2014, de 13 de junio, sobre bonificaciones en la cotización a la Seguridad Social del personal investigador.

2. En lo no previsto específicamente en el Real Decreto 475/2014, de 13 de junio, a las bonificaciones en la cotización a la Seguridad Social del personal investigador le serán de aplicación el capítulo I de disposiciones generales de este Real Decreto-ley, así como las normas comunes a las bonificaciones en la cotización previstas en la sección 3.ª del capítulo II del mismo.

Octava. Transformación de contratos temporales en el contrato por tiempo indefinido fijo-discontinuo

La aplicación de las bonificaciones previstas en el artículo 29 se limitará a las transformaciones de contratos temporales en el contrato por tiempo indefinido fijo-discontinuo que se realicen durante los 2 primeros años posteriores a la entrada en vigor de este Real Decreto-ley.

Novena. Bonificaciones por los contratos de duración determinada que se celebren para sustitución de trabajadoras víctimas de violencia de género o de violencias sexuales

Los contratos de duración determinada que se celebren con personas desempleadas para sustitución de trabajadoras víctimas de violencia de género o de violencias sexuales que hayan suspendido su contrato de trabajo o ejercitado su derecho a la movilidad geográfica o al cambio de centro de trabajo darán derecho a las bonificaciones previstas en el artículo 21.3 de la Ley Orgánica 1/2004, de 28 de diciembre, de Medidas de Protección Integral contra la Violencia de Género, y el artículo 38.2 de la Ley Orgánica 10/2022, de 6 de septiembre, de garantía integral de la libertad sexual, respectivamente.

Sin perjuicio de lo anterior, a dichas bonificaciones le serán de aplicación el capítulo I de disposiciones generales de este Real Decreto-ley, así como las normas comunes a las bonificaciones en la cotización previstas en la sección 3.ª del capítulo II del mismo.

. . . .

Undécima. Compatibilidad de las reducciones y bonificaciones de cuotas de Seguridad Social

1. Las reducciones de cuotas de Seguridad Social son compatibles con las bonificaciones de cuotas reguladas en la presente norma.

El régimen de compatibilidad se ajustará a las siguientes reglas:

a) En el caso en el que resulten de aplicación, de forma simultánea, tanto reducciones como bonificaciones de cuotas determinadas por la aplicación de un porcentaje sobre las cuotas a ingresar, el porcentaje se distribuirá proporcionalmente entre las contingencias sobre las que resulten de aplicación dichas medidas.

b) En caso de que la reducción o bonificación determinada por la aplicación de un porcentaje concurra simultáneamente con una bonificación o reducción de importe fijo, resultarán de aplicación en primer lugar las reducciones o bonificaciones determinadas por porcentaje de cuotas y, respecto de las cuotas que resulten a ingresar, se aplicarán las bonificaciones o reducciones de cuotas de importe fijo. Si ambas resultan de cuantía fija, y coinciden parte de las contingencias cubiertas, en primer lugar, se aplicará la que cubra menor número de contingencias. A igualdad de contingencias, en primer lugar, se aplicarán las reducciones, y, en segundo lugar, las bonificaciones.

c) Las reducciones previstas en la disposición adicional cuadragésima séptima del texto refundido de la Ley General de la Seguridad Social se aplicarán en último término, respecto de las cuotas que resulten a ingresar una vez aplicadas todas las reducciones o bonificaciones conforme a lo indicado en el párrafo anterior.

En cualquier caso, con independencia de la compatibilidad con otras deducciones en la cotización, en el caso de que los trabajadores a los que resulte de aplicación estas reducciones de cuotas se encuentren en alta, en el correspondiente período de liquidación, en más de un código de cuenta de cotización de la empresa de que se trate, la reducción de cuotas únicamente se podrá aplicar respecto de uno de los códigos de cuenta de cotización, según la elección que realice el empresario con anterioridad a la solicitud de la liquidación de cuotas, en los términos establecidos en la citada disposición adicional cuadragésima séptima.

Estas reducciones de cuotas no se podrán practicar en las liquidaciones complementarias de cuotas.

d) En cualquier caso, el importe resultante tendrá como límite, el 100 por cien de la aportación empresarial a la cotización a la Seguridad Social que resulte coincidente en ambos beneficios.

e) En todo caso serán incompatibles las bonificaciones y reducciones específicas establecidas para el Sistema Especial del Tomate Fresco con cualquier otra bonificación de cuotas, siendo compatibles con cualquier otra reducción de cuotas.

2. A las reducciones de cuotas les resultará de aplicación lo establecido en los artículos 8, 36, 37.2, 38.3, 38.4 y 39.

16. Ley Orgánica 10/2022, de 6 de septiembre, de garantía integral de la libertad sexual

. . . .

TÍTULO IV

DERECHO A LA ASISTENCIA INTEGRAL ESPECIALIZADA Y ACCESIBLE

. . . .

CAPÍTULO II

Autonomía económica, derechos laborales y vivienda

Art. 38. Derechos laborales y de Seguridad Social

. . . .

3. Las empresas que formalicen contratos de interinidad, siempre que el contrato se celebre con una persona desempleada, para sustituir a trabajadoras víctimas de violencia sexual que hayan suspendido su contrato de trabajo o ejercitado su derecho a la movilidad geográfica o al cambio de centro de trabajo tendrán derecho a una bonificación del 100 por 100 de las cuotas empresariales a la Seguridad Social por contingencias comunes durante todo el período de suspensión de la trabajadora sustituida o durante seis meses en los supuestos de movilidad geográfica o cambio de centro de trabajo.

. . . .

17. Real Decreto 2064/1995, de 22 de diciembre, por el que se aprueba el Reglamento General sobre cotización y liquidación de otros derechos de la Seguridad Social (*)

REGLAMENTO GENERAL SOBRE COTIZACIÓN Y LIQUIDACIÓN DE OTROS DERECHOS DE LA SEGURIDAD SOCIAL

. . . .

CAPÍTULO II

De la cotización a la Seguridad Social

Sección 1.ª

Normas comunes del sistema

Subsección 1.ª

Elementos de la obligación de cotizar

Art. 6. La obligación de cotizar. Objeto

1. La cotización a la Seguridad Social es obligatoria.

2. La cuota de la Seguridad Social expresa el importe de la obligación de cotizar a la Seguridad Social durante un tiempo reglamentariamente delimitado, designado período de liquidación, respecto de los sujetos obligados a cotizar. Dicha cantidad resulta de la operación liquidatoria de aplicar un porcentaje, llamado tipo de cotización, a una cantidad fijada en las normas aplicables a la cotización en los diferentes Regímenes que integran el sistema de la Seguridad Social, denominada base de cotización, y de deducir, en su caso, el importe de las bonificaciones y/o reducciones que resulten aplicables, sin perjuicio de que su cuantía pueda ser fijada directamente por las normas reguladoras de la cotización en los distintos Regímenes del sistema.

Art. 7. Sujetos de la cotización

1. El sujeto activo de la obligación de cotizar a la Seguridad Social es la Tesorería General de la misma. Ésta, en su caso, transferirá a las entidades, organismos o Administraciones correspondientes el importe de las cuotas y conceptos objeto de liquidación y de recaudación conjunta con las cuotas de la Seguridad Social y de los que los mismos sean titulares, en la medida en que no se apliquen al Presupuesto de la Seguridad Social.

2. Están sujetas a la obligación de cotizar a la Seguridad Social las personas físicas o jurídicas, en los términos y condiciones que se determinen en el presente Reglamento para cada uno de los diferentes Regímenes que integran el sistema de la Seguridad Social.

Respecto de la contingencia de desempleo, así como para las personas protegidas por el Fondo de Garantía Salarial, la formación profesional y demás conceptos de recaudación conjunta con las cuotas de Seguridad Social, son sujetos de la obligación de cotizar las personas a las que se impone esta obligación específica por las normas reguladoras correspondientes.

3. Será nulo todo pacto individual o colectivo por el cual uno de los sujetos obligados a cotizar asuma a su cargo la obligación de pagar total o parcialmente la cuota o parte de cuota a cargo del otro o renuncie a cualquiera de los derechos y obligaciones que en orden a la cotización les reconozcan las normas reguladoras de los Regímenes del sistema de la Seguridad Social y de los conceptos de recaudación conjunta con las cuotas de la misma.

Art. 8. Bases de cotización

1. Las bases de cotización en los diversos Regímenes del sistema de la Seguridad Social y para las distintas contingencias respecto del sujeto o categorías de sujetos obligados a cotizar en los períodos que se determinen, ya tengan una cuantía previamente fijada o ya se determinen en función de remuneraciones percibidas o estimadas, por cantidades de productos manipulados, obtenidos o fabricados o en razón de otras circunstancias, serán las cantidades que resulten de aplicar las reglas que, para los distintos Regímenes del sistema y tanto en las situaciones ordinarias como en las especiales, se establecen en la Ley de Presupuestos Generales del Estado para cada ejercicio económico, en este Reglamento y en las normas que lo complementen y desarrollen en cada ejercicio económico.

2. Dentro de los límites a que se refiere el apartado 3 del artículo siguiente de este Reglamento, dichas bases de cotización podrán ser ajustadas, por exceso o por defecto, hasta la unidad de euro más próxima, en los términos y condiciones que establezca el Ministerio de Trabajo e Inmigración, sin que dichas regularizaciones puedan rebasar los topes absolutos, máximos y mínimos, fijados para las aquéllas.

3. Será nulo cualquier acto o pacto individual o colectivo que pretenda alterar las bases de cotización establecidas, salvo en aquellos supuestos en que por disposición legal se establezca lo contrario.

Art. 9. Límites absolutos, máximo y mínimo, y límites relativos de la base de cotización. Pluriempleo y pluriactividad

1. Las bases de cotización al sistema de la Seguridad Social no podrán ser superiores al límite máximo absoluto establecido.

(*) Ver los artículos 18 a 20 y 141a 153 de la vigente Ley General de la Seguridad Social.

Ver la Orden PCM/74/2023, de 30 de enero, por la que se desarrollan las normas legales de cotización para el ejercicio 2023.

1.° La cuantía del referido límite máximo será la fijada para cada ejercicio económico por la correspondiente Ley de Presupuestos Generales del Estado.

2.° Dicho límite máximo de las bases de cotización será único para todas las actividades, categorías profesionales y contingencias comprendidas en el Régimen o en los Regímenes de que se trate y se aplicará cualquiera que sea el número de horas trabajadas, incluidos los supuestos de pluriempleo, pero no los de pluriactividad.

3.° En los supuestos de pluriempleo, el límite máximo absoluto se distribuirá entre todos los sujetos de la obligación de cotizar en proporción a las retribuciones abonadas en cada una de las empresas en que preste sus servicios el trabajador en situación de pluriempleo o conforme al criterio que determine el Ministerio de Trabajo y Seguridad Social sin que, respecto de las contingencias comunes, la fracción del tope máximo que se asigne a cada empresa o sujeto obligado pueda ser superior a la cuantía de la base máxima de la categoría profesional del trabajador a que se refiere el apartado 3 del presente artículo.

4.° A los efectos previstos en este Reglamento, se entenderá por pluriempleo la situación del trabajador por cuenta ajena que preste sus servicios profesionales a dos o más empresarios distintos y en actividades que den lugar a su alta obligatoria en un mismo Régimen de la Seguridad Social.

A los mismos efectos, se entenderá por pluriactividad la situación del trabajador por cuenta propia y/o ajena cuyas actividades den lugar a su alta obligatoria en dos o más Regímenes distintos del sistema de la Seguridad Social.

2. Las bases de cotización en los Regímenes y para las contingencias a que se refiere este Reglamento tendrán como límites mínimos, salvo disposición expresa en contrario, la cuantía íntegra de los salarios mínimos interprofesionales vigentes en cada momento, incrementados en un sexto.

1.° Las cuantías de los límites mínimos de las bases de cotización serán las fijadas para cada ejercicio económico y se revisarán, en todo caso, cuando se incrementen o disminuyan los importes del salario mínimo interprofesional en función de la edad de los trabajadores.

2.° Los límites mínimos de las bases de cotización serán aplicables para todas las actividades, categorías profesionales y contingencias incluidas en el Régimen de que se trate, con independencia del número de horas que trabajen o realicen su actividad los sujetos por los que exista obligación de cotizar, salvo cuando éstos se encuentren vinculados por contratos de trabajo o incursos en una relación jurídica conexa con el trabajo, respecto de los cuales, por disposición legal se establezca expresamente otra cosa.

3.° En los supuestos de pluriempleo, los límites mínimos absolutos se prorratearán asimismo entre todas las empresas y demás sujetos de la obligación de cotizar afectados en proporción a las retribuciones percibidas en cada una de ellas por el trabajador o conforme al criterio determinado por el Ministerio de Trabajo y Seguridad Social.

3. Los límites relativos de las bases de cotización están constituidos por las cuantías mínimas y máximas o únicas fijadas en la correspondiente Ley de Presupuestos Generales del Estado para cada grupo de categorías profesionales o actividades en cada ejercicio económico, en relación con las contingencias y situaciones protegidas por el Régimen en que resulten aplicables.

4. El Ministerio de Trabajo y Seguridad Social adecuará, en función de los días y horas trabajados, los límites mínimos absolutos y las bases mínimas fijadas para cada grupo de categorías profesionales en relación con los supuestos en que, por disposición legal, se establezca expresamente la cotización por días y por horas, con sujeción, en su caso, a lo dispuesto en el apartado 2 del artículo anterior.

5. Los prorrateos indicados en los apartados 1 y 2 para los supuestos de pluriempleo se llevarán a cabo a solicitud de las empresas o de los trabajadores afectados y surtirán efectos a partir de la liquidación de cuotas que corresponda al mes en que se acredite la existencia de la situación de pluriempleo, salvo que se trate de períodos en los que hubiera prescrito la obligación de cotizar.

Art. 10. Tipos únicos para contingencias comunes y conceptos de recaudación conjunta

1. Los tipos de cotización en cada uno de los Regímenes que integran el sistema de la Seguridad Social serán únicos y no se fraccionarán a efectos de la financiación de las contingencias y situaciones comprendidas en la acción protectora de cada Régimen con excepción, en su caso, de las de accidentes de trabajo y enfermedades profesionales.

2. Para la determinación de la cuota por contingencias comunes, en los supuestos establecidos en este Reglamento y demás disposiciones complementarias, la cuota íntegra resultante de aplicar el tipo único vigente en cada caso a las correspondientes bases de cotización podrá ser objeto de fraccionamiento, incremento o reducción dividiendo, multiplicando o reduciendo la cuota íntegra en las partes o por el coeficiente multiplicador o reductor o la suma de los mismos que procedan.

3. Los tipos de cotización a los distintos Regímenes de la Seguridad Social y, en su caso, la distribución de los mismos, a efectos de la liquidación de cuotas, serán los establecidos por la Ley de Presupuestos Generales del Estado para cada ejercicio económico, sin perjuicio de la aplicación, en su caso, de lo dispuesto en el artículo 56 de la Ley General Presupuestaria, aprobada por Real Decreto Legislativo 1091/1988, de 23 de setiembre. (1)

4. Los tipos de cotización por desempleo, así como para el Fondo de Garantía Salarial y formación profesional, serán asimismo los fijados por la Ley de Presupuestos Generales del Estado para el respectivo ejercicio económico.

Art. 11. Tipos de cotización por accidentes de trabajo y enfermedades profesionales

1. La cotización por accidentes de trabajo y enfermedades profesionales por parte de los empresarios y de los empleados de hogar que hubieran asumido el cumplimiento de tal obligación, en los términos establecidos en este Reglamento, se efectuará mediante la aplicación de los tipos de cotización que correspondan a las actividades económicas de empresas y trabajadores y a las ocupaciones o situaciones de estos últimos, conforme a la tarifa de primas vigente. (2)

2. Las primas adicionales a la cotización de accidentes de trabajo que el Gobierno pueda establecer para las empresas que ofrezcan riesgos de enfermedades profesionales podrán diversificarse, en los términos y condiciones fijados por el Ministerio de Trabajo e Inmigración, en función de la peligrosidad de la industria o clase de trabajo y de la eficacia de los medios de prevención aplicados, sin que dicha diversificación pueda suponer la exoneración de unas empresas y la asunción por otras del importe total de dichas primas adicionales.

3. La cuantía de las cuotas por accidentes de trabajo y enfermedades profesionales resultante de la aplicación de la tarifa de primas vigente y, en su caso, de las primas adicionales a que se refieren los apartados anteriores, podrá reducirse en el supuesto de empresas que se distingan en el empleo de medios eficaces de prevención. Asimismo, dicha cuantía podrá aumentarse para las empresas que incumplan sus obligaciones en materia de seguridad y salud laboral, en los supuestos y condiciones que determine el Ministerio de Trabajo e Inmigración.

(1) La referencia al artículo 56 de la Ley General Presupuestaria debe entenderse realizada al artículo 38 de la vigente Ley 47/2003, de 26 de noviembre, General Presupuestaria.

(2) Apartado redactado conforme a lo dispuesto en el Real Decreto 504/2022, de 27 de junio.

La reducción y el aumento previstos en este apartado no podrá exceder del 10 por 100 de la cuantía de las respectivas cuotas, si bien el aumento podrá llegar hasta un 20 por 100 en caso de reiterado incumplimiento de las aludidas obligaciones.

Subsección 2.ª

Dinámica de la obligación de cotizar

Art. 12. Nacimiento

1. La obligación de cotizar a los diferentes Regímenes del sistema de la Seguridad Social nacerá con el comienzo de la actividad profesional en tales Regímenes o de la situación relacionada con la actividad de las personas incluidas en el campo de aplicación de aquellos Regímenes.

La mera solicitud de la afiliación y/o alta a la Dirección Provincial de la Tesorería General de la Seguridad Social o a la Administración de la misma surtirá en todo caso idéntico efecto, presumiéndose iniciada la actividad o producida la situación desde la fecha de efectos indicada en dicha solicitud que, en su caso, podrá ser desestimada mediante resolución motivada.

2. La no presentación de la solicitud de la afiliación y/o del alta no impedirá el nacimiento de la obligación de cotizar desde el momento en que así se establezca para cada uno de los Regímenes que integran el sistema de la Seguridad Social, sin perjuicio de la aplicación de la prescripción respecto de las obligaciones incumplidas dentro del plazo señalado para la misma y sin perjuicio, igualmente, de los efectos que en orden a las prestaciones deban atribuirse a las cotizaciones efectuadas con anterioridad a la presentación de aquellas solicitudes.

3. Para las contingencias de accidentes de trabajo y enfermedades profesionales la obligación de cotizar existirá aunque la empresa, con infracción de lo dispuesto en las normas del sistema de la Seguridad Social, no tuviera concertada la protección de su personal o de parte de él, respecto de dichas contingencias, en los Regímenes en que ello se halle establecido. En tal caso, las cuotas debidas se devengarán a favor de la Tesorería General de la Seguridad Social.

Art. 13. Duración de la obligación de cotizar

1. La obligación de cotizar a la Seguridad Social se mantendrá por todo el período en que el trabajador o asimilado, comprendido en el campo de aplicación de los distintos Regímenes del sistema de la Seguridad Social, desarrolle su actividad, preste los servicios determinantes de su inclusión en los mismos, o se encuentre en situación jurídica conexa con dicha actividad o servicios, en los términos establecidos en este Reglamento y demás disposiciones complementarias, sin perjuicio de que la liquidación y pago de las deudas correspondientes estén referidos a los períodos de tiempo determinados expresamente al respecto.

2. La obligación de cotizar continuará en las situaciones de incapacidad temporal, cualquiera que sea su causa, maternidad, paternidad, riesgo durante el embarazo y riesgo durante la lactancia natural, así como en las situaciones de cumplimiento de deberes de carácter público, desempeño de cargos de representación sindical, siempre que unos y otros no den lugar a la excedencia en el trabajo o al cese en la actividad, convenio especial, desempleo contributivo y asistencial, en su caso, y en aquellas otras en que así se establezca por el presente Reglamento, por la Orden de 27 de octubre de 1992, por la que se dictan instrucciones en relación con la cotización al Régimen General de la Seguridad Social de los funcionarios públicos, incluidos en el campo de aplicación de dicho Régimen, durante las situaciones de licencia o permiso sin sueldo, suspensión provisional de funciones, cumplimiento del servicio militar o de la prestación social sustitutoria y plazo posesorio para cambio de destino, y por otras disposiciones complementarias, con el alcance previsto en ellas. (1)

(1) La referencia a las situaciones de maternidad y paternidad debe entenderse realizada a la suspensión de contrato por nacimiento.

Art. 14. Extinción de la obligación de cotizar

1. La obligación de cotizar se extingue con el cese en el trabajo, en la actividad o en la situación determinante del nacimiento y subsistencia de la obligación de cotizar, siempre que se comunique la baja en el tiempo y forma establecidos.

2. En los casos en que no se solicite la baja o ésta se formule fuera del plazo y en modelo o medio distinto de los establecidos, no se extinguirá la obligación de cotizar sino hasta el día en que la Tesorería General de la Seguridad Social conozca el cese en el trabajo por cuenta ajena, en la actividad por cuenta propia o en la situación determinante de la inclusión en el Régimen de Seguridad Social de que se trate.

3. Cuando la Tesorería General de la Seguridad Social curse la baja de oficio, por conocer el cese en el trabajo, en la actividad o en la situación de que se trate como consecuencia de la actuación de la Inspección de Trabajo y Seguridad Social, por los datos obrantes en la misma o en una entidad gestora o por cualquier otro procedimiento, la obligación de cotizar se extinguirá desde el mismo día en que se haya llevado a cabo dicha actuación inspectora o hayan sido recibidos los datos o documentos que acrediten el cese en el trabajo por cuenta ajena, en la actividad de que se trate o en la situación correspondiente.

4. No obstante lo dispuesto en los apartados anteriores, los interesados podrán probar, por cualquiera de los medios admitidos en derecho, que no se inició la actividad en la fecha notificada al solicitar el alta o que el cese en la actividad, en la prestación de servicios o en la situación de que se trate, tuvo lugar en otra fecha, a efectos de la extinción de la obligación de cotizar, sin perjuicio, en su caso, de los efectos que deban producirse tanto en orden a la devolución de las cuotas que resulten indebidamente ingresadas como del reintegro de las prestaciones que resulten indebidamente percibidas, salvo que por aplicación de la prescripción no fuera exigible ni la devolución ni el reintegro.

5. La mera solicitud de la baja y el reconocimiento de la misma no extinguirá la obligación de cotizar ni producirá los demás efectos de aquélla si continuase la prestación del trabajo o el desarrollo de la actividad o situación correspondiente o cuando, no continuando éstas, el trabajador incidiese en una situación asimilada a la del alta en la que se halle expresamente establecida la subsistencia de la obligación de cotizar.

Art. 15. Liquidación de las cuotas como contenido de la obligación de cotizar

1. La obligación de cotizar a los Regímenes del sistema de la Seguridad Social implica la realización de las operaciones, comunicaciones y demás actos necesarios para la determinación de las cuotas de la Seguridad Social y por los conceptos de recaudación conjunta con las mismas, así como, en su caso, de los recargos e intereses sobre tales cuotas, mediante la aplicación del tipo o tipos de cotización correspondientes a la base o bases de cotización de los sujetos por los que existe obligación de cotizar durante el período o períodos a liquidar, deduciendo, en su caso, el importe de las deducciones procedentes, en los términos y condiciones establecidos a efectos del cumplimiento de dicha obligación.

2. La determinación de las cuotas de la Seguridad Social y por los conceptos de recaudación conjunta habrá de efectuarse mediante alguno de los siguientes sistemas de liquidación, establecidos en el artículo 19.1 del texto refundido de la Ley General de la Seguridad Social:

a) En el sistema de autoliquidación de cuotas, su determinación o cálculo corresponderá a los sujetos responsables del cumplimiento de la obligación de cotizar, salvo que su cuantía sea determinada por las normas reguladoras de la cotización a la Seguridad Social en cada ejercicio económico.

Dichos sujetos responsables deberán transmitir las liquidaciones de cuotas a la Tesorería General de la Seguridad Social a través de medios electrónicos, salvo en los casos en que proceda la presentación de los documentos de cotización correspondientes a cada período a liquidar.

b) En el sistema de liquidación directa de cuotas, su determinación o cálculo corresponderá a la Tesorería General de la Seguridad Social, debiendo el sujeto responsable del cumplimiento de la obligación de cotizar solicitar el cálculo de la liquidación por cada trabajador y aportar los datos que resulten necesarios para efectuar la liquidación, en ambos casos por medios electrónicos.

c) En el sistema de liquidación simplificada de cuotas, su determinación será efectuada por la Tesorería General de la Seguridad Social siempre que el alta de los sujetos obligados a que se refieran esas cuotas, en los supuestos en que proceda, se haya solicitado en el plazo reglamentariamente establecido, sin resultar exigible el cumplimiento de las obligaciones señaladas en los párrafos anteriores.

De solicitarse el alta fuera del plazo reglamentario, mediante este sistema se liquidarán las cuotas correspondientes a los períodos posteriores a la presentación de la solicitud, no resultando exigible el cumplimiento de las obligaciones establecidas en los párrafos anteriores respecto a tales cuotas.

3. Lo dispuesto en el apartado anterior se entiende sin perjuicio de las funciones de comprobación y control que, respecto de las liquidaciones de cuotas efectuadas mediante cualquiera de los sistemas indicados, corresponden a la Tesorería General de la Seguridad Social y a otros órganos administrativos, en los términos establecidos en este reglamento, en el Reglamento general de recaudación de la Seguridad Social y demás disposiciones complementarias, así como a la Inspección de Trabajo y Seguridad Social, en ejercicio de las competencias que tiene atribuidas legalmente.

Art. 16. Período de liquidación

1. El período de liquidación de las cuotas de la Seguridad Social y por los conceptos de recaudación conjunta con las mismas es el plazo al que están referidas las operaciones, comunicaciones y demás actuaciones necesarias para la determinación de aquellas, a efectos de su pago.

2. Salvo que se establezcan o se autoricen expresamente liquidaciones por períodos superiores o inferiores, en los términos y condiciones que determine el Ministerio de Empleo y Seguridad Social, los períodos de liquidación de cuotas estarán referidos a mensualidades naturales completas, aunque el devengo de aquellas y/o su pago se efectúe por períodos distintos a meses, en cuyo caso se aplicarán las siguientes reglas:

a) Las liquidaciones de cuotas que deben recaer sobre bases constituidas por retribuciones devengadas por horas, días o semanas, serán referidas a las del mes natural al que corresponda su devengo, con independencia de que el pago de dichas liquidaciones deba efectuarse dentro del mismo plazo o en otro distinto establecido al efecto.

b) Las liquidaciones de cuotas referidas a conceptos retributivos incluidos en la base de cotización pero que se devenguen por períodos superiores al mensual o que no tengan carácter periódico y que se satisfagan dentro del correspondiente ejercicio económico se prorratearán en las liquidaciones mensuales de dicho ejercicio, en los términos que establezca el Ministerio de Empleo y Seguridad Social.

c) Las partes proporcionales de conceptos retributivos incluidos en la base de cotización relativas a meses que ya hubieran sido objeto de liquidación y, en su caso, de pago, así como los incrementos de las bases, de los tipos o de las propias cuotas que deban tener efectos retroactivos serán objeto de liquidaciones complementarias, relacionando o declarando separadamente las bases de cotización para cada mes conforme a los topes, bases y tipos y demás condiciones vigentes en los meses a que correspondan los salarios.

De igual manera se liquidarán, en su caso, aquellas gratificaciones que no pudieran ser objeto de cuantificación anticipada, total o parcialmente, a efectos del prorrateo a que se refiere el párrafo b).

Art. 17. Deducciones

1. Las liquidaciones de las cuotas íntegras, resultantes de aplicar a las bases de cotización en su totalidad el tipo que corresponda o, en su caso, las liquidaciones de las cuotas fijas, únicamente podrán ser objeto de deducción mediante corrección de la base, minoración del tipo, reducción o bonificación de las cuotas, por las causas y en los términos y condiciones expresamente establecidos, sin perjuicio de la aplicación de la compensación y demás causas de extinción de las deudas con la Seguridad Social cuando resulten procedentes, de acuerdo con lo previsto en los artículos 51 y 60 del Reglamento general de recaudación de la Seguridad Social.

A efectos de lo indicado en el párrafo anterior, la adquisición, el mantenimiento y la pérdida de las reducciones, bonificaciones y demás beneficios en las bases, tipos y cuotas de la Seguridad Social y por los conceptos de recaudación conjunta se ajustará a lo dispuesto en la Ley y, en particular, en los artículos 77 de la Ley 13/1996, de 30 de diciembre, de medidas fiscales, administrativas y del orden social, y 29 de la Ley 50/1998, de 30 de diciembre, de medidas fiscales, administrativas y del orden social.

2. En el sistema de autoliquidación de cuotas, la aplicación de las correcciones de bases, minoraciones de tipos, reducciones y bonificaciones deberá efectuarse por el sujeto responsable del cumplimiento de la obligación de cotizar en las liquidaciones de cuotas transmitidas dentro del plazo legalmente establecido o, cuando proceda, en los documentos de cotización presentados en dicho plazo, debiendo ingresarse únicamente la cuota líquida resultante, salvo que la norma que las establezca disponga otra cosa y sin perjuicio de que sus beneficiarios puedan solicitar posteriormente el resarcimiento del importe de la corrección, minoración, reducción o bonificación de la entidad u organismo que deba asumir su coste.

3. En los sistemas de liquidación directa y de liquidación simplificada de cuotas, la Tesorería General de la Seguridad Social aplicará las correcciones de bases, minoraciones de tipos, reducciones y bonificaciones que correspondan a los trabajadores por los que se practique la liquidación dentro de plazo, para el ingreso de las cuotas resultantes por los sujetos responsables y sin perjuicio de la posibilidad de solicitar con posterioridad el resarcimiento indicado en el apartado anterior.

4. La Tesorería General de la Seguridad Social podrá comprobar la correcta aplicación de las deducciones a que se refiere este artículo, con independencia del sistema de liquidación utilizado. Las deducciones aplicadas sin causa y/o sin la forma debida, darán lugar a las liquidaciones y reclamaciones administrativas que procedan, sin perjuicio de las sanciones que resulten pertinentes.

Lo dispuesto en el párrafo anterior se entenderá sin perjuicio de las facultades de comprobación que corresponden a la Inspección de Trabajo y Seguridad Social en ejercicio de las funciones que tiene atribuidas legalmente.

Art. 18. Forma y plazos de las liquidaciones de cuotas

1. En el sistema de autoliquidación, las liquidaciones de las cuotas de la Seguridad Social, tanto por contingencias comunes como profesionales, que hayan sido devengadas durante el período a que se refiere la liquidación con aplicación, en su caso, de las deducciones, compensaciones y recargos que procedan, efectuadas por los sujetos responsables de su ingreso, deben contener los datos que resulten necesarios para el desarrollo de las funciones de comprobación y, en su caso, liquidación, así como de las demás funciones de gestión recaudatoria y de la acción protectora atribuidas a las entidades gestoras y a la Tesorería General de la Seguridad Social.

Estas liquidaciones serán objeto de transmisión electrónica a la Tesorería General de la Seguridad Social o, en su caso, de presentación mediante los respectivos documentos de cotización, hasta el último día natural del respectivo plazo reglamentario de ingreso, conforme a lo previsto en los artículos 55 y 56 del Reglamento general de recaudación de la Seguridad Social, con independencia de que las cuotas y los recargos que pudieran resultar aplicables se ingresen o no dentro de dicho plazo.

2. En el sistema de liquidación directa, las liquidaciones de cuotas se practicarán en la forma y dentro de los plazos siguientes:

a) Los sujetos responsables del cumplimiento de la obligación de cotizar deberán solicitar a la Tesorería General de la Seguridad Social la práctica de la liquidación de las cuotas de la Seguridad Social y aportar los datos que permitan efectuar su cálculo, hasta el penúltimo día natural del plazo reglamentario de ingreso.

b) El cálculo de la liquidación se efectuará en función de los datos de que disponga la Tesorería General de la Seguridad Social sobre los sujetos obligados a cotizar, constituidos tanto por los que ya hayan sido facilitados por los sujetos responsables en cumplimiento de las obligaciones establecidas en materia de inscripción de empresas y afiliación, altas, bajas y variaciones de datos de trabajadores, y por aquellos otros que obren en su poder y afecten a la cotización, como por los que deban aportar, en su caso, los citados sujetos responsables en cada período de liquidación. Respecto a estos últimos datos, el sujeto responsable podrá solicitar a la Tesorería General de la Seguridad Social la utilización de aquellos que ya hubiera comunicado anteriormente, a efectos del cálculo de las liquidaciones correspondientes a períodos posteriores.

c) La Tesorería General aplicará las deducciones a que se refiere el artículo anterior que procedan así como, en su caso, la compensación del importe de las prestaciones abonadas en régimen de pago delegado con el de las cuotas debidas correspondientes al mismo período de liquidación, en función de los datos recibidos de las entidades gestoras y colaboradoras de la Seguridad Social, conforme a lo previsto en el artículo 26.5 del texto refundido de la Ley General de la Seguridad Social.

d) Si la liquidación pudiera practicarse con los datos indicados, la Tesorería General de la Seguridad Social procederá a su cálculo, emitiendo el documento electrónico de pago y la relación nominal de trabajadores dentro del plazo reglamentario de ingreso.

e) Si la liquidación no pudiera realizarse porque los datos fueran insuficientes o no resultaran conformes con la normativa sobre cotización y recaudación de la Seguridad Social, la Tesorería General, en un plazo máximo de 48 horas a contar desde la aportación de aquellos, informará al sujeto responsable sobre la causa que impide su cálculo, debiendo este solventarla y, en su caso, comunicar nuevamente los datos que permitan practicar la liquidación, hasta el penúltimo día natural del plazo reglamentario de ingreso, para su pago dentro de dicho plazo.

De no solventarse la causa que impide la liquidación, el citado servicio común de la Seguridad Social procederá a reclamar el importe de las cuotas debidas conforme a los artículos 30 y 32 del texto refundido de la Ley General de la Seguridad Social.

Sin perjuicio de lo indicado en el párrafo anterior, el sujeto responsable del ingreso podrá solicitar a la Tesorería General de la Seguridad Social la práctica de la liquidación de las cuotas correspondientes a aquellos trabajadores cuyos datos permitan su cálculo. En este caso, se emitirá el documento electrónico de pago de la cotización correspondiente a tales trabajadores y la relación nominal referida a ellos.

f) Si el sujeto responsable del ingreso de las cuotas solicitase la rectificación o anulación de la liquidación practicada antes del penúltimo día natural del plazo reglamentario de ingreso, sus obligaciones en este sistema de liquidación se considerarán cumplidas de concurrir alguna de las siguientes circunstancias:

1.ª Cuando resulte posible efectuar una nueva liquidación de cuotas dentro del plazo reglamentario de ingreso tras solicitar su práctica y comunicar los datos necesarios para ello.

2.ª Cuando no resulte posible efectuar una nueva liquidación de cuotas dentro de dicho plazo por causas imputables exclusivamente a la Administración.

3.ª Cuando, dentro del plazo reglamentario de ingreso, el sujeto responsable del mismo solicite la rectificación de errores materiales, aritméticos o de cálculo en la liquidación practicada que sean imputables exclusivamente a la Administración, y la nueva liquidación en la que se corrijan tales errores se efectúe fuera de plazo.

3. En el sistema de liquidación simplificada, la Tesorería General de la Seguridad Social practicará la liquidación de las cuotas de la Seguridad Social correspondientes a cada período sin necesidad de solicitud previa por parte del sujeto responsable, considerándose comunicada o presentada dentro de plazo conforme a lo previsto en el artículo 26.4 del texto refundido de la Ley General de la Seguridad Social, para su ingreso por parte de aquel.

4. Mientras se recauden conjuntamente con las cuotas de la Seguridad Social, las correspondientes a la contingencia de desempleo, así como para el Fondo de Garantía Salarial y por formación profesional, se liquidarán y comunicarán en la misma forma y plazo que aquellas.

Art. 19. Control de las liquidaciones

1. La Tesorería General de la Seguridad Social, de conformidad con el artículo 32 bis del texto refundido de la Ley General de la Seguridad Social, podrá comprobar la exactitud y veracidad de las operaciones efectuadas y de los datos utilizados o aportados para la liquidación de las cuotas, cualquiera que sea el sistema por el que se haya procedido a su cálculo o determinación, así como recabar, con la salvedad prevista en el artículo 53.1.d) de la Ley 39/2015, de 1 de octubre, del Procedimiento Administrativo Común de las Administraciones Públicas, los informes y la documentación necesaria para la justificación de tales datos y operaciones. (1)

Las entidades gestoras y colaboradoras de la Seguridad Social también podrán ejercitar funciones de control de las liquidaciones, dentro de sus respectivas competencias.

Lo dispuesto en los párrafos anteriores se entenderá sin perjuicio de las facultades de comprobación que corresponden a la Inspección de Trabajo y Seguridad Social en ejercicio de las funciones que tiene atribuidas legalmente.

2. Cuando en las liquidaciones de cuotas de la Seguridad Social y por los conceptos de recaudación conjunta se hayan aplicado la compensación de prestaciones abonadas en régimen de pago delegado o las deducciones a que se refiere el artículo 17 de este reglamento, aunque sean de concesión automática por imperio de la ley, las entidades gestoras y colaboradoras comprobarán la procedencia y exactitud de las compensaciones y deducciones que resulten a cargo de su respectivo presupuesto.

A estos efectos, la Tesorería General de la Seguridad Social remitirá a la entidad gestora o colaboradora interesada en la gestión de las distintas contingencias y conceptos de recaudación conjunta las liquidaciones efectuadas para que aquella proceda a la comprobación y control de la exactitud de las deducciones y compensaciones. La entidad gestora o colaboradora solicitará el inicio del procedimiento de recaudación a la Tesorería General de la Seguridad Social comunicando por medios telemáticos, informáticos o electrónicos los datos necesarios para realizar la gestión recaudatoria del importe de las compensaciones o deducciones aplicadas indebidamente. Dicha comunicación de datos, que se considerarán ciertos para el inicio del correspondiente procedimiento recaudatorio, habilitará a la Tesorería General de la Seguridad Social para el inicio del mismo.

La entidad gestora o colaboradora garantizará el acceso de dicho Servicio Común, preferentemente por medios electrónicos, informáticos o telemáticos, a las resoluciones que decla-

(1) Párrafo redactado conforme a lo dispuesto en el Real Decreto 453/2022, de 14 de junio.

ren indebidas las compensaciones de prestaciones abonadas en régimen de pago delegado o las deducciones efectuadas y al resto de información y documentación asociada a la deuda que permita la gestión de la misma y, en especial, en materia de responsabilidad *mortis causa* e impugnaciones. (1)

3. Cuando las funciones de control de las liquidaciones no se hallaran expresamente atribuidas a un órgano o entidad determinado, se considerará que su ejercicio corresponde a la Tesorería General de la Seguridad Social.

Subsección 3.ª

Liquidaciones por la Administración

Art. 20. Formas de las liquidaciones administrativas de cuotas

Si por falta de ingreso de las cuotas debidas en plazo reglamentario procede efectuar su reclamación administrativa, su liquidación se realizará, según corresponda, mediante reclamación de deuda expedida por la Tesorería General de la Seguridad Social o mediante acta de liquidación, concurrente o no con acta de infracción, practicada por la Inspección de Trabajo y Seguridad Social y elevada a definitiva por la Tesorería General de la Seguridad Social, en los supuestos, con las formalidades y con el alcance que se determinan en los artículos 30 y siguientes del Texto Refundido de la Ley General de la Seguridad Social, aprobado por el Real Decreto legislativo 1/1994, de 20 de junio, y los artículos 61 y siguientes del Reglamento general de recaudación de la Seguridad Social, aprobado por el Real Decreto 1415/2004, de 11 de junio, y demás normativa específica aplicable. (2)

Subsección 4.ª

Ámbito de aplicación

Art. 21. Normas generales. Regímenes y supuestos especiales

Las normas contenidas en esta sección 1.ª serán de aplicación a las operaciones, declaraciones y demás actos de liquidación para el pago y control, tanto respecto de los ingresos como de su falta, de las deudas por cuotas de los Regímenes del sistema de la Seguridad Social, por los conceptos de recaudación conjunta con las mismas a que se refiere el apartado 2 del artículo 2 de este Reglamento y por recargos sobre ambos, sin perjuicio de lo que, con carácter de especialidad, se establece en las secciones siguientes de este mismo capítulo respecto de los distintos Regímenes y para supuestos especiales.

Sección 2.ª

Régimen General

Subsección 1.ª

Elementos de la obligación de cotizar

Art. 22. Sujetos de la obligación de cotizar

1. Están sujetos a la obligación de cotizar al Régimen General de la Seguridad Social los trabajadores que, en razón de su actividad, se encuentren comprendidos en su campo de aplicación y los empresarios por cuya cuenta trabajen aquéllos.

2. Para las contingencias comunes, la cotización comprenderá dos aportaciones:

a) La aportación de los empresarios.

b) La aportación de los trabajadores.

3. Para las contingencias de accidentes de trabajo y de enfermedades profesionales, la cotización completa correrá a cargo exclusivamente de los empresarios.

4. La aportación del trabajador en la cotización respecto del mismo por contingencias comunes será de su exclusivo cargo, siendo nulo todo pacto en contrario.

El empresario descontará a sus trabajadores, en el momento de hacerles efectivas sus retribuciones, la aportación que corresponda a cada uno de ellos. Si no efectuase el descuento en dicho momento no podrá realizarlo con posterioridad, quedando obligado a ingresar la totalidad de las cuotas a su exclusivo cargo.

5. El empresario que, habiendo efectuado tal descuento, no ingrese dentro de plazo las aportaciones correspondientes a sus trabajadores incurrirá en responsabilidad ante ellos y ante las entidades gestoras de la Seguridad Social y Tesorería General de la misma, sin perjuicio de las responsabilidades penal y administrativa que procedan.

6. No obstante lo dispuesto en los números anteriores, el sujeto responsable del pago o cumplimiento de la obligación de cotizar al Régimen General de la Seguridad Social es el empresario, que deberá ingresar en su totalidad tanto las aportaciones propias como las de sus trabajadores.

Asimismo, responderán, en su caso, del cumplimiento de la obligación de ingresar la totalidad de las cuotas las personas y con el alcance señalado en los apartados 1 y 2 del artículo 127 de la Ley General de la Seguridad Social, en los artículos 42 y 44 del Texto Refundido de la Ley del Estatuto de los Trabajadores, aprobado por Real Decreto Legislativo 1/1995, de 24 de marzo, en los artículos 9, 10 y 12 del Reglamento General de Recaudación de los Recursos del sistema de la Seguridad Social y en las demás normas sustantivas sobre supuestos de imputación de responsabilidad simple, solidaria, subsidiaria o por sucesión *inter vivos* o *mortis causa* en orden al cumplimiento de la obligación de cotizar. (3)

Art. 23. Base de cotización

1. La base de cotización para todas las contingencias y situaciones amparadas por la acción protectora del Régimen General de la Seguridad Social, así como por los conceptos de recaudación conjunta con las cuotas de dicho régimen, estará constituida por la remuneración total, cualquiera que sea su forma o denominación, que, con carácter mensual, tenga derecho a percibir el trabajador o la que efectivamente perciba de ser ésta superior, por razón del trabajo que realice por cuenta ajena.

a) Las percepciones de vencimiento superior al mensual se prorratearán a lo largo de los 12 meses del año.

b) A efectos de su inclusión en la base de cotización, se considerará remuneración la totalidad de las percepciones recibidas por los trabajadores, en dinero o en especie y ya retribuyan el trabajo efectivo o los períodos de descanso computables como de trabajo, así como los importes que excedan de lo dispuesto en el apartado 2 de este artículo.

A estos efectos, constituyen percepciones en especie la utilización, consumo u obtención, para fines particulares, de bienes, derechos o servicios de forma gratuita o por precio

(1) Apartado redactado conforme a lo dispuesto en el Real Decreto 453/2022, de 14 de junio.

(2) La referencia a los artículos 30 y siguientes de la Ley General de la Seguridad Social debe entenderse referida a los artículos 30 y siguientes del texto refundido de la misma aprobado por el Real Decreto Legislativo 8/2015, de 30 de octubre.

(3) La referencia al artículo 127 de la Ley General de la Seguridad Social debe entenderse referida al artículo 168 el texto refundido de la misma aprobado por el Real Decreto Legislativo 8/2015, de 30 de octubre.

El texto refundido de la Ley del Estatuto de los Trabajadores en vigor es el aprobado por el Real Decreto Legislativo 2/2015, de 23 de octubre.

inferior al normal de mercado, aun cuando no supongan un gasto real para quien las conceda.

a) Cuando el empresario entregue al trabajador importes en metálico, vales o cheques de cualquier tipo para que éste adquiera bienes, derechos o servicios, la percepción económica y el importe del vale o cheque recibido por el trabajador se valorarán por la totalidad de su importe.

También se valorarán por la totalidad de su importe: las acciones o participaciones entregadas por los empresarios a sus trabajadores que se valorarán en el momento en que se acuerda su concesión de conformidad con lo establecido en los artículos 15 y 16 de la Ley 19/1991, de 6 de junio, del Impuesto sobre el Patrimonio; las primas o cuotas satisfechas por los empresarios a entidades aseguradoras para la cobertura de sus trabajadores; las contribuciones satisfechas a planes de pensiones en el marco del texto refundido de la Ley de Regulación de Planes y Fondos de Pensiones, aprobada por el Real Decreto Legislativo 1/2002, de 29 de noviembre, y su normativa de desarrollo, y las mejoras de las prestaciones de Seguridad Social concedidas por las empresas, a excepción de las previstas en el apartado 2.C) de este artículo.

b) Con carácter general, la valoración de las percepciones en especie satisfechas por los empresarios vendrá determinada por el coste medio que suponga para los mismos la entrega del bien, derecho o servicio objeto de percepción, entendiendo este coste medio como el resultado de dividir los costes totales que suponga para la empresa la entrega de un bien, derecho o servicio directamente imputables a dicha retribución entre el número de perceptores potenciales de dicho bien, derecho o servicio.

c) No obstante lo previsto en el párrafo b), cuando se trate de la prestación del servicio de educación en las etapas de infantil, primaria, secundaria obligatoria, bachillerato y formación profesional por centros educativos autorizados, a los hijos de sus empleados, con carácter gratuito o por precio inferior al normal de mercado, su valoración vendrá determinada, en el momento de inicio del curso escolar correspondiente, por el coste marginal que suponga para la empresa la prestación de tal servicio, entendiendo este como el incremento del coste total directamente imputable a la prestación que suponga para el centro educativo un servicio de educación para un alumno adicional de la etapa de enseñanza que corresponda. Asimismo, la valoración del resto de servicios educativos prestados por los centros autorizados en la atención, cuidado y acompañamiento de los alumnos, vendrá determinada por el coste marginal que suponga para la empresa la prestación de tal servicio.

Esta misma valoración será aplicable a la prestación por medios propios del empresario del servicio de guardería para los hijos de sus empleados.

d) La utilización de una vivienda propiedad o no del empresario o la utilización o entrega de vehículos automóviles se valorará en los términos previstos para estos bienes en el artículo 43 de la Ley 35/2006, de 28 de noviembre, del Impuesto sobre la Renta de las Personas Físicas y de modificación parcial de las Leyes de los Impuestos sobre Sociedades, sobre la Renta de no Residentes y sobre el Patrimonio.

e) Asimismo, los préstamos concedidos a los trabajadores con tipos de interés inferiores al legal del dinero se valorarán por la diferencia entre el interés pagado y el referido interés legal vigente en el respectivo ejercicio económico.

2. Únicamente no se computarán en la base de cotización los siguientes conceptos:

a) Los gastos de manutención y estancia, así como los gastos de locomoción, cuando correspondan a desplazamientos del trabajador fuera de su centro habitual de trabajo para realizar el mismo en lugar distinto, en los términos y en las cuantías siguientes:

a) No se computarán en la base de cotización las cantidades destinadas por el empresario a compensar los gastos normales de manutención y estancia en restaurantes, hoteles y demás establecimientos de hostelería, devengadas por gastos en municipio distinto del lugar del trabajo habitual del trabajador y del que constituya su residencia, cuando los mismos se hallen exceptuados de gravamen conforme a los apartados 3, 4, 5 y 6 del artículo 9.a) del Reglamento del Impuesto sobre la Renta de las Personas Físicas, aprobado por el Real Decreto 439/2007, de 30 de marzo.

El exceso sobre los límites señalados en los apartados citados, se computará en la base de cotización a la Seguridad Social.

Tampoco se computarán en la base de cotización los gastos de manutención, abonados o compensados por las empresas a trabajadores a ellas vinculados por relaciones laborales especiales, por desplazamientos fuera de la fábrica, taller, oficina o centro habitual de trabajo, para realizarlo en lugar distinto de este en diferente municipio, tanto si el empresario los satisface directamente como si resarce de ellos al trabajador, con los límites establecidos en el artículo 9.b) del Reglamento del Impuesto sobre la Renta de las Personas Físicas.

El exceso sobre los límites señalados en el citado artículo 9.b) se computará en la base de cotización a la Seguridad Social.

b) A los mismos efectos de su exclusión en la base de cotización a la Seguridad Social, se consideran gastos de locomoción las cantidades destinadas por el empresario a compensar los gastos del trabajador por sus desplazamientos fuera de la fábrica, taller, oficina o centro habitual de trabajo, para realizarlo en lugar distinto del mismo o diferente municipio.

Los gastos de locomoción, tanto si el empresario los satisface directamente como si resarce de ellos al trabajador, estarán excluidos de la base de cotización en su totalidad cuando se utilicen medios de transporte público, siempre que el importe de dichos gastos se justifique mediante factura o documento equivalente. De utilizarse otros medios de transporte, estarán excluidos de la base de cotización en los términos y con el alcance establecido en los apartados A).2, 4, 5 y 6 y b) del artículo 9 del Reglamento del Impuesto sobre la Renta de las Personas Físicas.

El exceso sobre las cantidades señaladas en los citados apartados, se incluirá en la base de cotización a la Seguridad Social.

b) Las indemnizaciones por fallecimiento y las correspondientes a traslados, suspensiones, despidos y ceses, en los términos previstos en el artículo 109.2.c) del texto refundido de la Ley General de la Seguridad Social. (1)

De superar el importe de estas indemnizaciones los límites establecidos en el citado artículo, el exceso a incluir en la base de cotización se prorrateará a lo largo de los 12 meses anteriores a aquel en que tenga lugar la circunstancia que las motive.

C) Las prestaciones de la Seguridad Social y las mejoras de las prestaciones por incapacidad temporal concedidas por las empresas.

D) Las asignaciones destinadas a satisfacer gastos de estudios del trabajador dispuestos por instituciones, empresarios o empleadores y financiados directamente por ellos para la actualización, capacitación o reciclaje de su personal, cuando vengan exigidos por el desarrollo de sus actividades o las características de los puestos de trabajo.

E) Las horas extraordinarias, salvo en la base de cotización por accidentes de trabajo y enfermedades profesionales y sin perjuicio de la cotización adicional por tal concepto en los términos establecidos en el artículo 24 de este reglamento.

3. Lo establecido en el apartado 2 se entiende sin perjuicio de las especialidades previstas en la sección 10.ª de este mismo capítulo, así como de las facultades del Ministerio de Empleo y Seguridad Social para establecer el cómputo de las horas extraordinarias en la determinación de la base de coti-

(1) La referencia al artículo 109.2.c) debe entenderse referida al artículo 147 de la vigente Ley General de la Seguridad Social.

zación por contingencias comunes, ya sea con carácter general o ya por sectores laborales en los que la prolongación de la jornada sea característica de su actividad.

Art. 24. Cotización adicional por horas extraordinarias

1. La remuneración que obtengan los trabajadores en concepto de horas extraordinarias, con independencia de su cotización a efectos de accidentes de trabajo y enfermedades profesionales, estará sujeta a una cotización adicional, destinada a incrementar los recursos generales del sistema de la Seguridad Social, y que no será computable a efectos de determinar la base reguladora de las prestaciones.

2. En la cotización adicional por horas extraordinarias motivadas por fuerza mayor se aplicará el tipo especial de cotización previsto al efecto en la Ley de Presupuestos Generales del Estado para cada ejercicio.

Cuando se trate de horas extraordinarias que no estén comprendidas en el apartado anterior se aplicará el tipo general de cotización establecido en dicha Ley de Presupuestos Generales del Estado para cada ejercicio.

Art. 25. Límites máximo y mínimo

1. Las bases de cotización en el Régimen General de la Seguridad Social no podrán ser superiores al límite máximo ni inferiores a los límites mínimos absolutos a que se refieren los apartados 1 y 2 del artículo 9.

2. El límite máximo tendrá carácter mensual o diario, sin perjuicio de lo que con carácter de especialidad se dispone en relación con los supuestos regulados en los artículos 32 y 33 de este Reglamento.

3. El límite mínimo tendrá carácter mensual o diario en función de que la retribución que perciba el trabajador tenga uno u otro carácter, sin perjuicio, asimismo, de lo dispuesto en relación con los supuestos especiales en este Reglamento y en las normas de desarrollo.

Art. 26. Bases por categorías

1. La base de cotización, para todas las contingencias y situaciones protegidas por el Régimen General de la Seguridad Social, exceptuadas las de desempleo y accidentes de trabajo y enfermedades profesionales, estará sujeta para cada grupo de categorías profesionales, a los límites relativos de las bases mínimas y máximas a que se refiere el apartado 3 del artículo 9 de este Reglamento.

2. Los grupos de categorías profesionales a que se refiere el número anterior son los siguientes:

Grupo de cotización	Categorías profesionales
1	Ingenieros y licenciados. Personal de alta dirección no incluido en el artículo 1.3.c) del Estatuto de los Trabajadores
2	Ingenieros técnicos, peritos y ayudantes titulados
3	Jefes administrativos y de taller
4	Ayudantes no titulados
5	Oficiales administrativos
6	Subalternos
7	Auxiliares administrativos
8	Oficiales de primera y segunda
9	Oficiales de tercera y especialistas
10	Peones
11	Trabajadores menores de 18 años, cualquiera que sea su categoría profesional

3. La Dirección General de la Tesorería General de la Seguridad Social es el órgano competente para determinar la asimilación de las distintas personas comprendidas en el campo de aplicación del Régimen General, así como la asimilación de nuevas categorías que puedan crearse, previo informe en todo caso de la Inspección de Trabajo y Seguridad Social.

La Inspección de Trabajo y Seguridad Social, de oficio, podrá iniciar expediente proponiendo la asimilación de aquellas categorías profesionales que, no obstante lo previsto en el párrafo anterior, no hubiesen sido objeto de asimilación en la forma en él regulado.

4. El Ministerio de Trabajo y Seguridad Social adaptará las cuantías de las bases mínimas determinadas en la forma que se indica en el apartado 4 del artículo 9 en función de días y horas, para aquellos contratos en que esté establecida expresamente por disposición legal la cotización en relación con tales circunstancias.

Art. 27. Tipo de cotización

En el Régimen General de la Seguridad Social los tipos de cotización para contingencias comunes y por desempleo, así como el porcentaje aplicable para las contingencias de accidente de trabajo y enfermedad profesional y por horas extraordinarias serán los establecidos en las disposiciones a que se refieren los artículos 10.3 y 4, 11.1 y 24.2 de este Reglamento.

Subsección 2.ª

Dinámica de la obligación de cotizar

Art. 28. Contenido de la obligación de cotizar y circunstancias de la misma

En el Régimen General de la Seguridad Social el nacimiento, la duración y extinción de la obligación de cotizar, que estarán siempre referidos a días naturales, la liquidación de las cuotas objeto de la misma y el período de liquidación, que se efectuarán por meses naturales y la forma, lugar y plazo de la liquidación, así como su comprobación y control se regirán por lo dispuesto en los artículos 12 y siguientes de este Reglamento y, en su caso, por las normas específicas que para los supuestos especiales se establecen en la subsección siguiente de esta misma sección y en la sección 10 de este capítulo.

Subsección 3.ª

Supuestos especiales en el Régimen General

A) **Por las peculiaridades de colectivos protegidos**

. . . .

Art. 30. Jugadores profesionales de fútbol

1. La base de cotización para todas las contingencias y situaciones amparadas por la acción protectora del Régimen General, incluidas las de accidentes de trabajo y enfermedades profesionales y las de las aportaciones que se recaudan conjuntamente con las cuotas de la Seguridad Social, respecto de los jugadores profesionales de fútbol, se determinará conforme a lo establecido en los artículos 23 y 24, sin otras particularidades que las establecidas en los apartados siguientes.

2. Las bases de cotización para contingencias comunes no podrán ser superiores ni inferiores respectivamente a las bases máximas y mínimas de cotización que correspondan a la categoría de los clubes para los que presten sus servicios, según la clasificación siguiente:

Categoría profesional	Grupo de cotización
Primera División	2
Segunda División A	3
Segunda División B	5
Restantes categorías	7

Los grupos de cotización a que se refiere la clasificación anterior coincidirán con los de igual numeración de los grupos de categorías profesionales relacionados en el apartado 2 del artículo 26.

3. Para las contingencias de accidentes de trabajo y enfermedades profesionales y demás conceptos de recaudación conjunta, las bases de cotización estarán sujetas a los topes absolutos máximo y mínimo a que se refieren los apartados 1 y 2 del artículo 9.

La cotización por las contingencias de accidentes de trabajo y enfermedades profesionales se efectuará aplicando el tipo de cotización que corresponda de la tarifa de primas vigente.

Art. 31. Cotización de los representantes de comercio

Respecto a los representantes de comercio, la cotización para todas las contingencias y situaciones amparadas por la acción protectora del Régimen General, así como por los conceptos de recaudación conjunta con las cuotas de dicho Régimen, se regirá por las normas de las subsecciones precedentes, sin más particularidad que la establecida en el párrafo siguiente.

La base de cotización mensual para las contingencias comunes no podrá ser inferior ni superior, respectivamente, a las bases mínima y máxima establecidas en cada momento para el grupo 5 de la escala de grupos de cotización a que se refiere el artículo 26.2, en el que los representantes de comercio quedan incluidos, a efectos de la cotización por dichas contingencias.

. . . .

Art. 34. Ciclistas, jugadores de baloncesto y demás deportistas profesionales

1. La base de cotización para todas las contingencias y situaciones amparadas por la acción protectora del Régimen General, incluidas las de accidente de trabajo y enfermedad profesional y demás aportaciones que se recaudan juntamente con las cuotas de Seguridad Social, respecto de los ciclistas profesionales y jugadores profesionales de baloncesto, así como de los demás deportistas respecto de los cuales, por tener la condición de deportistas profesionales de acuerdo con el Real Decreto 1006/1985, de 26 de junio, por el que se regula la relación laboral de carácter especial de los deportistas profesionales, y de la Ley 10/1990, de 15 de octubre, del Deporte, se haya acordado expresamente su integración en el Régimen General de la Seguridad Social, se determinará conforme a lo establecido en los artículos 23 y 24 de este Reglamento.

2. A efectos de determinación de las bases mínimas y máximas de cotización, los deportistas profesionales quedan encuadrados en el grupo 3.º de los relacionados en el apartado 2 del artículo 26.

3. La cotización por las contingencias de accidentes de trabajo y enfermedades profesionales se efectuará aplicando el tipo de cotización que corresponda de la tarifa de primas vigente.

4. Lo dispuesto en los apartados anteriores, se entiende sin perjuicio de las especialidades que pueda establecer el Real Decreto de inclusión respecto de determinados deportistas profesionales.

. . . .

B) **Otras peculiaridades de la obligación de cotizar**

Art. 35. Régimen jurídico

1. Se regirá, por las normas específicas que los establezcan y desarrollen, la cotización al Régimen General de la Seguridad Social, en los supuestos siguientes:

1.º Exclusión de alguna o algunas de las contingencias protegidas por dicho Régimen o inclusión únicamente respecto de algunas de ellas.

2.º Colaboración en la gestión.

3.º Reducción o mejora voluntaria de las bases de cotización en los supuestos previstos en la Ley.

4.º Situaciones de incapacidad temporal y de asimilación al alta.

5.º En los casos de deducciones en la cotización por correcciones en las bases, reducciones o bonificaciones en las cuotas o cotizaciones complementarias, como medidas de fomento de empleo o por cualquier otra causa legalmente establecida.

2. En defecto de regulación específica, se aplicarán las normas establecidas en la sección 10 de este capítulo, así como las dictadas al efecto por el Ministerio de Trabajo y Seguridad Social.

. . . .

Sección 10

Supuestos especiales de diversos Regímenes del sistema

Subsección 1.ª

Peculiaridades de la cotización en razón de la protección y de la colaboración en la misma

Art. 62. Empresas excluidas o colaboradoras en la gestión de determinadas contingencias comunes. Coeficientes reductores

1. Cuando los sujetos obligados a cotizar a alguno de los Regímenes del sistema de la Seguridad Social estén excluidos de alguna contingencia, financiada con cargo al respectivo tipo único de cotización, o cuando se trate de empresas autorizadas para colaborar voluntariamente en la gestión de la asistencia sanitaria y/o de la incapacidad temporal, debidas a enfermedad común o a accidente no laboral, el tipo único de cotización vigente será, asimismo, aplicable a las correspondientes bases de cotización, pero se reducirá la cuota íntegra resultante que corresponderá de no existir la exclusión o colaboración, mediante la aplicación de un coeficiente o coeficientes fijados para cada ejercicio económico.

2. Los coeficientes a que se refiere el apartado anterior se determinarán teniendo en cuenta la relación existente entre el importe del gasto presupuestado para las prestaciones a que afecte la exclusión o la colaboración y el importe del total previsto, que, en ambos casos, hayan de ser financiados con cotizaciones y demás recursos distintos a las aportaciones del Estado. En la determinación de los coeficientes aplicables se tendrá en cuenta, además, la obligación de contribuir a satisfacer las exigencias de la solidaridad nacional, de acuerdo con lo dispuesto en el apartado 5 del artículo 77 del Texto Refundido de la Ley General de la Seguridad Social. (1)

. . . .

Art. 64. Cotización en los contratos de aprendizaje

1. Respecto de los aprendices que tuviere contratados, el empresario estará obligado a cotizar a la Seguridad Social por las contingencias de accidentes de trabajo y enfermedades profesionales, asistencia sanitaria, prestación económica correspondiente a los períodos de descanso por maternidad y pensiones que integran la protección social dispensada a los mismos. (2)

(1) La referencia al artículo 77 debe entenderse realizada al artículo 102 de la vigente Ley General de la Seguridad Social.

(2) La referencia a los periodos de descanso por maternidad debe entenderse realizada a la suspensión de contrato por nacimiento.

1.º Para cubrir las anteriores contingencias el empresario ingresará mensualmente en la Seguridad Social la cuota única que determine para cada ejercicio la correspondiente Ley de Presupuestos Generales del Estado, siendo dicha cuota por contingencias comunes a cargo del empresario y del trabajador, y por contingencias profesionales a cargo exclusivo del empresario, cuya cuantía respectiva será la que en dicha Ley se establezca.

2.º La cuota mensual al Fondo de Garantía Salarial, a cargo del empleador, por cada aprendiz contratado, será la cantidad fijada en la mencionada Ley de Presupuestos Generales del Estado.

3.º La cuota mensual por formación profesional será la cantidad fijada en la Ley de Presupuestos Generales del Estado en cada ejercicio.

2. Las empresas que celebren contratos de aprendizaje con trabajadores minusválidos tendrán derecho a una reducción del 50 por 100 en las cuotas empresariales de Seguridad Social previstas para los contratos de aprendizaje.

Subsección 2.ª

Peculiaridades respecto de las bases de cotización

Art. 65. Cotización en los supuestos de contratos de trabajo a tiempo parcial y de relevo

1. Respecto de los trabajadores por cuenta ajena en virtud de contratos a tiempo parcial y de relevo, la base de cotización para todas las contingencias y situaciones amparadas por la acción protectora del Régimen de que se trate, incluidas las de desempleo, accidente de trabajo y enfermedad profesional y las demás que se recaudan conjuntamente con las cuotas de la Seguridad Social, se determinará, conforme a lo establecido en el artículo 23 del presente Reglamento, por las retribuciones efectivamente percibidas en función de las horas trabajadas.

2. La base de cotización así determinada no podrá ser inferior:

a) Para las contingencias comunes, al resultado de multiplicar la base mínima correspondiente a la categoría profesional del trabajador, adaptada por el Ministerio de Trabajo e Inmigración, conforme a lo dispuesto en el apartado 4 del artículo 9, por el número de horas realmente trabajadas en el mes a que se refiere la liquidación de cuotas.

b) Para las contingencias de desempleo, accidente de trabajo y enfermedad profesional y de los demás conceptos de recaudación conjunta, al resultado de multiplicar el tope mínimo absoluto, adaptado por el Ministerio citado en función de horas, conforme a lo dispuesto en el apartado 4 del artículo 9, por el número de horas realmente trabajadas, en el mes a que se refiere la liquidación de cuotas.

c) A los efectos de las operaciones indicadas en los párrafos anteriores, se computarán como horas efectivamente trabajadas las correspondientes al tiempo de descanso computable como de trabajo, que corresponda al descanso semanal y festivos.

3. Respecto de los trabajadores con contrato a tiempo parcial, que hayan acordado con su empresa que la totalidad de las horas de trabajo que anualmente deben realizar se presten en determinados períodos de cada año, percibiendo todas las remuneraciones anuales o las correspondientes al período inferior de que se trate, en estos períodos de trabajo concentrado, existiendo períodos de inactividad superiores al mensual, además de permanecer en alta en el Régimen de la Seguridad Social que corresponda por razón de la actividad y mientras no se extinga su relación laboral, subsistirá la obligación de cotizar conforme a las siguientes reglas:

1.ª La base de cotización se determinará al celebrarse el contrato de trabajo y al inicio de cada año en que el trabajador se encuentre en dicha situación, computando el importe total de las remuneraciones que tenga derecho a percibir el trabajador a tiempo parcial en ese año, con exclusión, en todo caso, de los importes correspondientes a los conceptos no computables en la base de cotización a la Seguridad Social, de acuerdo con lo establecido en el artículo 23 de este Reglamento General y demás disposiciones complementarias.

2.ª El importe así obtenido se prorrateará entre los 12 meses del año o del período inferior de que se trate, determinándose de ese modo la cuantía de la base de cotización correspondiente a cada uno de los mismos y con la independencia de que las remuneraciones se perciban íntegramente en los períodos de trabajo concentrado o de forma prorrateada a lo largo del año o período inferior respectivo.

3.ª La base mensual de cotización, calculada conforme a las reglas anteriores, no podrá ser inferior al importe de la base mínima de cotización vigente en cada momento para los contratos de trabajo a tiempo parcial fijado en el apartado 2 de este artículo.

4.ª Si al final del ejercicio o período inferior de que se trate el trabajador con contrato a tiempo parcial, subsistiendo su relación laboral, hubiere percibido remuneraciones por importe distinto al inicialmente considerado en ese año o período para determinar la base mensual de cotización durante el mismo, conforme a las reglas 1.ª a 3.ª anteriores, se procederá a realizar la correspondiente regularización. A tal efecto, el empresario deberá o bien practicar la correspondiente liquidación complementaria de cuotas por las diferencias en más y efectuar el pago dentro del mes de enero del año siguiente o del mes siguiente a aquél en que se extinga la relación laboral o bien solicitar, en su caso, la devolución de las cuotas que resulten indebidamente ingresadas.

5.ª Asimismo, la Administración de la Seguridad Social podrá efectuar de oficio las liquidaciones de cuotas y acordar las devoluciones solicitadas que sean procedentes, en especial en los supuestos de extinción de la relación laboral de estos trabajadores con contrato a tiempo parcial por jubilación ordinaria o anticipada, por reconocimiento de la pensión por incapacidad permanente, por fallecimiento o por cualquier otra causa, con la consiguiente baja en el Régimen correspondiente de la Seguridad Social y cese en la obligación de cotizar.

4. Durante las situaciones de incapacidad temporal, maternidad, paternidad, riesgo durante el embarazo y riesgo durante la lactancia natural, la base diaria de cotización será la base reguladora diaria de la correspondiente prestación. En las situaciones de incapacidad temporal y de maternidad en las que no se haya causado derecho al respectivo subsidio, la base diaria de cotización se calculará, asimismo, en función de la base reguladora diaria de la prestación que hubiera correspondido, de haberse causado derecho a la misma.

Esta base de cotización se aplicará durante todos los días naturales en que el trabajador permanezca en alguna de las situaciones antes indicadas.

5. Será de aplicación a estos contratos lo dispuesto en el artículo 24 del presente Reglamento sobre cotización adicional por horas extraordinarias, que se realicen en el supuesto a que se refiere el apartado 3 del artículo 35 del Estatuto de los Trabajadores.

6. Lo dispuesto en los apartados 1, 2 y 3 anteriores será de aplicación a los socios trabajadores a tiempo parcial, asimilados a trabajadores por cuenta ajena, así como a los socios de trabajo a tiempo parcial de las sociedades cooperativas, determinándose la base de cotización en función de la remuneración que perciban por las horas de actividad cooperativizada.

Asimismo, lo dispuesto en los apartados 1 a 5 anteriores será aplicable al personal estatutario de las instituciones sanitarias del Instituto Nacional de Gestión Sanitaria y de los servicios de salud de las comunidades autónomas, a que se refiere el artículo 9.3.b) de la Ley 55/2003, de 16 de diciembre,

(1) La referencia a las situaciones de maternidad y paternidad debe entenderse realizada a la suspensión de contrato por nacimiento.

del Estatuto marco del personal estatutario de los servicios de salud, que haya sido nombrado para la prestación de servicios de atención continuada fuera de la jornada establecida con carácter general, conforme a lo establecido en el artículo 60 de dicha Ley y en las condiciones previstas en la disposición adicional 7.ª del Texto Refundido de la Ley General de la Seguridad Social. Si el período de inactividad continuada de este personal, que no haya acordado con su empresa la prestación de servicios en períodos concentrados, fuera superior a un mes natural, las instituciones sanitarias deberán notificar dicha situación a la Tesorería General de la Seguridad Social y no tendrán la obligación de cotizar en tal mes o, en su caso, meses, aunque continúen durante éstos en la situación de alta. (1)

7. No se aplicará lo dispuesto en los apartados anteriores en aquellos Regímenes en que la cotización no se determina en función de la remuneración percibida.

Art. 66. Cotización en supuestos de reducción de jornada de trabajo con disminución proporcional de la retribución

Lo dispuesto en el artículo anterior, a excepción de sus apartados 3 y 6, será de aplicación a la cotización relativa a los trabajadores por cuenta ajena y asimilados que reduzcan su jornada de trabajo, con disminución proporcional de sus retribuciones, en los supuestos previstos en el artículo 37 del Texto Refundido de la Ley del Estatuto de los Trabajadores y en los artículos 48 y 49 de la Ley 7/2007, de 12 de abril, del Estatuto Básico del Empleado Público. (2)

Art. 67. Mejoras de las bases de cotización

No procederá la aprobación u homologación de nuevas mejoras voluntarias de las bases de cotización ni el incremento de las ya existentes por encima de las cuantías máximas fijadas para cada ejercicio económico, sin perjuicio de lo dispuesto en los artículos 57.3 y 59.2 de este Reglamento.

Subsección 3.ª

Peculiaridades de la cotización en determinadas situaciones de alta o de asimilación a la situación de alta

Art. 68. Cotización durante las situaciones de incapacidad temporal, maternidad, paternidad, riesgo durante el embarazo y riesgo durante la lactancia natural (3)

1. La obligación de cotizar continuará en la situación de incapacidad temporal, cualquiera que sea su causa; durante los períodos de descanso por maternidad, adopción y acogimiento; en la situación de paternidad por nacimiento de hijo, adopción y acogimiento, y en las situaciones de riesgo durante el embarazo y de riesgo durante la lactancia natural, aunque constituyan motivo de suspensión de una relación laboral.

2. El Ministerio de Trabajo e Inmigración dictará las reglas aplicables para la determinación de las bases de cotización para contingencias comunes y profesionales durante las situaciones a que se refiere este artículo.

3. Salvo en los supuestos en que por disposición legal se disponga lo contrario, la base de cotización para las contingencias comunes durante tales situaciones no podrá ser inferior a la base mínima vigente en cada momento en el Régimen de que se trate.

4. Cuando los trabajadores por cuenta ajena o asimilados compatibilicen la percepción de los subsidios por maternidad y paternidad con el disfrute de los períodos de descanso en régimen de jornada a tiempo parcial, la base de cotización vendrá determinada por los dos sumandos siguientes:

a) Base reguladora del subsidio, reducida en proporción inversa a la reducción que haya experimentado la jornada laboral.

b) Remuneraciones sujetas a cotización, en proporción a la jornada efectivamente realizada.

A efectos de cotización por accidentes de trabajo y enfermedades profesionales, se aplicarán los tipos de cotización que correspondan a cada uno de los sumandos anteriormente indicados.

5. A efectos de cotización por accidentes de trabajo y enfermedades profesionales durante las situaciones a que se refiere este artículo, los sujetos obligados aplicarán el tipo de cotización previsto para ellas en la tarifa de primas vigente, cualquiera que sea la categoría profesional y la actividad del trabajador.

6. Durante las situaciones de maternidad, paternidad, riesgo durante el embarazo y riesgo durante la lactancia natural, la entidad gestora o colaboradora competente, en el momento de hacer efectivo el subsidio que corresponda percibir a los trabajadores por cuenta ajena, procederá a deducir de su importe la cuantía a que ascienda la suma de las aportaciones del trabajador relativas a las cotizaciones a la Seguridad Social, desempleo y formación profesional, para su ingreso en la Tesorería General de la Seguridad Social.

En los supuestos a que se refiere el párrafo anterior, el empresario vendrá obligado a ingresar únicamente las aportaciones a su cargo correspondientes a la cotización a la Seguridad Social y por los demás conceptos de recaudación conjunta que, en su caso, procedan.

Art. 69. Situaciones de permanencia en alta sin retribución, cumplimiento de deberes de carácter público, permisos y licencias

1. En los supuestos en que se halle establecido que el trabajador por cuenta ajena deba permanecer en alta en el Régimen de la Seguridad Social en el que esté encuadrado aunque no perciba de su empresa remuneraciones computables en la base de cotización, se mantendrá la obligación de cotizar.

Dicha obligación de cotizar existirá respecto de los trabajadores que se encuentren cumpliendo deberes de carácter público o desempeñando cargos de representación sindical siempre que ello no dé lugar a la excedencia en el trabajo.

Igualmente subsistirá obligación de cotizar durante los períodos de permisos y licencias que no den lugar a excedencias en el trabajo.

2. En los supuestos a que se refiere el apartado anterior, salvo que en las normas específicas se disponga otra cosa, para las contingencias comunes se tomará como base de cotización la mínima correspondiente en cada momento al grupo de la categoría profesional del trabajador y para las contingencias profesionales la base de cotización estará sujeta a los topes mínimos establecidos en el apartado 2 del artículo 9.

. . . .

Art. 70. Cotización en la situación de desempleo y por fomento del empleo

1. Durante la situación legal de desempleo, la base de cotización a la Seguridad Social de aquellos trabajadores

(1) La referencia a la disposición adicional 7.ª debe entenderse realizada a los artículos 245 a 248 de la vigente Ley General de la Seguridad Social.

(2) El texto refundido de la Ley del Estatuto de los Trabajadores en vigor es el aprobado por el Real Decreto Legislativo 2/2015, de 23 de octubre.

(3) Las referencias en este artículo a las situaciones de maternidad y paternidad deben entenderse realizadas a la suspensión de contrato por nacimiento.

por los que exista obligación legal de cotizar, será equivalente al promedio de las bases de los últimos 6 meses de ocupación cotizada por contingencias comunes o, en su caso, por contingencias de accidentes de trabajo y enfermedades profesionales, anteriores a la situación legal de desempleo o al momento en que cesó la obligación legal de cotizar.

1.° La reanudación de la prestación por desempleo, en los supuestos de suspensión del derecho, supondrá la reanudación correspondiente al momento del nacimiento del derecho.

2.° Cuando se hubiese extinguido el derecho a la prestación por desempleo y, en aplicación del apartado 3 del artículo 210 del Texto Refundido de la Ley General de la Seguridad Social, el trabajador opte por reabrir el derecho inicial por el período que le restaba y las bases y tipos de cotización que le correspondían, la base de cotización a la Seguridad Social, durante la percepción de dicha prestación, será la correspondiente al derecho inicial por el que opta. (1)

3.° Durante la percepción del subsidio de desempleo, la base de cotización respecto de aquellos trabajadores por los que existe obligación de cotizar será la base mínima vigente en cada momento, con aplicación de los coeficientes reductores que, respecto de las correspondientes contingencias, fije para cada ejercicio el Ministerio de Trabajo y Seguridad Social.

2. Las peculiaridades de la obligación de cotizar a la Seguridad Social o las cotizaciones adicionales a la misma, que se establezcan como consecuencia de medidas de fomento del empleo en sus diversas modalidades, se regirán por lo dispuesto en las normas que las hubieran establecido.

. . . .

(1) La referencia al artículo 210 debe entenderse realizada al artículo 269 de la vigente Ley General de la Seguridad Social.

18. Real Decreto 1430/2009, de 11 de septiembre, por el que se desarrolla reglamentariamente la Ley 40/2007, de 4 de diciembre, de medidas en materia de Seguridad Social, en relación con la prestación de incapacidad temporal

. . . .

Art. 5. Reducciones de aportaciones empresariales a la Seguridad Social en caso de traslado de un trabajador con enfermedad profesional a un puesto compatible con su estado (1)

1. Cuando los trabajadores a los que se les haya diagnosticado una enfermedad profesional en un grado que no dé origen a prestación económica, sean trasladados a un puesto de trabajo alternativo y compatible con su estado de salud, con objeto de interrumpir la desfavorable evolución de su enfermedad, las aportaciones empresariales a la cotización a la Seguridad Social por contingencias comunes serán objeto de una reducción del 50 por 100.

En idénticas situaciones de diagnóstico, la misma reducción se aplicará en los casos en que los trabajadores con enfermedad profesional sean contratados por otra empresa, diferente de aquella en que prestaban servicios cuando se constató la existencia de dicha enfermedad, para desempeñar un puesto de trabajo compatible con su estado de salud.

2. La existencia de la enfermedad profesional se acreditará mediante certificación del correspondiente equipo de valoración de incapacidades del Instituto Nacional de la Seguridad Social.

La constatación de la compatibilidad del nuevo puesto de trabajo con el estado de salud del trabajador se efectuará por la Inspección de Trabajo y Seguridad Social.

(1) Artículo derogado a partir del 1 de septiembre de 2023, fecha de entrada en vigor del Real Decreto-ley 1/2023, de 10 de enero.

. . . .

19. Orden PCM/74/2023, de 30 de enero, por la que se desarrollan las normas legales de cotización a la Seguridad Social, desempleo, protección por cese de actividad, Fondo de Garantía Salarial y formación profesional para el ejercicio 2023 (*)

CAPÍTULO I

Cotización a la Seguridad Social

Sección 1.ª

Régimen General de la Seguridad Social

Artículo 1. Determinación de la base de cotización

1. Para determinar la base de cotización correspondiente a cada mes por las contingencias comunes en el Régimen General, se aplicarán las siguientes normas:

Primera. Se computará la remuneración devengada en el mes a que se refiere la cotización.

Segunda. A la remuneración computada conforme a la norma anterior se añadirá la parte proporcional de las gratificaciones extraordinarias establecidas y de aquellos otros conceptos retributivos que tengan una periodicidad en su devengo superior a la mensual o que no tengan carácter periódico y se satisfagan dentro del ejercicio económico del año. A tal efecto, el importe anual estimado de dichas gratificaciones extraordinarias y demás conceptos retributivos se dividirá por 365, y el cociente que resulte se multiplicará por el número de días que comprenda el período de cotización de cada mes. En el caso de que la remuneración que corresponda al trabajador tenga carácter mensual, el indicado importe anual se dividirá por 12.

Tercera. Si la base de cotización que resulte de acuerdo con las normas anteriores no estuviese comprendida entre la cuantía de la base mínima y de la máxima correspondiente al grupo de cotización de la categoría profesional del trabajador, conforme a la tabla establecida en el artículo 3, se cotizará por la base mínima o máxima, según que la resultante sea inferior a aquella o superior a esta. La indicada base mínima será de aplicación cualquiera que fuese el número de horas trabajadas diariamente, excepto en aquellos supuestos en que por disposición legal se establece lo contrario.

2. Para determinar la base de cotización correspondiente a cada mes por las contingencias de accidentes de trabajo y enfermedades profesionales, se aplicarán las normas primera y segunda del apartado anterior. La cantidad que así resulte no podrá ser superior al tope máximo ni inferior al tope mínimo correspondiente, previstos ambos en el artículo 2, cualquiera que sea el número de horas trabajadas diariamente, excepto en aquellos supuestos en que por disposición legal se establece lo contrario.

Art. 2. Topes máximo y mínimo de cotización

1. El tope máximo de la base de cotización al Régimen general será, a partir de 1 de enero de 2023, de 4.495,50 euros mensuales.

2. Desde el 1 de enero de 2023, el tope mínimo de cotización para las contingencias de accidente de trabajo y enfermedad profesional será equivalente al salario mínimo interprofesional vigente en cada momento, incrementado por el prorrateo de las percepciones de vencimiento superior al mensual que perciba el trabajador, sin que pueda ser inferior a 1.166,70 euros mensuales.

Art. 3. Bases máximas y mínimas de cotización

Desde el 1 de enero de 2023, la cotización al Régimen general por contingencias comunes estará limitada para cada grupo de categorías profesionales por las bases mínimas y máximas siguientes:

Grupo de cotización	Categorías profesionales	Bases mínimas — Euros/mes	Bases máximas — Euros/mes
1	Ingenieros y Licenciados. Personal de alta dirección no incluido en el artículo 1.3.c) del Estatuto de los Trabajadores	1.629,30	4.495,50
2	Ingenieros Técnicos, Peritos y Ayudantes Titulados	1.351,20	4.495,50
3	Jefes Administrativos y de Taller	1.175,40	4.495,50
4	Ayudantes no Titulados . .	1.166,70	4.495,50
5	Oficiales Administrativos .	1.166,70	4.495,50
6	Subalternos	1.166,70	4.495,50
7	Auxiliares Administrativos	1.166,70	4.495,50

(*) En vigor desde el 1 de febrero de 2023, con efectos desde el día 1 de enero de 2023.

Debe tenerse en cuenta que las bases de cotización de todos los grupos profesionales previstas en esta Orden son provisionales, y serán sustituidas por las nuevas bases que se aprueben una vez acordado el salario mínimo interprofesional para el año 2023.

Grupo de cotización	Categorías profesionales	Bases mínimas — Euros/día	Bases máximas — Euros/día
8	Oficiales de primera y segunda	38,89	149,85
9	Oficiales de tercera y Especialistas	38,89	149,85
10	Peones	38,89	149,85
11	Trabajadores menores de 18 años, cualquiera que sea su categoría profesional	38,89	149,85

Art. 4. Tipos de cotización

A partir del 1 de enero de 2023, los tipos de cotización al Régimen general serán los siguientes:

a) Para las contingencias comunes, el 28,30 por 100, del que el 23,60 por 100 será a cargo de la empresa y el 4,70 por 100, a cargo del trabajador.

b) Para las contingencias de accidentes de trabajo y enfermedades profesionales, se aplicarán los tipos de la tarifa de primas establecida en la disposición adicional cuarta de la Ley 42/2006, de 28 de diciembre, de Presupuestos Generales del Estado para el año 2007, siendo las primas resultantes a cargo exclusivo de la empresa.

En el caso de empresas que ocupen a trabajadores a quienes en razón de su actividad les resulte de aplicación un coeficiente reductor de la edad de jubilación, se aplicará el tipo de cotización por accidentes de trabajo y enfermedades profesionales más alto de los establecidos en dicha tarifa de primas, siempre y cuando el establecimiento de ese coeficiente reductor no lleve aparejada una cotización adicional por tal concepto.

Lo previsto en el párrafo anterior no será de aplicación a las empresas que ocupen a trabajadores incluidos en el ámbito de aplicación del Real Decreto 1539/2003, de 5 de diciembre, por el que se establecen coeficientes reductores de la edad de jubilación a favor de los trabajadores que acreditan un grado importante de discapacidad.

c) Para el mecanismo de equidad intergeneracional, el 0,6 por 100 aplicable sobre la base de cotización por contingencias comunes, del que el 0,5 por 100 será a cargo de la empresa y el 0,1 por 100, a cargo del trabajador.

Art. 5. Cotización adicional por horas extraordinarias

La remuneración que obtengan los trabajadores por el concepto de horas extraordinarias queda sujeta a una cotización adicional, que no será computable a efectos de determinar la base reguladora de las prestaciones.

La cotización adicional por las horas extraordinarias motivadas por fuerza mayor se efectuará aplicando el tipo del 14,00 por 100, del que el 12,00 por 100 será a cargo de la empresa y el 2,00 por 100, a cargo del trabajador.

La cotización adicional por las horas extraordinarias que no tengan la consideración referida en el párrafo anterior se efectuará aplicando el tipo del 28,30 por 100, del que el 23,60 por 100 será a cargo de la empresa y el 4,70 por 100, a cargo del trabajador.

Art. 6. Cotización durante las situaciones de incapacidad temporal, riesgo durante el embarazo, riesgo durante la lactancia natural, nacimiento y cuidado del menor y ejercicio corresponsable del cuidado del lactante, y en los casos de compatibilidad del subsidio por nacimiento y cuidado del menor con períodos de descanso en régimen de jornada a tiempo parcial

1. La obligación de cotizar permanece durante las situaciones de incapacidad temporal, riesgo durante el embarazo, riesgo durante la lactancia natural y de disfrute de los períodos de descanso por nacimiento y cuidado del menor o ejercicio corresponsable del cuidado del lactante, aunque estos supongan una causa de suspensión de la relación laboral.

Sin perjuicio de lo dispuesto en el párrafo anterior, las empresas tendrán derecho a una reducción del 75 por 100 de las cuotas empresariales a la Seguridad Social por contingencias comunes durante la situación de incapacidad temporal de aquellos trabajadores que hubieran cumplido la edad de 62 años.

2. En las situaciones señaladas en el apartado anterior, la base de cotización aplicable para las contingencias comunes será la base de cotización del mes anterior al del hecho causante de la incapacidad temporal, de las situaciones de riesgo durante el embarazo o de riesgo durante la lactancia natural y por ejercicio corresponsable del cuidado del lactante y la base de cotización del mes anterior al mes previo al del hecho causante del inicio del disfrute de los períodos de descanso por nacimiento y cuidado de menor.

Para la aplicación de lo dispuesto en el párrafo anterior, se tendrán en cuenta las siguientes reglas:

Primera. En el supuesto de remuneración que se satisfaga con carácter diario, hubiere o no permanecido en alta en la empresa el trabajador durante todo el mes natural anterior, el importe de la base de cotización de dicho mes se dividirá por el número de días a que se refiera la cotización. El cociente resultante será la base diaria de cotización, que se multiplicará por el número de días en que el trabajador permanezca en situación de incapacidad temporal, riesgo durante el embarazo, riesgo durante la lactancia natural o de disfrute de los períodos de descanso por nacimiento y cuidado del menor o por ejercicio corresponsable del cuidado del lactante para determinar la base de cotización durante dicha situación.

Segunda. Cuando el trabajador tuviera remuneración mensual y hubiese permanecido en alta en la empresa durante todo el mes natural anterior al de la iniciación de dichas situaciones, la base de cotización de ese mes se dividirá por 30. Si no hubiera permanecido en alta en la empresa durante todo el mes natural anterior, el importe de la base de cotización de dicho mes se dividirá por el número de días a que se refiere la cotización. En ambos casos, el cociente resultante será la base diaria de cotización, que se multiplicará por 30 de permanecer todo el mes en la situación de incapacidad temporal, riesgo durante el embarazo, riesgo durante la lactancia natural o de disfrute de los períodos de descanso por nacimiento y cuidado del menor o por ejercicio corresponsable del cuidado del lactante, o por la diferencia existente entre dicha cifra y el número de días que realmente haya trabajado en dicho mes.

Tercera. Cuando el trabajador hubiera ingresado en la empresa en el mismo mes en que haya iniciado alguna de las situaciones a que se refiere este artículo, se aplicará a ese mes lo establecido en las reglas precedentes.

3. Lo dispuesto en el apartado anterior será de aplicación para calcular la base de cotización, a efectos de las contingencias de accidentes de trabajo y enfermedades profesionales, durante las situaciones de incapacidad temporal, riesgo durante el embarazo, riesgo durante la lactancia natural y nacimiento y cuidado del menor o por ejercicio corresponsable del cuidado del lactante. No obstante, y a fin de determinar la cotización que por el concepto de horas extraordinarias corresponde efectuar, se tendrá en cuenta el promedio de las efectivamente realizadas y cotizadas durante el año inmediatamente anterior a la fecha de iniciación de dichas situaciones. A tal efecto, el número de horas realizadas se dividirá por 12 o 365, según que la remuneración del trabajador se satisfaga o no con carácter mensual.

4. Salvo en los supuestos en que por disposición legal se establezca lo contrario, en ningún caso la base de cotización por contingencias comunes, en las situaciones a que se refiere este artículo, podrá ser inferior a la base mínima vigente en cada momento correspondiente a la categoría profesio-

nal del trabajador. A tal efecto, el correspondiente subsidio se actualizará a partir de la fecha de entrada en vigor de la nueva base mínima de cotización.

5. En la cotización por accidentes de trabajo y enfermedades profesionales, durante los periodos de baja por incapacidad temporal y otras situaciones con suspensión de la relación laboral con obligación de cotización, continuará siendo de aplicación el tipo de cotización correspondiente a la respectiva actividad económica u ocupación en su caso, de conformidad con la tarifa de primas establecida en la disposición adicional cuarta de la Ley 42/2006, de 28 de diciembre.

En el caso de empresas que ocupen a trabajadores a quienes en razón de su actividad les resulte de aplicación un coeficiente reductor de la edad de jubilación, se aplicará el tipo de cotización por accidentes de trabajo y enfermedades profesionales más alto de los establecidos en dicha tarifa de primas, siempre y cuando el establecimiento de ese coeficiente reductor no lleve aparejada una cotización adicional por tal concepto.

Lo previsto en el párrafo anterior no será de aplicación a las empresas que ocupen a trabajadores incluidos en el ámbito de aplicación del Real Decreto 1539/2003, de 5 de diciembre.

6. Cuando se compatibilice la percepción del subsidio por nacimiento y cuidado del menor con el disfrute de los períodos de descanso en régimen de jornada a tiempo parcial, la base de cotización vendrá determinada por los dos sumandos siguientes:

a) Base reguladora del subsidio, en proporción a la fracción de jornada correspondiente al período de descanso.

b) Remuneraciones sujetas a cotización, en proporción a la jornada efectivamente realizada.

Art. 7. Cotización en la situación de alta sin percibo de remuneración

1. Cuando el trabajador permanezca en alta en el Régimen general de la Seguridad Social y se mantenga la obligación de cotizar conforme a lo dispuesto en el artículo 144.2 del texto refundido de la Ley General de la Seguridad Social, aprobado por el Real Decreto Legislativo 8/2015, de 30 de octubre, sin que perciba remuneración computable, se tomará como base de cotización la mínima correspondiente al grupo de su categoría profesional. A efectos de cotización por las contingencias de accidentes de trabajo y enfermedades profesionales se tendrá en cuenta el tope mínimo de cotización establecido en el artículo 2.2. Las citadas bases de cotización se aplicarán exclusivamente, y de forma proporcional al número de días, respecto del período en que los trabajadores permanezcan en esta situación.

2. Lo dispuesto en el apartado anterior no será de aplicación a las situaciones previstas en la Orden del Ministerio de Trabajo y Seguridad Social, de 27 de octubre de 1992, por la que se dictan instrucciones en relación con la cotización al Régimen general de la Seguridad Social de los funcionarios públicos incluidos en el campo de aplicación de dicho Régimen, durante las situaciones de licencia o permiso sin sueldo, suspensión provisional de funciones, cumplimiento del servicio militar o de la prestación social sustitutoria y plazo posesorio por cambio de destino.

Art. 8. Base de cotización en la situación de desempleo protegido y durante la percepción de la prestación del Mecanismo RED de Flexibilidad y Estabilización del Empleo

1. Durante la percepción de la prestación por desempleo por extinción de la relación laboral, la base de cotización a la Seguridad Social de aquellos trabajadores por los que exista obligación legal de cotizar será la base reguladora de la prestación por desempleo, determinada según lo establecido en el artículo 270.1 del texto refundido de la Ley General de la Seguridad Social, con respeto, en todo caso, del importe de la base mínima por contingencias comunes prevista para cada categoría profesional, teniendo dicha base la consideración de base de contingencias comunes a efectos de las prestaciones de la Seguridad Social.

2. Durante la percepción de la prestación por desempleo por suspensión temporal de la relación laboral o por reducción temporal de jornada, o durante la percepción de la prestación del Mecanismo RED de Flexibilidad y Estabilización del Empleo a que se refiere la disposición adicional cuadragésima primera del texto refundido de la Ley General de la Seguridad Social, la base de cotización a la Seguridad Social será la establecida en el artículo siguiente.

3. La reanudación de la prestación por desempleo en los supuestos de suspensión del derecho supondrá la reanudación de la obligación de cotizar por la base de cotización indicada en los apartados anteriores correspondiente al momento del nacimiento del derecho.

4. Cuando se hubiese extinguido el derecho a la prestación por desempleo y, en aplicación del artículo 269.3 del texto refundido de la Ley General de la Seguridad Social, el trabajador opte por reabrir el derecho inicial, la base de cotización a la Seguridad Social será la indicada en el apartado 1 de este artículo, correspondiente al momento del nacimiento del derecho por el que se opta o, en su caso, las indicadas en el apartado 2 de este artículo, correspondientes al momento del nacimiento del derecho por el que se opta.

5. Durante la percepción de la prestación solo se actualizará la base de cotización indicada en los anteriores apartados cuando resulte inferior a la base mínima de cotización a la Seguridad Social vigente en cada momento que corresponda al grupo de cotización del trabajador en el momento de producirse la situación legal de desempleo y hasta dicho tope.

6. Durante la percepción de la prestación por desempleo que proviene del contrato para la formación y el aprendizaje y de los contratos formativos en alternancia, se aplicarán las normas establecidas en los apartados anteriores, salvo en los supuestos recogidos en el apartado 2, en los que la cotización a la Seguridad Social se efectuará aplicando las cuotas únicas a que se refiere el artículo 44 de conformidad con lo previsto en el artículo 273 del texto refundido de la Ley General de la Seguridad Social.

Art. 9. Bases de cotización en los supuestos de reducción de jornada o suspensión de contrato

1. En los supuestos de reducción temporal de jornada o de suspensión temporal de la relación laboral, ya sea por decisión del empresario al amparo de lo establecido en los artículos 47 o 47 bis del texto refundido de la Ley del Estatuto de los Trabajadores, aprobado por el Real Decreto Legislativo 2/2015, de 23 de octubre, o en virtud de resolución judicial adoptada en el seno de un procedimiento concursal, se aplicarán las siguientes bases de cotización:

a) En caso de causarse derecho a la prestación por desempleo, la base de cotización a la Seguridad Social para la determinación de la aportación de los trabajadores por los que exista obligación legal de cotizar será el equivalente al promedio de las bases de los últimos seis meses de ocupación cotizada, por contingencias comunes y por contingencias de accidentes de trabajo y enfermedades profesionales, anteriores a dichas situaciones.

En caso de causarse derecho a la prestación del Mecanismo RED de Flexibilidad y Estabilización del Empleo, la base de cotización a la Seguridad Social para la determinación de la aportación de los trabajadores por los que exista obligación legal de cotizar será el promedio de las bases de cotización en la empresa en la que se aplique el mecanismo de contingencias de accidentes de trabajo y enfermedades profesionales, correspondientes a los 180 días inmediatamente anteriores a la fecha de inicio de aplicación de la medida de la persona trabajadora. En caso de no acreditar 180 días de ocupación cotizada en dicha empresa, la base de cotización se calculará en función de las bases correspondientes al período inferior acreditado en la misma.

b) La base de cotización a la Seguridad Social para determinar la aportación empresarial por contingencias comunes y por contingencias profesionales estará constituida por el promedio de las bases de cotización en la empresa afectada correspondientes a dichas contingencias de los seis meses naturales inmediatamente anteriores al mes anterior al del inicio de cada situación de reducción de jornada o suspensión del contrato. Para el cálculo de dicho promedio, se tendrá en cuenta el número de días en situación de alta, en la empresa de que se trate, durante el período de los seis meses indicados. La base de cotización calculada conforme a lo indicado anteriormente se reducirá, en los supuestos de reducción temporal de jornada, en función de la jornada de trabajo no realizada.

No obstante, en los supuestos en que la persona trabajadora haya causado alta en la empresa en el mes anterior al inicio de cada situación, o en el mismo mes del inicio de la situación, para el cálculo de dicho promedio se tomarán las bases de cotización en la empresa afectada correspondiente al mes inmediatamente anterior al del inicio de la situación, o al mes del inicio de situación, respectivamente.

2. A los efectos establecidos en el párrafo b) del apartado anterior, se considerará como inicio de cada situación de reducción de jornada o suspensión del contrato el inicio de cada uno de los períodos continuados en los que los trabajadores se mantengan afectados por estos supuestos de reducción de jornada o suspensión del contrato, con independencia de que, de forma inmediatamente sucesiva, dichos trabajadores pasen de una situación de suspensión a una de reducción de jornada, o viceversa, o se vea modificado el porcentaje de jornada de trabajo suspendida, incluso en aquellos supuestos en los que las situaciones de reducción de jornada o suspensión del contrato sean consecuencia de la inclusión del trabajador en distintos expedientes de regulación de empleo.

Para el cálculo del promedio al que se refiere el párrafo b) del apartado anterior, se tomarán en cuenta todas las bases de cotización por las que el trabajador haya cotizado por contingencias comunes y por contingencias profesionales en la empresa de que se trate y en el período de seis meses indicado, incluyendo las bases de cotización de los períodos en los que los trabajadores hayan permanecido en situaciones por las que se haya cotizado sin que haya existido prestación de servicios y abono de remuneraciones; las de previas situaciones de suspensión o reducción de jornada; aquellas por las que se haya cotizado durante la situación asimilada a la de alta de vacaciones retribuidas y no disfrutadas a la finalización del contrato de trabajo y, en general, cualquier base de cotización que sea computable para el cálculo de cualquiera de las prestaciones económicas del sistema de la Seguridad Social.

Art. 10. Cotización en la situación de pluriempleo

1. Cuando el trabajador se encuentre en situación de pluriempleo se aplicarán las siguientes normas:

a) Para las contingencias comunes:

Primera. El tope máximo de las bases de cotización, establecido en 4.495,50 euros mensuales, se distribuirá entre todas las empresas en proporción a la remuneración abonada al trabajador en cada una de ellas.

Segunda. Cada una de las empresas cotizará por los conceptos retributivos computables que satisfaga al trabajador, con el límite que corresponda a la fracción del tope máximo que se le asigne.

Tercera. La base mínima correspondiente al trabajador, según su categoría profesional, se distribuirá entre las distintas empresas y será aplicada para cada una de ellas en forma análoga a la señalada para el tope máximo. Si al trabajador le correspondieran diferentes bases mínimas de cotización por su clasificación laboral se tomará para su distribución la base mínima de superior cuantía.

b) Para las contingencias de accidentes de trabajo y enfermedades profesionales:

Primera. El tope máximo de la base de cotización, establecido en 4.495,50 euros mensuales, se distribuirá entre todas las empresas en proporción a la remuneración abonada al trabajador en cada una de ellas.

Segunda. El tope mínimo de cotización se distribuirá entre las distintas empresas y será aplicado para cada una de ellas en forma análoga a la señalada para el tope máximo.

Tercera. La base de cotización será para cada empresa la que resulte conforme a lo señalado en el artículo 1, con los límites que se le hayan asignado según las normas anteriores.

2. En el supuesto de que uno de los empleos conlleve la inclusión en el Régimen general de la Seguridad Social en los términos indicados en el artículo 136.2.c) y e) del texto refundido de la Ley General de la Seguridad Social, la distribución del tope máximo correspondiente a las contingencias de accidentes de trabajo y enfermedades profesionales solo se efectuará al objeto de determinar las cuotas correspondientes a las contingencias comúnmente protegidas por ambas modalidades de inclusión, así como los demás conceptos de recaudación conjunta. A tal fin, se efectuará una doble distribución del tope máximo de cotización citado, una de ellas para determinar la cotización por accidentes de trabajo y enfermedades profesionales, así como para formación profesional, y la otra para determinar la cotización por desempleo y para el Fondo de Garantía Salarial.

3. Los prorrateos indicados en los apartados anteriores se llevarán a cabo a petición de las empresas o trabajadores afectados. La distribución así determinada tendrá efectos a partir de la liquidación de cuotas que corresponda al mes en que se acredite la existencia de la situación de pluriempleo, salvo que se trate de períodos en los que hubiera prescrito la obligación de cotizar.

4. Las direcciones provinciales de la Tesorería General de la Seguridad Social o sus administraciones, de oficio o a instancia del trabajador o empresario afectados, podrán rectificar la distribución entre las distintas empresas, efectuada conforme a lo dispuesto en el apartado 1, cuando, de acuerdo con dicha distribución, se produzcan desviaciones en las bases de cotización resultantes.

. . . .

Sección 5.ª

Coeficientes reductores de la cotización aplicables a las empresas excluidas de alguna contingencia

Art. 20. Coeficientes aplicables a las empresas excluidas de alguna contingencia

Desde el 1 de enero de 2023, los coeficientes reductores que han de aplicarse a las cuotas devengadas por las empresas excluidas de alguna contingencia serán los siguientes:

a) En las empresas excluidas de la contingencia de incapacidad temporal derivada de enfermedad común o accidente no laboral, se aplicará el coeficiente del 0,055, correspondiendo el 0,046 a la cuota empresarial y el 0,009 a la cuota del trabajador.

b) En el supuesto de exclusión de las contingencias de incapacidad temporal, nacimiento y cuidado del menor, ejercicio corresponsable del cuidado del lactante, riesgo durante el embarazo y riesgo durante la lactancia natural, respecto a los funcionarios públicos y demás personal a que se refiere la disposición adicional tercera del texto refundido de la Ley General de la Seguridad Social, se aplicará el coeficiente del 0,065, correspondiendo el 0,054 a la aportación empresarial y el 0,011 a la aportación del trabajador.

Art. 21. Aplicación de los coeficientes reductores

El importe para deducir de la cotización en los supuestos referidos en el artículo anterior se determinará multiplicando por los coeficientes señalados o la suma de los mismos, en su caso, la cuota íntegra resultante de aplicar el tipo único vigente a las correspondientes bases de cotización por contingencias comunes. Este coeficiente no se aplicará a la cotización adicional correspondiente al mecanismo de equidad intergeneracional.

. . . .

Sección 9.ª

Coeficientes aplicables para determinar las aportaciones a cargo de las Mutuas colaboradoras con la Seguridad Social y empresas colaboradoras para el sostenimiento de los servicios comunes

Art. 25. Coeficientes aplicables

A partir del 1 de enero de 2023:

1. Las aportaciones de las Mutuas colaboradoras con la Seguridad Social para el sostenimiento de los servicios comunes de la Seguridad Social, a que se refiere el artículo 75 del Reglamento General sobre Cotización y Liquidación de otros derechos de la Seguridad Social, se determinarán aplicando el coeficiente del 16,00 por 100.

La Tesorería General de la Seguridad Social aplicará el coeficiente señalado en el párrafo anterior sobre las cuotas ingresadas que correspondan a cada una de las Mutuas afectadas, una vez descontada la parte relativa al reaseguro obligatorio.

2. Se fija en el 31,00 por 100 el coeficiente para determinar la cantidad que deben ingresar las empresas autorizadas a colaborar en la gestión de la asistencia sanitaria e incapacidad temporal derivadas de las contingencias de accidentes de trabajo y enfermedades profesionales en concepto de aportación para el sostenimiento de los servicios comunes de la Seguridad Social y de contribución a los demás gastos generales y a las exigencias de solidaridad nacional.

El citado coeficiente se aplicará a las cuotas de accidentes de trabajo y enfermedades profesionales recaudadas por incapacidad permanente y muerte y supervivencia.

Sección 10.ª

Cotización a la Seguridad Social en supuestos especiales

Art. 26. Cotización adicional en contratos de duración determinada

1. A partir del 1 de enero de 2023, los contratos de duración determinada inferior a 30 días tendrán una cotización adicional de 27,53 euros a cargo del empresario a la finalización del mismo.

2. Esta cotización adicional no se aplicará a los contratos a los que se refiere este artículo cuando sean celebrados con trabajadores incluidos en el Sistema Especial para Trabajadores por Cuenta Ajena Agrarios, en el Sistema Especial para Empleados de Hogar o en el Régimen Especial para la Minería del Carbón, en la relación laboral especial de las personas artistas que desarrollan su actividad en las artes escénicas, audiovisuales y musicales, así como de las personas que realizan actividades, técnicas o auxiliares necesarias para el desarrollo de dicha actividad.

Esta cotización adicional tampoco se aplicará a los contratos por sustitución, a los contratos para la formación y el aprendizaje ni a los contratos para la formación en alternancia.

Art. 27. Cotización en los supuestos de abono de salarios con carácter retroactivo

1. Cuando hayan de abonarse salarios con carácter retroactivo, el ingreso de las liquidaciones que deban de efectuarse a la Seguridad Social, desempleo, Fondo de Garantía Salarial y formación profesional como consecuencia de ellos se realizará en los plazos señalados en el artículo 56.1.c) del Reglamento General de Recaudación de la Seguridad Social, aprobado por el Real Decreto 1415/2004, de 11 de junio.

En dichos supuestos, el ingreso se efectuará mediante la correspondiente liquidación complementaria, a cuyo fin se tomarán las bases, topes, tipos y condiciones vigentes en los meses a que los citados salarios correspondan.

2. De igual forma se liquidarán aquellas gratificaciones que no puedan ser objeto de cuantificación anticipada total o parcialmente, a efectos del prorrateo establecido en el artículo 1, a cuyo fin las empresas deberán formalizar una liquidación complementaria por las diferencias de cotización relativas a los meses del año ya transcurridos e incrementar, en la parte que corresponda, las cotizaciones pendientes de ingresar durante el ejercicio económico del año 2023.

3. Las liquidaciones complementarias a que se refieren los apartados anteriores se confeccionarán con detalle separado de cada uno de los meses transcurridos.

Art. 28. Cotización por percepciones correspondientes a vacaciones devengadas y no disfrutadas

Las percepciones correspondientes a vacaciones anuales devengadas y no disfrutadas y que sean retribuidas a la finalización de la relación laboral serán objeto de liquidación y cotización complementaria a la del mes de la extinción del contrato.

La liquidación y cotización complementaria comprenderán los días de duración de las vacaciones, aun cuando alcancen también el siguiente mes natural o se inicie una nueva relación laboral durante los mismos, sin prorrateo alguno y con aplicación, en su caso, del tope máximo de cotización correspondiente al mes o meses que resulten afectados.

No obstante, lo establecido en el párrafo anterior, en los supuestos en que, mediante ley o en ejecución de la misma, se establezca que la remuneración a percibir por el trabajador deba incluir la parte proporcional correspondiente a las vacaciones devengadas, se aplicarán las normas generales de cotización.

Art. 29. Cotización por los salarios de tramitación

De acuerdo con lo dispuesto en el artículo 268.6 del texto refundido de la Ley General de la Seguridad Social, el empresario es el sujeto responsable del cumplimiento de la obligación de cotizar por los salarios de tramitación en los supuestos a que se refiere el artículo 56 del texto refundido de la Ley del Estatuto de los Trabajadores, sin perjuicio de su derecho a reclamar del Estado el importe de las cuotas correspondientes a dichos salarios en los términos previstos en el artículo 56.5 de esta última ley y en el Real Decreto 418/2014, de 6 de junio, por el que se modifica el procedimiento de tramitación de las reclamaciones al Estado por salarios de tramitación en juicios por despido, y demás disposiciones complementarias.

El ingreso de las cuotas correspondientes se efectuará en el plazo previsto en el artículo 56.1.c), 4.°, del Reglamento General de Recaudación de la Seguridad Social.

Art. 30. Tipo de cotización en supuestos especiales

1. A partir del 1 de enero de 2023:

a) El tipo de cotización por incapacidad temporal derivada de contingencias comunes en los supuestos a que se refiere el artículo 152 del texto refundido de la Ley General de la Seguridad Social será el 1,55 por 100, del que el 1,30 por 100 será a cargo de la empresa y el 0,25 por 100, a cargo del trabajador.

. . . .

CAPÍTULO II

Cotización por desempleo, Fondo de Garantía Salarial, formación profesional y por cese de actividad y durante la situación de incapacidad temporal transcurridos 60 días de los trabajadores autónomos

Art. 31. Bases y tipos de cotización por desempleo, Fondo de Garantía Salarial y formación profesional de los trabajadores por cuenta ajena

1. La base de cotización por desempleo, Fondo de Garantía Salarial y formación profesional de los trabajadores por cuenta ajena, en todos los regímenes de la Seguridad Social que tengan cubiertas tales contingencias, a excepción de los trabajadores incluidos en los grupos segundo y tercero del Régimen Especial de la Seguridad Social de los Trabajadores del Mar, cuya base de cotización se determina conforme a lo dispuesto en la Orden ISM/25/2023, de 13 de enero, será la correspondiente a las contingencias de accidentes de trabajo y enfermedades profesionales.

En los supuestos de contratos para la formación y el aprendizaje y de contratos formativos en alternancia, se estará a lo previsto en el artículo 44.

Con independencia de su inclusión en la base de cotización por desempleo, en el cálculo de la base reguladora de la prestación se excluirá la retribución por horas extraordinarias, según dispone el artículo 270.1 del texto refundido de la Ley General de la Seguridad Social.

2. Los tipos de cotización por desempleo, Fondo de Garantía Salarial y formación profesional serán, a partir de 1 de enero de 2023, los siguientes:

a) Desempleo:

1.° Contratación indefinida, incluidos los contratos indefinidos a tiempo parcial y fijos discontinuos, así como la contratación de duración determinada en las modalidades de contratos de formación en alternancia, para la formación y el aprendizaje, formativo para la obtención de la práctica profesional adecuada al nivel de estudios, de relevo, interinidad, y contratos, cualquiera que sea la modalidad utilizada, realizados con trabajadores que tengan reconocido un grado de discapacidad no inferior al 33 por 100: 7,05 por 100, del que el 5,5 por 100 será a cargo de la empresa y el 1,55 por 100, a cargo del trabajador.

2.° Contratación de duración determinada:

Contratación de duración determinada a tiempo completo o a tiempo parcial: 8,30 por 100, del que el 6,70 por 100 será a cargo del empresario y el 1,60 por 100, a cargo del trabajador.

3.° Transformación de la contratación de duración determinada en contratación de duración indefinida: Cuando el contrato de duración determinada, a tiempo completo o parcial, se transforme en un contrato de duración indefinida, se aplicará el tipo de cotización previsto en el apartado 2.a).1.° desde el día de la fecha de la transformación.

. . . .

6.° Reconocimiento de discapacidad durante la vigencia del contrato de duración determinada: El tipo de cotización previsto en el apartado 2.a). 2.° se modificará por el establecido en el apartado 2.a).1.° a partir de la fecha en que se reconozca al trabajador un grado de discapacidad no inferior al 33 por 100.

. . . .

b) Fondo de Garantía Salarial: el 0,20 por 100, a cargo de la empresa.

c) Formación profesional: el 0,70 por 100, del que el 0,60 por 100 será a cargo de la empresa y el 0,10 por 100, a cargo del trabajador.

. . . .

CAPÍTULO III

Cotización en los supuestos de contratos a tiempo parcial

Art. 36. Bases de cotización

1. La cotización a la Seguridad Social, desempleo, Fondo de Garantía Salarial y formación profesional derivada de los contratos de trabajo a tiempo parcial se efectuará en razón de la remuneración efectivamente percibida en función de las horas trabajadas en el mes que se considere.

2. Para determinar la base de cotización mensual correspondiente a las contingencias comunes se aplicarán las siguientes normas:

Primera. Se computará la remuneración devengada por las horas ordinarias y complementarias en el mes a que se refiere la cotización, cualquiera que sea su forma o denominación, con independencia de que haya sido satisfecha diaria, semanal o mensualmente.

Segunda. A dicha remuneración se adicionará la parte proporcional que corresponda en concepto de descanso semanal y festivos, pagas extraordinarias y aquellos otros conceptos retributivos que tengan una periodicidad en su devengo superior a la mensual o que no tengan carácter periódico y se satisfagan dentro del año natural.

Tercera. Si la base de cotización mensual, calculada conforme a las normas anteriores, fuese inferior a las bases mínimas que resulten de lo dispuesto en el artículo 37 o superior a las máximas establecidas con carácter general para los distintos grupos de categorías profesionales, se tomarán estas o aquellas, respectivamente, como bases de cotización.

3. Para determinar la base de cotización por las contingencias de accidentes de trabajo y enfermedades profesionales, así como por desempleo, Fondo de Garantía Salarial y formación profesional, se computará, asimismo, la remuneración correspondiente a las horas extraordinarias motivadas por fuerza mayor realizadas, teniéndose en cuenta las normas primera y segunda del apartado anterior. En ningún caso, la base así obtenida podrá ser superior al tope máximo señalado en el artículo 2.1 ni inferior, desde el 1 de enero de 2023, a 7,03 euros por cada hora trabajada.

Con independencia de su inclusión en la base de cotización por desempleo, en el cálculo de la base reguladora de la prestación se excluirá la retribución por estas horas extraordinarias.

4. La remuneración que obtengan los trabajadores a tiempo parcial por el concepto de horas extraordinarias motivadas por fuerza mayor a las que se refiere el artículo 35.3 del texto refundido de la Ley del Estatuto de los Trabajadores queda sujeta a la cotización adicional regulada en el artículo 5.

Art. 37. Bases mínimas de cotización por contingencias comunes

1. A partir de 1 de enero de 2023, las bases mínimas por horas aplicables a los contratos de trabajo a tiempo parcial serán las siguientes:

Grupo de cotización	Categorías profesionales	Base mínima por hora — Euros
1	Ingenieros y Licenciados. Personal de alta dirección no incluido en el artículo 1.3.c) del Estatuto de los Trabajadores	9,82
2	Ingenieros Técnicos, Peritos y Ayudantes Titulados	8,14
3	Jefes Administrativos y de Taller.	7,08

Grupo de cotización	Categorías profesionales	Base mínima por hora — Euros
4	Ayudantes no Titulados	7,03
5	Oficiales Administrativos	7,03
6	Subalternos	7,03
7	Auxiliares Administrativos	7,03
8	Oficiales de primera y segunda	7,03
9	Oficiales de tercera y Especialistas.	7,03
10	Trabajadores mayores de 18 años no cualificados	7,03
11	Trabajadores menores de 18 años, cualquiera que sea su categoría profesional	7,03

2. La base mínima mensual de cotización será el resultado de multiplicar el número de horas realmente trabajadas por la base mínima horaria que se establece en el apartado anterior.

Art. 38. Cotización en los supuestos de incapacidad temporal, riesgo durante el embarazo, riesgo durante la lactancia natural, nacimiento y cuidado del menor y ejercicio corresponsable del cuidado del lactante

Durante las situaciones de incapacidad temporal, riesgo durante el embarazo, riesgo durante la lactancia natural, nacimiento y cuidado del menor y ejercicio corresponsable del cuidado del lactante la base diaria de cotización será la base reguladora diaria de la correspondiente prestación. En las situaciones de incapacidad temporal y nacimiento y cuidado del menor en las que no se haya causado derecho al respectivo subsidio, la base diaria de cotización se calculará, asimismo, en función de la base reguladora diaria de la prestación que hubiera correspondido de haberse causado derecho a la misma.

Esta base de cotización se aplicará durante todos los días naturales en que el trabajador permanezca en alguna de las situaciones antes indicadas.

Art. 39. Cotización en la situación de pluriempleo

Cuando el trabajador preste sus servicios en dos o más empresas en régimen de contratación a tiempo parcial, cada una de ellas cotizará en razón de la remuneración que le abone. Si la suma de las retribuciones percibidas sobrepasase el tope máximo de cotización a la Seguridad Social, este se distribuirá en proporción a las abonadas al trabajador en cada una de las empresas.

Art. 40. Cotización en los supuestos de trabajo concentrado en períodos inferiores a los de alta

1. De acuerdo con lo dispuesto en el artículo 65.3 del Reglamento General sobre Cotización y Liquidación de otros Derechos de la Seguridad Social, en aquellos supuestos en que los trabajadores hayan acordado con su empresa que la totalidad de las horas de trabajo que anualmente deben realizar se presten en determinados períodos de cada año, percibiendo todas las remuneraciones anuales o las correspondientes al período inferior de que se trate, en esos períodos de trabajo concentrado, existiendo períodos de inactividad superiores al mensual, la cotización a la Seguridad Social se efectuará de acuerdo con las siguientes reglas:

Primera. La base de cotización se determinará al celebrarse el contrato de trabajo y al inicio de cada año en que el trabajador se encuentre en dicha situación, computando el importe total de las remuneraciones que tenga derecho a percibir el trabajador a tiempo parcial en ese año, con exclusión en todo caso de los importes correspondientes a los conceptos no computables en la base de cotización a la Seguridad Social, de acuerdo con lo establecido en el artículo 23 del reglamento general citado y demás disposiciones complementarias.

Segunda. El importe obtenido se prorrateará entre los doce meses del año o del período inferior de que se trate, determinándose de este modo la cuantía de la base de cotización correspondiente a cada uno de ellos y con independencia de que las remuneraciones se perciban íntegramente en los períodos de trabajo concentrado o de forma prorrateada a lo largo del año o período inferior respectivo.

Tercera. La base mensual de cotización, calculada conforme a las reglas anteriores, no podrá ser inferior al importe de las bases mínimas que resulten de lo dispuesto en el artículo 37.

Cuarta. Si al final del ejercicio o período inferior de que se trate, el trabajador con contrato a tiempo parcial, subsistiendo su relación laboral, hubiese percibido remuneraciones por importe distinto al inicialmente considerado en ese año o período para determinar la base mensual de cotización durante el mismo, conforme a las reglas anteriores, se procederá a realizar la correspondiente regularización. A tal efecto, el empresario deberá o bien practicar la correspondiente liquidación complementaria de cuotas por las diferencias en más y efectuar el pago dentro del mes de enero del año siguiente o del mes siguiente a aquel en que se extinga la relación laboral, o bien solicitar, en su caso, la devolución de las cuotas que resulten indebidamente ingresadas.

Quinta. Los plazos establecidos en la regla anterior resultan de aplicación a aquellas empresas que liquiden cuotas a través del sistema de autoliquidación, pero a las empresas que se encuentren comprendidas en el sistema de liquidación directa será la Tesorería General de la Seguridad Social la que practicará la liquidación de cuotas por las diferencias que se produzcan, debiendo ingresarse las mismas en el mes siguiente a aquel en el que se les comunique la actualización de las correspondientes liquidaciones.

Sexta. Asimismo, la Administración de la Seguridad Social podrá efectuar de oficio las liquidaciones de cuotas y acordar las devoluciones solicitadas que sean procedentes, en especial, en los supuestos de extinción de la relación laboral de estos trabajadores con contrato a tiempo parcial por jubilación ordinaria o anticipada, por reconocimiento de la pensión por incapacidad permanente, por fallecimiento o por cualquier otra causa, con la consiguiente baja en el Régimen correspondiente de la Seguridad Social y cese en la obligación de cotizar.

2. Lo previsto en el apartado anterior no será de aplicación a los trabajadores fijos-discontinuos a que se refiere el artículo 16 del texto refundido de la Ley del Estatuto de los Trabajadores, de acuerdo con lo dispuesto en la disposición adicional tercera.3 del Real Decreto 1131/2002, de 31 de octubre, por el que se regula la Seguridad Social de los trabajadores contratados a tiempo parcial, así como la jubilación parcial.

. . . .

Art. 43. Cotización en los supuestos de guarda legal o cuidado directo de un familiar

En el caso de trabajadores y empleados públicos que, en virtud de lo dispuesto en el artículo 37 del texto refundido de la Ley del Estatuto de los Trabajadores, en el artículo 30 de la Ley 30/1984, de 2 de agosto, de medidas para la reforma de la Función Pública, y en los artículos 48 y 49 del texto refundido de la Ley del Estatuto Básico del Empleado Público, aprobado por el Real Decreto Legislativo 5/2015, de 30 de octubre, realicen una jornada reducida con disminución proporcional de sus retribuciones, la cotización se efectuará en función de las retribuciones que perciban sin que, en ningún caso, la base de cotización pueda ser inferior a la cantidad resultante de multiplicar las horas realmente trabajadas en el mes a que se refiere la cotización por las bases mínimas horarias señaladas en el artículo 37.1.

CAPÍTULO IV

Cotización en los contratos para la formación y el aprendizaje y en los contratos formativos en alternancia

Art. 44. Determinación de las cuotas

1. Desde el 1 de enero de 2023, la cotización a la Seguridad Social y por las demás contingencias protegidas respecto a los trabajadores que hubieran celebrado un contrato para la formación y el aprendizaje o un contrato formativo en alternancia se efectuará conforme a las siguientes reglas:

a) Cuando la base de cotización mensual por contingencias comunes, determinada conforme a las reglas establecidas en el Régimen de la Seguridad Social que corresponda, no supere la base mínima mensual de cotización de dicho Régimen:

1.° La cotización a la Seguridad Social consistirá en una cuota única mensual de 56,71 euros por contingencias comunes, de los que 47,28 euros serán a cargo del empresario y 9,43 euros, a cargo del trabajador, y de 6,51 euros por contingencias profesionales, a cargo del empresario.

2.° La base de cotización por esta contingencia común será la base mínima correspondiente a las contingencias por accidentes de trabajo y enfermedades profesionales, a la que será de aplicación el tipo y la distribución del mismo a que se refiere el artículo 31.2.a). 1.°

3.° La cotización al Fondo de Garantía Salarial consistirá en una cuota mensual de 3,59 euros, a cargo del empresario.

4.° La cotización por formación profesional consistirá en una cuota mensual de 1,99 euros, de los que 1,76 euros serán a cargo del empresario y 0,23 euros a cargo del trabajador. (1)

b) Cuando la base de cotización mensual por contingencias comunes, determinada conforme a las reglas establecidas en el Régimen de la Seguridad Social que corresponda, supere la base mínima mensual de cotización de dicho Régimen, a las cuotas únicas a que se refiere el párrafo a) se les sumarán las cuotas resultantes de aplicar, al importe en que la base de cotización exceda de la base mínima, los siguientes tipos de cotización:

1.° Para la cotización a la Seguridad Social por contingencias comunes, el 28,30 por 100, del que el 23,60 por 100 será a cargo del empresario y el 4,70 por 100, a cargo del trabajador, y para la cotización por contingencias profesionales, el tipo que corresponda de la tarifa de primas establecida en la disposición adicional cuarta de la Ley 42/2006, de 28 de diciembre, de Presupuestos Generales del Estado para el año 2007, a cargo del empresario.

2.° Para la cotización por desempleo, al Fondo de Garantía Salarial y por formación profesional, los tipos y la distribución de los mismos a que se refieren los párrafos a). 1.°, b) y c) del apartado 2 del artículo 31.

c) Para el mecanismo de equidad intergeneracional, se aplicará el tipo del 0,6 por 100 sobre la base de cotización por contingencias comunes, del que el 0,5 corresponderá al empresario y 0,1, al trabajador, sobre la base de cotización mínima del Régimen general de la Seguridad Social.

d) Durante la percepción de la prestación por desempleo, la cotización a la Seguridad Social se efectuará conforme a lo previsto en el artículo 8.6.

e) Las retribuciones que perciban los trabajadores en concepto de horas extraordinarias estarán sujetas a la cotización adicional regulada en el artículo 5.

. . . .

DISPOSICIONES ADICIONALES

Primera. Cotización por contingencias profesionales en los supuestos de suspensión de la relación laboral

La cotización por accidentes de trabajo y enfermedades profesionales por aquellos trabajadores que tengan suspendida la relación laboral por causas económicas, técnicas, organizativas o de producción o derivadas de fuerza mayor a que se refieren los artículos 47 y 47 bis del texto refundido de la Ley del Estatuto de los Trabajadores o en virtud de resolución judicial adoptada en el seno de un procedimiento concursal, que se encuentren en situación de desempleo total, se efectuará aplicando los tipos establecidos para la respectiva actividad económica, de conformidad con la tarifa de primas establecida en la disposición adicional cuarta de la Ley 42/2006, de 28 de diciembre.

. . . .

Tercera. Cotización durante la percepción de las prestaciones por desempleo por parte de las víctimas de violencia de género.

Durante el período de percepción de las prestaciones por desempleo por parte de las víctimas de violencia de género que tengan suspendida la relación laboral, la entidad gestora de las prestaciones ingresará la cotización a la Seguridad Social conforme a lo establecido para los supuestos de extinción de la relación laboral.

. . . .

Séptima. Cotización adicional correspondiente al mecanismo de equidad intergeneracional

A partir de 1 de enero de 2023, y conforme a lo dispuesto en la Ley 21/2021, de 28 de diciembre, de garantía del poder adquisitivo de las pensiones y otras medidas de refuerzo de la sostenibilidad financiera y social del sistema público de pensiones, en todas las situaciones de alta o asimiladas a la de alta en el sistema de la Seguridad Social en las que exista obligación de cotizar para la cobertura de la pensión de jubilación, aunque no estén previstas de modo expreso en esta Orden, se deberá efectuar una cotización de 0,6 puntos porcentuales aplicable a la base de cotización por contingencias comunes. Cuando el tipo de cotización deba ser objeto de distribución entre empleador y trabajador, el 0,5 por 100 será a cargo del empleador y el 0,1 por 100, a cargo del trabajador.

. . . .

DISPOSICIONES TRANSITORIAS

. . . .

Segunda. Ingreso de diferencias de cotización

1. Las diferencias de cotización que se hubieran podido producir por la aplicación de lo dispuesto en esta Orden respecto de las cotizaciones practicadas a través del sistema de liquidación directa que a partir de 1 de febrero de 2023 se hubieran efectuado podrán ser ingresadas sin recargo hasta el último día del mes siguiente a aquel en el que la Tesorería General de la Seguridad Social comunique la actualización de las liquidaciones de cuotas afectadas.

2. Las diferencias de cotización que se hubiesen podido producir por la aplicación de lo dispuesto en esta Orden respecto de las cotizaciones practicadas a través del sistema de liquidación simplificada que a partir de 1 de enero de 2023 se hubiesen efectuado serán liquidadas sin recargo alguno, una

(1) Téngase en cuanta que las cuotas únicas aplicables a partir del 1 de enero de 2023 son las del año 2022, estas, incrementadas en la misma proporción que lo ha hecho el SMI para 2023, 8 por 100 (art. 122 L 31/22 y RD 99/23).

vez se disponga de los datos, programas y aplicaciones necesarios para su determinación, y se ingresarán mediante el sistema de domiciliación en cuenta a que se refiere la disposición adicional octava del Reglamento General de Recaudación de la Seguridad Social.

3. Las diferencias de cotización que se hubieran podido producir por la aplicación de lo dispuesto en esta Orden respecto de las cotizaciones practicadas a través del sistema de autoliquidación que a partir de 1 de enero de 2023 se hubieran efectuado podrán ser ingresadas sin recargo en el plazo que finalizará el último día del segundo mes siguiente al de la publicación de esta Orden en el *Boletín Oficial del Estado.*

. . . .

DISPOSICIONES FINALES

. . . .

Cuarta. Entrada en vigor

La presente Orden entrará en vigor el día siguiente al de su publicación en el *Boletín Oficial del Estado,* con efectos desde el día 1 de enero de 2023.

20. Ley 35/2006, de 28 de noviembre, del Impuesto sobre la Renta de las Personas Físicas y de modificación parcial de las Leyes de los Impuestos sobre Sociedades, sobre la Renta de No Residentes y sobre el Patrimonio

. . . .

TÍTULO I

SUJECIÓN AL IMPUESTO: ASPECTOS MATERIALES, PERSONALES Y TEMPORALES

CAPÍTULO I

Hecho imponible y rentas exentas

Art. 6. Hecho imponible

1. Constituye el hecho imponible la obtención de renta por el contribuyente.

2. Componen la renta del contribuyente:

a) Los rendimientos del trabajo.

. . . .

5. Se presumirán retribuidas, salvo prueba en contrario, las prestaciones de bienes, derechos o servicios susceptibles de generar rendimientos del trabajo o del capital.

Art. 7. Rentas exentas

Estarán exentas las siguientes rentas:

. . . .

e) Las indemnizaciones por despido o cese del trabajador, en la cuantía establecida con carácter obligatorio en el Estatuto de los Trabajadores, en su normativa de desarrollo o, en su caso, en la normativa reguladora de la ejecución de sentencias, sin que pueda considerarse como tal la establecida en virtud de convenio, pacto o contrato.

Sin perjuicio de lo dispuesto en el párrafo anterior, en los supuestos de despidos colectivos realizados de conformidad con lo dispuesto en el artículo 51 del Estatuto de los Trabajadores, o producidos por las causas previstas en la letra c) del artículo 52 del citado Estatuto, siempre que, en ambos casos, se deban a causas económicas, técnicas, organizativas, de producción o por fuerza mayor, quedará exenta la parte de indemnización percibida que no supere los límites establecidos con carácter obligatorio en el mencionado Estatuto para el despido improcedente.

El importe de la indemnización exenta a que se refiere esta letra tendrá como límite la cantidad de 180.000 euros.

f) Las prestaciones reconocidas al contribuyente por la Seguridad Social o por las entidades que la sustituyan como consecuencia de incapacidad permanente absoluta o gran invalidez.

Asimismo, las prestaciones reconocidas a los profesionales no integrados en el Régimen Especial de la Seguridad Social de los Trabajadores por Cuenta Propia o Autónomos por las Mutualidades de previsión social que actúen como alternativas al Régimen Especial de la Seguridad Social mencionado, siempre que se trate de prestaciones en situaciones idénticas a las previstas para la incapacidad permanente absoluta o gran invalidez de la Seguridad Social. La cuantía exenta tendrá como límite el importe de la prestación máxima que reconozca la Seguridad Social por el concepto que corresponda. El exceso tributará como rendimiento del trabajo, entendiéndose producido, en caso de concurrencia de prestaciones de la Seguridad Social y de las mutualidades antes citadas, en las prestaciones de estas últimas.

. . . .

h) Las prestaciones por maternidad o paternidad y las familiares no contributivas reguladas, respectivamente, en los Capítulos VI y VII del Título II y en el Capítulo I del título VI del texto refundido de la Ley General de la Seguridad Social, aprobado por el Real Decreto Legislativo 8/2015, de 30 de octubre y las pensiones y los haberes pasivos de orfandad y a favor de nietos y hermanos, menores de veintidós años o incapacitados para todo trabajo, percibidos de los Regímenes públicos de la Seguridad Social y clases pasivas.

. . . .

Igualmente estarán exentas las demás prestaciones públicas por nacimiento, parto o adopción múltiple, adopción, maternidad o paternidad, hijos a cargo y orfandad. (1)

. . . .

n) Las prestaciones por desempleo reconocidas por la respectiva entidad gestora cuando se perciban en la modalidad de pago único establecida en el Real Decreto 1044/1985, de 19 de junio, por el que se regula el abono de la prestación por desempleo en su modalidad de pago único, siempre que las cantidades percibidas se destinen a las finalidades y en los casos previstos en la citada norma.

Esta exención estará condicionada al mantenimiento de la acción o participación durante el plazo de 5 años, en el su-

---

(1) La referencia a las prestaciones de maternidad y paternidad debe entenderse realizada a las prestaciones por nacimiento y cuidado de menor, así como a la prestación por ejercicio corresponsable del cuidado del lactante.

puesto de que el contribuyente se hubiera integrado en sociedades laborales o cooperativas de trabajo asociado o hubiera realizado una aportación al capital social de una entidad mercantil, o al mantenimiento, durante idéntico plazo, de la actividad, en el caso del trabajador autónomo.

. . . .

p) Los rendimientos del trabajo percibidos por trabajos efectivamente realizados en el extranjero, con los siguientes requisitos:

1.° Que dichos trabajos se realicen para una empresa o entidad no residente en España o un establecimiento permanente radicado en el extranjero en las condiciones que reglamentariamente se establezcan. En particular, cuando la entidad destinataria de los trabajos esté vinculada con la entidad empleadora del trabajador o con aquella en la que preste sus servicios, deberán cumplirse los requisitos previstos en el apartado 5 del artículo 16 del Texto Refundido de la Ley del Impuesto sobre Sociedades, aprobado por el Real Decreto Legislativo 4/2004, de 5 de marzo.

2.° Que en el territorio en que se realicen los trabajos se aplique un impuesto de naturaleza idéntica o análoga a la de este impuesto y no se trate de un país o territorio considerado como paraíso fiscal. Se considerará cumplido este requisito cuando el país o territorio en el que se realicen los trabajos tenga suscrito con España un convenio para evitar la doble imposición internacional que contenga cláusula de intercambio de información.

La exención se aplicará a las retribuciones devengadas durante los días de estancia en el extranjero, con el límite máximo de 60100 euros anuales. Reglamentariamente podrá establecerse el procedimiento para calcular el importe diario exento.

Esta exención será incompatible, para los contribuyentes destinados en el extranjero, con el régimen de excesos excluidos de tributación previsto en el Reglamento de este impuesto, cualquiera que sea su importe. El contribuyente podrá optar por la aplicación del régimen de excesos en sustitución de esta exención.

. . . .

z) Las prestaciones y ayudas familiares percibidas de cualquiera de las Administraciones Públicas, ya sean vinculadas a nacimiento, adopción, acogimiento o cuidado de hijos menores.

. . . .

TÍTULO III

DETERMINACIÓN DE LA BASE IMPONIBLE

. . . .

CAPÍTULO II

Definición y determinación de la renta gravable

Sección 1.ª

Rendimientos del trabajo

Art. 17. Rendimientos íntegros del trabajo

1. Se considerarán rendimientos íntegros del trabajo todas las contraprestaciones o utilidades, cualquiera que sea su denominación o naturaleza, dinerarias o en especie, que deriven, directa o indirectamente, del trabajo personal o de la relación laboral o estatutaria y no tengan el carácter de rendimientos de actividades económicas.

Se incluirán, en particular:

a) Los sueldos y salarios.

b) Las prestaciones por desempleo.

c) Las remuneraciones en concepto de gastos de representación.

d) Las dietas y asignaciones para gastos de viaje, excepto los de locomoción y los normales de manutención y estancia en establecimientos de hostelería con los límites que reglamentariamente se establezcan.

e) Las contribuciones o aportaciones satisfechas por los promotores de planes de pensiones previstos en el Texto Refundido de la Ley de Regulación de los Planes y Fondos de pensiones, aprobado por el Real Decreto Legislativo 1/2002, de 29 de noviembre, o por las empresas promotoras previstas en la Directiva 2003/41/CE del Parlamento Europeo y del Consejo, de 3 de junio de 2003, relativa a las actividades y la supervisión de fondos de pensiones de empleo.

f) Las contribuciones o aportaciones satisfechas por los empresarios para hacer frente a los compromisos por pensiones en los términos previstos por la disposición adicional primera del texto refundido de la Ley de regulación de los planes y fondos de pensiones, y en su normativa de desarrollo, cuando aquellas sean imputadas a las personas a quienes se vinculen las prestaciones. Esta imputación fiscal tendrá carácter voluntario en los contratos de seguro colectivo distintos de los planes de previsión social empresarial, debiendo mantenerse la decisión que se adopte respecto del resto de primas que se satisfagan hasta la extinción del contrato de seguro. No obstante, la imputación fiscal tendrá carácter obligatorio en los contratos de seguro de riesgo. Cuando los contratos de seguro cubran conjuntamente las contingencias de jubilación y de fallecimiento o incapacidad, será obligatoria la imputación fiscal de la parte de las primas satisfechas que corresponda al capital en riesgo por fallecimiento o incapacidad, siempre que el importe de dicha parte exceda de 50 euros anuales. A estos efectos se considera capital en riesgo la diferencia entre el capital asegurado para fallecimiento o incapacidad y la provisión matemática.

No obstante lo previsto en el párrafo anterior, en todo caso, la imputación fiscal de primas de los contratos de seguro antes señalados será obligatoria por el importe que exceda de 100.000 euros anuales por contribuyente y respecto del mismo empresario, salvo en los seguros colectivos contratados a consecuencia de despidos colectivos realizados de conformidad con lo dispuesto en el artículo 51 del Estatuto de los Trabajadores.

2. En todo caso, tendrán la consideración de rendimientos del trabajo:

a) Las siguientes prestaciones:

1.ª Las pensiones y haberes pasivos percibidos de los Regímenes Públicos de la Seguridad Social y Clases Pasivas y demás prestaciones públicas por situaciones de incapacidad, jubilación, accidente, enfermedad, viudedad, o similares, sin perjuicio de lo dispuesto en el artículo 7 de esta Ley.

2.ª Las prestaciones percibidas por los beneficiarios de mutualidades generales obligatorias de funcionarios, colegios de huérfanos y otras entidades similares.

3.ª Las prestaciones percibidas por los beneficiarios de planes de pensiones y las percibidas de los planes de pensiones regulados en la Directiva (UE) 2016/2341 del Parlamento Europeo y del Consejo, de 14 de diciembre de 2016, relativa a las actividades y la supervisión de fondos de pensiones de empleo.

Asimismo, las cantidades percibidas en los supuestos contemplados en el artículo 8.8 del texto refundido de la Ley de Regulación de los Planes y Fondos de Pensiones, aprobado por el Real Decreto Legislativo 1/2002, de 29 de noviembre, tendrán el mismo tratamiento fiscal que las prestaciones de los planes de pensiones. (1)

4.ª Las prestaciones percibidas por los beneficiarios de contratos de seguros concertados con mutualidades de previsión social, cuyas aportaciones hayan podido ser, al menos en parte, gasto deducible para la determinación del rendimiento neto de actividades económicas, u objeto de reducción en la base imponible del impuesto.

En el supuesto de prestaciones por jubilación e invalidez derivadas de dichos contratos, se integrarán en la base imponible en el importe de la cuantía percibida que exceda de las aportaciones que no hayan podido ser objeto de reducción o minoración en la base imponible del impuesto, por incumplir los requisitos subjetivos previstos en el párrafo a) del apartado 2 del artículo 51 o en la disposición adicional 9.ª de esta Ley.

5.ª Las prestaciones percibidas por los beneficiarios de los planes de previsión social empresarial.

Asimismo, las prestaciones por jubilación e invalidez percibidas por los beneficiarios de contratos de seguro colectivo, distintos de los planes de previsión social empresarial, que instrumenten los compromisos por pensiones asumidos por las empresas, en los términos previstos en la disposición adicional primera del Texto Refundido de la Ley de Regulación de los Planes y Fondos de Pensiones, y en su normativa de desarrollo, en la medida en que su cuantía exceda de las contribuciones imputadas fiscalmente y de las aportaciones directamente realizadas por el trabajador.

6.ª Las prestaciones percibidas por los beneficiarios de los planes de previsión asegurados.

7.ª Las prestaciones percibidas por los beneficiarios de los seguros de dependencia conforme a lo dispuesto en la Ley de promoción de la autonomía personal y atención a las personas en situación de dependencia.

b) Las cantidades que se abonen, por razón de su cargo, a los diputados españoles en el Parlamento Europeo, a los diputados y senadores de las Cortes Generales, a los miembros de las asambleas legislativas autonómicas, concejales de ayuntamiento y miembros de las diputaciones provinciales, cabildos insulares u otras entidades locales, con exclusión, en todo caso, de la parte de aquellas que dichas instituciones asignen para gastos de viaje y desplazamiento.

c) Los rendimientos derivados de impartir cursos, conferencias, coloquios, seminarios y similares.

d) Los rendimientos derivados de la elaboración de obras literarias, artísticas o científicas, siempre que se ceda el derecho a su explotación.

e) Las retribuciones de los administradores y miembros de los consejos de administración, de las juntas que hagan sus veces y demás miembros de otros órganos representativos.

f) Las pensiones compensatorias recibidas del cónyuge y las anualidades por alimentos, sin perjuicio de lo dispuesto en el artículo 7 de esta Ley.

g) Los derechos especiales de contenido económico que se reserven los fundadores o promotores de una sociedad como remuneración de servicios personales.

h) Las becas, sin perjuicio de lo dispuesto en el artículo 7 de esta Ley.

i) Las retribuciones percibidas por quienes colaboren en actividades humanitarias o de asistencia social promovidas por entidades sin ánimo de lucro.

j) Las retribuciones derivadas de relaciones laborales de carácter especial.

k) Las aportaciones realizadas al patrimonio protegido de las personas con discapacidad en los términos previstos en la disposición adicional 18.ª de esta Ley.

3. No obstante, cuando los rendimientos a que se refieren los párrafos c) y d) del apartado anterior y los derivados de la relación laboral especial de los artistas en espectáculos públicos y de la relación laboral especial de las personas que intervengan en operaciones mercantiles por cuenta de uno o más empresarios sin asumir el riesgo y ventura de aquéllas supongan la ordenación por cuenta propia de medios de producción y de recursos humanos o de uno de ambos, con la finalidad de intervenir en la producción o distribución de bienes o servicios, se calificarán como rendimientos de actividades económicas.

Art. 18. Porcentajes de reducción aplicables a determinados rendimientos del trabajo

1. Como regla general, los rendimientos íntegros se computarán en su totalidad, salvo que les resulte de aplicación alguno de los porcentajes de reducción a los que se refieren los apartados siguientes. Dichos porcentajes no resultarán de aplicación cuando la prestación se perciba en forma de renta.

2. El 30 por 100 de reducción, en el caso de rendimientos íntegros distintos de los previstos en el artículo 17.2.a) de esta Ley que tengan un período de generación superior a 2 años, así como aquellos que se califiquen reglamentariamente como obtenidos de forma notoriamente irregular en el tiempo, cuando, en ambos casos, sin perjuicio de lo dispuesto en el párrafo siguiente, se imputen en un único período impositivo.

Tratándose de rendimientos derivados de la extinción de una relación laboral, común o especial, se considerará como período de generación el número de años de servicio del trabajador. En caso de que estos rendimientos se cobren de forma fraccionada, el cómputo del período de generación deberá tener en cuenta el número de años de fraccionamiento, en los términos que reglamentariamente se establezcan. Estos rendimientos no se tendrán en cuenta a efectos de lo establecido en el párrafo siguiente.

No obstante, esta reducción no resultará de aplicación a los rendimientos que tengan un período de generación superior a dos años cuando, en el plazo de los cinco períodos impositivos anteriores a aquél en el que resulten exigibles, el contribuyente hubiera obtenido otros rendimientos con período de generación superior a dos años, a los que hubiera aplicado la reducción prevista en este apartado.

La cuantía del rendimiento íntegro a que se refiere este apartado sobre la que se aplicará la citada reducción no podrá superar el importe de 300.000 euros anuales.

Sin perjuicio del límite previsto en el párrafo anterior, en el caso de rendimientos del trabajo cuya cuantía esté comprendida entre 700.000,01 euros y 1.000.000 de euros y deriven de la extinción de la relación laboral, común o especial, o de la relación mercantil a que se refiere el artículo 17.2.e) de esta Ley, o de ambas, la cuantía del rendimiento sobre la que se aplicará la reducción no podrá superar el importe que resulte de minorar 300.000 euros en la diferencia entre la cuantía del rendimiento y 700.000 euros.

Cuando la cuantía de tales rendimientos fuera igual o superior a 1.000.000 de euros, la cuantía de los rendimientos sobre la que se aplicará la reducción del 30 por 100 será cero.

A estos efectos, la cuantía total del rendimiento del trabajo a computar vendrá determinada por la suma aritmética de los rendimientos del trabajo anteriormente indicados procedentes de la propia empresa o de otras empresas del grupo de sociedades en las que concurran las circunstancias previstas en el artículo 42 del Código de Comercio, con in-

(1) Numero 3.ª redactado conforme a lo dispuesto en el Real Decreto-ley 3/2020, de 4 de febrero.

dependencia del período impositivo al que se impute cada rendimiento.

3. El 30 por 100 de reducción, en el caso de las prestaciones establecidas en el artículo 17.2.a) 1.ª y 2.ª de esta Ley que se perciban en forma de capital, siempre que hayan transcurrido más de dos años desde la primera aportación.

El plazo de dos años no resultará exigible en el caso de prestaciones por invalidez.

4. Las reducciones previstas en este artículo no se aplicarán a las contribuciones empresariales imputadas que reduzcan la base imponible, de acuerdo con lo dispuesto en los artículos 51, 53 y en la disposición adicional 11.ª de esta Ley.

Art. 19. Rendimiento neto del trabajo

1. El rendimiento neto del trabajo será el resultado de disminuir el rendimiento íntegro en el importe de los gastos deducibles.

2. Tendrán la consideración de gastos deducibles exclusivamente los siguientes:

a) Las cotizaciones a la Seguridad Social o a mutualidades generales obligatorias de funcionarios.

b) Las detracciones por derechos pasivos.

c) Las cotizaciones a los colegios de huérfanos o entidades similares.

d) Las cuotas satisfechas a sindicatos y colegios profesionales, cuando la colegiación tenga carácter obligatorio, en la parte que corresponda a los fines esenciales de estas instituciones, y con el límite que reglamentariamente se establezca.

e) Los gastos de defensa jurídica derivados directamente de litigios suscitados en la relación del contribuyente con la persona de la que percibe los rendimientos, con el límite de 300 euros anuales.

f) En concepto de otros gastos distintos de los anteriores, 2.000 euros anuales.

Tratándose de contribuyentes desempleados inscritos en la oficina de empleo que acepten un puesto de trabajo que exija el traslado de su residencia habitual a un nuevo municipio, en las condiciones que reglamentariamente se determinen, se incrementará dicha cuantía, en el periodo impositivo en el que se produzca el cambio de residencia y en el siguiente, en 2.000 euros anuales adicionales.

Tratándose de personas con discapacidad que obtengan rendimientos del trabajo como trabajadores activos, se incrementará dicha cuantía en 3.500 euros anuales. Dicho incremento será de 7.750 euros anuales, para las personas con discapacidad que siendo trabajadores activos acrediten necesitar ayuda de terceras personas o movilidad reducida, o un grado de discapacidad igual o superior al 65 por 100.

Los gastos deducibles a que se refiere esta letra f) tendrán como límite el rendimiento íntegro del trabajo una vez minorado por el resto de gastos deducibles previstos en este apartado.

Art. 20. Reducción por obtención de rendimientos del trabajo (1)

Los contribuyentes con rendimientos netos del trabajo inferiores a 19.747,5 euros siempre que no tengan rentas, excluidas las exentas, distintas de las del trabajo superiores a 6.500 euros, minorarán el rendimiento neto del trabajo en las siguientes cuantías:

a) Contribuyentes con rendimientos netos del trabajo iguales o inferiores a 14.047,5 euros: 6.498 euros anuales.

b) Contribuyentes con rendimientos netos del trabajo comprendidos entre 14.047,5 y 19.747,5 euros: 6.498 euros menos el resultado de multiplicar por 1,14 la diferencia entre el rendimiento del trabajo y 14.047,5 euros anuales.

A estos efectos, el rendimiento neto del trabajo será el resultante de minorar el rendimiento íntegro en los gastos previstos en las letras a), b), c), d) y e) del artículo 19.2 de esta ley.

Como consecuencia de la aplicación de la reducción prevista en este artículo, el saldo resultante no podrá ser negativo.

. . . .

CAPÍTULO III

Reglas especiales de valoración

Art. 40. Estimación de rentas

1. La valoración de las rentas estimadas a que se refiere el artículo 6.5 de esta Ley se efectuará por el valor normal en el mercado. Se entenderá por éste la contraprestación que se acordaría entre sujetos independientes, salvo prueba en contrario.

2. Si se trata de préstamos y operaciones de captación o utilización de capitales ajenos en general, se entenderá por valor normal en el mercado el tipo de interés legal del dinero que se halle en vigor el último día del período impositivo.

. . . .

Art. 42. Rentas en especie

1. Constituyen rentas en especie la utilización, consumo u obtención, para fines particulares, de bienes, derechos o servicios de forma gratuita o por precio inferior al normal de mercado, aun cuando no supongan un gasto real para quien las conceda.

Cuando el pagador de las rentas entregue al contribuyente importes en metálico para que éste adquiera los bienes, derechos o servicios, la renta tendrá la consideración de dineraria.

2. No tendrán la consideración de rendimientos del trabajo en especie:

a) Las cantidades destinadas a la actualización, capacitación o reciclaje del personal empleado, cuando vengan exigidos por el desarrollo de sus actividades o las características de los puestos de trabajo.

b) Las primas o cuotas satisfechas por la empresa en virtud de contrato de seguro de accidente laboral o de responsabilidad civil del trabajador.

3. Estarán exentos los siguientes rendimientos del trabajo en especie:

a) Las entregas a empleados de productos a precios rebajados que se realicen en cantinas o comedores de empresa o economatos de carácter social. Tendrán la consideración de entrega de productos a precios rebajados que se realicen en comedores de empresa las fórmulas indirectas de prestación del servicio cuya cuantía no supere la cantidad que reglamentariamente se determine, con independencia de que el servicio se preste en el propio local del establecimiento de hostelería o fuera de éste, previa recogida por el empleado o mediante su entrega en su centro de trabajo o en el lugar elegido por aquel para desarrollar su trabajo en los días en que este se realice a distancia o mediante teletrabajo. (2)

b) La utilización de los bienes destinados a los servicios sociales y culturales del personal empleado. Tendrán esta consideración, entre otros, los espacios y locales, debidamente homologados por la Administración pública competente, destinados por las empresas o empleadores a prestar el servicio de primer ciclo de educación infantil a los hijos de

(1) Artículo redactado conforme a lo dispuesto en la Ley 31/2022, de 23 de diciembre.

(2) Letra redactada conforme a lo dispuesto en el Real Decreto-ley 35/2020, de 22 de diciembre.

sus trabajadores, así como la contratación, directa o indirectamente, de este servicio con terceros debidamente autorizados, en los términos que reglamentariamente se establezcan.

c) Las primas o cuotas satisfechas a entidades aseguradoras para la cobertura de enfermedad, cuando se cumplan los siguientes requisitos y límites:

1.° Que la cobertura de enfermedad alcance al propio trabajador, pudiendo también alcanzar a su cónyuge y descendientes.

2.° Que las primas o cuotas satisfechas no excedan de 500 euros anuales por cada una de las personas señaladas en el párrafo anterior o de 1.500 euros para cada una de ellas con discapacidad. El exceso sobre dicha cuantía constituirá retribución en especie.

d) La prestación del servicio de educación preescolar, infantil, primaria, secundaria obligatoria, bachillerato y formación profesional por centros educativos autorizados, a los hijos de sus empleados, con carácter gratuito o por precio inferior al normal de mercado.

e) Las cantidades satisfechas a las entidades encargadas de prestar el servicio público de transporte colectivo de viajeros con la finalidad de favorecer el desplazamiento de los empleados entre su lugar de residencia y el centro de trabajo, con el límite de 1.500 euros anuales para cada trabajador. También tendrán la consideración de cantidades satisfechas a las entidades encargadas de prestar el citado servicio público, las fórmulas indirectas de pago que cumplan las condiciones que se establezcan reglamentariamente.

f) En los términos que reglamentariamente se establezcan, la entrega a los trabajadores en activo, de forma gratuita o por precio inferior al normal de mercado, de acciones o participaciones de la propia empresa o de otras empresas del grupo de sociedades, en la parte que no exceda, para el conjunto de las entregadas a cada trabajador, de 12.000 euros anuales, siempre que la oferta se realice en las mismas condiciones para todos los trabajadores de la empresa, grupo o subgrupos de empresa.

La exención prevista en el párrafo anterior será de 50.000 euros anuales en el caso de entrega de acciones o participaciones concedidas a los trabajadores de una empresa emergente a las que se refiere la Ley 28/2022, de 21 de diciembre, de fomento del ecosistema de las empresas emergentes. En este supuesto, no será necesario que la oferta se realice en las condiciones señaladas en el párrafo anterior, debiendo efectuarse la misma dentro de la política retributiva general de la empresa y contribuir a la participación de los trabajadores en esta última. En el caso de que la entrega de acciones o participaciones sociales a que se refiere este párrafo derive del ejercicio de opciones de compra sobre acciones o participaciones previamente concedidas a los trabajadores por la empresa emergente, los requisitos para la consideración como empresa emergente deberán cumplirse en el momento de la concesión de la opción. (1)

Art. 43. Valoración de las rentas en especie

1. Con carácter general, las rentas en especie se valorarán por su valor normal en el mercado, con las siguientes especialidades:

1.° Los siguientes rendimientos del trabajo en especie se valorarán de acuerdo con las siguientes normas de valoración:

a) En el caso de utilización de una vivienda que sea propiedad del pagador, el 10 por 100 del valor catastral.

En el caso de inmuebles localizados en municipios en los que los valores catastrales hayan sido revisados o modificados, o determinados mediante un procedimiento de valoración colectiva de carácter general, de conformidad con la normativa catastral, y hayan entrado en vigor en el período impositivo o en el plazo de los diez períodos impositivos anteriores, el 5 por 100 del valor catastral.

Si a la fecha de devengo del impuesto los inmuebles carecieran de valor catastral o éste no hubiera sido notificado al titular, el porcentaje será del 5 por 100 y se aplicará sobre el 50 por 100 del mayor de los siguientes valores: el comprobado por la Administración a efectos de otros tributos o el precio, contraprestación o valor de la adquisición.

La valoración resultante no podrá exceder del 10 por 100 de las restantes contraprestaciones del trabajo.

b) En el caso de la utilización o entrega de vehículos automóviles:

En el supuesto de entrega, el coste de adquisición para el pagador, incluidos los tributos que graven la operación.

En el supuesto de uso, el 20 por 100 anual del coste a que se refiere el párrafo anterior. En caso de que el vehículo no sea propiedad del pagador, dicho porcentaje se aplicará sobre el valor de mercado que correspondería al vehículo si fuese nuevo.

La valoración resultante de lo previsto en el párrafo anterior se podrá reducir hasta en un 30 por 100 cuando se trate de vehículos considerados eficientes energéticamente, en los términos y condiciones que se determinen reglamentariamente.

En el supuesto de uso y posterior entrega, la valoración de esta última se efectuará teniendo en cuenta la valoración resultante del uso anterior.

c) En los préstamos con tipos de interés inferiores al legal del dinero, la diferencia entre el interés pagado y el interés legal del dinero vigente en el período.

d) Por el coste para el pagador, incluidos los tributos que graven la operación, las siguientes rentas:

Las prestaciones en concepto de manutención, hospedaje, viajes y similares.

Las primas o cuotas satisfechas en virtud de contrato de seguro u otro similar, sin perjuicio de lo previsto en los párrafos e) y f) del apartado 2 del artículo anterior.

Las cantidades destinadas a satisfacer gastos de estudios y manutención del contribuyente o de otras personas ligadas al mismo por vínculo de parentesco, incluidos los afines, hasta el cuarto grado inclusive, sin perjuicio de lo previsto en el apartado 2 del artículo anterior.

La utilización de una vivienda que no sea propiedad del pagador. La valoración resultante no podrá ser inferior a la que hubiera correspondido de haber aplicado lo dispuesto en la letra a) del número 1.° de este apartado.

e) Por su importe, las contribuciones satisfechas por los promotores de planes de pensiones y las contribuciones satisfechas por las empresas promotoras reguladas en la Directiva 2003/41/CE del Parlamento Europeo y del Consejo, de 3 de junio de 2003, relativa a las actividades y la supervisión de fondos de pensiones de empleo, así como las cantidades satisfechas por empresarios para hacer frente a los compromisos por pensiones en los términos previstos por la disposición adicional 1.ª del Texto Refundido de la Ley de Regulación de los Planes y Fondos de Pensiones y su normativa de desarrollo. Igualmente por su importe, las cantidades satisfechas por empresarios a los seguros de dependencia.

f) No obstante lo previsto en los párrafos anteriores, cuando el rendimiento de trabajo en especie sea satisfecho por empresas que tengan como actividad habitual la realización de las actividades que dan lugar al mismo, la valoración no podrá ser inferior al precio ofertado al público del bien, derecho o servicio de que se trate.

Se considerará precio ofertado al público el previsto en el artículo 60 del texto refundido de la Ley General para la Defensa de los Consumidores y Usuarios y otras leyes complementarias, aprobado por el Real Decreto Legislativo 1/2007, de 16 de noviembre, deduciendo los descuentos ordinarios o comunes. Se considerarán ordinarios o comunes los des-

(1) Letra redactada conforme a lo dispuesto en la Ley 28/2022, de 23 de diciembre.

cuentos que sean ofertados a otros colectivos de similares características a los trabajadores de la empresa, así como los descuentos promocionales que tengan carácter general y se encuentren en vigor en el momento de satisfacer la retribución en especie o que, en otro caso, no excedan del 15 por 100 ni de 1.000 euros anuales.

En el caso de cesión del uso de vehículos considerados eficientes energéticamente, la valoración resultante se podrá reducir hasta en un 30 por 100, en los términos y condiciones que se determinen reglamentariamente.

g) En el caso de entrega de acciones o participaciones concedidas a los trabajadores de una empresa emergente a las que se refiere el segundo párrafo de la letra f) del apartado 3 del artículo 42 de esta ley, por el valor de las acciones o participaciones sociales suscritas por un tercero independiente en la última ampliación de capital realizada en el año anterior a aquel en que se entreguen las acciones o participaciones sociales. De no haberse producido la referida ampliación, se valorarán por el valor de mercado que tuvieran las acciones o participaciones sociales en el momento de la entrega al trabajador. (1)

2.º Las ganancias patrimoniales en especie se valorarán de acuerdo con los artículos 34 y 37 de esta Ley.

2. En los casos de rentas en especie, su valoración se realizará según las normas contenidas en esta Ley. A dicho valor se adicionará el ingreso a cuenta, salvo que su importe hubiera sido repercutido al perceptor de la renta.

. . . .

TÍTULO V

ADECUACIÓN DEL IMPUESTO A LAS CIRCUNSTANCIAS PERSONALES Y FAMILIARES DEL CONTRIBUYENTE

Art. 56. Mínimo personal y familiar

1. El mínimo personal y familiar constituye la parte de la base liquidable que, por destinarse a satisfacer las necesidades básicas personales y familiares del contribuyente, no se somete a tributación por este impuesto.

2. Cuando la base liquidable general sea superior al importe del mínimo personal y familiar, éste formará parte de la base liquidable general.

Cuando la base liquidable general sea inferior al importe del mínimo personal y familiar, éste formará parte de la base liquidable general por el importe de esta última y de la base liquidable del ahorro por el resto.

Cuando no exista base liquidable general, el mínimo personal y familiar formará parte de la base liquidable del ahorro.

3. El mínimo personal y familiar será el resultado de sumar el mínimo del contribuyente y los mínimos por descendientes, ascendientes y discapacidad a que se refieren los artículos 57, 58, 59 y 60 de esta Ley, incrementados o disminuidos a efectos de cálculo del gravamen autonómico en los importes que, de acuerdo con lo establecido en la Ley 22/2009, por el que se regula el sistema de financiación de las Comunidades Autónomas de régimen común y Ciudades con Estatuto de Autonomía, hayan sido aprobados por la Comunidad Autónoma.

Art. 57. Mínimo del contribuyente

1. El mínimo del contribuyente será, con carácter general, de 5.550 euros anuales.

2. Cuando el contribuyente tenga una edad superior a 65 años, el mínimo se aumentará en 1.150 euros anuales. Si la edad es superior a 75 años, el mínimo se aumentará adicionalmente en 1.400 euros anuales.

Art. 58. Mínimo por descendientes

1. El mínimo por descendientes será, por cada uno de ellos menor de 25 años o con discapacidad cualquiera que sea su edad, siempre que conviva con el contribuyente y no tenga rentas anuales, excluidas las exentas, superiores a 8.000 euros, de:

— 2.400 euros anuales por el primero.
— 2.700 euros anuales por el segundo.
— 4.000 euros anuales por el tercero.
— 4.500 euros anuales por el cuarto y siguientes.

A estos efectos, se asimilarán a los descendientes aquellas personas vinculadas al contribuyente por razón de tutela y acogimiento, en los términos previstos en la legislación civil aplicable. Asimismo, se asimilará a la convivencia con el contribuyente, la dependencia respecto de este último salvo cuando resulte de aplicación lo dispuesto en los artículos 64 y 75 de esta Ley.

2. Cuando el descendiente sea menor de 3 años, el mínimo a que se refiere el apartado 1 anterior se aumentará en 2.800 euros anuales.

En los supuestos de adopción o acogimiento, tanto preadoptivo como permanente, dicho aumento se producirá, con independencia de la edad del menor, en el período impositivo en que se inscriba en el Registro Civil y en los dos siguientes. Cuando la inscripción no sea necesaria, el aumento se podrá practicar en el período impositivo en que se produzca la resolución judicial o administrativa correspondiente y en los dos siguientes. (2)

Art. 59. Mínimo por ascendientes

1. El mínimo por ascendientes será de 1.150 euros anuales, por cada uno de ellos mayor de 65 años o con discapacidad cualquiera que sea su edad que conviva con el contribuyente y no tenga rentas anuales, excluidas las exentas, superiores a 8.000 euros.

Entre otros casos, se considerará que conviven con el contribuyente los ascendientes con discapacidad que, dependiendo del mismo, sean internados en centros especializados.

2. Cuando el ascendiente sea mayor de 75 años, el mínimo a que se refiere el apartado 1 anterior se aumentará en 1.400 euros anuales.

Art. 60. Mínimo por discapacidad

El mínimo por discapacidad será la suma del mínimo por discapacidad del contribuyente y del mínimo por discapacidad de ascendientes y descendientes.

(1) Letra añadida por la Ley 28/2022, de 23 de diciembre.

(2) La referencia al acogimiento preadoptivo debe entenderse hecha a la delegación de guarda para la convivencia preadoptiva (DA 2.ª L 26/15).

1. El mínimo por discapacidad del contribuyente será de 3.000 euros anuales cuando sea una persona con discapacidad y 9.000 euros anuales cuando sea una persona con discapacidad y acredite un grado de discapacidad igual o superior al 65 por 100.

Dicho mínimo se aumentará, en concepto de gastos de asistencia, en 3.000 euros anuales cuando acredite necesitar ayuda de terceras personas o movilidad reducida, o un grado de discapacidad igual o superior al 65 por 100.

2. El mínimo por discapacidad de ascendientes o descendientes será de 3.000 euros anuales por cada uno de los descendientes o ascendientes que generen derecho a la aplicación del mínimo a que se refieren los artículos 58 y 59 de esta Ley, que sean personas con discapacidad, cualquiera que sea su edad. El mínimo será de 9.000 euros anuales, por cada uno de ellos que acrediten un grado de discapacidad igual o superior al 65 por 100.

Dicho mínimo se aumentará, en concepto de gastos de asistencia, en 3.000 euros anuales por cada ascendiente o descendiente que acredite necesitar ayuda de terceras personas o movilidad reducida, o un grado de discapacidad igual o superior al 65 por 100.

3. A los efectos de este Impuesto, tendrán la consideración de personas con discapacidad los contribuyentes que acrediten, en las condiciones que reglamentariamente se establezcan, un grado de discapacidad igual o superior al 33 por 100.

En particular, se considerará acreditado un grado de discapacidad igual o superior al 33 por 100 en el caso de los pensionistas de la Seguridad Social que tengan reconocida una pensión de incapacidad permanente total, absoluta o gran invalidez y en el caso de los pensionistas de clases pasivas que tengan reconocida una pensión de jubilación o retiro por incapacidad permanente para el servicio o inutilidad. Igualmente, se considerará acreditado un grado de discapacidad igual o superior al 65 por 100, cuando se trate de personas cuya incapacidad sea declarada judicialmente, aunque no alcance dicho grado.

Art. 61. Normas comunes para la aplicación del mínimo del contribuyente y por descendientes, ascendientes y discapacidad

Para la determinación del importe de los mínimos a que se refieren los artículos 57, 58, 59 y 60 de esta Ley, se tendrán en cuenta las siguientes normas:

1.ª Cuando dos o más contribuyentes tengan derecho a la aplicación del mínimo por descendientes, ascendientes o discapacidad, respecto de los mismos ascendientes o descendientes, su importe se prorrateará entre ellos por partes iguales.

No obstante, cuando los contribuyentes tengan distinto grado de parentesco con el ascendiente o descendiente, la aplicación del mínimo corresponderá a los de grado más cercano, salvo que éstos no tengan rentas anuales, excluidas las exentas, superiores a 8.000 euros, en cuyo caso corresponderá a los del siguiente grado.

2.ª No procederá la aplicación del mínimo por descendientes, ascendientes o discapacidad, cuando los ascendientes o descendientes que generen el derecho a los mismos presenten declaración por este Impuesto con rentas superiores a 1.800 euros.

3.ª La determinación de las circunstancias personales y familiares que deban tenerse en cuenta a efectos de lo establecido en los artículos 57, 58, 59 y 60 de esta Ley, se realizará atendiendo a la situación existente en la fecha de devengo del Impuesto.

4.ª No obstante lo dispuesto en el apartado anterior, en caso de fallecimiento de un descendiente o ascendiente que genere el derecho al mínimo por descendientes o ascendientes, la cuantía será de 2.400 euros anuales o 1.150 euros anuales por ese descendiente o ascendiente, respectivamente.

5.ª Para la aplicación del mínimo por ascendientes, será necesario que éstos convivan con el contribuyente, al menos, la mitad del período impositivo o, en el caso de fallecimiento del ascendiente antes de la finalización de este, la mitad del período transcurrido entre el inicio del período impositivo y la fecha de fallecimiento.

. . . .

TÍTULO VI

CÁLCULO DEL IMPUESTO ESTATAL

. . . .

CAPÍTULO II

Determinación de la cuota líquida estatal

. . . .

Art. 68. Deducciones

. . . . (1)

4. Deducción por rentas obtenidas en Ceuta o Melilla.

1.º Contribuyentes residentes en Ceuta o Melilla.

a) Los contribuyentes que tengan su residencia habitual y efectiva en Ceuta o Melilla se deducirán el 60 por 100 de la parte de la suma de las cuotas íntegras estatal y autonómica que proporcionalmente corresponda a las rentas computadas para la determinación de las bases liquidables que hubieran sido obtenidas en Ceuta o Melilla.

b) También aplicarán esta deducción los contribuyentes que mantengan su residencia habitual y efectiva en Ceuta o Melilla durante un plazo no inferior a 3 años, en los períodos impositivos iniciados con posterioridad al final de ese plazo, por las rentas obtenidas fuera de dichas ciudades cuando, al menos, una tercera parte del patrimonio neto del contribuyente, determinado conforme a la normativa reguladora del Impuesto sobre el Patrimonio, esté situado en dichas ciudades.

La cuantía máxima de las rentas, obtenidas fuera de dichas ciudades, que puede acogerse a esta deducción será el importe neto de los rendimientos y ganancias y pérdidas patrimoniales obtenidos en dichas ciudades. (2)

(1) Para su aplicación, la deducción por inversión en vivienda habitual ya ha debido ser practicada en relación con cantidades satisfechas para la adquisición o construcción de esa vivienda en un período impositivo devengado con anterioridad a 1 de enero de 2013, salvo que no haya podido ser practicada en tanto que las cantidades invertidas en la misma no hayan superado aún las invertidas en una vivienda anterior y que habían sido objeto de deducción (DT 18.ª L 35/06).

(2) Número redactado conforme a lo dispuesto en la Ley 6/2018, de 3 de julio.

2.º Los contribuyentes que no tengan su residencia habitual y efectiva en Ceuta o Melilla, se deducirán el 60 por 100 de la parte de la suma de las cuotas íntegras estatal y autonómica que proporcionalmente corresponda a las rentas computadas para la determinación de las bases liquidables positivas que hubieran sido obtenidas en Ceuta o Melilla.

En ningún caso se aplicará esta deducción a las rentas siguientes:

Las procedentes de Instituciones de Inversión Colectiva, salvo cuando la totalidad de sus activos esté invertida en Ceuta o Melilla, en las condiciones que reglamentariamente se determinen.

Las rentas a las que se refieren los párrafos a), e) e i) del apartado siguiente. (1)

3.º A los efectos previstos en esta Ley, se considerarán rentas obtenidas en Ceuta o Melilla las siguientes:

a) Los rendimientos del trabajo, cuando se deriven de trabajos de cualquier clase realizados en dichos territorios.

b) Los rendimientos que procedan de la titularidad de bienes inmuebles situados en Ceuta o Melilla o de derechos reales que recaigan sobre los mismos.

c) Las que procedan del ejercicio de actividades económicas efectivamente realizadas, en las condiciones que reglamentariamente se determinen, en Ceuta o Melilla.

d) Las ganancias patrimoniales que procedan de bienes inmuebles radicados en Ceuta o Melilla.

e) Las ganancias patrimoniales que procedan de bienes muebles situados en Ceuta o Melilla.

f) Los rendimientos del capital mobiliario procedentes de obligaciones o préstamos, cuando los capitales se hallen invertidos en dichos territorios y allí generen las rentas correspondientes.

g) Los rendimientos del capital mobiliario procedentes del arrendamiento de bienes muebles, negocios o minas, en las condiciones que reglamentariamente se determinen.

h) Las rentas procedentes de sociedades que operen efectiva y materialmente en Ceuta o Melilla que correspondan a rentas a las que resulte de aplicación la bonificación establecida en el artículo 33 de la Ley del Impuesto sobre Sociedades, en los siguientes supuestos:

1.º Cuando tengan su domicilio y objeto social exclusivo en dichos territorios.

2.º Cuando operen efectiva y materialmente en Ceuta o Melilla durante un plazo no inferior a tres años y obtengan rentas fuera de dichas ciudades, siempre que respecto de estas rentas tengan derecho a la aplicación de la bonificación prevista en el apartado 6 del artículo 33 de la Ley del Impuesto sobre Sociedades. A estos efectos deberán identificarse, en los términos que reglamentariamente se establezcan, las reservas procedentes de rentas a las que hubieran resultado de aplicación la bonificación establecida en el artículo 33 de la Ley del Impuesto sobre Sociedades.

i) Los rendimientos procedentes de depósitos o cuentas en toda clase de instituciones financieras situadas en Ceuta o Melilla.

. . . .

TÍTULO XI

GESTIÓN DEL IMPUESTO

CAPÍTULO I

Declaraciones

Art. 96. Obligación de declarar

1. Los contribuyentes estarán obligados a presentar y suscribir declaración por este Impuesto, con los límites y condiciones que reglamentariamente se establezcan.

2. No obstante, no tendrán que declarar los contribuyentes que obtengan rentas procedentes exclusivamente de las siguientes fuentes, en tributación individual o conjunta:

a) Rendimientos íntegros del trabajo, con el límite de 22.000 euros anuales.

. . . . (2)

3. El límite a que se refiere la letra a) del apartado 2 anterior será de 15.000 euros para los contribuyentes que perciban rendimientos íntegros del trabajo en los siguientes supuestos:

a) Cuando procedan de más de un pagador. No obstante, el límite será de 22.000 euros anuales en los siguientes supuestos:

1.º Si la suma de las cantidades percibidas del segundo y restantes pagadores, por orden de cuantía, no supera en su conjunto la cantidad de 1.500 euros anuales.

2.º Cuando se trate de contribuyentes cuyos únicos rendimientos del trabajo consistan en las prestaciones pasivas a que se refiere el artículo 17.2.a) de esta Ley y la determinación del tipo de retención aplicable se hubiera realizado de acuerdo con el procedimiento especial que reglamentariamente se establezca.

b) Cuando se perciban pensiones compensatorias del cónyuge o anualidades por alimentos diferentes de las previstas en el artículo 7 de esta ley.

c) Cuando el pagador de los rendimientos del trabajo no esté obligado a retener de acuerdo con lo previsto reglamentariamente.

d) Cuando se perciban rendimientos íntegros del trabajo sujetos a tipo fijo de retención. (3)

4. Estarán obligados a declarar en todo caso los contribuyentes que tengan derecho a deducción por doble imposición internacional o que realicen aportaciones a patrimonios protegidos de las personas con discapacidad, planes de pensiones, planes de previsión asegurados o mutualidades de previsión social, planes de previsión social empresarial y seguros de dependencia que reduzcan la base imponible, en las condiciones que se establezcan reglamentariamente.

. . . .

(1) Número redactado conforme a lo dispuesto en la Ley 6/2018, de 3 de julio.

(2) Apartado redactado conforme a lo dispuesto en el Real Decreto-ley 13/2022, de 26 de julio.

(3) Apartado redactado conforme a lo dispuesto en la Ley 31/2022, de 23 de diciembre.

CAPÍTULO II

Pagos a cuenta

Art. 99. Obligación de practicar pagos a cuenta

1. En el Impuesto sobre la Renta de las Personas Físicas, los pagos a cuenta que, en todo caso, tendrán la consideración de deuda tributaria, podrán consistir en:

a) Retenciones.

b) Ingresos a cuenta.

c) Pagos fraccionados.

2. Las entidades y las personas jurídicas, incluidas las entidades en atribución de rentas, que satisfagan o abonen rentas sujetas a este impuesto, estarán obligadas a practicar retención e ingreso a cuenta, en concepto de pago a cuenta del Impuesto sobre la Renta de las Personas Físicas correspondiente al perceptor, en la cantidad que se determine reglamentariamente y a ingresar su importe en el Tesoro en los casos y en la forma que se establezcan. Estarán sujetos a las mismas obligaciones los contribuyentes por este impuesto que ejerzan actividades económicas respecto a las rentas que satisfagan o abonen en el ejercicio de dichas actividades, así como las personas físicas, jurídicas y demás entidades no residentes en territorio español, que operen en él mediante establecimiento permanente, o sin establecimiento permanente respecto a los rendimientos del trabajo que satisfagan, así como respecto de otros rendimientos sometidos a retención o ingreso a cuenta que constituyan gasto deducible para la obtención de las rentas a que se refiere el apartado 2 del artículo 24 del texto refundido de la Ley del Impuesto sobre la Renta de no Residentes.

Cuando una entidad, residente o no residente, satisfaga o abone rendimientos del trabajo a contribuyentes que presten sus servicios a una entidad residente vinculada con aquélla en los términos previstos en el artículo 16 del texto refundido de la Ley del Impuesto sobre Sociedades o a un establecimiento permanente radicado en territorio español, la entidad o el establecimiento permanente en el que preste sus servicios el contribuyente, deberá efectuar la retención o el ingreso a cuenta.

. . . .

4. En todo caso, los sujetos obligados a retener o a ingresar a cuenta asumirán la obligación de efectuar el ingreso en el Tesoro, sin que el incumplimiento de aquella obligación pueda excusarles de ésta.

5. El perceptor de rentas sobre las que deba retenerse a cuenta de este impuesto computará aquéllas por la contraprestación íntegra devengada.

Cuando la retención no se hubiera practicado o lo hubiera sido por un importe inferior al debido, por causa imputable exclusivamente al retenedor u obligado a ingresar a cuenta, el perceptor deducirá de la cuota la cantidad que debió ser retenida.

En el caso de retribuciones legalmente establecidas que hubieran sido satisfechas por el sector público, el perceptor sólo podrá deducir las cantidades efectivamente retenidas.

Cuando no pudiera probarse la contraprestación íntegra devengada, la Administración tributaria podrá computar como importe íntegro una cantidad que, una vez restada de ella la retención procedente, arroje la efectivamente percibida. En este caso se deducirá de la cuota como retención a cuenta la diferencia entre lo realmente percibido y el importe íntegro.

6. Cuando exista obligación de ingresar a cuenta, se presumirá que dicho ingreso ha sido efectuado. El contribuyente incluirá en la base imponible la valoración de la retribución en especie, conforme a las normas previstas en esta Ley, y el ingreso a cuenta, salvo que le hubiera sido repercutido.

. . . .

8. 1.º Cuando el contribuyente adquiera su condición por cambio de residencia, tendrán la consideración de pagos a cuenta de este impuesto las retenciones e ingresos a cuenta del Impuesto sobre la Renta de No Residentes, practicadas durante el período impositivo en que se produzca el cambio de residencia.

2.º Los trabajadores por cuenta ajena que no sean contribuyentes por este impuesto, pero que vayan a adquirir dicha condición como consecuencia de su desplazamiento a territorio español, podrán comunicar a la Administración tributaria dicha circunstancia, dejando constancia de la fecha de entrada en dicho territorio, a los exclusivos efectos de que el pagador de los rendimientos del trabajo les considere como contribuyentes por este impuesto.

De acuerdo con el procedimiento que reglamentariamente se establezca, la Administración tributaria expedirá un documento acreditativo a los trabajadores por cuenta ajena que lo soliciten, que comunicarán al pagador de sus rendimientos del trabajo, residentes o con establecimiento permanente en España, y en el que conste la fecha a partir de la cual las retenciones e ingresos a cuenta se practicarán por este impuesto, teniendo en cuenta para el cálculo del tipo de retención lo señalado en el apartado 1.º anterior.

9. Cuando en virtud de resolución judicial o administrativa se deba satisfacer una renta sujeta a retención o ingreso a cuenta de este impuesto, el pagador deberá practicar la misma sobre la cantidad íntegra que venga obligado a satisfacer y deberá ingresar su importe en el Tesoro, de acuerdo con lo previsto en este artículo.

10. Los contribuyentes deberán comunicar, al pagador de rendimientos sometidos a retención o ingreso a cuenta de los que sean perceptores, las circunstancias determinantes para el cálculo de la retención o ingreso a cuenta procedente, en los términos que se establezcan reglamentariamente.

. . . .

Art. 101. Importe de los pagos a cuenta

1. El porcentaje de retención e ingreso a cuenta sobre los rendimientos del trabajo derivados de relaciones laborales o estatutarias y de pensiones y haberes pasivos se determinará con arreglo al procedimiento que reglamentariamente se establezca.

Para determinar el porcentaje de retención o ingreso a cuenta se podrán tener en consideración las circunstancias personales y familiares y, en su caso, las rentas del cónyuge y las reducciones y deducciones, así como las retribuciones variables previsibles, en los términos que reglamentariamente se establezcan, y se aplicará la siguiente escala:

Base para calcular el tipo de retención — Hasta euros	Cuota de retención — Euros	Resto base para calcular el tipo de retención — Hasta euros	Tipo aplicable — Porcentaje
0,00	0,00	12.450,00	19,00
12.450,00	2.365,50	7.750,00	24,00
20.200,00	4.225,50	15.000,00	30,00
35.200,00	8.725,50	24.800,00	37,00
60.000,00	17.901,50	240.000,00	45,00
300.000,00	125.901,50	En adelante	47,00

A estos efectos, se presumirán retribuciones variables previsibles, como mínimo, las obtenidas en el año anterior, salvo que concurran circunstancias que permitan acreditar de manera objetiva un importe inferior.

Tratándose de atrasos que corresponda imputar a ejercicios anteriores, el porcentaje de retención e ingreso a cuenta será del 15 por 100, salvo que resulte de aplicación los porcentajes previstos en los apartados 2 y 3 de este artículo.

Los porcentajes de retención e ingreso a cuenta previstos en este apartado se reducirán en un 60 por 100 cuando se trate de rendimientos obtenidos en Ceuta o Melilla que tengan derecho a la deducción en la cuota prevista en el artículo 68.4 de esta Ley. (1)

(1) Apartado redactado conforme a lo dispuesto en el Real Decreto-ley 16/2022, de 6 de septiembre..

2. El porcentaje de retención e ingreso a cuenta sobre los rendimientos del trabajo que se perciban por la condición de administradores y miembros de los consejos de administración, de las juntas que hagan sus veces, y demás miembros de otros órganos representativos, será del 35 por 100.

No obstante, en los términos que reglamentariamente se establezcan, cuando los rendimientos procedan de entidades con un importe neto de la cifra de negocios inferior a 100.000 euros, el porcentaje de retención e ingreso a cuenta será del 19 por 100.

Los porcentajes de retención e ingreso a cuenta previstos en este apartado se reducirán en un 60 por 100 cuando se trate de rendimientos obtenidos en Ceuta o Melilla que tengan derecho a la deducción en la cuota prevista en el artículo 68.4 de esta Ley.

3. El porcentaje de retención e ingreso a cuenta sobre los rendimientos del trabajo derivados de impartir cursos, conferencias, coloquios, seminarios y similares, o derivados de la elaboración de obras literarias, artísticas o científicas, siempre que se ceda el derecho a su explotación, será del 15 por 100.

No obstante lo anterior, el porcentaje de retención sobre los rendimientos del trabajo derivados de la elaboración de obras literarias, artísticas o científicas a que se refiere el párrafo anterior será del 7 por 100 cuando el volumen de tales rendimientos íntegros correspondiente al ejercicio inmediato anterior sea inferior a 15.000 euros y represente más del 75 por 100 de la suma de los rendimientos íntegros de actividades económicas y del trabajo obtenidos por el contribuyente en dicho ejercicio. Para la aplicación de este tipo de retención, los contribuyentes deberán comunicar al pagador de los rendimientos la concurrencia de dichas circunstancias, quedando obligado el pagador a conservar la comunicación debidamente firmada.

Estos porcentajes se reducirán en un 60 por 100 cuando se trate de rendimientos del trabajo obtenidos en Ceuta y Melilla que tengan derecho a la deducción en la cuota prevista en el artículo 68.4 de esta Ley. (1)

. . . .

9. El porcentaje de retención e ingreso a cuenta sobre los rendimientos procedentes de la propiedad industrial, de la prestación de asistencia técnica, del arrendamiento de bienes muebles, negocios o minas y del subarrendamiento sobre los bienes anteriores, cualquiera que sea su calificación, será del 19 por 100.

El porcentaje de retención e ingreso a cuenta sobre los rendimientos procedentes de la propiedad intelectual, cualquiera que sea su calificación, será del 15 por 100, salvo cuando resulte de aplicación el tipo del 7 por 100 previsto en los apartados 3 y 5 de este artículo. Igualmente, dicho porcentaje será del 7 por 100 cuando se trate de anticipos a cuenta derivados de la cesión de la explotación de derechos de autor que se vayan a devengar a lo largo de varios años. (1)

10. El porcentaje de retención e ingreso a cuenta sobre los rendimientos procedentes de la cesión del derecho a la explotación del derecho de imagen, cualquiera que sea su calificación, será el 24 por 100. El porcentaje de ingreso a cuenta en el supuesto previsto en el artículo 92.8 de esta Ley será del 19 por 100.

. . . .

CAPÍTULO IV

Obligaciones formales

. . . .

Art. 105. Obligaciones formales del retenedor, del obligado a practicar ingresos a cuenta y otras obligaciones formales

1. El sujeto obligado a retener y practicar ingresos a cuenta deberá presentar, en los plazos, forma y lugares que se establezcan reglamentariamente, declaración de las cantidades retenidas o pagos a cuenta realizados, o declaración negativa cuando no hubiera procedido la práctica de los mismos. Asimismo, presentará una declaración anual de retenciones e ingresos a cuenta con el contenido que se determine reglamentariamente.

El sujeto obligado a retener y practicar ingresos a cuenta estará obligado a conservar la documentación correspondiente y a expedir, en las condiciones que reglamentariamente se determinen, certificación acreditativa de las retenciones o ingresos a cuenta efectuados.

Los modelos de declaración correspondientes se aprobarán por el ministro de Economía y Hacienda.

. . . .

TÍTULO XII

RESPONSABILIDAD PATRIMONIAL Y RÉGIMEN SANCIONADOR

Art. 106. Responsabilidad patrimonial del contribuyente

Las deudas tributarias y, en su caso, las sanciones tributarias, por el Impuesto sobre la Renta de las Personas Físicas tendrán la misma consideración que las referidas en el artículo 1365 del Código Civil y, en consecuencia, los bienes gananciales responderán directamente frente a la Hacienda Pública por estas deudas, contraídas por uno de los cónyuges, sin perjuicio de lo previsto en el apartado 6 del artículo 84 de esta Ley para el caso de tributación conjunta.

Art. 107. Infracciones y sanciones

Las infracciones tributarias en este impuesto se calificarán y sancionarán con arreglo a lo dispuesto en la Ley 58/2003, de 17 de diciembre, General Tributaria, sin perjuicio de las especialidades previstas en esta Ley.

---

(1) Apartado redactado conforme a lo dispuesto en la Ley 31/2022, de 23 de diciembre.

TÍTULO XIII

ORDEN JURISDICCIONAL

Art. 108. Orden jurisdiccional

La jurisdicción contencioso-administrativa, previo agotamiento de la vía económico-administrativa, será la única competente para dirimir las controversias de hecho y de derecho que se susciten entre la Administración tributaria y los contribuyentes, retenedores y demás obligados tributarios en relación con cualquiera de las cuestiones a que se refiere esta Ley.

DISPOSICIONES ADICIONALES

. . . .

Segunda. Retribuciones en especie

No tendrán la consideración de retribuciones en especie los préstamos con tipo de interés inferior al legal del dinero concertados con anterioridad al 1 de enero de 1992 y cuyo principal hubiese sido puesto a disposición del prestatario también con anterioridad a dicha fecha.

. . . .

Cuadragésima primera. Tripulantes de determinados buques de pesca

1. Para los tripulantes de los buques de pesca que, enarbolando pabellón español estén inscritos en el registro de la flota pesquera comunitaria y la empresa propietaria en el Registro Especial de Empresas de Buques de Pesca Españoles, pesquen exclusivamente túnidos o especies afines fuera de las aguas de la Comunidad y a no menos de 200 millas náuticas de las líneas de base de los Estados miembros, tendrá la consideración de renta exenta el 50 por 100 de los rendimientos del trabajo personal que se hayan devengado con ocasión de la navegación realizada en tales buques.

2. La baja en el registro de la flota pesquera comunitaria del buque a que se refiere el apartado anterior determinará la obligación de reembolsar, por la empresa propietaria del mismo, la ayuda efectivamente obtenida por aplicación de lo dispuesto en el apartado anterior en los 3 años anteriores a dicha baja.

3. La aplicación efectiva de lo establecido en esta disposición adicional quedará condicionada a su compatibilidad con el ordenamiento comunitario.

. . . .

Cuadragésima séptima. Reducción por obtención de rendimientos del trabajo y determinación del tipo de retención sobre los rendimientos del trabajo en los períodos impositivos 2018 y 2023 (1)

. . . .

3. Las retenciones e ingresos a cuenta a practicar sobre los rendimientos del trabajo que se satisfagan o abonen durante el mes de enero de 2023, correspondientes a dicho mes, y a los que resulte de aplicación el procedimiento general de retención a que se refieren los artículos 80.1.1.º y 82 del Reglamento del Impuesto sobre la Renta de las Personas Físicas, deberán realizarse con arreglo a la normativa vigente a 31 de diciembre de 2022.

En los rendimientos que se satisfagan o abonen a partir del 1 de febrero de 2023, siempre que no se trate de rendimientos correspondientes al mes de enero, el pagador deberá calcular el tipo de retención tomando en consideración la normativa vigente a partir de 1 de enero de 2023, practicándose la regularización del mismo, si procede, de acuerdo con lo señalado en el Reglamento del Impuesto sobre la Renta de las Personas Físicas, en los primeros rendimientos del trabajo que satisfaga o abone. (2)

DISPOSICIONES TRANSITORIAS

. . . .

Decimoctava. Deducción por inversión en vivienda habitual

1. Podrán aplicar la deducción por inversión en vivienda habitual en los términos previstos en el apartado 2 de esta disposición:

a) Los contribuyentes que hubieran adquirido su vivienda habitual con anterioridad a 1 de enero de 2013 o satisfecho cantidades con anterioridad a dicha fecha para la construcción de la misma.

b) Los contribuyentes que hubieran satisfecho cantidades con anterioridad a 1 de enero de 2013 por obras de rehabilitación o ampliación de la vivienda habitual, siempre que las citadas obras estén terminadas antes de 1 de enero de 2017.

c) Los contribuyentes que hubieran satisfecho cantidades para la realización de obras e instalaciones de adecuación de la vivienda habitual de las personas con discapacidad con anterioridad a 1 de enero de 2013 siempre y cuando las citadas obras o instalaciones estén concluidas antes de 1 de enero de 2017.

En todo caso, resultará necesario que el contribuyente hubiera practicado la deducción por inversión en vivienda habitual en relación con las cantidades satisfechas para la adquisición o construcción de dicha vivienda en un período impositivo devengado con anterioridad a 1 de enero de 2013, salvo que hubiera resultado de aplicación lo dispuesto en el artículo 68.1.2.ª de esta Ley en su redacción vigente a 31 de diciembre de 2012. (3)

. . . .

(1) Rúbrica redactada conforme a lo dispuesto en la Ley 31/2022, de 23 de diciembre.

(2) Apartado añadido por la Ley 31/2022, de 23 de diciembre.

(3) «Cuando se adquiera una vivienda habitual habiendo disfrutado de la deducción por adquisición de otras viviendas habituales anteriores, no se podrá practicar deducción por la adquisición o rehabilitación de la nueva en tanto las cantidades invertidas en la misma no superen las invertidas en las anteriores, en la medida en que hubiesen sido objeto de deducción.

Cuando la enajenación de una vivienda habitual hubiera generado una ganancia patrimonial exenta por reinversión, la base de deducción por la adquisición o rehabilitación de la nueva se minorará en el importe de la ganancia patrimonial a la que se aplique la exención por reinversión. En este caso, no se podrá practicar deducción por la adquisición de la nueva mientras las cantidades invertidas en la misma no superen tanto el precio de la anterior, en la medida en que haya sido objeto de deducción, como la ganancia patrimonial exenta por reinversión.»

21. Real Decreto 439/2007, de 30 de marzo, por el que se aprueba el Reglamento del Impuesto sobre la Renta de las Personas Físicas y se modifica el Reglamento de Planes y Fondos de Pensiones, aprobado por Real Decreto 304/2004, de 20 de febrero

REGLAMENTO DEL IMPUESTO SOBRE LA RENTA DE LAS PERSONAS FÍSICAS

TÍTULO I

SUJECIÓN AL IMPUESTO: ASPECTOS MATERIALES, PERSONALES Y TEMPORALES

CAPÍTULO I

Rentas exentas

Artículo 1. Indemnizaciones por despido o cese del trabajador

El disfrute de la exención prevista en el artículo 7.e) de la Ley 35/2006, de 28 de noviembre, del Impuesto sobre la Renta de las Personas Físicas y de modificación parcial de las Leyes de los Impuestos sobre Sociedades, sobre la Renta de no Residentes y sobre el Patrimonio quedará condicionado a la real efectiva desvinculación del trabajador con la empresa. Se presumirá, salvo prueba en contrario, que no se da dicha desvinculación cuando en los 3 años siguientes al despido o cese el trabajador vuelva a prestar servicios a la misma empresa o a otra empresa vinculada a aquélla en los términos previstos en el artículo 18 de la Ley 27/2014, de 27 de noviembre, del Impuesto sobre Sociedades.

. . . .

Art. 6. Exención de los rendimientos percibidos por trabajos realizados en el extranjero

1. Estarán exentos del Impuesto, de acuerdo con lo previsto en el artículo 7.p) de la Ley del Impuesto, los rendimientos del trabajo percibidos por trabajos efectivamente realizados en el extranjero, cuando concurran los siguientes requisitos:

1.º Que dichos trabajos se realicen para una empresa o entidad no residente en España o un establecimiento permanente radicado en el extranjero. En particular, cuando la entidad destinataria de los trabajos esté vinculada con la entidad empleadora del trabajador o con aquella en la que preste sus servicios, se entenderán que los trabajos se han realizado para la entidad no residente cuando de acuerdo con lo previsto en el apartado 5 del artículo 16 del Texto Refundido de la Ley del Impuesto sobre Sociedades pueda considerarse que se ha prestado un servicio intragrupo a la entidad no residente porque el citado servicio produzca o pueda producir una ventaja o utilidad a la entidad destinataria.

2.º Que en el territorio en que se realicen los trabajos se aplique un impuesto de naturaleza idéntica o análoga a la de este Impuesto y no se trate de un país o territorio calificado reglamentariamente como paraíso fiscal. Se considerará cumplido este requisito cuando el país o territorio en el que se realicen los trabajos tenga suscrito con España un convenio para evitar la doble imposición internacional que contenga cláusula de intercambio de información.

2. La exención tendrá un límite máximo de 60100 euros anuales. Para el cálculo de la retribución correspondiente a los trabajos realizados en el extranjero, deberán tomarse en consideración los días que efectivamente el trabajador ha estado desplazado en el extranjero, así como las retribuciones específicas correspondientes a los servicios prestados en el extranjero.

Para el cálculo del importe de los rendimientos devengados cada día por los trabajos realizados en el extranjero, al margen de las retribuciones específicas correspondientes a los citados trabajos, se aplicará un criterio de reparto proporcional teniendo en cuenta el número total de días del año.

3. Esta exención será incompatible, para los contribuyentes destinados en el extranjero, con el régimen de excesos excluidos de tributación previsto en el artículo 9.A.3.b) de este Reglamento, cualquiera que sea su importe. El contribuyente podrá optar por la aplicación del régimen de excesos en sustitución de esta exención.

. . . .

TÍTULO II

DETERMINACIÓN DE LA CAPACIDAD ECONÓMICA SOMETIDA A GRAVAMEN

CAPÍTULO I

Reglas generales

. . . .

CAPÍTULO II

Definición y determinación de la renta gravable

Sección 1.ª

Rendimientos del trabajo

Art. 9. Dietas y asignaciones para gastos de locomoción y gastos normales de manutención y estancia

A. Reglas generales:

1. A efectos de lo previsto en el artículo 17.1.d) de la Ley del Impuesto, quedarán exceptuadas de gravamen las asignaciones para gastos de locomoción y gastos normales de manutención y estancia en establecimientos de hostelería que cumplan los requisitos y límites señalados en este artículo.

2. Asignaciones para gastos de locomoción. Se exceptúan de gravamen las cantidades destinadas por la empresa a compensar los gastos de locomoción del empleado o trabajador que se desplace fuera de la fábrica, taller, oficina, o centro de trabajo, para realizar su trabajo en lugar distinto, en las siguientes condiciones e importes:

a) Cuando el empleado o trabajador utilice medios de transporte público, el importe del gasto que se justifique mediante factura o documento equivalente.

b) En otro caso, la cantidad que resulte de computar 0,19 euros por kilómetro recorrido, siempre que se justifique la realidad del desplazamiento, más los gastos de peaje y aparcamiento que se justifiquen.

3. Asignaciones para gastos de manutención y estancia. Se exceptúan de gravamen las cantidades destinadas por la empresa a compensar los gastos normales de manutención y estancia en restaurantes, hoteles y demás establecimientos de hostelería, devengadas por gastos en municipio distinto del lugar del trabajo habitual del perceptor y del que constituya su residencia.

Salvo en los casos previstos en la letra b) siguiente, cuando se trate de desplazamiento y permanencia por un período continuado superior a 9 meses, no se exceptuarán de gravamen dichas asignaciones. A estos efectos, no se descontará el tiempo de vacaciones, enfermedad u otras circunstancias que no impliquen alteración del destino.

a) Se considerará como asignaciones para gastos normales de manutención y estancia en hoteles, restaurantes y demás establecimientos de hostelería, exclusivamente las siguientes:

1.º Cuando se haya pernoctado en municipio distinto del lugar de trabajo habitual y del que constituya la residencia del perceptor, las siguientes:

Por gastos de estancia, los importes que se justifiquen. En el caso de conductores de vehículos dedicados al transporte de mercancías por carretera, no precisarán justificación en cuanto a su importe los gastos de estancia que no excedan de 15 euros diarios, si se producen por desplazamiento dentro del territorio español, o de 25 euros diarios, si corresponden a desplazamientos a territorio extranjero.

Por gastos de manutención, 53,34 euros diarios, si corresponden a desplazamiento dentro del territorio español, o 91,35 euros diarios, si corresponden a desplazamientos a territorio extranjero.

2.º Cuando no se haya pernoctado en municipio distinto del lugar de trabajo habitual y del que constituya la residencia del perceptor, las asignaciones para gastos de manutención que no excedan de 26,67 o 48,08 euros diarios, según se trate de desplazamiento dentro del territorio español o al extranjero, respectivamente.

En el caso del personal de vuelo de las compañías aéreas, se considerarán como asignaciones para gastos normales de manutención las cuantías que no excedan de 36,06 euros diarios, si corresponden a desplazamiento dentro del territorio español, o 66,11 euros diarios si corresponden a desplazamiento a territorio extranjero. Si en un mismo día se produjeran ambas circunstancias, la cuantía aplicable será la que corresponda según el mayor número de vuelos realizados.

A los efectos indicados en los párrafos anteriores, el pagador deberá acreditar el día y lugar del desplazamiento, así como su razón o motivo.

b) Tendrán la consideración de dieta exceptuada de gravamen las siguientes cantidades:

1.º El exceso que perciban los funcionarios públicos españoles con destino en el extranjero sobre las retribuciones totales que obtendrían en el supuesto de hallarse destinados en España, como consecuencia de la aplicación de los módulos y de la percepción de las indemnizaciones previstas en los artículos 4, 5 y 6 del Real Decreto 6/1995, de 13 de enero, por el que se regula el régimen de retribuciones de los funcionarios destinados en el extranjero, y calculando dicho exceso en la forma prevista en dicho Real Decreto, y la indemnización prevista en el artículo 25.1 y 2 del Real Decreto 462/2002, de 24 de mayo, sobre indemnizaciones por razón del servicio.

2.º El exceso que perciba el personal al servicio de la Administración del Estado con destino en el extranjero sobre las retribuciones totales que obtendría por sueldos, trienios, complementos o incentivos, en el supuesto de hallarse destinado en España. A estos efectos, el órgano competente en materia retributiva acordará las equiparaciones retributivas que puedan corresponder a dicho personal si estuviese destinado en España.

3.º El exceso percibido por los funcionarios y el personal al servicio de otras Administraciones Públicas, en la medida que tengan la misma finalidad que los contemplados en los artículos 4, 5 y 6 del Real Decreto 6/1995, de 13 de enero, por el que se regula el régimen de retribuciones de los funcionarios destinados en el extranjero o no exceda de las equiparaciones retributivas, respectivamente.

4.º El exceso que perciban los empleados de empresas, con destino en el extranjero, sobre las retribuciones totales que obtendrían por sueldos, jornales, antigüedad, pagas extraordinarias, incluso la de beneficios, ayuda familiar o cualquier otro concepto, por razón de cargo, empleo, categoría o profesión en el supuesto de hallarse destinados en España.

Lo previsto en esta letra será incompatible con la exención prevista en el artículo 6 de este Reglamento.

4. El régimen previsto en los apartados anteriores será también aplicable a las asignaciones para gastos de locomoción, manutención y estancia que perciban los trabajadores contratados específicamente para prestar sus servicios en empresas con centros de trabajo móviles o itinerantes, siempre que aquellas asignaciones correspondan a desplazamientos a municipio distinto del que constituya la residencia habitual del trabajador.

5. Las cuantías exceptuadas de gravamen en este artículo serán susceptibles de revisión por el ministro de Economía y Hacienda, en la proporción en que se revisen las dietas de los funcionarios públicos.

6. Las asignaciones para gastos de locomoción, manutención y estancia que excedan de los límites previstos en este artículo estarán sujetas a gravamen.

B. Reglas especiales:

1. Cuando los gastos de locomoción y manutención no les sean resarcidos específicamente por las empresas a quienes presten sus servicios, los contribuyentes que obtengan rendimientos del trabajo que se deriven de relaciones laborales especiales de carácter dependiente podrán minorar sus ingresos, para la determinación de sus rendimientos netos, en las siguientes cantidades, siempre que justifiquen la realidad de sus desplazamientos:

a) Por gastos de locomoción:

Cuando se utilicen medios de transporte público, el importe del gasto que se justifique mediante factura o documento equivalente.

En otro caso, la cantidad que resulte de computar 0,19 euros por kilómetro recorrido, más los gastos de peaje y aparcamiento que se justifiquen.

b) Por gastos de manutención, los importes de 26,67 o 48,08 euros diarios, según se trate de desplazamiento dentro del territorio español o al extranjero.

A estos efectos, los gastos de estancia deberán estar en todo caso resarcidos por la empresa y se regirán por lo previsto en la letra a) del apartado 3 de la letra A de este artículo.

2. Estarán exceptuadas de gravamen las cantidades que se abonen al contribuyente con motivo del traslado de puesto de trabajo a municipio distinto, siempre que dicho traslado exija el cambio de residencia y correspondan, exclusivamente, a gastos de locomoción y manutención del contribuyente y de sus familiares durante el traslado y a gastos de traslado de su mobiliario y enseres.

3. Estarán exceptuadas de gravamen las cantidades percibidas por los candidatos a jurado y por los jurados titulares y suplentes como consecuencia del cumplimiento de sus funciones, de acuerdo con lo previsto en el Real Decreto 385/1996, de 1 de marzo, por el que se establece el régimen retributivo e indemnizatorio del desempeño de las funciones del jurado, así como las percibidas por los miembros de las Mesas Electorales de acuerdo con lo establecido en la Orden Ministerial de 3 de abril de 1991, por la que se establece el importe de las dietas de los miembros de las Mesas Electorales.

Art. 10. Gastos deducibles por cuotas satisfechas a sindicatos y Colegios profesionales

Para la determinación del rendimiento neto del trabajo, serán deducibles las cuotas satisfechas a sindicatos. También serán deducibles las cuotas satisfechas a Colegios profesionales, cuando la colegiación tenga carácter obligatorio para el desempeño del trabajo, en la parte que corresponda a los fines esenciales de estas instituciones, con el límite de 500 euros anuales.

Art. 11. Otros gastos deducibles

1. Podrán deducir la cuantía de 2.000 euros anuales adicionales establecida en el segundo párrafo de la letra f) del artículo 19.2 de la Ley del Impuesto, los contribuyentes desempleados e inscritos en una oficina de empleo que acepten un puesto de trabajo situado en un municipio distinto al de su residencia habitual, siempre que el nuevo puesto de trabajo exija el cambio de dicha residencia.

2. A efectos de la aplicación del límite previsto en el último párrafo de la letra f) del artículo 19.2 de la Ley del Impuesto, cuando el contribuyente obtenga en el mismo período impositivo rendimientos derivados de un trabajo que permita computar un mayor gasto deducible de los previstos en el segundo y tercer párrafo de dicha letra f) y otros rendimientos del trabajo, el incremento del gasto deducible se atribuirá exclusivamente a los rendimientos íntegros del trabajo señalados en primer lugar.

Art. 12. Aplicación de la reducción del 30 por 100 a determinados rendimientos del trabajo

1. Se consideran rendimientos del trabajo obtenidos de forma notoriamente irregular en el tiempo, exclusivamente, los siguientes:

a) Las cantidades satisfechas por la empresa a los empleados con motivo del traslado a otro centro de trabajo que excedan de los importes previstos en el artículo 9 de este Reglamento.

b) Las indemnizaciones derivadas de los Regímenes públicos de Seguridad Social o Clases Pasivas, así como las prestaciones satisfechas por colegios de huérfanos e instituciones similares, en los supuestos de lesiones no invalidantes.

c) Las prestaciones satisfechas por lesiones no invalidantes o incapacidad permanente, en cualquiera de sus grados, por empresas y por entes públicos.

d) Las prestaciones por fallecimiento, y los gastos por sepelio o entierro que excedan del límite exento de acuerdo con el artículo 7.r) de la Ley del Impuesto, de trabajadores o funcionarios, tanto las de carácter público como las satisfechas por colegios de huérfanos e instituciones similares, empresas y por entes públicos.

e) Las cantidades satisfechas en compensación o reparación de complementos salariales, pensiones o anualidades de duración indefinida o por la modificación de las condiciones de trabajo.

f) Cantidades satisfechas por la empresa a los trabajadores por la resolución de mutuo acuerdo de la relación laboral.

g) Premios literarios, artísticos o científicos que no gocen de exención en este Impuesto. No se consideran premios, a estos efectos, las contraprestaciones económicas derivadas de la cesión de derechos de propiedad intelectual o industrial o que sustituyan a éstas.

Respecto de los citados rendimientos, la reducción prevista en el artículo 18.2 de la Ley del Impuesto únicamente será de aplicación cuando se imputen en único período impositivo.

2. Tratándose de rendimientos del trabajo procedentes de indemnizaciones por extinción de la relación laboral con un período de generación superior a 2 años que se perciban de forma fraccionada, o de rendimientos distintos de los anteriores a los que se refiere la disposición transitoria vigesimoquinta de la Ley del Impuesto, sólo será aplicable la reducción del 30 por 100 prevista en el artículo 18.2 de la Ley del Impuesto, en caso de que el cociente resultante de dividir el número de años de generación, computados de fecha a fecha, entre el número de períodos impositivos de fraccionamiento, sea superior a dos.

3. La reducción prevista en el artículo 18.3 de la Ley del Impuesto resultará aplicable a las prestaciones en forma de capital consistentes en una percepción de pago único. En el caso de prestaciones mixtas, que combinen rentas de cualquier tipo con un único cobro en forma de capital, las reducciones referidas sólo resultarán aplicables al cobro efectuado en forma de capital.

. . . .

CAPÍTULO III

Rentas en especie

Art. 43. Entrega de acciones a trabajadores

1. Estarán exentos los rendimientos del trabajo en especie previstos en el artículo 42.3.f) de la Ley del Impuesto correspondientes a la entrega de acciones o participaciones a los trabajadores en activo en los siguientes supuestos:

1.º La entrega de acciones o participaciones de una sociedad a sus trabajadores.

2.° Asimismo, en el caso de los grupos de sociedades en los que concurran las circunstancias previstas en el artículo 42 del Código de Comercio, la entrega de acciones o participaciones de una sociedad del grupo a los trabajadores, contribuyentes por este Impuesto, de las sociedades que formen parte del mismo subgrupo. Cuando se trate de acciones o participaciones de la sociedad dominante del grupo, la entrega a los trabajadores, contribuyentes por este Impuesto, de las sociedades que formen parte del grupo.

En los dos casos anteriores, la entrega podrá efectuarse tanto por la propia sociedad a la que preste sus servicios el trabajador, como por otra sociedad perteneciente al grupo o por el ente público, sociedad estatal o administración pública titular de las acciones.

2. La aplicación de lo previsto en el apartado anterior exigirá el cumplimiento de los siguientes requisitos:

1.° Que la oferta se realice en las mismas condiciones para todos los trabajadores de la empresa y contribuya a la participación de estos en la empresa. En el caso de grupos o subgrupos de sociedades, el citado requisito deberá cumplirse en la sociedad a la que preste servicios el trabajador al que le entreguen las acciones.

No obstante, no se entenderá incumplido este requisito cuando para recibir las acciones o participaciones se exija a los trabajadores una antigüedad mínima, que deberá ser la misma para todos ellos, o que sean contribuyentes por este Impuesto.

2.° Que cada uno de los trabajadores, conjuntamente con sus cónyuges o familiares hasta el segundo grado, no tengan una participación, directa o indirecta, en la sociedad en la que prestan sus servicios o en cualquier otra del grupo, superior al 5 por 100.

3.° Que los títulos se mantengan, al menos, durante 3 años.

El incumplimiento del plazo a que se refiere el número 3.° anterior motivará la obligación de presentar una autoliquidación complementaria, con los correspondientes intereses de demora, en el plazo que medie entre la fecha en que se incumpla el requisito y la finalización del plazo reglamentario de declaración correspondiente al período impositivo en que se produzca dicho incumplimiento.

Art. 44. Gastos de estudio para la capacitación o reciclaje del personal que no constituyen retribución en especie (1)

No tendrán la consideración de retribuciones en especie, a efectos de lo previsto en el artículo 42.2.a) de la Ley del Impuesto, los estudios dispuestos por instituciones, empresas o empleadores y financiados directa o indirectamente por ellos para la actualización, capacitación o reciclaje de su personal, cuando vengan exigidos por el desarrollo de sus actividades o las características de los puestos de trabajo, incluso cuando su prestación efectiva se efectúe por otras personas o entidades especializadas. En estos casos, los gastos de locomoción, manutención y estancia se regirán por lo previsto en el artículo 9 de este Reglamento.

A efectos de lo dispuesto en el párrafo anterior, se entenderá que los estudios han sido dispuestos y financiados indirectamente por el empleador cuando se financien por otras empresas o entidades que comercialicen productos para los que resulte necesario disponer de una adecuada formación por parte del trabajador, siempre que el empleador autorice tal participación.

Art. 45. Rendimientos del trabajo exentos por gastos por comedores de empresa

1. A efectos de lo previsto en el artículo 42.3.a) de la Ley del Impuesto, tendrán la consideración de entrega de productos a precios rebajados que se realicen en comedores de empresa las fórmulas directas e indirectas de prestación del servicio, admitidas por la legislación laboral, en las que concurran los siguientes requisitos:

1.° Que la prestación del servicio tenga lugar durante días hábiles para el empleado o trabajador.

2.° Que la prestación del servicio no tenga lugar durante los días que el empleado o trabajador devengue dietas por manutención exceptuadas de gravamen de acuerdo al artículo 9 de este Reglamento.

2. Cuando la prestación del servicio se realice a través de fórmulas indirectas, tendrán que cumplirse, además de los requisitos exigidos en el número anterior, los siguientes:

1.° La cuantía de las fórmulas indirectas no podrá superar 11 euros diarios. Si la cuantía diaria fuese superior, existirá retribución en especie por el exceso.

2.° Si para la prestación del servicio se entregasen al empleado o trabajador vales-comida o documentos similares, tarjetas o cualquier otro medio electrónico de pago se observará lo siguiente:

a) Deberán estar numerados, expedidos de forma nominativa y en ellos deberá figurar la empresa emisora y, cuando se entreguen en soporte papel, además, su importe nominal.

b) Serán intransmisibles y la cuantía no consumida en un día no podrá acumularse a otro día.

c) No podrá obtenerse, ni de la empresa ni de tercero, el reembolso de su importe.

d) Sólo podrán utilizarse en establecimientos de hostelería.

e) La empresa que los entregue deberá llevar y conservar relación de los entregados a cada uno de sus empleados o trabajadores, con expresión de:

En el caso de vales-comida o documentos similares, número de documento, día de entrega e importe nominal.

En el caso de tarjetas o cualquier otro medio electrónico de pago, número de documento y cuantía entregada cada uno de los días con indicación de estos últimos. (2)

Art. 46. Rendimientos del trabajo exentos por gastos por seguros de enfermedad (1)

Estarán exentos los rendimientos del trabajo en especie, de acuerdo con lo previsto en el artículo 42.3.c) de la Ley del Impuesto, correspondientes a las primas o cuotas satisfechas por las empresas a entidades aseguradoras para la cobertura de enfermedad, cuando se cumplan los siguientes requisitos y límites:

1. Que la cobertura de enfermedad alcance al propio trabajador, pudiendo además alcanzar a su cónyuge y descendientes.

2. Que las primas o cuotas satisfechas no excedan de 500 euros anuales por cada una de las personas señaladas en el apartado anterior o de 1.500 euros para cada una de ellas con discapacidad. El exceso sobre dichas cuantías constituirá retribución en especie».

Art. 46 bis. Fórmulas indirectas de pago del servicio público de transporte colectivo de viajeros

1. A efectos de lo previsto en el artículo 42.3.e) de la Ley del Impuesto, tendrán la consideración de fórmulas indirectas de pago de cantidades a las entidades encargadas de prestar el servicio público de transporte colectivo de viajeros, la entrega a los trabajadores de tarjetas o cualquier otro medio electrónico de pago que cumplan los siguientes requisitos:

1.° Que puedan utilizarse exclusivamente como contraprestación por la adquisición de títulos de transporte que permitan la utilización del servicio público de transporte colectivo de viajeros.

2.° La cantidad que se pueda abonar con las mismas no podrá exceder de 136,36 euros mensuales por trabajador, con el límite de 1.500 euros anuales.

(1) Artículo redactado conforme a lo dispuesto en el Real Decreto 1074/2017, de 29 de diciembre.

(2) Apartado redactado conforme a lo dispuesto en el Real Decreto 1074/2017, de 29 de diciembre.

3.º Deberán estar numeradas, expedidas de forma nominativa y en ellas deberá figurar la empresa emisora.

4.º Serán intransmisibles.

5.º No podrá obtenerse, ni de la empresa ni de tercero, el reembolso de su importe.

6.º La empresa que entregue las tarjetas o el medio electrónico de pago deberá llevar y conservar relación de las entregados a cada uno de sus trabajadores, con expresión de:

a) Número de documento.

b) Cuantía anual puesta a disposición del trabajador.

2. En el supuesto de entrega de tarjetas o medios de pago electrónicos que no cumplan los requisitos previstos en el apartado 1 de este artículo, existirá retribución en especie por la totalidad de las cuantías puestas a disposición del trabajador. No obstante, en caso de incumplimiento de los límites señalados en el número 2.º del apartado 1 anterior, únicamente existirá retribución en especie por el exceso.

Art. 47. Derechos de fundadores de sociedades

Los derechos especiales de contenido económico que se reserven los fundadores o promotores de una sociedad como remuneración de servicios personales, cuando consistan en un porcentaje sobre los beneficios de la entidad, se valorarán, como mínimo, en el 35 por 100 del valor equivalente de capital social que permita la misma participación en los beneficios que la reconocida a los citados derechos.

Art. 48. Precio ofertado

A efectos de lo previsto en el artículo 43.1.1.º f) de la Ley del Impuesto se considerará precio ofertado al público, en las retribuciones en especie satisfechas por empresas que tienen como actividad habitual la realización de las actividades que dan lugar al mismo, el previsto en el artículo 13 de la Ley 26/1984, de 19 de julio, General para la Defensa de los Consumidores y Usuarios, deduciendo los descuentos ordinarios o comunes. Se considerarán ordinarios o comunes:

Los descuentos que sean ofertados a otros colectivos de similares características a los trabajadores de la empresa; los descuentos promocionales que tengan carácter general y se encuentren en vigor en el momento de satisfacer la retribución en especie; cualquier otro distinto a los anteriores siempre que no excedan del 15 por 100 ni de 1000 euros anuales.

Art. 48 bis. Reducción de la valoración de los rendimientos del trabajo en especie derivados de la cesión de uso de vehículos automóviles eficientes energéticamente

La valoración de los rendimientos del trabajo en especie correspondientes a la cesión de uso de vehículos automóviles resultante de lo dispuesto en el segundo párrafo de la letra b) del número 1.º del artículo 43 de la Ley del Impuesto, o en la letra f) del número 1.º del citado artículo, se reducirá en un 15 por 100, cuando se trate de vehículos que cumpliendo los límites de emisiones Euro 6 previstos en el anexo I del Reglamento (CE) n.º 715/2007 del Parlamento Europeo y del Consejo, de 20 de junio de 2007, sobre la homologación de tipo de los vehículos de motor por lo que se refiere a las emisiones procedentes de turismos y vehículos comerciales ligeros (Euro 5 y Euro 6) y sobre el acceso a la información relativa a la reparación y el mantenimiento de los vehículos, sus emisiones oficiales de CO_2 no sean superiores a 120 g/km y el valor de mercado que correspondería al vehículo si fuera nuevo, antes de impuestos, no sea superior a 25.000 euros.

Dicha reducción será del 20 por 100 cuando, adicionalmente, se trate de vehículos híbridos o propulsados por motores de combustión interna que puedan utilizar combustibles fósiles alternativos (autogás —GLP— y Gas Natural) siempre que, en este caso, el valor de mercado a que se refiere el párrafo anterior no sea superior a 35.000 euros.

La reducción será del 30 por 100 cuando se trate de cualquiera de las siguientes categorías de vehículos:

1.º Vehículo eléctrico de batería (BEV).

2.º Vehículos eléctrico de autonomía extendida (E-REV).

3.º Vehículo eléctrico híbrido enchufable (PHEV) con una autonomía mínima de 15 kilómetros siempre que, en este caso, el valor de mercado que correspondería al vehículo si fuera nuevo, antes de impuestos, no sea superior a 40.000 euros.

. . . .

TÍTULO III

MÍNIMO PERSONAL Y FAMILIAR

Art. 53. Mínimo familiar por descendientes menores de 3 años

1. Cuando tenga lugar la adopción de un menor que hubiera estado en régimen de acogimiento, o se produzca un cambio en la situación del acogimiento, el incremento en el importe del mínimo por descendientes previsto en el apartado 2 del artículo 58 de la Ley del Impuesto se practicará durante los períodos impositivos restantes hasta agotar el plazo máximo fijado en el citado artículo.

2. A efectos de lo dispuesto en el artículo 58 de la Ley del Impuesto se asimilarán a los descendientes aquellas personas vinculadas al contribuyente por razón de tutela y acogimiento en los términos previstos en la legislación civil o, fuera de los casos anteriores, a quienes tengan atribuida por resolución judicial su guarda y custodia. (1)

. . . .

(1) Apartado añadido por el Real Decreto 1074/2017, de 29 de diciembre.

TÍTULO IV

DEDUCCIONES DE LA CUOTA

. . . .

CAPÍTULO II

Deducción por rentas obtenidas en Ceuta o Melilla

Art. 58. Deducción por rentas obtenidas en Ceuta y Melilla

1. A efectos de la deducción prevista en el artículo 68.4 de la Ley del Impuesto, tendrán la consideración de rentas obtenidas en Ceuta o Melilla las siguientes:

a) Los rendimientos del trabajo derivados de prestaciones por desempleo y de aquellas a las que se refiere el artículo 17.2.a) de la Ley del Impuesto.

b) En el ejercicio de actividades económicas, se entenderá por operaciones efectivamente realizadas en Ceuta o Melilla aquellas que cierren en estos territorios un ciclo mercantil que determine resultados económicos o supongan la prestación de un servicio profesional en dichos territorios.

No se estimará que median dichas circunstancias cuando se trate de operaciones aisladas de extracción, fabricación, compra, transporte, entrada y salida de géneros o efectos en los mismos y, en general, cuando las operaciones no determinen por sí solas rentas.

c) Cuando se trate de actividades pesqueras y marítimas, serán de aplicación las reglas establecidas en el artículo 33 de la Ley del Impuesto sobre Sociedades.

d) Se entenderá que los rendimientos del capital mobiliario procedentes del arrendamiento de bienes muebles, negocios o minas, constituyen una renta obtenida en Ceuta o Melilla cuando el objeto del arrendamiento esté situado y se utilice efectivamente en dichos territorios.

2. A efectos de la aplicación de la deducción por las rentas a que se refiere el supuesto 2.° del artículo 68.4.3.°h) de la Ley del Impuesto, las entidades que obtengan rentas con derecho a la aplicación de la bonificación prevista en el apartado 6 del artículo 33 de la Ley del Impuesto sobre Sociedades deberán incluir en la memoria de las cuentas anuales la siguiente información:

a) Beneficios del ejercicio aplicados a reservas que procedan de rentas con derecho a la aplicación de la bonificación prevista en el apartado 6 del artículo 33 de la Ley del Impuesto sobre Sociedades.

b) Beneficios del ejercicio aplicados a reservas que procedan de rentas sin derecho a la aplicación de la referida bonificación.

c) Beneficios del ejercicio distribuidos entre los socios, con especificación del importe que corresponde a rentas con derecho a la aplicación de la referida bonificación.

d) En caso de distribución de dividendos con cargo a reservas, designación de la reserva aplicada de entre las dos a las que, por la clase de beneficios de los que procedan, se refieren las letras a) y b) anteriores.

Las menciones en la memoria anual continuarán efectuándose mientras existan reservas de las referidas en la letra a) anterior.

. . . .

TÍTULO VI

GESTIÓN DEL IMPUESTO

. . . .

CAPÍTULO II

Obligaciones formales, contables y registrales

Art. 68. Obligaciones formales, contables y registrales

1. Los contribuyentes del Impuesto sobre la Renta de las Personas Físicas estarán obligados a conservar, durante el plazo máximo de prescripción, los justificantes y documentos acreditativos de las operaciones, rentas, gastos, ingresos, reducciones y deducciones de cualquier tipo que deban constar en sus declaraciones, a aportarlos juntamente con las declaraciones del Impuesto, cuando así se establezca y a exhibirlos ante los órganos competentes de la Administración tributaria, cuando sean requeridos al efecto.

. . . .

CAPÍTULO III

Acreditación de la condición de persona con discapacidad

Art. 72. Acreditación de la condición de persona con discapacidad y de la necesidad de ayuda de otra persona o de la existencia de dificultades de movilidad (1)

1. A los efectos del Impuesto sobre la Renta de las Personas Físicas, tendrán la consideración de persona con discapacidad aquellos contribuyentes con un grado de minusvalía igual o superior al 33 por 100.

El grado de minusvalía deberá acreditarse mediante certificado o resolución expedido por el Instituto de Migraciones y Servicios Sociales o el órgano competente de las Comunidades Autónomas. En particular, se considerará acreditado un grado de minusvalía igual o superior al 33 por 100 en el caso de los pensionistas de la Seguridad Social que tengan reconocida

(1) Las referencias en este artículo a «grado de minusvalía» se entenderán realizadas a «grado de discapacidad» (DA 2.ª RD 1971/99).

una pensión de incapacidad permanente total, absoluta o gran invalidez y en el caso de los pensionistas de clases pasivas que tengan reconocida una pensión de jubilación o retiro por incapacidad permanente para el servicio o inutilidad. Igualmente, se considerará acreditado un grado de minusvalía igual o superior al 65 por 100, cuando se trate de personas cuya incapacidad sea declarada judicialmente, aunque no alcance dicho grado.

2. A efectos de la reducción por rendimientos del trabajo obtenidos por personas con discapacidad prevista en el artículo 20.3 de la Ley del Impuesto, los contribuyentes con discapacidad deberán acreditar la necesidad de ayuda de terceras personas para desplazarse a su lugar de trabajo o para desempeñar el mismo, o la movilidad reducida para utilizar medios de transporte colectivos, mediante certificado o resolución del Instituto de Migraciones y Servicios Sociales o el órgano competente de las Comunidades Autónomas en materia de valoración de las minusvalías, basándose en el dictamen emitido por los Equipos de Valoración y Orientación dependientes de las mismas.

. . . .

TÍTULO VII

PAGOS A CUENTA

CAPÍTULO I

Retenciones e ingresos a cuenta. Normas generales

Art. 74. Obligación de practicar retenciones e ingresos a cuenta del Impuesto sobre la Renta de las Personas Físicas

1. Las personas o entidades contempladas en el artículo 76 de este Reglamento que satisfagan o abonen las rentas previstas en el artículo 75, estarán obligadas a retener e ingresar en el Tesoro, en concepto de pago a cuenta del Impuesto sobre la Renta de las Personas Físicas correspondiente al perceptor, de acuerdo con las normas de este Reglamento.

Igualmente existirá obligación de retener en las operaciones de transmisión de activos financieros y de transmisión o reembolso de acciones o participaciones de instituciones de inversión colectiva, en las condiciones establecidas en este Reglamento.

2. Cuando las mencionadas rentas se satisfagan o abonen en especie, las personas o entidades mencionadas en el apartado anterior estarán obligadas a efectuar un ingreso a cuenta, en concepto de pago a cuenta del Impuesto sobre la Renta de las Personas Físicas correspondiente al perceptor, de acuerdo con las normas de este Reglamento.

3. A efectos de lo previsto en este Reglamento, las referencias al retenedor se entenderán efectuadas igualmente al obligado a efectuar ingresos a cuenta, cuando se trate de la regulación conjunta de ambos pagos a cuenta.

Art. 75. Rentas sujetas a retención o ingreso a cuenta

1. Estarán sujetas a retención o ingreso a cuenta las siguientes rentas:

a) Los rendimientos del trabajo.

. . . .

2. También estarán sujetas a retención o ingreso a cuenta las siguientes rentas, independientemente de su calificación:

a) Los rendimientos procedentes del arrendamiento o subarrendamiento de inmuebles urbanos.

A estos efectos, las referencias al arrendamiento se entenderán realizadas también al subarrendamiento.

. . . .

3. No existirá obligación de practicar retención o ingreso a cuenta sobre las rentas siguientes:

a) Las rentas exentas y las dietas y gastos de viaje exceptuados de gravamen.

. . . .

g) Los rendimientos procedentes del arrendamiento o subarrendamiento de inmuebles urbanos en los siguientes supuestos:

1.º Cuando se trate de arrendamiento de vivienda por empresas para sus empleados.

. . . .

Art. 76. Obligados a retener o ingresar a cuenta

1. Con carácter general, estarán obligados a retener o ingresar a cuenta, en cuanto satisfagan rentas sometidas a esta obligación:

a) Las personas jurídicas y demás entidades, incluidas las comunidades de propietarios y las entidades en régimen de atribución de rentas.

b) Los contribuyentes que ejerzan actividades económicas, cuando satisfagan rentas en el ejercicio de sus actividades.

c) Las personas físicas, jurídicas y demás entidades no residentes en territorio español, que operen en él mediante establecimiento permanente.

d) Las personas físicas, jurídicas y demás entidades no residentes en territorio español, que operen en él sin mediación de establecimiento permanente, en cuanto a los rendimientos del trabajo que satisfagan, así como respecto de otros rendimientos sometidos a retención o ingreso a cuenta que constituyan gasto deducible para la obtención de las rentas a que se refiere el artículo 24.2 del Texto Refundido de la Ley del Impuesto sobre la Renta de no Residentes.

No se considerará que una persona o entidad satisface rentas cuando se limite a efectuar una simple mediación de pago.

Se entenderá por simple mediación de pago el abono de una cantidad por cuenta y orden de un tercero.

No tienen la consideración de operaciones de simple mediación de pago las que se especifican a continuación. En consecuencia, las personas y entidades antes señaladas estarán obligadas a retener e ingresar en los siguientes supuestos:

. . . .

2.º Cuando satisfagan a su personal prestaciones por cuenta de la Seguridad Social.

3.º Cuando satisfagan a su personal cantidades desembolsadas por terceros en concepto de propina, retribución por el servicio u otros similares.

4.º Tratándose de cooperativas agrarias, cuando distribuyan o comercialicen los productos procedentes de las explotaciones de sus socios.

2. En particular:

a) Están obligados a retener las entidades residentes o los establecimientos permanentes en los que presten servicios los contribuyentes cuando se satisfagan a éstos rendimientos del trabajo por otra entidad, residente o no residente, vinculada con aquéllas en los términos previstos en el artículo 16 del Texto Refundido de la Ley del Impuesto sobre Sociedades, o por el titular en el extranjero del establecimiento permanente radicado en territorio español.

. . . .

Art. 77. Importe de la retención o ingreso a cuenta

1. El importe de la retención será el resultado de aplicar a la base de retención el tipo de retención que corresponda, de acuerdo con lo previsto en el capítulo II siguiente. La base de retención será la cuantía total que se satisfaga o abone, sin perjuicio de lo dispuesto en el artículo 93 para los rendimientos de capital mobiliario y en el artículo 97 para las ganancias patrimoniales derivadas de las transmisiones o reembolsos de acciones o participaciones de instituciones de inversión colectiva, de este Reglamento.

2. El importe del ingreso a cuenta que corresponda realizar por las retribuciones en especie será el resultado de aplicar al valor de las mismas, determinado según las normas contenidas en este Reglamento, el porcentaje que corresponda, de acuerdo con lo previsto en el capítulo III siguiente.

Art. 78. Nacimiento de la obligación de retener o de ingresar a cuenta

1. Con carácter general, la obligación de retener nacerá en el momento en que se satisfagan o abonen las rentas correspondientes.

. . . .

Art. 79. Imputación temporal de las retenciones o ingresos a cuenta

Las retenciones o ingresos a cuenta se imputarán por los contribuyentes al período en que se imputen las rentas sometidas a retención o ingreso a cuenta, con independencia del momento en que se hayan practicado.

CAPÍTULO II

Cálculo de las retenciones

Sección 1.ª

Rendimientos del trabajo

Art. 80. Importe de las retenciones sobre rendimientos del trabajo

1. La retención a practicar sobre los rendimientos del trabajo será el resultado de aplicar a la cuantía total de las retribuciones que se satisfagan o abonen, el tipo de retención que corresponda de los siguientes:

1.º Con carácter general, el tipo de retención que resulte según el artículo 86 de este Reglamento.

2.º El determinado conforme con el procedimiento especial aplicable a perceptores de prestaciones pasivas regulado en el artículo 89.a) de este Reglamento.

3.º El 35 por 100 para las retribuciones que se perciban por la condición de administradores y miembros de los Consejos de Administración, de las Juntas que hagan sus veces y demás miembros de otros órganos representativos.

No obstante, cuando los rendimientos procedan de entidades cuyo importe neto de la cifra de negocios del último período impositivo finalizado con anterioridad al pago de los rendimientos sea inferior a 100.000 euros, el porcentaje de retención e ingreso a cuenta será del 19 por 100. Si dicho período impositivo hubiere tenido una duración inferior al año, el importe neto de la cifra de negocios se elevará al año.

4.º El 15 por 100 para los rendimientos derivados de impartir cursos, conferencias, coloquios, seminarios y similares, o derivados de la elaboración de obras literarias, artísticas o científicas, siempre que se ceda el derecho a su explotación.

5.º El 15 por 100 para los atrasos que correspondan imputar a ejercicios anteriores, salvo cuando resulten de aplicación los tipos previstos en los números 3.º o 4.º de este apartado.

2. Cuando se trate de rendimientos del trabajo obtenidos en Ceuta y Melilla que se beneficien de la deducción prevista en el artículo 68.4 de la Ley del Impuesto, se reducirán en un 60 por 100:

a) El tipo de retención a que se refiere el artículo 86.1 de este Reglamento.

b) Los tipos de retención previstos en los números 3.º, 4.º y 5.º del apartado anterior. (1)

Art. 81. Límite cuantitativo excluyente de la obligación de retener

1. No se practicará retención sobre los rendimientos del trabajo cuya cuantía, determinada según lo previsto en el artículo 83.2 de este Reglamento, no supere el importe anual establecido en el cuadro siguiente en función del número de hijos y otros descendientes y de la situación del contribuyente:

Situación del contribuyente	Número de hijos y otros descendientes		
	0 (euros)	1 (euros)	2 o más (euros)
1.ª Contribuyente soltero, viudo, divorciado o separado legalmente.	—	17.270	18.617
2.ª Contribuyente cuyo cónyuge no obtenga rentas superiores a 1.500 euros anuales, excluidas las exentas.	16.696	17.894	19.241
3.ª Otras situaciones.	15.000	15.599	16.272

A efectos de la aplicación de lo previsto en el cuadro anterior, se entiende por hijos y otros descendientes aquéllos que dan derecho al mínimo por descendientes previsto en el artículo 58 de la Ley del Impuesto.

En cuanto a la situación del contribuyente, ésta podrá ser una de las tres siguientes:

1.ª Contribuyente soltero, viudo, divorciado o separado legalmente. Se trata del contribuyente soltero, viudo, divorciado o separado legalmente con descendientes, cuando tenga derecho a la reducción establecida en el artículo 84.2.4.º de la Ley de Impuesto para unidades familiares monoparentales.

2.ª Contribuyente cuyo cónyuge no obtenga rentas superiores a 1.500 euros, excluidas las exentas. Se trata del contribuyente casado, y no separado legalmente, cuyo cónyuge no obtenga rentas anuales superiores a 1.500 euros, excluidas las exentas.

3.ª Otras situaciones, que incluye las siguientes:

a) El contribuyente casado, y no separado legalmente, cuyo cónyuge obtenga rentas superiores a 1.500 euros, excluidas las exentas.

b) El contribuyente soltero, viudo, divorciado o separado legalmente, sin descendientes o con descendientes a su

(1) Apartado redactado conforme a lo dispuesto en el Real Decreto 1461/2018, de 21 de diciembre.

cargo, cuando, en este último caso, no tenga derecho a la reducción establecida en el artículo 84.2.4.° de la Ley del Impuesto por darse la circunstancia de convivencia a que se refiere el párrafo segundo de dicho apartado.

c) Los contribuyentes que no manifiesten estar en ninguna de las situaciones 1.ª y 2.ª anteriores. (1)

2. Los importes previstos en el cuadro anterior se incrementarán en 600 euros en el caso de pensiones o haberes pasivos del Régimen de Seguridad Social y de Clases Pasivas y en 1200 euros para prestaciones o subsidios por desempleo.

3. Lo dispuesto en los apartados anteriores no será de aplicación cuando correspondan los tipos fijos de retención, en los casos a los que se refiere el apartado 1, números 3.° 4.° y 5.°, del artículo 80 y los tipos mínimos de retención a los que se refiere el artículo 86.2 de este Reglamento.

Art. 82. Procedimiento general para determinar el importe de la retención

Para calcular las retenciones sobre rendimientos del trabajo, a las que se refiere el artículo 80.1.1.° de este Reglamento, se practicarán, sucesivamente, las siguientes operaciones:

1.ª Se determinará, de acuerdo con lo previsto en el artículo 83 de este Reglamento, la base para calcular el tipo de retención.

2.ª Se determinará, de acuerdo con lo previsto en el artículo 84 de este Reglamento, el mínimo personal y familiar para calcular el tipo de retención.

3.ª Se determinará, de acuerdo con lo previsto en el artículo 85 de este Reglamento, la cuota de retención.

4.ª Se determinará el tipo de retención, en la forma prevista en el artículo 86 de este Reglamento.

5.ª El importe de la retención será el resultado de aplicar el tipo de retención a la cuantía total de las retribuciones que se satisfagan o abonen, teniendo en cuenta las regularizaciones que procedan de acuerdo al artículo 87 de este Reglamento.

Art. 83. Base para calcular el tipo de retención

1. La base para calcular el tipo de retención será el resultado de minorar la cuantía total de las retribuciones del trabajo, determinada según lo dispuesto en el apartado siguiente, en los conceptos previstos en el apartado 3 de este artículo.

2. La cuantía total de las retribuciones del trabajo se calculará de acuerdo con las siguientes reglas:

1.ª Regla general: Con carácter general, se tomará la suma de las retribuciones, dinerarias o en especie que, de acuerdo con las normas o estipulaciones contractuales aplicables y demás circunstancias previsibles, vaya normalmente a percibir el contribuyente en el año natural, a excepción de las contribuciones empresariales a los planes de pensiones, a los planes de previsión social empresarial y a las mutualidades de previsión social que reduzcan la base imponible del contribuyente, así como de los atrasos que corresponda imputar a ejercicios anteriores. A estos efectos, las retribuciones en especie se computarán por su valor determinado con arreglo a lo que establece el artículo 43 de la Ley del Impuesto, sin incluir el importe del ingreso a cuenta.

La suma de las retribuciones, calculada de acuerdo con el párrafo anterior, incluirá tanto las retribuciones fijas como las variables previsibles. A estos efectos, se presumirán retribuciones variables previsibles, como mínimo, las obtenidas en el año anterior, salvo que concurran circunstancias que permitan acreditar de manera objetiva un importe inferior.

2.ª Regla específica: Cuando se trate de trabajadores manuales que perciban sus retribuciones por peonadas o jornales diarios, consecuencia de una relación esporádica y diaria con el empleador, se tomará como cuantía de las retribuciones el resultado de multiplicar por 100 el importe de la peonada o jornal diario.

3. La cuantía total de las retribuciones de trabajo, dinerarias y en especie, calculadas de acuerdo al apartado anterior, se minorará en los importes siguientes:

a) En las reducciones previstas en el artículo 18, apartados 2 y 3, y disposiciones transitorias undécima y duodécima de la Ley del Impuesto.

Para la aplicación de lo previsto en el tercer párrafo del artículo 18.2 de la Ley del Impuesto, los rendimientos con período de generación superior a 2 años a tener en cuenta por el pagador serán aquéllos a los que previamente hubiera aplicado la reducción prevista en dicho artículo para el cálculo del tipo de retención o ingreso a cuenta de dicho trabajador en los 5 períodos impositivos anteriores, salvo que el trabajador le comunique, en los términos previstos en el apartado 1 del artículo 88 de este Reglamento, que dicha reducción no se aplicó en su posterior autoliquidación por este Impuesto.

b) En las cotizaciones a la Seguridad Social, a las mutualidades generales obligatorias de funcionarios, detracciones por derechos pasivos y cotizaciones a colegios de huérfanos o entidades similares, a las que se refieren los párrafos a), b) y c) del artículo 19.2 de la Ley del Impuesto,

c) En los gastos a que se refiere la letra f) del artículo 19.2 de Ley del Impuesto. A estos efectos, dichos gastos tendrán como límite la cuantía total de las retribuciones de trabajo minorada exclusivamente en los importes previstos en las letras a) y b) anteriores.

d) En la reducción por obtención de rendimientos del trabajo que se regula en el artículo 20 de la Ley del Impuesto. Para el cómputo de dicha reducción el pagador deberá tener en cuenta, exclusivamente, la cuantía del rendimiento neto del trabajo resultante de las minoraciones previstas en los párrafos a) y b) anteriores.

e) En el importe que proceda, según las siguientes circunstancias:

Cuando se trate de contribuyentes que perciban pensiones y haberes pasivos del régimen de Seguridad Social y de Clases Pasivas o que tengan más de dos descendientes que den derecho a la aplicación del mínimo por descendientes previsto en el artículo 58 de la Ley del Impuesto, 600 euros.

Cuando sean prestaciones o subsidios por desempleo, 1.200 euros.

Estas reducciones son compatibles entre sí.

f) Cuando el perceptor de rendimientos del trabajo estuviese obligado a satisfacer por resolución judicial una pensión compensatoria a su cónyuge, el importe de ésta podrá disminuir la cuantía resultante de lo dispuesto en los párrafos anteriores. A tal fin, el contribuyente deberá poner en conocimiento de su pagador, en la forma prevista en el artículo 88 de este Reglamento, dichas circunstancias.

Art. 84. Mínimo personal y familiar para calcular el tipo de retención

El mínimo personal y familiar para calcular el tipo de retención se determinará con arreglo a lo dispuesto en el título V de la Ley del Impuesto, aplicando las siguientes especialidades:

1.° El retenedor no deberá tener en cuenta la circunstancia contemplada en el artículo 61.2.ª de la Ley del Impuesto.

2.° Los descendientes se computarán por mitad, excepto cuando el contribuyente tenga derecho, de forma exclusiva, a la aplicación de la totalidad del mínimo familiar por este concepto.

Art. 85. Cuota de retención

1. Para calcular la cuota de retención se practicarán, sucesivamente, las siguientes operaciones:

1.° A la base para calcular el tipo de retención a que se refiere el artículo 83 de este Reglamento se le aplicarán los tipos que se indican en la siguiente escala:

(1) Apartado redactado conforme a lo dispuesto en el Real Decreto 1039/2022, de 27 de diciembre.

Base para calcular el tipo de retención (hasta euros)	Cuota de retención (euros)	Resto base para calcular el tipo de retención (hasta euros)	Tipo aplicable (porcentaje)
0,00	0,00	12.450,00	19,00
12.450,00	2.365,50	7.750,00	24,00
20.200,00	4.225,50	15.000,00	30,00
35.200,00	8.725,50	24.800,00	37,00
60.000,00	17.901,50	240.000,00	45,00
300.000,00	125.901,50	En adelante	47,00

2.º La cuantía resultante se minorará en el importe derivado de aplicar al importe del mínimo personal y familiar para calcular el tipo de retención a que se refiere el artículo 84 de este Reglamento, la escala prevista en el número 1.º anterior, sin que pueda resultar negativa como consecuencia de tal minoración. (1)

2. Cuando el perceptor de rendimientos del trabajo satisfaga anualidades por alimentos en favor de los hijos por decisión judicial sin derecho a la aplicación por estos últimos del mínimo por descendientes previsto en el artículo 58 de la Ley del Impuesto, siempre que su importe sea inferior a la base para calcular el tipo de retención, para calcular la cuota de retención se practicarán, sucesivamente, las siguientes operaciones:

1.º Se aplicará la escala prevista en el número 1.º del apartado anterior separadamente al importe de dichas anualidades y al resto de la base para calcular el tipo de retención.

2.º La cuantía total resultante se minorará en el importe derivado de aplicar la escala prevista en el número 1.º del apartado anterior al importe del mínimo personal y familiar para calcular el tipo de retención incrementado en 1.980 euros anuales, sin que pueda resultar negativa como consecuencia de tal minoración.

A tal fin, el contribuyente deberá poner en conocimiento de su pagador, en la forma prevista en el artículo 88 de este Reglamento, dicha circunstancia.

3. Cuando el contribuyente obtenga una cuantía total de retribución, a la que se refiere el artículo 83.2 de este Reglamento, no superior a 35.200 euros anuales, la cuota de retención, calculada de acuerdo con lo previsto en los apartados anteriores, tendrá como límite máximo el resultado de aplicar el porcentaje del 43 por 100 a la diferencia positiva entre el importe de la cuantía total de retribución y el que corresponda, según su situación, de los mínimos excluidos de retención previstos en el artículo 81 de este Reglamento. (2)

Art. 86. Tipo de retención

1. El tipo de retención será el resultante de multiplicar por 100 el cociente obtenido de dividir la cuota de retención por la cuantía total de las retribuciones a que se refiere el artículo 83.2 de este Reglamento, y se expresará con dos decimales.

Cuando la diferencia entre la base para calcular el tipo de retención y el mínimo personal y familiar para calcular el tipo de retención fuese cero o negativa, el tipo de retención será cero.

Cuando la cuantía total de las retribuciones a la que se refiere el artículo 83.2 de este Reglamento sea inferior a 33.007,2 euros y el contribuyente, de acuerdo con lo dispuesto en el artículo 88.1 de este Reglamento, hubiese comunicado a su pagador que destina cantidades para la adquisición o rehabilitación de su vivienda habitual utilizando financiación ajena por las que vaya a tener derecho a la deducción por inversión en vivienda habitual regulada en la disposición transitoria decimoctava de la Ley del Impuesto, el tipo de retención se reducirá en dos enteros, sin que pueda resultar negativo como consecuencia de tal minoración. (3)

2. El tipo de retención resultante de lo dispuesto en el apartado anterior no podrá ser inferior al 2 por 100 cuando se trate de contratos o relaciones de duración inferior al año o deriven de una relación laboral especial de las personas artistas que desarrollan su actividad en las artes escénicas, audiovisuales y musicales, así como de las personas que realizan actividades técnicas o auxiliares necesarias para el desarrollo de dicha actividad, ni inferior al 15 por 100 cuando los rendimientos del trabajo se deriven de otras relaciones laborales especiales de carácter dependiente. Los citados porcentajes serán el 0,8 por 100 y el 6 por 100, respectivamente, cuando se trate de rendimientos del trabajo obtenidos en Ceuta y Melilla que se beneficien de la deducción prevista en el artículo 68.4 de la Ley del Impuesto.

No obstante, no serán de aplicación los tipos mínimos del 6 y 15 por 100 de retención a que se refiere el párrafo anterior a los rendimientos obtenidos por los penados en las instituciones penitenciarias ni a los rendimientos derivados de relaciones laborales de carácter especial que afecten a personas con discapacidad. (4)

Art. 87. Regularización del tipo de retención

1. Procederá regularizar el tipo de retención en los supuestos a que se refiere el apartado 2 siguiente y se llevará a cabo en la forma prevista en el apartado 3 y siguientes de este artículo.

2. Procederá regularizar el tipo de retención en las siguientes circunstancias:

1.º Si al concluir el período inicialmente previsto en un contrato o relación el trabajador continuase prestando sus servicios al mismo empleador o volviese a hacerlo dentro del año natural.

2.º Si con posterioridad a la suspensión del cobro de prestaciones por desempleo se reanudase el derecho o se pasase a percibir el subsidio por desempleo, dentro del año natural.

3.º Cuando en virtud de normas de carácter general o de la normativa sectorial aplicable, o como consecuencia del ascenso, promoción o descenso de categoría del trabajador o, por cualquier otro motivo, se produzcan durante el año variaciones en la cuantía de las retribuciones o de los gastos deducibles que se hayan tenido en cuenta para la determinación del tipo de retención que venía aplicándose hasta ese momento. En particular, cuando varíe la cuantía total de las retribuciones superando el importe máximo establecido a tal efecto en el último párrafo del artículo 86.1 de este Reglamento.

4.º Si en el curso del año natural el pensionista comenzase a percibir nuevas pensiones o haberes pasivos que se añadiesen a las que ya viniese percibiendo, o aumentase el importe de estas últimas.

5.º Cuando el trabajador traslade su residencia habitual a un nuevo municipio y resulte de aplicación el incremento de la cuantía de los gastos prevista en el artículo 19.2.f) de la Ley del Impuesto, por darse un supuesto de movilidad geográfica.

(1) Apartado redactado conforme a lo dispuesto en el Real Decreto 899/2021, de 19 de octubre.

(2) Apartado redactado conforme a lo dispuesto en el Real Decreto 1039/2022, de 27 de diciembre.

(3) Téngase en cuenta que, para su aplicación, la deducción por inversión en vivienda habitual ya ha debido ser practicada en relación con cantidades satisfechas para la adquisición o construcción de esa vivienda en un período impositivo devengado con anterioridad a 1 de enero de 2013, salvo que no hubiera podido ser practicada en tanto que las cantidades invertidas en la misma no superaron las invertidas en una vivienda anterior y que habían sido objeto de deducción (DT 18.ª L 35/06).

(4) Apartado redactado conforme a lo dispuesto en el Real Decreto 31/2023, de 24 de enero.

6.º Si en el curso del año natural se produjera un aumento en el número de descendientes o una variación en sus circunstancias, sobreviniera la condición de persona con discapacidad o aumentara el grado de discapacidad en el perceptor de rentas de trabajo o en sus descendientes, siempre que dichas circunstancias determinasen un aumento en el mínimo personal y familiar para calcular el tipo de retención.

7.º Cuando por resolución judicial el perceptor de rendimientos del trabajo quedase obligado a satisfacer una pensión compensatoria a su cónyuge o anualidades por alimentos en favor de los hijos sin derecho a la aplicación por estos últimos del mínimo por descendientes previsto en el artículo 58 de la Ley del Impuesto, siempre que el importe de estas últimas sea inferior a la base para calcular el tipo de retención.

8.º Si en el curso del año natural el cónyuge del contribuyente obtuviera rentas superiores a 1.500 euros anuales, excluidas las exentas.

9.º Cuando en el curso del año natural el contribuyente cambiara su residencia habitual de Ceuta o Melilla, Navarra o los Territorios Históricos del País Vasco al resto del territorio español o del resto del territorio español a las Ciudades de Ceuta o Melilla, o cuando el contribuyente adquiera su condición por cambio de residencia.

10.º Si en el curso del año natural se produjera una variación en el número o las circunstancias de los ascendientes que diera lugar a una variación en el mínimo personal y familiar para calcular el tipo de retención.

11.º Si en el curso del año natural el contribuyente destinase cantidades a la adquisición o rehabilitación de su vivienda habitual utilizando financiación ajena, por las que vaya a tener derecho a la deducción por inversión en vivienda habitual regulada en la disposición transitoria decimoctava de la Ley del Impuesto determinante de una reducción en el tipo de retención o comunicase posteriormente la no procedencia de esta reducción.

3. La regularización del tipo de retención se llevará a cabo del siguiente modo:

a) Se procederá a calcular una nueva cuota de retención, de acuerdo con el procedimiento establecido en el artículo 85 de este Reglamento, teniendo en cuenta las circunstancias que motivan la regularización.

b) Esta nueva cuota de retención se minorará en la cuantía de las retenciones e ingresos a cuenta practicados hasta ese momento.

En el supuesto de haberse reducido previamente el tipo de retención por aplicación de lo dispuesto en el último párrafo del apartado 1 del artículo 86 de este Reglamento, se tomará por cuantía de las retenciones e ingresos a cuenta practicados hasta ese momento la que hubiese resultado de no haber tomado en consideración dicha minoración.

En el supuesto de contribuyentes que adquieran su condición por cambio de residencia, de la nueva cuota de retención se minorarán las retenciones e ingresos a cuenta del Impuesto sobre la Renta de no Residentes practicadas durante el período impositivo en el que se produzca el cambio de residencia, así como las cuotas satisfechas por este Impuesto devengadas durante el período impositivo en el que se produzca el cambio de residencia.

c) El nuevo tipo de retención se obtendrá multiplicando por 100 el cociente obtenido de dividir la diferencia resultante de la letra b) anterior entre la cuantía total de las retribuciones a las que se refiere el artículo 83.2 de este Reglamento que resten hasta el final del año y se expresará con dos decimales.

Cuando la diferencia entre la base para calcular el tipo de retención y el mínimo personal y familiar para calcular el tipo de retención fuese cero o negativa, el tipo de retención será cero. En este caso no procederá restitución de las retenciones anteriormente practicadas, sin perjuicio de que el perceptor solicite posteriormente, cuando proceda, la devolución de acuerdo con lo previsto en la Ley del Impuesto.

Lo dispuesto en este párrafo se entenderá sin perjuicio de los mínimos de retención previstos en el artículo 86.2 de este Reglamento.

En el supuesto previsto en el último párrafo del apartado 1 del artículo 86 de este Reglamento, el nuevo tipo de retención se reducirá en dos enteros, sin que pueda resultar negativo como consecuencia de tal minoración.

4. Los nuevos tipos de retención se aplicarán a partir de la fecha en que se produzcan las variaciones a que se refieren los números 1.º, 2.º, 3.º y 4.º del apartado 2 de este artículo y a partir del momento en que el perceptor de los rendimientos del trabajo comunique al pagador las variaciones a que se refieren los números 5.º, 6.º, 7.º, 8.º, 9.º, 10.º y 11.º de dicho apartado, siempre y cuando tales comunicaciones se produzcan con, al menos, 5 días de antelación a la confección de las correspondientes nóminas, sin perjuicio de las responsabilidades en que el perceptor pudiera incurrir cuando la falta de comunicación de dichas circunstancias determine la aplicación de un tipo inferior al que corresponda, en los términos previstos en el artículo 107 de la Ley del Impuesto.

La regularización a que se refiere este artículo podrá realizarse, a opción del pagador, a partir del día 1 de los meses de abril, julio y octubre, respecto de las variaciones que, respectivamente, se hayan producido en los trimestres inmediatamente anteriores a estas fechas.

5. El tipo de retención, calculado de acuerdo con el procedimiento previsto en el artículo 82 de este Reglamento, no podrá incrementarse cuando se efectúen regularizaciones por circunstancias que exclusivamente determinen una disminución de la diferencia positiva entre la base para calcular el tipo de retención y el mínimo personal y familiar para calcular el tipo de retención o por quedar obligado el perceptor por resolución judicial a satisfacer anualidades por alimentos en favor de los hijos y resulte aplicable lo previsto en el apartado 2 del artículo 85 de este Reglamento.

Asimismo, en los supuestos de regularización por circunstancias que determinen exclusivamente un aumento de la diferencia positiva entre la base para calcular el tipo de retención y el mínimo personal y familiar para calcular el tipo de retención previa a la regularización, el nuevo tipo de retención aplicable no podrá determinar un incremento del importe de las retenciones superior a la variación producida en dicha magnitud.

En ningún caso, cuando se produzcan regularizaciones, el nuevo tipo de retención aplicable podrá ser superior al 47 por 100. El citado porcentaje será el 19 por 100 cuando la totalidad de los rendimientos del trabajo se hubiesen obtenido en Ceuta y Melilla y se beneficien de la deducción prevista en el artículo 68.4 de la Ley del Impuesto. (1)

Art. 88. Comunicación de datos del perceptor de rentas del trabajo a su pagador

1. Los contribuyentes deberán comunicar al pagador la situación personal y familiar que influye en el importe exceptuado de retener, en la determinación del tipo de retención o en las regularizaciones de éste, quedando obligado asimismo el pagador a conservar la comunicación debidamente firmada.

La comunicación a que se refiere el párrafo anterior también podrá efectuarse por medios telemáticos o electrónicos siempre que se garanticen la autenticidad del origen, la integridad del contenido, la conservación de la comunicación y la accesibilidad por parte de la Administración tributaria a la misma.

A efectos de poder aplicar la reducción del tipo de retención prevista en el último párrafo del artículo 86.1 de este Reglamento, el contribuyente deberá comunicar al pagador que está destinando cantidades para la adquisición o rehabi-

(1) Apartado redactado conforme a lo dispuesto en el Real Decreto 899/2021, de 19 de octubre.

litación de su vivienda habitual utilizando financiación ajena, por las que vaya a tener derecho a la deducción por inversión en vivienda habitual regulada la disposición transitoria 18.ª de la Ley del Impuesto, quedando igualmente obligado el pagador a conservar la comunicación debidamente firmada.

En el supuesto de que el contribuyente perciba rendimientos del trabajo procedentes de forma simultánea de 2 o más pagadores, solamente podrá efectuar la comunicación a que se refiere el párrafo anterior cuando la cuantía total de las retribuciones correspondiente a todos ellos sea inferior a 33007,20 euros. En el supuesto de que los rendimientos del trabajo se perciban de forma sucesiva de dos o más pagadores, sólo se podrá efectuar la comunicación cuando la cuantía total de la retribución sumada a la de los pagadores anteriores sea inferior a 33007,20 euros. (1)

En ningún caso procederá la práctica de esta comunicación cuando las cantidades se destinen a la construcción o ampliación de la vivienda.

El contenido de las comunicaciones se ajustará al modelo que se apruebe por Resolución del Departamento de Gestión Tributaria de la Agencia Estatal de Administración Tributaria. (2)

2. La falta de comunicación al pagador de estas circunstancias personales y familiares o de su variación, determinará que aquél aplique el tipo de retención correspondiente sin tener en cuenta dichas circunstancias, sin perjuicio de las responsabilidades en que el perceptor pudiera incurrir cuando la falta de comunicación de dichas circunstancias determine la aplicación de un tipo inferior al que corresponda, en los términos previstos en el artículo 107 de la Ley del Impuesto.

3. La comunicación de datos a la que se refiere el apartado anterior deberá efectuarse con anterioridad al día primero de cada año natural o del inicio de la relación, considerando la situación personal y familiar que previsiblemente vaya a existir en estas 2 últimas fechas, sin perjuicio de que, de no subsistir aquella situación en las fechas señaladas, se proceda a comunicar su variación al pagador. No será preciso reiterar en cada ejercicio la comunicación de datos al pagador, en tanto no varíen las circunstancias personales y familiares del contribuyente.

La comunicación a que se refiere el segundo párrafo del apartado 1 de este artículo podrá efectuarse a partir del momento en que el contribuyente destine cantidades para la adquisición o rehabilitación de su vivienda habitual utilizando financiación ajena y surtirá efectos a partir de la fecha de la comunicación, siempre y cuando resten, al menos, 5 días para la confección de las correspondientes nóminas. No será preciso reiterar en cada ejercicio la comunicación en tanto no se produzcan variaciones en los datos inicialmente comunicados.

4. Las variaciones en las circunstancias personales y familiares que se produzcan durante el año y que supongan un menor tipo de retención, podrán ser comunicadas a efectos de la regularización prevista en el artículo 87 del presente Reglamento y surtirán efectos a partir de la fecha de la comunicación, siempre y cuando resten, al menos, 5 días para la confección de las correspondientes nóminas.

Cuando se produzcan variaciones en las circunstancias personales y familiares que supongan un mayor tipo de retención o deje de subsistir la circunstancia a que se refiere el 2.º párrafo o se supere la cuantía a que se refiere el 3.er párrafo, ambos del apartado 1 de este artículo, el contribuyente deberá comunicarlo a efectos de la regularización prevista en el artículo 87 del presente Reglamento en el plazo de 10 días desde que tales situaciones se produzcan y se tendrán en cuenta en la primera nómina a confeccionar con posterioridad a esa comunicación, siempre y cuando resten, al menos, 5 días para la confección de la nómina.

5. Los contribuyentes podrán solicitar en cualquier momento de sus correspondientes pagadores la aplicación de tipos de retención superiores a los que resulten de lo previsto en los artículos anteriores, con arreglo a las siguientes normas:

a) La solicitud se realizará por escrito ante los pagadores, quienes vendrán obligados a atender las solicitudes que se les formulen, al menos, con 5 días de antelación a la confección de las correspondientes nóminas.

b) El nuevo tipo de retención solicitado se aplicará, como mínimo hasta el final del año y, en tanto no renuncie por escrito al citado porcentaje o no solicite un tipo de retención superior, durante los ejercicios sucesivos, salvo que se produzca variación de las circunstancias que determine un tipo superior.

6. .... (3)

Art. 89. Procedimientos especiales en materia de retenciones e ingresos a cuenta

....

B) Procedimiento especial para determinar las retenciones e ingresos a cuenta sobre los rendimientos del trabajo en el supuesto de cambio de residencia.

1. Los trabajadores por cuenta ajena que no sean contribuyentes por este Impuesto, pero que vayan a adquirir dicha condición como consecuencia de su desplazamiento a territorio español, podrán comunicar a la Administración tributaria dicha circunstancia, mediante el modelo de comunicación que apruebe el ministro de Economía y Hacienda, quien establecerá la forma, lugar y plazo para su presentación, así como la documentación que deba adjuntarse al mismo.

En la citada comunicación se hará constar la identificación del trabajador y del pagador de los rendimientos del trabajo, la fecha de entrada en territorio español y la de comienzo de la prestación del trabajo en este territorio para ese pagador, así como la existencia de datos objetivos en esa relación laboral que hagan previsible que, como consecuencia de la misma, se produzca una permanencia en el territorio español superior a 183 días, contados desde el comienzo de la prestación del trabajo en territorio español, durante el año natural en que se produce el desplazamiento o, en su defecto, en el siguiente.

2. La Administración tributaria, a la vista de la comunicación y documentación presentadas, expedirá al trabajador, si procede, en el plazo máximo de los 10 días hábiles siguientes al de presentación de la comunicación, un documento acreditativo en el que conste la fecha a partir de la cual se practicarán las retenciones por este Impuesto.

3. El trabajador entregará al pagador de los rendimientos de trabajo un ejemplar del documento expedido por la Administración tributaria, al objeto de que este último, a los efectos de la práctica de retenciones, le considere contribuyente del Impuesto sobre la Renta de las Personas Físicas a partir de la fecha que se indique en el mismo.

4. Recibido el documento, el obligado a retener, atendiendo a la fecha indicada, practicará retenciones conforme establece la normativa de este Impuesto, aplicando, en su caso, la regularización prevista en el artículo 87.2.9.º de este Reglamento.

---

(1) Téngase en cuenta que, para su aplicación, la deducción por inversión en vivienda habitual ya ha debido ser practicada en relación con cantidades satisfechas para la adquisición o construcción de esa vivienda en un período impositivo devengado con anterioridad a 1 de enero de 2013, salvo que no hubiera podido ser practicada en tanto que las cantidades invertidas en la misma no superaron las invertidas en una vivienda anterior y que habían sido objeto de deducción (DT 18.ª L 35/06).

(2) Ver la Resolución de 3 de diciembre de 2015, del Departamento de Gestión Tributaria de la Agencia Estatal de Administración Tributaria, por la que se modifica la de 3 de enero de 2011, por la que se aprueba el modelo 145, de comunicación de datos del perceptor de rentas del trabajo a su pagador o de la variación de los datos previamente comunicados.

(3) Apartado suprimido por el Real Decreto 960/2013, de 5 de diciembre.

5. Cuando el interesado no llegue a tener la condición de contribuyente por este Impuesto en el año del desplazamiento, en su declaración por el Impuesto sobre la Renta de no Residentes podrá deducir las retenciones practicadas a cuenta de este Impuesto.

Asimismo, cuando hubiera resultado de aplicación lo previsto en el artículo 32 del Texto Refundido de la Ley del Impuesto sobre la Renta de no Residentes, y el trabajador no hubiera adquirido la condición de contribuyente por el Impuesto sobre la Renta de no Residentes en el año del desplazamiento al extranjero, las retenciones e ingresos a cuenta por dicho Impuesto tendrán la consideración de pagos a cuenta por el Impuesto sobre la Renta de las Personas Físicas.

. . . .

CAPÍTULO III

Ingresos a cuenta

Art. 102. Ingresos a cuenta sobre retribuciones en especie del trabajo

1. La cuantía del ingreso a cuenta que corresponda realizar por las retribuciones satisfechas en especie se calculará aplicando a su valor, determinado conforme a las reglas del artículo 43.1 de la Ley del Impuesto, y mediante la aplicación, en su caso, del procedimiento previsto en la disposición adicional 2.ª de este Reglamento, el tipo que corresponda de los previstos en el artículo 80 de este Reglamento.

2. No existirá obligación de efectuar ingresos a cuenta respecto a las contribuciones satisfechas por los promotores de planes de pensiones, de planes de previsión social empresarial y de mutualidades de previsión social que reduzcan la base imponible.

. . . .

CAPÍTULO IV

Obligaciones del retenedor y del obligado a ingresar a cuenta

Art. 108. Obligaciones formales del retenedor y del obligado a ingresar a cuenta

1. El sujeto obligado a retener y practicar ingresos a cuenta deberá presentar, en los primeros 20 días naturales de los meses de abril, julio, octubre y enero, declaración de las cantidades retenidas y de los ingresos a cuenta que correspondan por el trimestre natural inmediato anterior, e ingresar su importe en el Tesoro Público. (1)

No obstante, la declaración e ingreso a que se refiere el párrafo anterior se efectuará en los 20 primeros días naturales de cada mes, en relación con las cantidades retenidas y los ingresos a cuenta que correspondan por el mes inmediato anterior, cuando se trate de retenedores u obligados en los que concurran las circunstancias a que se refieren los números 1.° y 2.° del apartado 3 del artículo 71 del Reglamento del Impuesto sobre el Valor Añadido, aprobado por el Real Decreto 1624/1992, de 29 de diciembre.

Lo dispuesto en el párrafo anterior resultará igualmente aplicable cuando se trate de retenedores u obligados a ingresar a cuenta que tengan la consideración de Administraciones públicas, incluida la Seguridad Social, cuyo último Presupuesto anual aprobado con anterioridad al inicio del ejercicio supere la cantidad de 6 millones de euros, en relación con las cantidades retenidas y los ingresos a cuenta correspondientes a las rentas a que se refieren los párrafos a) y c) del apartado 1 y el párrafo c) del apartado 2 del artículo 75 del presente Reglamento.

No obstante lo anterior, la retención e ingreso correspondiente, cuando la entidad pagadora del rendimiento sea la Administración del Estado y el procedimiento establecido para su pago así lo permita, se efectuará de forma directa.

El retenedor u obligado a ingresar a cuenta presentará declaración negativa cuando, a pesar de haber satisfecho rentas sometidas a retención o ingreso a cuenta, no hubiera procedido, por razón de su cuantía, la práctica de retención o ingreso a cuenta alguno. No procederá presentación de declaración negativa cuando no se hubieran satisfecho, en el período de declaración, rentas sometidas a retención e ingreso a cuenta.

2. El retenedor u obligado a ingresar a cuenta deberá presentar en los primeros 20 días naturales del mes de enero una declaración anual de las retenciones e ingresos a cuenta efectuados. No obstante, en el caso de que esta declaración se presente en soporte directamente legible por ordenador o haya sido generado mediante la utilización, exclusivamente, de los correspondientes módulos de impresión desarrollados, a estos efectos, por la Administración tributaria, el plazo de presentación será el comprendido entre el 1 de enero y el 31 de enero del año siguiente al del que corresponde dicha declaración.

En esta declaración, además de sus datos de identificación, podrá exigirse que conste una relación nominativa de los perceptores con los siguientes datos:

a) Nombre y apellidos.

b) Número de identificación fiscal.

c) Renta obtenida, con indicación de la identificación, descripción y naturaleza de los conceptos, así como del ejercicio en que dicha renta se hubiera devengado, incluyendo las rentas no sometidas a retención o ingreso a cuenta por razón de su cuantía, así como las dietas exceptuadas de gravamen y las rentas exentas.

No obstante, respecto de los rendimientos del trabajo exentos previstos en las letras a) y b) del artículo 42.3 de la Ley del Impuesto, únicamente se exigirán datos cuando para la prestación de los servicios se utilicen fórmulas indirectas.

d) Reducciones aplicadas con arreglo a lo previsto en los artículos 18, apartados 2 y 3, 26.2 y disposiciones transitorias undécima y duodécima de la Ley del Impuesto.

e) Gastos deducibles a que se refieren los artículos 19.2 y 26.1.a) de la Ley del Impuesto, a excepción de las cuotas satisfechas a sindicatos y colegios profesionales y los de defensa jurídica, siempre que hayan sido deducidos por el pagador de los rendimientos satisfechos.

f) Circunstancias personales y familiares e importe de las reducciones que hayan sido tenidas en cuenta por el pagador para la aplicación del porcentaje de retención correspondiente.

g) Importe de las pensiones compensatorias entre cónyuges y anualidades por alimentos que se hayan tenido en cuenta para la práctica de las retenciones.

h) Que el contribuyente le ha comunicado que está destinando cantidades para la adquisición o rehabilitación de su vivienda habitual utilizando financiación ajena, por las que vaya a tener derecho a la deducción por inversión en vivienda habitual regulada en la disposición transitoria 18.ª de la Ley del Impuesto.

i) Retención practicada o ingreso a cuenta efectuado.

j) Cantidades reintegradas al pagador procedentes de rentas devengadas en ejercicios anteriores.

(1) Ver la Orden EHA/586/2011, de 9 de marzo, por la que se aprueba el modelo 111 de autoliquidación de retenciones e ingresos a cuenta del Impuesto sobre la Renta de las Personas Físicas sobre rendimientos del trabajo, y la Orden HAP/2194/2013, de 22 de noviembre, por la que se regulan los procedimientos y las condiciones generales para la presentación de determinadas autoliquidaciones y declaraciones informativas de naturaleza tributaria.

A las mismas obligaciones establecidas en los párrafos anteriores estarán sujetas las entidades domiciliadas residentes o representantes en España, que paguen por cuenta ajena rentas sujetas a retención o que sean depositarias o gestionen el cobro de las rentas de valores.

3. El retenedor u obligado a ingresar a cuenta deberá expedir en favor del contribuyente certificación acreditativa de las retenciones practicadas o de los ingresos a cuenta efectuados, así como de los restantes datos referentes al contribuyente que deben incluirse en la declaración anual a que se refiere el apartado anterior.

La citada certificación deberá ponerse a disposición del contribuyente con anterioridad a la apertura del plazo de declaración por este Impuesto.

A las mismas obligaciones establecidas en los párrafos anteriores estarán sujetas las entidades domiciliadas, residentes o representadas en España, que paguen por cuenta ajena rentas sujetas a retención o que sean depositarias o gestionen el cobro de rentas de valores.

4. Los pagadores deberán comunicar a los contribuyentes la retención o ingreso a cuenta practicado en el momento que satisfagan las rentas indicando el porcentaje aplicado, salvo en rendimientos de actividades económicas.

5. Las declaraciones a que se refiere este artículo se realizarán en los modelos que para cada clase de rentas establezca el ministro de Economía y Hacienda, quien, asimismo, podrá determinar los datos que deben incluirse en las declaraciones, de los previstos en el apartado 2 anterior, estando obligado el retenedor u obligado a ingresar a cuenta a cumplimentar la totalidad de los datos así determinados y contenidos en las declaraciones que le afecten.

La declaración e ingreso se efectuarán en la forma y lugar que determine el ministro de Economía y Hacienda, quien podrá establecer los supuestos y condiciones de presentación de las declaraciones por medios telemáticos y ampliar el plazo correspondiente a las declaraciones que puedan presentarse por esta vía, atendiendo a razones de carácter técnico, así como modificar la cuantía del Presupuesto anual y la naturaleza de las rentas a que se refiere el párrafo tercero del apartado 1 de este artículo.

6. La declaración e ingreso del pago a cuenta a que se refiere el apartado 3.° del artículo 76.2.d) de este Reglamento se efectuará en la forma, lugar y plazo que determine el ministro de Economía y Hacienda.

. . . .

DISPOSICIONES ADICIONALES

. . . .

Segunda. Acuerdos previos de valoración de las retribuciones en especie del trabajo personal a efectos de la determinación del correspondiente ingreso a cuenta del Impuesto sobre la Renta de las Personas Físicas

1. Las personas o entidades obligadas a efectuar ingresos a cuenta como consecuencia de los rendimientos del trabajo en especie que satisfagan, podrán solicitar a la Administración tributaria la valoración de dichas rentas, conforme a las reglas del Impuesto, a los exclusivos efectos de determinar el ingreso a cuenta correspondiente.

2. La solicitud deberá presentarse por escrito antes de efectuar la entrega de bienes o prestación de servicios a que se refiera y se acompañará de una propuesta de valoración formulada por el solicitante.

Dicho escrito contendrá, como mínimo, lo siguiente:

a) Identificación de la persona o entidad solicitante.

b) Identificación y descripción de las entregas de bienes y prestaciones de servicios respecto de las cuales se solicita la valoración.

c) Valoración propuesta, con referencia a la regla de valoración aplicada y a las circunstancias económicas que hayan sido tomadas en consideración.

3. La Administración tributaria examinará la documentación referida en el punto anterior, pudiendo requerir a los solicitantes cuantos datos, informes, antecedentes y justificantes tengan relación con la propuesta.

Asimismo, los solicitantes podrán, en cualquier momento del procedimiento anterior al trámite de audiencia, presentar las alegaciones y aportar los documentos y justificantes que estimen oportunos.

Los solicitantes podrán proponer la práctica de las pruebas que entiendan pertinentes por cualquiera de los medios admitidos en Derecho. Asimismo, la Administración tributaria podrá practicar las pruebas que estime necesarias.

Tanto la Administración tributaria como los solicitantes podrán solicitar la emisión de informes periciales que versen sobre el contenido de la propuesta de valoración.

Una vez instruido el procedimiento y con anterioridad a la redacción de la propuesta de resolución, la Administración tributaria la pondrá de manifiesto a los solicitantes, junto con el contenido y las conclusiones de las pruebas efectuadas y los informes solicitados, quienes podrán formular las alegaciones y presentar los documentos y justificantes que estimen pertinentes en el plazo de 15 días.

El procedimiento deberá finalizar en el plazo máximo de 6 meses, contados desde la fecha en que la solicitud haya tenido entrada en cualquiera de los registros del órgano administrativo competente o desde la fecha de subsanación de la misma a requerimiento de la Administración tributaria. La falta de resolución de la Administración tributaria en el plazo indicado implicará la aceptación de los valores propuestos por el solicitante.

4. La resolución que ponga fin al procedimiento podrá:

a) Aprobar la propuesta formulada inicialmente por los solicitantes.

b) Aprobar otra propuesta alternativa formulada por los solicitantes en el curso del procedimiento.

c) Desestimar la propuesta formulada por los solicitantes.

La resolución será motivada y, en el caso de que se apruebe, contendrá al menos las siguientes especificaciones:

a) Lugar y fecha de formalización.

b) Identificación de los solicitantes.

c) Descripción de las operaciones.

d) Descripción del método de valoración, con indicación de sus elementos esenciales y del valor o valores que se deriven del mismo, así como de las circunstancias económicas que deban entenderse básicas en orden a su aplicación, destacando las hipótesis fundamentales.

e) Período al que se refiere la propuesta. El plazo máximo de vigencia será de 3 años.

f) Razones o motivos por los que la Administración tributaria aprueba la propuesta.

g) Indicación del carácter vinculante de la valoración.

5. La resolución que se dicte no será recurrible, sin perjuicio de los recursos y reclamaciones que puedan interponerse contra los actos de liquidación que se efectúen como consecuencia de la aplicación de los valores establecidos en la resolución.

6. La Administración tributaria y los solicitantes deberán aplicar la valoración de las rentas en especie del trabajo aprobadas en la resolución durante su plazo de vigencia, siempre que no se modifique la legislación o varíen significativamente las circunstancias económicas que fundamentaron la valoración.

7. El órgano competente para informar, instruir y resolver el procedimiento será el Departamento de Inspección Financiera y Tributaria de la Agencia Estatal de Administración tributaria.

. . . .

22. Ley sobre infracciones y sanciones en el orden social: texto refundido aprobado por Real Decreto Legislativo 5/2000, de 4 de agosto (*)

. . . .

CAPÍTULO II

Infracciones laborales

Art. 5. Concepto

1. Son infracciones laborales las acciones u omisiones de los empresarios contrarias a las normas legales, reglamentarias y cláusulas normativas de los convenios colectivos en materia de relaciones laborales, tanto individuales como colectivas, de colocación, empleo, formación profesional para el empleo, de trabajo temporal y de inserción sociolaboral, tipificadas y sancionadas de conformidad con la presente Ley. Asimismo, tendrán dicha consideración las demás acciones u omisiones de los sujetos responsables en las materias que se regulan en el presente capítulo.

. . . .

Sección 1.ª

Infracciones en materia de relaciones laborales

Subsección 1.ª

Infracciones en materia de relaciones laborales individuales y colectivas

Art. 6. Infracciones leves

Son infracciones leves:

1. No exponer en lugar visible del centro de trabajo el calendario laboral vigente.

2. No entregar puntualmente al trabajador el recibo de salarios o no utilizar el modelo de recibo de salarios aplicable, oficial o pactado.

3. . . . . (1)

4. No informar por escrito al trabajador sobre los elementos esenciales del contrato y las principales condiciones de ejecución de la prestación laboral, en los términos y plazos establecidos reglamentariamente.

4 bis. La falta de entrega al trabajador por parte del empresario del documento justificativo al que se refiere el artículo 15.9 del Estatuto de los Trabajadores. (2)

5. No informar a los trabajadores a tiempo parcial, a los trabajadores a distancia, a los trabajadores con contratos de duración determinada o temporales, incluidos los formativos, y a los trabajadores fijos-discontinuos sobre las vacantes existentes en la empresa, en los términos previstos en los artículos 12.4, 13.3, 15.7 y 16.7 del Estatuto de los Trabajadores. (3)

6. Cualesquiera otros incumplimientos que afecten a obligaciones meramente formales o documentales.

Art. 7. Infracciones graves

Son infracciones graves:

1. No formalizar por escrito el contrato de trabajo, cuando este requisito sea exigible o lo haya solicitado la persona trabajadora, o no formalizar el acuerdo de trabajo a distancia en los términos y con los requisitos legal y convencionalmente previstos. (4)

2. La transgresión de la normativa sobre modalidades contractuales, contratos de duración determinada y temporales, mediante su utilización en fraude de ley o respecto a personas, finalidades, supuestos y límites temporales distintos de los previstos legal, reglamentariamente, o mediante convenio colectivo cuando dichos extremos puedan ser determinados por la negociación colectiva. A estos efectos se considerará una infracción por cada una de las personas trabajadoras afectadas. (5)

3. No consignar en el recibo de salarios las cantidades realmente abonadas al trabajador.

4. El incumplimiento de las obligaciones establecidas en materia de tramitación de los recibos de finiquito.

5. La transgresión de las normas y los límites legales o pactados en materia de jornada, trabajo nocturno, horas extraordinarias, horas complementarias, descansos, vacaciones, permisos, registro de jornada y, en general, el tiempo de trabajo a que se refieren los artículos 12, 23 y 34 a 38 del Estatuto de los Trabajadores. (6)

(*) Debe tenerse en cuenta que la vigente Ley del Estatuto de los Trabajadores es la del texto refundido aprobado por Real Decreto Legislativo 2/2015, de 23 de octubre, y que la vigente Ley General de la Seguridad Social es la del texto refundido aprobado por Real Decreto Legislativo 8/2015, de 30 de octubre.

(1) Apartado derogado por la Ley 3/2012, de 6 de julio.

(2) La referencia debe entenderse realizada al artículo 15.8 del vigente Estatuto de los Trabajadores.

(3) Apartado redactado conforme a lo dispuesto en el Real Decreto-ley 32/2021, de 28 de diciembre.

(4) Apartado redactado conforme a lo dispuesto en la Ley 10/2021, de 9 de julio.

(5) Apartado redactado conforme a lo dispuesto en el Real Decreto-ley 32/2021, de 28 de diciembre.

(6) Apartado redactado conforme a lo dispuesto en el Real Decreto-ley 8/2019, de 8 de marzo.

6. La modificación de las condiciones sustanciales de trabajo impuesta unilateralmente por el empresario, sin acudir a los procedimientos establecidos en el artículo 41 o en el artículo 82.3 del Estatuto de los Trabajadores.

7. La transgresión de los derechos de información, audiencia y consulta de los representantes de los trabajadores y de los delegados sindicales, en los términos en que legal o convencionalmente estuvieren establecidos.

8. La transgresión de los derechos de los representantes de los trabajadores y de las secciones sindicales en materia de crédito de horas retribuidas y locales adecuados para el desarrollo de sus actividades, así como de tablones de anuncios, en los términos en que legal o convencionalmente estuvieren establecidos.

9. La vulneración de los derechos de las secciones sindicales en orden a la recaudación de cuotas, distribución y recepción de información sindical, en los términos en que legal o convencionalmente estuvieren establecidos.

10. Establecer condiciones de trabajo inferiores a las establecidas legalmente o por convenio colectivo, así como los actos u omisiones que fueren contrarios a los derechos de los trabajadores reconocidos en el artículo 4 de la Ley del Estatuto de los Trabajadores, salvo que proceda su calificación como muy graves, de acuerdo con el artículo siguiente.

11. El incumplimiento del deber de información a los trabajadores en los supuestos de contratas al que se refiere el artículo 42.3 del Estatuto de los Trabajadores, así como del deber de información a los trabajadores afectados por una sucesión de empresa establecido en el artículo 44.7 del mismo texto legal.

12. No disponer la empresa principal del libro registro de las empresas contratistas o subcontratistas que compartan de forma continuada un mismo centro de trabajo a que se refiere el artículo 42.4 del Estatuto de los Trabajadores, cuando ello comporte la ausencia de información a los representantes legales de los trabajadores.

13. No cumplir las obligaciones que en materia de planes y medidas de igualdad establecen la Ley Orgánica 3/2007, de 22 de marzo, para la igualdad efectiva de mujeres y hombres, el Estatuto de los Trabajadores o el convenio colectivo que sea de aplicación. (1)

14. La formalización de nuevas contrataciones laborales incumpliendo la prohibición establecida en el artículo 47.7.d) del Estatuto de los Trabajadores.

Se considerará una infracción por cada persona trabajadora contratada. (2)

Art. 8. Infracciones muy graves

Son infracciones muy graves:

1. El impago y los retrasos reiterados en el pago del salario debido.

2. La cesión de trabajadores en los términos prohibidos por la legislación vigente.

3. Proceder al despido colectivo de trabajadores o a la aplicación de medidas de suspensión de contratos o reducción de jornada por causas económicas, técnicas, organizativas o de producción o derivadas de fuerza mayor o del Mecanismo RED en cualquiera de sus modalidades, sin acudir a los procedimientos establecidos en los artículos 51, 47 y 47 bis del Estatuto de los Trabajadores. (3)

4. La transgresión de las normas sobre trabajo de menores contempladas en la legislación laboral.

5. Las acciones u omisiones que impidan el ejercicio del derecho de reunión de los trabajadores, de sus representantes y de las secciones sindicales, en los términos en que legal o convencionalmente estuvieran establecidos.

6. La vulneración del derecho de asistencia y acceso a los centros de trabajo, en los términos establecidos por el artículo 9.1. c), de la Ley Orgánica 11/1985, de 2 de agosto, de Libertad Sindical, de quienes ostenten cargos electivos a nivel provincial, autonómico o estatal en las organizaciones sindicales más representativas.

7. La transgresión de los deberes materiales de colaboración que impongan al empresario las normas reguladoras de los procesos electorales a representantes de los trabajadores.

8. La transgresión de las cláusulas normativas sobre materia sindical establecidas en los convenios colectivos.

9. La negativa del empresario a la reapertura del centro de trabajo en el plazo establecido, cuando fuera requerida por la autoridad laboral competente en los casos de cierre patronal.

10. Los actos del empresario lesivos del derecho de huelga de los trabajadores consistentes en la sustitución de los trabajadores en huelga por otros no vinculados al centro de trabajo al tiempo de su ejercicio, salvo en los casos justificados por el ordenamiento.

11. Los actos del empresario que fueren contrarios al respeto de la intimidad y consideración debida a la dignidad de los trabajadores.

12. Las decisiones unilaterales de la empresa que impliquen discriminaciones directas o indirectas desfavorables por razón de edad o discapacidad o favorables o adversas en materia de retribuciones, jornadas, formación, promoción y demás condiciones de trabajo, por circunstancias de sexo, origen, incluido el racial o étnico, estado civil, condición social, religión o convicciones, ideas políticas, orientación sexual, adhesión o no a sindicatos y a sus acuerdos, vínculos de parentesco con otros trabajadores en la empresa o lengua dentro del Estado español, así como las decisiones del empresario que supongan un trato desfavorable de los trabajadores como reacción ante una reclamación efectuada en la empresa o ante una acción administrativa o judicial destinada a exigir el cumplimiento del principio de igualdad de trato y no discriminación.

13. El acoso sexual, cuando se produzca dentro del ámbito a que alcanzan las facultades de dirección empresarial, cualquiera que sea el sujeto activo de la misma.

13 bis. El acoso por razón de origen racial o étnico, religión o convicciones, discapacidad, edad y orientación sexual y el acoso por razón de sexo, cuando se produzcan dentro del ámbito a que alcanzan las facultades de dirección empresarial, cualquiera que sea el sujeto activo del mismo, siempre que, conocido por el empresario, éste no hubiera adoptado las medidas necesarias para impedirlo.

14. El incumplimiento por el empresario de la obligación establecida en el apartado 10 del artículo 51 del Estatuto de los Trabajadores o de las medidas sociales de acompañamiento asumidas por el empresario en el marco de los procedimientos de despido colectivo.

15. El incumplimiento por la empresa de la obligación de instrumentar los compromisos por pensiones con el personal de la empresa en los términos establecidos en la normativa reguladora de los planes y fondos de pensiones.

16. El incumplimiento de la normativa sobre limitación de la proporción mínima de trabajadores contratados con carácter indefinido contenida en la Ley reguladora de la subcontratación en el sector de la construcción y en su Reglamento de aplicación.

17. No elaborar o no aplicar el plan de igualdad, o hacerlo incumpliendo manifiestamente los términos previstos, cuando la obligación de realizar dicho plan responda a lo establecido en el apartado 2 del artículo 46 bis de esta Ley.

(1) Apartado redactado conforme a lo dispuesto en el Real Decreto-ley 6/2019, de 1 de marzo.

(2) Apartado añadido por el Real Decreto-ley 32/2021, de 28 de diciembre.

(3) Apartado redactado conforme a lo dispuesto en el Real Decreto-ley 32/2021, de 28 de diciembre.

18. No presentar, en tiempo y forma, ante la autoridad laboral competente el certificado a que se refiere el apartado 7 de la disposición adicional 16.ª de la Ley 27/2011, de 1 de agosto, sobre actualización, adecuación y modernización del sistema de Seguridad Social, así como presentar información que resulte falsa o inexacta.

19. Incumplir las obligaciones establecidas en el artículo 57.3 de la Ley Orgánica de Protección Integral de la Infancia y la Adolescencia frente a la Violencia. (1)

20. Establecer nuevas externalizaciones de actividad incumpliendo la prohibición establecida en el artículo 47.7.d) del Estatuto de los Trabajadores. (2)

. . . .

CAPÍTULO III

Infracciones en materia de Seguridad Social

Art. 20. Concepto

1. Son infracciones en materia de Seguridad Social las acciones y omisiones de los distintos sujetos responsables a que se refiere el artículo 2.2 de la presente Ley, contrarias a las disposiciones legales y reglamentarias que regulan el sistema de la Seguridad Social, tipificadas y sancionadas como tales en la presente Ley.

2. A los efectos de la presente Ley se asimilan a las infracciones y sanciones en materia de Seguridad Social las producidas respecto de otras cotizaciones que recaude el sistema de Seguridad Social.

Sección 1.ª

Infracciones de los empresarios, entidades de formación, entidades que asuman la organización de las acciones de formación profesional para el empleo programada por las empresas, trabajadores por cuenta propia y asimilados

Art. 21. Infracciones leves

Son infracciones leves:

1. No conservar, durante 4 años, la documentación o los registros o soportes informáticos en que se hayan transmitido los correspondientes datos que acrediten el cumplimiento de las obligaciones en materia de afiliación, altas, bajas o variaciones que, en su caso, se produjeran en relación con dichas materias, así como los documentos de cotización y los recibos justificativos del pago de salarios y del pago delegado de prestaciones.

2. No exponer, en lugar destacado del centro de trabajo, o no poner a disposición de los trabajadores, dentro del mes siguiente al que corresponda el ingreso de las cuotas, el ejemplar del documento de cotización o copia autorizada del mismo en el que conste la cotización efectuada correspondiente a aquellos o, en su caso, no facilitar la documentación aludida a los delegados de personal o comités de empresa, en los términos legal y reglamentariamente establecidos.

3. No comunicar en tiempo y forma las bajas de los trabajadores que cesen en el servicio de la empresa, así como las demás variaciones que les afecten o su no transmisión por los obligados o acogidos a la utilización de sistema de presentación por medios informáticos, electrónicos o telemáticos.

4. No facilitar o comunicar fuera de plazo a las entidades correspondientes los datos, certificaciones y declaraciones que estén obligados a proporcionar, u omitirlos, o consignarlos inexactamente.

5. No comunicar a la entidad correspondiente cualquier cambio en los documentos de asociación o de adhesión para la cobertura de las contingencias de accidentes de trabajo y enfermedades profesionales, o en su caso, para las contingencias comunes.

6. No remitir a la entidad correspondiente las copias de los partes médicos de baja, confirmación de la baja o alta de incapacidad temporal facilitadas por los trabajadores, o su no transmisión por los obligados o acogidos a la utilización del sistema de presentación de tales copias, por medios informáticos, electrónicos o telemáticos.

Art. 22. Infracciones graves

Se consideran infracciones graves las siguientes:

1. Iniciar su actividad sin haber solicitado su inscripción en la Seguridad Social; no comunicar la apertura y cese de actividad de los centros de trabajo a efectos de su identificación; no comunicar las variaciones de datos u otras obligaciones establecidas legal o reglamentariamente en materia de inscripción de empresas, incluida la sucesión en la titularidad de la misma, e identificación de centros de trabajo, así como en materia de comunicación en tiempo y forma de los conceptos retributivos abonados a sus trabajadores, o su no transmisión por los obligados o acogidos al uso de sistemas de presentación por medios informáticos, electrónicos o telemáticos.

2. No solicitar la afiliación inicial o el alta de los trabajadores que ingresen a su servicio, o solicitar la misma, como consecuencia de actuación inspectora, fuera del plazo establecido. A estos efectos se considerará una infracción por cada uno de los trabajadores afectados.

3. No ingresar, en la forma y plazos reglamentarios, las cuotas correspondientes que por todos los conceptos recauda la Tesorería General de la Seguridad Social o no efectuar el ingreso en la cuantía debida, habiendo cumplido dentro de plazo las obligaciones establecidas en los apartados 1 y 2 del artículo 26 del texto refundido de la Ley General de la Seguridad Social, siempre que la falta de ingreso no obedezca a una declaración concursal de la empresa, ni a un supuesto de fuerza mayor, ni se haya solicitado aplazamiento para el pago de las cuotas con carácter previo al inicio de la actuación inspectora, salvo que haya recaído resolución denegatoria. (3)

4. Incumplir las obligaciones económicas derivadas de su colaboración obligatoria en la gestión de la Seguridad Social.

5. Formalizar la protección por accidentes de trabajo y enfermedades profesionales, y en su caso, de la incapacidad temporal del personal a su servicio, así como los trabajadores autónomos la protección por cese de actividad en entidad distinta de la que legalmente corresponda.

6. No entregar al trabajador en tiempo y forma, cuantos documentos sean precisos para la solicitud y tramitación de cualesquiera prestaciones, incluido el certificado de empresa, o la no transmisión de dicho certificado, en el caso de sujetos obligados o acogidos a la utilización de sistemas de presentación por medios electrónicos, informáticos o telemáticos, conforme al procedimiento establecido.

7. No solicitar los trabajadores por cuenta propia:

a) Su afiliación y hasta 3 altas dentro de cada año natural, en el correspondiente Régimen especial de la Seguridad Social, o solicitar las mismas fuera del plazo establecido, como consecuencia de actuación inspectora.

b) Su afiliación y hasta 3 altas dentro de cada año natural, en el correspondiente Régimen especial de la Seguridad So-

(1) Apartado añadido por la Ley Orgánica 8/2021, de 4 de junio.

(2) Apartado añadido por el Real Decreto-ley 32/2021, de 28 de diciembre.

(3) La referencia debe entenderse realizada a los apartados 1 y 2 del artículo 29 de la vigente Ley General de la Seguridad Social.

cial, o solicitar las mismas fuera del plazo establecido, sin que medie actuación inspectora.

c) El resto de las altas que, en su caso, se produzcan dentro de cada año natural o solicitarlo fuera de plazo, cuando la omisión genere impago de la cotización que corresponda. (1)

8. No abonar a las entidades correspondientes las prestaciones satisfechas por éstas a los trabajadores cuando la empresa hubiera sido declarada responsable de la obligación.

9. Obtener o disfrutar indebidamente cualquier tipo de reducciones, bonificaciones o incentivos en relación con el importe de las cuotas sociales que corresponda, entendiendo producida una infracción por cada trabajador afectado, salvo que se trate de bonificaciones de formación profesional para el empleo y reducciones de las cotizaciones por contingencias profesionales a las empresas que hayan contribuido especialmente a la disminución y prevención de la siniestralidad laboral, en la que se entenderá producida una infracción por cada empresa y acción formativa.

10. La solicitud de afiliación o del alta de los trabajadores que ingresen a su servicio fuera del plazo establecido al efecto, cuando no mediare actuación inspectora, o su no transmisión por los obligados o acogidos a la utilización de sistemas de presentación por medios informáticos, electrónicos o telemáticos.

11. No comprobar por los empresarios que contraten o subcontraten con otros la realización de obras o servicios correspondientes a la propia actividad de aquéllos o que se presten de forma continuada en sus centros de trabajo, con carácter previo al inicio de la prestación de la actividad contratada o subcontratada, la afiliación o alta en la Seguridad Social de cada uno de los trabajadores que estos ocupen en los mismos durante el periodo de ejecución de la contrata o subcontrata, considerándose una infracción por cada uno de los trabajadores afectados.

12. No proceder dentro del plazo reglamentario al alta y cotización por los salarios de tramitación y por las vacaciones devengadas y no disfrutadas antes de la extinción de la relación laboral. A estos efectos se considerará una infracción por cada uno de los trabajadores afectados.

13. El incumplimiento de la obligación de comunicar a la entidad gestora de la prestación por desempleo, con carácter previo a su efectividad, las medidas de despido colectivo o de suspensión o reducción de jornada, en la forma y con el contenido establecido reglamentariamente, así como la no comunicación, con antelación a que se produzcan, de las variaciones que se originen sobre el calendario inicialmente dispuesto, en relación con la concreción e individualización por trabajador de los días de suspensión o reducción de jornada, así como en este último caso, el horario de trabajo afectado por la reducción.

14. Dar ocupación, habiendo comunicado el alta en la Seguridad Social, a trabajadores, solicitantes o beneficiarios de pensiones u otras prestaciones periódicas de Seguridad Social, cuyo disfrute sea incompatible con el trabajo por cuenta ajena.

15. Incumplir, las entidades de formación o aquellas que asuman la organización de las acciones formativas programadas por las empresas, los requisitos de cada acción formativa establecidos por la normativa específica sobre formación profesional para el empleo, cuando haya dado lugar al disfrute indebido de bonificaciones en el pago de cuotas, salvo cuando la infracción sea calificada como muy grave de acuerdo con el artículo siguiente.

Dichas entidades responderán solidariamente de la devolución de las cantidades indebidamente bonificadas por cada empresa y acción formativa.

Se entenderá una infracción por cada empresa y por cada acción formativa.

16. Comunicar la baja en un Régimen de la Seguridad Social de trabajadores por cuenta ajena pese a que continúen la misma actividad laboral o mantengan idéntica prestación de servicios, sirviéndose de un alta indebida en un Régimen de trabajadores por cuenta propia. A estos efectos se considerará una infracción por cada uno de los trabajadores afectados. (2)

Art. 23. Infracciones muy graves

1. Son infracciones muy graves:

a) Dar ocupación como trabajadores a beneficiarios o solicitantes de pensiones u otras prestaciones periódicas de la Seguridad Social, cuyo disfrute sea incompatible con el trabajo por cuenta ajena, cuando no se les haya dado de alta en la Seguridad Social con carácter previo al inicio de su actividad.

b) No ingresar, en la forma y plazos reglamentarios, las cuotas correspondientes que por todos los conceptos recauda la Tesorería General de la Seguridad Social, no habiendo cumplido dentro de plazo las obligaciones establecidas en los apartados 1 y 2 del artículo 26 del texto refundido de la Ley General de la Seguridad Social, así como actuar fraudulentamente al objeto de eludir la responsabilidad solidaria, subsidiaria o *mortis causa* en el cumplimiento de la obligación de cotizar o en el pago de los demás recursos de la Seguridad Social. (3)

c) Efectuar declaraciones, o facilitar, comunicar o consignar datos falsos o inexactos que den lugar a que las personas trabajadoras obtengan o disfruten indebidamente prestaciones, así como la connivencia con sus trabajadores/as o con las demás personas beneficiarias para la obtención de prestaciones indebidas o superiores a las que procedan en cada caso, o para eludir el cumplimiento de las obligaciones que a cualquiera de ellos corresponda en materia de prestaciones. (4)

d) Pactar con sus trabajadores de forma individual o colectiva la obligación por parte de ellos de pagar total o parcialmente la prima o parte de cuotas a cargo del empresario, o bien su renuncia a los derechos que les confiere el sistema de la Seguridad Social.

e) Incrementar indebidamente la base de cotización del trabajador de forma que provoque un aumento en las prestaciones que procedan, así como la simulación de la contratación laboral para la obtención indebida de prestaciones.

f) Efectuar declaraciones o facilitar, comunicar o consignar datos falsos o inexactos, que ocasionen liquidaciones, deducciones o compensaciones fraudulentas en las cuotas a satisfacer a la Seguridad Social, o incentivos relacionados con las mismas.

g) No facilitar al Organismo público correspondiente, en tiempo y forma, los datos identificativos de titulares de prestaciones sociales económicas, así como, en cuanto determinen o condicionen el derecho a percibirlas, los de los beneficiarios, cónyuges y otros miembros de la unidad familiar, o los de sus importes, clase de las prestaciones y fecha de efectos de su concesión.

h) Incurrir los empresarios, las entidades de formación o aquellas que asuman la organización de las acciones formativas programadas por las empresas, en el falseamiento de documentos o en la simulación de la ejecución de la acción formativa, incluida la teleformación, para la obtención o disfrute indebido de bonificaciones en materia de formación profesional para el empleo.

(1) Apartado redactado conforme a lo dispuesto en el la Ley 6/2017, de 24 de octubre.

(2) Apartado añadido por el Real Decreto-ley 28/2018, de 28 de diciembre.

(3) La referencia debe entenderse realizada a los apartados 1 y 2 del artículo 29 de la vigente Ley General de la Seguridad Social.

(4) Letra redactada conforme a lo dispuesto en el Real Decreto-ley 15/2020, de 21 de abril.

Se entenderá una infracción por cada empresa y por cada acción formativa.

i) Incumplir la obligación de suscribir el convenio especial en los supuestos establecidos en el artículo 51.9 del Estatuto de los Trabajadores.

j) Dar ocupación a los trabajadores afectados por la suspensión de contratos o reducción de jornada, en el período de aplicación de las medidas de suspensión de contratos o en el horario de reducción de jornada comunicado a la autoridad laboral o a la entidad gestora de las prestaciones por desempleo, en su caso.

k) Retener indebidamente, no ingresándola dentro de plazo, la parte de cuota de Seguridad Social descontada a sus trabajadores o efectuar descuentos superiores a los legalmente establecidos, no ingresándolos en el plazo reglamentario.

. . . .

2. En el supuesto de infracciones muy graves, se entenderá que la empresa incurre en una infracción por cada una de las personas trabajadoras que hayan solicitado, obtenido o disfruten fraudulentamente de las prestaciones de Seguridad Social.

Sin perjuicio de lo establecido en el artículo 43.3, en las infracciones señaladas en los párrafos a), c) y e) del apartado anterior, la empresa responderá solidariamente de la devolución de las cantidades indebidamente percibidas por la persona trabajadora.

Las empresas que contraten o subcontraten la realización de obras o servicios correspondientes a la propia actividad, responderán solidariamente de las infracciones a que se refiere el apartado 1.a) anterior, cometidas por la empresa contratista o subcontratista durante todo el período de vigencia de la contrata.

En las infracciones señaladas en el apartado 1.h), las entidades de formación o aquellas que asuman la organización de las acciones formativas programadas por las empresas y los solicitantes o beneficiarios de subvenciones y ayudas públicas, responderán solidariamente de la devolución de las cantidades disfrutadas de forma indebida por cada acción formativa. (1)

3. Las infracciones de este artículo, además de a las sanciones que correspondan por aplicación del Capítulo VI, darán lugar a las sanciones accesorias previstas en el artículo 46 de esta Ley.

. . . .

CAPÍTULO VI

Responsabilidades y sanciones

Sección 1.ª

Normas generales sobre sanciones a los empresarios, y en general, a otros sujetos que no tengan la condición de trabajadores o asimilados

Art. 39. Criterios de graduación de las sanciones

1. Las sanciones por las infracciones tipificadas en los artículos anteriores podrán imponerse en los grados de mínimo, medio y máximo, atendiendo a los criterios establecidos en los apartados siguientes.

2. Calificadas las infracciones, en la forma dispuesta por esta Ley, las sanciones se graduarán en atención a la negligencia e intencionalidad del sujeto infractor, fraude o connivencia, incumplimiento de las advertencias previas y requerimientos de la Inspección, cifra de negocios de la empresa, número de trabajadores o de beneficiarios afectados en su caso, perjuicio causado y cantidad defraudada, como circunstancias que puedan agravar o atenuar la graduación a aplicar a la infracción cometida.

Sin perjuicio de lo anterior, cuando se trate de infracciones tipificadas en los artículos 22.3 y 23.1.b), la sanción se impondrá en grado mínimo cuando la cuantía no ingresada, incluyendo recargos e intereses, no supere los 10.000 euros, en su grado medio cuando dicha cuantía esté comprendida entre 10.001 y 25.000 euros, y en su grado máximo cuando sea superior a los 25.000 euros.

En todo caso, se impondrá la sanción en su grado máximo, cualquiera que fuera la cantidad no ingresada, cuando el sujeto responsable hubiera cotizado en cuantía inferior a la debida mediante la ocultación o falsedad de las declaraciones o datos que tenga obligación de facilitar a la Seguridad Social.

No obstante lo previsto en el artículo 41 de esta Ley, en el supuesto de la infracción tipificada en el artículo 15.3, la sanción se impondrá en su grado máximo cuando, en los dos años anteriores a la fecha de la comisión de la infracción, el sujeto responsable ya hubiere sido sancionado en firme por incumplimiento de la obligación legal de reserva de puestos de trabajo para personas con discapacidad o de la aplicación de sus medidas alternativas de carácter excepcional.

. . . .

5. Los criterios de graduación recogidos en los números anteriores no podrán utilizarse para agravar o atenuar la infracción cuando estén contenidos en la descripción de la conducta infractora o formen parte del propio ilícito administrativo.

6. El acta de la Inspección de Trabajo y Seguridad Social que inicie el expediente sancionador y la resolución administrativa que recaiga, deberán explicitar los criterios de graduación de la sanción tenidos en cuenta, de entre los señalados en los anteriores apartados de este artículo. Cuando no se considere relevante a estos efectos ninguna de las circunstancias enumeradas en dichos apartados, la sanción se impondrá en el grado mínimo en su tramo inferior.

7. Se sancionará en el máximo de la calificación que corresponda toda infracción que consista en la persistencia continuada de su comisión.

Art. 40. Cuantía de las sanciones (2)

1. Las infracciones en materia de relaciones laborales y empleo, en materia de Seguridad Social, sin perjuicio de lo dispuesto en el apartado 3 siguiente, en materia de movimientos migratorios y trabajo de extranjeros, en materia de empresas de trabajo temporal y empresas usuarias, excepto las que se refieran a materias de prevención de riesgos laborales, que quedarán encuadradas en el apartado 2 de este artículo, así como las infracciones por obstrucción se sancionarán:

a) Las leves, en su grado mínimo, con multas de 70 a 150 euros; en su grado medio, de 151 a 370 euros; y en su grado máximo, de 371 a 750 euros.

b) Las graves con multa, en su grado mínimo, de 751 a 1.500 euros, en su grado medio de 1.501 a 3.750 euros; y en su grado máximo de 3.751 a 7.500 euros.

c) Las muy graves con multa, en su grado mínimo, de 7.501 a 30.000 euros; en su grado medio de 30.001 a 120.005 euros; y en su grado máximo de 120.006 euros a 225.018 euros.

c bis) Las infracciones graves señaladas en los artículos 7.2, 7.14, 18.2.c), 19.2.b), 19.2.e), 19 bis.1.b), 19 ter.2.b) y 19 ter.2.e) se sancionarán con la multa siguiente: en su grado mínimo, de 1.000 a 2.000 euros; en su grado medio,

(1) Apartado redactado conforme a lo dispuesto en el Real Decreto-ley 15/2020, de 21 de abril.

(2) Artículo redactado conforme a lo dispuesto en la Ley 10/2021, de 9 de julio, y en vigor a partir del 1 de octubre de 2021.

de 2.001 a 5.000 euros y, en su grado máximo, de 5.001 a 10.000 euros. (1)

d) Las infracciones señaladas en los artículos 22.3, 23.1.b) y 23.1.k) se sancionarán:

1.° La infracción grave del artículo 22.3 se sancionará con la multa siguiente: en su grado mínimo, con multa del 50 al 65 por 100 del importe de las cuotas de Seguridad Social y demás conceptos de recaudación conjunta no ingresados, incluyendo recargos, intereses y costas; en su grado medio, con multa del 65,01 al 80 por 100; y en su grado máximo, con multa del 80,01 al 100 por 100.

2.° La infracción muy grave del artículo 23.1.b) se sancionará con la multa siguiente: en su grado mínimo, con multa del 100,01 al 115 por 100 del importe de las cuotas de Seguridad Social y demás conceptos de recaudación conjunta no ingresados, incluyendo recargos, intereses y costas; en su grado medio, con multa del 115,01 al 130 por 100; y en su grado máximo, con multa del 130,01 al 150 por 100.

3.° La infracción muy grave del artículo 23.1.k) se sancionará con la multa siguiente: en su grado mínimo, con multa del 100,01 al 115 por 100 del importe de las cuotas de Seguridad Social no ingresadas y descontadas a los trabajadores o del exceso del descuento previsto legalmente, incluyendo recargos, intereses y costas; en su grado medio, con multa del 115,01 al 130 por 100; y en su grado máximo, con multa del 130,01 al 150 por 100.

e) Las infracciones señaladas en los artículos 22.2, 22.7 a), 22.16 y 23.1.a) se sancionarán:

1.° La infracción grave de los artículos 22.2, 22.7 a) y 22.16 se sancionará con la multa siguiente: en su grado mínimo, de 3.750 a 7.500 euros; en su grado medio, de 7.501 a 9.600 euros y, en su grado máximo, de 9.601 a 12.000 euros.

2.° La infracción muy grave del artículo 23.1.a) se sancionará con la multa siguiente: en su grado mínimo, de 12.001 a 30.000 euros; en su grado medio, de 30.001 a 120.005 euros y, en su grado máximo, de 120.006 a 225.018 euros.

No obstante, cuando con ocasión de una misma actuación de inspección se detecten varias infracciones de las contempladas en este apartado, la sanción que en su caso se proponga para cada una de ellas, graduada conforme a los criterios contenidos en el artículo 39.2 que procedan, se incrementará en:

- Un 20 por 100 en cada infracción cuando se trate de 2 trabajadores, beneficiarios o solicitantes.
- Un 30 por 100 en cada infracción cuando se trate de 3 trabajadores, beneficiarios o solicitantes.
- Un 40 por 100 en cada infracción cuando se trate de 4 trabajadores, beneficiarios o solicitantes.
- Un 50 por 100 en cada infracción cuando se trate de 5 o más trabajadores, beneficiarios o solicitantes.

En ningún caso, la cuantía correspondiente a la infracción prevista en el artículo 22.2 podrá exceder de 12.000 euros, ni la prevista en el artículo 23.1.a) podrá exceder de 225.018 euros para cada una de las infracciones.

f) Cuando la actuación inspectora de la que se derive la obstrucción fuera dirigida a la comprobación de la situación de alta de los trabajadores que presten servicios en una empresa y el incumplimiento de las obligaciones del empresario pudiera dar lugar a la comisión de las infracciones tipificadas en los artículos 22.2 y 23.1.a), las infracciones por obstrucción se sancionarán:

1.° Las calificadas como graves: en su grado mínimo, con multa de 3.750 a 7.500 euros; en su grado medio, de 7.501 a 9.600 euros y, en su grado máximo, de 9.601 a 12.000 euros.

2.° Las calificadas como muy graves: en su grado mínimo, con una multa de 12.001 a 30.000 euros; en su grado medio, de 30.001 a 120.005 euros y, en su grado máximo, de 120.006 a 225.018 euros.

Las sanciones impuestas por las infracciones muy graves tipificadas en las letras d), e) y f) del apartado 1 del artículo 16, y en las letras a) y h) del apartado 1 del artículo 23, así como las sanciones por obstrucción calificadas como muy graves en el párrafo anterior, una vez firmes, se harán públicas en la forma que se prevea reglamentariamente.

2. Las infracciones en materia de prevención de riesgos laborales se sancionarán:

a) Las leves, en su grado mínimo, con multa de 45 a 485 euros; en su grado medio, de 486 a 975 euros; y en su grado máximo, de 976 a 2.450 euros.

b) Las graves con multa, en su grado mínimo, de 2.451 a 9.830 euros; en su grado medio, de 9.831 a 24.585 euros; y en su grado máximo, de 24.586 a 49.180 euros.

c) Las muy graves con multa, en su grado mínimo, de 49.181 a 196.745 euros; en su grado medio, de 196.746 a 491.865 euros; y en su grado máximo, de 491.866 a 983.736 euros.

Las sanciones impuestas por infracciones muy graves, una vez firmes, se harán públicas en la forma que se determine reglamentariamente.

. . . .

3. Las sanciones en materia de Seguridad Social cuando se deriven de actas de infracción y liquidación que se refieran a los mismos hechos y se practiquen simultáneamente, se reducirán automáticamente al 50 por 100 de su cuantía si el sujeto infractor manifiesta su conformidad con la liquidación practicada, ingresando su importe en el plazo procedente. Esta reducción automática solo podrá aplicarse en el supuesto de que la cuantía de la liquidación supere la de la sanción propuesta inicialmente.

. . . .

Art. 41. Reincidencia

1. Existe reincidencia cuando se comete una infracción del mismo tipo y calificación que la que motivó una sanción anterior en el plazo de los 365 días siguientes a la notificación de ésta; en tal supuesto se requerirá que la resolución sancionadora hubiere adquirido firmeza.

2. Si se apreciase reincidencia, la cuantía de las sanciones consignadas en el artículo anterior podrá incrementarse hasta el duplo del grado de la sanción correspondiente a la infracción cometida, sin exceder, en ningún caso, de las cuantías máximas previstas en el artículo anterior para cada clase de infracción.

. . . .

Sección 2.ª

Normas específicas

. . . .

Subsección 2.ª

Responsabilidades en materia de Seguridad Social

Art. 43. Responsabilidades empresariales

1. Las sanciones que puedan imponerse a los distintos sujetos responsables, se entenderán sin perjuicio de las demás responsabilidades exigibles a los mismos, de acuerdo con los preceptos de la Ley General de la Seguridad Social y de sus disposiciones de aplicación y desarrollo.

2. Las responsabilidades entre empresas de trabajo temporal y empresas usuarias en materia de Seguridad Social se regirán por lo dispuesto en el artículo 16.3 de la Ley 14/1994, de 1 de junio, por la que se regulan las empresas de trabajo temporal.

(1) Letra añadida por el Real Decreto-ley 32/2021, de 28 de diciembre.

3. En el caso de la infracción prevista en el artículo 23.1.c), la empresa responderá directamente de la devolución de las cantidades indebidamente percibidas por la persona trabajadora, siempre que no concurra dolo o culpa de esta. (2)

. . . .

Art. 45. Sanciones a los empresarios que colaboren voluntariamente en la gestión

Con independencia de las sanciones que correspondan de acuerdo con el artículo 40.1, y siempre que las circunstancias del caso lo requieran, en beneficio de la corrección de deficiencias observadas en la propuesta elevada al órgano directivo responsable de la vigilancia, dirección y tutela de la Seguridad Social, se podrán aplicar, además, las siguientes sanciones:

1. Suspensión temporal de la autorización para colaborar por plazo de hasta cinco años.

2. Retirada definitiva de la autorización para colaborar con la pérdida de la condición de entidad colaboradora.

Subsección 3.ª

Sanciones accesorias a los empresarios, entidades de formación o aquellas que asuman la organización de las acciones formativas programadas por las empresas en materia de empleo, ayudas de fomento del empleo, subvenciones y ayudas para la formación profesional para el empleo y protección por desempleo

Art. 46. Sanciones accesorias

1. Sin perjuicio de las sanciones a que se refiere el artículo 40.1 y, salvo lo establecido en el artículo 46 bis de esta Ley, los empresarios que hayan cometido las infracciones graves previstas en los apartados 3 y 6 del artículo 15 o las infracciones muy graves tipificadas en los artículos 16 y 23 de esta Ley, en materia de empleo, formación profesional para el empleo y protección por desempleo:

a) Perderán, automáticamente, y de forma proporcional al número de trabajadores afectados por la infracción, las ayudas, bonificaciones y, en general, los beneficios derivados de la aplicación de los programas de empleo o formación profesional para el empleo, con efectos desde la fecha en que se cometió la infracción.

La pérdida de estas ayudas, subvenciones, bonificaciones y beneficios derivados de la aplicación de los programas de empleo o formación profesional para el empleo afectará a los de mayor cuantía, con preferencia sobre los que la tuvieren menor en el momento de la comisión de la infracción. Este criterio ha de constar necesariamente en el acta de infracción, de forma motivada.

b) Podrán ser excluidos del acceso a tales ayudas, subvenciones, bonificaciones y beneficios por un período máximo de 2 años, con efectos desde la fecha de la resolución que imponga la sanción.

Se excluirá en todo caso del acceso a tales ayudas, subvenciones, bonificaciones y beneficios por un periodo de 5 años, cuando la infracción cometida estuviera tipificada como muy grave en las letras d), e) y f) del apartado 1 del artículo 16 y en la letra h) del apartado 1 del artículo 23 de esta Ley, con efectos desde la fecha de la resolución que imponga la sanción.

c) En los supuestos previstos en las letras d), e) y f) del artículo 16.1, quedan obligados, en todo caso, a la devolución de las cantidades obtenidas indebidamente y las no aplicadas o aplicadas incorrectamente.

2. Cuando la conducta del empresario dé lugar a la aplicación del tipo previsto en el artículo 22.2, con independencia del número de trabajadores afectados, se aplicarán las medidas previstas en las letras a) y b) del apartado anterior, si bien el plazo de exclusión previsto en la letra b) podrá ser de un año.

En caso de reiteración de la conducta tipificada en el artículo 22.2, el plazo de exclusión podrá ampliarse a dos años. Se producirá la reiteración cuando entre la comisión de dicha infracción y la anterior no hayan transcurrido más de 365 días. A estos efectos, no tendrá la consideración de reiteración la conducta empresarial que dé lugar a una pluralidad de infracciones por afectar simultáneamente a más de un trabajador.

3. Como criterios de graduación se aplicarán los contenidos en el artículo 39.2 de esta Ley.

Subsección 3.ª bis

Responsabilidades en materia de igualdad

Art. 46 bis. Responsabilidades empresariales específicas

1. Los empresarios que hayan cometido las infracciones muy graves tipificadas en los apartados 12, 13 y 13 bis) del artículo 8 y en el apartado 2 del artículo 16 de esta Ley serán sancionados, sin perjuicio de lo establecido en el apartado 1 del artículo 40, con las siguientes sanciones accesorias:

a) Perderán, automáticamente, y de forma proporcional al número de trabajadores afectados por la infracción, las ayudas, bonificaciones y, en general, los beneficios derivados de la aplicación de los programas de empleo, con efectos desde la fecha en que se cometió la infracción.

La pérdida de estas ayudas, bonificaciones y beneficios derivados de la aplicación de los programas de empleo afectará a los de mayor cuantía, con preferencia sobre los que la tuvieren menor en el momento de la comisión de la infracción. Este criterio ha de constar necesariamente en el acta de infracción de forma motivada.

b) Podrán ser excluidos del acceso a tales beneficios por un período de 6 meses a 2 años en los supuestos contemplados en el apartado anterior, con efectos desde la fecha de la resolución que imponga la sanción.

2. No obstante lo anterior, en el caso de las infracciones muy graves tipificadas en el apartado 12 del artículo 8 y en el apartado 2 del artículo 16 de esta Ley referidas a los supuestos de discriminación directa o indirecta por razón de sexo, las sanciones accesorias a las que se refiere el apartado anterior podrán ser sustituidas por la elaboración y aplicación de un plan de igualdad en la empresa, y siempre que la empresa no estuviere obligada a la elaboración de dicho plan en virtud de norma legal, reglamentaria o convencional, o decisión administrativa, si así se determina por la autoridad laboral competente previa solicitud de la empresa e informe preceptivo de la Inspección de Trabajo y Seguridad Social, en los términos que se establezcan reglamentariamente, suspendiéndose el plazo de prescripción de dichas sanciones accesorias.

En el supuesto de que no se elabore o no se aplique el plan de igualdad o se haga incumpliendo manifiestamente los términos establecidos en la resolución de la autoridad laboral, ésta, a propuesta de la Inspección de Trabajo y Seguridad Social, sin perjuicio de la imposición de la sanción que corresponda por la comisión de la infracción tipificada en el apartado 17 del artículo 8, dejará sin efecto la sustitución de las sanciones accesorias, que se aplicarán de la siguiente forma:

a) Pérdida automática, y de forma proporcional al número de trabajadores afectados por la infracción, de las ayudas, bonificaciones y beneficios a los que se refiere la letra a) del

---

(2) Apartado añadido por el Real Decreto-ley 15/2020, de 21 de abril.

apartado anterior, con efectos desde la fecha en que se cometió la infracción.

La pérdida de estas ayudas, bonificaciones y beneficios derivados de la aplicación de los programas de empleo afectará a los de mayor cuantía, con preferencia sobre los que la tuvieren menor en el momento de la comisión de la infracción. Este criterio ha de constar necesariamente en el acta de infracción de forma motivada.

b) Exclusión del acceso a tales beneficios por un período de 6 meses a 2 años, a contar desde la fecha de la resolución de la autoridad laboral por la que se acuerda dejar sin efecto la suspensión y aplicar las sanciones accesorias.

3. Como criterios de graduación se aplicarán los contenidos en el artículo 39.2 de esta Ley.

. . . .

23. Ley 58/2003, de 17 de diciembre, General Tributaria

. . . .

TÍTULO II

LOS TRIBUTOS

CAPÍTULO I

Disposiciones generales

. . . .

Sección 2.ª

Las obligaciones tributarias

. . . .

Subsección 2.ª

La obligación tributaria de realizar pagos a cuenta

Art. 23. Obligación tributaria de realizar pagos a cuenta

1. La obligación tributaria de realizar pagos a cuenta de la obligación tributaria principal consiste en satisfacer un importe a la Administración tributaria por el obligado a realizar pagos fraccionados, por el retenedor o por el obligado a realizar ingresos a cuenta.

Esta obligación tributaria tiene carácter autónomo respecto de la obligación tributaria principal.

2. El contribuyente podrá deducir de la obligación tributaria principal el importe de los pagos a cuenta soportados, salvo que la ley propia de cada tributo establezca la posibilidad de deducir una cantidad distinta a dicho importe.

. . . .

CAPÍTULO II

Obligados tributarios

Sección 1.ª

Clases de obligados tributarios

. . . .

Art. 37. Obligados a realizar pagos a cuenta

1. Es obligado a realizar pagos fraccionados el contribuyente a quien la ley de cada tributo impone la obligación de ingresar cantidades a cuenta de la obligación tributaria principal con anterioridad a que ésta resulte exigible.

2. Es retenedor la persona o entidad a quien la ley de cada tributo impone la obligación de detraer e ingresar en la Administración tributaria, con ocasión de los pagos que deba realizar a otros obligados tributarios, una parte de su importe a cuenta del tributo que corresponda a éstos.

3. Es obligado a practicar ingresos a cuenta la persona o entidad que satisface rentas en especie o dinerarias y a quien la ley impone la obligación de realizar ingresos a cuenta de cualquier tributo.

. . . .

CAPÍTULO IV

La deuda tributaria

. . . .

Sección 2.ª

El pago

. . . .

Art. 65. Aplazamiento y fraccionamiento del pago

. . . .

2. No podrán ser objeto de aplazamiento o fraccionamiento las siguientes deudas tributarias:

. . . .

b) Las correspondientes a obligaciones tributarias que deban cumplir el retenedor o el obligado a realizar ingresos a cuenta.

TÍTULO IV

LA POTESTAD SANCIONADORA

. . . .

CAPÍTULO III

Clasificación de las infracciones y sanciones tributarias

Art. 191. Infracción tributaria por dejar de ingresar la deuda tributaria que debiera resultar de una autoliquidación

1. Constituye infracción tributaria dejar de ingresar dentro del plazo establecido en la normativa de cada tributo la totalidad o parte de la deuda tributaria que debiera resultar de la correcta autoliquidación del tributo, salvo que se regularice con arreglo al artículo 27 o proceda la aplicación del párrafo b) del apartado 1 del artículo 161, ambos de esta Ley.

También constituye infracción tributaria la falta de ingreso total o parcial de la deuda tributaria de los socios, herederos, comuneros o partícipes derivada de las cantidades no atribuidas o atribuidas incorrectamente por las entidades en atribución de rentas.

La infracción tributaria prevista en este artículo será leve, grave o muy grave de acuerdo con lo dispuesto en los apartados siguientes.

La base de la sanción será la cuantía no ingresada en la autoliquidación como consecuencia de la comisión de la infracción.

2. La infracción tributaria será leve cuando la base de la sanción sea inferior o igual a 3000 euros o, siendo superior, no exista ocultación.

La infracción no será leve, cualquiera que sea la cuantía de la base de la sanción, en los siguientes supuestos:

a) Cuando se hayan utilizado facturas, justificantes o documentos falsos o falseados, aunque ello no sea constitutivo de medio fraudulento.

b) Cuando la incidencia de la llevanza incorrecta de los libros o registros represente un porcentaje superior al 10 por 100 de la base de la sanción.

c) Cuando se hayan dejado de ingresar cantidades retenidas o que se hubieran debido retener o ingresos a cuenta.

La sanción por infracción leve consistirá en multa pecuniaria proporcional del 50 por 100.

3. La infracción será grave cuando la base de la sanción sea superior a 3000 euros y exista ocultación.

La infracción también será grave, cualquiera que sea la cuantía de la base de la sanción, en los siguientes supuestos:

a) Cuando se hayan utilizado facturas, justificantes o documentos falsos o falseados, sin que ello sea constitutivo de medio fraudulento.

b) Cuando la incidencia de la llevanza incorrecta de los libros o registros represente un porcentaje superior al 10 por 100 e inferior o igual al 50 por 100 de la base de la sanción.

c) Cuando se hayan dejado de ingresar cantidades retenidas o que se hubieran debido retener o ingresos a cuenta, siempre que las retenciones practicadas y no ingresadas, y los ingresos a cuenta repercutidos y no ingresados, representen un porcentaje inferior o igual al 50 por 100 del importe de la base de la sanción.

La utilización de medios fraudulentos determinará que la infracción sea calificada en todo caso como muy grave.

La sanción por infracción grave consistirá en multa pecuniaria proporcional del 50 al 100 por 100 y se graduará incrementando el porcentaje mínimo conforme a los criterios de comisión repetida de infracciones tributarias y de perjuicio económico para la Hacienda Pública, con los incrementos porcentuales previstos para cada caso en los párrafos a) y b) del apartado 1 del artículo 187 de esta Ley.

4. La infracción será muy grave cuando se hubieran utilizado medios fraudulentos.

La infracción también será muy grave, aunque no se hubieran utilizado medios fraudulentos, cuando se hubieran dejado de ingresar cantidades retenidas o que se hubieran debido retener o ingresos a cuenta, siempre que las retenciones practicadas y no ingresadas, y los ingresos a cuenta repercutidos y no ingresados, representen un porcentaje superior al 50 por 100 del importe de la base de la sanción.

La sanción por infracción muy grave consistirá en multa pecuniaria proporcional del 100 al 150 por 100 y se graduará incrementando el porcentaje mínimo conforme a los criterios de comisión repetida de infracciones tributarias y de perjuicio económico para la Hacienda Pública, con los incrementos porcentuales previstos para cada caso en los párrafos a) y b) del apartado 1 del artículo 187 de esta Ley.

5. Cuando el obligado tributario hubiera obtenido indebidamente una devolución y como consecuencia de la regularización practicada procediera la imposición de una sanción de las reguladas en este artículo, se entenderá que la cuantía no ingresada es el resultado de adicionar al importe de la devolución obtenida indebidamente la cuantía total que hubiera debido ingresarse en la autoliquidación y que el perjuicio económico es del 100 por 100.

En estos supuestos, no será sancionable la infracción a la que se refiere el artículo 193 de esta Ley, consistente en obtener indebidamente una devolución.

6. No obstante lo dispuesto en los apartados anteriores, siempre constituirá infracción leve la falta de ingreso en plazo de tributos o pagos a cuenta que hubieran sido incluidos o regularizados por el mismo obligado tributario en una autoliquidación presentada con posterioridad sin cumplir los requisitos establecidos en el apartado 4 del artículo 27 de esta Ley para la aplicación de los recargos por declaración extemporánea sin requerimiento previo.

Lo previsto en este apartado no será aplicable cuando la autoliquidación presentada incluya ingresos correspondientes a conceptos y períodos impositivos respecto a los que se hubiera notificado previamente un requerimiento de la Administración tributaria.

. . . .

Art. 204. Infracción tributaria por incumplir el deber de sigilo exigido a los retenedores y a los obligados a realizar ingresos a cuenta

1. Constituye infracción tributaria el incumplimiento del deber de sigilo que el artículo 95 de esta Ley exige a retenedores y obligados a realizar ingresos a cuenta.

La infracción prevista en este artículo será grave.

2. La sanción consistirá en multa pecuniaria fija de 300 euros por cada dato o conjunto de datos referidos a una misma persona o entidad que hubiera sido comunicado indebidamente.

La sanción se graduará incrementando la cuantía anterior en el 100 por 100 si existe comisión repetida de la infracción.

Art. 205. Infracción tributaria por incumplir la obligación de comunicar correctamente datos al pagador de rentas sometidas a retención o ingreso a cuenta

1. Constituye infracción tributaria no comunicar datos o comunicar datos falsos, incompletos o inexactos al pagador de rentas sometidas a retención o ingreso a cuenta, cuando se deriven de ello retenciones o ingresos a cuenta inferiores a los procedentes.

2. La infracción será leve cuando el obligado tributario tenga obligación de presentar autoliquidación que incluya las rentas sujetas a retención o ingreso a cuenta.

La base de la sanción será la diferencia entre la retención o ingreso a cuenta procedente y la efectivamente practicada durante el período de aplicación de los datos falsos, incompletos o inexactos.

La sanción consistirá en multa pecuniaria proporcional del 35 por 100.

3. La infracción será muy grave cuando el obligado tributario no tenga obligación de presentar autoliquidación que incluya las rentas sujetas a retención o ingreso a cuenta.

La base de la sanción será la diferencia entre la retención o ingreso a cuenta procedente y la efectivamente practicada durante el período de aplicación de los datos falsos, incompletos o inexactos.

La sanción consistirá en multa pecuniaria proporcional del 150 por 100.

Art. 206. Infracción por incumplir la obligación de entregar el certificado de retenciones o ingresos a cuenta

1. Constituye infracción tributaria el incumplimiento de la obligación de entregar el certificado de retenciones o ingresos a cuenta practicados a los obligados tributarios perceptores de las rentas sujetas a retención o ingreso a cuenta.

La infracción prevista en este artículo será leve.

2. La sanción consistirá en multa pecuniaria fija de 150 euros.

. . . .

24. Real Decreto 1514/2007, de 16 de noviembre, por el que se aprueba el Plan General de Contabilidad (1)

. . . .

CUARTA PARTE

CUADRO DE CUENTAS

GRUPO 1

Financiación básica

. . . .

14. **Provisiones**

140. *Provisión por retribuciones a largo plazo al personal*

. . . .

GRUPO 2

Activo no corriente

. . . .

25. **Otras inversiones financieras a largo plazo**

. . . .

254. *Créditos a largo plazo al personal*

. . . .

GRUPO 4

Acreedores y deudores por operaciones comerciales

. . . .

46. **Personal**

460. *Anticipos de remuneraciones*

465. *Remuneraciones pendientes de pago*

466. *Remuneraciones mediante sistemas de aportación definida pendientes de pago*

47. **Administraciones públicas**

. . . .

471. *Organismos de la Seguridad Social, deudores*

. . . .

475. *Hacienda Pública, acreedora por conceptos fiscales*

. . . .

4751. Hacienda Pública, acreedora por retenciones practicadas

. . . .

476. *Organismos de la Seguridad Social, acreedores*

. . . .

GRUPO 5

Cuentas financieras

. . . .

52. **Deudas a corto plazo por préstamos recibidos y otros conceptos**

. . . .

529. *Provisiones a corto plazo*

5290. Provisión a corto plazo por retribuciones al personal

. . . .

54. **Otras inversiones financieras a corto plazo**

. . . .

544. *Créditos a corto plazo al personal*

. . . .

GRUPO 6

Compras y gastos

. . . .

64. **Gastos de personal**

640. *Sueldos y salarios*

641. *Indemnizaciones*

(1) Se reproducen las cuentas relacionadas con el personal de la empresa.

642. *Seguridad Social a cargo de la empresa*

643. *Retribuciones a largo plazo mediante sistemas de aportación definida*

644. *Retribuciones a largo plazo mediante sistemas de prestación definida*

6440. Contribuciones anuales

6442. Otros costes

645. *Retribuciones al personal mediante instrumentos de patrimonio*

6450. Retribuciones al personal liquidados con instrumentos de patrimonio

6457. Retribuciones al personal liquidados en efectivo basado en instrumentos de patrimonio

649. *Otros gastos sociales*

. . . .

GRUPO 7

Ventas e ingresos

. . . .

75. **Otros ingresos de gestión**

. . . .

755. *Ingresos por servicios al personal*

. . . .

79. **Excesos y aplicaciones de provisiones y de pérdidas por deterioro**

. . . .

795. *Exceso de provisiones*

7950. Exceso de provisión por retribuciones al personal

. . . .

GRUPO 8

Gastos imputados al patrimonio neto

. . . .

85. **Gastos por pérdidas actuariales y ajustes en los activos por retribuciones a largo plazo de prestación definida**

850. *Pérdidas actuariales*

851. *Ajustes negativos en activos por retribuciones a largo plazo de prestación definida*

. . . .

GRUPO 9

Ingresos imputados al patrimonio neto

. . . .

95. **Ingresos por ganancias actuariales y ajustes en los activos por retribuciones a largo plazo de prestación definida**

950. *Ganancias actuariales*

951. *Ajustes positivos en activos por retribuciones a largo plazo de prestación definida*

. . . .

QUINTA PARTE
DEFINICIONES Y RELACIONES CONTABLES

GRUPO 1

Financiación básica

. . . .

14. **Provisiones**

. . . .

140. *Provisión por retribuciones a largo plazo al personal*

Obligaciones legales, contractuales o implícitas con el personal de la empresa, distintas de las recogidas en las cuentas 146 y 147, sobre las que existe incertidumbre acerca de su cuantía o vencimiento, tales como retribuciones post-empleo de prestación definida o prestaciones por incapacidad.

La provisión correspondiente a retribuciones a largo plazo de prestación definida se cuantificará teniendo en cuenta los eventuales activos afectos, en los términos recogidos en la norma de registro y valoración.

Si de la aplicación de lo dispuesto en esta norma surgiese un activo, la empresa creará la correspondiente cuenta en el grupo 2 que figurará en el activo no corriente del balance, en la partida «Otras inversiones».

Los motivos de cargo y abono de este activo serán análogos a los señaladas para la presente cuenta 140.

Su movimiento es el siguiente:

a) Se abonará:

a_1) Por las estimaciones de los devengos anuales, con cargo a cuentas del subgrupo 64.

a_2) Por el reconocimiento de pérdidas actuariales, con cargo a la cuenta 850, en caso de tratarse de retribuciones post-empleo, debiendo cargarse a una cuenta del subgrupo 64 en las restantes retribuciones a largo plazo al personal.

a_3) Por el importe de los ajustes que surjan por la actualización de valores, con cargo a la cuenta 660.

a_4) Por el importe imputado a la cuenta de pérdidas y ganancias de los costes por servicios pasados, con cargo a la cuenta 6442.

b) Se cargará:

b_1) Por la disposición que se realice de la provisión, con abono, generalmente, a cuentas del subgrupo 57.

b_2) Por el reconocimiento de ganancias actuariales, con abono a la cuenta 950, en caso de tratarse de retribuciones post-empleo, debiendo abonarse a una cuenta del subgrupo 64 en las restantes retribuciones a largo plazo al personal.

b_3) Por el rendimiento esperado de los activos afectos, con abono a la cuenta 767.

b_4) Por el exceso de provisión, con abono a la cuenta 7950.

. . . .

GRUPO 2

Activo no corriente

. . . .

25. **Otras inversiones financieras a largo plazo**

. . . .

254. *Créditos a largo plazo al personal*

Créditos concedidos al personal de la empresa, que no tenga la calificación de parte vinculada, cuyo vencimiento sea superior a 1 año.

Figurará en el activo no corriente del balance.

Su movimiento es análogo al señalado para la cuenta 252.

. . . .

GRUPO 4

Acreedores y deudores por operaciones comerciales

. . . .

46. **Personal**

. . . .

Saldos con personas que prestan sus servicios a la empresa o con las entidades con las que se instrumentan los compromisos de retribución post-empleo, y cuyas remuneraciones se contabilizan en el subgrupo 64.

460. *Anticipos de remuneraciones*

Entregas a cuenta de remuneraciones al personal de la empresa.

Cualesquiera otros anticipos que tengan la consideración de préstamos al personal se incluirán en la cuenta 544 o en la cuenta 254, según el plazo de vencimiento.

Figurará en el activo corriente del balance.

Con carácter general, su movimiento es el siguiente:

a) Se cargará al efectuarse las entregas antes citadas, con abono a cuentas del subgrupo 57.

b) Se abonará al compensar los anticipos con las remuneraciones devengadas, con cargo a cuentas del subgrupo 64.

465. *Remuneraciones pendientes de pago*

Débitos de la empresa al personal por los conceptos citados en las cuentas 640 y 641.

Figurará en el pasivo corriente del balance.

Con carácter general, su movimiento es el siguiente:

a) Se abonará por las remuneraciones devengadas y no pagadas, con cargo a las cuentas 640 y 641.

b) Se cargará cuando se paguen las remuneraciones, con abono a cuentas del subgrupo 57.

466. *Remuneraciones mediante sistemas de aportación definida pendientes de pago*

Importes pendientes de pago a una entidad separada por retribuciones a largo plazo al personal, tales como pensiones y otras prestaciones por jubilación o retiro, que tengan el carácter de aportación definida, de acuerdo con los términos establecidos en las normas de registro y valoración.

Figurará en el pasivo corriente del balance.

Con carácter general, su movimiento es el siguiente:

a) Se abonará por los importes devengados y no pagados, con cargo a la cuenta 643.

b) Se cargará cuando se paguen las contribuciones pendientes con abono a cuentas del subgrupo 57.

47. **Administraciones públicas**

. . . .

471. *Organismos de la Seguridad Social, deudores*

Créditos a favor de la empresa, de los diversos organismos de la Seguridad Social, relacionados con las prestaciones sociales que ellos efectúan.

Figurará en el activo del balance.

Su movimiento es el siguiente:

a) Se cargará por las prestaciones a cargo de la Seguridad Social, con abono, generalmente, a cuentas del subgrupo 57.

b) Se abonará al cancelar el crédito.

. . . .

475. *Hacienda Pública, acreedora por conceptos fiscales*

Tributos a favor de las Administraciones Públicas, pendientes de pago, tanto si la empresa es contribuyente como si es sustituto del mismo o retenedor.

Figurará en el pasivo del balance.

El contenido y movimiento de las cuentas citadas de cuatro cifras es el siguiente:

. . . .

4751. Hacienda Pública, acreedora por retenciones practicadas

Importe de las retenciones tributarias efectuadas pendientes de pago a la Hacienda Pública.

a) Se abonará al devengo del tributo, cuando la empresa sea sustituto del contribuyente o retenedor, con cargo a cuentas de los grupos 4, 5 o 6.

b) Se cargará cuando se efectúe su pago, con abono a cuentas del subgrupo 57.

. . . .

476. *Organismos de la Seguridad Social, acreedores*

Deudas pendientes con organismos de la Seguridad Social como consecuencia de las prestaciones que éstos realizan.

Figurará en el pasivo del balance.

Su movimiento es el siguiente:

a) Se abonará:

a_1) Por las cuotas que le corresponden a la empresa, con cargo a la cuenta 642.

a_2) Por las retenciones de cuotas que corresponden al personal de la empresa, con cargo a la cuenta 465 o 640.

b) Se cargará cuando se cancele la deuda, con abono a cuentas del subgrupo 57.

. . . .

GRUPO 5

Cuentas financieras

. . . .

52. **Deudas a corto plazo por préstamos recibidos y otros conceptos**

. . . .

529. *Provisiones a corto plazo*

Las provisiones incluidas en el subgrupo 14 cuya cancelación se prevea en el corto plazo, deberán figurar en el epígrafe del pasivo corriente «Provisiones a corto plazo»; a estos efectos se tras pasará a este subgrupo el importe que represente la obligación a largo plazo con vencimiento a corto de las cuentas correspondientes del subgrupo 14.

El movimiento de las cuentas citadas de cuatro cifras incluidas en este subgrupo es análogo al de las correspondientes cuentas del subgrupo 14.

. . . .

54. **Otras inversiones financieras a corto plazo**

. . . .

544. *Créditos a corto plazo al personal*

Créditos concedidos al personal de la empresa, que no tenga la calificación de parte vinculada, cuyo vencimien to no sea superior a un año.

Figurará en el activo corriente del balance.

Su movimiento es análogo al señalado para la cuenta 542.

. . . .

GRUPO 6

Compras y gastos

. . . .

64. **Gastos de personal**

. . . .

Retribuciones al personal, cualquiera que sea la forma o el concepto por el que se satisfacen; cuotas de la Seguridad Social a cargo de la empresa y los demás gastos de carácter social.

640. *Sueldos y salarios*

Remuneraciones, fijas y eventuales, al personal de la empresa.

Se cargará por el importe íntegro de las remuneraciones devengadas:

a_1) Por el pago en efectivo, con abono a cuentas del subgrupo 57.

a_2) Por las devengadas y no pagadas, con abono a la cuenta 465.

a_3) Por compensación de deudas pendientes, con abono a las cuentas 254, 460 y 544 según proceda.

a_4) Por las retenciones de tributos y cuotas de la Seguridad Social a cargo del personal, con abono a cuentas del subgrupo 47.

641. *Indemnizaciones*

Cantidades que se entregan al personal de la empresa para resarcirle de un daño o perjuicio. Se incluyen específicamente en esta cuenta las indemnizaciones por despido y jubilaciones anticipadas.

Se cargará por el importe de las indemnizaciones, con abono, generalmente, a cuentas de los subgrupos 14, 46, 47 o 57.

642. *Seguridad Social a cargo de la empresa*

Cuotas de la empresa a favor de los organismos de la Seguridad Social por las diversas prestaciones que éstos realizan.

Se cargará por las cuotas devengadas, con abono a la cuenta 476.

643. *Retribuciones a largo plazo mediante sistemas de aportación definida*

Importe de las aportaciones devengadas por remuneraciones a largo plazo al personal de la empresa, tales como pensiones u otras prestaciones por jubilación o retiro, que se articulen a través de un sistema de aportación definida.

a) Se cargará:

a_1) Por el importe de las contribuciones anuales a planes de pensiones u otras instituciones similares externas a la empresa satisfechas en efectivo, con abono a cuentas del subgrupo 57.

a_2) Por el importe de las primas devengadas y no pagadas, con abono a la cuenta 466.

644. *Retribuciones a largo plazo mediante sistemas de prestación definida*

Importe de las aportaciones devengadas por remuneraciones a largo plazo al personal de la empresa, tales como pensiones u otras prestaciones por jubilación o retiro, que se articulen a través de un sistema de prestación definida.

6440. Contribuciones anuales

Importe de la contribución anual al sistema de prestación definida.

Se cargará por el importe del coste del servicio del ejercicio corriente relacionado con planes de pensiones u otras instituciones similares externas a la empresa, satisfechas en efectivo, con abono, generalmente, a cuentas del subgrupo 57 o a la cuenta 140.

6442. Otros costes

Importe de los costes imputados a la cuenta de pérdidas y ganancias por servicios pasados surgidos por el establecimiento de un plan de retribuciones a largo plazo de prestación definida o por una mejora de las condiciones del mismo.

Se cargará por el importe que proceda de acuerdo con lo establecido en la norma de registro y valoración aplicable a estos planes de retribuciones a largo plazo, con abono a la cuenta 140.

645. *Retribuciones al personal mediante instrumentos de patrimonio*

Importes liquidados por la empresa con instrumentos de patrimonio o con importes en efectivo basados en el valor de instrumentos de patrimonio a cambio de los servicios prestados por los empleados.

El movimiento de las cuentas citadas de cuatro cifras es el siguiente:

6450/6457

a) Se cargarán:

a_1) Por el importe de las retribuciones devengadas satisfechas con instrumentos de patrimonio de la propia empresa, con abono a cuentas de los subgrupos 10 y 11.

a_2) Por el importe de las retribuciones devengadas a satisfacer en efectivo, con abono a la cuenta 147.

649. *Otros gastos sociales*

Gastos de naturaleza social realizados en cumplimiento de una disposición legal o voluntariamente por la empresa.

Se citan, a título indicativo, las subvenciones a economatos y comedores; sostenimiento de escuelas e instituciones de formación profesional; becas para estudio; primas por contratos de seguros sobre la vida, accidentes, enfermedad, etc., excepto las cuotas de la Seguridad Social.

Se cargará por el importe de los gastos, con abono a cuentas de los grupos 5 o 7, según se paguen en efectivo o en mercaderías u otros productos.

. . . .

GRUPO 7

Ventas e ingresos

. . . .

75. **Otros ingresos de gestión**

. . . .

755. *Ingresos por servicios al personal*

Ingresos por servicios varios, tales como economatos, comedores, transportes, viviendas, etc., facilitados por la empresa a su personal.

Se abonará por el importe de los ingresos, con cargo, generalmente, a cuentas del subgrupo 57 o a la cuenta 649.

. . . .

79. **Excesos y aplicaciones de provisiones y de pérdidas por deterioro**

. . . .

795. *Exceso de provisiones*

7950/7951/7952/7954/7955/7956/7957

Diferencia positiva entre el importe de la provisión existente y el que corresponda al cierre del ejercicio o en el momento de atender la correspondiente obligación.

Las cuentas citadas de cuatro cifras se abonarán, por el exceso de provisión con cargo a las correspondientes cuentas del subgrupo 14 o a las cuentas 499 o 529.

. . . .

GRUPO 8

Gastos imputados al patrimonio neto

. . . .

85. **Gastos por pérdidas actuariales y ajustes en los activos por retribuciones a largo plazo de prestación definida**

850. *Pérdidas actuariales*

Su movimiento es el siguiente:

a) Se cargará, al cierre del ejercicio por la pérdida actuarial producida por el incremento en el valor actual de las retribuciones post-empleo comprometidas en sistemas de prestación definida o bien por la disminución en el valor razonable de los activos relacionados con éstos, con abono a las cuentas 140 o 257.
b) Se abonará, al cierre del ejercicio, con cargo a la cuenta 115.

851. *Ajustes negativos en activos por retribuciones a largo plazo de prestación definida*

Su movimiento es el siguiente:

a) Se cargará, al cierre del ejercicio por el ajuste negativo que proceda realizar por la limitación establecida en las normas de registro y valoración en los activos por retribuciones post-empleo a largo plazo al personal de prestación definida, con abono a la cuenta 140 o 257.
b) Se abonará, al cierre del ejercicio, con cargo a la cuenta 115.

. . . .

GRUPO 9

Ingresos imputados al patrimonio neto

. . . .

95. **Ingresos por ganancias actuariales y ajustes en los activos por retribuciones a largo plazo de prestación definida**

950. *Ganancias actuariales*

Su movimiento es el siguiente:

a) Se abonará, al cierre del ejercicio por la ganancia actuarial producida por la disminución en el valor actual de las retribuciones post-empleo comprometidas en sistemas de prestación definida o bien por el aumento en el valor razonable de los activos relacionados con éstos, con cargo a las cuentas 140 o 257.
b) Se cargará, al cierre del ejercicio, con abono a la cuenta 115.

951. *Ajustes positivos en activos por retribuciones a largo plazo de prestación definida*

Su movimiento es el siguiente:

a) Se abonará, al cierre del ejercicio por el ajuste positivo que proceda realizar de acuerdo con lo dispuesto en las normas de registro y valoración en los activos por retribuciones post-empleo a largo plazo al personal de prestación definida, con cargo a las cuentas 140 o 257.
b) Se cargará, al cierre del ejercicio, con abono a la cuenta 115.

25. Real Decreto 1515/2007, de 16 de noviembre, por el que se aprueba el Plan General de Contabilidad de pequeñas y medianas empresas y los criterios contables específicos para microempresas (1)

. . . .

CUARTA PARTE

CUADRO DE CUENTAS

. . . .

GRUPO 2

Activo no corriente

. . . .

25. **Otras inversiones financieras a largo plazo**

. . . .

254. *Créditos a largo plazo al personal*

. . . .

GRUPO 4

Acreedores y deudores por operaciones comerciales

. . . .

46. **Personal**

460. *Anticipos de remuneraciones*

465. *Remuneraciones pendientes de pago*

47. **Administraciones públicas**

. . . .

471. *Organismos de la Seguridad Social, deudores*

. . . .

475. *Hacienda Pública, acreedora por conceptos fiscales*

. . . .

4751. Hacienda Pública, acreedora por retenciones practicadas

. . . .

476. *Organismos de la Seguridad Social, acreedores*

. . . .

GRUPO 5

Cuentas financieras

. . . .

54. **Otras inversiones financieras a corto plazo**

. . . .

544. *Créditos a corto plazo al personal*

. . . .

GRUPO 6

Compras y gastos

. . . .

64. **Gastos de personal**

640. *Sueldos y salarios*

641. *Indemnizaciones*

642. *Seguridad Social a cargo de la empresa*

643. *Retribuciones a largo plazo mediante sistemas de aportación definida*

649. *Otros gastos sociales*

. . . .

(1) Se reproducen las cuentas relacionadas con el personal de la empresa.

GRUPO 7

Ventas e ingresos

. . . .

75. **Otros ingresos de gestión**

. . . .

755. *Ingresos por servicios al personal*

. . . .

. . . .

QUINTA PARTE

DEFINICIONES Y RELACIONES CONTABLES

. . . .

GRUPO 2

Activo no corriente

. . . .

25. **Otras inversiones financieras a largo plazo**

. . . .

254. *Créditos a largo plazo al personal*

Créditos concedidos al personal de la empresa, que no tenga la calificación de parte vinculada, cuyo vencimiento sea superior a 1 año.

Figurará en el activo no corriente del balance.

Su movimiento es análogo al señalado para la cuenta 252.

. . . .

GRUPO 4

Acreedores y deudores por operaciones comerciales

. . . .

46. **Personal**

Saldos con personas que prestan sus servicios a la empresa y cuyas remuneraciones se contabilizan en el subgrupo 64.

460. *Anticipos de remuneraciones*

Entregas a cuenta de remuneraciones al personal de la empresa.

Cualesquiera otros anticipos que tengan la consideración de préstamos al personal se incluirán en la cuenta 544 o en la cuenta 254, según el plazo de vencimiento.

Figurará en el activo corriente del balance.

Con carácter general, su movimiento es el siguiente:

a) Se cargará al efectuarse las entregas antes citadas, con abono a cuentas del subgrupo 57.
b) Se abonará al compensar los anticipos con las remuneraciones devengadas, con cargo a cuentas del subgrupo 64.

465. *Remuneraciones pendientes de pago*

Débitos de la empresa al personal por los conceptos citados en las cuentas 640 y 641.

Figurará en el pasivo corriente del balance.

Con carácter general, su movimiento es el siguiente:

a) Se abonará por las remuneraciones devengadas y no pagadas, con cargo a las cuentas 640 y 641.
b) Se cargará cuando se paguen las remuneraciones, con abono a cuentas del subgrupo 57.

47. **Administraciones públicas**

. . . .

471. *Organismos de la Seguridad Social, deudores*

Créditos a favor de la empresa, de los diversos organismos de la Seguridad Social, relacionados con las prestaciones sociales que ellos efectúan.

Figurará en el activo del balance.

Su movimiento es el siguiente:

a) Se cargará por las prestaciones a cargo de la Seguridad Social, con abono, generalmente, a cuentas del subgrupo 57.
b) Se abonará al cancelar el crédito.

. . . .

475. *Hacienda Pública, acreedora por conceptos fiscales*

Tributos a favor de las Administraciones Públicas, pendientes de pago, tanto si la empresa es contribuyente como si es sustituto del mismo o retenedor.

Figurará en el pasivo del balance.

El contenido y movimiento de las cuentas citadas de cuatro cifras es el siguiente:

. . . .

4751. Hacienda Pública, acreedora por retenciones practicadas

Importe de las retenciones tributarias efectuadas pendientes de pago a la Hacienda Pública.

a) Se abonará al devengo del tributo, cuando la empresa sea sustituto del contribuyente o retenedor, con cargo a cuentas de los grupos 4, 5 o 6.
b) Se cargará cuando se efectúe su pago, con abono a cuentas del subgrupo 57.

. . . .

476. *Organismos de la Seguridad Social, acreedores*

Deudas pendientes con organismos de la Seguridad Social como consecuencia de las prestaciones que éstos realizan.

Figurará en el pasivo del balance.

Su movimiento es el siguiente:

a) Se abonará:

   a_1) Por las cuotas que le corresponden a la empresa, con cargo a la cuenta 642.

a_2) Por las retenciones de cuotas que corresponden al personal de la empresa, con cargo a la cuenta 465 o 640.

b) Se cargará cuando se cancele la deuda, con abono a cuentas del subgrupo 57.

. . . .

GRUPO 5

Cuentas financieras

. . . .

54. **Otras inversiones financieras a corto plazo**

. . . .

544. *Créditos a corto plazo al personal*

Créditos concedidos al personal de la empresa, que no tenga la calificación de parte vinculada, cuyo vencimiento no sea superior a 1 año.

Figurará en el activo corriente del balance.

Su movimiento es análogo al señalado para la cuenta 542.

. . . .

GRUPO 6

Compras y gastos

. . . .

64. **Gastos de personal**

. . . .

Retribuciones al personal, cualquiera que sea la forma o el concepto por el que se satisfacen; cuotas de la Seguridad Social a cargo de la empresa y los demás gastos de carácter social.

640. *Sueldos y salarios*

Remuneraciones, fijas y eventuales, al personal de la empresa.

Se cargará por el importe íntegro de las remuneraciones devengadas:

a_1) Por el pago en efectivo, con abono a cuentas del subgrupo 57.

a_2) Por las devengadas y no pagadas, con abono a la cuenta 465.

a_3) Por compensación de deudas pendientes, con abono a las cuentas 254, 460 y 544 según proceda.

a_4) Por las retenciones de tributos y cuotas de la Seguridad Social a cargo del personal, con abono a cuentas del subgrupo 47.

641. *Indemnizaciones*

Cantidades que se entregan al personal de la empresa para resarcirle de un daño o perjuicio. Se incluyen específicamente en esta cuenta las indemnizaciones por despido y jubilaciones anticipadas.

Se cargará por el importe de las indemnizaciones, con abono, generalmente, a cuentas de los subgrupos 14, 46, 47 o 57.

642. *Seguridad Social a cargo de la empresa*

Cuotas de la empresa a favor de los organismos de la Seguridad Social por las diversas prestaciones que éstos realizan.

Se cargará por las cuotas devengadas, con abono a la cuenta 476.

649. *Otros gastos sociales*

Gastos de naturaleza social realizados en cumplimiento de una disposición legal o voluntariamente por la empresa.

Se citan, a título indicativo, las subvenciones a economatos y comedores; sostenimiento de escuelas e instituciones de formación profesional; becas para estudio; primas por contratos de seguros sobre la vida, accidentes, enfermedad, etc., excepto las cuotas de la Seguridad Social.

Se cargará por el importe de los gastos, con abono a cuentas de los grupos 5 o 7, según se paguen en efectivo o en mercaderías u otros productos.

. . . .

GRUPO 7

Ventas e ingresos

. . . .

75. **Otros ingresos de gestión**

. . . .

755. *Ingresos por servicios al personal*

Ingresos por servicios varios, tales como economatos, comedores, transportes, viviendas, etc., facilitados por la empresa a su personal.

Se abonará por el importe de los ingresos, con cargo, generalmente, a cuentas del subgrupo 57 o a la cuenta 649.

. . . .